■2025年度中学受験用

慶應義塾湘南藤沢中等部

10年間(＋3年間HP掲載)スーパー過去問

●収録内容一覧

入試問題と解説・解答の収録内容

2024年度（令和６年度）	算数・社会・理科・英語・国語 （英語は解答のみ）
2023年度（令和５年度）	算数・社会・理科・英語・国語 （英語は解答のみ）
2022年度（令和４年度）	算数・社会・理科・英語・国語 （英語は解答のみ）
2021年度（令和３年度）	算数・社会・理科・英語・国語 （英語は解答のみ）
2020年度（令和２年度）	算数・社会・理科・英語・国語 （英語は解答のみ）
2019年度（平成31年度）	算数・社会・理科・英語・国語 （英語は解答のみ）
2018年度（平成30年度）	算数・社会・理科・国語
平成29年度	算数・社会・理科・国語
平成28年度	算数・社会・理科・国語
平成27年度	算数・社会・理科・国語
平成26～24年度（HP掲載） 「カコ過去問」 （ユーザー名）koe （パスワード）w8ga5a1o	問題・解答用紙・解説解答DL **◇著作権の都合により国語と一部の問題を削除しております。** ◇一部解答のみ（解説なし）となります。 ◇９月下旬までに全校アップロード予定です。 ◇掲載期限以降は予告なく削除される場合があります。

～本書ご利用上の注意～　以下の点について，あらかじめご了承ください。

★別冊解答用紙は巻末にございます。

★編集の都合上，学校実施のすべての試験を掲載していない場合がございます。

★当問題集のバックナンバーは，弊社には在庫がございません（ネット書店などに一部在庫あり）。

JN004666

合格を勝ち取るための
『スーパー過去問』の使い方

本書に掲載されている過去問をご覧になって，「難しそう」と感じたかもしれません。でも，多くの受験生が同じように感じているはずです。なぜなら，中学入試で出題される問題は，小学校で習う内容よりも高度なものが多く，たくさんの知識や解き方のコツを身につけることも必要だからです。ですから，初めて本書に取り組むさいには，点数を気にしすぎないようにしましょう。本番でしっかり点数を取れることが大事なのです。

過去問で重要なのは「まちがえること」です。自分の弱点を知るために，過去問に取り組むのです。当然，まちがえた問題をそのままにしておいては意味がありません。

本書には，長年にわたって中学入試にたずさわっているスタッフによるていねいな解説がついています。まちがえた問題はしっかりと解説を読み，できるようになるまで何度も解き直しをしてください。理解できていないと感じた分野については，参考書や資料集などを活用し，改めて整理しておきましょう。

このページも参考にしてみましょう！

◆どの年度から解こうかな　「入試問題と解説・解答の収録内容一覧」

本書のはじめには収録内容が掲載されていますので，収録年度や収録されている入試回などを確認できます。

※著作権上の都合によって掲載できない問題が収録されている場合は，最新年度の問題の前に，ピンク色の紙を差しこんでご案内しています。

◆学校の情報を知ろう!!「学校紹介ページ」

このページのあとに，各学校の基本情報などを掲載しています。問題を解くのに疲れたら息ぬきに読んで，志望校合格への気持ちを新たにし，再び過去問に挑戦してみるのもよいでしょう。なお，最新の情報につきましては，学校のホームページなどでご確認ください。

◆入試に向けてどんな対策をしよう？「出題傾向＆対策」

「学校紹介ページ」に続いて，「出題傾向＆対策」ページがあります。過去にどのような分野の問題が出題され，どのように対策すればよいかをアドバイスしていますので，参考にしてください。

◇別冊「入試問題解答用紙編」

本書の巻末には，ぬき取って使える別冊の解答用紙が収録してあります。解答用紙が非公表の場合などを除き，（注）が記載されたページの指定倍率にしたがって拡大コピーをとれば，実際の入試問題とほぼ同じ解答欄の大きさで，何度でも過去問に取り組むことができます。このように，入試本番に近い条件で練習できるのも，本書の強みです。また，データが公表されている学校は別冊の１ページ目に過去の「入試結果表」を掲載しています。合格に必要な得点の目安として活用してください。

本書がみなさんの志望校合格の助けとなることを，心より願っています。

株式会社　声の教育社　編集部

慶應義塾湘南藤沢中等部

所在地	〒252-0816 神奈川県藤沢市遠藤5466
電　話	0466-49-3585・3586
ホームページ	https://www.sfc-js.keio.ac.jp/
交通案内	小田急江ノ島線・相鉄いずみ野線・横浜市営地下鉄「湘南台駅」よりバス15分 JR東海道線「辻堂駅」よりバス21分

くわしい情報は
ホームページへ

トピックス

★2019年度より慶應義塾横浜初等部の卒業生が推薦により本校に進学。
★湘南台からは「慶応中高等部前」,辻堂からは「慶応中高降車場」でバス下車。

創立年 平成4年

男女共学

高校募集 あり

応募状況

年度	募集数	応募数	受験数	合格数	倍率
2024	一般 約 70名	472名	419名	86名	4.9倍
	帰国 約 30名	142名	109名	40名	2.7倍
2023	一般 約 70名	454名	405名	86名	4.7倍
	帰国 約 30名	134名	106名	40名	2.7倍
2022	一般 約 70名	544名	481名	79名	6.1倍
	帰国 約 30名	191名	148名	41名	3.6倍
2021	一般 約 70名	521名	471名	85名	5.5倍
	帰国 約 30名	184名	157名	41名	3.8倍
2020	一般 約 70名	546名	469名	90名	5.2倍
	帰国 約 30名	185名	153名	44名	3.5倍

※合格数は二次試験の合格者数。

併設高校・大学への進学

本校は，慶應義塾の中で唯一の小中高一貫教育校で，卒業後は推薦により慶應義塾湘南藤沢高等部へ進学します。高等部では，慶應義塾のほかの中学卒業生や高校入試による新たな生徒も受け入れます。

高等部卒業後は，慶應義塾大学のいずれかの学部に原則進学することができます。

一般入試情報（参考：昨年度）

・出願期間：2024年１月６日～13日(郵送必着)
・試験日，試験内容：
　一次試験　2024年２月２日
　　　　　　筆記試験(＊)
　〔一次合格発表　2024年２月３日〕
　二次試験　2024年２月４日　※一次合格者全員
　　　　　　面接(保護者同伴)・体育(実技)
　〔合格発表　　　2024年２月５日〕
＊筆記試験の内容
　…次の①または②のいずれかを選択。
　①４科目(国語・社会・理科・算数)
　②３科目(国語・英語・算数)
　※①と②の国語・算数は同一の試験問題です。

本校の特色

・**２人担任制**：各クラスには担任の教員が２名ずつおり，生徒は状況に応じて，異なる担任にアプローチすることができます。
・**異文化理解**：生徒全体の約５分の１が帰国生で，短期留学生が年間を通して来校しています。授業のみならず，外国語でコミュニケーションをとる機会に恵まれています。英語力にあわせて選ぶことができる多様な交換留学プログラムもあります。
・**情報教育**：ICT環境を特別のものとしてとらえず，課題の文章やグラフの作成，調査，データ解析，プレゼンテーションなどを教科の枠を超えて取り組みます。「情報価値」を正しく判断し，発信する力を身につけることを目指しています。

編集部注―本書の内容は2024年3月現在のものであり，変更されている場合があります。正確な情報は，学校のホームページ等で必ずご確認ください。

算数　出題傾向＆対策

◆基本データ（2024年度）

試験時間／満点	45分／100点
問題構成	・大問数…６題 計算・応用小問１題（３問）／応用小問１題（３問）／応用問題４題 ・小問数…18問
解答形式	計算して数値を答えるものが中心である。「ア，イ，ウにあてはまる数を求めなさい」といった指定もある。
実際の問題用紙	Ａ４サイズ，小冊子形式
実際の解答用紙	不明

◆過去10年間の出題率トップ５

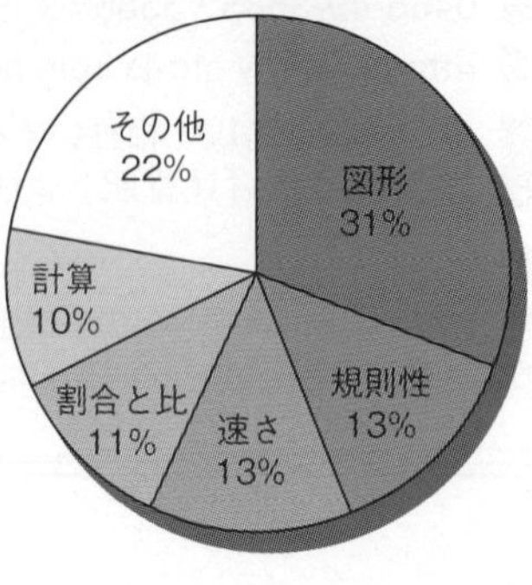

※　配点（推定ふくむ）をもとに算出

◆近年の出題内容

【　2024年度　】			【　2023年度　】		
大問	1	四則計算，計算のくふう，整数の性質，集まり	大問	1	単位の計算，逆算，角度
	2	旅人算，和差算，売買損益，角度		2	相当算，整数の性質，長さ
	3	数列		3	立体図形－図形上の点の移動，長さ，相似
	4	平面図形－図形の移動，長さ，面積		4	平面図形－長さ，面積，辺の比と面積の比，相似
	5	グラフ－水の深さと体積		5	流水算，速さと比
	6	ニュートン算，つるかめ算		6	条件の整理，数列

◆出題傾向と内容

●計算・応用小問…分数や小数をまじえた四則計算に加えて，逆算を用いて□を求めるものもふくまれます。ミスをしやすい複雑なものも少なくないので，油断はできません。そのほかに，単位の計算，特殊算，平面図形・立体図形の求積，条件の整理，最大公約数を求める問題などがはば広く出題されています。

●応用問題…手間のかかる複雑なものが散りばめられており，解き方がわかっても解答を導くのに時間を要することがよくあるので，スピーディーで正確な計算力が必要です。また，このことは，各分野の基本的な考え方をもとにして，それをいくつか組み合わせて複雑なものにした問題が多いとも言いかえられ，その点では，基礎から応用まで量をこなせば，ずいぶん有利になってくると思われます。分野別では，数の性質や規則性，立体図形の表面積や体積，相似の利用，図形の移動，流水算，消去算，つるかめ算，水の深さと体積，平均とのべなどが出題されています。

◆対策～合格点を取るには？～

対策としては，難問攻略も不要とはいいませんが，それよりも**平易な問題を一定時間に正確にどれだけこなせるか，スピードと正確さをたえず養う努力**をするほうが効果的でしょう。

そのためには，**まず第一に計算力をつけること**です。計算力は算数のすべての基礎となるものですから，ふだんから十分に練習しておくことが大切です。**計算の問題集を，時間を区切ってくり返してみて下さい。**整数・分数・小数の計算を数多くこなしていくうちに，自分のまちがえやすい点もはっきりしてくるはずです。**同じ誤りを二度とくり返さないように重ねて練習**しましょう。

比を用いる問題では何をもとにしての割合か，何を１とすればよいのか，また比の値を求めるとき，どちらが分母にくるのかはっきりさせることが大切です。図形では**面積・体積ばかりでなく，図形の性質を研究する意味で長さ・角度・展開図・縮尺・面積比などのはば広い学習が必要**です。

算数 出題分野分析表

分野 ＼ 年度		2024	2023	2022	2021	2020	2019	2018	2017	2016	2015
計算	四則計算・逆算	○	○	◎	○	○		○	◎	○	○
	計算のくふう	○			○	○	○				
	単位の計算		○	○							○
和と差	和差算・分配算	○						○			
	消去算				○						○
	つるかめ算	○				○					
	平均とのべ								○		○
	過不足算・差集め算										
	集まり	○				○					
	年齢算										
割合と比	割合と比					○		○	○	○	
	正比例と反比例					○	○				
	還元算・相当算		○						○		
	比の性質			○			○				
	倍数算				○					○	
	売買損益	○							○		
	濃度										
	仕事算					○					
	ニュートン算	○									
速さ	速さ					○					
	旅人算	○		○	○				○		○
	通過算										
	流水算		○				○	○			○
	時計算										
	速さと比		○						○	○	
図形	角度・面積・長さ	●	●	◎	◎	◎	○	●	●	●	●
	辺の比と面積の比・相似		◎	○			○	○		○	◎
	体積・表面積					○	○		◎		
	水の深さと体積	○		○	○			○			○
	展開図								○		
	構成・分割				○				○		○
	図形・点の移動	○	○				○			○	
表とグラフ		○			○						
数の性質	約数と倍数						○	○			
	N進数										
	約束記号・文字式										
	整数・小数・分数の性質	○	○	○	○			○	○	○	○
規則性	植木算			○				○			
	周期算										
	数列	○	○	○		○		○	○	○	○
	方陣算									○	
	図形と規則										
場合の数				○			○				
調べ・推理・条件の整理			○	○	◎	○	○	○	○	○	
その他											

※ ○印はその分野の問題が１題，◎印は２題，●印は３題以上出題されたことをしめします。

社会　出題傾向＆対策

◆基本データ（2024年度）

試験時間／満点	25分／50点
問題構成	・大問数…７題 ・小問数…30問
解答形式	択一式の記号選択が大半をしめ，そのほかに，用語の記入や並べかえも出されているが，記述問題は出題されていない。用語の記入には漢字指定のものもある。
実際の問題用紙	Ａ４サイズ，小冊子形式
実際の解答用紙	不明

◆過去10年間の分野別出題率

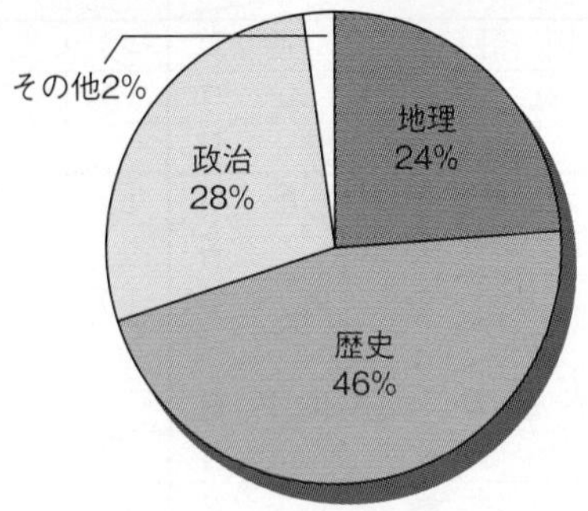

※　配点（推定ふくむ）をもとに算出

◆近年の出題内容

【　2024年度　】			【　2023年度　】		
大問	1	〔地理〕日本の交通を題材にした問題	大問	1	〔地理〕各地方の特色
	2	〔地理〕北海道を題材にした問題		2	〔地理〕自然災害についての問題
	3	〔歴史〕鎌倉仏教		3	〔歴史〕古代の政治，外交，文化
	4	〔歴史〕近世の人物とできごと		4	〔歴史〕鎌倉時代の政治と社会
	5	〔歴史〕1945年のできごと		5	〔歴史〕明治時代の政治と外交
	6	〔政治〕少子化を題材にした問題		6	〔政治〕日本国憲法と裁判所
	7	〔政治〕内閣と現代のできごと		7	〔政治〕為替相場についての問題

◆出題傾向と内容

●**地理**…資料の読み取りがよく見られるほか，各地方の自然と産業，食糧自給率，国勢調査，主要河川と流域の産業，輸入農産物の問題，水産業などが出されています。これらの問いでは，地図やグラフが多用されていることが特ちょうとしてあげられます。

●**歴史**…古代から近現代におよぶ略年表や史料をもとに，政権の移り変わり，文化史など，一つのテーマにそった問題がよく出題されています。設問内容はいろいろと変化に富み，建造物などの写真や図が使われることもあります。

●**政治**…地方自治，憲法で定める国会のはたらきや国民の権利と義務，内閣や裁判所のしくみとはたらき，選挙制度について，近代思想と現代社会，為替相場に関する問題などが取り上げられています。ほかに，時事的なことがらや，それにからめた国際関係・国際政治，地球環境についての出題もよく見られます。

◆対策～合格点を取るには？～

　地理のみならず，歴史や政治においても地図やグラフ・表などの**統計資料を用いた読図問題が多いの**が本校社会の特色です。ただ単にありきたりの公式的な問題などではなく，これらの統計資料が何を表しているのかをつかませ，さらに関連事項を問うという形式なのです。つまり，暗記による知識のたくわえが必要なのはいうまでもなく，その知識にもとづいて統計資料を読み取り，そこからさらに応用・発展させる能力まで必要となります。

　また，上でものべたように，**時事的なことがらと，それをもとにした出題がよく見られる**ので，出題対象と考えられる政治・経済の動きや大きな話題となっている重要なニュースなどを，ふだんから新聞，テレビをチェックして整理しておくとよいでしょう。そのような習慣によって，社会の知識をより深めることができます。

社会 出題分野分析表

分野		年度	2024	2023	2022	2021	2020	2019	2018	2017	2016	2015
日本の地理		地図の見方					★	★		★		○
		国土・自然・気候		★						○		
		資源	○		○						★	
		農林水産業	○	○		★	★	○				
		工業							★			
		交通・通信・貿易	★						★			
		人口・生活・文化	○		★							
		各地方の特色	★	★	○	★		○			○	★
		地理総合								★		
世界の地理												
日本の歴史	時代	原始～古代	○	★	★		★		★	★		★
		中世～近世	★	★	★	★	★	★	★		★	○
		近代～現代	★	★	★	○	○	★	○			★
	テーマ	政治・法律史		○	○	○			★		○	★
		産業・経済史			○					★	○	
		文化・宗教史										
		外交・戦争史		○		★	★				★	
		歴史総合						★		★	○	
世界の歴史												
政治		憲法		★	○	★	○			★		
		国会・内閣・裁判所	★	○	○		○		★		★	★
		地方自治				★						
		経済	○	★				★				★
		生活と福祉	★				★					
		国際関係・国際政治		○	○				★			
		政治総合			★		★					
環境問題					○			★		★		★
時事問題			○								★	
世界遺産							○	○		○		
複数分野総合					★	★		★			★	

※ 原始～古代…平安時代以前，中世～近世…鎌倉時代～江戸時代，近代～現代…明治時代以降

※ ★印は大問の中心となる分野をしめします。

理科 出題傾向＆対策

◆基本データ（2024年度）

試験時間／満点	25分／50点
問題構成	・大問数…４題 ・小問数…25問
解答形式	記号選択が大半をしめる。記号選択では，記号を記入する形式と番号を○で囲む形式がある。用語記入や文章による説明をするものなども出題されている。
実際の問題用紙	Ａ４サイズ，小冊子形式
実際の解答用紙	不明

◆過去10年間の分野別出題率

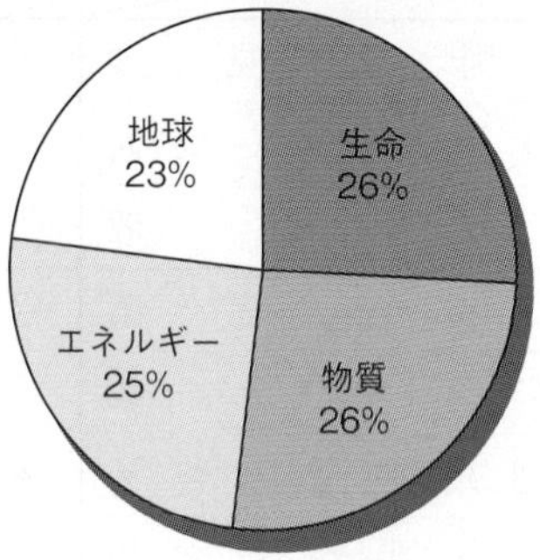

※　配点（推定ふくむ）をもとに算出

◆近年の出題内容

【　2024年度　】		【　2023年度　】	
大問	1〔生命〕海にすむ生き物	大問	1〔生命〕昆虫
	2〔地球〕月の利用について		2〔地球〕台風
	3〔エネルギー〕電気回路		3〔エネルギー／環境〕発電，環境問題
	4〔物質〕気体の性質		4〔物質〕インクの性質

◆出題傾向と内容

全体的に，実験・観察にもとづくものが多く出題されています。結果を正しく読み取る能力が要求される問題です。

●生命…身近にある植物や動物がよく取り上げられる傾向にあります。また，観察した結果をもとに，別の条件での結果を考えさせる問題なども出されます。

●物質…気体や水溶液の性質などが多様な観点から出題されています。なお，実験・観察にもとづく問題が多数をしめており，実験器具についても問われることがあります。

●エネルギー…磁石，電気回路，力のつり合い，ふりこ・物体の運動，浮力と密度など出題テーマはさまざまです。この分野では計算問題も出されますが，複雑な計算が要求されることはほとんどありません。

●地球…地層の観察，流水のはたらき，地震・火山，月・太陽の動きなどについての問題が出ており，地形の出題率がやや高いといえます。

◆対策～合格点を取るには？～

「生命」は，選択肢が多い場合や複数選択の場合が多いため，あいまいな知識だと得点につながりません。**動物と植物**に関する知識を身につけ，**分類では具体的な生物名まで覚えておきましょう。**観察の問題では，あたえられた観察結果の過程や理由を考えることが，解答への近道になります。

「物質」は，**物質のすがたと水溶液の性質**を中心に学習してください。また，水溶液の性質は，レモン汁など**身近なものに置きかえて考えられる**ようにしておきます。見慣れないテーマが出題されても，問題文や図に考え方のヒントがふくまれているのでよく読んで解き進めましょう。

「エネルギー」は，**電気回路，力のつり合い，ふりこ・物体の運動**について，典型的な問題の解き方を身につけてください。問題の分量に対して試験時間が短いため，**計算のスピード**も求められます。日頃から，時間を意識して練習をしましょう。

「地球」は，**月・太陽の動き，気象**などについて，基本的な知識や考え方を学習してください。難度の高い問題もあるので，時間をかけて選択肢を一つひとつ検証していきましょう。

理科　出題分野分析表

分野		2024	2023	2022	2021	2020	2019	2018	2017	2016	2015
生命	植物			○			★			★	
	動物	★	★	○					★		○
	人体				★			★			
	生物と環境	○				★					○
	季節と生物										
	生命総合			★							★
物質	物質のすがた										
	気体の性質	★		★				★			○
	水溶液の性質					★					
	ものの溶け方						★		★		
	金属の性質										
	ものの燃え方				★						★
	物質総合		★							★	
エネルギー	てこ・滑車・輪軸					○		★			○
	ばねののび方										★
	ふりこ・物体の運動					★			★		
	浮力と密度・圧力			★							
	光の進み方										
	ものの温まり方										
	音の伝わり方										
	電気回路	★	○				★			★	
	磁石・電磁石				★	○					
	エネルギー総合										
地球	地球・月・太陽系	★		○			★		★		★
	星と星座										
	風・雲と天候		★		★						
	気温・地温・湿度		○		○						
	流水のはたらき・地層と岩石					★		★			
	火山・地震									★	
	地球総合			★							
実験器具		○							○		
観察											
環境問題			★								
時事問題											
複数分野総合											

※　★印は大問の中心となる分野をしめします。

国語 出題傾向＆対策

◆基本データ（2024年度）

試験時間／満点	45分／100点
問題構成	・大問数…４題 文章読解題２題／知識問題１題／作文１題 ・小問数…28問
解答形式	記号選択や適語の記入，本文中のことばの書きぬきのほかに，自分の考えを述べる作文なども出題されている。
実際の問題用紙	Ａ４サイズ，小冊子形式
実際の解答用紙	不明

◆過去10年間の分野別出題率

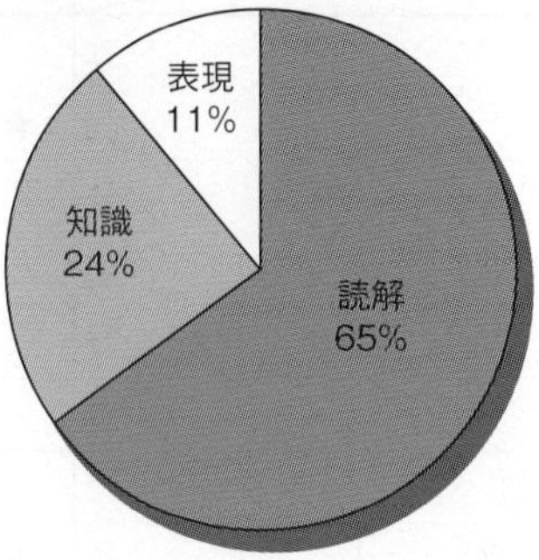

※ 配点（推定ふくむ）をもとに算出

◆近年の出題内容

【 2024年度 】			【 2023年度 】		
大問	一	〔知識〕ことばの知識	大問	一	〔知識〕ことばの知識
	二	〔説明文〕松村圭一郎『うしろめたさの人類学』（約2500字）		二	〔説明文〕藤岡換太郎『海はどうしてできたのか　壮大なスケールの地球進化史』（約2600字）
	三	〔小説〕森絵都「むすびめ」（『出会いなおし』所収）（約8200字）		三	〔小説〕乾ルカ『願いながら，祈りながら』（約7600字）
	四	〔作文〕条件作文		四	〔作文〕条件作文

◆出題傾向と内容

●**文章読解題**…出題文はかなりの長文で，小学生にとっては多少大人向けの文章であることと合わせ，文章慣れしていない人にはかなり難しいと受け取られるかもしれません。設問内容に目を向けると，出題文の内容についてどこまではあくできたかを，さまざまな問いできびしくチェックされます。なお，詩の読解についても，作文の条件文として出題されることがあります。

●**知識問題**…漢字の書き取りがほぼ毎年見られるほか，対になる語や漢字，ことわざ・慣用句・熟語，同じことばをくり返した語などが出されています。

●**作文**…避難生活で子ども達に体験させたいこと，文字の機能や今後十年間の予測について自らの考えを示すものなどが出題されています。制限字数は100～200字程度となっています。

◆対策～合格点を取るには？～

毎年出題される**知識問題**に関しては，**問題集や参考書を２～３冊こなす**のがよいでしょう。また，**過去に出題された分野**やそこから派生的に出題されると考えられることがらについては，日ごろから注意しておく必要があります。継続的に学習して，知識をはば広く身につけてください。

次に**文章読解**ですが，まずは**出題文の内容を正確にはあくする練習**からはじめましょう。具体的な方法としては，**出題文の内容が同じくらいのレベルで**，**出題パターンが似ている問題**を解くのがよいでしょう。特に，**記号選択式が多く見られる**本校・国語入試を受けるにあたっては，問題文の内容に合っている選択肢を選ぶというような問題は，ぜひこなしておきたいことがらです。

作文については，**自由な発想で書いてよい場合**と，**出題文の内容についての考えを求められる場合**があるので，そのどちらにも対応できるように。練習のさいには，**書きたいと思うことをメモのような形で書き出し**，それをどのように並べるか，また，どのように内容を肉付けするかを**樹形図のようにしてみる**ことです。そこまでできれば，実際の試験問題にも十分対応できるはずです。

国語　出題分野分析表

分野		年度	2024	2023	2022	2021	2020	2019	2018	2017	2016	2015
読	文章の種類	説明文・論説文	★	★	★	★	★	★	★	★	★	★
		小説・物語・伝記	★	★	★	★	★	★	★	★	★	★
		随筆・紀行・日記										
		会話・戯曲										
		詩										
		短歌・俳句										
解	内容の分類	主題・要旨		○								
		内容理解	○	○	○	○	○	○	○	○	○	○
		文脈・段落構成				○					○	○
		指示語・接続語	○	○	○	○	○	○	○	○	○	○
		その他	○	○	○	○	○	○	○	○	○	
知	漢字	漢字の読み			★	○		○	○	○	○	
		漢字の書き取り	○	○	○	○	○	○	○	○	○	○
		部首・画数・筆順										
	語句	語句の意味		○	○		○			○		
		かなづかい										
		熟語				○					★	★
		慣用句・ことわざ	○	○		○	★	★				
	文法	文の組み立て										
		品詞・用法			○							
		敬語										
識	形式・技法											
	文学作品の知識				○							
	その他		★	★					★	★		
	知識総合					★						
表現	作文		★	★	★	★	★	★	★	★	★	★
	短文記述											
	その他											
放送問題												

※　★印は大問の中心となる分野をしめします。

カコを追いかけ
ミライをつかめ
「今の説明、もう一回」を何度でも
web過去問
ストリーミング配信による入試問題の解説動画
もっと古いカコモンないの？
カコ過去問
「さらにカコの」過去問をHPに掲載（DL）
声の教育社
詳しくはこちらから

2024年度 慶應義塾湘南藤沢中等部

※　出願時に４科目受験（算数・社会・理科・国語）か３科目受験（算数・国語・英語）を選択します。算数と国語は同一問題です。

【算　数】（45分）〈満点：100点〉

1　ア，イ，ウ にあてはまる数を求めなさい。

(1)　$10-\left(20.24+17\frac{\boxed{\text{ア}}}{25}\right)\div 9=5\frac{4}{5}$

(2)　$\frac{1}{3\times 6}+\frac{1}{6\times 9}+\frac{1}{9\times 12}+\frac{1}{12\times 15}+\frac{1}{15\times 18}=\boxed{\text{イ}}$

(3)　１から100までの数から４の倍数と６の倍数を除いた数は全部で ウ 個である。

2　(1)　１周672mの池のまわりを，Ｋ君，Ｏ君の２人が同じ地点から同時に出発し，それぞれ一定の速さで歩く。２人が反対方向に歩く場合は６分後に初めて出会い，２人が同じ方向に歩く場合は42分後にＫ君がＯ君を初めて追いこす。Ｋ君の歩く速さは毎分何mですか。

(2)　毎日決まった数だけ売れる１個150円の品物がある。今，売価を20円値上げしたところ，１日の売り上げ個数は１割減少したが，売上高は180円増加した。この品物の，値上げ前の１日の売り上げ個数は何個ですか。

(3)　右の図のような長方形において，角㋐の大きさを求めなさい。

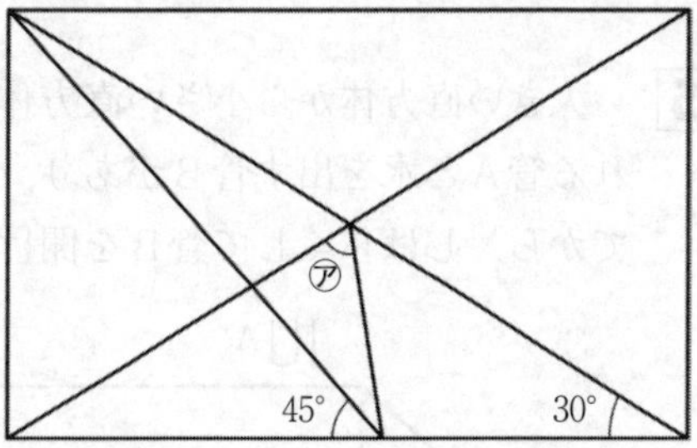

3　図のようにマス目の中には，「たての番号」×10＋「横の番号」を計算した数が書かれている。そして，「たての番号」と「横の番号」の和をマス目の「**番号和**」と呼ぶこととする。

［例］　①　「たての番号」が11，「横の番号」が３のマス目には113が書かれ，このマスの「**番号和**」は14である。

②　「たての番号」が３，「横の番号」が11のマス目には41が書かれ，このマスの「**番号和**」は14である。

たての番号

⋮						
11			113			
⋮						
3	31	32	33		41	
2	21	22	23			
1	11	12	13			
	1	2	3	…	11	…

横の番号

(1)　「**番号和**」が13になるマス目すべてに書かれている数のうち，最も大きいものと最も小さいものの和はいくつですか。

(2)　「**番号和**」が８になるマス目すべてに書かれている数の合計はいくつですか。

(3) 「**番号和**」が ア になるマス目すべてに書かれている数の合計は1320である。ア に入る数を求めなさい。

4 図1，図2は，1辺の長さが6cmの正方形を1枚または2枚使った図形である。これらの図形の周りを半径1cmの円が転がりながら1周する。円周率は3.14として，以下の問いに答えなさい。

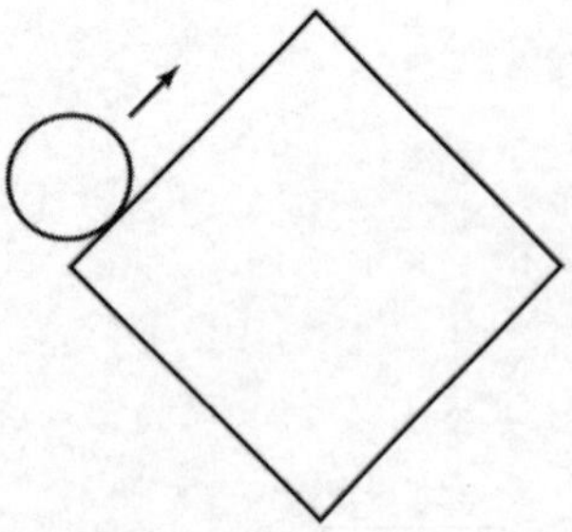
図1

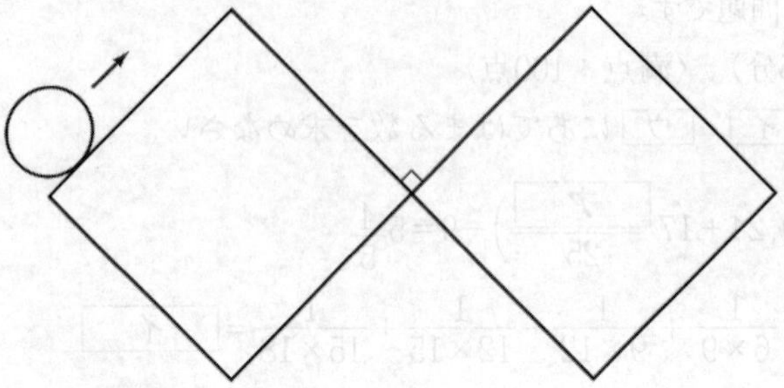
図2

(1) 図1において，円の中心が動く道のりを求めなさい。
(2) 図2において，円の中心が動く道のりを求めなさい。
(3) 図2において，円が通ったあとにできる部分の面積を求めなさい。

5 大きい直方体から小さい直方体を切り取った形をしている水そうがある。図のように水を入れる管Aと水を出す管Bがあり，始めはどちらの管も閉じている。管Aを開けて水を入れ始めてから，しばらくして管Bを開けたところ水面の高さは下のグラフのようになった。

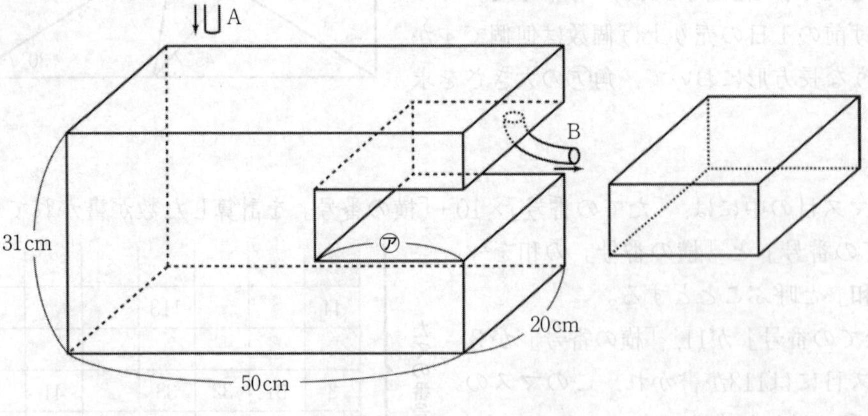

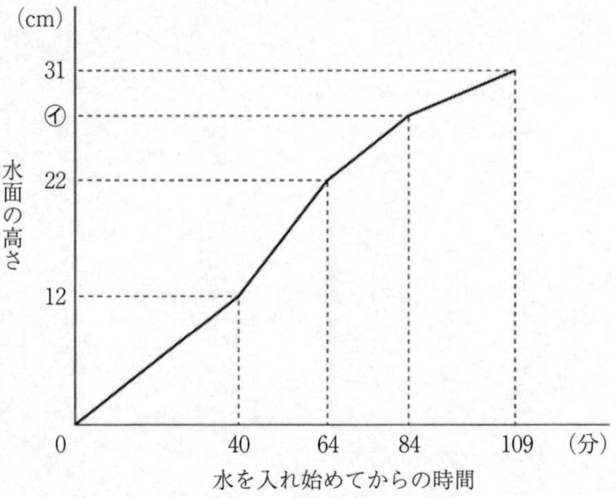

⑴　図の㋐の長さを求めなさい。

⑵　グラフの㋑に当てはまる数を求めなさい。

⑶　管Ｂを開けたときに出る水の量は毎分何cm^3ですか。

6　あるアイスクリーム工場は，アイスクリームの最大容量が1200個である冷凍庫を持っている。工場では毎分一定数のアイスクリームが生産され，冷凍庫にそのまま運びこまれる。また，アイスクリームの生産中は，ロボットを何台か使用して冷凍庫からアイスクリームを運び出す。それぞれのロボットが運び出せるアイスクリームの数は同じとする。

生産開始前の冷凍庫にすでに630個のアイスクリームが入っているとき，３台のロボットで運び出すと45分後に冷凍庫は空になり，１台のロボットで運び出すと，95分後に冷凍庫はいっぱいになる。

⑴　毎分何個のアイスクリームが生産されていますか。

⑵　ある日，生産開始前の冷凍庫に630個のアイスクリームが入っていた。この日は⑴の生産数から毎分５個増やし，３台のロボットで運び出した。何分後に冷凍庫が空になりますか。

⑶　別のある日も，生産開始前の冷凍庫に630個のアイスクリームが入っていた。この日は⑴の生産数のまま３台のロボットで運び出したが，途中で２台のロボットが同時に故障した。１台のロボットで110分間運び出し続けたところで，ロボット１台だけが直った。それ以降はロボット２台で運び出したところ，合計370分で冷凍庫が空になった。ロボット３台で運び出していた時間は何分間ですか。ただし，途中で冷凍庫がいっぱいになることはなかった。

【社　会】（25分）〈満点：50点〉

1　図１を見て，以下の問いに答えなさい。

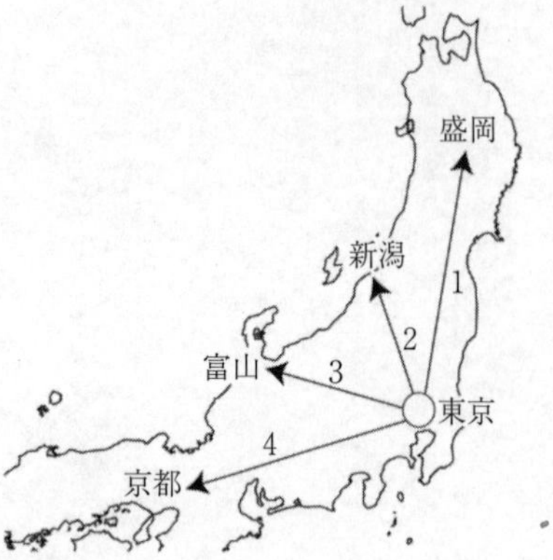

図１

問１　図２は，東京駅（上野駅を含む）から各駅への所要時間を示しています（新幹線開業前は在来線経由）。

Ａ～Ｄを図１の１～４から選び，番号で答えなさい。

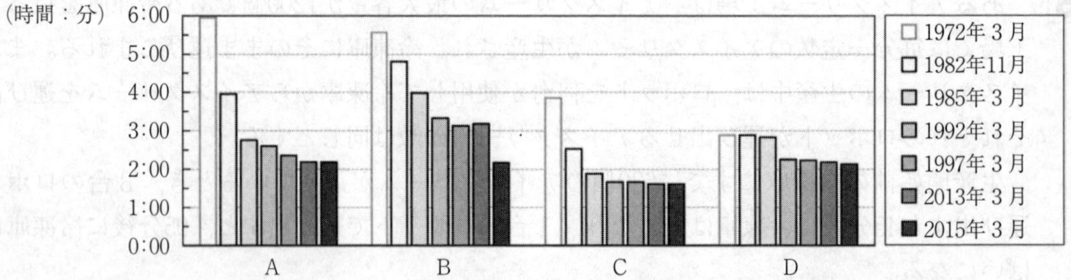

図２　（『交通公社の時刻表』『JTB時刻表』各年各月号より作成）

問２　図３は，新幹線の路線断面図を示しています。トンネル区間は，地表面の標高を表しています。Ｅ・Ｈの路線を，図１の１～４から選び，番号で答えなさい。

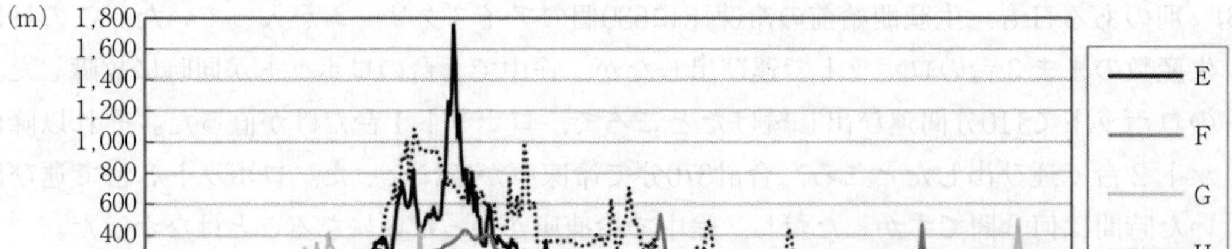

図３

（国土地理院　地理院地図より作成）

問３　表１は，農業・工業生産額を都道府県別に示しています。Ｉ～Ｌの都道府県が含む駅を選び，番号で答えなさい。

表1　（単位：億円）

	農業生産額					工業生産額					
	米	畜産	野菜	果実	計	機械	金属	化学	せんい	食品	計
I	1,503	485	321	92	2,526	17,570	8,663	8,476	733	8,488	49,589
J	566	1,628	292	142	2,741	14,471	2,457	1,494	274	4,105	26,262
K	171	125	250	19	642	22,210	3,869	3,784	967	7,397	56,588
L	434	78	54	23	629	11,643	9,897	9,647	560	1,988	39,124

計は，その他を含む。　（令和２年生産農業所得統計，2020年工業統計調査より作成）

１　盛岡　　２　新潟　　３　富山　　４　京都

問４　次のＭ～Ｐの文学作品と最もかかわりの深い沿線を含む路線を，図１の１～４から選び，番号で答えなさい。

Ｍ　『劔岳《つるぎだけ》 点の記』（新田次郎）　　Ｎ　『智恵子抄《しょう》』（高村光太郎）

Ｏ　『東海道中膝《ひざ》栗毛』（十返舎一九《じっぺんしゃいっく》）　　Ｐ　『雪国』（川端《ばた》康成）

2　北海道について，次の問いに答えなさい。

問１　図１は，作物別作付面積の構成を地域ごとに示しています。Ａ・Ｃの地域を図２の１～４から選び，番号で答えなさい。

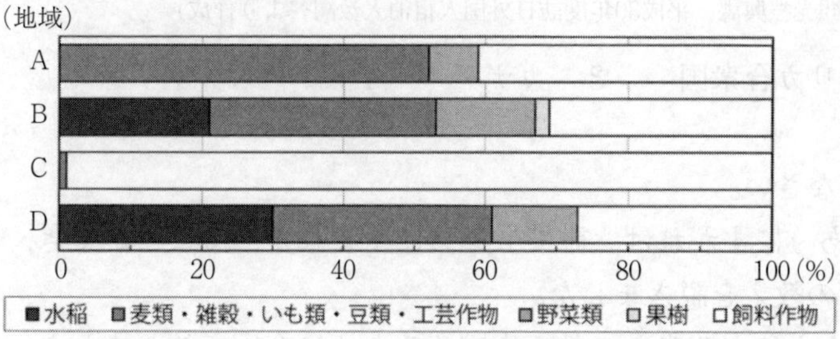

図１

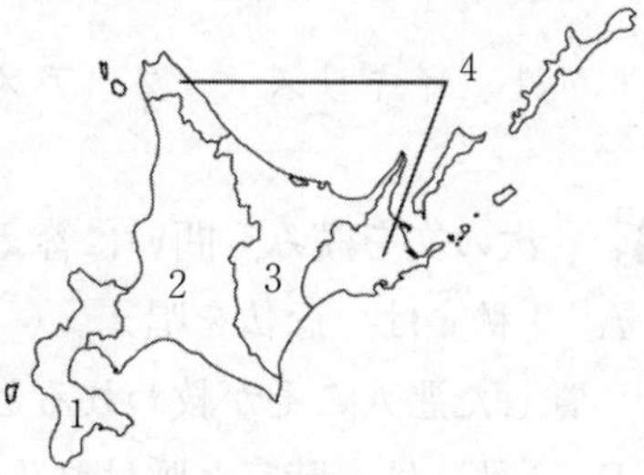

図２

（国土交通省北海道開発局　2015年北海道農業の地域で異なる特色より作成）

問２　北海道は国内有数の産炭地として栄えましたが，現存する炭鉱数は限られています。1990年から2020年にかけての石炭について正しい説明を選び，番号で答えなさい。

１　最多消費国は中国からインドに代わった

２　世界の産出量は一貫《かん》して減少した

３　国内のおもな産炭地は九州に代わった

４　日本の輸入量は約２倍に増えた

問３　日本各地における郷土料理のおもな材料のうち，石狩鍋の材料を選び，番号で答えなさい。

１　米，ごぼう，せり，とり肉，ねぎ

２　牛肉，こんにゃく，さといも，ねぎ

３　きゃべつ，さけ，大根，みそ

４　糸こんにゃく，えのき，かき，豆腐《ふ》，ねぎ，みそ

（農林水産省　うちの郷土料理 より作成）

問４　写真１は，道内を東西に結ぶ石勝線の駅名標です。これら３駅に共通する駅名の由来を選び，番号で答えなさい。

１　開拓《たく》者の出身地名

２　先住民族が呼んだ地名

３　沿線のリゾート施設

４　語呂《ろ》合わせ

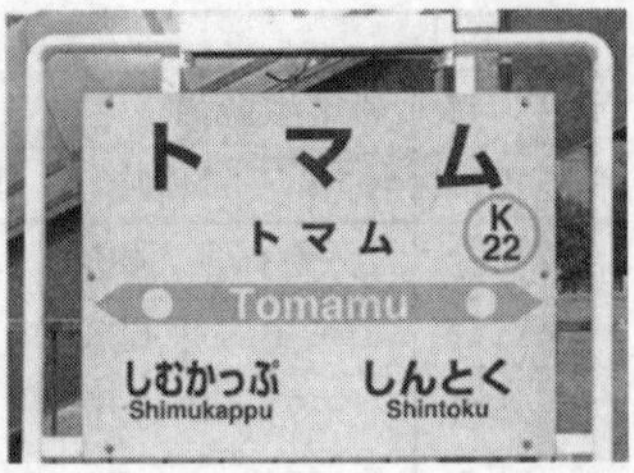

写真１

問５　図３は，道内を訪れた月ごとの外国人宿泊者数を国別に示しています。Bの国名を選び，番号で答えなさい。

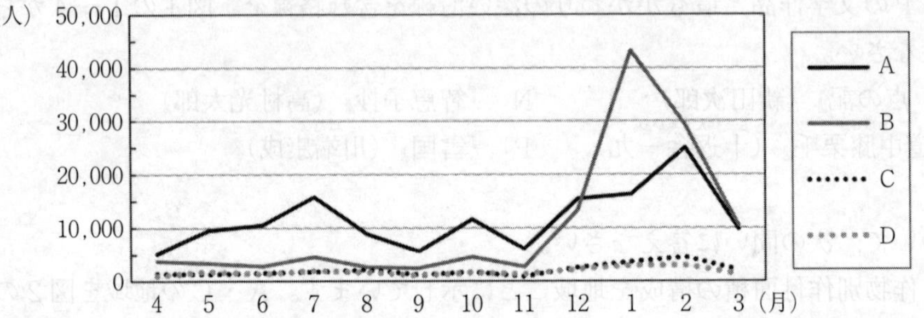

図３

（北海道経済部観光局観光振興課　平成30年度訪日外国人宿泊人数調べより作成）

１　イギリス　　２　アメリカ合衆国　　３　カナダ　　４　オーストラリア

3　次の文を読み，問いに答えなさい。

A　「私」は，念仏を唱え，（　あ　）にすがれば，誰でも極《ごく》楽に生まれ変わることができ，罪を自覚した悪人こそが救われるとの教えを説きました。

B　「私」は，時宗と呼ばれるようになる自らの教えを広めるために全国を旅しました。総本山（中心となるお寺）として（　い　）というお寺が，14世紀に創建されました。

C　「私」は，南無（　う　）という題目を唱えれば，人も国も救われるという教えを説きました。鎌倉幕府を激しく批判したこともありました。

問１　空らん（あ）～（う）にあてはまる語句を選び，番号で答えなさい。

１　薬師如来《やくしにょらい》　　２　建長寺《けんちょうじ》　　３　妙法蓮華《れんげ》経　　４　遊行寺《ゆぎょうじ》

５　観世音菩薩《かんせおんぼさつ》　　６　阿弥陀《あみだ》仏　　７　円覚寺《えんがくじ》　　８　盧舎那《るしゃな》仏

問２　A～Cの「私」は誰ですか。あてはまるものを選び，番号で答えなさい。

１　道元　　２　日蓮《れん》　　３　空也　　４　親鸞《らん》

５　法然　　６　一遍《ぺん》　　７　栄西　　８　最澄

4　史料Aは19世紀なかばに来日したイギリス人が，江戸時代末期の日本について書いたものです。（わかりやすいように変えているところがあります。）この史料を読み，問いに答えなさい。

史料A

> おそらく世界中で，日本以外に自給自足できる国は他にないであろう。日本は自国内に(ア)生活必需《じゅ》品や(イ)ぜいたく品のすべてを供給できるだけのものを十分に持っている。日本の(ウ)田畑で，生産されたものが，農家の納屋に貯蔵されている。どこの山脈からも鉱物資源が発掘《くつ》され，(エ)貴金属もまれではない。絹などの生産物が国内いたるところに豊富に産出され，(オ)朝鮮人参《にんじん》や他の薬草類が，(カ)塩魚や海草などと一緒に中国へ多量に輸出されている。

問1　史料Aを書いたイギリス人が日本に滞《たい》在できるようになった理由として正しいものを選び，番号で答えなさい。

1　オランダが出島に来航できなくなった代わりにイギリスの来航が許されたから。

2　日米修好通商条約と同じような条約がイギリスと日本の間にむすばれたから。

3　イギリス総領事ハリスの交渉によって幕府に許可されたから。

4　ロシア勢力の南下を恐れた幕府がイギリスを味方につけようとしたから。

問2　下線(ア)のうち，主食の米が不足し，多くの人が亡くなる飢《き》きんが江戸時代には何度かあった。江戸時代の飢きんに関する説明として適当なものを選び，番号で答えなさい。

1　大塩平八郎は飢きんで困っている人々を救うために江戸で乱をおこした。

2　米の値段が急上昇したため，江戸の人々は農村へ行き農民の家を打ちこわした。

3　農民たちは，百姓《しょう》一揆《き》をおこして領主に年貢《ぐ》を軽くするように要求した。

4　飢きんになって食べていけなくなった人々は京都に集まり，足軽となった。

問3　下線(イ)のうち，この時代の絹・絹糸をめぐる状況の説明として正しいものを選び，番号で答えなさい。

1　綿織物の生産は打撃を受けたが，絹糸の生産は拡大した。

2　イギリスから絹糸を輸入し，日本で染め・織りなどの加工をおこなった。

3　絹は日本原産で，日本の気候が養蚕に最適だった。

4　海外の高い製糸技術を伝えるために富岡製糸場が設立された。

問4　下線(ウ)のうち，この時代に当てはまらない農産物を選び，番号で答えなさい。

1　みかん　　2　ぶどう　　3　さとうきび　　4　てんさい

問5　下線(エ)を生産する場所は幕府に直接支配されていることが多かった。幕府が直接支配した金山は現在の何県にあったかを選び，番号で答えなさい。

1　新潟県　　2　島根県　　3　愛媛県　　4　栃木県

問6　下線(オ)の栽培に成功したころ，サツマイモの栽培も全国に広まった。この二つの作物の栽培をすすめた将軍を選び，番号で答えなさい。

1　徳川家康　　2　徳川家光　　3　徳川綱吉　　4　徳川吉宗

問7　下線(カ)は蝦夷《えぞ》地産のものが多かった。蝦夷地の産物を独占的に取り扱っていた藩《はん》を選び，番号で答えなさい。

1　薩摩《さつま》　　2　長州　　3　松前　　4　対馬

5 次の文は，1945年（昭和20年）に起きたできごとに関するものです。以下の問いに答えなさい。

A　（ あ ）（地名）で行われた会談では，この日，日本の無条件降伏《ふく》を求める宣言が採択《たく》された。

B　この日，当初の投下目標から変更された末，午前11時02分，（ い ）（地名）に原子爆弾が投下された。

C　激しい地上戦が行われた（ う ）（地名）では，のちに「慰霊《いれい》の日」となるこの日に，組織的な戦闘《とう》が終結した。

D　（ え ）（地名）で行われた会談では，この日秘密協定として，日本と中立条約を結んでいたソ連の対日参戦がとり決められた。

E　日本と同盟を結んでいた（ お ）（国名）は，連合国に東西より攻められた末，この日に降伏した。

問1　空らん（あ）～（お）にあてはまる語句を選び，番号で答えなさい。

1　沖縄　　2　イタリア　　3　カイロ　　4　長崎　　5　ロンドン
6　下関　　7　ポーツマス　　8　ヤルタ　　9　ドイツ　　10　広島
11　ポツダム　　12　フランス　　13　東京　　14　対馬

問2　A～Eを古い順に並べかえなさい。

6 次の文を読み，以下の問いに答えなさい。

日本では，経済的な理由から，こどもを生み育てることを控《ひか》える人の割合が上昇しています。(ア)合計特殊出生《しゅっしょう》率が年々低くなって少子化が進むと，将来，労働者人口が減少するので，(イ)国が集める税金の額が減って，(ウ)社会保障の財源が不足するかもしれません。一方で，(エ)国の支出は増加傾向にあるため，岸田内閣は「こども（ あ ）方針」を掲《かか》げて，異次元の少子化対策を進めています。

問1　下線(ア)の説明として，もっとも適当なものを選び，番号で答えなさい。

1　日本で一年間に生まれる子どもの平均数
2　一つの家庭で生まれる子どもの平均数
3　一人の女性が一生の間に産むと見込まれる子どもの平均数
4　日本のすべての病院で生まれる子どもの平均数

問2　下線(イ)に関して，所得や財産が大きいほど税率が高くなる課税方法を何というか，解答らんの形式に合わせて答えなさい。

問3　下線(ウ)を説明する文として，もっとも適当なものを選び，番号で答えなさい。

1　経済的に生活が苦しい人々に対して，国が生活費などを支給する制度を公的扶《ふ》助という。
2　国民全体の健康増進のために，病気の予防などを行う制度を社会保険という。
3　病気や失業の時に保険金を給付するため，国民から保険料を集める制度を社会福祉《し》という。
4　高齢《れい》者や児童，身体に障がいを持っている人など，働くことが困難な人々を援《えん》助する制度を公衆衛生という。

問4　下線(エ)に関して，次のグラフは，2010年度と2023年度の国の一年間の支出の内訳を示しています。これらのグラフの説明として，もっとも適当なものを選び，番号で答えなさい。

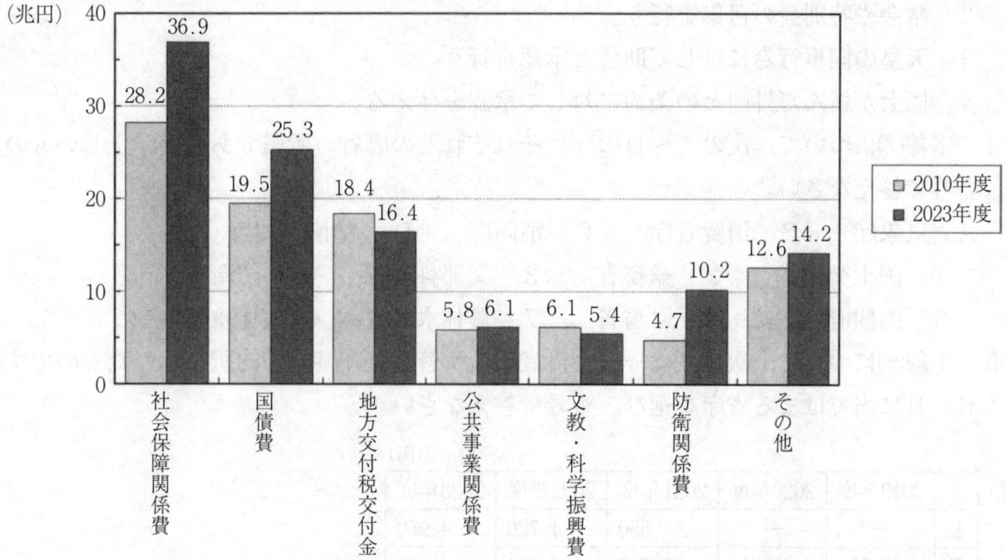

(日本国勢図会 2023/24より作成)

1　社会保障関係費は，2023年度よりも2010年度のほうが多かった。

2　2010年度も2023年度も，地方交付税交付金は5番目に支出が多い。

3　2023年度の公共事業関係費と文教・科学振《しん》興費は，2010年度と比べて1兆円以上減っている。

4　2023年度の防衛関係費は，2010年度より2倍以上に増えている。

問5　空らん(あ)に当てはまる語句を，漢字4字で答えなさい。

7　次の文を読み，以下の問いに答えなさい。

内閣は，内閣総理大臣とその他の(ア)国務大臣で構成され，(イ)国会で決められた法律や予算にもとづいて国の仕事を進めていく機関です。(ウ)内閣の仕事は多岐《き》にわたるため，外交，教育，社会保障などの様ざまな仕事は，(エ)各省庁が分担して行っています。(オ)それぞれの省庁は国からの予算をもとに社会の状況や求めに応じた仕事をしています。

問1　下線(ア)の説明として適当でないものを選び，番号で答えなさい。

1　国務大臣は文民でなければならない。

2　国務大臣は内閣が指名し，天皇が任命する。

3　国務大臣は国会議員でなくても務めることができる。

4　国務大臣は任命できる人数に上限がある。

問2　下線(イ)の説明として適当でないものを選び，番号で答えなさい。

1　予算案は衆議院が先に審《しん》議をすると決められている。

2　法律案は内閣と国会議員のみが国会に提出できる。

3　予算案は両議院が異なる議決をした場合，必ず両院協議会が開かれる。

4　法律案は両議院が異なる議決をした場合，衆議院の議決がただちに国会の議決となる。

問3　下線(ウ)の説明として適当なものには○を，適当でないものには×をそれぞれ解答らんに記入しなさい。

1　憲法やその他の法律を実施するために政令を制定する。

2　常会や特別会の召集を行う。

3　天皇の国事行為に対して助言と承認を行う。

4　国会が結んだ外国との条約に対して承認を与える。

問４　下線(エ)について，次のＡ～Ｄの庁はそれぞれどの府省の所属であるか，正しいものを選び，番号で答えなさい。

Ａ　気象庁　　Ｂ　消費者庁　　Ｃ　消防庁　　Ｄ　スポーツ庁

1　国土交通省　　2　総務省　　3　文部科学省　　4　防衛省

5　内閣府　　6　財務省　　7　農林水産省　　8　環境省

問５　下線(オ)について，次の表は一般会計歳出の所管別(省庁別)の内訳を示したものです。表のＥ～Ｈに当てはまる省庁を選び，番号で答えなさい。

（単位　億円）

	2019年度	2020年度	2021年度	2022年度	2023年度
E	—	—	650	4,720	4,950
F	8,190	8,210	7,940	7,440	7,250
G	315,320	403,750	447,300	335,160	331,690
H	19,920	171,140	76,240	9,020	8,810

2021年度までは決算，2022，2023年度は当初予算。

（『日本国勢図会 2023/24』より作成）

1　経済産業省　　2　厚生労働省　　3　デジタル庁　　4　法務省

【理　科】（25分）〈満点：50点〉

1 海にすむ生物について，以下の問いに答えなさい。

問１　次の□は，海にすむ生物同士の食べる・食べられるの関係を表しています。□の中の生物Ａ，Ｂ，Ｃにあてはまる組み合わせとして最も適切なものを下の中から１つ選び，番号で答えなさい。

Ａ→アミ(動物プランクトンの仲間)→Ｂ→Ｃ

1　Ａ：クラゲ　　Ｂ：アジ　　　Ｃ：マグロ
2　Ａ：ケイソウ　Ｂ：イワシ　　Ｃ：マグロ
3　Ａ：クラゲ　　Ｂ：ケイソウ　Ｃ：マグロ
4　Ａ：ケイソウ　Ｂ：アジ　　　Ｃ：イワシ
5　Ａ：クラゲ　　Ｂ：イワシ　　Ｃ：アジ

問２　自然界の生物同士の食べる・食べられるの関係は，問１のように，「○○が△△を食べる」といった一対一の関係だけではありません。例えば，ジンベエザメが食べるものとして最も適切なものを次の中から１つ選び，番号で答えなさい。

1　クラゲとイワシ　　2　ケイソウとクラゲ　　3　アミとマグロ
4　ケイソウとマグロ　5　アミとイワシ　　　　6　アジとマグロ

問３　アミを観察するためプレパラートを作製し，けんび鏡のステージにのせたところ，図１で示した位置にアミが見えました。アミの様子を拡大してさらにくわしく観察するには，この後どのような操作を行えばよいですか。次の中から正しい操作を３つ選び，それらの番号を操作する順番に並べて答えなさい。

図１

1　プレパラートを左上方向に動かして，アミを視野の中央に移動させる。
2　プレパラートを右下方向に動かして，アミを視野の中央に移動させる。
3　接眼レンズをのぞきながら，調節ねじをまわしてピントをあわせる。
4　レボルバーをまわして，対物レンズをより低倍率のものに替《か》える。
5　レボルバーをまわして，対物レンズをより高倍率のものに替える。

問４　アジは海水中にすんでおり，体液(血液など体内の液体)の塩分の濃さは海水に比べて低くなっています。次の文は，アジが体液の塩分の濃さを一定に保つためのしくみを説明しています。文中の空らん(Ｘ)～(Ｚ)にあてはまる語句の組み合わせとして，最も適切なものを下の中から１つ選び，番号で答えなさい。

アジは海水を飲むことで水と塩分を体内に取り込《こ》んでおり，川にすむ魚にくらべて尿《にょう》の量は(　Ｘ　)，その塩分の濃さは体液と同じ程度である。しかし，それだけでは体内の塩分の量が(　Ｙ　)なってしまうので，えらを通じて余分な(　Ｚ　)を体外に出している。

1　Ｘ：多く　Ｙ：多く　　Ｚ：塩分
2　Ｘ：多く　Ｙ：多く　　Ｚ：水
3　Ｘ：多く　Ｙ：少なく　Ｚ：塩分

4　X：多く　　Y：少なく　Z：水
5　X：少なく　Y：多く　　Z：塩分
6　X：少なく　Y：多く　　Z：水
7　X：少なく　Y：少なく　Z：塩分
8　X：少なく　Y：少なく　Z：水

問5　海にすむ生物の一部は，人間による乱獲《かく》や海洋汚染，気候変動などによって，絶滅《めつ》の危機にさらされています。近年では，スーパーマーケットなどで購《こう》入できる魚介《かい》類の一部に，「海のエコラベル」という表示が見られるものがあります。このラベルを説明した次の文中の□にあてはまる語句を，漢字4字で答えなさい。

> この表示は□な漁業で獲《と》られた水産物であることを示し，消費者がこのラベルのついた海産物を選ぶことによって，世界の海洋保全を間接的に応援《えん》することができる。

問6　以下の生物は，日本近海で獲られている水産物です。これらのうち，自然界での数を近年大きく減らしており，国際自然保護連合(IUCN)のレッドリストでも絶滅の危険性が高いとされている水産物を次の中から2つ選び，番号で答えなさい。

1　スルメイカ　　2　ニホンウナギ　　3　サンマ
4　マダイ　　　　5　クロマグロ

2　人類は1969年に月の有人探査を成功させました。その後，月の有人探査は行われませんでしたが，2022年の無人の月周回ミッションなど，将来の月の利用につながる，新たな月探査計画「アルテミス計画」が始まっています。以下の問いに答えなさい。

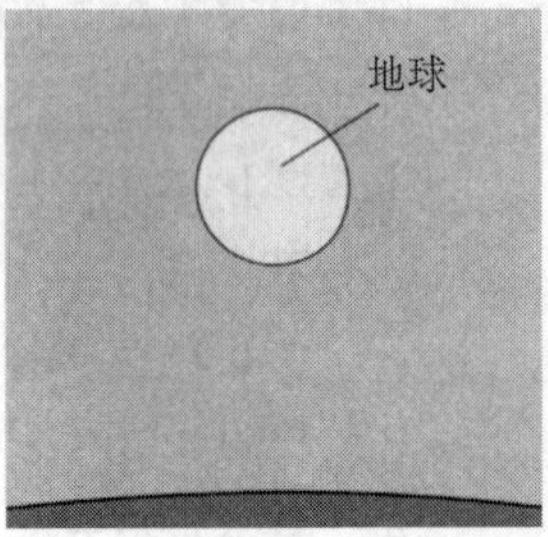

問1　月面から右図のような地球が見えるとき，地球から見た月はどれになりますか。次の中から最も近いものを1つ選び，番号で答えなさい。

1　満月　　　2　三日月　　3　上弦《げん》の月
4　下弦《げん》の月　　5　新月

問2　次の文の空らんの(ア)～(エ)にあてはまる語句を下の中からそれぞれ選び，番号で答えなさい。

> 月に基地をつくり，人が滞《たい》在する場合，月にある水(氷)を使うことを考えています。水は(　ア　)と(　イ　)からできており，電気を用いると水からこれらを取り出すことができます。(　ア　)は，人が呼吸に使うことができ，人が呼吸で出した(　ウ　)は水などとあわせて植物を育てることもできます。また，水から取り出した(　イ　)は(　ア　)があるときに火をつけると爆《ばく》発し，(　エ　)が急激に増加するのでロケットの燃料に使用できます。

1　水素　　　2　窒《ちっ》素　　3　酸素　　4　二酸化炭素
5　水蒸気　　6　重さ　　7　体積　　8　濃さ

問3　月に人が滞在するための基地は，月の赤道付近よりも月の南極付近に建設するのがよいと考えられています。その理由として正しいものを次の中から1つ選び，番号で答えなさい。

1　月の赤道付近は，月の南極付近よりも物を持ち上げる時に必要な力が大きくなるから。

2　月の赤道付近は，月の南極付近よりも地球から離れているから。

3　月の南極付近には，地面の凹凸《おうとつ》により日光が長時間あたる場所があるから。

4　月の南極付近の太陽高度は，月の赤道付近よりも高いから。

5　月の南極付近の方が，月の赤道付近よりも火星に近いから。

問4　月の南極付近に基地を作り，太陽光パネルを設置し発電する計画があります。太陽光パネルの設置について，次の中から正しいものを1つ選び，番号で答えなさい。

1　月の南極付近は太陽高度が高いので，太陽光パネルを月面に対して90度の角度で設置する。

2　月の南極付近は太陽高度が高いので，太陽光パネルを月面に対して0度の角度で設置する。

3　月の南極付近は太陽高度が低いので，太陽光パネルを月面に対して90度の角度で設置する。

4　月の南極付近は太陽高度が低いので，太陽光パネルを月面に対して0度の角度で設置する。

問5　天体が物体を地面の方に引く力(重力)の大きさは，その天体が重いほど大きくなります。月は地球よりも軽いので，月の重力の大きさは地球の重力の大きさよりも小さくなります。将来，月の基地から火星探査に向かう計画がありますが，地球からロケットを打ち上げるよりも，月からロケットを打ち上げた方がよい点を15字以内で答えなさい。

3　2種類の豆電球A，Bを使っていろいろな回路をつくりました。豆電球Aは豆電球Bよりも電流が2倍流れやすく，豆電球Aと豆電球Bをそれぞれ同じかん電池につないだ場合，豆電球Aに流れる電流の大きさは豆電球Bに流れる電流の大きさの2倍になります。以下の問いに答えなさい。ただし，図に用いられている記号は下に示されたものを表しています。

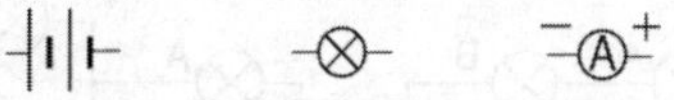

かん電池(2個)　豆電球　電流計

(+と−はプラス端子《たんし》，マイナス端子を表す)

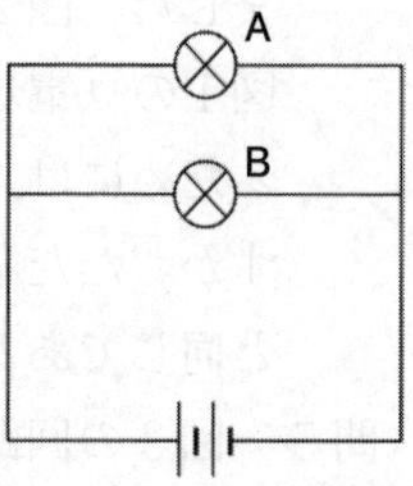

図1

問1　図1のような豆電球のつなぎ方は，何つなぎといいますか。

問2　図1の回路のとき，豆電球Aに流れる電流の大きさを測定する電流計のつなぎ方として正しいものを次の中から1つ選び，番号で答えなさい。

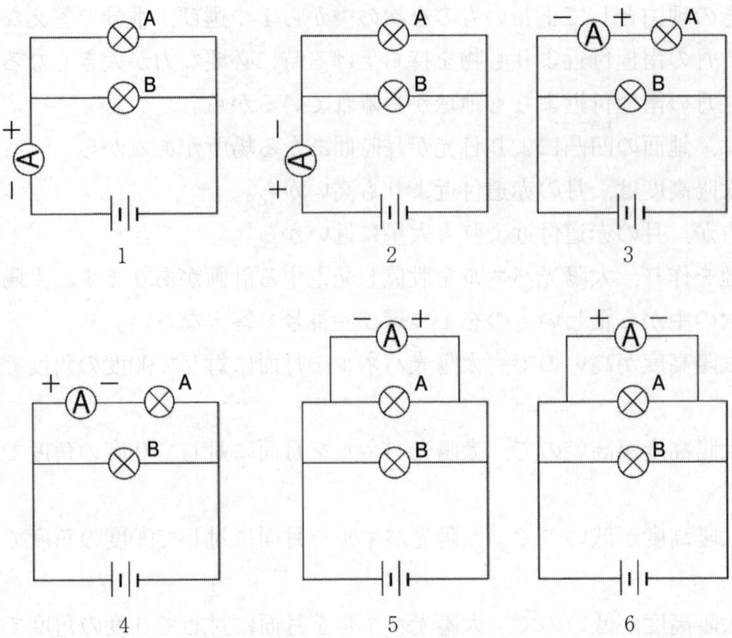

問３　回路に流れている電流の大きさが予想できないとき，電流計のマイナス端子のつなぎ方として，正しいものを次の中から１つ選び，番号で答えなさい。

１　まず，はかれる電流が一番大きい端子につなぎ，針のふれが小さいときは，となりのより小さい電流がはかれる端子につなぎ替《か》える。

２　まず，はかれる電流が一番小さい端子につなぎ，針のふれが大きいときは，となりのより大きい電流がはかれる端子につなぎ替える。

３　まず，はかれる電流が一番大きい端子につなぎ，針のふれが大きいときは，となりのより小さい電流がはかれる端子につなぎ替える。

４　まず，はかれる電流が一番小さい端子につなぎ，針のふれが小さいときは，となりのより大きい電流がはかれる端子につなぎ替える。

問４　図１の豆電球Ａ，Ｂを図２のようにつなぎ替えました。図２の豆電球Ａに流れる電流の大きさを，図１の豆電球Ａに流れる電流の大きさと同じにするためには，図２の回路にかん電池が何個必要ですか。ただし，かん電池の種類とつなぎ方は図１と同じであるとします。

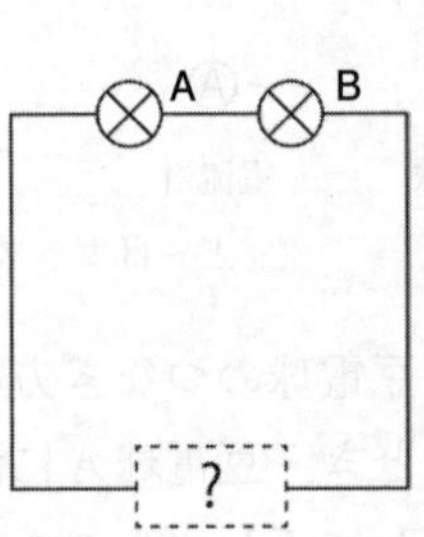

図２

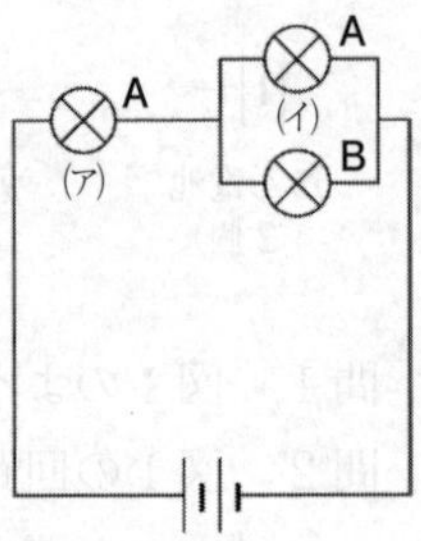

図３

問５　図３の回路で，(ア)の豆電球Ａに流れる電流の大きさは，(イ)の豆電球Ａに流れる電流の大きさの何倍ですか。答えが割り切れない場合は，小数第２位を四捨五入して，小数第１位まで答えなさい。

問６　家庭用の電球には，昔は白熱電球と呼ばれるものが使われていました。その後，電球型の蛍《けい》光灯が使われるようになり，最近では別の発光体が使われることが多くなりました。家庭用の電球に最近使われている発光体の名前を，アルファベット３字で答えなさい。

問７　全国の信号機では，いままで使われていた電球が問６の発光体に置きかわりつつあります。

その理由を1つ，15字以内で答えなさい。

4　次の1～9の気体について，以下の問いに答えなさい。

1	窒《ちっ》素	2	水素	3	塩化水素	4	酸素	5	二酸化炭素
6	アンモニア	7	二酸化硫《い》黄	8	アルゴン	9	メタン		

問1　この気体は水に溶け，その水溶液は酸性になりました。この気体としてあてはまるものを，1～9から3つ選び，番号で答えなさい。

問2　この気体は水に溶け，その水溶液にBTB溶液を加えると青色になりました。この気体としてあてはまるものを，1～9から1つ選び，番号で答えなさい。

問3　この気体は無色で刺激臭《しげきしゅう》がしました。この気体としてあてはまるものを，1～9からすべて選び，解答らんの数字を○で囲みなさい。

問4　1～9の気体の中で空気中に2番目に多く含まれている気体，および3番目に多く含まれている気体を，それぞれ番号で答えなさい。

問5　1～9の気体の中で地球温暖化に大きな影響を与えている気体を2つ選び，番号で答えなさい。

ある気体を水上置換《かん》法でペットボトルに集めました。ペットボトルの体積の80%くらいまで集めた後，水中でペットボトルにキャップを付けて取り出しました。その後，このペットボトルをよく振《ふ》ってしばらく置いておくと，ペットボトルがつぶれました。

問6　この気体を発生させるために使用したものを次の中から2つ選び，番号で答えなさい。

1	過酸化水素水	2	炭酸カルシウム	3	亜鉛《あえん》
4	水酸化ナトリウム	5	塩化アンモニウム	6	二酸化マンガン
7	塩酸	8	石灰水		

問7　この実験でペットボトルがつぶれてしまったのは，ペットボトルの中にある気体による力とペットボトルの周りにある空気による力のバランスがくずれてしまったことによるものだと考えられます。このバランスがくずれてしまったのはなぜですか。その理由を25字以内で答えなさい。

【英　語】（60分）〈満点：100点〉

注意　試験開始からの40分はこの問題用紙の問題のみを解答すること。監督者の指示があるまでは，解答用紙(2)の作文を始めないこと。

Listening 〈編集部注：放送文は未公表につき掲載してありません。〉

The listening test consists of two parts : Part A and Part B. You will hear instructions at the beginning of each part. You may take notes in your test booklet.

Part A : Short Conversations

For Part A, you will hear five short conversations. Choose the best reply to complete each conversation. Write the letter of the best answer choice on your answer sheet. You will hear each conversation only once.

EXAMPLE

A : Hi.

B : May I help you ?

A : I'm looking for the fiction section. Whereabouts is it ?

B : __________________

A. You'll find the non-fiction section on the 1st floor.

B. We have over 10,000 books in this store.

C. Each book costs 2,000 yen.

D. You'll find it on the 2nd floor.

The best answer is D.

1. A. That's a great idea. I'll be there when you get home.
   B. Oh, nothing special. Maybe we could study together ?
   C. Let's stop and get a milkshake since we don't have any homework today.
   D. Sorry, I left my textbooks at school, but I can join you later.
2. A. Oh dear, I'm sorry your trip was cancelled.
   B. Let me know if there's anything I can do to help.
   C. Well, at least it wasn't a complete disaster.
   D. Wow, I wish I could have joined you.
3. A. Yes, as I say, it's basically a course for absolute beginners.
   B. Yeah, it's aimed at people like you who are already professional actors.
   C. Yeah, whatever you can bring to the course is fine ; everyone is welcome.
   D. Yes, I'm sorry if that wasn't clear from the advertisement.
4. A. Really ? I think they stand a pretty good chance.
   B. What makes you so sure they're going to win ?
   C. You can come and watch it at my house if you like.
   D. I know what you mean. That would be awesome.
5. A. I'm not sure that I'm really qualified for that, but I can give it a shot if you like.

B. Hey, thanks for the offer, but I think I'll take a rain check on this one, okay?
C. It hadn't dawned on me that the new design would be hitting the press already.
D. Why not sleep on it for a couple of days and let me know when you're ready?

Part B : Radio Interview

For Part B, you will listen to an interview about the Finnish education system. After the interview you will hear five questions. Choose the best answer to each question and write the letter on the answer sheet. You will hear the interview and the questions only once.

1. A. He designed one of the most successful schools.
B. He presented at an education conference.
C. He is the principal of a successful public school.
D. He used to be a teacher at a school in Finland.

2. A. When teachers graduate, there are not many jobs available for them.
B. Not many applicants are chosen and the training takes a long time.
C. Many of the students drop out because it is so difficult.
D. Not many applicants apply, so there is a long waiting period.

3. A. It is highly creative, but there isn't much innovation.
B. There is no national curriculum, and teachers can do as they please.
C. There is very little balance between academic subjects.
D. The government guidelines on course content are flexible.

4. A. Students are tested regularly to check their knowledge.
B. He sees students taking positive action in the community.
C. He sees that students come to school more often than not.
D. Students are required to pass all of their courses.

5. A. The study of foreign languages and digital skills
B. More homework and support of Early Childhood education
C. A focus on developing both Finnish language and cultural knowledge
D. Less time spent in classes and the study of foreign languages

Reading

Read the passages and choose the best answer to the questions that follow.

Passage One

Hardly anybody likes bats, which is truly unfortunate because bats do much more good than harm. They eat enormous quantities of insects, to the benefit of crops and people alike. Brown bats, the most common species in America, consume up to six hundred mosquitoes per hour. Tiny Pipistrelle bats—which weigh no more than a small coin—devour three thousand insects apiece in the course of a night's sweepings. [1] Without bats there would be a lot more midges in Scotland, chiggers in North America and fevers in the tropics. Forest trees would be chewed to pieces. Crops would need more pesticides.

The natural world would become a very stressed place. Bats are also vital to the life cycles of many plants through pollination and seed dispersal. A Seba's bat—a tiny bat in South America—will eat as many as sixty thousand tiny seeds per night. The seed distribution of a single colony of Seba's bats—about four hundred bats—can produce nine million seedlings of new fruit trees a year. Without the bats, those fruit trees wouldn't exist. Bats are also critical to the survival in the wild of avocados, bananas, cashews, dates, mangoes and peaches, among others.

[**2**] About a quarter of bat species are on extinction watch lists—that is an appallingly high proportion for such a vital creature—and over 40 species teeter on the very edge of extinction. Because bats are so reclusive and often so difficult to study, much about their population numbers remains uncertain. In Britain, for example, the greater mouse-eared bat was assumed to have died out after being declared extinct in 1992—until a single male was found in a network of tunnels in West Sussex in 2002, and our ability to effectively monitor their number was thrown into question.

[**3**] What is certain is that the situation may be about to get much worse. In early 2006 a highly **lethal** new fungal disease, called white nose syndrome (because it turns the hair around the bat's nose white), was discovered among hibernating bats in a cave in New York. The disease kills up to 95% of the bats that it infects. It has now spread to 33 U.S. states and seven Canadian provinces and will almost certainly spread further. As of last year, scientists were still not sure what it is about the fungus that kills its host, how it spreads, where it originated or how to stop it. All that is certain is that the fungus is specially adapted to survive in cold conditions—not good news for the bats of much of North America, Europe and Asia.

[**4**] Of course, it is not just bats that we need to worry about. Lots of creatures are so unassuming, and often so little studied, that we barely notice when they go extinct. Britain lost 20 species of moth in the 20th century, and yet there was hardly any reaction. About 75% of species of British moths have undergone a population decline. Agricultural intensification and more powerful pesticides are among the probable causes for population declines, but no one actually knows. Butterflies are similarly suffering, with at least eight species at all-time lows in Britain, again for reasons that can only be supposed. The consequences of this may be considerable. Birds are often dependent on healthy moth and butterfly populations. A single family of blue tits can require 15,000 caterpillars in a season. So declines in insect populations will mean declines in bird populations, too.

1. Choose the best location in the passage for the following sentence: **However, today bats are among the most endangered of all animals.**

A. [**1**]　B. [**2**]　C. [**3**]　D. [**4**]

2. According to the passage, what percentage of bat species are in danger of extinction ?

A. about 25%　B. over 40%　C. about 75%　D. up to 95%

3. Choose the word with the closest meaning to the underlined **lethal** in the 3rd paragraph.

A. preventable　B. novel　C. deadly　D. obscure

4. Which of the following is NOT implied by the passage ?

A. Some plants depend on bats to protect them from insects and to spread their seeds.
B. Sometimes it is not clear whether a species of bat has become extinct or not.
C. Bats native to warmer areas are less likely to be threatened by white nose syndrome.
D. Bats are necessary to the survival of moths, butterflies and bird populations.

5. What is the best title for this passage ?

A. Natural Food Chain Threatened by the Extinction of Bats
B. Decline in Insect Populations Leads to Conservation Crisis
C. Small Creatures Play a Big Role in the Balance of Nature
D. Sustainable Development Key to Survival of Neglected Species

Passage Two

How did he do it ?　How did Chris get to be so knowledgeable, Max wondered.

"Ireland has a very rainy climate and rain is very effective in breaking down rock to form soil, and also in distributing nutrients through the soil. But the soil here is also quite sandy, because we're at the mouth of an estuary."

"What is an estuary, Dad ?"

"An estuary is any coastal area where fresh water from rivers and streams mixes with salt water from the ocean. So, estuaries form the boundaries between land systems and marine systems. They tend to have very rich soil because it's full of decaying plants and animals. Look, here in the subsoil, for instance . . ."

Oh, it was impressive stuff, Max had to admit. But then, you would expect Chris to know about soil. He had been teaching geology at university level for twenty years, and now he was a senior lecturer. Max wondered if his own daughter Lucy realised this. Probably not. She was starting to stare at Chris with the same starry-eyed adoration as his own children.

Soon Chris and his children moved on, chatting away happily, making their way back to the campsite. Lucy, meanwhile, held herself back uncertainly. She took her father's hand again and looked up into his eyes. It wasn't at all clear that she had understood the finer points of that little lecture, but she had definitely understood something: she had understood the bonds of faith and admiration that connected Chris's children to their father; she had understood the cheerful attention with which they had listened to him. She had understood all of this, and Max knew, now, that she was wondering why the same feelings did not bind her to her own father. Or, rather, she was now searching for those feelings, with a kind of sad hope. She wanted to be talked to in that way. She wanted her father to explain the world to her, with the same confidence and authority that Chris beamed out to his children with every word. As they, too, began to walk on, she looked around her, and Max knew that she was taking in her surroundings with a new kind of curiosity; knew that she was going to have questions of her own to ask him, soon, and that he would be expected to have the answers.

It happened sooner than he had been anticipating.

"Daddy," she began, innocently enough.

"Mmm ?" said Max, stiffening himself full of expectation.

"Daddy, why is the grass green ?"

Max laughed, as this was the simplest question in the world ; opened his mouth to allow the answer to fall almost carelessly from his lips ; then stopped, as he realised that he didn't have the faintest idea what to say.

Why is the grass green ? What kind of question was that ? It just *was* green. Everybody knew that. It was one of those things you took for granted. Had anybody ever explained to him why the grass was green ? At school, maybe ? What would that have come under—biology, geography ? That was ages ago. Of course Chris would know, yes. He would know that it was something to do with . . . was it chromo something, something like that ? Didn't *chromo* mean *colour* in Greek, or Latin ? Chromosomes—was it something to do with chromosomes ? Or that other thing that sunlight did to plants . . . photo . . . photo . . . photosynthesis. Was that what made things go green . . . ?

He glanced down at Lucy. She was looking up at him patiently, trustingly. She seemed very young, for a moment, younger even than her seven years.

It was no use. Silence would be the worst response of all. He was going to have to tell her *something*.

"Well . . ." he began. "Well, every night, the fairies come out, with little paintbrushes and their pots of green paint . . ."

God, he hated himself sometimes.

1. What is the relationship between Chris and his children ?

A. Chris presents the facts as he knows them and acts as a teacher.

B. Chris seems unable to relate to his children in a way they understand.

C. Chris doesn't care if his children understand him and makes no effort.

D. Chris is a very strict father who insists that his children respect him.

2. What view does Max seem to have of Chris ?

A. Max does not believe that Chris is acting as a "good" father should.

B. Max is concerned about Chris's future career.

C. Max seems jealous of Chris's ability to connect with his children.

D. Max wonders how much of Chris's lecture his children actually understood.

3. How does Lucy feel about Chris's relationship with his children ?

A. superior B. suspicious C. embarrassed D. envious

4. Why does Max tell Lucy that fairies are responsible for the colour of the grass ?

A. He does not think that Lucy is able to understand the complex truth.

B. He feels that giving the correct answer will destroy Lucy's innocence.

C. He gives this answer to avoid revealing that he simply does not know.

D. He doesn't like Chris's teacher-like tone and dismisses it entirely.

5. What does the last line of the passage reveal about Max ?

A. He doesn't care what answer he gives, and doesn't take anything seriously.

B. He doesn't like the fact that he took the easy way out again.

C. He doesn't like the way Chris speaks to his children.

D. He doesn't feel any regret about giving Lucy a weak answer.

Grammar

Part A

Choose the best answer to complete each sentence.

1. I've lived in so many different cities, but the only one I liked was Kyoto. I didn't like living in ______.

A. others　B. another　C. the other　D. the others

2. We've got enough food, so we ________ go shopping.

A. hadn't better　B. shouldn't have

C. don't have to　D. need not to

3. Although most of the citizens liked the mayor, they demanded that she ______ in jail when she was arrested as a suspect.

A. puts　B. put　C. will put　D. be put

4. I regret ______ you that Jane is not coming to the party tonight.

A. to inform　B. informing　C. to informing　D. informing to

5. David quit his job without telling his wife, ______ made her angry.

A. that　B. which　C. it　D. of which

6. ________ come to work five days a week.

A. Every worker has to　B. Every workers have to

C. Every worker have to　D. Every workers has to

7. If the diplomat hadn't shared his knowledge of the country with us, we ______ the chance to learn about its culture.

A. would never had　B. would never have had

C. will never have　D. had never had

Part B

Change the order of the words in the parentheses to complete each sentence. Write only the words in the parentheses on your answer sheet.

1. I slipped on the wet floor in the kitchen. I looked up and found that (ceiling / dripping / had / the / through / we / water).

2. We'd like to invite you to our house for dinner next week. On (are / available / day / do / think / which / you / you) ?

3. It (on / spot / that / this / very / was) Columbus first landed.

Vocabulary

Choose the best answer to complete each sentence.

1．The ______ reason for people going to that hospital is to receive treatment for sports injuries.

A．controversial　B．principal　C．nutritious　D．exceptional

2．The scientists had to do more research to ______ their theory.

A．confirm　B．acknowledge　C．acquire　D．correlate

3．James had to leave the company ________ his poor performance.

A．as a condition of　B．according to

C．on account of　D．in case of

4．Before the next debate, let's collect as much information as possible that is ______ to this topic.

A．relevant　B．available　C．ambiguous　D．familiar

5．John worked hard every day so as not to be a ______ on his family.

A．disorder　B．relief　C．depression　D．burden

6．My elementary school English teacher, with her passion for literature, ______ me to become a writer.

A．inspired　B．employed　C．interested　D．concerned

7．The village was utterly ______ by the severe flooding that followed the tropical storm.

A．discarded　B．diminished　C．devastated　D．disregarded

8．Following a rise in crime this year, police are planning to ________ gangs who operate in the city.

A．cash in on　B．get away with

C．make do without　D．crack down on

9．As an April Fool's prank, we told Andrew that we'd seen a raccoon in the garden, and he rushed outside to look for it. It took ages before he ________ that we were joking.

A．ruled out　B．caught on　C．backed down　D．played along

10．Jenny already has after-school classes four days a week and dance lessons every weekend. Now, on top of all that, she wants to start taking piano lessons, too. I'm worried that she might end up ________.

A．beating herself up　B．letting herself down

C．checking herself in　D．burning herself out

作文

Write about someone or something that has changed you in a positive way.

（注意）　1．作文は英語で書くこと。

　　　　　2．時間は20分です。

を次の中から選び、記号で答えなさい。

ア　決勝にいけなくて、残念だったね

イ　転んじゃって、ごめんね

ウ　冷たくされて、悲しかったな

エ　優しくしてくれて、ありがとう

問九　――6「ぬめりとした」とありますが、奥山くんの手が濡れていたのは、この後、何をすることに緊張していたからですか。説明しなさい。

問十　――7「私の涙腺がゆるみ」とありますが、それは奥山くんの言葉から何を知ったからですか。解答らんに合うように二十字以上二十五字以内で本文中の一節をぬき出して答えなさい。

四

以下の①から⑮までのもののうち、あなたが「世の中をハッピーにしている」と考えるものを三つ選び、その理由を一五〇字以内で説明しなさい。

① 独立　② 鉄道　③ リゾートホテル

④ 誕生日　⑤ 国家　⑥ オリンピック

⑦ スポーツ　⑧ 藤沢　⑨ プロフェッショナル

⑩ 自動車　⑪ 温泉　⑫ ファッション

⑬ 学校行事　⑭ 自然　⑮ オーディション

※ 原《げん》稿《こう》用《よう》紙《し》の使い方に従って書くこと。ただし、一マス目から書き始め、改段落はしないこと。

※ 解答の文章中に①から⑮までの語を書かないこと。例えば「オーディションは」と書かずに「⑮は」とすること。

ほどけていく。自らの手でこじらせていた紐のむすびめが解けていく。

「ありがとう」

地を踏《ふ》む足の軽さにふらつきながらも、初めて自分から奥山くんに手をさしのべた。

「こちらこそ、ありがとう」

再びつなぎあわせた手。それだけで十分だった。ためらいなく握手《あくしゅ》をしてくれた彼の濡れた掌に、十五年前の真実が宿っている。

わかりあうために必要な年月もある。人は、生きるほどに必ずしも過去から遠のいていくのではなく、時を経ることで初めて立ち返れる場所もあるのだと、触れあった指先にたしかな熱を感じながら思った。

（森　絵都「むすびめ」より）

※出題の都合上、本文の一部を改稿《かいこう》しています。

注1　**サワー**　酒の一種。「二杯で抑えていた」とは酔《よ》わないようにしていたということ。

注2　**観音**　仏教において、人々をあわれみ、苦しみを除き、救いの求めに応じてくれる存在。

注3　**慟哭**　ひどく悲しんで、激しく泣くこと。

注4　**居住まい**　姿勢や態度。

注5　**マスカラ**　まつげを濃《こ》く見せるために塗る化粧品《けしょうひん》。

注6　**どんぐりまなこ**　どんぐりのように丸くてくりくりした目。

注7　**ドーラン**　演者が舞台《ぶたい》やテレビ撮影《さつえい》で使う化粧品。

注8　**後生大事**　物事をいつまでも大切にすること。

注9　**珍経験**　めずらしい経験のこと。

注10　**昇華**　物事をより高い程度にたかめること。

注11　**呵責**　責めさいなむこと。

注12　**SP**　要人の身辺を警護する私服警官。

注13　**低頭**　頭を低く下げること。

注14　**上弦の月**　新月から満月になる間の半円状に見える月。

問一　――1「教えてほしいこと」の内容を具体的に表現しているセリフをぬき出して、最初の五字で答えなさい。

問二　空らん[A]に当てはまる最も適切な言葉を次の中から選び、記号で答えなさい。

ア　寛容《かんよう》　**イ**　厳格　**ウ**　悲壮《ひそう》

エ　優秀《ゆうしゅう》　**オ**　冷静

問三　空らん[B]・[C]に共通して当てはまる適切な漢字一字を答えなさい。

問四　――2〜5は次の**ア**・**イ**のどちらですか。それぞれ記号で答えなさい。

ア　その時に本当に起きていて、かつ、私もそう感じていたこと、またはそう考えていたこと。

イ　その時に起きてはいなかったが、私がそう感じていたこと、またはそう考えていたこと。

問五　空らん[D]に当てはまる最も適切な言葉を次の中から選び、記号で答えなさい。

ア　いじけた　**イ**　くやしい

ウ　大胆な　**エ**　不安な

問六　空らん[E]に当てはまる最も適切な言葉を次の中から選び、記号で答えなさい。

ア　泡を食った　**イ**　せきを切った

ウ　竹を割った　**エ**　水を打った

問七　空らん[F]に入る最も適切な五文字の語句を本文中からぬき出して答えなさい。

問八　空らん[G]に当てはまるセリフは何ですか。最も適切な言葉私はこくりと息を呑《の》み、震《ふる》える手をさしのべた。人差し指と中指、二本の指先でそっと眼下の掌に触れる。6ぬめりとした。

「濡《ぬ》れてるでしょ」

「はい？」

「汗《あせ》っかきなんだ」

「え」

「とくに、緊張《きんちょう》すると大量に汗が出て」

「あ……」

「今ならふつうに言えるけど、子どものころはすっごく、それが恥《は》ずかしくて、だれにも知られたくなくて」

声をなくした私の前で、あいかわらず白い奥山くんの首筋がみるみる赤く染まっていく。

「あの日……あの予選の日も、ぼくの手、汗でびっしょりだった。気がつかなかった？」

問われて、ハッと息をつめた。あの日。スタートラインで肩と肩を組みあわせたときの、奥山くんの掌。その感触？　思いだせない。首を横にふった。

「そんな余裕《よゆう》なくて」

「すごい汗だったんだ、緊張《きんちょう》して、あのムードにやられちゃって。紐を結ぶときも、腕を組むときも、どんどん汗が出てくるからすごく焦《あせ》って。飯田さんが転んだとき、あれが絶頂だった。ぼくのせいだ、ぼくが汗ばっか気にしてたからだってパニクって、ますます手がびしょびしょになって……」

ごめん、と奥山くんが悲痛な声とともに注13低頭する。

「その濡れた手を、どうしても、飯田さんに、さしだせなかった」

「……」

時間が止まった。時がもどった。十五年前のあの日、地べたに転がる私を無表情に見下ろしていた奥山くん。どうして気づいただろう。そのこぶしが大量の汗を抱いていたなんて。いつも冷静で、おだやかで、大人びていたあの男の子が、それほどの重圧に震えていたなんて。

子どもだったんだ。ふいに、そのあたりまえの事実がすとんと胸に落ちた。奥山くんも、私も、もしかしたら真梨江先生も、あのころはみんなまだ本当に子どもだったんだ――。

「あれからぼく、飯田さんの顔、とてもじゃないけどまともに見られなくて、謝る勇気もないまま卒業しちゃって、それが、なんていうか、ずっとこのへんに引っかかってて……」

このへん、と奥山くんのこぶしが鳩尾《みぞおち》のあたりを叩《たた》いた瞬間《しゅんかん》、はじかれたように7私の涙腺《るいせん》がゆるみ、彼の背後にうかぶ注14上弦《じょうげん》の月がぼやけた。

「だから今日、飯田さんと話ができてよかった。ほんとによかった」

「奥山くん……」

「ＳＰやってると、どうしてもあの日のことを思いだすんだ。どんな要人守っても、セレブ守っても、クラスメイトの女子一人守れなかったら、ただのポンコツだなって」

十五年間、私とおなじ重さを負ってきてくれた元パートナー。その肩からようやく力がぬけて、なつかしい観音の笑みがもどった。

私も――。目の縁《ふち》ぎりぎりに涙を押し留《とど》めながら、私は声にならない声を返した。私もずっとあの日に捕《と》らわれつづけてきた。ことあるごとに自ら傷口をえぐり、そして、弱気になっていた。どうせまた私は失敗する。自分のせいでみんなに迷惑《めいわく》をかける。悪いほうへ悪いほうへと考えては怖《お》じけてしりごみし、心の弱さをぜんぶあの転倒のせいにして、結局のところ、臆病《おくびょう》な自分を甘《あま》やかしつづけていた。

「私も、今日、ここにきてよかった。奥山くんと話ができて、本当に……」

ようにまばたきをくりかえした。

なあんだ。みんなにとってあれは、真梨江先生の思惑《おもわく》とは関係なしに、本当に「F」になっていたのか。敗退の痛みなどはとうに克服《こくふく》し、子ども時代のまたとない 注9 珍経験《ちんけいけん》へと 注10 昇華《しょうか》させていたのか。あの転倒を今も引きずっているのは、転倒した本人だけなのか――。

あの負けが彼らの傷になっていなくてよかった。そんな安堵《あんど》をおぼえる一方で、十五年間の 注11 呵責《かしゃく》のもとをとりそこなったような、なんとも言いがたい徒労感が広がっていく。

（中略）

「奥山くん」

個室の前で待ちぶせし、もどってきた奥山くんを捕《つか》まえたのは、飲み放題の終了《しゅうりょう》まで残すところ十五分の土壇場《どたんば》だった。早く、早くと自分をせっつきながらもなかなか思いきれず、彼がトイレへ立ったのを最後のチャンスと、ようやく重い腰《こし》を上げたのだった。

「あ……」

とまどいをあらわに足を止めた奥山くんの目に混濁《こんだく》はなく、頰《ほお》にも上気の影はなかった。大人の飲み方をしていたようだ。

「あの、ちょっと、話をさせてもらってもいい？」

声のうわずりを懸命《けんめい》に抑えて言った。できるだけふつうに、みんなとおなじ軽さに倣《なら》って。でも、決めたことは言って帰ろう。

「あ、うん。もちろん」

瞳を激しくまたたかせながらも、奥山くんはうなずいた。

私たちは連れだって外へ出た。先に立ってガラス戸に手をかけた奥山くんは、小さな段差でも私の足もとを気づかってくれて、その洗練された所作がいかにも 注12 SPのプロフェッショナルを思わせる。

六年二組の教室で私を避けていた少年はもういない。彼もあれを過去へ流しているのなら、今さら触《ふ》れず、このままにしておいたほうがいいのではないか。ふと迷いがさすも、もう遅い。

店の窓明かりを離れて街灯のもとへ立つと、見あげるほどに背が伸《の》びた奥山くんの横で、私は胸の鼓動《こどう》と格闘《かくとう》した。安っぽくべたついた焼きとりの匂《にお》いが夜風に乗って鼻先をかすめていく。

「六年生のとき……」

軽く、軽く、軽く。私の重石を奥山くんになすりつけないように。

「G」

笑って言えた。笑わなきゃ言えなかった。

「あのころ奥山くん、いつもすごく優しくて、練習でもいつも助けてくれて、なのに肝心《かんじん》の本番で私、転んじゃって、そのせいで奥山くんにまで迷惑《めいわく》かけちゃって……。ありがとうも、ごめんねも言えないままだったこと、ずっと気になってたの。もう昔のことだし、奥山くんは忘れてるかもしれないけど、私は忘れられなくて。だから、今日はそのことちゃんと話して、それで、終わりにしたかったの」

つっかえながらもどうにか言いきった。直後、奥山くんの目が混乱の火花を散らしているのを見て、どきっとした。

「あ、あの、ほんとにごめんね、今さら。聞いてくれてありがとう。じゃ……」

言うだけ言って逃《に》げようとした私を制するように、そのとき、奥山くんがぬっと掌《てのひら》を突きだし、張りつめた声を響《ひび》かせた。

「触《さわ》って」

「え」

「触ってみて」

血色のいい大きな掌。触って？　意味がわからず瞳で問うも、奥山くんは一文字に結んだ口を動かさない。どうやらそのままの意味らしい。

すぎたとか、だれが出遅《でおく》れたとか、だれの紐の結び方が悪かったとか、どんどん、やなムードになってきて、そんで、そしたら……」

「うん」

「その……」

はっきりしない内田の横から、業を煮《に》やしたあっちんが言った。

「そしたら、真梨江先生が泣きだしたんだよ。私たちのだれよりも激しく、爆発的《ばくはつてき》に」

「は？」

真梨江先生？

「ここでケンカしたら六年二組の思い出がだいなしだって、真梨江先生、すごい勢いで泣きだして、止まらなくて。私だって悲しくてくやしい、でも、ここは笑顔で終わらせなきゃいい思い出にできないんだって、わあわあ泣きながら言うの。大人があんなに泣くの見たの、初めてだったから、もうみんな、びっくりしちゃって、おろおろして。クラス全員、一気に泣きやんだんだ。ぴたっと、ほんとに、[E]みたいに」

そうなんだよ、と内田がにわかに勢いづいて言った。

「先生があんまり泣くもんだからさ、オレら、もう泣いてる場合じゃなくなっちゃって、あわててフォローにまわったんだよな。負けたけど最後までがんばれてよかったとか、最高の思い出になったとか、夢をありがとうとか、もう必死で。母親たちも一緒《いっしょ》になって、元気をもらった、感動をもらった、ありがとうありがとうの大合唱で」

「気がついたら、テレビカメラがその姿に食いついてて、それでやっと先生、泣きやんだんだよね。注5マスカラ落ちちゃったから今のはカットして、って」

「……」

あっけにとられて、声もなかった。私が救護室にいるあいだ、まさかそんなことが起こっていたなんて。

「私、真梨江先生がみんなに言ったのかと思ってた。私が転んだことは言っちゃいけないとか、悪いことは忘れようとか」

「ううん、そうじゃなくて」

昔とおなじ注6どんぐりまなこで、あっちんが頭をふる。

「ま、ネガティブなこととか言うと、また真梨江先生が泣きだすんじゃないかって恐怖《きょうふ》はあったかもしんないけど。でも、それよりも、子どもは子どもなりに、やっぱり琴ちんのこと心配して、そっとしといてあげようって思ったんだよ」

「私のせいで負けたのに？」

「だから、琴ちんのせいじゃないって。あの日は、みんなが興奮してスピードあげすぎて、ペースが狂《くる》ってたんだよ。あれは、クラス全員のミス」

「てか、そもそも優勝したチームのタイム見たら、オレらと全然、格がちがったじゃん。メジャーリーグと少年野球くらいの差があったよ。決勝進出なんて、どだい夢の夢だったんだ」

いともからりと内田が言ってのけ、泡のつぶれたビールを喉《のど》へ流しこんだ。

「ま、オレはきれいなレポーターにサインもらって、もうそれだけで大満足だったけどな。芸能人と会ったのも生まれてはじめてだったし」

「あ、私もサインもらった。あれ、どこやったかな」

初めて注7ドーランを塗《ぬ》った大人を見た。帰りにお母さんたちがたこ焼きを買ってくれた。後日、テレビに真梨江先生の号泣シーンがノーカットで流れていた。オレのつむじも〇・五秒だけ映った。みるみる声を軽快にしてもりあがる二人を前にして、私はこの十五年間、注8後生大事に抱《かか》えつづけてきたしこりの収めどころを失い、呆《ほう》けた飯田さんの失敗は忘れて「いい思い出」にすること。

私は自分の手を背中に隠《かく》したまま、真梨江先生から顔をそむけた。

正直な話、転倒のことをみんなから責められていたら、気の弱い私はかなりの確率で不登校になっていたことだろう。が、当時の私は D 気分で、いっそ責めてくれればいいのにと思った。六年二組の「いい思い出」を守るため、私というマイナス要素を排除《はいじょ》する、記憶《きおく》から閉めだしてふたをするという真梨江先生のやり方に、みんなの嘘《うそ》っぽい明るさに傷ついていた。

唯一《ゆいいつ》、あの転倒が夢幻《ゆめまぼろし》でなかったことを証していたのは、皮肉にも、急に変わった奥山くんの態度だった。

ラスト三週間の練習中、いつも二人で三脚だった。左の足と右の足を常につないでいた。4私が転べば助けてくれた。励《はげ》ましの言葉をくれた。なのに、最後の最後で、彼は私を突きはなした——。

のみならず、予選を敗退したその日以来、彼はほかのだれにも気づかれないくらいのさりげなさで、私を避《さ》けるようになった。5目が合えばそらす。私が近づけば背をむける。まじめな子どもにありがちなかたくなさで、奥山くんは私を彼の視界からしめだすことにしたのだ。

結局、まともに口をきくこともないまま、私たちは小学校を卒業した。

クラスメイトたちの多くが進学する地元の公立を避け、知った顔のいない私立の中学校へ入学したとき、私はようやく二脚の足で再び歩きだせる思いがした。新しい学校。新しいクラスメイト。もうクラスの全員に負い目を感じなくてもいい。奥山くんの冷たい背中に、決して交わらない瞳《ひとみ》に、いちいち泣きたくならずにすむ。新しい自分として一からやりなおせる。そう思った。

子ども時代の特殊《とくしゅ》な経験がどれだけ人を縛《しば》りつづけるものか、当時の私はまだ知らなかったのだ。

「私、今日は、教えてほしいことがあって」

急に注4居住まいを正した私に、あっちんと内田がわかりやすく瞳の落ちつきをなくす。

「あの、予選の日のことなんだけど」

「予選？」

「あの日……あのとき、私、転んで、それで負けちゃって。そのあと私、救護室へ行ったじゃない」

「あ……ああ」

「や、そうだっけ？」

私の目を見ない二人の声がかぶった。あっちんはもはやサワーに手を出さず、内田もビールの泡《あわ》がしぼむにまかせている。

「あのあいだに、なんかあった？」

「なんか？」

「救護室からスタンドへもどったら、急にムードが変《か》わってたから。泣いてたみんなが元気になってて、なんだかへんな空気で……あの感じ、私、ずっと忘れられなくて。ね、なんかあったんだよね」

あっちんと内田が額を突き合わせ、目と目でなにかを相談する。

口を開いたのは内田だった。

「いや、その、なんかあったってほどじゃないんだけどさ」

「でも、あったよね。教えて」

「いや、その……ちょっと、言いづらいんだけど」

「大丈夫《だいじょうぶ》。言って」

（中略）

「飯田が転んだせいだとか言いだすヤツも、やっぱ、いて」

「うん」

「飯田が転んだのは奥山のせいだとか言いだすヤツもいて。だれが速

C 足の紐《ひも》が外れ、体ごと地面に突っこんだ。

　奥山くんと私の足が離れた――。

　切れぎれな記憶《きおく》の連なりのなかで、皮肉にも、最も忘れたいその場面だけがスローモーションの緻密《ちみつ》さで目の裏に焼きついている。

　一列のラインは無惨《むざん》に寸断された。見たくないものを見るように、二、三歩先で奥山くんがふりかえる。それに連動してその左の男子、そのまた左の女子と、つんのめりの波が伝っていく。

　グラウンドに転がる私を見すえる奥山くんの顔には表情がなかった。いつもの優しいまなざしも、「ごめんね」とさしだされる手もない。彼はただ影《かげ》のようにのっぺりと立ちつくしていた。なにも言わない。動かない。その不動に、その沈黙《ちんもく》に責められている気がして、私はますます動転した。

　消えたい。この世界からいなくなってしまいたい。

　しかし、それは許されなかった。バッテリーが切れたような奥山くんに代わって、業を煮《に》やしたみんなが騒《さわ》ぎだしたのだ。

「琴《こと》ちん、立とう」

「起きろよ、飯田」

「最後までがんばろう」

「ファイト!」

　もはや勝ち目はない。決勝進出の望みは断たれた。それでも、せめてゴールをしようというみんなの声に抗《あらが》えるわけもなく、私はごま粒《つぶ》ほどの余力をふりしぼり、地中深くから掘《ほ》りだすように下半身を起こした。

　同時に、奥山くんもはたと動きを再開し、ぎくしゃくした手つきで私たちの足に紐をまわした。

　もう一度、合体。再び組みあわせた腕は、しかし、どこかよそよそしい。

「最後までファイト! レッツゴー二組!」

　博多くんの涙声《なみだごえ》を合図に、整列しなおした横一文字で、三十一脚がまた走りだす。

　半分やけくそのその「いち、に、いち、に」。

　スタンドからの哀《あわ》れみの拍手。

　ゴール地点で待つ真梨江先生の悲壮《ひそう》な声援《せいえん》。

　不幸中の幸いは、ゴール後、ひざから血を流していた私を保健係が救護室へ連れていってくれたことだ。抱《だ》きあって泣く子。地べたにうずくまる子。無言で肩《かた》を上下させる子。いたたまれないその場から立ち去ったあとも、しかし、決勝進出の夢を絶たれたみんなの盛大な嘆《なげ》きは私を苛《さいな》みつづけた。どんな顔をすればいいのか。どう償《つぐな》えばいいのか。いっそ転校してしまいたい。ところが――。

　約二十分後、ひざこぞうにガーゼを貼《は》りつけた私がスタンドの一角へもどったときには、なぜだか 2空気が一変していた。

　いったいなにが起こったのか?

　さっきまでの注3慟哭《どうこく》が嘘《うそ》のように、六年二組の面々はころっといつものみんなにもどっていたのだ。もはやそこに湿気《しっけ》はなく、むしろ「楽しかった」「やるだけやった」「いい思い出ができた」などと、こぞってポジティブなことを言いあっている。私の失態はなかったことになっているのか、だれもそこには触《ふ》れようとしない。まるであの転倒場面だけがみんなの思い出からポイント消去されたかのように。

「飯田さん、お疲《つか》れさま。すてきな思い出をありがとう」

　真梨江先生がそう言って握手《あくしゅ》を求めてきたとき、この人だ、と私は直感した。

　私がいないあいだ、きっと 3彼女《かのじょ》がみんなに言いふくめたのだ。

　飯田さんを責めないこと。

　飯田さんが転んだ話はしないこと。

気の毒なのは、面倒《めんどう》なお荷物を押《お》しつけられた奥山くんだ。

「奥山くん、できるだけ飯田《いいだ》さんのこと、引っぱってあげてね。転びそうになったら助けてあげて。奥山くんと飯田さんは二人で三脚、つまり、一心同体ってことよ」

どんくさい女子と一心同体なんて冗談《じょうだん》じゃない。と、ふつうの男子ならば、大いに反発していたところだろう。が、奥山くんはその額とあごのラインが指し示すように、どこか注2観音《かんのん》めいた心根の持ち主だった。だれに対しても親切で、みんなのいやがる仕事も快く引きうけ、イメージ映像としては「いつもゴミ箱を焼却炉《しょうきゃくろ》へ運んでいる」。そんな彼《かれ》だからこそ、真梨江先生は無茶な難題を突《つ》きつけ、そして、そんな彼だからこそ、内心はともあれ、文句も言わずに私の世話役を引きうけたのだ。

真梨江先生の戦略は吉《きち》と出た。日に何度かは必ず横の子に引きずられて転び、練習を中断させていた私は、奥山くんの横になって以来、ひざこぞうをすりむく回数が減った。彼が巧《たく》みに足の運びを合わせてくれたからだ。それでも尚《なお》かつ私が転んだときには、まるで自分が蹴《け》倒《たお》しでもしたみたいに、いともすまなそうな目をして「ごめんね」と助けおこしてくれる。

「よっ。奥山、熱いぞ！」

「お姫《ひめ》さまだっこしてやれ！」

幼稚《ようち》な男子たちにひやかされても、奥山くんはひるまない。私が転倒するたび、「なんだよ、奥山」「ダーリン、しっかりしろ」と理不尽《りふじん》なブーイングを受けても、奥山くんは怒《おこ》らない。度重なるにつけ、そんな彼の善良さが、私には逆につらくなっていった。

だれよりも速く走れるはずの奥山くんに、自分がブレーキをかけていること。練習のたびにいやな思いをさせていること。彼が A であるほどに、情けなさがひざこぞうにしみてくる。

（**中略**）

そして、ついに決戦の日。十月のある日曜日、市の競技場で30人31脚の予選が催《もよお》された。

忘れたいから忘れたのか、ショックで記憶《きおく》が飛んだのか、あの一日を私は切れぎれの断片としてしか呼び起こすことができない。

（**中略**）

スタートを告げるピストル。

一列に並んで出た。

うまくいった。

この調子。

がむしゃらに走った。

前へ、前へ、体のぜんぶの力で。

速い。

今日の私は速い。

速すぎた。

残り半分の地点で足が止まった。

筋肉が軋《きし》む。

ひざが笑う。

もう動けない。

限界。

再び加速する余力はどこにもない。

私の失速に気づかないまま、B を走る奥山くんが一歩前へ出る。

組みあわせた腕《うで》と腕が離《はな》れかける。

待って、奥山くん。

腕を気にして、足を怠《おこた》った。

右足のひざから力がぬけた。

がくんと世界が傾《かたむ》いた。

注1　**ホワイトデー**　バレンタインデーの一カ月後に、男性から女性へのお返しを贈る日。
注2　**ご祝儀**　祝いの気持ちを表すために贈る金品。
注3　**香典**　香や花の代わりとして死者にお供えするお金。
注4　**袱紗**　ここでは、物を包むのに用いる小さめの布という意味。

問一　――①～⑤のカタカナを漢字に直しなさい。

問二　空らん[A]～[D]に入る言葉を次の中から選び、記号で答えなさい。同じ記号を二度使ってはいけません。

ア　さらに　**イ**　だから　**ウ**　たとえば　**エ**　では

問三　空らん[1]～[4]には、**ア**贈与・**イ**交換のどちらが入りますか。それぞれ記号で答えなさい。

問四　空らん[5]・[6]に入る組み合わせとして適切なものを一つ選び、記号で答えなさい。

ア　5　商品・6　商品
イ　5　贈り物・6　贈り物
ウ　5　商品・6　贈り物
エ　5　贈り物・6　商品

問五　空らん[7]に入る最も適切な言葉を本文中からぬき出して答えなさい。

問六　空らん[8]に入る最も適切な言葉を本文中からぬき出して答えなさい。

問七　空らん[9]・[10]には同じ言葉が入ります。[9]・[10]に入る最も適切な言葉を本文中からぬき出して答えなさい。

三　次の文章を読んで、あとの問いに答えなさい。

二十七歳の「私」は、小学校卒業以来、初めてクラス会に参加した。

あの話を切りだすなら、今だ。このタイミングを逃《のが》したら、きっと、もう言えない。なんのために今日、ここへ来たのかわからなくなる。

「あの……あのね」

このときのために注1サワーは二杯《にはい》で抑《おさ》えていた。自分の頭がクリアであるのを確認しながら、私はあらたまって二人へむきなおった。

「私、今日は、1教えてほしいことがあって来たの」

三十人で横列を組むとき、足の速い者と遅《おそ》い者を交互《こうご》に配置する。真梨江《まりえ》先生がそんな戦略を立てたのは、地方予選の本番までいよいよ三週間を切ったころだった。

練習中、みんなの足がそろっていないと、走行中に一文字であるべきラインがVの字にくぼんだり、Wの字にゆがんだりしてしまう。悪くすると、ラインがバラけて崩壊《ほうかい》する。俊足《しゅんそく》と鈍足《どんそく》をとなりあわせることにより、極端《きょくたん》な速度の差異が生じるのを防《ふせ》ぎ、全体のスピードを均《なら》そうという試みだった。

「みんな、一人だけ速く走ろうとしないで、横の子と合わせることを、まずは一番に考えてちょうだい。全員が横の子と合わせて走ったら、列は絶対にくずれないでしょう。それが勝負の鍵《かぎ》よ。三十一脚《きゃく》、きっちりそろって走りぬいたチームが最終的には好記録を叩きだすの。突出《とっしゅつ》した一人はいらないのよ」

その持論のもと、真梨江先生はクラスいち足の速い奥山《おくやま》くんを、クラスいち足の遅い私の横につけた。さらに、常に列をへこませていた私を一番右端《みぎはし》に配することで、ライン崩壊のリスクを下げた。それによって私は右半身の自由を手に入れ、多少なりとも楽に走れるようになったのだから、狙《ねら》いは悪くなかったと思う。

んと区別すべきだという「きまり」にとても忠実だからだ。この区別をとおして、世界のリアリティの一端《いったん》がかたちづくられているとさえいえる。

そして、それはチョコレートを購入することと、プレゼントとして贈ることが、なんらかの外的な表示(時間差、値札、リボン、包装)でしか区別できないことを示してもいる。

[C]、バレンタインの日にコンビニの袋《ふくろ》に入った板チョコをレシートとともに渡されたとしたら、それがなにを①イトしているのか、戸惑《とまど》ってしまうだろう。でも同じチョコレートがきれいに包装されてリボンがつけられ、メッセージカードなんかが添《そ》えられていたら、たとえ中身が同じ商品でも、まったく意味が変わってしまう。ほんの表面的な「印」の違いが、②レキゼンとした差異を生む。

ぼくらは同じチョコレートが人と人とのあいだでやりとりされることが、どこかで区別しがたい行為だと感じている。[D]、わざわざ「商品らしさ」や「贈り物らしさ」を演出しているのだ。

ぼくらは人とのモノのやりとりを、そのつど経済的な行為にしたり、経済とは関係のない行為にしたりしている。「経済化＝[5]らしくすること」は、「脱経済化＝[6]にすること」との対比のなかで実現する。こうやって日々、みんなが一緒《いっしょ》になって「経済／非経済」を区別するという「きまり」を維持《いじ》しているのだ。

でも、いったいなぜそんな「きまり」が必要なのだろうか?

ぼくらはいろんなモノを人とやりとりしている。言葉や表情なども含《ふく》めると、つねになにかを与《あた》え、受けとりながら生きている。そうしたモノのやりとりには、「商品交換」と「贈与」とを区別する「[7]」があると書いた。

ひとつ注意すべきなのは、そのモノのやりとりにお金が介在《かいざい》すれば、つねに「商品交換」になるわけではない、ということだ。結婚式《けっこんしき》の注2ご祝儀《しゅうぎ》や葬儀《そうぎ》の注3香典《こうでん》、お年玉などを想像すれば、わかるだろう。お金でも、特別な[8](祝儀袋／新札《しんさつ》／注4袱紗《ふくさ》／署名)を③ホドコすことで贈り物に仕立てあげられる。ふつうは結婚式の受付で、財布からお金を出して渡す人なんていない。

なぜ、わざわざそんな「きまり」を守っているのか? じつは、この「きまり」をとおして、ぼくらは二種類のモノのやりとりの一方には「なにか」を付け加え、他方からは「なにか」を差し引いている。それは、「思い」あるいは「感情」と言ってもいいかもしれない。

贈り物である結婚のお祝いは、お金をご祝儀袋に入れてはじめて、「祝福」という思いを込《こ》めることができる。と、みんな信じている。

経済的な「交換」の場では、そうした思いや感情はないものとして差し引かれる。マクドナルドの店員の「スマイル」は、けっしてあなたへの好意ではない。そう、みんなわかっている。

経済と非経済との区別は、こうした思いや感情をモノのやりとりに④フカしたり、除去したりするための装置なのだ。

レジでお金を払って商品を受けとる行為には、なんの思いも込められていない。みんなでそう考えることで、それとは異なる演出がなされた結婚式でのお金のやりとりが、特定の思いや感情を表現する行為となる。

それは、光を感じるために闇《やみ》が必要なように、どちらが欠けてもいけない。経済の「交換」という脱《だつ》[9]化された領域があってはじめて、「贈与」に込められた[10]を⑤キワ立たせることができる。だからバレンタインのチョコで思いを伝えるためには、「商品」とは異なる「贈り物」にすることが不可欠なのだ。

(松村圭一郎『うしろめたさの人類学』より)

※出題の都合上、本文の一部を改稿《かいこう》しています。

2024年度 慶應義塾湘南藤沢中等部

【国　語】（四五分）〈満点：一〇〇点〉

※解答に句読点や記号などが含《ふく》まれる場合は一字に数えます。

一　次の（　）に共通してあてはまる、漢字一字を答えなさい。

① （　）ほどうかがいますので、（　）ろにお並びください。
② （　）く知りませんでした。（　）て私の責任です。
③ （　）いペンで（　）かい字を書く。
④ 家族ぐるみのつきあいで（　）どうしも（　）しくしている。
⑤ （　）い薬を飲むと、むせてしまって（　）しい。
⑥ あの男に（　）わるな、だまされるのが（　）の山だぞ。
⑦ 駅前を（　）って、学校に（　）う。
⑧ 庭に（　）えたキノコを（　）で食べてはいけない。
⑨ 雨が（　）ってきたので、校旗を（　）ろしてください。
⑩ 目が（　）めたとき、夢を（　）えていなかった。

二　次の文章を読んで、あとの問いに答えなさい。

店で商品を購入《こうにゅう》するとき、金銭との交換《こうかん》が行われる。でも、バレンタインデーにチョコレートを贈《おく》るときには、その対価が支払《しはら》われることはない。好きな人に思い切って、「これ受けとってください」とチョコレートを渡《わた》したとき、「え？　いくらだったの？」と財布からお金をとり出されたりしたら、たいへんな屈辱《くつじょく》になる。

贈り物をもらう側も、その場では対価を払わずに受けとることが求められる。このチョコレートを「渡す／受けとる」という行為《こうい》は贈与《ぞうよ》であって、売買のような商品交換ではない。だから「経済」とは考えられない。

A、注1ホワイトデーにクッキーのお返しがあるとき、それは「交換」になるのだろうか。この行為も、ふつうは贈与への「返礼」として、商品交換から区別される。たとえほとんど等価のものがやりとりされていても、それは売買とは違《ちが》う。そう考えられている。

商品交換と贈与を区別しているものはなにか？

フランスの社会学者ピエール・ブルデュは、その区別をつくりだしているのは、モノのやりとりのあいだに差しはさまれた「時間」だと指摘《してき》した。

たとえば、チョコレートをもらって、すぐに相手にクッキーを返したとしたら、これは等価なものを取引する経済的な「 1 」となる。ところが、そのチョコレートの代金に相当するクッキーを一カ月後に渡したとしても、それは商品 2 ではない。返礼というモノのやりとりは、このとき、やりとりされるモノの「 3 」の一部とみなされる。「等価性」は伏《ふ》せられ、「 4 」らしさが消える。

商品交換と贈与を分けているものは時間だけではない。お店でチョコレートを購入したあと、そのチョコレートに値札がついていたら、かならずその値札をはずすだろう。B、チョコレートの箱にリボンをつけたり、それらしい包装をしたりして、「贈り物らしさ」を演出するにちがいない。

店の棚《たな》にある値札のついたチョコレートは、それが客への「贈り物」でも、店内の「装飾品《そうしょくひん》」でもなく、お金を払って購入すべき「商品」だと、誰《だれ》も疑わない。でもだからこそ、その商品を購入して、贈り物として人に渡すときには、その「商品らしさ」をきれいにそぎ落として、「贈り物」に仕立てあげなければならない。

なぜ、そんなことが必要になるのか？

ひとつには、ぼくらが「商品／経済」と「贈り物／非経済」をきち

2024年度

慶應義塾湘南藤沢中等部 ▶解説と解答

算 数 （45分）＜満点：100点＞

解 答

1 (1) 14 (2) $\frac{5}{54}$ (3) 67個 2 (1) 毎分64m (2) 60個 (3) 75度
3 (1) 143 (2) 308 (3) 16 4 (1) 30.28cm (2) 53.42cm (3) 106.41cm^2
5 (1) 14cm (2) 28 (3) 毎分180cm^3 6 (1) 毎分16個 (2) 70分後 (3) 25分間

解 説

1 四則計算，計算のくふう，整数の性質，集まり

(1) $10-\left(20.24+17\frac{\square}{25}\right)\div 9=5\frac{4}{5}$より，$\left(20.24+17\frac{\square}{25}\right)\div 9=10-5\frac{4}{5}=10-5.8=4.2$，$20.24+17\frac{\square}{25}=4.2\times 9=37.8$，$17\frac{\square}{25}=37.8-20.24=17.56=17\frac{56}{100}=17\frac{14}{25}$ よって，□＝14

(2) $\frac{1}{N}-\frac{1}{N+3}=\frac{N+3}{N\times(N+3)}-\frac{N}{N\times(N+3)}=\frac{3}{N\times(N+3)}$より，$\frac{1}{N\times(N+3)}=\left(\frac{1}{N}-\frac{1}{N+3}\right)\times\frac{1}{3}$となることがわかる。よって，$\frac{1}{3\times 6}+\frac{1}{6\times 9}+\frac{1}{9\times 12}+\frac{1}{12\times 15}+\frac{1}{15\times 18}=\left(\frac{1}{3}-\frac{1}{6}+\frac{1}{6}-\frac{1}{9}+\frac{1}{9}-\frac{1}{12}+\frac{1}{12}-\frac{1}{15}+\frac{1}{15}-\frac{1}{18}\right)\times\frac{1}{3}=\left(\frac{1}{3}-\frac{1}{18}\right)\times\frac{1}{3}=\left(\frac{6}{18}-\frac{1}{18}\right)\times\frac{1}{3}=\frac{5}{18}\times\frac{1}{3}=\frac{5}{54}$

(3) 100÷4＝25より，1から100までに4の倍数は25個あることがわかる。また，100÷6＝16余り4より，1から100までに6の倍数は16個あることがわかる。さらに，4と6の最小公倍数は12だから，100÷12＝8余り4より，1から100までに4と6の公倍数は8個あることがわかる。よって，1から100までに4または6の倍数は，25＋16－8＝33(個)あるので，これらを除いた個数は，100－33＝67(個)である。

2 旅人算，和差算，売買損益，角度

(1) 2人合わせると6分で672m歩くから，2人の速さの和は毎分，672÷6＝112(m)である。また，K君はO君よりも42分で672m多く歩くので，2人の速さの差は毎分，672÷42＝16(m)とわかる。よって，右上の図1のように表すことができるから，K君の速さは毎分，(112＋16)÷2＝64(m)と求められる。

図1

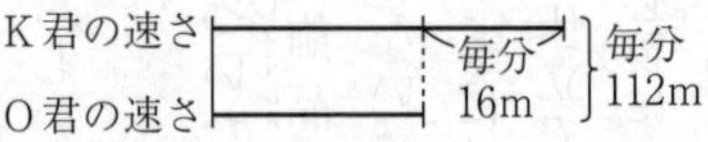

(2) 値上げ前と値上げ後を比べると，1個の売価の比は，150：(150＋20)＝15：17であり，1日の売り上げ個数の比は，1：(1－0.1)＝10：9となるので，1日の売上高の比は，(15×10)：(17×9)＝50：51とわかる。この差が180円だから，比の1にあたる金額は，180÷(51－50)＝180(円)となり，値上げ前の1日の売上高は，180×50＝9000(円)と求められる。よって，値上げ前の1日の売り上げ個数は，9000÷150＝60(個)である。

(3) 下の図2で，三角形ABEは直角二等辺三角形なので，BAとBEの長さは等しい。また，三角形OBCは二等辺三角形だから，角OBCの大きさは30度であり，角ABOの大きさは，90－30＝60

(度)とわかる。さらに，OAとOBの長さは等しいので，三角形OABは正三角形であり，BEとBOの長さも等しくなる。よって，三角形BEOは二等辺三角形だから，角㋐の大きさは，(180−30)÷2＝75(度)と求められる。

図2
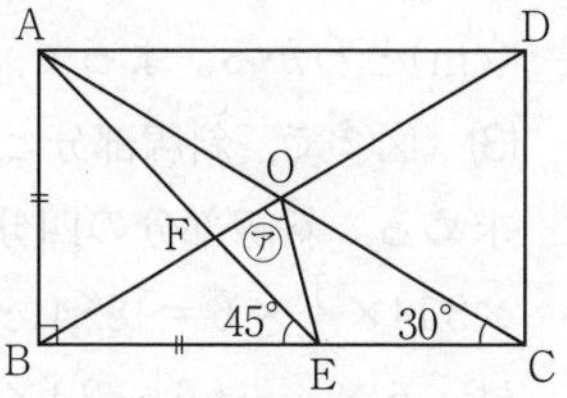

3 数列

⑴　番号和が13になるのは下の図1のかげをつけたマス目である。このうち最も大きいのは左上のマス目(a)の，12×10＋1＝121，最も小さいのは右下のマス目(b)の，1×10＋12＝22だから，これらの和は，121＋22＝143となる。

⑵　番号和が8になるのは，図1の太線で囲んだ7個のマス目である。これらは右下から順に9ずつ大きくなるので，これらの合計は，17＋26＋…＋71＝(17＋71)×7÷2＝308と求められる。

⑶　番号和が2，3，4，5になるマス目についても右下から順に9ずつ大きくなり，それぞれの合計は下の図2のようになる。すると，これらはすべて(11×□)と表すことができ，□には1から連続する整数の和が入ることがわかる。よって，11×□＝1320のとき，□＝1320÷11＝120であり，また，1＋2＋…＋15＝120となるから，合計が1320になるのは番号和が，15＋1＝16のときとわかる。

図1
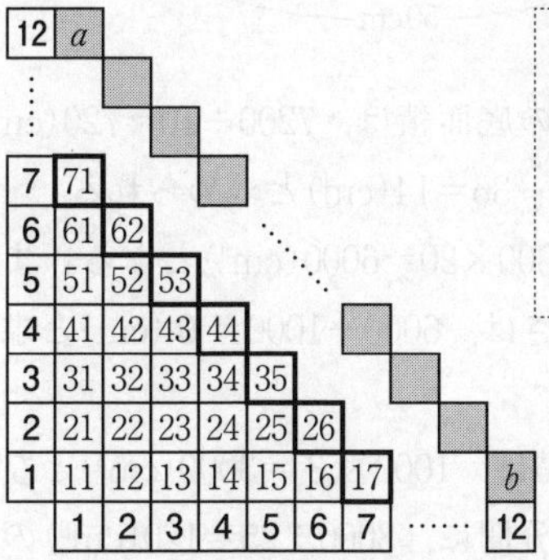

図2

番号和が2…11　➡ 11×1 ➡ 11×1
番号和が3…12＋21＝33　➡ 11×3 ➡ 11×(1＋2)
番号和が4…13＋22＋31＝66　➡ 11×6 ➡ 11×(1＋2＋3)
番号和が5…14＋23＋32＋41＝110　➡ 11×10 ➡ 11×(1＋2＋3＋4)
⋮
番号和がN　➡ 11×□ ➡ 11×(1＋2＋…＋N−1)

4 平面図形―図形の移動，長さ，面積

⑴　円の中心は下の図①の太線のように動く。弧《こ》の部分を集めると半径1cmの円になるから，弧の長さの合計は，1×2×3.14＝6.28(cm)である。また，直線部分の長さの合計は，6×4＝24(cm)なので，円の中心が動く道のりは，6.28＋24＝30.28(cm)と求められる。

⑵　円の中心は下の図②の太線のように動く。四分円の弧が6か所あるから，弧の長さの合計は，$1\times2\times3.14\times\frac{1}{4}\times6$＝9.42(cm)となる。また，直線部分には，長さが6cmの直線と，長さが，

図①
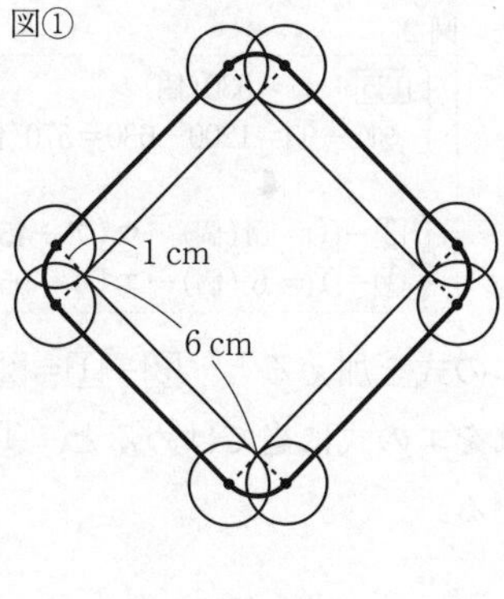

図②
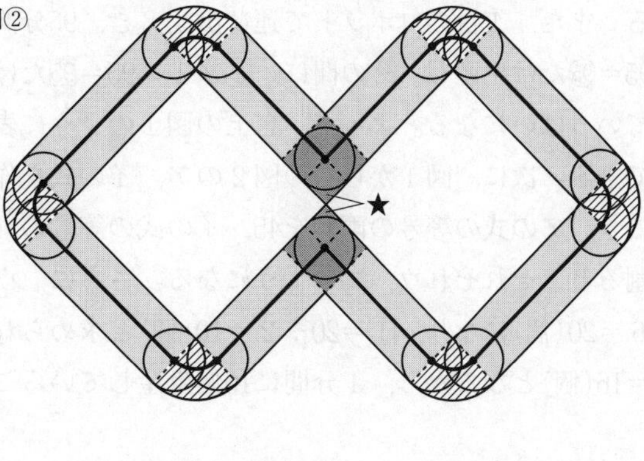

6－1＝5(cm)の直線が4か所ずつあるので，直線部分の長さの合計は，6×4＋5×4＝44(cm)とわかる。よって，円の中心が動く道のりは，9.42＋44＝53.42(cm)と求められる。

⑶　図②で，斜線《しゃせん》部分とかげの部分の面積の合計から，★印をつけた部分2か所分の面積をひいて求める。斜線部分の四分円の半径は，1×2＝2(cm)だから，斜線部分の面積の合計は，2×2×3.14×$\frac{1}{4}$×6＝18.84(cm^2)となる。また，うすいかげをつけた長方形の長い方の辺の長さの合計は，6×4＋(6－2)×4＝40(cm)なので，これらの長方形の面積の合計は，2×40＝80(cm^2)とわかる。さらに，濃《こ》いかげをつけた正方形の面積の合計は，2×2×2＝8(cm^2)だから，斜線部分とかげの部分の面積の合計は，18.84＋80＋8＝106.84(cm^2)となる。次に，★印をつけた部分1か所の面積は，1×1－1×1×3.14×$\frac{1}{4}$＝0.215(cm^2)なので，円が通ったあとにできる部分の面積は，106.84－0.215×2＝106.41(cm^2)と求められる。

5 グラフ―水の深さと体積

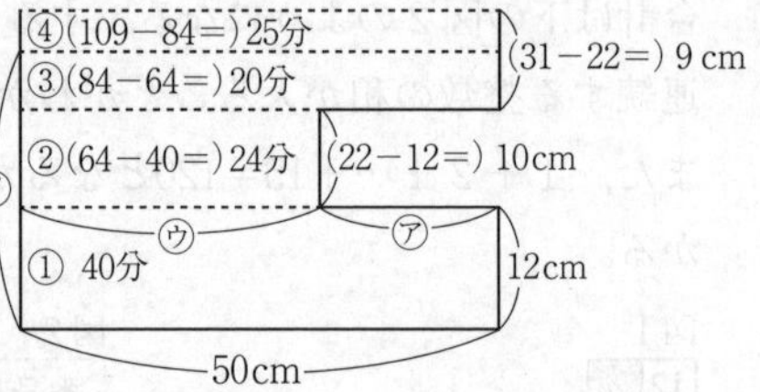

⑴　問題文中のグラフから，右の図の①～④の順に水が入り，③と④の間で管Bを開けたことがわかる。①の部分の容積は，20×50×12＝12000(cm^3)であり，この部分に入れた時間が40分だから，管Aから1分間に入る水の量は，12000÷40＝300(cm^3)とわかる。また，②の部分に入れた時間が24分なので，②の部分の容積は，300×24＝7200(cm^3)と求められる。よって，②の部分の底面積は，7200÷10＝720(cm^2)だから，ウの長さは，720÷20＝36(cm)となり，アの長さは，50－36＝14(cm)と求められる。

⑵　③の部分に入れた時間が20分なので，③の部分の容積は，300×20＝6000(cm^3)となる。また，③の部分の底面積は，20×50＝1000(cm^2)だから，③の部分の高さは，6000÷1000＝6(cm)と求められる。よって，イに当てはまる数は，22＋6＝28(cm)である。

⑶　④の部分の高さは，9－6＝3(cm)なので，④の部分の容積は，1000×3＝3000(cm^3)となる。また，④の部分に入れた時間は25分だから，④の部分の水は1分間に，3000÷25＝120(cm^3)の割合で増えたことがわかる。よって，管Bから1分間に出る水の量は，300－120＝180(cm^3)である。

6 ニュートン算，つるかめ算

図1

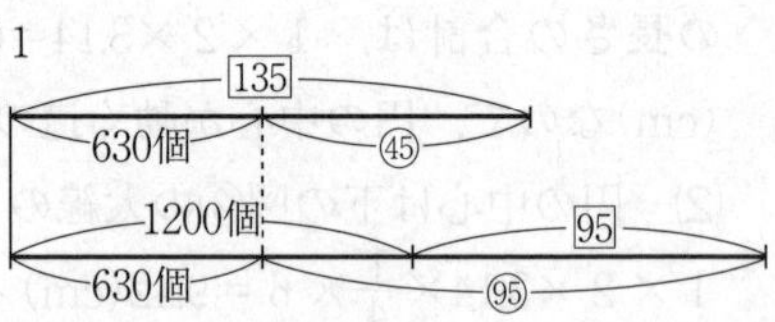

図2

[135]－㊺＝630(個)　…ア
○95－[95]＝1200－630＝570(個)…イ

⬇

[3]－①＝14(個)…ウ(ア÷45)
①－[1]＝6(個)…エ(イ÷95)

⑴　1分間に生産するアイスクリームの個数を①，1台のロボットが1分間に運び出す個数を[1]とする。3台のロボットで運び出すとき，45分間で，①×45＝㊺だけ生産し，その間に，[1]×3×45＝[135]だけ運び出して空になる。また，1台のロボットで運び出すとき，95分間で，①×95＝○95だけ生産し，その間に，[1]×1×95＝[95]だけ運び出していっぱいになる。よって，右上の図1のように表すことができる。次に，図1から右の図2のア，イの式を作ることができ，アの式の等号の両側を45，イの式の等号の両側を95で割ると，それぞれウ，エのようになる。さらに，ウの式とエの式を加えると，[3]－[1]＝[2]が，14＋6＝20(個)になり，[1]＝20÷2＝10(個)と求められる。これをエの式に当てはめると，①＝6＋10＝16(個)となるから，1分間に16個生産していることがわかる。

(2)　この日は1分間に，16＋5＝21(個)生産する。また，3台のロボットを使うと1分間に，10×3＝30(個)運び出すので，冷凍庫《れいとうこ》に入っている個数は1分間に，30－21＝9(個)ずつ減る。よって，冷凍庫が空になるのは，630÷9＝70(分後)である。

(3)　使ったロボットの台数は，①3台→②1台→③2台と変化し，②の時間が110分，①～③の時間の合計が370分である。また，370分で生産した個数は，16×370＝5920(個)だから，370分で運び出した個数の合計は，630＋5920＝6550(個)となる。このうち，②の110分で運び出した個数は，10×1×110＝1100(個)なので，①と③で運び出した個数の合計は，6550－1100＝5450(個)とわかる。さらに，①と③の時間の合計は，370－110＝260(分)だから，右上の図3のようにまとめることができる。2台使って260分運び出したとすると，10×2×260＝5200(個)運び出すので，実際よりも，5450－5200＝250(個)少なくなる。2台使うかわりに3台使うと，運び出す個数は1分間に10個増えるから，3台使った時間は，250÷10＝25(分間)と求められる。

図3

①(3台)｝合わせて
③(2台)｝260分で5450個

社　会　(25分) ＜満点：50点＞

解　答

[1] 問1　A　1　B　3　C　2　D　4　問2　E　2　H　3　問3　I　2　J　1　K　4　L　3　問4　M　3　N　1　O　4　P　2
[2] 問1　A　3　C　4　問2　4　問3　3　問4　2　問5　4
[3] 問1　あ　6　い　4　う　3　問2　A　4　B　6　C　2
[4] 問1　2　問2　3　問3　1　問4　4　問5　1　問6　4　問7　3
[5] 問1　あ　11　い　4　う　1　え　8　お　9　問2　D→E→C→A→B
[6] 問1　3　問2　累進課税　問3　1　問4　4　問5　未来戦略
[7] 問1　2　問2　4　問3　1　○　2　×　3　○　4　×　問4　A　1　B　5　C　2　D　3　問5　E　3　F　4　G　2　H　1

解　説

[1] 東京駅発の新幹線を題材にした問題

問1　図1において，盛岡に向かう1は1982年6月に東北新幹線が，新潟に向かう2は1982年11月に上越新幹線が開通した。富山に向かう3は，2015年3月に北陸新幹線が富山を経由して金沢(石川県)まで延伸した。京都に向かう4は，1964年10月に東海道新幹線が開通した。よって，1972年3月の時点で所要時間が3時間であるDは，東海道新幹線の通る4だとわかる。次に，1982年11月に所要時間が大幅に短縮されているAとCのうち，元々の所要時間により，東京からの距離《きょり》が長いと思われるAが東北新幹線の通る1，それよりも距離が短いと思われるCが上越新幹線の通る2だと判断できる。残ったBは，2015年に大幅に所要時間が減少しているため，北陸新幹線の3だとわかる。

問2　Eについて，東京からの距離が短く標高が1800mの山岳地帯を通っていることから，2の上越新幹線の路線であるとわかる。越後山脈の谷川岳に「大清水トンネル」を開通させたことで開通した。Hについて，距離はEより長く，いくつかの山岳地帯を通ることから３の北陸新幹線である。なお，Fは１の東北新幹線，Gは４の東海道新幹線である。

問３　岩手・新潟・富山・京都の４府県の農業・工業生産額の比較《ひかく》において，表１のＩは米の生産額が最も多いことから新潟県（Ｉ…２），Ｊは畜産《ちくさん》の生産額が最も多いことから岩手県である（Ｊ…１）。ＫとＬを比べると，Ｋはせんいの生産額が多く，Ｌは金属の生産額が多い。また，米の生産額はＬの方が多いことから，Ｋが京都府（Ｋ…４），Ｌが富山県だと判断できる（Ｌ…３）(2020年)。

問４　**M**　『劔岳《つるぎだけ》　点の記』（新田《にった》次郎）は，北アルプス（飛騨山脈）の立山連峰《たてやまれんぽう》（富山県）で行われた測量プロジェクトを扱《あつか》った小説である。よって３が当てはまる。　**N**　『智恵子抄《しょう》』（高村光太郎）は，光太郎が妻・智恵子について書いた詩や短歌などをまとめた詩集である。智恵子は福島県出身の画家・紙絵作家（旧姓：長沼）なので，１が当てはまる。　**O**　『東海道中膝栗毛《ひざくりげ》』（十返舎《じっぺんしゃ》一九《いっく》）は，江戸時代の化政文化を代表するこっけい本である。主人公の弥次郎兵衛《やじろうべえ》と喜多八《きたはち》の２人が伊勢神宮へのお参りに，東海道を旅する様子が描《えが》かれている。よって４が当てはまる。　**P**　『雪国』（川端康成《かわばたやすなり》）は，新潟県の湯沢温泉が舞台となった小説である。よって２が当てはまる。なお，川端康成は1968年に日本人初のノーベル文学賞を受賞した。

[2] 北海道についての問題

問１　図１のグラフを見ると，Ａは「水稲」がなく，「麦類・雑穀・いも類・豆類・工芸作物」の占《し》める割合が50％以上である。よって，畑作のさかんな十勝《とかち》平野のある道東だと判断できる（Ａ…３）。Ｃは９割以上が「飼料作物」で占められているので，酪農《らくのう》がさかんな根釧《こんせん》台地を含む地域だと判断できる（Ｃ…４）。なお，Ｂは他と違い果樹の生産が見られるので１（道南），残ったＤが２（道央）である。

問２　1990年に約1.08億ｔだった石炭の輸入量が，2020年には約1.74億ｔになっており，四捨五入すると約２倍に増えているといえる（４…○）。なお，１について，中国（中華人民共和国）は世界最大の石炭の産出国であり，輸入量も世界一の最多消費国である。2020年の世界の石炭消費量のうち，中国は全体の約50％を占め，インドは約10％ほどである（１…×）。世界の石炭の産出量は，1990年の約46.45億ｔから2020年は約75.75億ｔと1.5倍以上に増えている（２…×）。現在の日本の産炭地は，北海道にもある（３…×）。

問３　「石狩鍋《いしかりなべ》」は北海道の郷土料理で，さけの切り身にきゃべつや大根などの野菜を，みそ仕立ての汁で煮込んだものである（３…○）。さけが豊富にとれる石狩川の漁師料理として江戸時代頃から食べられていた。なお，１は秋田県の「きりたんぽ鍋」，２は山形県の「芋煮《いもに》」，４は広島県の「かきの土手鍋」である。

問４　写真１の「トマム」は占冠《しむかっぷ》村のトマム地区のことで，先住民族のアイヌの言葉では「湿地」を意味する言葉である。同じように「しむかっぷ（占冠）」や「しんとく（新得）」も，アイヌの言葉に由来する。よって，２が正しい。

問５　北海道を訪れる外国人宿泊者のうち，欧米系ではオーストラリアが最も多く，２番目がアメリカ合衆国である。オーストラリアは南半球にあるため日本とは季節が逆になり，冬はスキーのために訪れる観光客が多い（Ｂ…４）。なお，Ａは２のアメリカ合衆国，Ｃは１のイギリス，Ｄは３のカナダ。

[3] 鎌倉仏教についての問題

問1　**A**　「罪を自覚した悪人が救われる」とする「悪人正機《しょうき》説」を唱えたのは親鸞《しんらん》である。親鸞は浄土宗を開いた法然《ほうねん》に学んだのち，念仏を唱えれば阿弥陀仏《あみだぶつ》の力によって救われる(他力本願)という考え方を説き，浄土真宗を開いた(**あ**…6)。　**B**　時宗を開いたのは一遍《いっぺん》である。諸国を遊《ゆ》行《ぎょう》して踊《おどり》念仏を広め，その総本山として相模《さがみ》国藤沢(神奈川県)に遊行寺《ゆぎょうじ》(清浄光寺)を創建した(**い**…4)。　**C**「南妙法蓮華経《なんみょうほうれんげきょう》」という題目を唱えることを説いて法華《ほっけ》(日蓮《にちれん》)宗を開いたのは日蓮である(**う**…3)。法華経を信じなければ国難が来るとして他宗を攻撃し，鎌倉幕府から迫害を受けた。また，2の建長《けんちょう》寺と7の円覚《えんがく》寺は，神奈川県鎌倉市にある臨済《りんざい》宗の寺である。

問2　それぞれ問1の解説参照。なお，1の道元は曹洞《そうとう》宗の開祖，5の法然は浄土宗の開祖，7の栄西は臨済宗の開祖である。3の空也《くうや》と8の最澄《さいちょう》は平安時代の僧《そう》で，空也は庶民《しょみん》へ布教し「市聖」と呼ばれ，最澄は天台宗を開いた。

4　江戸時代末期の日本についての問題

問1　1858年，江戸幕府の大老である井伊直弼とアメリカ領事ハリスとの間で日米修好通商条約が結ばれた。その後，イギリス・オランダ・フランス・ロシアとも同様の条約を結んでいる(安政の五か国条約)。よって，2が正しい。なお，出島から追放されて来航できなくなったのはポルトガルであり，イギリスはそれ以前に日本から撤退《てったい》している(1…×)。ハリスはアメリカの領事である(3…×)。ロシア勢の南下を恐れてイギリスと同盟を結んだのは1902年のことである(4…×)。

問2　ききんのさい，農民は領主に対し年貢の減免《げんめん》を求めて一揆《いっき》を起こした。よって，3が正しい。1の大塩平八郎の乱は，江戸ではなく大阪で起こった。2の打ちこわしは，米を買い占め価格をつり上げた商人に対し，町人らが起こした騒動。4について，ききんなどで生活に困った農民らが京都に集まり足軽になったのは，応仁の乱(1467年)の起こった室町時代である。

問3　江戸時代末期，欧米諸国との貿易が始まると，日本からは生糸や茶が輸出され，毛織物や綿織物が輸入された。日本の生糸(絹糸)は質が良く，その後も重要な輸出品となった。一方，安価な綿織物の輸入により，国内の綿工業は大きな打撃を受けた(1…○)。日本は生糸を輸出する側であり輸入はしていない(2…×)。また，絹の原産は中国である(3…×)。富岡製糸場は明治時代初め(1872年)に建設され，大量生産が可能な欧米の近代的な製糸技術を導入した(4…×)。

問4　てんさいは砂糖の原料になる工芸作物で，明治時代に導入された(4…×)。

問5　江戸時代，幕府が天領として直轄《ちょっかつ》支配した金属鉱山のうち，金山は佐渡《さど》(新潟県)にあった(1…○)。なお，2の島根県には石見《いわみ》銀山，3の愛媛県には別子《べっし》銅山(民間)，4の栃木県には足尾銅山があった。

問6　徳川吉宗は江戸幕府第8代将軍で，享保の改革(1716～45年)を行い，幕政を再建した(4…○)。吉宗は青木昆陽《こんよう》に命じて米の代用作物としてサツマイモの栽培《さいばい》を研究させた。また，この時期には日光(栃木県)で朝鮮人参《にんじん》の栽培に成功し，その国産化が進められた。なお，1の徳川家康は初代将軍で江戸幕府を開いた人物，2の徳川家光は第3代将軍で武家諸法度や参勤交代の制度を確立した人物，3の徳川綱吉は第5代将軍で生類憐《しょうるいあわれ》みの令を出した人物である。

問7　江戸時代，蝦夷《えぞ》地(北海道)には松前藩が置かれ，先住民族のアイヌと交易を行った(3…○)。なお，1の薩摩《さつま》は現在の鹿児島県，2の長州は現在の山口県，4の対馬は現在の長崎県である。

5　1945年の出来事についての問題

問1　**A**　7月26日，連合国首脳によるポツダム会談にもとづき，アメリカ・イギリス・中国(中華民国)の名で，日本に無条件降伏を求める「ポツダム宣言」が発せられた(**あ**…11)。　**B**　8月9日，当初の投下目標は，第一目標の小倉だったが，小倉上空が雲におおわれていたため，午前11時2分に第二目標の長崎に投下された(**い**…4)。　**C**　日本本土で唯一《ゆいいつ》の地上戦となった沖縄戦は，6月23日をもって組織的な戦闘が終結した(**う**…1)。この日は「慰霊の日」とされ，沖縄島南部の糸満《いとまん》市摩文仁《まぶに》の平和祈念公園で戦没者追悼《ついとう》式が行われる。　**D**　2月，連合国首脳によるヤルタ会談が行われ，ソ連の対日参戦という秘密協定が結ばれた(**え**…8)。　**E**　5月7日，日本と同盟関係にあったドイツが，連合国に無条件降伏した(**お**…9)。

問2　問1の解説参照。よって，古い順にD→E→C→A→Bになる。

6 人口の少子化についての問題

問1　「合計特殊出生《とくしゅしゅっしょう》率」とは，一人の女性が一生の間に産む子どもの数の平均のことである(3…○)。

問2　所得税とは個人の所得にかかる税のことで，課税対象額が大きくなるほど税率が高くなる「累進《るいしん》課税」の方式がとられている。

問3　日本の社会保障制度は，社会保険・社会福祉・公的扶助《ふじょ》(生活保護)・公衆衛生の「四本柱」からなり，公的扶助は生活困窮《こんきゅう》者の救済を目的に，生活費や教育費を支給する制度である(1…○)。2の病気の予防などを行うのは公衆衛生，3の病気や失業・老後の生活を保障するのは社会保険，4の社会的弱者の救済を行うのは社会福祉である。

問4　資料のグラフにおいて，「防衛関係費」は2010年度の4.7兆円から2023年度には10.2兆円と，2倍以上に増えている。よって，4が正しい。なお，1の「社会保障関係費」は，2010年度より2023年度の方が多い。2の「地方交付税交付金」は，どちらの年度も3番目に支出が多い。3の「公共事業関係費」は0.3兆円増えており，「文教・科学振興《しんこう》費」は0.7兆円減っている。

問5　岸田文雄内閣は，「こども未来戦略方針」を掲《かか》げて，異次元の少子化対策を進めている。

7 内閣についての問題

問1　日本国憲法第68条により，内閣を構成する国務大臣は内閣総理大臣が任命または罷免《ひめん》する(2…×)。なお，国務大臣は，半数以下であれば民間人からも任命できる。また国務大臣は，本来は17人以内と規定されているが，特別な場合には3人まで増員可能である。2024年現在，復興大臣と国際博覧会担当大臣が設置されているため19人である。

問2　法律案は両議院で議決が異なった場合，再び衆議院において多数決をとり，出席議員の3分の2以上の賛成が得られれば法律となる(4…×)。

問3　**1**　日本国憲法第73条により，内閣は国会の定めた法律を実施するために政令を制定するので正しい。　**2**　日本国憲法第7条により，国会を召集するのは天皇である。　**3**　日本国憲法第3条により，内閣は天皇の国事行為に助言と承認を行うので，正しい。　**4**　日本国憲法第73条により，内閣が外国と条約を結ぶには，国会から承認をもらわなければならない。

問4　気象庁は気象業務を行う機関で，国土交通省に属する(**A**…1)。消費者庁は消費者に関する行政および物資の品質表示に関する事務を行う機関で，内閣府に属する(**B**…5)。消防庁は日本の消防活動を統括《とうかつ》する機関で，総務省に属する(**C**…2)。スポーツ庁はスポーツの振興やスポーツに関する施策を行う機関で，文部科学省に属する(**D**…3)。

問5　2021年度から歳出額の記載《きさい》があることから，Eは同年9月に発足したデジタル庁だとわかる

(E…3)。なお，デジタル庁は内閣府に属している。次に，いずれの年も歳出額が最も大きいことからGは社会保障制度を運用する厚生労働省だと判断できる(G…2)。とくに，2020～21年度は新型コロナウイルス感染症対策のため歳出額が増えたと考えられる。Hは2019～20年度の歳出額が他の年度と比べて大きいことから，新型コロナウイルス感染症に関する企業への支援や，「Go Toトラベル」などの経済対策で歳出額が増えたと考えられるので経済産業省である(H…1)。最後に，歳出額の変動がほとんどないことからFは法務省である(F…4)。

理　科　(25分)＜満点：50点＞

解　答

1 **問1**　2　**問2**　5　**問3**　1，5，3　**問4**　5　**問5**　持続可能　**問6**　2，5　**2** **問1**　5　**問2**　ア　3　イ　1　ウ　4　エ　7　**問3**　3　**問4**　3　**問5**　(例)　少ない燃料で打ち上げられる。　**3** **問1**　並列つなぎ　**問2**　4　**問3**　1　**問4**　6個　**問5**　1.5倍　**問6**　LED　**問7**　(例)　消費電力が少ないから。　**4** **問1**　3，5，7　**問2**　6　**問3**　3，6，7　**問4**　2番目…4　3番目…8　**問5**　5，9　**問6**　2，7　**問7**　(例)　ペットボトル内の気体が水に溶けて気圧が減ったから。

解　説

1 **海にすむ生物についての問題**

問1　一般《いっぱん》に，海の中では，植物プランクトンが動物プランクトンに食べられ，動物プランクトンが小さな魚に食べられ，小さな魚が大きな魚に食べられるという「食べる・食べられるの関係(食物連鎖《れんさ》という)」が成り立っている。

問2　ジンベエザメは，魚類の中で最大の体を持っており，主にアミなどの動物プランクトンや小魚などを，大きな口から海水ごと飲み込み，鰓耙《さいは》という器官でこし取って食べる。なお，生息場所によっては，植物プランクトンやクラゲ，イカなどを食べるものもいるとされる。

問3　アミの様子を拡大してさらにくわしく観察するには，まずアミを視野の中央に移動させる。けんび鏡では上下左右が逆になった像が見えるので，図1の場合，実際には右下側にアミがいる。よって，これを中央に持ってくるために，プレパラートは左上方向に動かす。そして，レボルバーをまわして対物レンズを高倍率のものに替《か》え，調節ねじをまわしてピントをあわせる。

問4　体液よりも塩分の濃《こ》さが濃い海水を飲む一方で，尿《にょう》の塩分の濃さは体液と同じ程度になっていて，尿から多くの塩分を排出することはできない。そのため，体液の塩分の濃さを適正に保つには，できるだけ水分を失わないようにしたり，できるだけ塩分を体外に捨てたりする必要がある。よって，尿の量は少なくして，体内の水分を逃《のが》さないようにしている。しかし，それだけでは体内の塩分の量が多くなるので，えらを通して余分な塩分を捨てている。

問5　世界の環境《かんきょう》が悪化してきて，さまざまな資源の枯渇《こかつ》が見えてきたことなどから，将来も地球環境を適切に維持《いじ》しながら，いまの社会生活を継続《けいぞく》していくための方策が考えられるようになってきた。この考え方を「持続可能」と呼ぶ。

問6　ニホンウナギとクロマグロは，乱獲《らんかく》などのため生息数が減少しており，国際自然保護連合のレッドリストにおいて絶滅《ぜつめつ》危《き》惧《ぐ》種に指定されている。

2 月を利用する計画についての問題

問1　月面から見た地球全面に光が当たっているので，このとき太陽―月―地球の順に一直線に並んでいると考えられる。よって，地球から見た月は新月となっている。

問2　**ア，イ**　水は，酸素と水素が結びついてできている。酸素は人が呼吸するのに必要で，水素は酸素があるときに火をつけると爆発《ばくはつ》するように燃える。　**ウ**　二酸化炭素は，人が呼吸するときに出すものであり，植物が光合成を行うために取り込むものでもある。　**エ**　水素は非常に燃えやすく，酸素があるところでは爆発するように燃え，このとき急激《きゅうげき》に体積が増加する。ロケットを飛ばすときには，この勢いを利用したエンジンが使われる。

問3　月面に人が滞在《たいざい》できる基地をつくるさい，月の南極付近が重要な候補地とされている。これは，月の自転軸《じく》がほとんどかたむいてなく，かつ月面の凹凸《おうとつ》により，日光が長時間当たる場所があることが理由で，十分な量の太陽光発電ができる可能性がある。

問4　月は自転軸がほとんどかたむいていないため，南極付近ではつねに太陽光がほぼ地平線の方向から当たることになる。よって，パネルを月面に対して90度の角度で設置すると，太陽光がパネルに垂直に当たって効率よく発電できる。

問5　ロケットを宇宙空間まで打ち上げるには，重力に逆らって打ち上げなければならない。したがって，重力が小さい月からロケットを打ち上げる方が，それだけ打ち上げるときに使う燃料が少なくてすむ。

3 電流回路についての問題

問1　流れてきた電流が枝分かれしてそれぞれの豆電球に流れるようなつなぎ方となっている。これを豆電球の並列つなぎという。

問2　電流計は，測りたい部分に対して直列につなぐ。また，電流計のプラス(＋)端子《たんし》にはかん電池のプラス極側の導線をつなぎ，マイナス(－)端子にはかん電池のマイナス極側の導線をつなぐ。

問3　電流計の針がふり切れてこわれてしまわないように，電流の大きさが予想できないときには，まずはかれる電流が一番大きいマイナス端子につなぐ。そして，針のふれが小さいときは，となりのより小さい電流がはかれる端子につなぎ替える。

問4　豆電球Aは豆電球Bよりも電流が２倍流れやすいので，豆電球Aの電気抵抗《ていこう》を１とすると，豆電球Bの電気抵抗は２となる。図２は，豆電球Aと豆電球Bの直列つなぎなので，全体の電気抵抗は，１＋２＝３になる。ここで，図１と図２でかん電池の数が同じだとすると，図２の豆電球Aと豆電球Bの直列つなぎの部分は，図１の豆電球Aとくらべ，電気抵抗が３倍だから，流れる電流の大きさは$\frac{1}{3}$となる。よって，図２のかん電池の数を図１の３倍にすると，図１と図２の豆電球Aに流れる電流の大きさが同じになる。このときのかん電池の数は，２×３＝６(個)である。

問5　図３で，豆電球Aと豆電球Bの電気抵抗の比が１：２だから，並列つなぎになっている(イ)の豆電球Aと豆電球Bには，(ア)の豆電球Aを流れた電流が２：１に分かれて流れる。したがって，(ア)の豆電球Aに流れる電流の大きさは，(イ)の豆電球Aに流れる電流の大きさの，(２＋１)÷２＝1.5(倍)となる。

問6　家庭用の電球として，かつては白熱電球や蛍光《けいこう》灯が使われてきたが，最近は発光ダイオードの電球が広まってきた。発光ダイオードはLEDとも呼ばれる。

問7　LEDが照明などに広く使われるようになってきたのは，消費電力がとても少なく，長持ちするからである。つまり，電気代や交換《こうかん》費用が従来に比べて安くてすむ。このことから，信号機もLEDを使うタイプへの交換が進んでいる。

4　気体の性質についての問題

問1　塩化水素の水溶液《すいようえき》は塩酸，二酸化炭素の水溶液は炭酸水で，ともに酸性である。また，二酸化硫黄《いおう》の水溶液も酸性であり，このことは二酸化硫黄が酸性雨の原因物質であることからもわかる。

問2　BTB溶液は，酸性で黄色，中性で緑色，アルカリ性で青色を示す。よって，水溶液にBTB溶液を加えると青色になったので，ここでは水溶液がアルカリ性になるアンモニアが適当である。

問3　無色で刺激臭《しげきしゅう》がするのは，塩化水素，アンモニア，二酸化硫黄の３つである。ほかは無色でにおいがない。

問4　空気の成分は，約78％が窒素《ちっそ》，約21％が酸素，約0.9％がアルゴン，約0.04％が二酸化炭素で，ほかにもさまざまな気体が微量ずつふくまれている。

問5　地球温暖化をもたらしているのは，大気中に熱を閉じ込める性質の強い気体である。これを温室効果ガスといい，二酸化炭素，メタン，フロンなどの気体がある。

問6　集めた気体と水が入ったペットボトルをよくふってしばらく置いておくと，ペットボトルがつぶれたので，この気体は水に溶《と》けることがわかる。一方で，この気体は水上置換《ちかん》法で集めたので，水に溶けるといっても非常に溶けやすいわけではないこともわかる。これらのことから，この気体は１～９の気体の中では二酸化炭素が適当と考えられる（窒素，水素，酸素，アルゴン，メタンは水に溶けにくく，塩化水素，アンモニア，二酸化硫黄は水に溶けやすい）。二酸化炭素を発生させるには，炭酸カルシウムに塩酸を加えるとよい。

問7　ペットボトルに気体を集めた直後は，ペットボトル内の気体の圧力と大気圧とがつりあっているので，キャップをつけたペットボトルはつぶれない。しかし，ペットボトルをよくふると，ペットボトル内の気体が水に溶けて体積を減らすので，ペットボトル内の気体の圧力が小さくなる。すると，外からかかる大気圧の方が大きくなるので，ペットボトルが大気圧におされてつぶれる。

英　語　（60分）＜満点：100点＞

※　解説および作文の解答例は編集上の都合により省略させていただきました。

解　答

Listening 省略　**Reading Passage One**　**1** B　**2** A　**3** C　**4** D　**5** C　**Passage Two**　**1** A　**2** C　**3** D　**4** C　**5** B　**Grammar Part A**　**1** D　**2** C　**3** D　**4** A　**5** B　**6** A　**7** B　**Part B**　**1** we had water dripping through the ceiling　**2** which day do you think you are available　**3** was on this very spot that　**Vocabulary**　**1** B　**2** A　**3** C　**4** A　**5** D　**6** A　**7** C　**8** D　**9** B　**10** D

国 語 （45分）＜満点：100点＞

解 答

一 ① 後　② 全　③ 細　④ 親　⑤ 苦　⑥ 関　⑦ 通　⑧ 生　⑨ 降　⑩ 覚　二 問1 下記を参照のこと。　問2 A エ　B ア　C ウ　D イ　問3 1 イ　2 イ　3 ア　4 イ　問4 ウ　問5 きまり　問6 演出　問7 感情　三 問1 救護室から　問2 ア　問3 左　問4 2 ア　3 イ　4 ア　5 ア　問5 ア　問6 エ　問7 いい思い出　問8 イ　問9 （例） 予選で飯田さんが転んだときパニックにおちいり，汗まみれになった手を恥ずかしくて差し出せず，それからは飯田さんの顔を見られなかったという情けない話をすること。

問10 十五年間，私とおなじ重さを負ってきてくれた(こと。)　四 （例） 私は②・⑥・⑨を選んだ。どれも，さまざまな場面で従来の限界をこえ，新しい世界へのとびらを開いたからだ。②は人の移動空間を広げ，移動時間を縮め，人力では不可能な分量の物や人を運ぶ。⑥で競う技は，人の身体能力のぎりぎりを見せ，その先を期待させる。⑨も高度な専門技術がよりよいものをうみ出してくれている。

●漢字の書き取り

二 問1 ① 意図　② 歴然　③ 施(す)　④ 付加　⑤ 際

解 説

一 ことばの知識

① 音読みは「ゴ」「コウ」で，「午後」「後方」などの熟語がある。訓読みにはほかに「あと」「おく(れる)」などがある。　② 音読みは「ゼン」で，「安全」などの熟語がある。　③ 音読みは「サイ」で，「細工」などの熟語がある。　④ 音読みは「シン」で，「親切」などの熟語がある。　⑤ 音読みは「ク」で，「苦難」などの熟語がある。　⑥ 音読みは「カン」で，「相関」などの熟語がある。なお，「関の山」は，よく見積もってもそこまでだということ。　⑦ 音読みは「ツウ」「ツ」で，「通学路」「通夜」などの熟語がある。　⑧ 音読みは「セイ」「ショウ」で，「生命」「一生」などの熟語がある。訓読みにはほかに「い(きる)」「う(まれる)」「き」がある。　⑨ 音読みは「コウ」で，「乗降」などの熟語がある。　⑩ 音読みは「カク」で，「感覚」などの熟語がある。

二 出典：松村圭一郎《まつむらけいいちろう》『うしろめたさの人類学』。バレンタインデーのチョコレートを例に，商品交《こう》換《かん》と贈与《ぞうよ》の違《ちが》い，商品ではなく贈《おく》り物にするための方法やきまりなどが説明されている。

問1 ① 目的をもって何かをしようとすること。また，その目的，ねらい。　② はっきりしていて疑う余地のないようす。　③ 音読みは「シ」「セ」で，「実施」「布施」などの熟語がある。　④ 主なものごとに別のものを加えること。　⑤ 「際立つ」は，“ほかとはっきり違い，いちじるしく目立つ”という意味。

問2 A 「店で商品を購入《こうにゅう》するとき，金銭との交換が行われる」が，「バレンタインデーにチョコレートを贈るときには，その対価が支払われることはない」し，「贈り物をもらう側も，その場では対価を払わずに受けとることが求められる」としたうえで，筆者は「ホワイトデーにクッキーのお返しがあるとき，それは『交換』になるのだろうか」と新たに問いかけている。よって，話題を変えるときに用いる「では」があてはまる。　**B**「贈り物らしさ」を演出するため，人々は購入したチョコレートの「値札をはず」したうえ，「箱にリボンをつけたり，それらしい包装をしたり」するだろうと筆者は述べている。よって，前のことがらに別のことをつけ加えるときに用いる「さらに」が入る。　**C**「外的な表示(時間差，値札，リボン，包装)」によってでしか，「購入することと，プレゼントとして贈ること」の区別ができないとしたうえで，筆者は「コンビニの袋《ふくろ》に入った板チョコ」(レシートつき)と，「きれいに包装されてリボンがつけられ，メッセージカード」が添《そ》えられた「中身が同じ」チョコレートを取り上げているので，具体的な例をあげるときに用いる「たとえば」が合う。　**D**「同じチョコレート」のやりとりが経済行為か非経済行為か「区別しがたい」と感じているがゆえに，人々はそれを明確にするために「『商品らしさ』や『贈り物らしさ』を演出」するのである。よって，前のことがらを原因・理由として，後にその結果をつなげるときに用いる「だから」がよい。

問３「商品交換」(経済行為)と「贈与」(非経済行為)の区別は，「モノのやりとりのあいだに差しはさまれた『時間』」によると述べた社会学者ピエール・ブルデュの説について，筆者は具体例をあげながら解説している。　**1**　チョコレートをもらってから時間をおかずにクッキーを返す，というのは，「等価なものを取引する経済的な」行為にあたるので，「交換」が入る。　**2**，**3**「一カ月後」にお返しする場合だから，商品「交換」ではなく，「返礼」という「贈与」になる。**4**「一カ月後」にお返しをすることで「消える」ものなので，「交換」らしさである。

問４　「商品／経済」，「贈り物／非経済」であることをおさえる。よって，「経済化」と結びつけられた5は「商品」，「脱経済化」と結びつけられた6は「贈り物」にあたる。

問５「モノのやりとり」において，「商品」か「贈り物」かは「区別しがたい行為」である。だから，人々は区別の「きまり」をつくり，それを維持《いじ》しているのである。

問６　ただの「お金」も，用意した「新札」を「署名」つきの「祝儀袋《ぶくろ》」に入れ，さらに「袱紗《ふくさ》」に包むことで「贈り物に仕立てあげ」ることができる。こういう「仕立てあげ」方を，筆者は前の部分で「贈り物らしさ」の「演出」と述べている。

問７　前の部分では，商品交換にないのは「思いや感情」，ご祝儀は「思いや感情」を表現する行為だと説明されている。経済の「交換」は「脱《だっ》感情化」，「贈与」に込めているのは「感情」にあたる。よって，「感情」がぬき出せる。

三　**出典：森絵都《もりえと》「むすびめ」(『出会いなおし』所収)**。六年生のとき30人31脚《きゃく》の予選で転んだ「私」は，いつも隣《となり》で支えてくれた奥山《おくやま》くんに謝《あやま》りたいと，十五年ぶりに初めてクラス会に参加する。

問１　小学校の頃《ころ》の回想から，現在に戻《もど》ったところに注目する。「今日は，教えてほしいことがあって」と切り出した「私」は，当時，30人31脚の予選敗退が決まったことを知って，はじめは誰もが盛大に嘆いていたはずが，自分が「救護室からスタンドへもどったら，急にムードが変わってた」という不思議なできごとの真相を知りたいと，「あっちんと内田」にたずねている。

問２　奥山くんは「観音《かんのん》めいた心根の持ち主」で「みんなのいやがる仕事も快く引きうけ」てくれるような子である。クラスいち足が速い奥山くんは，クラスいち足の遅《おそ》い私のめんどうを真梨江《まりえ》先生からおしつけられたが，30人31脚の練習では「私」の足の運びに合わせ，転べば助け起こしてくれ，クラスの男子にからかわれても「ひるまない」し「怒《おこ》らない」のだから，心が広く人の間違《まちが》いなどを責めないようすを表す，アの「寛容《かんよう》」が合う。なお，イの「厳格」は，規律にきびしいようす。ウの「悲壮《ひそう》」は，悲しみを秘めながらも雄々《おお》しさがあるようす。エの「優秀《ゆうしゅう》」は，すぐれたようす。オの「冷静」は，感情に左右されず落ち着いているようす。

問3　30人31脚で「一番右端《みぎはし》」を走る「私」の隣が奥山くんなので，「左」があてはまる。

問4　**2**　一変した「空気」とは，「私」が予選で転んで決勝進出の夢が絶たれたとき，みんな大泣きしていたはずなのに，救護室から戻ると「楽しかった」などと「ポジティブ」になっていたことである。その経緯《けいい》は，クラス会の場面で「あっちんと内田」が説明しており，実際に空気は一変していたのだから，アが選べる。　**3**　当時，30人31脚の決勝進出の夢が絶たれたとき，確かに雰囲気《ふんいき》は悪くなりかけたものの，突然爆発《とつぜんばくはつ》的に泣き出し「ここでケンカしたら六年二組の思い出がだいなしだ」，「笑顔《えがお》で終わらせなきゃいい思い出にできない」などと訴《うった》えた真梨江先生のようすを見て，みんなはひるみ，やがて口々に前向きなことを言い出したのである。これが事実なのだから，真梨江先生が自分を責めないようみんなを「言いふくめた」のだろうという「私」の考えは，思いこみである。よって，イが合う。　**4**　予選で転んだとき，奥山くんは手を差しのべてくれなかったが，練習中に自分が「転べば助けてくれた」のは事実である。最後の場面で，「私」は奥山くんにお礼を言っている。よって，アがふさわしい。　**5**　最後の場面で奥山くんは，緊張《きんちょう》すると手に汗《あせ》をかくこと，「私」が転んだとき「その濡れた手を，どうしても，飯田さんに，さしだせなかった」こと，それから「私」の顔を「まともに見られなく」なったことを打ち明けている。奥山君が「私」と目があえば視線をそらしていたのは，事実である。よって，アがよい。

問5　問4でみたように，自分の転倒にだれも「触れようとしない」のは先生が「言いふくめたのだ」とかんぐって，「私」は「いっそ責めてくれればいいのに」と思っている。そして，みんなの「明るさ」を素直に受け取れず，「嘘《うそ》っぽい」と「傷ついていた」のである。このようすには，萎《い》縮《しゅく》して素直になれないことを表す，アの「いじけた」が合う。

問6　「クラス全員，一気に泣きやんだ」のだから，その場が静まりかえるようすを表す，エの「水を打った(みたい)」が合う。なお，「泡《あわ》を食った」は，あわてるようす。「せきを切った」は，あふれ出るようす。「竹を割った」は，気性がさっぱりしているようす。

問7　「あっちんと内田」の話を整理する。「私」は十五年間，自分のせいで予選敗退したと「呵《か》責《しゃく》」の念にとらわれていたが，二人とも，敗因はみんなが「興奮してスピードあげすぎ」たことだし，「優勝したチームのタイム」は「格がちがった」と納得《なっとく》している。また，レポーターの「サインもらった」などと盛り上がっていたのだから，真梨江先生が望んだ通り，30人31脚の挑戦《ちょうせん》は本当に「いい思い出」だったのである。

問8　続く部分で「私」は，「あのころ奥山くん，いつもすごく優しくて，練習でもいつも助けてくれて，なのに肝心《かんじん》の本番で私，転んじゃって，そのせいで奥山くんにまで迷惑《めいわく》かけちゃって……。ありがとうも，ごめんねも言えないままだったこと，ずっと気になってたの」と伝えている。つまり「私」は，「迷惑」をかけてしまった奥山くんに「転んじゃって」「ごめんね」と謝りたかったのだから，イが入る。

問9　続いて奥山くんは，十五年前の予選の日「飯田さんが転んだ」ときパニックにおちいり，汗で「びしょびしょ」になった手が「恥《は》ずかしくて」差し出せなかったこと，その後「飯田さんの顔」を「まともに見られなく」なったことを話している。そんな自分の「ポンコツ」ぶりを打ち明ける緊張で，手に汗をかいたのである。これをもとに，「転んだ飯田さんに緊張で汗びっしょりになった手を差し出す勇気がなく，その後も飯田さんと顔を合わせられなかった自分のポンコツぶりを打ち明けること」のような趣旨でまとめる。

問10　問９で検討した，奥山くんの打ち明け話に対する反応である。みんなが，十五年前のできごとを「とうに克服《こくふく》し，子ども時代のまたとない珍《ちん》経験へと昇《しょう》華《か》させていた」のに比べ，自分だけ「呵責」を「引きずっている」と「私」が徒労感を覚えたことに注目する。そんなときに，奥山くんも長い間「呵責」にさいなまれてきたことを知り，涙があふれそうになったのである。よって，少し後にある「十五年間，私とおなじ重さを負ってきてくれた」という部分がぬき出せる。

四　条件作文

それぞれに共通点があるとまとめやすいだろう。たとえば，②「鉄道」，⑨「プロフェッショナル」，⑩「自動車」なら，生活を便利にしたり，ものごとを発展させたりするところに注目したまとめ方ができる。あるいは，①「独立」，⑤「国家」，⑥「オリンピック」なら，第二次世界大戦後の日本があてはまる。敗戦によってGHQの占領下にあった日本は，1952(昭和27)年に主権「国家」として「独立」を回復し，国際社会への復帰を象徴する「東京オリンピック」を1964(昭和39)年に開催している。「世の中」全体に明るい未来を予想させた点で，この三つは社会に「ハッピー」をもたらしたといえる。また，自分で身体を動かす⑦のスポーツで味わえる爽快《そうかい》感，自ら運転して好きなところへ行ける⑩の自動車の開放感，身につけて自分らしさが表現できる⑫のファッションの豊かさは，個人の自由な選択と楽しさが共通しており，それを許容できる世の中も「ハッピー」だといえる。ほかの組み合わせでも，「ハッピーの土台は④・⑪・⑭のような生の喜びをもたらすものだと思う。科学技術で人は快適な生活を得たが，それを求め過ぎて環境破壊を進めている。家族で祝う④の時間，⑪で小さな非日常を味わう時間，⑭にふれる時間は，心身をいやして生の喜びを実感させてくれる。個々のハッピーこそ，世の中のハッピーを支えるものだ」のように書くことができる。

Dr.福井の

入試に勝つ！脳とからだのウルトラ科学

記憶に残る“ウロ覚え勉強法”とは？

人間の脳には，ミスしたところが記憶に残りやすい性質がある。順調にいっているときの記憶はあまり残らないが，まちがえて「しまった！」と思うと，その部分がよく記憶されるんだ(これは，脳のヘントウタイという部分の働きによる)。その証拠に，おそらくキミたちも「あの問題を解けたから点数がよかった」ことよりも,「あの問題をまちがえたから点数が悪かった」ことのほうをよく覚えているんじゃないかな？

この脳のしくみを利用したのが“ウロ覚え勉強法”だ。もっと細かく紹介すると，テキストの内容を一生懸命覚え，知識を万全にしてから問題に取り組むのではなく，テキストにざっと目を通した程度(つまりウロ覚えの状態)で問題に取りかかる。もちろんかなりまちがえると思うが，それを気にすることはない。まちがえた部分はよく記憶に残るのだから……。言いかえると，まちがえながら知識量を増やしていくのが“ウロ覚え勉強法”なのである。

ここで，ポイントが2つある。1つは，ヘントウタイを働かせて記憶力を上げるために，まちがえたときは「あ～っ！」とわざとらしく驚くこと。オーバーすぎるかな……と思うぐらいでちょうどよい。

もう1つのポイントは，まちがえたところをそのままにせず，ここできちんと見直すこと(残念ながら，驚くだけでは覚えられない)。問題の解説を読んで理解するのはもちろんだが，必ずテキストから見直すようにする。そうすれば，記憶力が上がったところで足りない知識をしっかり身につけられるし，さらにその部分がどのように出題されるかもわかってくる。頭の中の知識を実戦で役立てられるようにするわけだ。

Dr.福井(福井一成《ふくいかずしげ》)…医学博士。開成中・高から東大・文Ⅱに入学後，再受験して翌年東大・理Ⅲに合格。同大医学部卒。さまざまな勉強法や脳科学に関する著書多数。

2023年度 慶應義塾湘南藤沢中等部

※　出願時に４科目受験（算数・社会・理科・国語）か３科目受験（算数・国語・英語）を選択します。算数と国語は同一問題です。

【算　数】（45分）〈満点：100点〉

1　［ア］，［イ］，［ウ］にあてはまる数を求めなさい。

(1)　16分２秒÷37＝［　ア　］秒

(2)　$1.125\times\left(16\times\boxed{\quad イ \quad}-48-96\div\dfrac{2}{3}\right)=72$

(3)　以下の図において，印のついたすべての角の大きさの和は［　ウ　］度である。

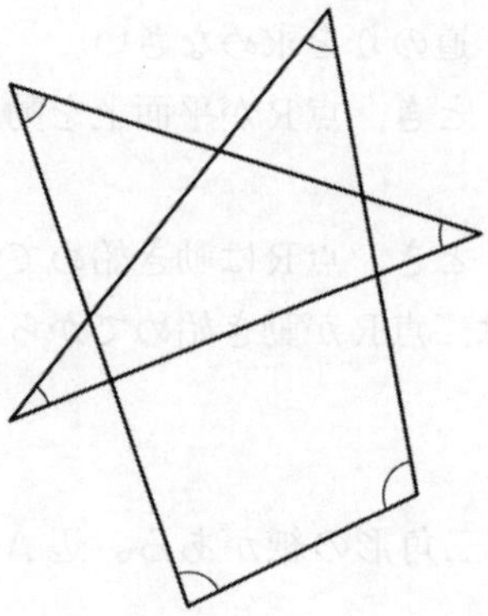

2　(1)　ある本を，先週は全体の$\dfrac{4}{9}$，今週はその残りの76％を読んだところ，30ページ残りました。この本は全部で何ページありますか。

(2)　ある数と140の最大公約数は14，最小公倍数は2940である。ある数を求めなさい。

(3)　以下の図は，２つの半円を組み合わせたものである。このとき，かげのついた部分のまわりの長さを求めなさい。ただし，円周率は3.14とする。

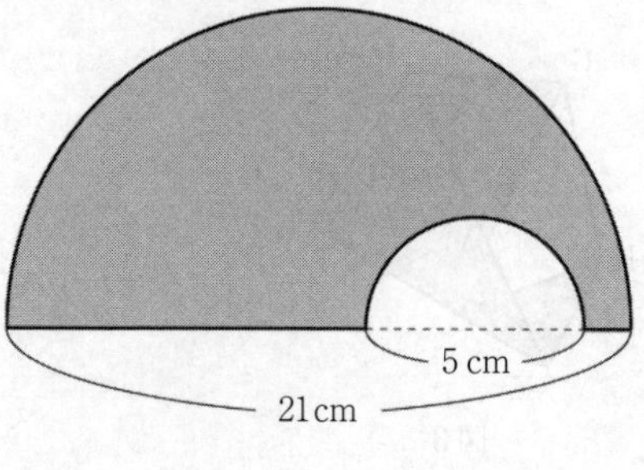

3 図のように，平面の上に１辺10cmの立方体を２つ積み重ねる。点Ｐは正方形ABCDの辺上を，点Ｑは正方形EFGHの辺上をそれぞれ毎秒１cmの速さで動く。また，PQを延ばした線が正方形IJKLのある平面と交わる点をＲとする。点Ｐ，Ｑは同時に動き出すものとする。

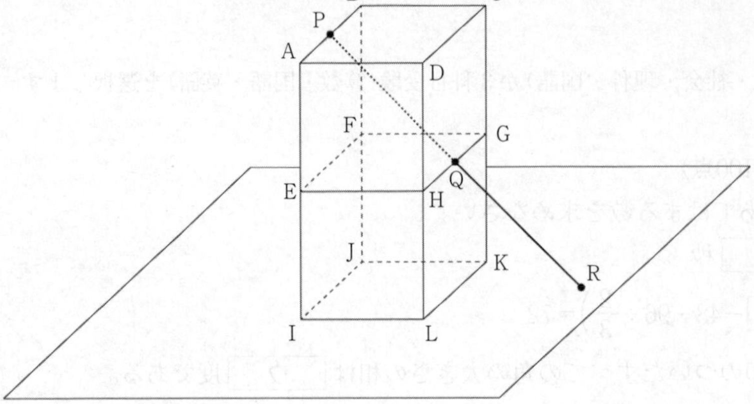

(1) 点ＰがA→B，点ＱがG→Hと動くとき，点Ｒが平面上を動く道のりを求めなさい。

(2) 点ＰがA→B→C→D→A，点ＱがG→H→E→F→Gと動くとき，点Ｒが平面上を動く道のりを求めなさい。

(3) 点ＰがA→B→C→D→A，点ＱがG→H→G→H→Gと動くとき，点Ｒは動き始めてから動き終わるまでの間に平面上の点Ｘを２回通る。点Ｘを通るのは，点Ｒが動き始めてから何秒後と何秒後ですか。

4 図１のような，辺ACが20cm，辺BCが15cm，角Ｃが60°の三角形の紙がある。辺AC上に点Ｄを，ADが８cmとなるようにとった。

次に，点Ｃが点Ｄに重なるように折り，図２のような図形をつくった。EFがそのときの折り目である。

さらに，ADとBFがそれぞれFDに重なるように折り，図３のような図形をつくった。GDとHFがそのときの折り目である。

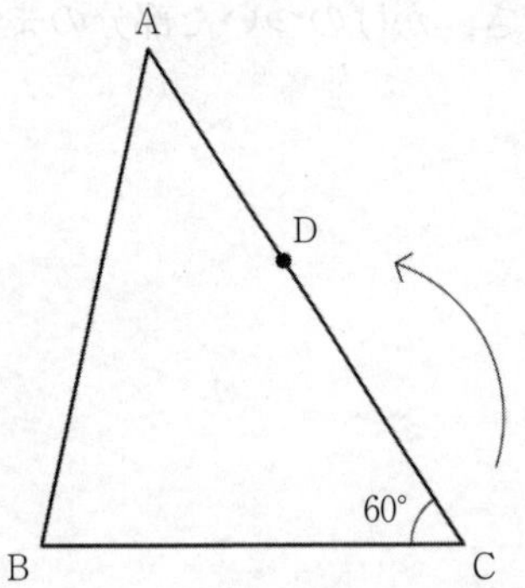

図１

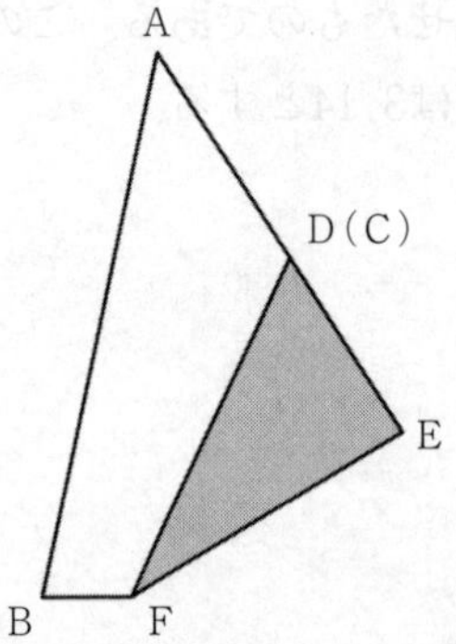

図２

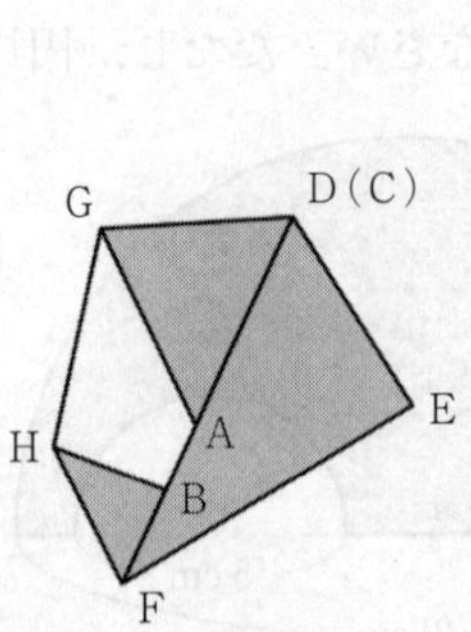

図３

(1) 図２のBFの長さは何cmですか。

(2) 図２の三角形DFEの面積は図１の三角形ABCの面積の何倍ですか。

(3) 図３の五角形GHFEDの面積は図１の三角形ABCの面積の何倍ですか。

5　ある川には，上流側に船着き場Ｐ，下流側に船着き場Ｑがある。

２つの船Ａ，Ｂが午前10時に同時にＱを出発してＰに向かった。また，Ａ，Ｂが出発したのと同じ時刻にＰでは荷物Ｃを川に落としてしまい，Ｃは下流の方に流され始めた。

午後12時30分にＡがＣとすれちがい，ＢにＣを回収するよう知らせた。Ｂは午後１時にＣと出会い，回収することができた。Ａはその後，午後１時20分にＰに着いた。

(1)　Ａの静水時の速さと，川の流れの速さを，できるだけ簡単な整数の比で表しなさい。

(2)　Ｂの静水時の速さと，川の流れの速さを，できるだけ簡単な整数の比で表しなさい。

(3)　ＡとＢの速さの差が時速２kmのとき，船着き場Ｐ，Ｑはどれだけはなれていますか。

6　異なる数が一列に並んでいる。この並んでいる数に対して，以下のような作業をする。

①　最初の数と２番目の数をくらべて，２番目の数のほうが小さいときだけ，その２つの数の場所を入れかえる。

次に，２番目の数と３番目の数についてくらべて，３番目の数のほうが小さいときだけ場所を入れかえる。

このくらべることを順にくりかえし，列の最後まで行う。

②　最初の数から最後の数の１個前までの数について，①と同じ作業をする。

③　最初の数から最後の数の２個前までの数について，①と同じ作業をする。

④　以下，作業の対象にする部分を１個ずつ減らしながら，①と同じ作業をくり返す。

⑤　作業の対象にする部分が２個になったら，１番目の数と２番目の数をくらべて，２番目の数のほうが小さいときだけ場所を入れかえる。そして作業はすべて終わりとなる。

たとえば，１，４，３，２，５という５個の異なる数の列についての①の作業は右のようになる。くらべることを４回，入れかえを２回行った。

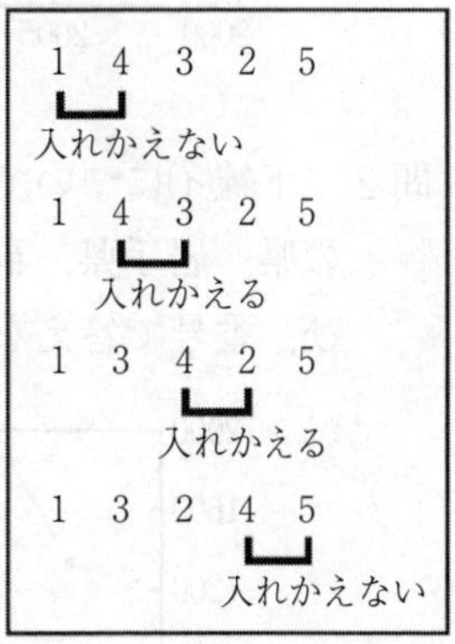

②については，列の中の「１，３，２，４」という部分に対して①と同じ作業を行うことになる。このようにして，作業の対象にする部分を１個ずつ減らしながら，作業の対象にする部分が２個になるまで作業をくり返すことになる。

(1)　１，６，５，２，３，４という列について①の作業だけが終わったとき，列の最後の数はいくつですか。また，入れかえは何回行いましたか。

(2)　10，７，２，９，４，３，１，６，５，８という列について①～⑤の作業をすべて行う。作業がすべて終わったとき，入れかえは全部で何回行いましたか。

(3)　30個の異なる数を一列に並べ，①～⑤の作業をすべて行う。作業がすべて終わったとき，数をくらべることは全部で何回行いましたか。

【社　会】（25分）〈満点：50点〉

1　次の文１～文４は，図１中のＡ～Ｄのいずれかの県を説明しています。以下の問いに答えなさい。

文１　この県は，気候の特ちょうにより(ア)小麦づくりに適しており，日本有数のうどん消費地として知られています。

文２　この県では，気候の特ちょうをいかした(イ)野菜づくりがさかんです。

文３　この県では，(ウ)ブランド畜《ちく》産物を飼育しています。

文４　この県西部の海岸では，地形の特ちょうをいかした(エ)養殖《しょく》がさかんです。

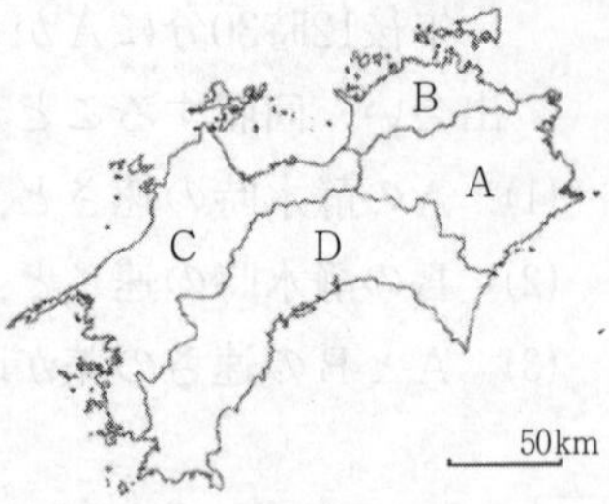

図１

問１　下線(ア)について，図２は日本における小麦，米，肉類，野菜の食料自給率をそれぞれ示したものです。小麦を図２の①～④から選び，番号で答えなさい。

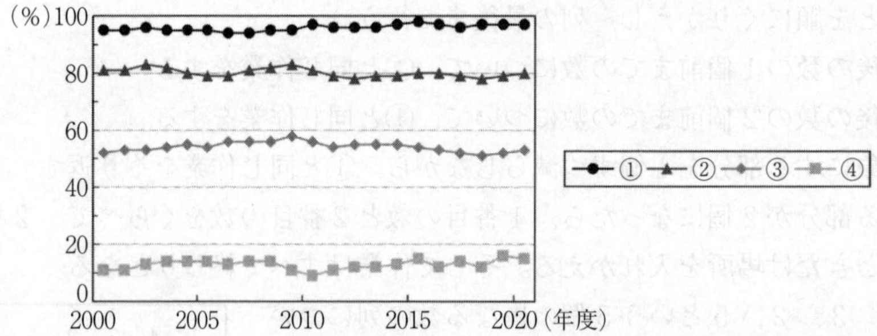

図２　（令和２年度農林水産省食料需給表より作成）

問２　下線(イ)について，図３は東京都中央卸売《おろしうり》市場における，なすの入荷《か》量を都道府県別（文２の県，岩手県，群馬県，栃木県）・月別に示したものです。文２の県を図３の①～④から選び，番号で答えなさい。

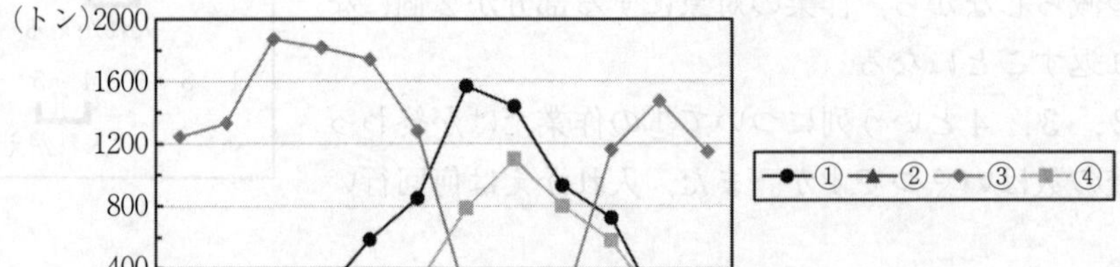

図３　（令和３年東京都中央卸売市場資料より作成）

問３　下線(ウ)の名前の読みを選び，番号で答えなさい。

１　ぼっちゃん　　２　あわおどり　　３　しまんとがわ　　４　こんぴらさん

問４　下線(エ)について，文４の県が都道府県別生産量で１位（2020年）となっている水産物の種類を選び，番号で答えなさい。

１　かき　　２　かつお　　３　たい　　４　ほたて

問５　図１中のＡ～Ｄの県を説明している文を文１～文４から選び，それぞれ番号で答えなさい。

2 自然災害とそのそなえについて，次の問いに答えなさい。

問１　ハザードマップに関する文として適当なものを選び，番号で答えなさい。

１　自分が住んでいる所や通っている学校周辺地域のハザードマップだけを手に入れることができる。

２　ハザードマップを適切に活用することにより，災害による被《ひ》害を無くすことができる。

３　災害が起きた時にそなえてハザードマップを見て，避《ひ》難の参考にすることを心がけておかなければならない。

４　さまざまな災害があいついで発生したことによって整備が進み，すべての災害に対応できるハザードマップが用意されている。

問２　図４中の陸地について，■の地域で共通して想定される災害を１～４から選び，番号で答えなさい。

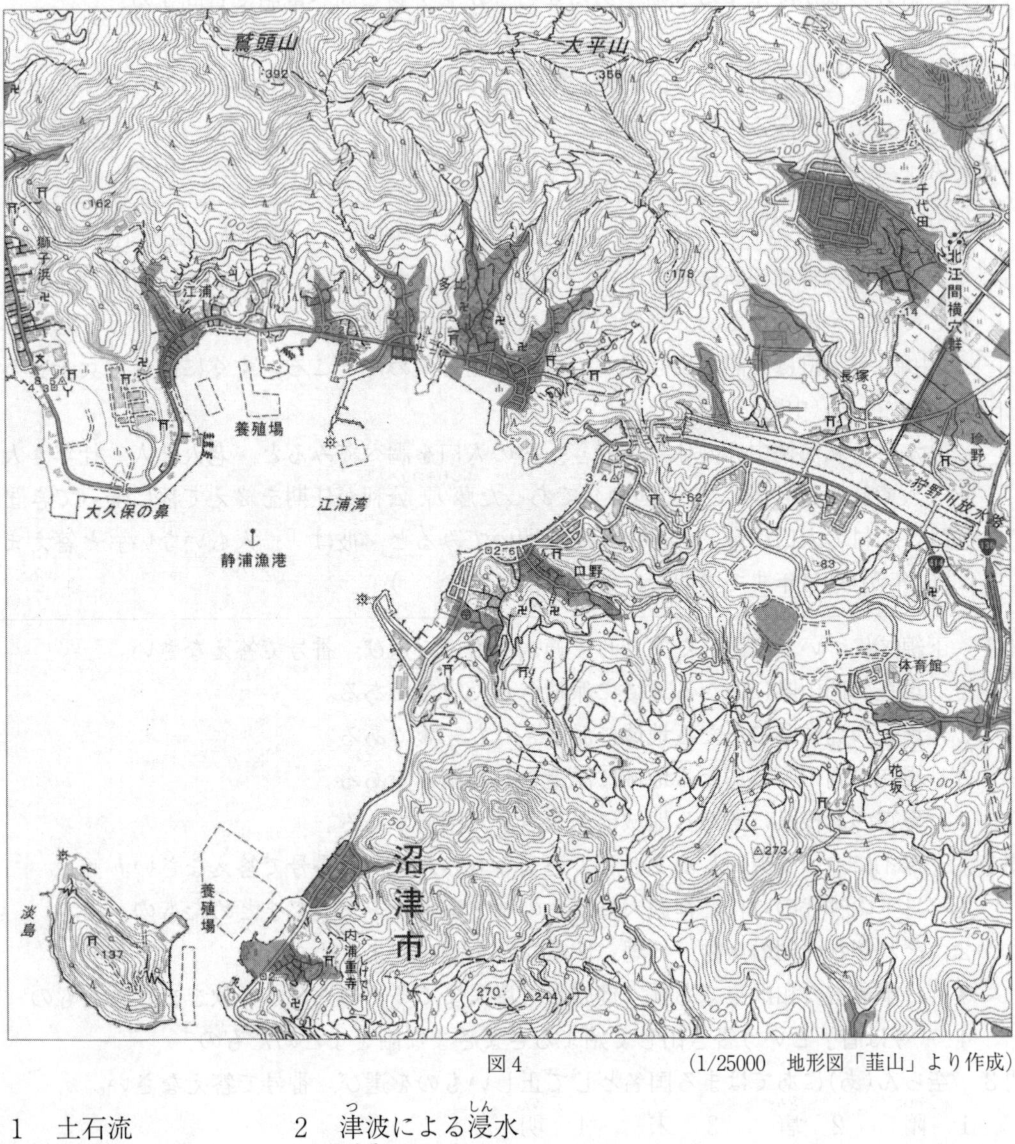

図４　（1/25000　地形図「韮山」より作成）

１　土石流　　　　２　津《つ》波による浸《しん》水

３　台風による高潮　　４　洪水《こうずい》による浸水

問3　平野部で取り組まれている災害へのそなえのうち，適当でないものを選び，番号で答えなさい。

1　土地の液状化を防ぐために地盤《ばん》を改良する。

2　一時的に雨水を取りこむための調節池や川の水を取りこむための放水路をつくる。

3　津波から逃《に》げるための避難タワーを建てる。

4　川の土砂が大量に流れることを防ぐために砂防ダムをつくる。

問4　あなたが自分の家にいる時，家の近くの河川がはんらんを始めた様子がテレビに映し出されました。真っ先にとるべき行動として適当なものを選び，番号で答えなさい。

1　よりくわしい情報を得るため，河川の様子を見に行く。

2　自分の家のより高い階，または屋上へ上がる。

3　昼夜を問わず自分の家を出て，一秒でも早く指定された避難場所へ向かう。

4　自分の家が浸水する危険があるかどうかをテレビ局へ電話で質問する。

3　史料Aは，三善清行《みよしきよゆき》という人物が醍醐《だいご》天皇に対して出した意見書をわかりやすく言い換《か》えたものです。史料を読み，問いに答えなさい。

史料A

> 私は893年に(ア)備中介《びっちゅうのすけ》に任じられました。…（中略）…この国の(イ)風土記を見ると，660年，（ あ ）の将軍が新羅《しらぎ》《シルラ》の軍を率いて百済《くだら》《ペクチェ》を討ったと書いてあります。百済は，使者を派遣《けん》して救いを求めたため，当時の天皇は筑紫《つくし》の国に自ら行き，援《えん》軍を出そうとしました。…（中略）…天皇は(ウ)詔を出してこの村の兵士を集めたところ，すぐに優れた兵士2万人がきました。…（中略）…
>
> しかし，私が備中介の仕事に就き，村の人口を調べてみると，老人2人・壮《そう》年4人・青年3人でした。911年，この国の介《すけ》であった藤原公利《ふじわらのきみとし》が任期を終えて都に帰ってきました。私はこの村の人口は今どれぐらいかと聞いてみると，彼は「一人もいない」と答えました。(エ)660年から911年までの間に，この村は（　い　）

問1　下線(ア)について説明した文として適当なものを選び，番号で答えなさい。

1　現在の岡山県にあたる地域に派遣された守護である。

2　現在の島根県にあたる地域に派遣された守護である。

3　現在の岡山県にあたる地域に派遣された国司である。

4　現在の島根県にあたる地域に派遣された国司である。

問2　下線(イ)について説明した文として適当なものを選び，番号で答えなさい。

1　日本の神代《かみよ》の時代と神武《じんむ》天皇からの歴史を年代を追ってまとめたもの

2　それぞれの国の産物，地理，伝承などを調べてまとめたもの

3　日本最古の和歌集であり，貴族から農民まで多くの人びとの歌をまとめたもの

4　「今は昔」という書き出しで始まるさまざまな話をまとめたもの

問3　空らん（あ）にあてはまる国名として正しいものを選び，番号で答えなさい。

1　隋《ずい》　　2　唐《とう》　　3　宋《そう》　　4　明《みん》

問4　下線(ウ)の読みをひらがなで書きなさい。

問5　下線(エ)の間のできごとを起きた順番に並べなさい。

1　最澄《さいちょう》や空海が新たな仏教を開いた。

2　桓武《かんむ》天皇が坂上田村麻呂《さかのうえのたむらまろ》を征夷《せいい》大将軍に任命し，蝦夷《えみし》を討伐《ばつ》した。

3　持統《じとう》天皇が藤原京をつくった。

4　鑑真《がんじん》が来日して戒《かい》律を伝えた。

問6　空らん(い)にはどのような文章が続きますか。適当なものを選び，番号で答えなさい。

1　衰《すい》退してしまったのです。この村の例から推測するに，天下の衰退は明白なことです。

2　隆《りゅう》盛を迎えたのです。この村の例から推測するに，天下の隆盛は明白なことです。

3　衰退してしまったのです。しかし，この村の例から推測するに，天下の隆盛は明白なことです。

4　隆盛を迎えたのです。しかし，この村の例から推測するに，天下の衰退は明白なことです。

4　次の文は，鎌倉幕府の執権に関するものです。以下の問いに答えなさい。

A　わたしは，(ア)初代将軍の妻の弟です。上皇と対立し，(イ)承久の乱になりました。

B　わたしは，Cの人物の父親ですが，(ウ)庶《しょ》民の生活に気を配った政治を行ったと言われています。

C　(エ)わたしは，元《げん》と戦い，勝ちましたが，(オ)御家人の不満は高まりました。

問1　下線(ア)の人物についての説明として適当なものを選び，番号で答えなさい。

1　出家した後，仏教勢力を支配し，幕府の力を高めた。

2　将軍だった息子たちが殺された後，権力を失った。

3　政所《まんどころ》の長官の地位に就き，御家人を主導した。

4　承久の乱のとき，朝廷側と戦うことを御家人らに呼びかけた。

問2　下線(イ)の戦いの結果についての説明として適当なものを選び，番号で答えなさい。

1　公家諸法度《くげしょはっと》によって，幕府による朝廷に対する監《かん》視が強まった。

2　上皇らが島流しにされ，幕府による西国への支配が強まった。

3　京都所司代《しょしだい》がつくられ，幕府による朝廷に対する監視が強まった。

4　朝廷が持っていた土地を取り上げ，幕府による佐渡《さど》金山など主要鉱山への支配が強まった。

問3　下線(ウ)について，鎌倉時代の庶民の生活に関する説明として，適当でないものを選び，番号で答えなさい。

1　念仏をとなえれば救われると説く，新しい仏教が信仰《こう》を集めるようになった。

2　農民は荘園《しょうえん》の領主である武士に年貢《ねんぐ》を納めることもあった。

3　西日本を中心に二毛作がはじまるなど，農業の技術が高まった。

4　各地に市がつくられ，物々交換《かん》による取引が盛《さか》んになった。

問4　下線(エ)の人物を選び，番号で答えなさい。

1　北条義時《よしとき》　2　北条泰時《やすとき》　3　北条時宗《ときむね》　4　北条時頼《ときより》

問5　鎌倉時代の下線(オ)の説明として正しいものには○，誤っているものには×を記しなさい。

1　将軍に仕え，土地を保証してもらうかわりに，幕府のために戦った。

2　すべての武士は御家人とされ，幕府の支配下におかれた。

3　将軍に直接会うことができ，町奉行などに任命された。

4　御家人は，地頭に任命されることもあった。

5　次のAからCは，日本が結んだ条約の内容の一部をわかりやすく言い換《か》えたものです。以下の文を読み，問いに答えなさい。

A　1895年締結《ていけつ》

> 第1条　清《しん》国は朝鮮国を完全な独立国であることを承認する。
> 第2条　清国は(ア)次の土地への主権を永遠に日本に渡す。

B　1905年締結

> 第1条　ロシアは日本が韓国において，政治・軍事・経済においての利益を有することを承認する。

C　1910年締結

> 第1条　韓国皇帝は韓国に関するすべての統治権を(イ)日本国天皇に渡す。
> 第2条　日本国天皇は統治権を受けいれ，韓国を日本に併《へい》合することを承認する。

問1　Aの条約が結ばれることになった戦争に関する説明として適当でないものを選び，番号で答えなさい。

1　この戦争は，朝鮮で起きた反乱をきっかけに日本，清ともに出兵したことではじまった。

2　この戦争は，主に中国本土を戦場として行われた。

3　この戦争に勝ち，日本は朝鮮への進出を強めることになった。

4　この戦争に勝ったが，多額の戦費がかかり，1万人以上の日本兵が亡くなった。

問2　下線(ア)の土地を選び，番号で答えなさい。

1　琉球《りゅうきゅう》　2　台湾《たいわん》　3　蝦夷地《えぞち》　4　対馬

問3　AからBまでの間に起きたできごととして正しいものを選び，番号で答えなさい。

1　日本はイギリスが持っていた領事裁判権を廃止した。

2　日本はアメリカとの間で関税自主権を回復した。

3　日本はイギリスと日英同盟を結んだ。

4　日本はアメリカと日米安全保障条約を結んだ。

問4　Bの条約を結んだ後の説明として適当なものを選び，番号で答えなさい。

1　日本はロシアから多額の賠償《ばいしょう》金を得て，工業化をすすめた。

2　日本はロシアから領土を得ることができなかったことに対し，日本国内で暴動が起きた。

3　日本はロシアから鉄道の権利を得て，中国大陸に進出する足がかりとした。

4　日本はロシアから多くの捕虜《りょ》を得て，屯《とん》田兵にした。

問5　Bの条約を結んだ場所はどこですか。正しいものを選び，番号で答えなさい。

1　アメリカ　2　イギリス　3　ロシア　4　日本

問6　Cの条約を結んだ後の日本と朝鮮に関する説明として適当なものを選び，番号で答えなさい。

1　日本は朝鮮の人びとを積極的に役人に登用し，独立運動が起きるのを防いだ。

2　日本は朝鮮の人びとに朝鮮の防衛を任せ，日本軍を撤退《てったい》させた。

3　日本は朝鮮の人びとから土地を奪《うば》うこともしたが，日本に移住する朝鮮人はほとんどいなかった。

4　日本は朝鮮の人びとに日本語教育を行い，朝鮮を植民地として扱《あつか》った。

問7　下線(イ)について，当時の天皇に関する説明として適当なものを選び，番号で答えなさい。

1　当時の天皇は，憲法によって強力な権限を与えられ，政党を率いた。

2　当時の天皇は，ドイツを手本とした憲法において主権を持つとされた。

3　当時の天皇は，三権分立における三権のひとつとされた。

4　当時の天皇は，陸軍と海軍を統率《そつ》し，直接戦いの指揮《き》をした。

6　次の文を読み，問いに答えなさい。

海外に住む日本人が，(ア)最高裁判所裁判官の国民審査《しんさ》に投票できないのは(イ)憲法に違《い》反するとして，国に損害賠償《ばいしょう》を求めた訴訟《そしょう》で，最高裁判所は，海外に住む日本人に投票を認めていない国民審査法は，(ウ)「違憲」とする判決を言い渡しました。最高裁判所は，人権を守る最後の砦《とりで》として，「憲法の(　あ　)」と呼ばれており，今回の訴訟は(　い　)人の裁判官全員一致《ち》の結論でした。

問1　空らん(あ)(い)にあてはまる語句または数字をそれぞれ答えなさい。

問2　以下は下線(ア)に関する憲法条文です。条文中の空らん(う)(え)にあてはまる語句をそれぞれ漢字で答えなさい。

> ①　最高裁判所は，その長たる裁判官及び法律の定める員数のその他の裁判官でこれを構成し，その長たる裁判官以外の裁判官は，(　う　)でこれを任命する。
>
> ②　最高裁判所の裁判官の任命は，その任命後初めて行われる(　え　)議員総選挙の際国民の審査に付し，その後10年を経過した後初めて行われる(　え　)議員総選挙の際更《さら》に審査に付し，その後も同様とする。

問3　下線(イ)について，日本国憲法が公布された日は現在，何の祝日となっていますか。正しいものを選び，番号で答えなさい。

1　昭和の日　　2　文化の日　　3　秋分の日　　4　春分の日

問4　下線(ウ)について，これまでに最高裁判所で違憲判決が出た訴訟の中で，平等権に関連しない訴訟を選び，番号で答えなさい。

1　女性は離婚《りこん》後6か月経過しなければ再婚することができないと定めた民法の規定に，違憲判決が出た。

2　結婚していない男女の子どもの相続分を，結婚している男女の子どもの半分と定めた民法の規定に，違憲判決が出た。

3　外国人の母と日本人の父の間に生まれた子どもが，日本国籍を取得するためには，両親が結婚していなければならないと定めた国籍法の規定に，違憲判決が出た。

4　薬局を新たに開くときには，ほかの薬局と一定以上の距離を離《はな》さなければならないと定めた薬事法の規定に，違憲判決が出た。

7 湘子さんと慶太くんは，円安ドル高について話をしました。次の会話を読み，問いに答えなさい。

湘子：東京(あ)為替《かわせ》市場では，大幅《はば》に円安ドル高が進んでいるみたいね。

慶太：そのようだね。最近，アメリカのドルに対する円の価値が下がっているんだ。

湘子：円の価値が下がっているということは，円を欲しいと思っている人が減っているということでしょ。

慶太：その通り。円よりもアメリカのドルを欲しいと思っている人が増えているんだ。つまり，アメリカのドルと円を交換する時の円の金額は(い)なるよ。

湘子：何でみんなが円をアメリカのドルに交換しようと思っているの。

慶太：大きな理由の一つは，アメリカの中央銀行にあたる(ア)連邦準備制度理事会が金利を引き上げたことによって，みんなが日本よりもアメリカの銀行にお金を預けるときなどの利息が多くなると予想したからなんだ。その結果，円を売ってアメリカのドルを買う人が増えているんだ。

湘子：このまま円安ドル高が進んでいくと，企業の活動や私たちの暮らしには，どのような影響《えいきょう》が出るの。

慶太：(イ)もういろいろな問題が出始めているよ。急速な円安ドル高に歯止めがかからない場合は，政府と日本銀行が，市場でドルを売って円を買う為替(う)に踏み切ることもあるよ。

問1　空らん(あ)(い)(う)にあてはまる語句を答えなさい。

問2　下線(ア)の略称《しょう》として適当なものを選び，番号で答えなさい。

1　IMF　　2　FRB　　3　ECB　　4　FTA

問3　下線(イ)の円安ドル高が進むことによって起こる問題として適当なものを選び，番号で答えなさい。

1　アメリカ人観光客が，日本で買い物をする金額が減少する。

2　日本の輸出企業がどんどん海外に進出して，現地でモノを生産するようになる。

3　日本でアメリカ産の小麦や大豆が値上がりして，食費の負担が増える。

4　アメリカのドルで預金をしていた人は，預金を円に戻すと損をする。

問4　アメリカから小麦を輸入している日本企業X社について説明した文の空らん(え)にあてはまる文として適当なものを選び，番号で答えなさい。

> 東京のX社が，1ドル＝120円のときにアメリカから100万ドル分の小麦を仕入れました。1年後，同じ会社がアメリカから同じ小麦を同じ量だけ100万ドルで仕入れましたが，そのときは1ドル＝100円になっていました。X社は，1年前と比べて(　え　)小麦を仕入れたことになります。

1　1200万円安く　　2　1200万円高く

3　2000万円高く　　4　2000万円安く

【理　科】（25分）〈満点：50点〉

1　昆《こん》虫のからだのつくりや増え方について，以下の問いに答えなさい。

問１　昆虫のからだのつくりとして，正しいものを次の中から１つ選び，番号で答えなさい。

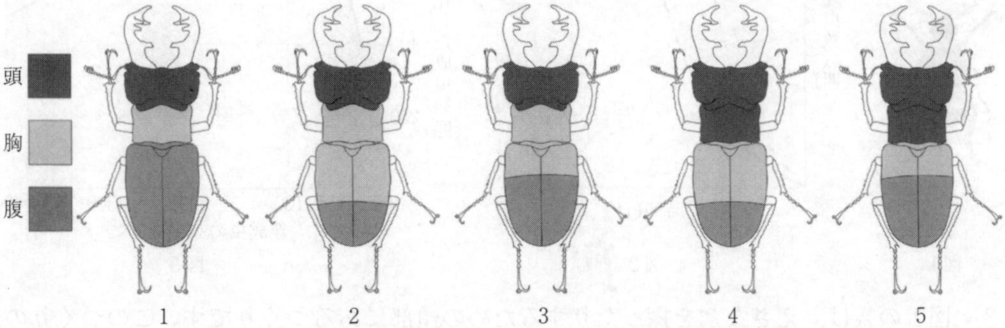

問２　次の１～６は昆虫の頭部を表したものです。問１の昆虫は主になめるようにしてえさを食べます。それと同様の食べ方をする昆虫を次の中から２つ選び，解答らんの番号を○で囲みなさい。

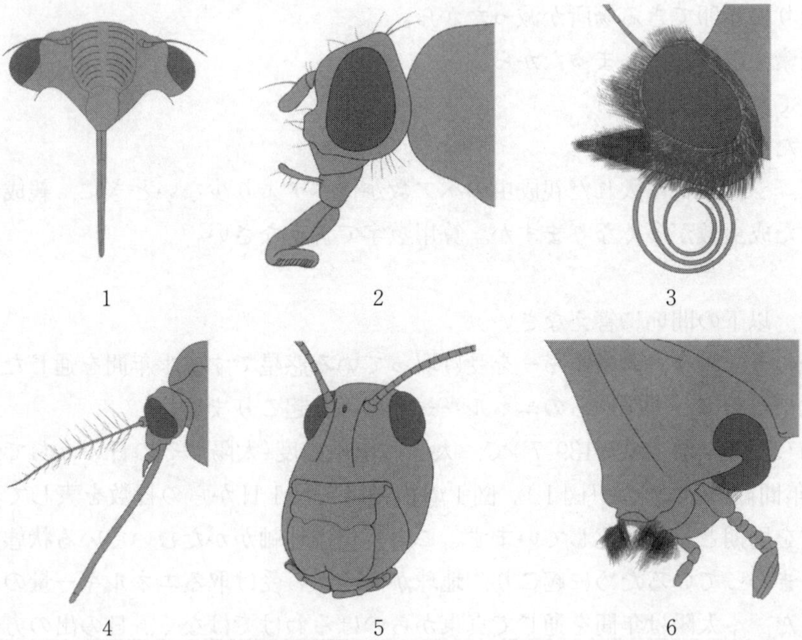

アズキマメゾウムシ(図１)は草食性で，アズキのみをえさとして飼育できる昆虫です。太郎君は容器に最初にいれたオスとメスの１ペアの親成虫と，飼育に十分なアズキだけで成虫数を無限に増やすことができると予想しました。しかし，実際は図２のようになりました。

また，１つのシャーレの中で親成虫のペア数を25～400ペアまで変えて産卵させた後，その卵から羽《う》化した成虫数を図３にまとめました。なお，飼育は網《あみ》でふたをしたシャーレでおこない，生物の出入りはないものとします。

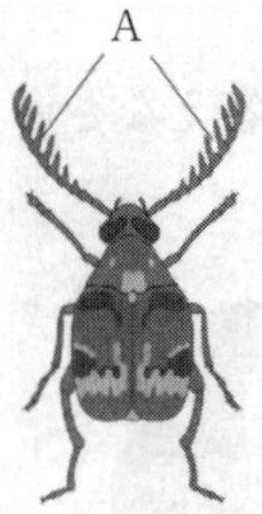

図1

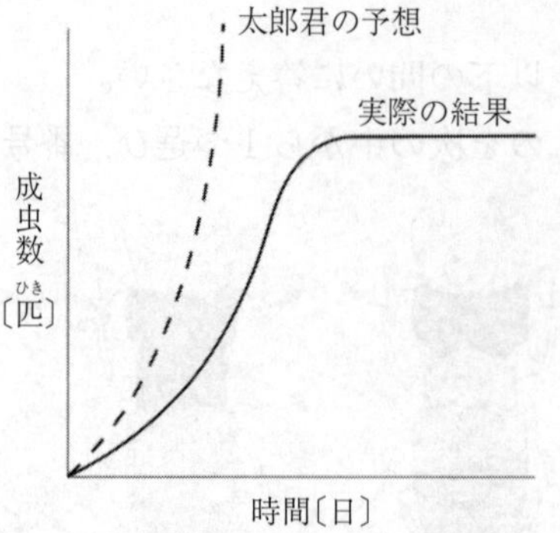

図2

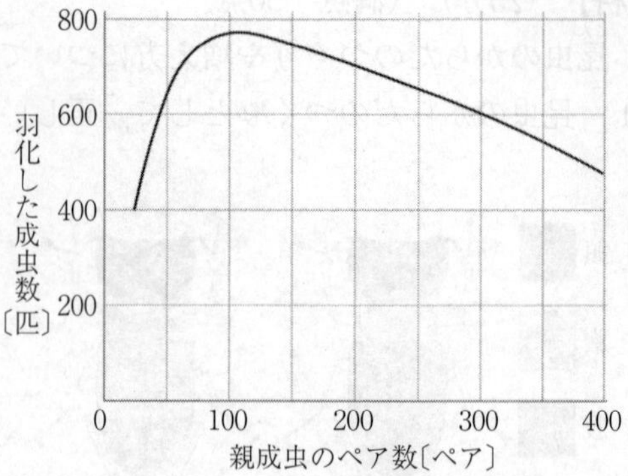

図3

問3　図1のAは，えさなどを探ったりするための頭部にあるつくりです。このつくりの名称は何か，答えなさい。

問4　図2のように，時間の経過とともに成虫数が増加しなくなる理由として，可能性のあるものを次の中から1つ選び，番号で答えなさい。

1　1ペアあたりの産卵できる場所が減ったから。
2　すべての酸素を消費してしまったから。
3　外敵によって食べられたから。
4　共食いをしたから。

問5　図3について，シャーレに入れた親成虫のペア数が何ペアより少ないときに，親成虫の個体数より羽化した成虫数が多くなりますか。算用数字で答えなさい。

2　次の文を読んで，以下の問いに答えなさい。

地球は常に太陽の光を浴び，エネルギーを受け取っている惑《わく》星です。1年間を通じた自然界のさまざまな変化や現象は，太陽からのエネルギーが原因で起こります。

神奈川県横浜市(北緯《い》35.4°，東経139.7°)で，太陽の南中高度(太陽がその日のうちで最も高くなる高度)を1年間観測しました(図1)。図1の横軸《じく》は1月1日からの日数を表しています。南中高度は1年間を周期として変化しています。この変化は地軸がかたむいている状態で地球が太陽のまわりをまわっているために起こり，地球が太陽から受け取るエネルギー量の変化にも関係します。また，①<u>太陽は年間を通じて真東からのぼるわけではなく，日の出の方位も1年間で周期的に変化をします。</u>

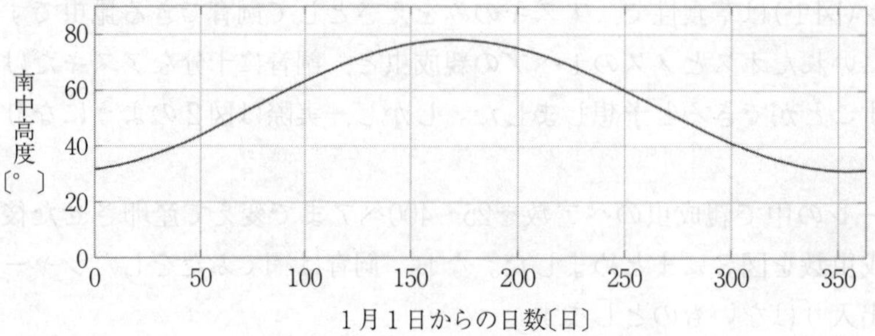

図1　太陽の南中高度の1年間の変化

太陽から受け取るエネルギーは，気象にも影響《えいきょう》します。台風はその例で，季節によりそのようすが変化する自然現象のひとつです。図２は台風の平均発生数(1991～2020年の30年間の平均)の12ヶ月分を，月別に順に並べたものです(ただし，１月から始まっているとは限りません)。

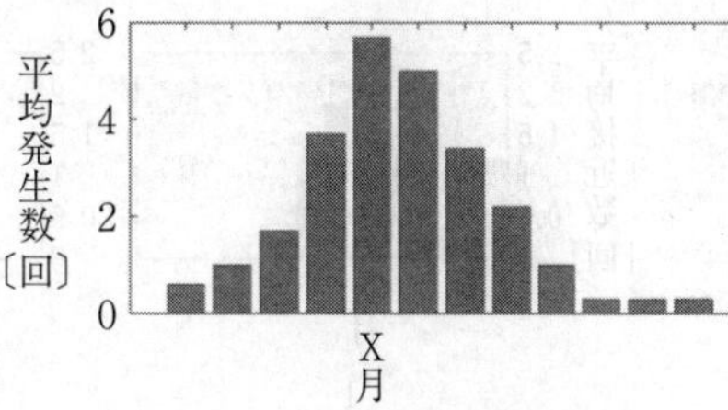

図２　台風の月別平均発生数

台風は，あたたかい海面から供給された[　A　]からエネルギーを受け取って発達します。夏になると，台風が発生する海域の緯度が少しずつ[　B　]なり，日本付近に近づいてきます。②秋には，日本付近では西からの風の影響を受け，東方向に進行する台風も現れることにより，日本の本州方面に影響をおよぼす台風が多くなります。しかし，台風は上陸すると[　A　]の供給が絶たれ，さらに陸地とのまさつでエネルギーが失われ，急速に弱まります。

問１　空らん[A]，[B]に入る語句をそれぞれ答えなさい。

問２　南中高度が最大になる日と最小になる日の高度差として，最も適切なものを次の中から１つ選び，番号で答えなさい。

1　10°～20°　　2　20°～30°　3　30°～40°　　4　40°～50°

問３　図１と同様の期間に，横浜市で日の出の方位を１年間観測したところ，下線部①のようになりました。そのグラフとして，最も適切なものを次の中から１つ選び，番号で答えなさい。ただし，日の出の方位は真北を０°として東まわりの角度で表しています。

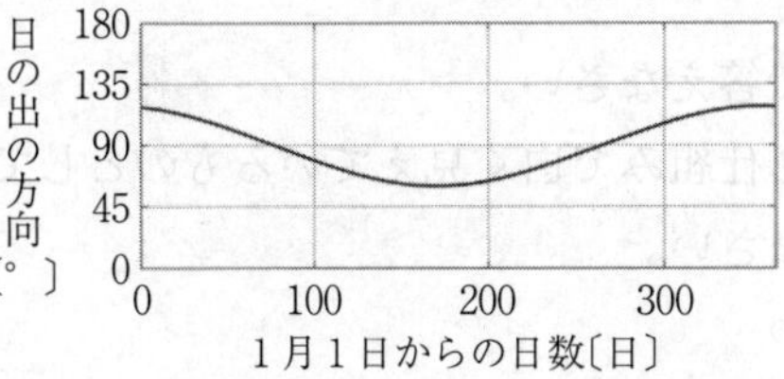

1

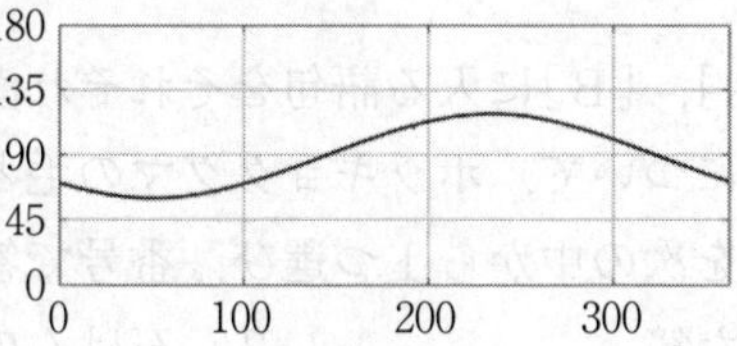

2

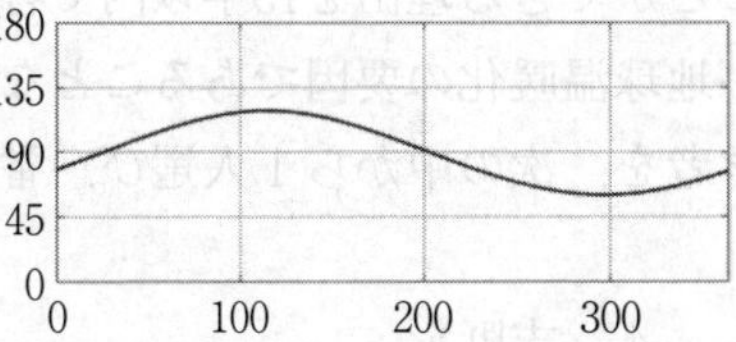

3

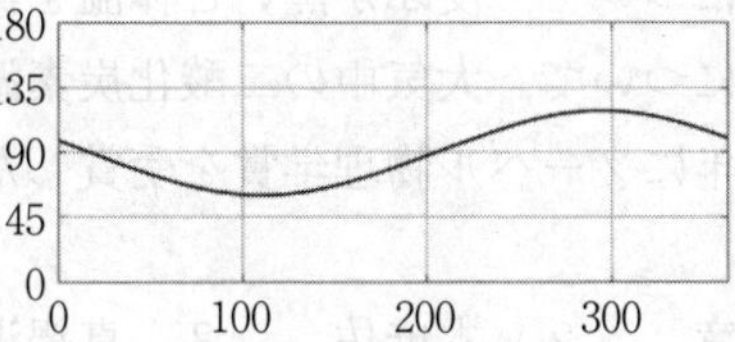

4

問４　図２のXは何月ですか。算用数字で答えなさい。

問５　下線部②について，以下のグラフは，地方ごとの台風の接近数(1991～2020年の30年間の平均)を月別に順に並べたものです。１～４は，「北海道地方」，「関東甲信地方(伊豆諸島・小《お》笠原《がさわら》諸島を除く)」，「伊豆諸島・小笠原諸島」，「沖縄地方」のいずれかです。「関東甲信地方(伊豆諸島・小笠原諸島を除く)」のグラフを次の中から１つ選び，番号で答えなさい。ただし，以下のグラフのXは図２と同じ月を意味しています。

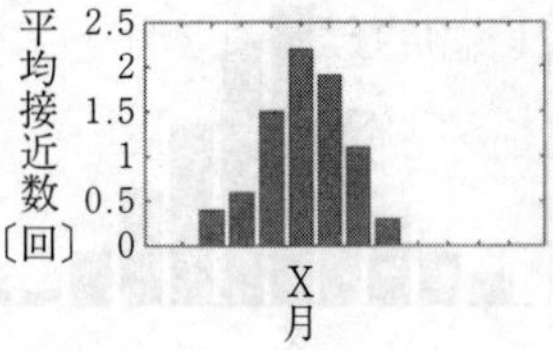

1

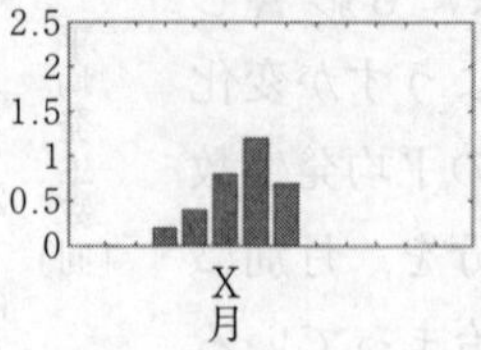

2

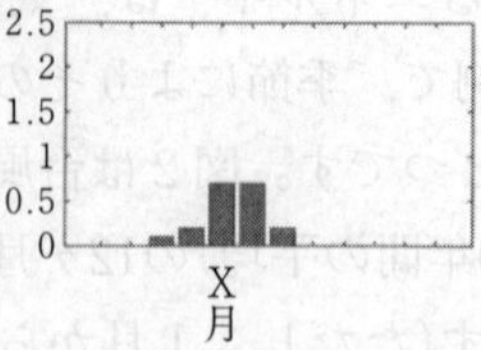

3

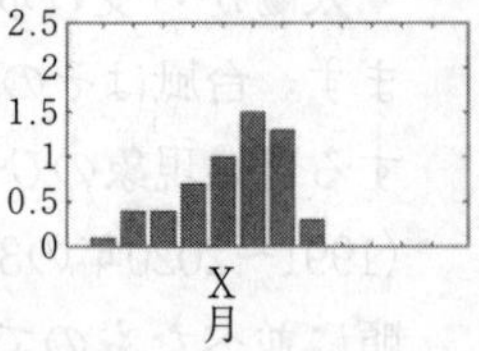

4

3　次の文章を読み，以下の問いに答えなさい。

ホッキョクグマは，その見た目から「シロクマ」とも呼ばれています。しかし，実際にはその毛はとう明であり，①毛に当たった光がいろいろな方向に反射することで白く見えています。また，毛の中に空どうがあって空気が入っているため，北極の冷たい氷の上でも体温は下がりにくくなっています。さらに，②ホッキョクグマの皮ふが黒いことも，寒い北極で体温を保つためにはメリットであると考えられています。

現在，地球温暖化により北極の氷はとけて，海氷面積が減少しており，野生のホッキョクグマの生息環境に影響があります。③大気中の二酸化炭素が増えていることが地球温暖化の原因として考えられていますが，その対策の1つとして，発電時に二酸化炭素を出さない発電方法の研究や開発が進められています。たとえば，[A]と空気中の酸素を反応させる発電方法や，火力発電に比べて，わずかな燃料から大量の電気をつくることができる[B]発電などがあります。これらの発電方法は地球温暖化対策の観点としては有効ですが，別の観点では様々な課題もあります。

問1　空らん[A]，[B]に入る語句をそれぞれ漢字で答えなさい。

問2　下線部①について，ホッキョクグマの毛と同じ仕組みで白く見えているものとして，適切でないものを次の中から1つ選び，番号で答えなさい。

1　くもった鏡　　　　　　　2　石けんのあわ
3　テレビで見る雲の映像　　4　細かく割れたガラス

問3　下線部②について，皮ふが黒いと体温を保つことができる理由を15字以内で答えなさい。

問4　下線部③について，大気中の二酸化炭素濃度が地球温暖化の要因であることなどを明らかにし，2021年にノーベル物理学賞を受賞した科学者を，次の中から1人選び，番号で答えなさい。

1　梶田隆章　　2　本庶佑　　3　真鍋淑郎　　4　吉野彰

問5　二酸化炭素をはじめとした地球温暖化の原因となっているガスを何といいますか。解答らんの「ガス」につながるように漢字4文字で答えなさい。

問6　もし地球の大気をすべて取り除いたとしたら，地球表面の平均温度は，現在の地球表面の平均温度と比べてどのようになると考えられますか。最も適切なものを次の中から1つ選び，番号で答えなさい。

1　高くなる　　2　低くなる　　3　変わらない

4　3種類のペンA，B，Cのインクの違いを調べるために次の操作を行いました。その結果を参考にして，以下の問いに答えなさい。ただし，3種類のペンのインクはすべて黒色でした。

操作1　無色とう明のカップに入れた水道水の液面にペン先をひたすと，ＡとＣはインクがしみ出たがＢは変化がなかった。

操作2　ろ紙に文字を書くと，ＢとＣはインクがにじんだが，Ａはにじみがほとんど見られなかった。

操作3　プラスチックに文字を書くと，Ａはインクが少しはじかれたが，ＢとＣははっきり書けた。

操作4　プラスチックに文字を書いて，直後にきりふきで水を吹きかけると，ＡとＣはほとんど消えたがＢは変化しなかった。

操作5　プラスチックに文字を書いて，しばらくおいてからきりふきで水を吹きかけると，Ａはほとんど消えたがＢとＣは変化しなかった。

操作6　幅２cm長さ15cmの短ざく状に切ったろ紙の一端《いったん》から２cmのところにペン先を何度かあててインクをしみ込ませた。しばらくおいてからインクをしみ込ませた側の一端を図１のように水にひたして観察したところ，Ａは[　X　]，Ｂは[　Y　]，Ｃは[　Z　]のような結果となった。

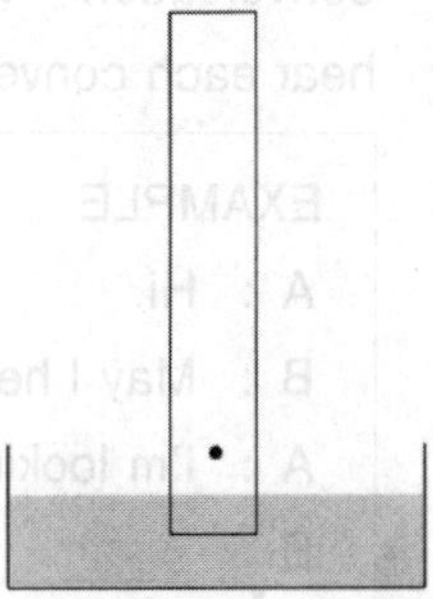

図1

問1　操作1の結果を確認する際の工夫として，最も適切なものを次の中から１つ選び，番号で答えなさい。

1　カップにできるだけ多く水を入れる。

2　カップに少量の水を入れる。

3　水を入れたカップを白い紙の上に置く。

4　水を入れたカップを黒い紙の上に置く。

5　一度沸とうさせた水道水を用いる。

6　水道水をそのまま用いる。

問2　ペンをしばらく続けて使用した時，特有なにおいを感じるものを１つ選び，Ａ～Ｃの記号で答えなさい。

問3　問２のペンを使って文字を書きました。書いた文字からは，しばらくすると特有なにおいが確認できなくなりました。その理由を30字以内で答えなさい。

問4　操作6の[X]～[Z]に当てはまる結果として，最も適切なものを次の中から１つ選び，それぞれ番号で答えなさい。同じ番号をくり返し選んでもかまいません。

1　インクが上に移動した。　2　インクが下に移動した。

3　インクが円形に広がった。　4　インクが最初の位置にとどまった。

5　インクが消えた。

問5　プラスチックにＢで書いた文字にきりふきで消毒用アルコールを吹きかけると，文字は消えました。これをふまえて，操作6で水の代わりに消毒用アルコールを用いた場合，Ｂの結果はどうなると考えられますか。最も適切なものを問４の１～５の中から１つ選び，番号で答えなさい。

【英　語】（60分）〈満点：100点〉

注意　試験開始からの40分はこの問題用紙の問題のみを解答すること。監督者の指示があるまでは，解答用紙(2)の作文を始めてはいけません。

Listening

The listening test consists of two parts : Part A and Part B.　You will hear instructions at the beginning of each part.　You may take notes in your test booklet.

Part A : Short Conversations

For Part A, you will hear five short conversations.　Choose the best reply to finish each conversation.　Write the letter of the best answer choice on your answer sheet.　You will hear each conversation only once.

EXAMPLE

A : Hi.

B : May I help you ?

A : I'm looking for the fiction section.　Whereabouts is it ?

B : ＿＿＿＿＿＿＿＿＿＿

A. You'll find the non-fiction section on the 1st floor.

B. We have over 10,000 books in this store.

C. Each book costs 2,000 yen.

D. You'll find it on the 2nd floor.

The best answer is D.

1. A. Okay, so I'll meet you at the theater 10 minutes before the movie starts.
   B. Yeah, the movie theater industry is very profitable right now.
   C. That makes sense.　It's probably a lot cheaper than going to the theater.
   D. If you are busy this weekend, how about next weekend ?
2. A. Good work.　Please put the papers on my desk as soon as possible.
   B. That's too bad.　I'll call a repairman to fix it later.
   C. What ?　You left all the papers at home ?
   D. I'm sorry to hear that.　Well, I hope you feel better soon.
3. A. It was last week.　　B. It's next Tuesday.
   C. I'll be turning 20 years old.　　D. I was born in 2003.
4. A. Okay, so the reservation will be for four people at 6 pm.
   B. Okay, so the reservation will be for four people at noon.
   C. Okay, so the reservation will be for five people at 6 pm.
   D. Okay, so the reservation will be for five people at noon.
5. A. I'd be happy to teach you what I learned someday.
   B. You're right.　I think I still need more practice to become a master programmer.
   C. Yes, I actually just made some scheduling software for a local restaurant.
   D. I won't be graduating until next year, but I can't wait to learn more.

Part B : Radio Interview

For Part B you will listen to an interview about people's names. After the interview you will hear five questions. Choose the best answer to each question and write the letter on the answer sheet. You will hear the interview and the questions only once.

1. A. People who use nicknames
   B. People who change their real names to nicknames
   C. People who change their real names
   D. People with animal surnames
2. A. The U.K.　B. Canada　C. Germany　D. Japan
3. A. A married couple using the wife's maiden name
   B. A married couple using both family names joined together
   C. A husband using his family name and his wife using her family name
   D. A married couple choosing a new family name
4. A. For their own personal protection
   B. To avoid being linked to an infamous person
   C. To avoid the embarrassment of a silly name
   D. For religious reasons
5. A. About 150　B. Less than 150　C. Exactly 150　D. More than 150

Reading

Read the passages and choose the best answer to the questions that follow.

Passage One

Six Boys Alone on an Island

The 1954 novel *Lord of the Flies* by William Golding imagines what would happen if a group of boys survived a plane crash and had to live alone on an island with no other people to help them. It became a bestselling book, but it is not a happy story. The boys argue and form groups. [**1**] They fight and steal from each other. They are scared of an imaginary monster in the trees, and they do not cooperate to survive. Finally, a ship comes to rescue them, but the sailors find the boys living in terrible conditions.

Lord of the Flies is a fictional story, but what would happen in real life if a group of boys lived alone on an island without adults? Well, we do not have to imagine this, because in 1965 six boys really did end up on a remote island and were stranded there for more than a year.

Unlike the plane crash in *Lord of the Flies*, these boys were on a boat trip. However, they were caught up in a storm, and waves damaged their boat beyond repair. They drifted for a week before their boat washed up on a rocky island. On the island, the six boys worked together to build a shelter and find food. [**2**] At the beginning, life was hard, and the only sources of food they could find were fish, coconuts, and wild bird eggs. To survive, the boys shared work such as collecting wood, finding food and cooking. They even had to do basic first aid on each other in the event of accidents.

Exploring the center of the island led to a discovery which greatly improved the boys' diet. [**3**] They found an area where people had lived up until about a hundred years before. Although the people had gone, some of their food crops were still growing. They found bananas, vegetables, and even chickens which had continued living in the wild.

After 15 months, a passing sailor noticed signs of life on the island and went to investigate. He was amazed by what he found. [**4**] The boys had set up a functioning community complete with work schedules, a time-out system to resolve **disputes**, an area for playing sports, and music and singing performances each evening.

The sailor took the boys home in his boat, and their families were both amazed and delighted to see them again. However, it was not an entirely happy ending to the story, because the boat the boys had set out in 15 months previously was not theirs. They had taken it from a fisherman without permission. Therefore, in addition to their families, the police were also at the harbor to meet them.

Although the fisherman wanted the boys to be punished, the sailor successfully managed to persuade the police to let them go. Finally, their ordeal was over.

1. What is the best word to describe the life of the boys in *Lord of the Flies*?
   A. prosperous B. successful C. uneventful D. disastrous
2. In real life, why did the six boys end up alone on the island?
   A. They were searching for food.
   B. Their parents had abandoned them.
   C. They were ship-wrecked.
   D. They were running away from home.
3. Choose the word with the closest meaning to the underlined **disputes** in the 5th paragraph.
   A. punishments B. arguments C. hardships D. dilemmas
4. Choose the best location in the passage for the following sentence:
   They disagree about who should become leader.
   A. [**1**] B. [**2**] C. [**3**] D. [**4**]
5. What does this true story tell us about children living without adults?
   A. They will always become violent.
   B. They will never enjoy themselves.
   C. They are capable of working together.
   D. They are incapable of organization.

Passage Two

Braille for the 21st Century

In recent years, books and news articles have become easily accessible for many of us because of smartphones or tablets. However, while such technologies have been rapidly improving, there have been few improvements targeted at blind or low-vision users. Traditionally, people who have trouble reading with their eyes use their hands to read braille, a series of dots that stick out of paper that can be read with one's fingertips. Unfortunately, people who rely on braille have been unable to easily access digital information.

Creating electronic "refreshable braille displays" that can quickly change their pattern of dots isn't a new idea, but the existing devices are often big boxes filled with heavy gears and springs that are difficult to carry around. [1] However, researchers are working on a new approach that could produce electronic refreshable braille displays that are much smaller and cheaper.

Braille characters are represented by a series of small dots in specific arrangements, so producing a display that can recreate those patterns seems easy enough, but in reality, it is quite a difficult task. The big problem is developing the technology to raise the pins up and down. The pins themselves are very small, but the mechanical components like gears or pumps take up a lot more room, resulting in a device that's often larger than a laptop as well as being heavy, complicated, and expensive. It means that a refreshable braille display, a device that is supposed to expand accessibility to experiences like the Internet, ends up being quite inaccessible and inconvenient for those who really need it.

In light of these issues, a team of researchers from Cornell University has come up with an alternative device that could solve the accessibility problems that current refreshable braille displays have. [2] Last year, the team created a device made of silicone that features small chambers that can be filled with a gas. The device then creates tiny sparks, just like the spark plugs in a car's engine do, to ignite tiny explosions that cause the flexible silicone to inflate and expand by several millimeters, creating a bump that can be felt as a braille dot.

The explosion also activates a magnetic wall which prevents the gases in each dot from escaping. [3] This makes it much easier to reset than older refreshable braille displays which required several button-presses to reset the pins. In addition, the researchers insist the tiny explosions aren't dangerous, and they cool fast enough that the braille dots can immediately be touched without the risk of burning a fingertip. The amount of gas used is also very small, which means it would be safe for users to carry around in their daily lives. In addition, since these models have fewer large mechanical components, the researchers claim that they will be much lighter and more user-friendly, not to mention cheaper, than the current models.

Without the need for cumbersome technology, the new gas-based braille display could easily be small enough to **incorporate** into other devices. For instance, the touchpad on a laptop could include the ability to create braille without being much bigger than it currently is. [4] But the application of this technology is not limited to braille : when packed tightly enough together, the explosive dots could also be used to produce textures or other physical sensations, adding more realism to virtual reality experiences when integrated into gloves or clothing.

In a world mostly designed for sighted people, easy use of the Internet is something that is often taken for granted. Fortunately, developments in braille displays, such as the gas-based display, help ensure equal access to digital information for everyone. As such, many people are excited to discover how these new displays will be used in the future.

1. Choose the word with the closest meaning to the underlined **incorporate** in the 6th paragraph.

A. insert B. replace C. remove D. enhance

2. Which of the following is NOT mentioned as a benefit of this new braille display compared to older types of braille displays?

A. It is cheaper. B. It is more eco-friendly.

C. It is lighter. D. It is easier to use.

3. Choose the best location in the passage for the following sentence:

To reset the display, a user would simply need to press slightly harder on the dots to disengage the wall, which would allow the gases to escape and the dots to deflate.

A. [1] B. [2] C. [3] D. [4]

4. What is mentioned as an alternative use of this new type of braille display?

A. To make sparks to start a car's engine

B. To create touchpads that are smaller

C. To create magnets with braille on them

D. To make virtual reality more realistic

5. Which sentence best summarizes this passage?

A. Gas-powered braille displays will likely be very profitable.

B. It is easier to read braille on paper than it is to read it on electronic displays.

C. New technologies will make it easier for people to use braille to read digital articles and books.

D. Virtual reality games will be more fun thanks to advances in braille displays.

Grammar

Part A

Choose the best answer to complete each sentence.

1. In 1928, Amelia Earhart became the first female pilot ______ solo across the Atlantic Ocean.

A. who has flown B. to fly C. flew D. was flying

2. Please drop by my place anytime after ______ London.

A. your visit to B. your visiting C. you visited to D. you will visit

3. ______ late June and early July that Japan has the most rainfall.

A. In its B. There is in C. It is in D. In

4. ______ to school, Bob didn't realize he had dropped his wallet.

A. Walking hastily B. He was walking hastily

C. To walk hastily D. Hastily did he walk

5．The setting sun appears to be larger __________ near the horizon.

A．than is　B．that it is　C．which is　D．when it is

6．______ difficult life may seem, there is no night without dawn.

A．Besides　B．However　C．Nevertheless　D．In spite of

7．I ______ in Italy for five years when I was young, but I can't speak Italian very well.

A．have lived　B．used to live　C．had lived　D．lived

Part B

Change the order of the words in the parentheses to complete each sentence. Write only the words in the parentheses on your answer sheet.

1．The reason (predict / remains / can / ants / rain / why) unknown.

2．When I passed by the police station, I (young / questioned / a / saw / being / man) by a police officer.

3．Please (take / you / remember / belongings / to / with / your / all) when you leave.

Vocabulary

Choose the best answer to complete each sentence.

1．This coat looks nice on you, but I don't ______ it. It's way out of your price range.

A．insist　B．encourage　C．substitute　D．recommend

2．The instructions you gave me were so ______ that I completely messed up.

A．complicated　B．depressing　C．disappointing　D．embarrassed

3．It is hard to ______ between William and his twin brother.

A．combine　B．divide　C．distinguish　D．recognize

4．These old documents are ______ resources for the researchers.

A．industrious　B．incapable　C．indispensable　D．ingenious

5．I ______ her to change her mind, but she wouldn't listen to me.

A．demanded　B．begged　C．declared　D．believed

6．He was not elected because the voters were deeply ______ about his policies.

A．impressed　B．acknowledged　C．optimistic　D．skeptical

7．Despite the initial negative reviews of the movie, the criticism soon turned into ______ after it opened.

A．victory　B．award　C．praise　D．trust

8．Recently, work has been so time-consuming that I have ______ had a chance to relax.

A．literally　B．hardly　C．definitely　D．formally

9．You shouldn't rely too much on a history book written from an individual ______.

A．perspective　B．sight　C．circumstance　D．relation

10．Congratulations, Mark！ Your effort has really __________ this time.

A．paid off　B．kept on　C．turned over　D．given in

作文

Write a story that begins with the following :

"The two friends were watching TV in the living room when suddenly . . ."

（注意） 1．作文は英語で書くこと。

2．時間は20分です。

ウ　納得する　　エ　戸惑《とまど》う

問八　――４は何に対する「怒り」ですか。二十字以内で説明しなさい。

四　**あなたの目の前に次の意見を述べる人が現れたとして、あとの問いに答えなさい。**

「甘《あま》いモノって、誘惑《ゆうわく》は強い割にだいたい体に悪いじゃないですか。肥満とか生活習慣病にも繋《つな》がるし。だから、国なり県なりで税金をかけて、値段を上げていけば自然と国民・県民の健康が増進されるって思うんですよ。子供の身体の生育に必要な部分もあるでしょうから、料理に使う砂糖とかは例外として、生活習慣病の人の食生活をある程度追い駆《か》けてみて、どう見てもいけないなぁと思うような品目だけでいいんですよ。課税しましょう。」

問　あなたはこの人と対話をしています。この人の意見に一六〇字以内で反論しなさい。

※この人に反論するにあたって適切な言葉づかいで答えること。

※原稿用《げんこうよう》紙《し》の使い方に従って書くこと。ただし、一マス目から書き始め、改段落はしないこと。

「[E]」

「来年おまえ、一人でやってみろよ。びっくりするほど時間経たねーから。あ、来年もおまえ札幌行くのか？」

学は特になにも答えなかった。構わなかった。憲太は心の内をそのまま言葉にした。

「とにかく俺、思ったんだ。友達ってすげえんだなあ、って」

嫌いだったりつまらない時間も、一緒にいさえすれば、乗り切れる。楽しみすら、見出《みいだ》せるかもしれない。

そういう力を持つ、自分にとってたった一人の相手。

「おまえが本当にすごいのは、そういうところだよ」

学は静かに顔を伏せた。

（乾 ルカ『願いながら、祈りながら』より）

※出題の都合上、本文の一部を改稿《かいこう》しています。

注1 **家人** 家族
注2 **往生** 困り果てること
注3 **納屋** 物置小屋
注4 **ビート** 砂糖の原料になる作物
注5 **間引き** 密生している作物の一部を抜き出すこと
注6 **農繁期** 農作業の忙しい時期
注7 **全国学力テストは、一度きりのまぐれじゃなかった。**
　学は、小学六年生のときに実施されたこのテストで、教育委員会の職員が学校に訪ねてくるほどの優秀な成績を収めた。
注8 **利発** 賢いこと
注9 **神童** 才能に優れる子ども。学は村で『神童』と知られる。
注10 **稲光** 雷雨などの際に生じる電光
注11 **閃光** 瞬間的にひらめく光
注12 **無償** 無料
注13 **嗚咽** 息を詰まらせるように泣くこと
注14 **ねめつける** にらみつける
注15 **轟音** とどろきわたる大きい音
注16 **虚を突く** すきをつく

問一 空らん[1]～[7]にあてはまる言葉を選びなさい。

ア びくっ　**イ** つん　**ウ** ひゅっ　**エ** ピン
オ かっ　**カ** はぁ　**キ** がりがり

問二 ――1とありますが、学はどこで何をしていたか答えなさい。

問三 ――2の理由を三十字以内で答えなさい。

問四 ――3とありますが、それはなぜですか。解答らんに合うように三十字以内で抜き出して答えなさい。

問五 空らん[A]にあてはまる言葉を選びなさい。

ア 大切なものは一つしかない
イ 勉強は全く意味がないことだ
ウ 他にも大切なものがある
エ 勉強こそが大切だ

問六 空らん[B]～[E]にあてはまる言葉を選びなさい。

ア 僕には悠長《ゆうちょう》に星や月を見ている時間はないんだ
イ あ……僕、憲太のせいにしたね
ウ 僕も、嫌いだと思ったことはない……
エ 村のみんな、とか、憲太にはわかんないんだよ

問七 ===1・2の意味として正しいものを選びなさい。

1 「心なしか」
ア どことなく　**イ** 不安そうに
ウ こきざみに　**エ** 冷静に

2 「腑に落ちる」
ア 同情する　**イ** 不満に思う

「大人にはなんと噂《うわさ》されてもよかったけど、憲太が言ってくれたのは嬉しかった。だから」

ずっと、誰よりすごくあり続けなくてはいけないと思った――学は打ちひしがれたみたいにうなだれた。

「［　D　］」

学はもう泣き声をたてなかった。ただ、両手で顔を拭い続けた。雷が夜を走るたびに、唇《くちびる》を噛《か》みしめ、目の下や頰に指や手の甲を押し当てる青白い顔が見えた。憲太はだんだんと不思議な気分になった。学はクラスの中でははっきりと大人っぽい部類に入る。本校の生徒を含《ふく》めてもそうだし、実際に目にしたわけではないけれど、札幌の進学塾のクラスでだって、群を抜いて冷静で落ちつき払った雰囲気《ふんいき》だっただろう。けれども今、自分の前にいる学は、まるで子どもだった。雷に怯《おび》えて目を閉じ、耳をふさいでいた。遠い日のように。

そうか、嬉しかったのか。俺の言葉が。

もう何度目かわからない稲光と注15轟音《ごうおん》が襲《おそ》う。雷が光るたびに、幼《おさな》かったころの学が今の学と重なり、さっきまでの腹立ちはどこへやら、憲太は自分でもわけがわからぬまま、笑っていた。

「俺さ、おまえのことすごいって言ったけどさ、別におまえが勉強すごいやつだから友達なんじゃないよ」

学の手が止まる。憲太は続けた。

「俺は学が神童だから好きなんじゃない。おまえがブサイクでも頭悪くても、おまえがおまえならそれでいいんだ」

「憲太……」

「テストの成績がすごいと思ったのは嘘《うそ》じゃないよ。学が褒《ほ》められるのもすげえ嬉しい。でも俺、おまえの本当にすごいところ、別にあるのを知ってる」

「え？」

「春休みさ、おまえいなかっただろ？　だから俺、ビートの間引き作業、一人で手伝わされたんだよな」

稲妻につい言葉を切り、窓の外へと目をやった憲太を、学が遠慮《えんりょ》がちに急《せ》かした。

「……間引き作業がどうかしたの？」

「ああ、それな。あのさあ、間引き作業ってすげえ面倒くさくてつまんねえの。おまえ、知ってた？」

「まあ、地味で遅々として進まない作業っていうよね。うちの親は好きじゃないって言ってた」

「だろ？　おまえは？」

「僕は別に好きでも嫌いでもない」

「俺もそうだった。でも俺さ、今年初めて、うわ、この作業つまんねえって気づいたんだよ。それまでは間引き作業を嫌いじゃないと思ってた。うんざりなんてしなかったからさ。でも、本当は嫌いだったみたいなんだ」

学は頷《うなず》いた。「それで？」

「でさ、なんで今まで毎年やってきて、嫌いだって気づかなかったのかなって考えてみてさ、俺わかったんだよ」

憲太は学の胸元を人差し指で軽く押した。「去年まで、おまえと一緒にやってたからだって」

注16虚《きょ》を突かれたような学の表情が、稲光に照らされる。その光の力を借りて、憲太は学の目を覗《のぞ》き込む。

「そうだよ、隣におまえが、学がいたから、『嫌い』や『つまんねえ』がごまかされていたんだ。おまえと一緒にやったから、あの間引き作業もそれなりに楽しかったんだ」

ただでさえ停電中のうえ、裸眼《らがん》の学は視界がうまくとらえにくいのか、目を凝らすようにじっと憲太を見返してくる。

大学にだって」

そして、苦しげに絞《しぼ》り出すような声で、こう断《だん》じた。

「生田羽村が、僕の未来を閉ざすんだ」

ああそうか――憲太は2腑《ふ》に落ちた――こいつは悔《くや》しいんだ。悔しくて泣いているんだ。自分ではどうにもならないことが自分を邪魔《じゃま》していると信じ込んで。

眼鏡を外して肘《ひじ》をつき、両手で顔を覆《おお》って、学はとうとう注13嗚咽《おえつ》しだした。憲太は暗さにまぎれてしまいそうな彼のつむじを、しばらく睨んだ。

「……だっせ。めそめそしやがって」

口から出た声は、憲太自身も驚《おどろ》くほどに低かった。

「おまえの未来って、なんだよ」

その低さで、内にくすぶる4怒《いか》りを憲太は自覚した。学も異変を悟《さと》ったのか顔を上げた。

「どんな未来がお望みなんだよ、言ってみろよ、おい」

そういえば、学の将来の夢を憲太は知らないのだった。憲太も教えていなかった。というか、真面目《まじめ》に考えたことがなかった。学校でそういった課題《かだい》の作文を書かされたこともなかった。

学の未来については、村の大人たちが口々に好き勝手なことを語るのを耳にするだけだった。

「……医師」

学も低い声で一言答えた。

「は？　イシ？」

「医師。お医者さんだよ、久松先生みたいな」

子どものころから世話になっている、穏《おだ》やかで優しそうなおじいさん先生の像が、憲太の頭の中で結ばれた。

また雷が連続して落ちた。学の喉《のど》が、[6]と鳴った。

なるほど、医者なら難しいだろう。難しくなければ困る。人の命を預《あず》かる仕事なのだから。でも。

「俺、今のおまえみたいなお医者さんなら、診《み》てほしくない。ほんとマジ、絶対やだね」

雷が落ちたみたいに、学の体が[7]となった。憲太はたたみかけた。「だって今のおまえなら、手術失敗しても、器具が悪かったとか、とにかく上手《うま》くいかなかったら周りのせいにしそうじゃん」

「なんだって？」

学が眉《まゆ》をつり上げて席を立ち、上目遣《うわめづか》いで注14ねめつけてきたが、憲太は動じなかった。

「おまえ、さっき言ったこと忘れたのかよ？　自分の成績が落ちたのを生田羽村のせいにしてただろ。こんな田舎だから駄目《だめ》なんだってさ」

右手が勝手に動いて、向かい合う学の肩《かた》を摑《つか》んでいた。

「バッカじゃねえの？　久松先生だってこの村の出身だぞ。そりゃたしかにここは田舎だよ。でも、それだけの理由でおまえが駄目になるなら、それはおまえがその程度《ていど》だっただけだよ。全世界のお医者さんは一人残らず都会出身なのかよ？　違うだろ？　本当にすごいやつは、どこにいたってちゃんとやれる」

「でも」

学が反論しかけた矢先、落雷があった。手の中にある彼の肩が強張《こわば》るのがわかった。憲太はまた窓の外を見てしまった。空が明るくなるごとに、一面を覆う雷雲の形が、黒と群青《ぐんじょう》と紫《むらさき》を混ぜたような色で浮かび上がる。

「でも……僕のことをすごいと言ったのは、僕じゃない。大人たちや、憲太だよ」

憲太の手首が、そっと学の右手で押しのけられた。冷たい手だった。

ゃん。村のみんなもそう言ってるじゃん」

すると、学は急に視線《しせん》を逸《そ》らして吐き捨てた。「　C　」

「はあ？」

いきなりの言い草に、思わず憲太の声が大きくなった。「なんで俺にはわかんないんだよ？」

「憲太だからだよ」

「なんだそれ」

「僕じゃないからだ」

学の声は1心なしか震えているようだ。「こんなの、この村で誰もわかる人はいない。僕にしかわからないんだ」

「だから、それ、なんなんだよ？」

憲太が叫んだと同時に注10稲光《いなびかり》が図書室を明るく照らし、音の衝《しょう》撃《げき》が体の中まで揺《ゆ》らした。学の手がびくりと動いて、机の上のテキストにぶつかった。テキストは床に落ちたが、憲太は窓の外を見た。雷は続いた。

はっきりと目にできた雷は、地に向かって落ちるのではなく、空を切り裂《さ》くものだった。枝《えだ》分かれしながら伸《の》びる注11閃光《せんこう》が、空の端《はし》から端まで届く。真っ黒な夜空に強烈《きょうれつ》なきらめきの亀裂《きれつ》が走る。

「うわ、すげえ」

今のおまえ、見た？　と、声を荒《あら》げたことも忘れて問おうとした矢《や》先《さき》、

「学？」

憲太はびっくりした。

学が泣きそうになっていたからだ。

学がべそをかく顔なんて、いつぶりに見ただろう？　見たとしたらたぶん、小学校に上がる前だ。学と聞いて憲太が頭に浮《う》かべる彼の表情は、最近では暗記カードや教科書などを睨みつけるようにしているものと、真面目で整っていて、いかにも頭脳明晰《ずのうめいせき》そうにまっすぐ前を見つめる横顔、それから、こちらを振《ふ》り向いて心底嬉《うれ》しげに笑う顔――それらだ。

いやそれよりも、なぜ、涙ぐんでいるんだろう。

「おい……おまえ」

「……憲太は、両親もおじいさんもおばあさんも、ずっとこの村じゃないか。でも僕は違う。親が勝手に……田舎に変な夢《ゆめ》抱いて、こんな村に来て」

村おこしの一環《いっかん》として、十数年前に農地を注12無償《むしょう》で貸し出すと都会から若夫婦を誘致《ゆうち》したのは、憲太の祖父の策《さく》だった。

「うちの親がそのまま都会にいてくれたら、僕の今はきっと違ってた。こんな村じゃ、十分な勉強なんてできない。札幌《さっぽろ》や大きな街《まち》の子は、なんの苦労もなく進学塾や予備校に通っている。ネットの授業配信も、もう少し先だっていうし」

泣きべその理由を推《お》しはかりながら、憲太は学をとりあえず励《はげ》ましてみた。

「でもおまえ、今でも十分すごいじゃん」

「どこがだよ！」

大声を出した学の頬《ほお》を伝い、細い顎《あご》の先からしずくが落ちる。「成績は下がったんだよ。僕は僕なりにやったつもりだったのに……僕より上のやつらは、みんな都会の子だった。彼らと同じことをやれたら、絶対負けなかったのに」

学は顎を手の甲《こう》で拭《ぬぐ》いながら、進学塾のテキストを拾い上げた。

「環境《かんきょう》が違うんだ、勉強する環境が……こんな田舎にいるって、それだけですごいハンデだ。このままなら、きっとこれからもどんどん成績は下がる。成績が下がれば、望む高校に行けないかもしれない、

「でも、聞こえた」

憲太はすぐさま音楽室を飛びだし、隣の図書室の戸を開けた。

「学！」

長机が並んだ窓際《まどぎわ》の席に座っていた少年が、はじかれたように立ち上がった。

うっかりすると闇に溶け込《こ》んでしまいそうな、パーカーにジーンズのシルエット。

「……憲太」

ずっと探していた相手は、一言呟《つぶや》いて押《お》し黙《だま》る。

とたん、またも [1] と世界は白く光り、凄《すさ》まじい音が窓ガラスを震《ふる》わせた。

学が身を縮こまらせた。

＊

落雷が生んだ瞬間《しゅんかん》的な明るさは、憲太にあるものを見せた。

学がいる席に置かれた、数冊《さつ》のテキスト。

教科書ではなかった。サイズが違う。進学塾のものだな、と、[2] と来た。

憲太は、[3] と息を吐いて、呆《あき》れ声を出した。

「こんなところにまで勉強道具持ってきてたのかよ」

学が [4] と顔を背《そむ》けて、椅子《いす》に座る。憲太は長机を挟《はさ》んでその前に立った。

「亮介から聞いたの？　僕がここにいるって」

「違うよ。あいつは正反対のことを言った。ここに来たのは、しらみつぶしに探していただけだ」

「そう」

そっけない口ぶりに、憲太は苛立《いらだ》ちを覚えた。

「なあ、学。おまえ、中止にならなくても、ここにこもって勉強してるつもりだったのか？　みんなが外で空見てる中、一人で」

「だって」

学が眼鏡の奥から険《けわ》しい目で睨《にら》んでくる。「[B]」

「ここの窓から校庭見えるだろ。ってことは、校庭からも図書室の電気がついてることがわかるじゃん。中止になって、おまけに停電にもなったからいいようなものだけど、天気悪くならなかったら、みんなあそこに誰がいるんだろうって、変に思っただろうな」

「構《かま》わないよ、僕は勉強しなくちゃいけないんだから」

あっさりと言い放った学に、憲太は少々腹が立った。

「勉強勉強って……おまえ、変わったよな」

学が注8利発そうな目を細める。「なにが言いたいの？」

「おまえなんて、そんなに [5] 勉強しなくても、余裕《よゆう》で大丈夫だろ？　いつも一番だしさ」

「四人しかいないクラスで一番になったところで、なんの意味もないよ」

「いや、それ以外でもすごいじゃん。六年のときのテストは村の教育委員会の人が来たし、塾の模試も成績優秀者になってる」

「……サイトを見たんだったね」

「おう」

「夏の模試の結果も？」

「うん。ちょっと前より落ちちゃったけど、相変わらずトップクラスだったな」

学が机の上のテキストに手のひらを置いた。「落ちたのは事実だよ」

「あんなの誤差の範囲《はんい》だよ。なあ、そんなにいつもいつも勉強する必要、おまえにあんの？　俺だったらもっと遊んじゃうよ」

「僕には必要あるんだ」

「ないと思うけどな。だっておまえ、すげーじゃん。『注9神童』じさな正六角形の筒《つつ》をびっしり並べたペーパーポットに土を入れ、それに種を蒔《ま》く。ある程度大きくなるまでビニールハウスの中で育て、その後畑に移すのだけれど、一つのポットの中から二つ三つ同時に芽が出てしまうことがある。その中で丈夫《じょうぶ》そうな一つを残して、あとはピンセットで抜いてしまう注5間引き作業を、憲太と学はよく手伝わされた。簡単で力もいらないからだ。憲太が学の家におじゃましていれば、憲太が学の家のハウスに呼ばれたし、その逆もあった。注6農繁《のうはん》期《き》に遊びに来ているよその子が、おじゃましている家の畑を手伝うのは、村では特別なことではない。

くわえて、憲太と学の家は他の家より結びつきが強かった。

学の両親が東京から生田羽村に移住してきたとき、畑作を一から指導したのが憲太の家なのだ。だから憲太は、どちらの家の手伝いをするのも、当たり前と思っていた。

ビートの間引き作業は、目がちかちかしてきて根気もいるが、憲太はその作業が嫌《きら》いじゃなかった。

いや、なかったはず、だった。

でも、今年の春休みは違《ちが》った。憲太はビートの間引き作業にうんざりとなった。

2どうして今年急に嫌いになったんだろうと考え、気づいた。

もともと、別に好きじゃなかったのだ。

それはそうだ、こんな地味《じみ》でいつまでたっても終わらない、面倒《めんどう》くさい、しかも手伝いだからあとでなにか御褒美《ごほうび》がもらえるわけでもない作業を、好きになる要素なんて一つもない。

一人、ピンセットで小さな芽をつまみ取りつつ、憲太はあくびをかみ殺すのに必死だった。

中学に入学して半月ほど経《た》ったころ、憲太は母親から「学くんの名前がインターネットに出てるよ」と教えられた。なにごとかと見てみたページは、進学塾のサイトだった。学は塾主催で行われた模擬《もぎ》試験で、全道二位になっていた。全国でみても第十位だった。

「おまえ、すげえじゃん！」

すぐに電話をかけた。北海道で三本の指に入った。しかも日本全体でも上から十番目なのだ。注7全国学力テストは、一度きりのまぐれじゃなかった。とにかく憲太は学の成績に興奮して、すごいすごいを連発した。3でも、応対した学の声音《こわね》はどこか固かった。

「ごめん、切っていい？　やらなきゃいけないことがあるから」

不通話音を聞きながら、憲太はまた勉強するのかな、と思った。

憲太も成績は悪くはない。学がいなかったらクラスで一番のはずだ。だが、勉強はそれほど好きではなかった。それより、学となにかしていたほうが楽しい。

勉強はそんなに大事なものなのだろうか。それほどすごいものなのだろうか。

もちろん、ないがしろにしていいとは言わない。大人は「勉強しなさい」と口やかましいし、まだ中学一年生の自分たちには、知らないことがいっぱいある。憲太だってほぼ毎日、それなりに習ったところを復習しているし、テストの前はしっかり机に向かう。

が、もっと大切で大事で、優先順位が上のものも、憲太にはいくつもあるように思えてならない。

なのに、学は勉強勉強だ。彼の口数は、勉強に言葉を遮《さえぎ》られているかのように、減ってしまった。それはまるで、憲太の『 A 』という考えを、まるごと否定しているみたいにも見える。

だから、最近の学には本当に腹が立つ。

（中略）

雷が落ちた直後、壁を隔《へだ》てた隣《となり》から「わっ」という声が聞こえた気がした。音楽室の壁は防音加工されているはずなのに。

についた参加者は賢明《けんめい》だった。今体育館に残っているのは、帰る機を逸《いっ》してしまい、少しでも小降りにならないかと待機しているもの、注1家人の車の迎《むか》えを待つものなど、十名ほどだ。

その十名ほどの中に江崎学もいるはずなのだが、どこへ行ったのか、姿が見えない。一緒《いっしょ》に憲太の父親の車に送ってもらってここに来たのに。

実は学は、雨が降って中止が決まってからいなくなったのではない。『夜空を見る会』のために本校へ来てすぐに、どこかへ行ってしまった。

勝手に帰ってはいない。憲太は来客用下足入れに学の外靴《そとぐつ》があるのを確認している。

いったい、1彼はこの校内のどこでなにをしているのか。誰《だれ》にも、憲太にもなにも告げずに、たった一人でふらりといなくなった学。

黒のパーカーにジーンズという服装の少年がいないか、憲太は闇《やみ》に目を凝《こ》らす。

「確かになんか、気乗りしなさそうな感じだったけどよ」

思えば、一年前くらいからなんとなく彼はおかしかったのだ。憲太に対する態度に、そっけない色合いが混ざりこみだしていた。それまでは誰につんけんしていても、憲太が話しかければ笑顔を向けたのに。いろいろな楽しいことを、二人で時間を忘れてしたのに。

いつも一緒にいたのに。

（中略）

「学のバカバカバーカ！」

雨音に負けじと、憲太は叫《さけ》んだ。

＊

外の嵐《あらし》はますますひどくなっている。

校内が暗いのは、停電してしまっているせいだ。送電線のどこかがやられたのかもしれない。

「ったく、なにしてんだよ、学」

雷《かみなり》といえば思い出す光景がある。まだ小学校へあがる前の夏のことだ。初めて二人して丘《おか》の森にでかけて遊んでいたのだが、ひょんなことで注2往生《おうじょう》しているうちに、急な雷雨《らいう》に見舞《みま》われてしまった。

雷はあまり近くには来なかったが、落ちるたびに学は自分の横で身を竦《すく》ませ、耳をふさいで目をつぶっていた。憲太はもともと稲妻《いなずま》に興奮するたちだから、何度も見るように促《うなが》したが、学はけっして目を開けなかった。

――僕《ぼく》、雷はあんまり好きじゃない。

小一時間で雷雲が過ぎ去ったのち、学はそう言った。本当は怖《こわ》いくせに、とからかうと、膨《ふく》れた顔で一人先に丘を下っていった――。

「びびってんのかな、今も」

憲太は廊下《ろうか》の真ん中で立ち止まり、大きく息を吐《は》いた。

と、細い光の一筋が廊下の暗がりを薙《な》ぐように動いた。

（中略）

春休み、学は親戚《しんせき》の家でなにをしていたのだろう？

入学式の日、学と顔を合わせるや、憲太は尋ねた。

学は淡々《たんたん》と「進学塾の春期集中講習に通っていた」と答えた。

「おまえなんか塾に行かなくても、全然平気じゃねえの？」

おまえがいなかったから、春休みつまんなかったよ。

そう言ったら、学は疲《つか》れたみたいにうつむいた。

それまでの春休みは、消えてゆく雪を惜《お》しむように、二人で雪つぶてをぶつけ合ったり、かき集めた雪山めがけて、注3納屋《なや》の屋根から飛び降りたりして楽しんだものだった。あるいは家の手伝いをするなどだ。憲太の家は注4ビートやトマトの他、小麦も育てていたし、学のところも小麦とビートを作っていた。ビートは、蜂《はち》の巣のような小命の誕生にも、大きな影響を与《あた》えていたかもしれません。

※出題の都合上、本文の一部を改稿《かいこう》しています。

注1 **進化論** 生物が単純な原始生命から現在のものに進化したとする説。
注2 **マグマオーシャン** 惑星の表層部分が融《と》け、マグマの海が形成された状態。
注3 **微惑星** 太陽系の形成初期に存在した小天体。
注4 **組成** いくつかの部分や要素が集まって全体を組み立てること。
注5 **マントル** 惑星や衛星などの内部にある層。
注6 **因果関係** 原因とそれによって生じる結果との関係。
注7 **自転軸** 天体が回転する際の軸。
注8 **エウロパ** 木星の第二衛星。
注9 **潮汐** 月や太陽の引力によって起こる海面の昇降《しょうこう》現象。

問一 ═══ア〜オのカタカナを漢字に直しなさい。

問二 空らん[a]〜[d]に入る言葉を次の中から選び、記号で答えなさい。

ア ただし　**イ** たとえば　**ウ** しかし　**エ** また

問三 ──1の問いに対する答えが述べられている形式段落はどこか、最初の五字で答えなさい。

問四 空らん[1]に入る言葉を次の中から選び、記号で答えなさい。

ア 物質が存在しない
イ すべての性質と共通する
ウ 地下の状態と相反する
エ 一部分のみと似る

問五 空らん[2]に入る言葉を次の中から選び、記号で答えなさい。

ア 上司　**イ** 部下　**ウ** 友　**エ** 敵

問六 空らん[3]に入る言葉を漢字一字で答えなさい。

問七 空らん[4]に入る言葉を次の中から選び、記号で答えなさい。

ア 「兄弟」とも「親子」とも
イ 「兄弟」とも「他人」とも
ウ 「他人」とも「親子」とも

問八 空らん[5]に入る言葉を次の中から選び、記号で答えなさい。

ア 限りなく遠く
イ 途方《とほう》もなく大きく
ウ 想像以上に不気味で
エ 驚《おどろ》くほど神秘的で

問九 ──2が何をさすか二十字以内で答えなさい。

問十 本文の内容として正しいものにはA、正しくないものにはBを書きなさい。

ア 身近な存在であった月の成因は、比較的簡単に説明することができた。
イ 月の成因として初めに提唱された「親子説」が、その後の考え方を決定づけた。
ウ 地球と月がもともと深い関係にあったことに注目した考え方が「他人説」である。
エ 地球に近かった頃の月は、生命の誕生に関係していないとはいえない。

三 次の文章を読んで、あとの問いに答えなさい。

「今晩の『夜空を見る会』は中止にします」

みんなの前でそう告げたイベントの主催者《しゅさいしゃ》、生田羽《いくたば》中学校の校長先生はもちろん、楽しみに集まっていた村人たちも残念そうだったが、天気には勝てない。いっそう雨足が強くなる前にと、そうそうに帰途《きと》り分析《ぶんせき》したところ、この説にも疑問が投げかけられました。月の岩石の化学注4組成は、地球の注5マントルとかなり似ていることがわかったのです。地球と月が同じ材料からつくられた「兄弟」であるならば、このように地球の［1］というのは考えにくいことです。この説では、その説明をすることができませんでした。

「他人説」は「捕獲《ほかく》説」とも呼ばれ、アメリカの天文学者トーマス・ジェファーソン・ジャクソン・シーらが提唱しました。そもそも地球と月にはまったく注6因果関係がなく、月はいわば地球という「よその部族」に捕《とら》えられたようなものであるとする考え方です。宇宙空間を移動していた月が、たまたま地球の軌道に近づいたときに、地球の引力に捕えられ、地球の「［2］」になった、というわけです。

しかし、ある天体が宇宙空間で別の天体の軌道に捕えられる確率はきわめて低いと考えられるうえ、やはり月の組成についての説明ができないため、この説も主流にはなりえませんでした。「親子」でも「兄弟」でも「他人」でもないとすれば、月とはなんなのか？　みなが［3］を抱えたときに、ある斬新《ざんしん》な仮説が登場します。

天文学者のウイリアム・ハートマンとドナルド・デービスは1975年、月の成因を説明する新説として「ジャイアントインパクト説」を提唱しました。

それは、地球ができてまもない頃《ころ》に、火星くらいの大きさの星(火星の直径は地球のほぼ半分)が、地球に衝突《しょうとつ》したという大胆《だいたん》な考え方です。衝突のスピードは時速10万kmともいわれます。このおそるべき衝突によって、地球の一部がもぎ取られ、衝突したほうの星もバラバラになり、それらが地球の外側を取り巻いているうちにやがて集合し、月になったというのです。この説では月と地球は［4］いえます。

ジャイアントインパクト説では、地球のおもにマントルがもぎ取られたと考えることで、月の組成について説明することができます。［b］、「親子説」では地球の分裂を遠心力によるとするところに無理がありましたが、その点も解決します。［c］当初は、地球が完全に破壊《はかい》されてしまわない程度に衝突が起きるには、衝突の角度がかなり限定されたものになり、そのような確率はきわめて小さいのではないかという反論もありました。しかし、その後の研究で、このような衝突は現実に十分起こりえることがわかり、1980年代後半には、ジャイアントインパクト説が月の成因を説明するもっとも有力な理論となったのです。最近のコンピュータシミュレーションによる研究では、もぎ取られた地球の一部やバラバラになった星が集まって月になるには、早ければ1ヵ月で可能との見方もあるようです。

なお、ジャイアントインパクト説には、地球の注7自転軸《じく》が約23・4度傾《かたむ》いていることの理由も説明できるという「副産物」がありました。地球に季節があるのも、この衝突のおかげなのです。

このときに地球がバラバラになり、宇宙の藻屑《もくず》と消えてしまっていても、不思議ではなかったのです。「水の惑星」も、わたしたち人間も存在していなかった可能性は十分にあったのです。

誕生したばかりの月は、地球から約2万kmという近いところにあったようです。その頃の月を地球から見れば［5］、まるで注8エウロパから見た木星のようであったかもしれません。その後はオシダイに遠ざかり、現在では月と地球の距離《きょり》は約38万kmです。

地球に近かった頃の月は、非常に大きな注9潮汐《ちょうせき》作用を地球に及《およ》ぼしていたことでしょう。［d］地球に水の海ができてからは、潮汐力による潮の満ち干《ひき》は現在からは想像もつかないものだったと考えられます。おそらくは大津波《おおつなみ》のような波が、毎日2回、海岸へ押し寄せていたはずです。この潮汐には、海水をよくかき混ぜて、海水の生成分を均質にする役割があったものと思われます。2それはのちの生

2023年度

慶應義塾湘南藤沢中等部

【国語】(四五分)〈満点：一〇〇点〉

※解答に句読点や記号などが含まれる場合は一字に数えます。

一　次の(　)にあてはまる、ひらがな一字を答えなさい。

① こんにち(　)。
② 事実にもと(　)く意見。
③ おね(　)ちゃんは八歳です。
④ 和室に布団を(　)く。
⑤ 生(　)るしかばね。
⑥ 運を天(　)まかせる。
⑦ うっと(　)しい雨。
⑧ 深(　)のある色。
⑨ フロントに荷物を預(　)る。
⑩ 右(　)ならえ。

二　次の文章は2013年発行の藤岡換太郎『海はどうしてできたのか　壮大《そうだい》なスケールの地球進化史』の一節である。これを読んであとの問いに答えなさい。

いうまでもなく、月は地球の唯一《ゆいいつ》の衛星です。わたしたちにとってはァニクガンでもよく見える、もっとも親しみのある天体です。しかし、1月がどのようにしてできたのかは、昔から多くの論争が繰《く》り広げられてきた大難問でした。さまざまな説が考えられましたが、どれも問題を抱《かか》えていて、月の成因をうまく説明するのはィシナンの業だったのです。もちろん、ほかの惑星《わくせい》の衛星のでき方もそれぞれに簡単ではないのですが、いちばん身近な月がわからないことには話になりません。なかには「月が見えていることは、目の錯覚《さっかく》なのだろう」と苦し紛《まぎ》れの冗談《じょうだん》を言う学者もいたほどです。

昔から月の成因として提唱されてきた考え方は、地球との関係において、おもに3つに分けられています。地球と月は「親子」であるとする考え方、「兄弟」であるとする考え方、そして「他人」であるとする考え方です。

「親子説」とは、月が地球から飛び出してできたという考え方です。「注1進化論」で名高いあのチャールズ・ダーウィンの次男、ジョージ・H・ダーウィンが1879年に唱えました。大まかに言えば、注2マグマオーシャン時代の地球の遠心力によって、ドロドロのマグマが宇宙に飛び出し、固まって月になった、というものです。飛び出した跡《あと》が太平洋であるとしています。『われらをめぐる海』を書いたレイチェル・カーソンは、この説をゥサイヨウしています。

［a］、地球の引力を超《こ》えるほどの力で物質が飛び出すというのは、かなり難しいことだと思われます。それほど大きな遠心力ができるためには、地球はとんでもないスピードで回転していなければなりません。「親子説」は「分裂《ぶんれつ》説」とも呼ばれ、ほかにもさまざまな学者からェシュウセイ案が出されましたが、決定打とはなりえませんでした。

「兄弟説」とは、地球ができたのと同じように、太陽系第三軌道《きどう》周辺にあった注3微《び》惑星が集まって月ができたとする考え方で、19世紀後半にエドワード・ロッシュらが提唱しました。微惑星がより多く集まってできたのが地球で、少なめに集まったのが月であるというわけで、「親子説」よりはかなり自然な考え方に思われました。

しかし、1969年にアポロ11号が実際に月に行って試料を持ち帰

2023年度

慶應義塾湘南藤沢中等部 ▶解説と解答

算 数 (45分) ＜満点：100点＞

解 答

1 (1) 26秒 (2) 16 (3) 360度 **2** (1) 225ページ (2) 294 (3) 56.82cm
3 (1) 30cm (2) 120cm (3) 17.5秒後と32.5秒後 **4** (1) 3 cm (2) $\frac{6}{25}$倍
(3) $\frac{14}{25}$倍 **5** (1) 4 : 1 (2) 10 : 3 (3) 30km **6** (1) **最後の数**…6，**入れかえ**…4回 (2) 26回 (3) 435回

解 説

1 単位の計算，逆算，角度

(1) 16分2秒は，60×16＋2＝962(秒)だから，16分2秒÷37＝962秒÷37＝26秒となる。

(2) $96\div\frac{2}{3}=96\times\frac{3}{2}=144$より，1.125×(16×□−48−144)＝72，16×□−48−144＝72÷1.125＝72÷$1\frac{1}{8}=72\div\frac{9}{8}=72\times\frac{8}{9}=64$，16×□＝64＋144＋48＝256　よって，□＝256÷16＝16

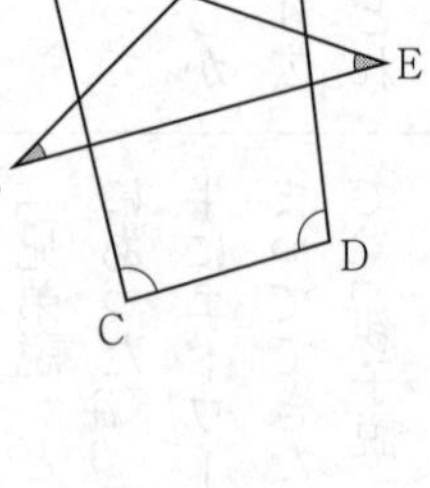

(3) 右の図のようにAとFを結ぶ。三角形AGFと三角形EGBの内角の和は等しく，向かい合う角Gの大きさも等しいから，かげをつけた2つの角の大きさの和も等しくなる。よって，問題文中の図で印のついた角の大きさの和は，四角形ACDFの内角の和と等しくなるので，360度とわかる。

2 相当算，整数の性質，長さ

(1) 全体のページ数を1とすると，先週読んだページ数は，$1\times\frac{4}{9}=\frac{4}{9}$だから，その残りは，$1-\frac{4}{9}=\frac{5}{9}$となる。すると，今週読んだページ数は，$\frac{5}{9}\times0.76=\frac{19}{45}$となるので，その残りは，$\frac{5}{9}-\frac{19}{45}=\frac{2}{15}$と求められる。これが30ページなので，(全体のページ数)×$\frac{2}{15}$＝30(ページ)より，全体のページ数は，$30\div\frac{2}{15}$＝225(ページ)とわかる。

(2) ある数をAとし，Aを最大公約数の14で割った商を□とすると，右の図1のように表すことができる。ここで，Aと140の最小公倍数が2940だから，14×□×10＝2940となる。よって，□＝2940÷140＝21なので，A＝21×14＝294と求められる。

図1

14) A　140
　　□　10

図2

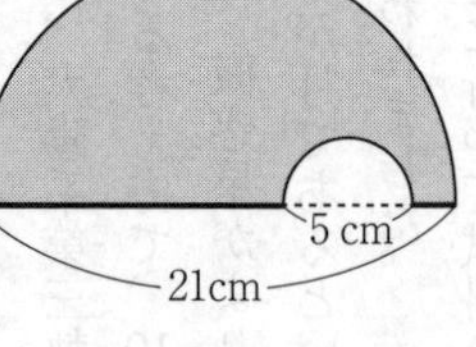

(3) 右の図2で，外側の半円の弧《こ》の長さは，21×3.14÷2＝10.5×3.14(cm)であり，内側の半円の弧の長さは，5×3.14÷2＝2.5×3.14(cm)なので，これらの合計は，10.5×3.14＋2.5×3.14＝(10.5＋2.5)×3.14＝13×3.14＝40.82(cm)となる。また，直線部分(太線部分)の長さ

の合計は，21－5＝16(cm)だから，かげのついた部分のまわりの長さは，40.82＋16＝56.82(cm)と求められる。

3 立体図形―図形上の点の移動，長さ，相似

(1) 下の図1のように同じ大きさの立方体を補うと，AGを延ばした線が下の平面と交わる点は，補った立方体の右下の頂点Sになることがわかる。同様に考えると，BHを延ばした線が下の平面と交わる点はTになる。よって，点PがA→B，点QがG→Hと動くのにともなって，点RはS→Tと動くから，点Rが動く道のりは，10×3＝30(cm)である。

(2) (1)と同様に考えて，点Rが動く線を真上から見ると，下の図2のようになる。よって，点Rが動く道のりは，30×4＝120(cm)である。

図1

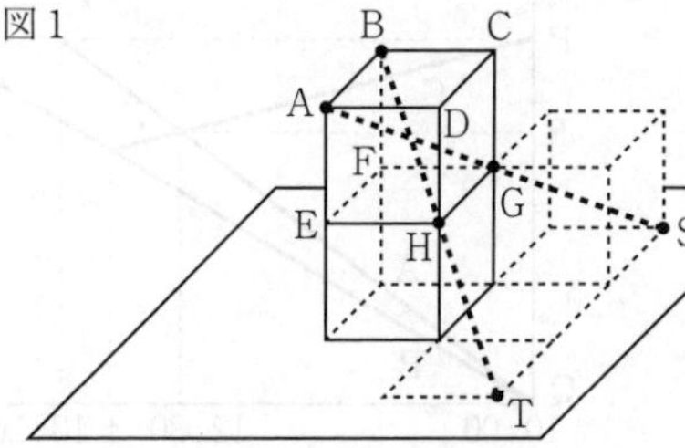

図2

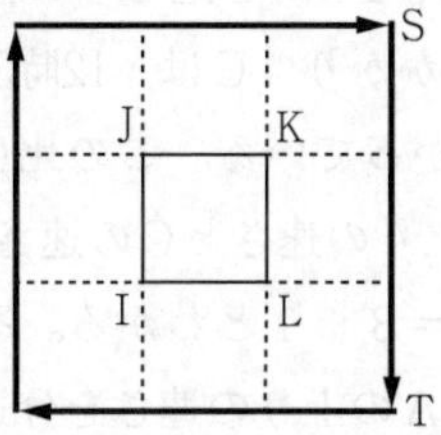

図3

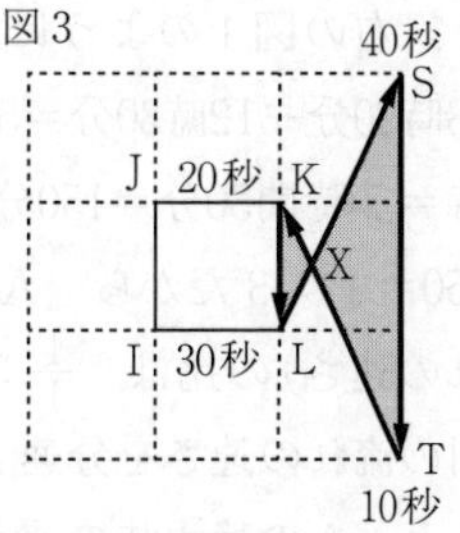

(3) 点Pと点Qが1つの辺を動くのに，10÷1＝10(秒)かかるので，点Rが動く線と，それぞれの地点に着くまでの時間は，上の図3のようになる。図3で，かげをつけた2つの三角形は相似であり，相似比は1：3だから，TX：XK＝3：1となる。よって，TからXまで動くのにかかる時間は，$10\times\dfrac{3}{3+1}$＝7.5(秒)なので，1回目に点Xを通るのは動き始めてから，10＋7.5＝17.5(秒後)とわかる。同様に，XからSまで動くのにかかる時間も7.5秒だから，2回目に点Xを通るのは動き始めてから，40－7.5＝32.5(秒後)である。

4 平面図形―長さ，面積，辺の比と面積の比，相似

(1) 右の図①で，三角形CFEと三角形DFEは合同である。よって，同じ印をつけた辺の長さは等しいから，三角形DFCは正三角形とわかる。したがって，FCの長さは12cmなので，BFの長さは，15－12＝3(cm)と求められる。

図①

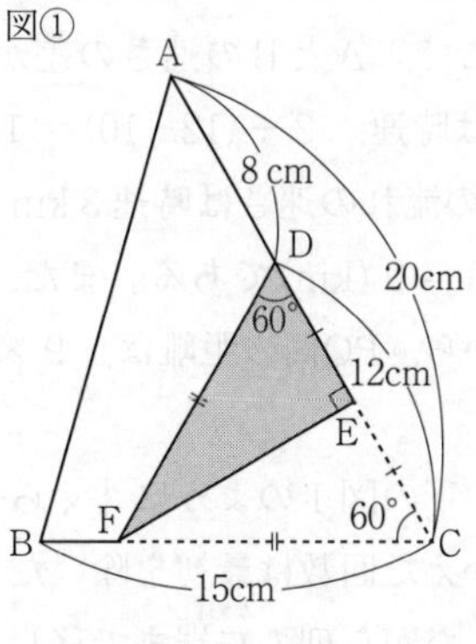

図②

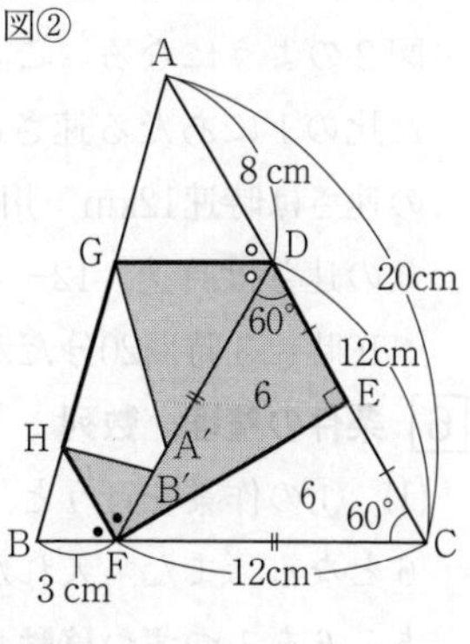

(2) 三角形ABCと三角形CFEの面積を比べればよい。ECの長さは，12÷2＝6(cm)だから，三角形CFEの面積は三角形ABCの面積の，$\dfrac{FC}{BC}\times\dfrac{EC}{AC}=\dfrac{12}{15}\times\dfrac{6}{20}=\dfrac{6}{25}$(倍)とわかる。よって，三角形DFEの面積も三角形ABCの面積の$\dfrac{6}{25}$倍である。

(3) (2)より，三角形ABCの面積を25とすると，三角形DFEと三角形CFEの面積はどちらも6になる。また，右上の図②で，三角形AGDと三角形A′GDは合同なので，○印をつけた角の大きさは等しく，どちらも，(180－60)÷2＝60(度)である。すると，GDとBCは平行だから，三角形AGDと三角形ABCは相似とわかる。このとき，相似比は，AD：AC＝8：20＝2：5なので，面積の比は，(2×2)：(5×5)＝4：25となり，三角形AGDの面積は，$25\times\frac{4}{25}=4$と求められる。同様に，三角形HBFと三角形HB′Fも合同だから，●印をつけた角の大きさは60度であり，HFとACは平行になる。よって，三角形HBFと三角形ABCは相似であり，相似比は，BF：BC＝3：15＝1：5なので，面積の比は，(1×1)：(5×5)＝1：25とわかる。したがって，三角形HBFの面積は，$25\times\frac{1}{25}=1$だから，五角形GHFEDの面積は，25－(6＋4＋1)＝14と求められる。つまり，五角形GHFEDの面積は三角形ABCの面積の$\frac{14}{25}$倍である。

5 流水算，速さと比

(1)　AとCがすれちがった地点をRとしてグラフに表すと，右の図1のようになる。PR間を進むのに，Aは，13時20分－12時30分＝50分かかり，Cは，12時30分－10時＝2時間30分＝150分かかっている。この比は，50：150＝1：3だから，Aの上りの速さとCの速さ(川の流れの速さ)の比は，$\frac{1}{1}:\frac{1}{3}=3:1$とわかる。そこで，川の流れの速さを分速1，Aの上りの速さを分速3とすると，Aの静水時の速さは分速，3＋1＝4となる。よって，Aの静水時の速さと川の流れの速さの比は4：1である。

図1

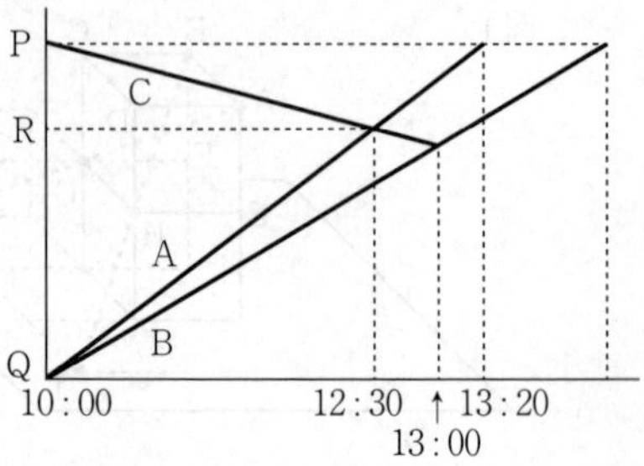

(2)　(1)の比を用いると，PQ間の距離《きょり》は，(3＋1)×150＝600となる。また，BとCが出会うまでの時間は，13時－10時＝3時間＝180分なので，Bの上りの速さとCの速さの和は分速，600÷180＝$\frac{10}{3}$とわかる。よって，Bの上りの速さは分速，$\frac{10}{3}-1=\frac{7}{3}$だから，Bの静水時の速さは分速，$\frac{7}{3}+1=\frac{10}{3}$と求められる。したがって，Bの静水時の速さと川の流れの速さの比は，$\frac{10}{3}:1=10:3$である。

(3)　Aの静水時，Bの静水時，C(川の流れ)の速さの比をそろえると，右の図2のようになる。ここで，AとBの速さの差が時速2kmなので，そろえた比の1にあたる速さは時速，2÷(12－10)＝1(km)となり，Aの静水時の速さは時速12km，川の流れの速さは時速3kmとわかる。よって，Aの上りの速さは時速，12－3＝9(km)である。また，AがQからPまでにかかった時間は，13時20分－10時＝3時間20分だから，PQ間の距離は，$9\times3\frac{20}{60}=30$(km)と求められる。

図2

	A	B	C
	4		：1
×3		10	：3
	12	：10	：3

6 条件の整理，数列

(1)　①の作業を行うと，下の図1のように「くらべる」ことを5回行う。すると，列の最後の数は6となる。また，入れかえた回数は最初を除いた4回である。なお，この作業は，最も大きい数である6を1つずつ移動しながら列の右端《みぎはし》まで移したのと同じことであり，入れかえた回数は，最初に6の右側にあった数の個数と一致《いっち》する。さらに，②の作業を行うと，下の図2のように「くらべる」ことを4回行う。この作業は，2番目に大きい数である5を6のとなりまで移したのと同じことであり，入れかえた回数は，最初に5の右側にあった数のうち，5よりも小さい数の個数と一致する。また，②の作業を行うと1から6まで小さい順に並ぶから，この後の作業を続けても入れかえることは行われない(ただし，「くらべる」ことは最後まで行うことに注意する)。

図1

1	6	5	2	3	4
1	6	5	2	3	4
1	5	6	2	3	4
1	5	2	6	3	4
1	5	2	3	6	4
1	5	2	3	4	6

図2

1	5	2	3	4	6
1	5	2	3	4	6
1	2	5	3	4	6
1	2	3	5	4	6
1	2	3	4	5	6

図3

	10	7	2	9	4	3	1	6	5	8	(9回)
ア	7	2	9	4	3	1	6	5	8	10	(6回)
イ	7	2	4	3	1	6	5	8	9	10	(0回)
ウ	7	2	4	3	1	6	5	8	9	10	(6回)
エ	2	4	3	1	6	5	7	8	9	10	(1回)
オ	2	4	3	1	5	6	7	8	9	10	(0回)
カ	2	4	3	1	5	6	7	8	9	10	(2回)
キ	2	3	1	4	5	6	7	8	9	10	(1回)
ク	2	1	3	4	5	6	7	8	9	10	(1回)
ケ	1	2	3	4	5	6	7	8	9	10	

⑵　上の図3で，最初に10の右側にある数の個数は9個なので，9回入れかえるとアのようになる。また，アで9の右側にある数のうち，9よりも小さい数の個数は6個だから，6回入れかえるとイのようになる。さらに，イで8の右側にある数のうち，8よりも小さい数の個数は0個なので，8は入れかえる必要はない。同様に考えるとウ〜ケのようになるから，入れかえる回数は，9＋6＋6＋1＋2＋1＋1＝26(回)である。

⑶　図1(並べる個数が6個)の場合，問題文中の①の作業で「くらべる」ことを5回行い，②の作業で「くらべる」ことを4回行っている。この後も，「くらべる」ことを3回，2回，1回行って，すべての作業が終了する。よって，並べる個数が6個の場合は，5＋4＋3＋2＋1＝15(回)と求めることができる。同様に考えると，並べる個数が30個の場合は，29＋28＋27＋…＋1＝(29＋1)×29÷2＝435(回)とわかる。

社　会　(25分)　＜満点：50点＞

解　答

1　問1　④　問2　③　問3　2　問4　3　問5　A　3　B　1　C　4　D　2
2　問1　3　問2　1　問3　4　問4　2
3　問1　3　問2　2　問3　2　問4　みことのり　問5　3→4→2→1　問6　1
4　問1　4　問2　2　問3　4　問4　3　問5　1　○　2　×　3　×　4　○
5　問1　2　問2　2　問3　3　問4　3　問5　1　問6　4　問7　2
6　問1　あ　番人　い　15　問2　う　内閣　え　衆議院　問3　2　問4　4
7　問1　あ　外国　い　(例)　高く(大きく)　う　介入　問2　2　問3　3　問4　4

解　説

1　**日本の食料自給率と農林水産業，四国4県の特色についての問題**

問1　日本は小麦の多くを海外からの輸入にたよっており，自給率は15%程度で推移している。なお，①は米，②は野菜，③は肉類。統計資料は『日本国勢図会』2022／23年版による。

問2　文2の「この県」は，高知県を指している。高知県の高知平野は，沖合を暖流の日本海流(黒潮)が流れているため，冬でも比較《ひかく》的温暖である。その気候をいかし，ビニールハウスや温室で野菜をつくる促成《そくせい》栽培がさかんに行われている。高知県のなすの収穫《しゅうかく》量は全国第1位で，東京都中央卸売《おろしうり》市場には，関東近県で露地栽培によってつくられたものがあまり出回らない秋から夏前にかけて，促成栽培を中心につくられた高知県産のものが入荷される。なお，①は群馬県，②は岩手県，④は栃木県。

問3　文3の「この県」は，徳島県を指している。徳島県では，旧国名の「阿波《あわ》」と，同県の伝統的な盆踊《ぼんおど》りである阿波踊りにちなみ，特産の地鶏《じどり》に「あわおどり(阿波尾鶏)」という名をつけて販売している。なお，「ぼっちゃん」(『坊っちゃん』)は，愛媛県松山市を舞台《ぶたい》にした夏目漱石の小説の題名として知られる。「しまんとがわ」(四万十川)は高知県西部を流れる川，「こんぴらさん」は香川県にある金刀比羅宮《ことひらぐう》の愛称である。

問4　文4の「この県」は，愛媛県を指している。愛媛県南西部の宇和海沿岸では，リアス海岸をいかした海面養殖業がさかんで，まだいと真珠の養殖収獲量が全国で最も多い。統計資料は『データでみる県勢』2023年版などによる。

問5　文1の「この県」は，四国の北東部に位置するBの香川県，文2の「この県」は四国の南部に位置するDの高知県，文3の「この県」は四国の東部に位置するAの徳島県，文4の「この県」は四国の北西部に位置するCの愛媛県である。

2 自然災害とそのそなえについての問題

問1　1　ハザードマップは，国土交通省が運営するインターネットのサイトや各地方自治体のサイトから，全国のものを入手できる。　2　ハザードマップには，予測される被害やその程度が示されているが，ハザードマップによって被害そのものを無くすことはできない。　3　ハザードマップについて正しく説明している。　4　災害の種類によって，被害や被災が予想される地域が異なるため，ハザードマップはそれぞれの災害ごとに作成される。かりに，「すべての災害に対応できるハザードマップ」をつくったとしても，読み取りづらいものになってしまい，実用には向かないものになると考えられる。

問2　地形図の右上の，内陸の標高の高い場所でも災害が起こると想定されていることから，津波による浸水《しんすい》や台風による高潮のように，海から水が押し寄せることで起こる災害ではないと判断できる。また，川の流域ではない場所でも災害が起こると想定されていることから，洪水による浸水でもないとわかる。これらのことから，土石流が選べる。土石流は，水をふくんだ土砂や石などが一気に斜面《しゃめん》や谷を流れ下る現象で，おもに長雨や豪雨によって生じる。

問3　砂防ダムは土砂が下流へ流出するのを防ぐためのダムで，おもに山間部を流れる渓流《けいりゅう》や川の上流～中流につくられる。

問4　1　はんらんのおそれがある河川に近づくのは，非常に危険である。　2　近くの川のはんらんに対してとるべき行動として，正しい。　3　避難《ひなん》場所まで安全に行けないおそれがあるので，状況《じょうきょう》をよく確認する必要がある。また，夜は視界が悪いので，災害時にむやみに外へ出てはならない。　4　テレビ局は個別の事情を把握《はあく》しているわけではないので，問い合わせても役に立つ情報は得られないと考えられる。

3 古代の政治や文化などについての問題

問1　備中《びっちゅう》は，現在の岡山県西部の旧国名である。また，893年は平安時代前半にあたる。この時代には律令にもとづいた政治が行われており，地方には都から国司が派遣された。なお，現在の島根県は東部が出雲《いずも》，西部が石見《いわみ》とよばれていた。また，守護は鎌倉幕府や室町幕府が地方の国ごとに置いた役職である。

問2　『風土記《ふどき》』は元明天皇が713年，諸国に命じて編さんさせた地理書で，地名の由来や郷土の産物・伝承などが記されている。なお，1は『日本書紀』，3は『万葉集』，4は『今昔《こんじゃく》物語集』にあてはまる説明。

問3　660年，唐(中国)と新羅《しらぎ》の連合軍が，朝鮮半島南西部の百済《くだら》を滅《ほろ》ぼした。百済と友好関係にあった日本の朝廷は，百済の復興を助けるため兵を派遣したが，663年の白村江《はくすきのえ》の戦いで唐と新羅の連合軍に大敗した。なお，兵を派遣したときの天皇は斉明《さいめい》天皇で，661年に亡くなったため，その後は中大兄《なかのおおえの》皇子(のちの天智天皇)が皇太子のまま政治を行った。

問4　「詔」は「みことのり」と読む。詔は天皇の命令のことで，「詔書《しょうしょ》」や「詔勅《しょうちょく》」といった熟語でも用いられる。

問5　最澄と空海は804年に唐に渡り，最澄は805年，空海は806年に帰国した。その後，最澄は天台宗，空海は真言宗を開いた。その少し前の797年，桓武天皇は坂上田村麻呂を征夷《せいい》大将軍に任命し，東北地方の蝦夷《えみし》を討伐《とうばつ》させたが，805年には中止を決定した。持統天皇は，夫の天武天皇が始めた藤原京の造営を引き継《つ》ぎ，694年に都を藤原京に移した。鑑真《がんじん》は唐の高僧で，753年に来日して日本の僧に戒律《かいりつ》(僧が守るべきいましめ)を伝えた。よって，起きた順に3→4→2→1となる。

問6　三善清行《みよしきよゆき》が備中介《すけ》の任に就いたとき，660年当時には2万人の兵を集められた「ある村」の人口は，わずか9人になっていた。その後，911年に備中から都に帰った藤原公利《ふじわらのきみとし》にその村の人口をたずねたところ，「一人もいない」という返事が返ってきた。つまり，660年から911年までの間にこの村は衰退《すいたい》し，なくなってしまったのである。三善清行はこの村を例にとって，律令にもとづく国家の体制や財政が危機におちいっていることを，醍醐《だいご》天皇に訴《うった》えたのだと考えられる。

4　鎌倉幕府の執権《しっけん》についての問題

問1　鎌倉幕府の初代将軍は源頼朝で，その妻は北条政子である。政子は頼朝の死後，北条一族とともに政治に深くかかわり，「尼《あま》将軍」とよばれた。1221年の承久《じょうきゅう》の乱では，朝廷を敵に回すことになって動揺《どうよう》する御家人に対して頼朝の御恩を説く演説を行い，御家人の結束を強めた。

問2　1221年，後鳥羽《ごとば》上皇は政治を朝廷の手に取りもどそうとして承久の乱を起こしたが敗れ，隠《お》岐《き》(島根県)に流された。このあと，幕府は京都に六波羅《ろくはら》探題を置いて朝廷や西国の武士を監視させ，西国における支配体制を強化した。なお，江戸時代には幕府によって禁中並公家諸法度《きんちゅうならびにくげしょはっと》が出され，朝廷と公家が統制された。また，京都の護衛や朝廷の監視などのために京都所司代が置かれた。佐渡金山は江戸時代に本格的な採掘《さいくつ》が始まり，天領(幕府が直接治める地域)とされた。

問3　鎌倉時代には交通の要地や寺社の門前など，人の多く集まる場所で月3回の定期市(三斎市《さんさい》市)が開かれるようになった。市では，宋銭などの貨幣《かへい》が広く流通し，取り引きに用いられた。

問4　鎌倉幕府の第8代執権北条時宗は，元(中国)の2度にわたる襲来《しゅうらい》(元寇《げんこう》)にさいして御家人らを指揮し，これを撃退《げきたい》することに成功した。なお，北条義時はAの文の「わたし」にあたる第2代執権，北条泰時は第3代執権，北条時頼はBの文の「わたし」にあたる第5代執権。

問5　1　鎌倉時代の御家人と，御家人が将軍から受けた御恩について，正しく説明している。

2　鎌倉幕府と主従関係を結ばない，非御家人とよばれる武士もいた。**3**　3の文は，江戸時代の旗本について説明している。**4**　鎌倉時代の御家人について，正しく説明している。

5 明治時代に外国と結んだ条約についての問題

問1　Aは，日清戦争(1894〜95年)の講和条約として結ばれた下関条約の条文である。日清戦争は，甲午農民戦争(東学党の乱)という朝鮮の内乱をきっかけとして始まり，朝鮮半島を主戦場として行われた。

問2　下関条約で日本は，清(中国)から台湾・澎湖《ポンフー》諸島・遼東《リャオトン》半島を譲《ゆず》り受けた。なお，遼東半島はロシア・フランス・ドイツによる三国干渉《かんしょう》を受けて清に返還した。

問3　1は1894年，2は1911年，3は1902年，4は1951年のできごとである。

問4　1，2　Bは，日露戦争(1904〜05年)の講和条約として結ばれたポーツマス条約の条文である。ポーツマス条約で，日本はロシアから樺太《からふと》の南半分を譲り受けたが，賠償《ばいしょう》金を得ることはできず，これに不満を募《つの》らせた国民の一部が暴徒化して日比谷焼き打ち事件を起こした。　3ポーツマス条約とその後の動きを正しく説明している。なお，このとき得た鉄道を，日本は南満州鉄道として経営した。　4　屯田兵《とんでんへい》制度は1874年に創設され，屯田兵は北海道の開拓と北方の防衛にあたったが，1904年に廃止された。

問5　ポーツマス条約は，アメリカ合衆国大統領セオドア＝ルーズベルトの仲立ちのもと，同国の軍港ポーツマスで結ばれた。

問6　1，2　Cは，1910年に締結《ていけつ》された韓国併合《へいごう》条約の条文である。このあと，朝鮮支配のために置かれた朝鮮総督府では，朝鮮人の役人が登用されることもあったが，「積極的に」登用されたとはいえない。また，厳しい植民地支配に対してたびたび反日運動が起こったが，朝鮮半島に駐《ちゅう》留《りゅう》していた日本軍などがこれをおさえるために出動した。　3　朝鮮総督府が植民地支配の一つとして朝鮮の人びとから土地を奪《うば》うと，仕事や住む場所を求めて日本や満州(中国東北部)などに移住する朝鮮人が増えた。　4　日本の朝鮮支配について，正しく説明している。

問7　1　1910年当時は，大日本帝国憲法にもとづいて政治が行われていた。大日本帝国憲法のもと，天皇には絶大な権限が与えられたが，政党はそれぞれの党の党首が率いた。2　大日本帝国憲法は，君主権が強いドイツの憲法を手本として作成され，天皇が主権者とされた。よって，正しい。　3　大日本帝国憲法では明確な三権分立の考え方は採用されておらず，天皇に権限が集中していた。　4　大日本帝国憲法では，天皇に軍を指揮する統帥《とうすい》権が与えられていたが，直接戦いの指揮をとったのは軍人である。

6 日本国憲法と裁判所や裁判についての問題

問1　**あ**　裁判所は，国会が制定した法律や内閣の政令・命令・行政処分などが憲法に違反していないかどうかを，具体的な裁判を通じて判断する権限を持っている。この権限を違憲審査権といい，すべての裁判所が持っているが，最高裁判所はその最終的な判断を下すことから，「憲法の番人」とよばれている。　**い**　最高裁判所は，長官をふくめた15人の裁判官で構成される。

問2　**う**　この条文は日本国憲法第79条のもので，最高裁判所の長官は内閣が指名して天皇が任命するが，その他の裁判官は内閣が任命すると定めている。　**え**　最高裁判所の裁判官は，任命後初めて行われる衆議院議員総選挙のときと，その後10年を経過して初めて行われる衆議院議員総選挙のときに，国民審査を受けることになっている。国民審査で投票の過半数が不適任としたとき，その裁判官は辞めさせられる。

問3　日本国憲法は1946年11月３日に公布され，翌47年５月３日に施行された。現在，公布日の11月３日は「文化の日」，施行日の５月３日は「憲法記念日」という国民の祝日とされている。昭和の日は４月29日，秋分の日は９月22・23日ごろ，春分の日は３月20・21日ごろ。

問4　４は，営業の権利や自由が問題となった裁判で，営業の権利は自由権のうち，日本国憲法第22条の職業選択の自由や第29条の財産権などにもとづく経済活動の自由にかかわる。

7 為替《かわせ》相場についての問題

問1　あ　自国通貨と外国通貨との交換《こうかん》比率を外国為替相場といい，その取り引きが行われる市場を外国為替市場という。なお，「東京外国為替市場」という場所や建物があるわけではなく，日本時間の日中に，東京を中心とした参加者により行われる取り引きであるため，そのようによばれる。
い　円の価値が下がると，たとえばそれまで１ドルに対して100円で交換できたものが，120円払わないと交換できなくなる。このように，１ドルに対する円の金額がそれまでより高くなる状態を，円安という。　**う**　日本銀行は日本の中央銀行で，急激な円安や円高の進行をおさえるため，市場のドルや円を売買して通貨の安定をはかろうとすることがある。これを為替介入《かいにゅう》といい，円安ドル高のときには，ドルを売って円を買う「ドル売り・円買い」を行い，市場に流通するドルを増やすとともに円を減らすことで，為替相場を円高に誘導《ゆうどう》しようとする。

問2　FRBは，アメリカ合衆国の中央銀行にあたる連邦準備制度理事会の略称である。なお，IMFは国際通貨基金，ECBはEU(ヨーロッパ連合)の中央銀行にあたる欧州中央銀行，FTAは自由貿易協定の略称。

問3　１　円安ドル高のとき，アメリカ人観光客は少ないドルで多くの円が得られるので，日本での買い物が有利になる。　２　円安ドル高が進むと，たとえば１ドルのモノを売って得られる円の金額はそれまでより多くなるので，輸出には有利にはたらく。これによって輸出企業は利益が増えるので，わざわざ外国に工場を移転する必要がなくなる。　３　円安ドル高が進むと，たとえば１ドルのモノを輸入するとき，それまでより多くの円を払わなくてはならなくなるので，輸入には不利にはたらく。輸入する食料の価格も上がるので，食費の負担が増える。よって，正しい。
４　円安ドル高が進んでいるときにドルの預金を円にかえると，得られる円の金額が大きくなる。

問4　１ドル＝120円のときにアメリカから100万ドルぶんの小麦を仕入れると，120×100(万)＝12000(万)より，１億2000万円の支払いになる。一方，１ドル＝100円のときに100万ドルぶんの小麦を仕入れると，100×100(万)＝10000(万)より，１億円の支払いになる。つまり，１年の間に円高ドル安が進んだことで，2000万円安く仕入れられたということになる。

理 科　(25分)　＜満点：50点＞

解 答

1 **問1**　2　**問2**　2，6　**問3**　触角　**問4**　1　**問5**　300ペア　2 **問1**　A　水蒸気　B　（例）　高く　**問2**　4　**問3**　1　**問4**　8月　**問5**　2

3 **問1**　A　水素　B　原子力　**問2**　3　**問3**　（例）　太陽の熱を吸収しやすいから。

問4　3　　**問5**　温室効果(ガス)　　**問6**　2　　4　**問1**　3　　**問2**　B　　**問3**
(例) インクにふくまれていたにおいの成分が空気中に出ていったから。　**問4**　**X**　1
Y　4　　**Z**　4　　**問5**　1

解　説

1　昆《こん》虫のからだのつくりや増え方についての問題

問1　昆虫のからだは頭部・胸部・腹部の3つに分かれていて，3対6本の足はすべて胸部についている。また，多くの昆虫には羽が2対4枚あり，これらもすべて胸部についている。よって，胸部にすべての足がついている2が選べる。

問2　なめるようにしてえさを食べる昆虫は2と6である。2はハエの頭部で，ハエの成虫は，くさったものや動物のふんなどをなめ取って食べる。6はカブトムシの頭部で，ブラシ状になった細かい毛で樹液をなめる。

問3　昆虫の頭部にある，1対2本のつくりは触角《しょっかく》である。昆虫は触角で主ににおいや空気の振《しん》動《どう》，熱などを感知している。

問4　容器を密閉したわけではないので酸素が不足したとはいえず，容器内で飼育したため，外敵の侵入《しんにゅう》なども当てはまらない。また，アズキマメゾウムシはアズキをえさとする草食性の昆虫で，飼育にも十分なアズキをあたえていたので，共食いをしたとは考えにくい。そのため，成虫が増えたことで，オスとメスのペアで産卵できる場所が減ったのが原因と考えられる。

問5　親成虫の個体数は親成虫のペア数の2倍である。図3を見ると，親成虫のペア数が300ペア(親成虫の個体数が600匹《ひき》)のときに，羽化した成虫数が600匹となっている。親成虫の数が300ペアより多くなっても，羽化した成虫数は減少するので，親成虫のペア数が300ペアより少ないときに，羽化した成虫数の方が親成虫の個体数よりも多くなる。

2　台風についての問題

問1　**A**　太陽の熱によってあたためられた海上から水が蒸発して水蒸気になるとともに，強い上昇《じょうしょう》気流が発生し積乱雲ができる。その後，水蒸気が次々と雲(水や氷のつぶ)に変わるときに熱を放出することで上昇気流が強まり，低気圧が発達して台風になる。台風が上陸すると水蒸気の供給が絶たれるため，エネルギーを得ることができなくなって勢力が弱まっていく。　**B**　北半球では，北緯《い》23.4度のところが夏至のころに最も南中高度が高くなり，その後，赤道の北側の海水温が高くなる。すると，台風が発生する海域も赤道の北側に移動する。つまり，その海域の緯度は高くなる。

問2　図1を見ると，南中高度の最大は約78度，最小は約32度となっている。よって，南中高度の差は約，78－32＝46(度)となるので，4が選べる。なお，夏至の日の南中高度は，(90－その場所の緯度＋23.4)度，冬至の日の南中高度は，(90－その場所の緯度－23.4)度となるので，南中高度の差は，23.4×2＝46.8(度)と求めてもよい。

問3　夏至の日は，南中高度が1年中で最も高く，太陽が最も北寄りから出て，最も北寄りに沈《しず》む。そのため，日の出の方向は90度より小さくなる。一方，冬至の日の日の出の位置は1年で最も南寄りなので，日の出の方向は90度より大きくなり，春分，秋分の日は真東から日がのぼるので，日の出の方向は90度になる。

問４　台風は，太陽の熱であたためられた海で発生するので，気温や海面の温度が高いほど発生数が多くなると考えられる。北半球では８月から９月にかけて海水温が最も高くなるので，台風の発生数も８月～９月が多く，Ｘは８月とわかる。

問５　日本に最も多く台風が接近するのは沖縄地方である。また，日本付近の台風は本州の南の海上を通過することが多く，問題文中の残りの地方では，伊豆諸島・小笠原《おがさわら》諸島，関東甲信《こうしん》地方(伊豆諸島・小笠原諸島を除く)，北海道地方の順に台風の接近回数が多くなる。よって，最も台風の平均接近回数が多い１が沖縄地方，次に多い４が伊豆諸島・小笠原諸島，３番目に多い２が関東甲信地方(伊豆諸島・小笠原諸島を除く)，最も少ない３が北海道地方となる。

3 発電，環境《かんきょう》問題についての問題

問１　**Ａ**　空気中の酸素と水素を反応させて発電する装置を燃料電池という。この反応で発生するのは水のみであり，二酸化炭素は発生しない。　**Ｂ**　わずかな量の燃料で大量の電気をつくることができるのは原子力発電である。原子力発電でも発電のさいに二酸化炭素は発生しないが，ウランなどの放射性物質が燃料となるため，その取扱《あつか》いには注意が必要である。

問２　くもった鏡では表面についた小さな水滴《てき》，石けんのあわではあわの表面，細かく割れたガラスでは割れた破片にそれぞれ当たった光が様々な方向に反射するため白く見える。雲が白く見えるのは雲にふくまれる水や氷のつぶに当たった光がいろいろな方向に反射しているからであるが，テレビで雲を見るときは，テレビから直接白い光が出ているので仕組みが異なる。

問３　黒は熱を吸収しやすいので，皮ふが黒いと太陽の熱を吸収しやすく，体温を保つのに役立つと考えられる。

問４　真鍋淑郎《まなべしゅくろう》博士は，気候の予測モデルを開発し，二酸化炭素などが地球の気候変動にあたえる影響《えいきょう》などを予測して，大気中の二酸化炭素濃度《のうど》の上昇が地球温暖化の要因であることなどを明らかにしたことで，2021年のノーベル物理学賞を受賞した。

問５　二酸化炭素やメタン，フロンなどの気体は，地球の表面から出された熱(赤外線)の一部を吸収してたくわえる性質があり，地球を温室のようにあたためてしまう効果(温室効果)がある。このような性質をもつ気体を温室効果ガスという。

問６　地球の大気には，太陽から受け取った熱をたくわえる効果がある。そのため，地球上から大気がすべてなくなってしまうと，地表の熱のほとんどは宇宙に出ていってしまい，地球表面の平均温度は，現在の地球表面の平均温度より低くなると考えられる。

4 インクの性質についての問題

問１　操作１では，インクが水にしみ出しやすいかを調べている。インクの色が黒色なので，水を入れたカップを白い紙の上に置くと結果を観察しやすい。

問２　操作１と操作３から，Ｂのインクは油性のインクだと考えられる。油性のインクには揮発《きはつ》性(蒸発しやすい性質)のある成分がふくまれ，特有なにおいを感じるものがある。

問３　においのもととなっている揮発性のある成分は，時間が経つとほとんどが空気中に出ていくので，インクからなくなってしまう。そのため，時間が経つと書いた文字からはにおいがしなくなる。

問４　**Ｘ**　水にひたしところから，ろ紙に水がしみていき，水は下から上へと動く。操作１と操作４から，Ａのインクは水にとけやすいことがわかるので，ろ紙にしみ込《こ》んだ水とともに上の方に動いていくと考えられる。　**Y**　操作１と操作４から，Ｂのインクは水にとけにくいことがわかるので，ろ紙にしみ込んだ水がインクのところまできても，インクはそのままの位置で動かないと考えられる。　　**Z**　操作１，操作４，操作５より，Ｃのインクは水にとけるが，一度乾燥《かんそう》させると水にとけにくくなる性質があると考えられる。よって，インクをしみ込ませてしばらくたったあとのろ紙を水にひたしても，インクはそのままの位置からほとんど動かないと考えられる。

問５　Ｂのインクで書いた文字に消毒用のアルコールをかけると文字が消えたことから，Ｂのインクは消毒用アルコールに溶けるとわかる。そのため，操作６で水の代わりに消毒用アルコールを用いると，ろ紙の下からしみ込んだ消毒用アルコールにＢが溶け，消毒用アルコールとともに上に動いていくと考えられる。

英語　(60分)＜満点：100点＞

※解説および作文の解答例は編集上の都合により省略させていただきました。

解答

Listening　省略　　**Reading Passage One**　**1**　D　**2**　C　**3**　B　**4**　A　**5**　C　**Passage Two**　**1**　A　**2**　B　**3**　C　**4**　D　**5**　C　**Grammar Part A**　**1**　B　**2**　A　**3**　C　**4**　A　**5**　D　**6**　B　**7**　D　**Part B**　**1**　why ants can predict rain remains　**2**　saw a young man being questioned　**3**　remember to take all your belongings with you　**Vocabulary**　**1**　D　**2**　A　**3**　C　**4**　C　**5**　B　**6**　D　**7**　C　**8**　B　**9**　A　**10**　A

国語　(45分)＜満点：100点＞

解答

一　①　は　②　づ　③　え　④　し　⑤　け　⑥　に　⑦　う　⑧　み　⑨　け　⑩　へ　　二　**問１**　下記を参照のこと。　**問２**　**a**　ウ　**b**　エ　**c**　ア　**d**　イ　**問３**　それは，地　**問４**　エ　**問５**　イ　**問６**　頭　**問７**　ア　**問８**　イ　**問９**　(例)　毎日二回の大波が海の成分を均質にしたこと　**問10**　**ア**　Ｂ　**イ**　Ｂ　**ウ**　Ｂ　**エ**　Ａ　　三　**問１**　**1**　オ　**2**　エ　**3**　カ　**4**　イ　**5**　キ　**6**　ウ　**7**　ア　**問２**　(例)　図書室で勉強していた。　**問３**　(例)　地味な間引き作業でさえ，去年までは学と一緒で楽しかったから。　**問４**　ずっと，誰よりすごくあり続けなくてはいけないと思った(から。)　**問５**　ウ　**問６**　**B**　ア　**C**　エ　**D**　イ　**E**　ウ　**問７**　**1**　ア　**2**　ウ　**問８**　(例)　成績低下を学が生田羽村のせいにしたこと。　四　(例)　国民の健康のため，ポテトチップスに税金をかけた国の話を聞いたことがあります。でも，食べたい人はとなりの国に買いに行くので，結局廃止されたそうです。廃止の理由は他にもあり，食品メーカーの経営悪化で失業者が出ては困るからです。安易な課税で，効果がないだけでなく，他のところに悪い影響が出るのでは，ばかげたことだと思います。

●漢字の書き取り

二 問1 ア 肉眼 イ 至難 ウ 採用 エ 修正 オ 次第

解説

一 ことばの知識

①「こんにちわ」は，仮名表記の決まりでは誤り。「ワ」と発音する場合，助詞の「は」以外は「わ」と書くのが原則である。「こんにちは」は，「こんにち(今日)はご機嫌《きげん》いかがですか」などの，あいさつの後ろを省略したもので，「は」は助詞である。　②「もとづく」が正しい。「もとずく」と書かないように注意する。　③「おねいちゃん」は正しくない。エ列の長音は「え」をそえて表すのが原則なので，「おねえちゃん」と表記する。　④“のばす”といった意味合いの強い「ひく」よりも，“平に広げて置く”という意味合いを持つ「しく」のほうが「布団《ふとん》」の場合についてはふさわしい。なお，「しき布団」「しき物」とはいうが，「ひき布団」「ひき物」といわないことも参考になる。　⑤「生きるしかばね」より「生けるしかばね」がよい。“肉体的には生きているが生気や活動力が失われた状態”を表す慣用的な言い方。　⑥「天へ」は誤り。「運を天に任せる」で，“運命にまかせる・成り行きにまかせる”という意味の慣用的な言い方である。⑦「うっとおしい」は誤り。オ列の長音は，たとえば「おとうさん」のように「う」をそえるのが基本ルール。　⑧「深さ」は誤り。ここでの「さ」「み」は，「深い」の語幹である「深」につくことで名詞(転成名詞)をつくる接尾《せつび》語。具体的な程度をいうことの多い「深さ」よりも，感覚的な印象をいうことが多い「深み」のほうがよりふさわしい。　⑨「預ける」か「預かる」かは主語で判断する。客が主語ならば，「(客が)フロントに荷物を預ける」となり，フロントが主語ならば，「フロントが(客の)荷物を預かる」となる。　⑩「右にならえ」でも通じるが，整列を命じる号令は「右へならえ」である。

二 出典は藤岡換太郎《ふじおかかんたろう》の『海はどうしてできたのか　壮大《そうだい》なスケールの地球進化史』による。月がどのようにしてできたのかについて，筆者はいろいろな仮説が立てられてきたことを紹介《しょうかい》しつつ，説明している。

問1　**ア**　素《す》のままの目，視力。　**イ**　非常にむずかしいこと。　**ウ**　適切な意見や人材をとりあげ，用いること。　**エ**　まちがいや不足を正すこと。　**オ**　ものごとの程度や状態が少しずつ変化するさま。“だんだんと”“徐々《じょじょ》に”という意味。

問2　**a**　筆者は，「地球の遠心力によって，ドロドロのマグマが宇宙に飛び出し，固まって月になった」という説に対し，「地球の引力を超《こ》えるほどの力で物質が飛び出す」のは難しいと述べている。よって，前のことがらを受けて，それに反する内容を述べるときに用いる「しかし」が入る。

b　「ジャイアントインパクト説」で説明がつくようになったことを続けているので，ことがらを並べ立てるときに用いる「また」が合う。　**c**　「ジャイアントインパクト説」ならうまく説明がつくものも多かったが，なかには反論もあったと続くので，あることがらに補足するときに用いる「ただし」があてはまる。　**d**　地球に近かった頃《ころ》の月の潮汐《ちょうせき》作用を取り上げた後，具体的な潮汐作用の描写《びょうしゃ》が続くので，具体的な例をあげるときに用いる「たとえば」がよい。

問3　続く部分にあげられている「親子説」「兄弟説」「他人説」はいずれも「月がどのようにして

できたのか」を説明するものとしては不十分だったが，そんななか，「火星くらいの大きさの星」の衝突《しょうとつ》によって「地球の一部がもぎ取られ」た一方，ぶつかったほうの星もバラバラになり，「それらが地球の外側を取り巻いているうちにやがて集合し，月になった」という「ジャイアントインパクト説」が「もっとも有力な理論」として浮上《ふじょう》してきたと，筆者は述べている。よって，「それは，地」がぬき出せる。

問4　「月の岩石の化学組成」が「地球のマントル」と似ていることに注目する。「マントル」とだけ似ているのだから，エの「一部分のみと似る」が選べる。

問5　「捕獲《ほかく》説」ともよばれる「他人説」において，「月はいわば地球という『よその部族』に捕《とら》えられたようなもの」だとされている。よって，“ある人の下に属して命令にしたがう者”という意味の「部下」が合う。

問6　「月がどのようにしてできたのか」を説明するための三つの仮説は，いずれも決め手に欠けていたので，みな困りはてたのである。よって，“よい考えが浮かばず困る”という意味の「頭を抱《かか》える」が合う。

問7　問3でみたように，「ジャイアントインパクト説」とは，星の衝突でもぎ取られた地球の一部が，バラバラになった星と集合して月になったとする仮説である。分裂《ぶんれつ》した点は「親子説」，バラバラになった星が集合した点は「兄弟説」に重なるので，月と地球は「『兄弟』とも『親子』とも」いえる。

問8　誕生したばかりの月は地球から「約2万km」の近さにあったが，次第に遠ざかっていった今では，その距離《きょり》「約38万km」である。当時は今よりもずっと近くにあったのだから，「途方《とほう》もなく大きく」見えたはずである。

問9　「それ」とあるので，前の部分に注目する。毎日二回，海岸へ押《お》し寄せる大津波《つなみ》のような波によって海水の成分がよくかき混ぜられていたことが(潮汐作用)，地球において「のちの生命の誕生にも，大きな影響《えいきょう》を与《あた》えていた」のかもしれないと筆者は述べている。

問10　**ア**　月の成因については，「昔から多くの論争が繰《く》り広げられてきた大難問」だったと述べられているので，正しくない。　**イ**　「親子説」は，空らんａで始まる段落で「地球の引力を超《こ》えるほどの力で物質が飛び出すというのは，かなり難しい」と否定されている。　**ウ**　「そもそも地球と月にはまったく因果関係」はなく，「たまたま地球の軌道《きどう》に近づいたときに，地球の引力に捕えられ」たというのが「他人説」なので，ふさわしくない。　**エ**　本文の最後の段落で，「地球に近かった頃の月は，非常に大きな潮汐作用を地球に及《およ》ぼして」おり，「生命の誕生」にも少なからず影響を与えていたはずだと述べられている。よって，合う。

三　**出典は乾《いぬい》ルカの『願いながら，祈《いの》りながら』による**。雨で「夜空を見る会」が中止になり，帰る機を逸《いっ》した何人かが体育館に残っていたが，憲太は姿の見えない学に気づき，探しに向かう。

問1　**1**　稲光《いなびかり》で辺りが「白く」なったのだから，急に明るくなるようすの「かっ」とがよい。　**2**　このところ学は「勉強」ばかりだったので，憲太は席に置かれた「数冊《すうさつ》のテキスト」を見てすぐに「進学塾のもの」だと思いあたったのである。よって，「ピン」と来たとするのがよい。　**3**　憲太は「呆《あき》れ声を出した」のだから，「はぁ」と息を吐《は》いたと考えられる。　**4**　憲太から「こんなところにまで勉強道具持ってきてたのかよ」と言われた学は，「顔を背《そむ》けて」いるので，無愛想なようすを表す「つん」が合う。　**5**　学の度を越《こ》した「勉強」への執着《しゅうちゃく》を，憲太は指摘《してき》している。よって，一つのことに凝《こ》り固まってほかのことを考えるゆとりがないようすの「がりがり」が入る。　**6**　落雷《らくらい》におびえたのだから，「ひゅっ」と悲鳴のように喉《のど》を鳴らしたものと考えられる。　**7**　医師になりたい学が，憲太から「今のおまえみたいなお医者さんなら，診《み》てほしくない」と言われたときの反応なので，ショックや怒《いか》りで体が「びくっ」となった，とするのがよい。

問2　三つ目の(中略)の後で，憲太は「図書室」で「勉強」していた学を見つけている。

問3　最後の場面で，「すげえ面倒《めんどう》くさくてつま」らず，「うんざり」するビートの間引き作業が「それなりに楽しかった」のは，学と一緒《いっしょ》だったからだと憲太は話している。これをもとに，「地味で面倒な間引き作業も，去年までは学がいて楽しかったから」のようにまとめる。

問4　全国第十位という模試の成績について，「おまえ，すげえじゃん！」とほめられても学は喜ばず，「どこか固」いようすである。後の部分で，「すごい」と「憲太が言ってくれたのは嬉《うれ》しかった」けれど，「ずっと，誰《だれ》よりすごくあり続けなくてはいけないと思った」と学が本音をもらしたことからわかるとおり，憲太のほめ言葉は，学を奮起させるものでもあった一方，より一層の努力をうながされているようで，苦しみをもたらすものでもあったのだから，この部分がぬき出せる。

問5　勉強を「ないがしろにしていい」とは思わないが「もっと大切で大事で，優先順位が上のもの」も「いくつもある」と考えている憲太に対し，学はひたすら「勉強」にのめりこんでいる。そのようすが，自分の考えを「まるごと否定している」ように憲太には見えたのだから，ウがよい。

問6　**B**　「なあ，学。おまえ，中止にならなくても，ここにこもって勉強してるつもりだったのか？　みんなが外で空見てる中，一人で」と憲太に言われた学は，「険《けわ》しい目で睨《にら》」み返している。勉強しなければならない学にとっては，「悠長《ゆうちょう》に星や月を見ている時間はない」のである。　**C**　この後，学の「言い草」に反発し，憲太が「なんで俺《おれ》にはわかんないんだよ？」と聞き返しているので，学は「村のみんな，とか，憲太にはわかんないんだよ」と言ったものと考えられる。　**D**　前の部分で，うまくいかない状況《じょうきょう》を周りのせいにしていた学が，憲太にとがめられていた点に注目する。ここでも学は，憲太がすごいと言ってくれるのは嬉しかったが，それが「ずっと，誰よりすごくあり続けなくてはいけない」という重圧になっていたとうなだれている。憲太にありがたみを感じている一方，それが自分を苦しめていると，憲太のせいにしているのだから，「あ……僕《ぼく》，憲太のせいにしたね」がよい。　**E**　「おまえと一緒にやったから，あの間引き作業もそれなりに楽しかったんだ」という憲太の言葉に対する学の返事である。学もまた，憲太と同じ気持ちだったと考えられるので，「僕も，嫌《きら》いだと思ったことはない……」が合う。

問7　**1**　「心なしか」は，“気のせいか”“どことなく”という意味。　**2**　「腑《ふ》に落ちる」は，“深く納得《なっとく》できる”という意味。

問8　「田舎《いなか》だから」成績が落ちた，この村が「医師」を目指す「僕の未来を閉《と》ざすんだ」と泣く学を見た憲太は，「自分ではどうにもならないことが自分を邪魔《じゃま》していると信じ込《こ》んで」泣く彼の悔《くや》しさを察したうえで，「だっせ」，「お前の未来って，なんだよ」と怒りのこもった声で言っている。また，学が「医師」になりたいと答えると，「上手《うま》くいかなかったら周りのせいに」するような医者には「診《み》てほしくない」と言ったうえで，「生田羽村」に住んでいることで「おまえが駄目《だめ》になるなら，それはおまえがその程度だっただけだ」と，厳しく突《つ》き放している。自分の駄目なところを「周りのせい」にする学の姿勢に憲太は怒《おこ》っているのだから，「成績が落ちたのを学が村のせいにしたこと」のようにまとめる。

四 条件作文

国民や県民の健康増進のため，体に悪い「甘《あま》いモノ」に課税しようとの提案である。反論は，「甘いモノ」に課税することが，健康増進に効果があるのか，そもそも甘い菓子《かし》はどれほど健康を害しているのかといった疑問点を明確にするとよい。たとえば，「人の行動を変えるには，規則でしばる，ほうびを与える，教育で意識を変えるなどがある。課税は『ほうび』の逆で，高くして買う気をなくさせるという理くつだ。ただ，お菓子を食べる幸福感をあきらめるくらい値上げしなくては，効果がないだろう。むしろ，運動や趣味《しゅみ》の時間の充実《じゅうじつ》をはかる方が，つい甘いモノをつまむくせをおさえられると思う」，あるいは，「日本全国に広く行きわたっている『お菓子文化』を，無視した提案ではないだろうか。特別な日の高級なお菓子へのあこがれ，スーパーで子どもたちがわくわくして選ぶおやつ，季節や行事ごとに食べられてきた和菓子など，老若男女《ろうにゃくなんにょ》に楽しみを与えてくれるお菓子文化は，すばらしいと思う。まず，ほんとうに健康を害するのかを検証すべきだ」のように書くとよいだろう。

2022年度　慶應義塾湘南藤沢中等部

〔電　話〕 (0466) 49－３５８５
〔所在地〕 〒252－0816　神奈川県藤沢市遠藤5466
〔交　通〕 小田急江ノ島線・相鉄いずみ野線・市営地下鉄─「湘南台駅」よりバス15分　JR東海道線─「辻堂駅」よりバス25分

※　出願時に４科目受験（算数・社会・理科・国語）か３科目受験（算数・国語・英語）を選択します。算数と国語は同一問題です。

【算　数】 （45分）〈満点：100点〉

1　［ア］，［イ］，［ウ］にあてはまる数を求めなさい。

(1)　5÷0.5×0.05÷0.005×0.0005－0.05＝［ア］

(2)　$3\frac{3}{4} \div \frac{5}{\boxed{イ}-2} - 0.5 = 1$

(3)　15 ha＋3800 m^2＋862 a＝［ウ］ha

2　(1)　６つのものの重さをはかったところ，次の結果であった。

2 g，4 g，5 g，9 g，10 g，13 g

このデータの中央値を求めなさい。

(2)　たてが24 m，横が33 mの長方形の形をした土地の周上に，等間かくに木を植える。木の本数をできるだけ少なくしたとき，植える木の本数は何本ですか。ただし，長方形の４つの頂点の場所には必ず木を植えるものとします。

(3)　［0］［1］［2］［3］［4］の５枚のカードから３枚選んで並べ，３けたの整数をつくる。このとき，偶数《ぐうすう》になるのは何通りですか。

3　右の図は，たて24 cm，横32 cm，対角線の長さが40 cmの長方形ABCDである。また，BDを直径とする半円を図のようにかくと点Cは半円上にある。このとき，次の問いに答えなさい。ただし，円周率は3.14とする。

(1)　かげのついた部分の周りの長さを求めなさい。

(2)　かげのついた部分の面積を求めなさい。

(3)　長方形ABCDをBDを折り目として折り返したとき，頂点Cの移る点をE，BEとADの交点をFとする。このとき，三角形BDFの面積を求めなさい。

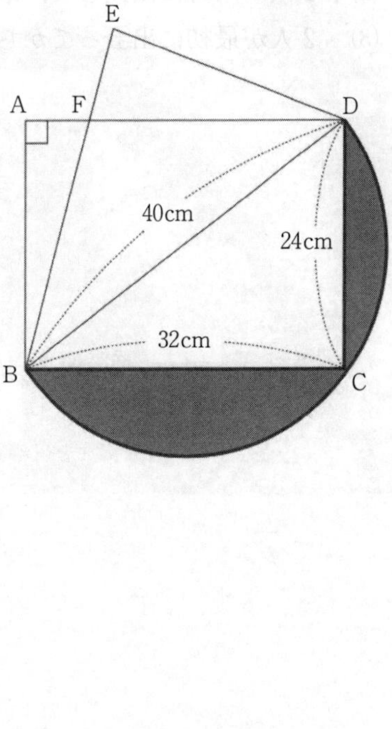

4 下の図のように数のかかれた白いカードと黒いカードが並べてある。

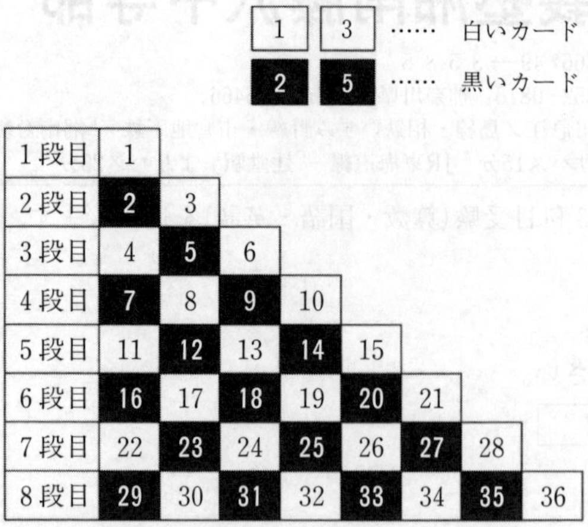

(1) 10段目の左から４番目のカードの数を求めなさい。

(2) 15段目のすべての白いカードの数の和を求めなさい。

(3) ある段の白いカードの数の和と，黒いカードの数の和を比べたら，その差が61であった。そのような段は何段目と何段目ですか。

5 山の頂上にA町が，山のふもとにB町があり，２つの町は3240ｍはなれている。三田さんはA町を，藤沢さんはB町を同時に出発して，A町とB町の間を一往復した。

三田さんの登る速さと下る速さの比は５：９

藤沢さんの登る速さと下る速さの比は３：５

であり，登りも下りも藤沢さんの方が三田さんより毎分６ｍ速いという。

(1) 三田さんの下る速さは分速何ｍですか。

(2) ２人が同時に出発して，最初に出会うのは何分後ですか。

(3) ２人が最初に出会ってから，２回目に出会うまでに何分かかりますか。

6 図1のような，ふたのない1辺12 cmの立方体の容器が水平な床《ゆか》に置かれている。この立方体には，図1のように，高さ6 cmと10 cmの仕切り板[ア] [イ]が，底面ABCDを3等分する位置にまっすぐ取り付けられている。仕切られた底面を(あ)，(い)，(う)とし，仕切り板の厚さは考えないものとする。

また，図2は面FBCGを正面にして見た図である。

図1

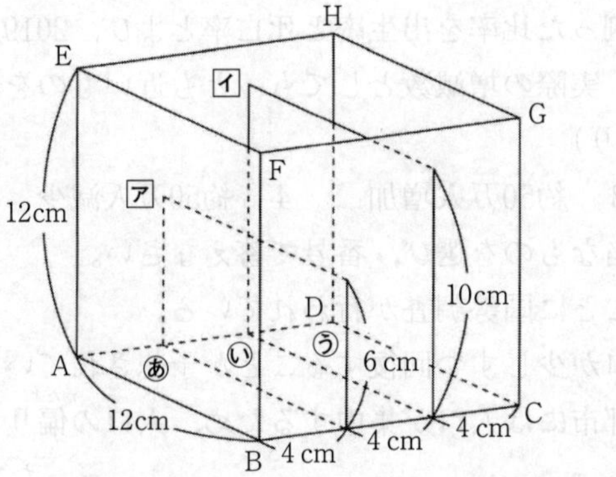

図2

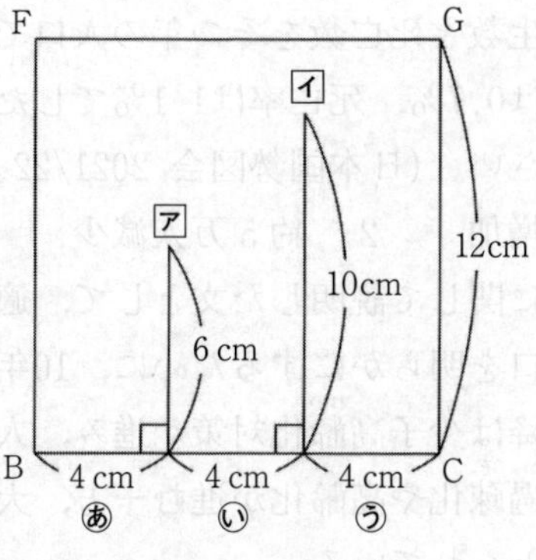

(1) 容器が空の状態で，(あ)の真上から水を毎秒48 cm³ずつ入れたとき，容器の中の水がいっぱいになるのは何秒後ですか。

(2) 容器が空の状態で，(う)の真上から水を毎秒48 cm³ずつ入れたとき，(あ)の部分の水面の高さが底から2 cmになるのは何秒後ですか。

(3) 容器を水でいっぱいに満たし，図3のように，辺ABを床につけたまま，静かに容器を45°かたむけて水をこぼし，もとにもどす動作を行った。この動作を行った後，容器に残っている水の量を求めなさい。

図3

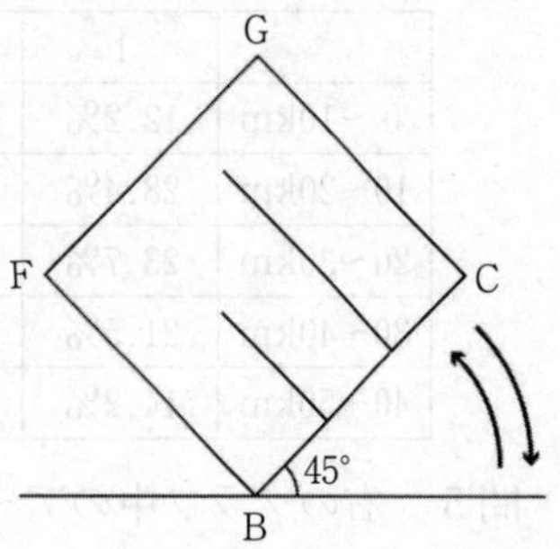

【社　会】（25分）〈満点：50点〉

1　日本の人口について，問いに答えなさい。

問１　15～64歳《さい》の人が養う65歳以上の人数を計算した場合，100人あたりの人数としてもっとも近いものを選び，番号で答えなさい。数値は2020年時点でのものとします。（日本国勢図会 2021/22より）

1　約30人　　2　約40人　　3　約50人　　4　約60人

問２　１年間の出生数と死亡数をその年の人口で割った比率を出生率と死亡率とよび，2019年の日本の出生率は0.7％，死亡率は1.1％でした。実際の増減数としてもっとも近いものを選び，番号で答えなさい。（日本国勢図会 2021/22より）

1　約５万人増加　　2　約５万人減少　　3　約50万人増加　　4　約50万人減少

問３　日本の人口に関して説明した文として，適当なものを選び，番号で答えなさい。

1　地域の人口を明らかにするために，10年ごとに国勢調査が行われている。

2　2020年以降は少子高齢《れい》化対策が進み，人口が少しずつ回復することが予想されている。

3　地方では過疎《そ》化や高齢化が進む一方，大都市には人口が集中するため，人口の偏《かたよ》りをなおす対策がとられている。

4　海外在留の日本人と日本在留の外国人人口はこの20年間どちらもほとんど変化していない。

問４　下の表は，東京50km圏《けん》，大阪50km圏，名古屋50km圏の人口について，中心から10kmごとの比率(％)を表しています。１～３から東京にあたるものを選び，番号で答えなさい。（日本国勢図会 2021/22より）

	1	2	3
0～10km	12.2%	26.1%	25.1%
10～20km	28.4%	23.6%	25.7%
20～30km	23.7%	16.6%	19.6%
30～40km	21.5%	18.4%	23.6%
40～50km	14.2%	15.2%	6.0%

中心はそれぞれ，都庁(旧庁舎)，大阪市役所，名古屋市役所

問５　右のグラフ中のア～エは，それぞれ2020年における青森県，東京都，大阪府，沖縄県の人口の自然増減率と社会増減率のようすを表しています。東京都と沖縄県にあたるものの組み合わせとして適当なものを選び，番号で答えなさい。なお，自然増減率は出生と死亡の割合から，社会増減率は転入と転出の割合から求めたものとします。（日本国勢図会 2021/22より作成）

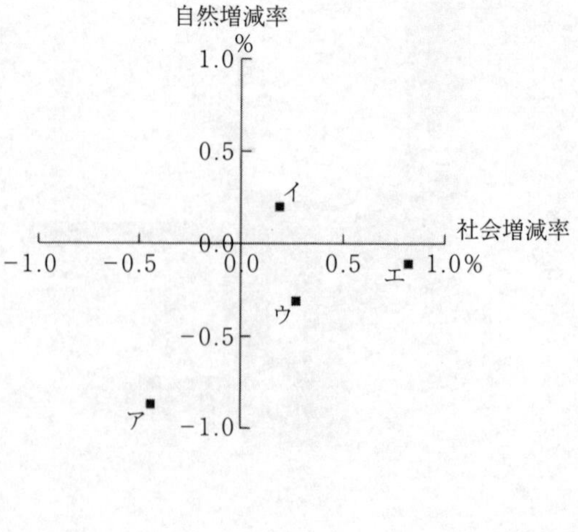

	1	2	3	4	5	6
東京都	ア	イ	ア	ウ	エ	エ
沖縄県	ウ	エ	エ	ア	イ	ア

2 現在，私たちの生きる社会には，(ア)エネルギー問題，(イ)ジェンダー平等，(ウ)地球温暖化などの課題があります。こういった課題を解決するため，2015年に国連でSDGsが採択《たく》されました。この(エ)SDGsを達成するため，世界で様々な政策が行われています。(オ)私たち一人ひとりも，SDGsを意識した行動を心がけていく必要があります。

問1　下線(ア)について，次の表は，2018年の各国発電量の内訳（原子力・太陽光・水力・火力）を表した表です。水力発電にあたるものを選び，番号で答えなさい。（世界国勢図会 2021/22より）

	1	2	3	4
中国	12,321	51,116	2,950	1,772
アメリカ合衆国	3,170	29,120	8,413	852
日本	874	8,236	621	185
カナダ	3,860	1,305	1,007	38
ドイツ	241	3,855	760	458
ブラジル	3,890	1,443	157	35
フランス	706	580	4,129	106

（単位：億kWh）

問2　下線(イ)について，ジェンダー平等を実現するために日本で行われている取り組みとして，当てはまらないものを次の中から選び，番号で答えなさい。

1　学校の制服で女子のスラックスを導入すること。
2　男性社員が育児休暇《か》を取得できる制度を会社で導入すること。
3　女性の政治家を増やすために，選挙区に女性優遇枠《ぐうわく》を設けること。
4　看護師や保育士のように，性別に偏《かたよ》らない職業の呼び方をすること。

問3　下線(ウ)について，次の表は，国別の二酸化炭素の総排《はい》出量を表しています。1990年と2018年を比べたこの表から読み取れることとして誤っているものを選び，番号で答えなさい。（世界国勢図会 2021/22より）

	1990年	2018年
中国	2,089	9,528
アメリカ合衆国	4,803	4,921
ドイツ	940	696
フランス	346	303
日本	1,054	1,081
南アフリカ共和国	244	428
インド	530	2,308
ロシア	2,164	1,587
ブラジル	184	406

（単位：百万ｔ）

1　人口が多い中国とインドの二酸化炭素排出量は，４倍以上に増えている。
2　BRICSのすべての国は，経済成長にともない二酸化炭素排出量が増えている。
3　環境政策が進んでいるEU諸国は，二酸化炭素排出量が減っている。
4　先進国である日本とアメリカの二酸化炭素排出量は，微増している。

問4　下線(エ)について，地球温暖化の原因である温室効果ガスの排出量と吸収量を均衡《こう》させることを何というか。

1　環境アセスメント　　2　カーボンニュートラル

3　トレーサビリティ　　4　ヒートアイランド

問5　下線(エ)について，(あ)～(う)の目標に最も関係の深い国連の機関として，正しいものをそれぞれ選び，番号で答えなさい。

(あ)「すべての人に健康と福祉《し》を」

(い)「質の高い教育をみんなに」

(う)「働きがいも経済成長も」

1　UNESCO　　2　ILO　　3　WHO

問6　下線(オ)について，私たちがSDGsの達成のためにできることとして適当でないものを選び，番号で答えなさい。

1　フードマイレージを減らすために，海外からの輸入食材を購《こう》入する。

2　発展途《と》上国のために，フェアトレード商品を選ぶ。

3　プラスチックゴミを減らすために，エコバッグを常に持ち歩く。

4　食品ロスを減らすために，賞味期限が早いものから購入する。

3　慶子さんと藤夫くんは，縄文時代，弥生時代についてお話をしました。次の会話を読み，問いに答えなさい。

慶子：明治のはじめの頃，日本ではじめて発掘《はっくつ》調査された貝塚は，（ あ ）貝塚だったね。

藤夫：うん，アメリカ人の（ い ）が，汽車の窓から貝がらの積もった場所を見つけたことがきっかけだったんだ。

慶子：貝塚は，縄文時代のくらしの様子を知る貴重な遺跡《いせき》だね。

藤夫：意外に縄文時代のくらしは豊かで，その代表的な遺跡が（ う ）県で見つかった三内丸山遺跡だね。

慶子：ただ，この時代はまだ，動物を狩ったり木の実などを採《と》ったりの生活で，本格的に米作りが行われるのは弥生時代になってからね。

藤夫：そう，米作りが行われたことをしのばせる遺跡としては，（ え ）県で見つかった登呂遺跡があるね。

慶子：他に弥生時代の遺跡で，その大きさから世間を驚かせたのは（ お ）県で見つかった吉野ヶ里遺跡だね。

藤夫：弥生時代には集落も大きくなって，「むら」から政治的にまとまりをもった小さな「くに」もみられはじめるようになったんだ。

慶子：そういう「くに」の一つが奴《な》国かしらね。中国の歴史書によれば奴国は中国に使いをつかわせて，（ か ）の皇帝から金印を授《さず》けられたのよね。

問1　空らん(あ)にあてはまる地名を選び，番号で答えなさい。

1　品川　　2　蒲田《かま》　　3　大森　　4　川崎

問2　空らん(い)にあてはまる人物を選び，番号で答えなさい。

1　シーボルト　　2　モース　　3　ペリー　　4　ラファカディオ・ハーン

問3　空らん(う)(え)(お)にあてはまる県を選び，番号で答えなさい。

1　秋田　　2　静岡　　3　宮崎　　4　佐賀　　5　愛知

6　岩手　　7　三重　　8　福岡　　9　青森

問4　空らん(か)にあてはまる中国の王朝を選び，番号で答えなさい。

1　隋《ずい》　2　唐《とう》　3　秦《しん》　4　漢

4　「戦国時代」前後のことを記した次の文を読み，問いに答えなさい。

A　銀閣を建てた「私」が将軍をつとめていたときに，(ア)ある乱がおこり，乱れた時代のきっかけとなりました。

B　「私」がいた一揆は，あるとき(イ)その地を治めていた守護大名をたおし，約100年間，自治を行いました。

C　「私」がいた都市は，「自治都市」と言われ，経済的に豊かな商人により，話し合いで都市が治められていました。

D　「私」がいたお寺は，あるとき織田信長によって焼き打ちにあいました。

E　「私」がいた山梨県は戦国時代，ある大名が治めていました。

問1　Aの「私」は誰ですか。あてはまるものを選び，番号で答えなさい。

1　足利義昭　　2　足利尊氏《たかうじ》　　3　足利義満　　4　足利義政

問2　下線(ア)の「ある乱」にあてはまるものを選び，番号で答えなさい。

1　応仁の乱　2　承久《じょうきゅう》の乱　　3　壬申《じんしん》の乱　　4　佐賀の乱

問3　Bの『「私」がいた一揆』が信仰していた仏教の宗派を選び，番号で答えなさい。

1　臨済《りんざい》宗　2　真言宗　　3　浄土《じょうど》真宗　　4　天台宗

問4　下線(イ)の「その地」とは今の県でいえばどこか。番号で答えなさい。

1　広島県　　2　石川県　　3　宮城県　　4　山口県

問5　Cの『「私」がいた都市』を選び，番号で答えなさい。

1　堺　2　萩　3　横浜　4　鎌倉

問6　Dの『「私」がいたお寺』を選び，番号で答えなさい。

1　東大寺　　2　法隆寺　　3　本能寺　　4　延暦《えんりゃく》寺

問7　Eの大名を選び，番号で答えなさい。

1　毛利元就《もとなり》　　2　武田信玄

3　上杉謙信　　4　伊達《だて》政宗

5　史料Aは民撰《せん》議院設立の建白《ぱく》書です。読んで後の問いに答えなさい。

史料A

> (ア)私たちが考えてみると，現在の政権をにぎっているのは上の天皇でも下の人民でもなく，ひとえに政府の(　あ　)です。…(中略)…このひどい状況《きょう》を改めるには，ただ(イ)天下の世論をさかんにするしかありません。そのためには(ウ)民撰議院(国会)を作るほかありません。…(中略)…そもそも(エ)租《そ》税を払う義務を持つ人民は政府のことについて知り，その善し悪《あ》しを議論する権利を持っています。

問1　下線(ア)の中心人物を次の中から選び番号で答えなさい。

1　岩倉具視《ともみ》　2　大久保利通《としみち》　3　板垣退助　4　大隈重信《くましげのぶ》

問2　空らん（あ）に当てはまる語句を選び，番号で答えなさい。

1　官僚　2　財閥《ばつ》　3　地主　4　華《か》族　5　外国人

問3　下線(イ)と同じ内容をもつものを選び，番号で答えなさい。

1　学制　2　徴《ちょう》兵令　3　日米和親条約　4　五箇《か》条の誓文《せいもん》

問4　下線(ウ)が実現するまでの次の1～4のできごとを古い順に並べなさい。

1　景気が悪くなり生活に困った秩父《ちちぶ》の農民たちが借金の軽減を求めて蜂《ほう》起した

2　千葉卓《たく》三郎を中心とした五日市（現在の東京都あきるの市）の民衆が憲法草案を作成した

3　伊藤博文がドイツに学んで作成した憲法草案が大日本帝国憲法として発布《はっぷ》された

4　武士として得ていた収入を失い生活に困った士族は，西郷隆盛を中心とする西南戦争などの反乱をおこした

問5　下線(エ)の説明として正しいものを選び，番号で答えなさい。

1　地主の土地を耕作して小作料を納めていた人びと

2　土地所有者として地券を発行された人びと

3　戸籍《せき》に登録された17歳～65歳までの人びと

4　検地帳に作人として記された人びと

問6　史料Aを多くの人びとに広めたものは何か選び，番号で答えなさい。

1　かわら版《ばん》　2　雑誌　3　新聞　4　ラジオ　5　飛脚《きゃく》

問7　史料Aをきっかけに始まった運動をなんと呼ぶか，解答らんの形式に合わせて漢字4字で書きなさい。

6　次の裁判の記録A・Bを読み，問いに答えなさい。

A　(ア)おもに政府・朝廷《てい》側について戦没《ぼつ》した軍人をまつる神社に，ある自治体が公費でお供えのお金を支出したことに対して，住民が裁判を起こしました。この裁判では，自治体の行いが特別な宗教団体の支援《えん》に当たり，住民の（ あ ）の自由が侵《おか》されたかどうかが争われました。

地方裁判所の判決	自治体の行いは憲法に違反する
（ い ）裁判所の判決	自治体の行いは憲法に違反しない
最高裁判所の判決	自治体の行いは憲法に違反する

B　信仰《こう》上の理由で「輸血をしたくない」と病院に伝えていたBさんが，「他に方法がなければ輸血をする」という説明を受けずに手術で輸血をされたため，精神的な苦痛を理由に，病院に損害賠償《ばいしょう》を求める裁判を起こしました。この裁判では，患者の（ う ）権と同時に，医師から十分な説明を受け，患《かん》者が同意した上で治療《りょう》を進めるインフォームド・（ え ）の重要性が示されました。

地方裁判所の判決	(イ)Bさんの訴えが認められない
（ い ）裁判所の判決	Bさんの訴えが認められる
最高裁判所の判決	Bさんの訴えが認められる

問1　下線(ア)の神社の名前を選び，番号で答えなさい。

1　出雲《いずも》大社　2　明治神宮《ぐう》　3　靖国《やすくに》神社　4　鶴岡《つるがおか》八幡《まん》宮

問2　空らん（あ）にあてはまるもっとも適当な語句を選び，番号で答えなさい。

1　信教　　2　表現　　3　身体　　4　経済活動

問3　空らん（い）に共通してあてはまる語句を漢字2字で答えなさい。

問4　空らん（う）にあてはまる適当な語句を選び，番号で答えなさい。

1　生存　　2　請《せい》願　　3　自己決定　　4　環境

問5　空らん（え）にあてはまる語句をカタカナ5字で答えなさい。

問6　下線(イ)のように最初の裁判で訴《うった》えを認められない人が，次の上級裁判所で裁判を起こすことを何と呼ぶか，番号で答えなさい。

1　告訴《そ》　　2　告発　　3　控《こう》訴　　4　直訴

7　次の文を読み，問いに答えなさい。

第二次世界大戦後の日本は，(ア)朝鮮戦争による特需《じゅ》景気によって復興していきます。1950年代の中頃《ごろ》からはいわゆる高度経済成長期を迎《むか》え，各家庭では(イ)「三種の神器」と呼ばれる家電製品が普及《ふきゅう》していき，人びとの生活は豊かになっていきました。1964年には東京オリンピックが，1970年には大阪で万《ばん》国博覧会が開催《さい》され，戦後復興の象徴《ちょう》となりました。

しかし，1973年の（　あ　）により高度経済成長期は終わり，1980年代は(ウ)アメリカとの間で貿易摩擦《まさつ》と呼ばれる経済的な対立が起きました。1980年代後半からは株価や地価が極端《たん》に値上がりする（　い　）景気を迎えましたが，1990年代初めに景気が急激に悪化すると，(エ)20～30年の長きにわたり日本経済は景気の停滞《たい》にあえぐことになりました。

問1　下線(ア)のしくみを説明したものとして適当なものを選び，番号で答えなさい。

1　この戦争による難民が日本国内に入ってきたことで，日本で商品が売れるようになった。

2　この戦争で焼けた都市の復興を日本の企業がうけおったので，日本の景気がよくなった。

3　アメリカに戦争の費用を貸し付けたので，利子がついて日本の財政がうるおった。

4　アメリカ軍に必要な物資を日本が生産することで，日本の景気がよくなった。

問2　下線(イ)の組み合わせとして正しいものを選び，番号で答えなさい。

1　エアコン・冷蔵庫・白黒テレビ　　2　洗濯《たく》機・冷蔵庫・白黒テレビ

3　エアコン・冷蔵庫・自家用車　　4　洗濯機・冷蔵庫・自家用車

問3　空らん（あ）に当てはまる語句を選び，番号で答えなさい。

1　石油危機　　2　リーマンショック　　3　バブル崩壊《ほうかい》　　4　暗黒の木曜日

問4　下線(ウ)の対立でアメリカからの非難の対象となった品目として適当でないものを選び，番号で答えなさい。

1　自動車　　2　牛肉　　3　生《き》糸　　4　オレンジ

問5　空らん（い）に当てはまる語句を選び，番号で答えなさい。

1　いざなぎ　　2　神武　　3　岩戸　　4　平成

問6　下線(エ)の期間に起きた次の1～4のできごとを古い順に並べなさい。

1　小泉純一郎内閣が郵政事業を民営化した。

2　安倍晋三《しんぞう》内閣が消費税率を8パーセントに変更した。

3　民主党政権が事業仕分けを行った。

4　小渕恵三《おぶちけいぞう》内閣が地域振《しん》興券という金券を国民に配布した。

【理　科】（25分）〈満点：50点〉

1　生物は進化の過程で，自身の体の形を変化させてきました。生物の進化の過程と生物の特ちょうについて，以下の問いに答えなさい。

> 植物では種類によって花粉の運ばれ方が異なります。そのため花粉の形やその性質にも，異なった特ちょうが見られます。

問１　マツとカボチャの花粉は，それぞれ主に何によって運ばれますか。以下の図と説明文を参考にして答えなさい。

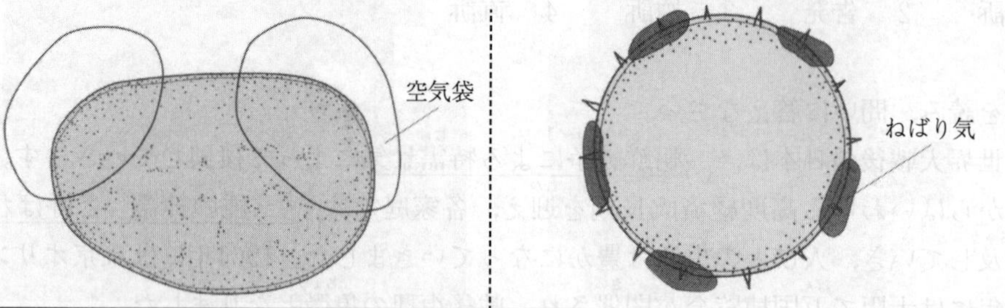

マツ 花は目立たなく，花粉はさらさらしており，小型で大量に作られる。空気袋《ぶくろ》のような構造が見られる。	カボチャ 花は目立つ色をしており，蜜《みつ》を出す。 花粉は大型で，表面はトゲとねばり気がある。

問２　植物によっては，冬に花をさかせるものもあります。このような植物の特ちょうは花全体が丈夫《じょうぶ》であり，大量の蜜を出し，あまりにおいを出さないという特ちょうがあります。このような植物の花粉は何によって運ばれると考えられますか。

> 生物の体のつくりを部分ごとに比較すると，A見た目や働きはちがうものの，元々は同じものから進化した体のつくりと，見た目や働きは似ているものの，別のものから進化した体のつくりがあります。
>
> これらの体のつくりのちがいから，私たちは生物が進化の中で変化した形を関連づけ，B特ちょうごとに仲間分けをすることが出来ます。

問３　下線部Aについて，１～５の組み合わせの中から下線部Aの体のつくりとして正しいものをすべて選び，解答らんの番号を○で囲みなさい。

１　ジャガイモの芋《いも》とサツマイモの芋　　２　サボテンのとげとアサガオの葉
３　ウマの前足と魚類の胸びれ　　４　昆《こん》虫のはねと鳥類のつばさ
５　ヒトの手とクジラの胸びれ

問４　下線部Bについて，魚のなかま（魚類）を次の中からすべて選び，解答らんの番号を○で囲みなさい。

１　イルカ　　２　イソギンチャク　　３　カエル
４　マグロ　　５　アサリ　　６　メダカ
７　ペンギン　　８　サメ　　９　エビ

問5　現在，地球上には様々な生物が住んでいます。生物の体には共通点があり，元は同じ祖先から進化してきたと考えられています。図は共通した特ちょうの有無によって分類したものです。下の表を参考にして，図の空らんA～Dに当てはまる動物をそれぞれ番号で答えなさい。

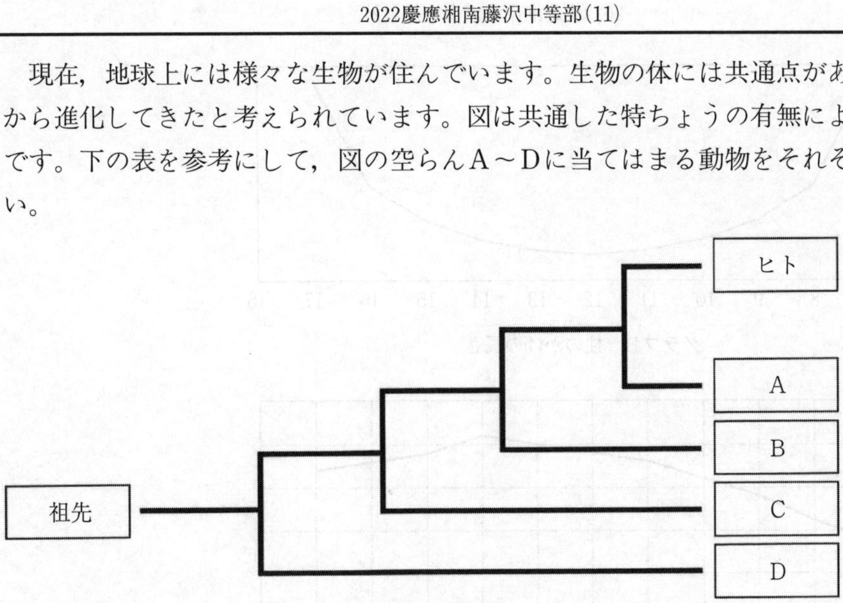

	たいばん	肺	背骨	体の節
ヒト	○	○	○	×
バッタ	×	×	×	○
タイ	×	×	○	×
ウサギ	○	○	○	×
カエル	×	○	○	×

1　バッタ　　2　タイ
3　ウサギ　　4　カエル

2　太陽光発電に関する実験について，以下の問いに答えなさい。

太陽光パネルを右図のように柱に設置して，よく晴れた日に発電された電流の大きさを測定する実験を行った。
7時から17時までの1時間おきに，発電された電流の大きさ，柱のかげの長さ，気温の3つの要素を測定した。グラフAからCはそれぞれの要素が時間とともに変化するようすをグラフにしたものである。

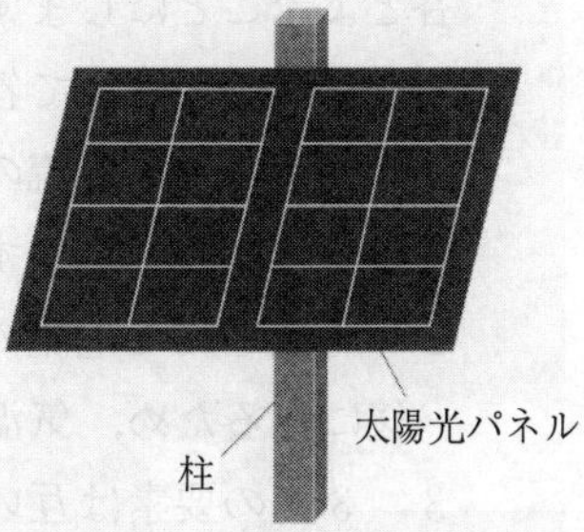

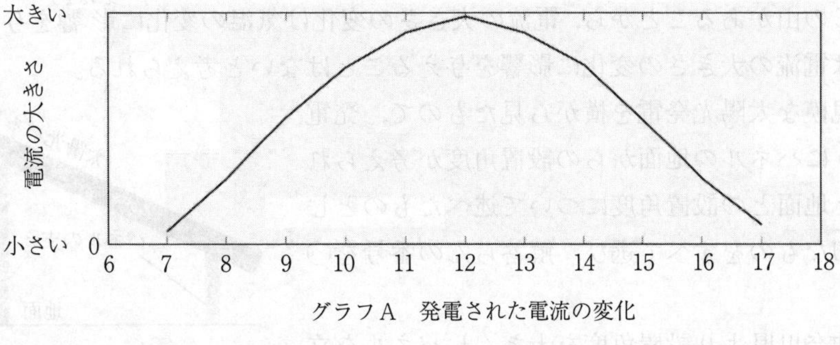

グラフA　発電された電流の変化

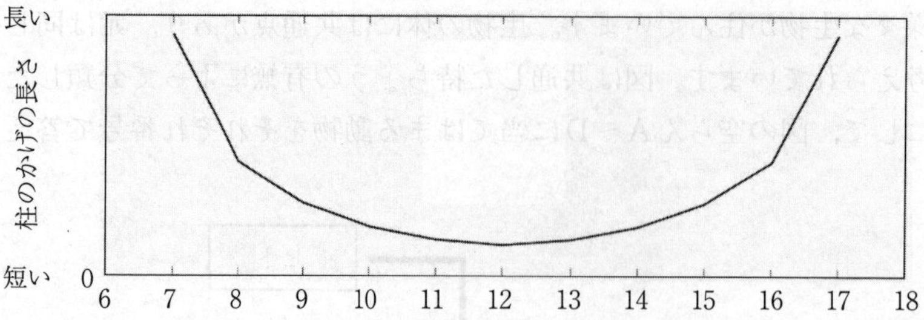

グラフB　柱のかげの長さ

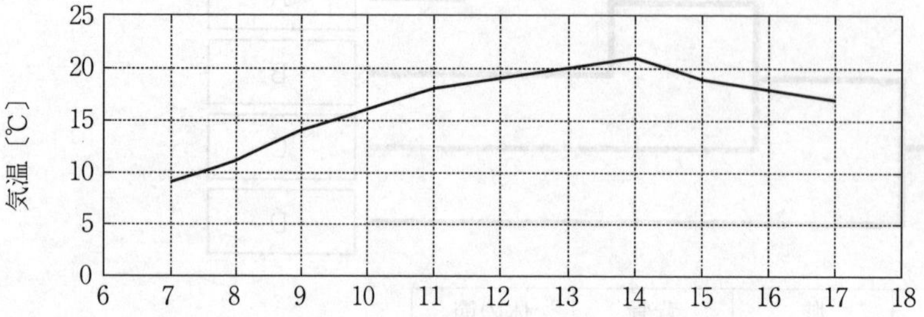

グラフC　気温の変化

時間[時]

問１　パネルをつけた柱の12時におけるかげの方角とその長さについて，最も適切なものを次の中から１つ選び，番号で答えなさい。

１　夏と冬で，かげの方角は同じで，長さも同じである。

２　夏と冬で，かげの方角は同じだが，長さは異なる。

３　夏と冬で，かげの方角は反対だが，長さは同じである。

４　夏と冬で，かげの方角は反対で，長さは異なる。

問２　この実験の結果について，グラフが最も上がっている部分を山，最も下がっている部分を谷とよぶことにします。このグラフから考えられることとして，最も適切なものを次の中から１つ選び，番号で答えなさい。

１　発電された電流の大きさ・柱のかげの長さ・気温は，互いに関係がないことから，山や谷の時間の一致やずれはぐう然と考えられる。

２　発電された電流の大きさと柱のかげの長さは関係があるが，Ｃの山はＡの山やＢの谷の後にあるため，気温は電流の大きさやかげの長さとは関係がないと考えられる。

３　３つの要素は互いに関係しているが，かげの長さや電流の大きさに比べ，気温の変化はにぶいので，Ｃの山の時刻がずれていると考えられる。

４　Ａの山の後にＣの山があることから，電流の大きさの変化は気温の変化に影響《えいきょう》を与えるが，気温の変化は電流の大きさの変化に影響を与えることはないと考えられる。

問３　右図は実際の大規模な太陽光発電を横から見たもので，発電効率がよくなるようにパネルの地面からの設置角度が考えられています。パネルと地面との設置角度について述べたものとして，次の中から適切なものをすべて選び，解答らんの番号を○で囲みなさい。

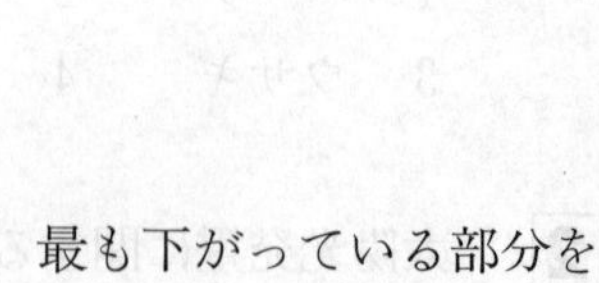

１　鹿児島県では神奈川県より設置角度を大きくしパネルを立

てた方が，発電効率がよい。

2　鹿児島県では神奈川県より設置角度を小さくしパネルをねかせた方が，発電効率がよい。

3　夏は冬よりも設置角度を大きくしパネルを立てた方が，発電効率がよい。

4　夏は冬よりも設置角度を小さくしパネルをねかせた方が，発電効率がよい。

問４　北海道などの一部の地域では，発電効率が最もよい理想的な設置角度よりもあえて大きくして立てる工夫がなされているものがあります。その理由を15字以内で答えなさい。

問５　地球温暖化対策として，太陽光以外にも風力や地熱等による発電が注目されています。資源がなくなる心配がないエネルギーを何エネルギーといいますか。漢字４字で答えなさい。

3　物体を水中に入れると，物体の重さはおしのけた水の重さの分だけ軽くなります。金メダル・銀メダル・銅メダルを使って実験を行いました。以下の問いに答えなさい。ただし，実験に用いているてんびん棒や糸の重さは無視できるものとします。

それぞれのメダルには次のような特ちょうがあります。

金メダル：銀メダルの表面に7.6ｇの金がうすくぬられている。

銀メダル：銀でできており，その体積は52.5cm^3である。

銅メダル：銅に別の金属である亜鉛《あえん》を混ぜてつくられている。

まず，金メダルと銀メダルを使って以下の図のような実験１，２を行いました。

なお，水と容器の重さの合計は380.0ｇでした。

また，水と金の性質を調べてみたところ，水１cm^3は1.0ｇ，金１cm^3は19.0ｇでした。

	実験１	実験２
	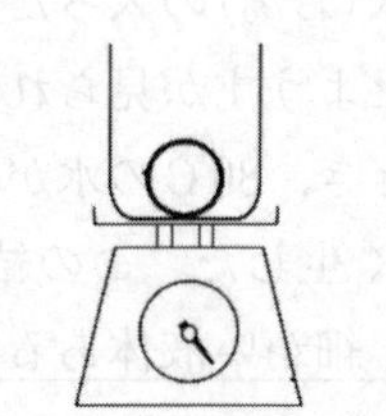	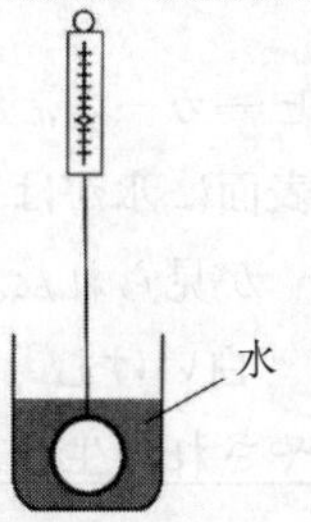
	台はかりの値［ｇ］	ばねばかりの値［ｇ］
金メダル	738.6	［Ｘ］
銀メダル	731.0	498.5

問１　銀メダルの重さを答えなさい。

問２　実験２に使った水の重さを答えなさい。

問３　［Ｘ］に入る値を答えなさい。

次に銅メダルの材料である銅と亜鉛について，空気中で同じ重さの銅のかたまり・亜鉛のかたまりを使って以下の図のような実験３，４を行いました。てんびんは実験３，４どちらでも水平につりあっていました。

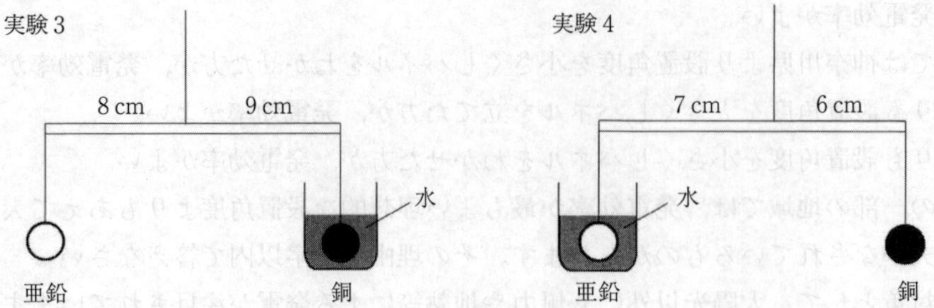

問4　銅と亜鉛の1 cm^3 あたりの重さの比を求め，できるだけ小さい整数を用いて答えなさい。

4　次の文章を読み，以下の問いに答えなさい。

冷凍《とう》食品やアイスクリームなどを買った際に，保冷剤《ざい》としてドライアイスが用いられることがある。ドライアイスは二酸化炭素を低温にして得られた固体の粉に，圧力を加え固めて作られる。ところが二酸化炭素の気体をゆっくり冷やしたり，ドライアイスを加熱したりしても，私たちの生活している環境(気圧)では，二酸化炭素の液体は見られないことが知られている。

ドライアイスをくだいてから大きめの空の水そうに入れて，その水そうに息をふきこんで作ったシャボン玉を何個か入れてみた。シャボン玉は水そうの底の方に下がっていく途《と》中で止まったり，上の方にあがっていったりするようすが見られ，底にとどいたシャボン玉はほとんど見られなかった。このことから二酸化炭素は同じ体積の空気に比べて[X]ことがわかる。

ドライアイスを空気中におくと，「白いけむり」が見られる。この「白いけむり」はなんだろうか。ドライアイスは，空気にふれている表面であたためられ，固体から液体を経由しないで気体に変化している。しかし二酸化炭素の気体が目に見えることはないはずである。また，「白いけむり」はすぐに見えなくなってしまうため，集めて性質を確認することは難しそうである。

ドライアイスを20℃の水の入ったビーカーと，80℃の水(お湯)の入ったビーカーにそれぞれ入れてみたところ，ドライアイスの表面に氷がはりついたようすが見られるとともにあわが生じ，そのあわの中にも「白いけむり」が見られた。このとき，80℃の水が入ったビーカーにドライアイスを入れた方が，水面から「白いけむり」が多く生じた。この結果から，「白いけむり」は空気中に含まれる[Y]が冷やされて生じた，ごく細かい液体あるいは固体の粒であると考えることができる。

そのため，自分がはいた息をドライアイスにゆっくりふきかけると「白いけむり」が増えるのは，はいた息に[Z]が多く含まれているためであると考えてよい。

問1　文章中の[X]～[Z]にあてはまるものを次の中からそれぞれ1つずつ選び，番号で答えなさい。

[X]　1　重い　　2　軽い　　3　重さはほぼ同じ

[Y]　1　窒《ちっ》素　　2　酸素　　3　二酸化炭素　　4　水蒸気

[Z]　1　窒素　　2　酸素　　3　二酸化炭素　　4　水蒸気

問2　下線部と同じなり立ちで生じているものを次の中からすべて選び，解答らんの番号を○で囲みなさい。

1　朝のきり　　2　線香のけむり　　3　やかんのゆげ

4　たき火のけむり　　5　炭酸飲料のあわ

問3　試験管に少量の水とBTB溶液を数滴《てき》加えてから少量のドライアイスを入れると，緑色から黄色に変化しました。試験管に入れたとき，ドライアイスと同じように緑色から黄色に変化するものを次の中からすべて選び，解答らんの番号を○で囲みなさい。

1　うすいアンモニア水　　2　うすい塩酸　　3　石灰水

4　食塩水　　5　レモン果汁《かじゅう》

問4　「ドライアイスは二酸化炭素の固体である」こと，すなわちドライアイスから生じた気体が二酸化炭素であることを確認するため，ドライアイスから生じた気体を集気びんに集めました。気体検知管を使う方法以外でこれを確認するために，どのような実験が考えられますか。実験の方法と予想される結果を，30字以内で答えなさい。

【英　語】（60分）〈満点：100点〉

注意　試験開始からの40分はこの問題用紙の問題のみを解答すること。監督者の指示があるまでは，解答用紙(2)の作文を始めてはいけません。

Listening

The listening test consists of two parts: Part A and Part B. You will hear instructions at the beginning of each part. You may take notes in your test booklet.

Part A : Short Conversations

For Part A, you will hear five short conversations. Choose the best reply to finish each conversation. Write the letter of the best answer choice on your answer sheet. You will hear each conversation only once.

EXAMPLE

A : Hi.

B : May I help you?

A : I'm looking for the fiction section. Whereabouts is it?

B : ＿＿＿＿＿＿＿＿＿＿

A. You'll find the non-fiction section on the 1st floor.

B. We have over 10,000 books in this store.

C. Each book costs 2,000 yen.

D. You'll find it on the 2nd floor.

The best answer is D.

1. A. That's such a great story.
   B. Good idea. I'll see what I can find.
   C. She'll be 16 on Saturday.
   D. I didn't know you wrote novels.
2. A. Just my luck.　　B. You're in luck.
   C. Better luck next time.　　D. Good luck.
3. A. I did it twice and then I gave up.
   B. I don't like socializing with people from work.
   C. Sorry, I'm too busy next week.
   D. To be honest, I thought it was boring.
4. A. I'm sure we can find somewhere nice if we put our minds to it.
   B. It'll be fun to be without him for a few days, won't it?
   C. I don't want to go camping anyway, so that's fine.
   D. Let's do the same thing as we did last year.
5. A. We'll be taking trips to space by the middle of the century.
   B. The speech must last no longer than five minutes.
   C. I need to submit my script by next Thursday.
   D. It's the first draft, so I'm sorry if there are some mistakes.

Part B : Radio Interview

For Part B, you will listen to an interview about a dog named Fluffy that can "talk". After the interview you will hear five questions. Choose the best answer to each question and write the letter on your answer sheet. You will hear the interview and the questions only once.

1. A. Poodles are the perfect size for her house.
   B. Poodles are her husband's favorite breed.
   C. Poodles are known for being intelligent.
   D. Poodles are cuter than Border Collies.
2. A. She read about devices that help children with communication difficulties.
   B. She saw an online video of another dog "talking" with buttons.
   C. Her husband was researching animal communication methods.
   D. She wanted to understand why Fluffy barked a lot.
3. A. She pressed the "ouch" button when either she or Fluffy was injured.
   B. Fluffy couldn't understand such a difficult word.
   C. She hurt Fluffy's paw, then pressed the "ouch" button.
   D. She didn't want to teach Fluffy about pain.
4. A. 500,000　B. 5,000,000　C. 50,000,000　D. 5,000,000,000
5. A. "outside"　B. "play"　C. "pet"　D. "cookie"

Reading

Read the passages and choose the best answer to the questions that follow.

Passage One

Nature's Magic Material

For the opening race of last year's Canadian cycling season, Neil Gibson had a brand-new bike. Gibson, an elite cyclist who has won numerous races in both Canada and abroad, had left his state-of-the-art, $20,000 carbon-fiber bike at home. What he brought instead — and what was drawing a steady crowd of curious onlookers on that chilly March morning — was an even more recent model : a racing bike he and his friends had made from bamboo.

Gibson and other pioneers beyond the cycling world are beginning to discover the magic of bamboo. ［1］ Although a common building material in many tropical countries, in the West it's never really caught on, and it's mainly been used for decorative purposes. As the world goes green, however, bamboo's qualities are beginning to win people over. Environmental organizations are promoting its use, architects are putting it into eco-friendly homes, and makers of furniture and now bikes are preparing for a bamboo revolution.

Bamboo is one of the strongest materials on the planet. It has greater tensile strength (resistance to snapping) than steel, and it withstands compression better than concrete.

Both qualities are essential to prevent the plant, which grows to nearly 60 meters but is only as wide at the base as at the very top, from falling over. It needs the compression strength to hold up its own weight and tensile strength to bend in the wind without breaking. [**2**] "In the West, our concept of strength is something that doesn't move and doesn't break," says John Quinn, who owns Quinn Industries, the largest manufacturer of bamboo building materials in the United States. "The Asian concept is that things need to bend. If something doesn't bend, it breaks. Bamboo's strength is in its ability to bend, and that's the miracle."

Western minds are also beginning to appreciate bamboo's environmental qualities. It is abundant in both cool and tropical climates, and it grows as quickly as a weed. Though most often used as an alternative to wood, bamboo is technically a type of grass. In fact, it grows faster than any other grass — in some conditions well over a meter a day. It also produces 35 percent more oxygen than trees and its roots are more effective at binding soil to prevent erosion.

[**3**] Environmentalist architect Andrew Atkins has incorporated bamboo into his prototype for sustainable housing, called the e-House. The e-House has an exterior made from bamboo panels, contains all-bamboo floors, and even uses bamboo window frames. "It's an ancient grass that has been around since the age of the dinosaurs," Atkins says, "yet we are only just beginning to use it to its full potential."

Bamboo is still a niche material in the United States, but it's catching on. Quinn Industries introduced its first range of bamboo flooring in 2005. Sales grew at an average of 25 percent a year until the mid-2010s, then accelerated to nearly 40 percent five years ago. The company now has 30 types of bamboo flooring and has begun manufacturing a wide range of different bamboo building materials. Bambyou, a U.S. maker of bamboo furniture and housewares, has grown at a similar pace over the last decade and has even opened its first store in China.

But what about those bamboo bikes? [**4**] Bicycle designer Jeremy Hunt says it's only a matter of time before bamboo sweeps the bike-racing world, and he should know. Hunt pioneered the use of carbon fiber, the gold standard for top-level bicycle frames, in the 1990s. He has now decided to focus exclusively on bamboo, saying it offers an unbeatable combination of comfort, strength, and weight. Sales of his *Pandaride* bamboo frame grew by 10 percent in 2017 and by more than 30 percent in 2020 — a trend that echoes the sales growth of his carbon frames in the 1990s.

Neil Gibson and his friends, all of whom have a background in engineering, are following Hunt's lead, aiming to <u>refine</u> the design and reduce the price. Riding a bamboo bike, says Gibson, "is like wearing comfortable slippers and having the efficiency of track spikes." It's a technological wonder — that nature has already built.

1. Choose the best location in the passage for the following sentence: <u>With all these qualities in mind, designers are getting more and more creative in their use of bamboo.</u>

A. [1]　B. [2]　C. [3]　D. [4]

2. Which of the following is **NOT** mentioned as a benefit of bamboo?

A. Its unique properties make it an ideal building material.

B. It is much cheaper than traditional building materials.

C. It is environmentally friendly.

D. It is commonly available in many parts of the world.

3. Choose the best word to replace the underlined refine in the final paragraph.

A. improve　B. increase　C. confirm　D. emphasize

4. According to the article, what do John Quinn and Jeremy Hunt have in common?

A. They own the biggest companies of their type in the United States.

B. They combine different materials with bamboo in their products.

C. They have both started to export their products to different countries.

D. They both run businesses whose sales have grown in recent years.

5. Choose the sentence that best summarizes this article.

A. It is likely that all houses in the U.S. will be made from bamboo in the future.

B. In recent years, the use of bamboo as a raw material has become more popular.

C. All designers and engineers are skeptical about using bamboo in their products.

D. The advantages of using bamboo easily outweigh the disadvantages.

Passage Two

The Messy Girl

Louise was just going out the front door with her ice skates when her mother called to her. Louise hesitated, for she knew that her mother was calling her to tidy her room and she wanted to go skating with the other children.

She paused and called, "What is it, Mother?"

"Your room must be tidy before you can go out to play," her mother replied.

"But Anna and Faith have gone out to play," Louise whined.

"Your sisters have already cleaned their rooms. You have had plenty of time this week to do it, but you didn't, and now you cannot put it off another day."

Louise pouted, but she knew that she must do as her mother said, so she took off her hat and coat and went up to her room. It was certainly a very messy-looking room. Books were on the floor and games were on the table. Her two dolls, Emily and Bella, were sticking out from under her bed, while doll clothes were lying about all around the room.

Louise had just started putting her toys away when she saw from the window her best friend Clara passing the house. "Clara!" she called, "Wait for me! I have to pick up my toys before I can go skating." But Clara would not wait.

Louise closed the window, threw herself on the couch, and began to cry. She thought it was horribly unfair that everybody was going skating except her.

Suddenly, she saw two girls walking toward her. They looked just like her two dolls;

only they were as large as she was!

Louise tried to get up, but she was unable to move.

"Let's comb her hair," said one of the girls, coming over to Louise and lifting her by one arm. "I wonder how she likes to have her hair pulled."

"She'll know how it feels, now," said the other girl.

"Now let's take her out in the cold; for that is what she does with us."

They dressed her in a thin white dress, attaching her clothes with pins and pushing them into her body. But after she was dressed, they changed their minds about taking her outside and threw her on the floor. The two girls then began playing with other toys.

"I wonder if they are going to leave me here," thought Louise. "Someone will surely step on me." Just then, she saw a Teddy Bear lying on his side under the couch. "Why are you under there?" Louise asked him.

"The little girl who was playing with me dropped me behind the couch a week ago," he said, "and I have been here ever since. You will probably remain on the floor where you are now too, for she never picks up her toys. She is a very careless girl."

Louise did not reply, for just then one of the girls came over to the couch for a book and pushed Louise out of the way with her foot. The other girl set up a croquet set. One of the balls hit Louise on the head. Suddenly, the girl that was reading dropped her book and said to the other girl, "Come on, let's go outside."

A short while later, the door opened and one of the girls came back in. She went over to the couch for her hat and Louise watched in horror as the girl's foot rose over her head. "She will break me if she steps on me!" cried poor Louise, and she jumped up with a gasp.

There she was on the couch. She had been asleep. She got up and started picking up her things, when suddenly she thought of the Teddy Bear, and looked under the couch. There he was on his side, just as she had seen him in her dream. Louise picked him up and set him in a chair. Then she picked up Bella and Emily and checked their clothes to make sure there were no pins pricking them, before putting both of them in a comfortable place. She resolved to never again let her room get so untidy or to let her dolls or Teddy Bear suffer because of her <u>irresponsibility</u>. "Perhaps they do feel things," she said. "Anyway, I'll be sure not to hurt them or put them in uncomfortable positions. I was very miserable lying on the floor thinking that someone might step on me."

1. Which word best describes Louise's reaction to her mother's request?

A. She is enthusiastic.　B. She is frustrated.

C. She is indifferent.　D. She is confused.

2. Who is the Teddy Bear referring to as "a very careless girl"?

A. Emily　B. Clara　C. Louise　D. Bella

3. Who are the two girls in Louise's bedroom?

A. Her dolls　B. Her friends　C. Her cousins　D. Her sisters

4．Choose the word with the closest meaning to the underlined irresponsibility in the last paragraph.

A．pride　B．boredom　C．greed　D．neglect

5．What is the lesson that Louise learns from her experience?

A．She should hide her mess under her bed.

B．She shouldn't fall asleep on her couch.

C．She should treat her things with respect.

D．She shouldn't listen to her mother.

Grammar

Part A

Choose the best answer to complete each sentence.

1．Tom and I ＿＿＿ catch in the schoolyard when it started raining heavily.

A．played　B．are playing　C．were playing　D．have been playing

2．This beautiful dress ＿＿＿＿＿ my daughter and I honestly think it was a great gift.

A．was chosen me to　B．was chosen for me by

C．chose me for　D．chose for me by

3．The time has come ＿＿＿ the government to face up to reality.

A．to　B．where　C．for　D．when

4．Ever since watching that horror movie, I have been afraid ＿＿＿＿＿ on my own.

A．of being　B．of to be　C．that being　D．that to be

5．I'd appreciate it if as ＿＿＿＿＿ possible could help me organize this event.

A．many as people　B．much as people

C．many people as　D．much people as

6．David is the only knight in the kingdom who is ＿＿＿＿＿ fight against the evil dragon.

A．enough brave to　B．brave to enough

C．enough to brave　D．brave enough to

7．Because of the bad weather, ＿＿＿＿＿ greatly increased around the station.

A．the number of cars has　B．the number of cars have

C．a number of cars have　D．a number of cars has

Part B

Change the order of the words in the parentheses to complete the sentences.

1．It is said that (a / can / clouds / if / storm / tell / you) is on the way.　If there is a sudden, cool breeze and a dark cloud appears, it might be the sign of a thunderstorm.

2．The traffic on the streets around this area is very heavy, especially during the holiday season.　So, if you have to drive, you should (get / allow / of / plenty / time / to / to) your destination.

3．On a hot summer day, the members of the brass band club wanted to practice in the classroom, but the air conditioner was broken. They had (keep / to / let / open / the / to / windows) the wind in.

Vocabulary

Choose the best answer to complete each sentence.

1. Professor Jones has been studying this disease for over twenty years. I hope his research ＿＿＿＿ in the near future.

A. plans ahead　B. means business　C. puts forward　D. bears fruit

2. The doctor stated in her speech, "All patients have the right to receive proper medical care ＿＿＿＿ their ability to pay."

A. with reference to　B. regardless of　C. even though　D. except for

3. A car has crashed into a train at the railway crossing. Although no one is injured, delays are ＿＿＿.

A. inevitable　B. notable　C. desirable　D. reliable

4. The president has clearly made a mistake, but at least he was ＿＿＿ to admit that he was wrong.

A. willing　B. guilty　C. reluctant　D. capable

5. Even after a thorough investigation into the cause of the incident, the detective is still confused about how it ＿＿＿＿.

A. broke down　B. came about　C. made out　D. pulled off

6. The scientists had a meeting to discuss the problem, and they finally came up with a practical ＿＿＿.

A. solution　B. purpose　C. effect　D. value

7. The stadium hosts an average of 20,000 ＿＿＿ whenever a professional football game takes place.

A. witnesses　B. audiences　C. spectators　D. customers

8. These days, parents seem to be under ＿＿＿ pressure to buy the latest electronic devices for their children.

A. diverse　B. considerable　C. entire　D. numerous

9. Fresh tea is always the best, so you should drink it ＿＿＿ after it's been served.

A. absolutely　B. suddenly　C. carefully　D. immediately

10. We have been talking about this for too long. Let's settle the matter ＿＿＿＿.

A. all at once　B. out of hand　C. once and for all　D. out of the blue

作文

What is special about you ? Explain what makes you interesting.

（注意）　1．作文は英語で書くこと。

　　　　　2．時間は20分です。

4位のチームが3位決定戦に進出する》というものでした。では、何が起きたのか説明するために、日本チームの結果を見てみましょう。

予選リーグ第1戦	日本	8対1	オーストラリア
予選リーグ第2戦	日本	3対2	メキシコ
予選リーグ第3戦	日本	5対0	イタリア
予選リーグ第4戦	日本	1対0	カナダ
予選リーグ第5戦	日本	1対2	アメリカ
決勝	日本	2対0	アメリカ

この通り、ソフトボールチームは全勝優勝したわけではありませんでした。実は、第4戦終了時点で決勝に進出するのは全勝同士の日本とアメリカだと決定していました。つまり、予選リーグの第5戦は、偶然《ぐうぜん》決勝と同じ顔合わせでありながら、試合が始まる前から《どちらの国が勝っても負けてもその後の対戦相手に変化がない試合》となったのです。(3位決定戦はメキシコ対カナダでした。)

いずれにせよ、日米両国にとって肝心《かんじん》なのは決勝を全力で勝つことだけなのです。「第5戦」を取ったアメリカにも優勝のチャンスはもちろんありました。しかし勝ち続けるのは難しいことです。実際アメリカは6連勝できませんでした。

こう考えると、事後あまり顧《かえり》みられることの多くなかった「第5戦」ほど、どう心がけたらよいか絞《しぼ》りにくく、複雑な試合もありませんでした。

このコントロールしにくい「第5戦」はどう戦うのが正解なのでしょうか。

問　あなたがもしこの「第5戦」日本チームの監督《かんとく》と同じ立場に置かれたら、この試合にどのような方針で臨みますか。また、その方針を試合前の選手に何と伝えますか。一四〇字以内で述べなさい。

※　原稿用紙《げんこうようし》の使い方に従って書くこと。ただし、一マス目から書き始め、改段落はしないこと。

記号で答えなさい。

ア 時間がかからず、すぐに終わる
イ かける手間に対して、見返りが多い
ウ 面倒な注文がついていない
エ 急いで仕上げなくてもよい

問五　きよにとって、下駄の買い物が――2「たった一つの楽しみだった」のはなぜですか。理由としてもっともふさわしいものを一つ選び、記号で答えなさい。

ア 仕事で得た給料から家計の分をさしひくと、値段を気にせず自由に買えるのは下駄がやっとだったから。
イ 家計を担《にな》うきよが、わずかな小遣いで好きな物を買える機会は限られていたから。
ウ 下町には「足をうつくしく」という美意識があり、きよ自身も足が美しかったから。
エ 下駄の店に行きつけになり、やっとなじみ並みのサーヴィスをしてもらえるようになったから。

問六　――3「その人」は誰のことを指していますか。ふさわしいものを一つ選び、記号で答えなさい。

ア きよの行きつけの店で働く青年
イ 呉服屋のおかみさん
ウ きよの下駄を褒《ほ》めた人
エ 歯つぎの職人

問七　きよが長年とっておいた下駄を見て、――4「このつぎはもう歯つぎはできない」状態なのに履《は》こうと思った理由は何ですか。正しくないものを一つ選び、記号で答えなさい。

ア 下駄を愛してきた世代の人間が持つ意地
イ 下駄としての役割を全《まっと》うさせてやりたい思い
ウ 時代遅《おく》れの下駄に愛想《あいそ》が尽《つ》きた気持ち
エ 久しぶりに見た下駄の魅力《みりょく》が記憶《きおく》以上だった驚《おどろ》き
オ 残り少ない下駄との時間を愛おしむ気持ち
カ 作ってくれた青年に履くことで報いたい気持ち

問八　――5「そこはかとない執着」とありますが、きよがこの下駄に執着する理由を説明したものとして正しいものを一つ選び、記号で答えなさい。

ア ずっとあこがれていた下駄を安く手に入れることができたうえに、修理するたびに新品のようになって戻ってきたから。
イ くせのある木に、くせを一切感じさせないほど職人が手をかけ、戦争を越《こ》えても履けるほど長持ちしたから。
ウ 安い素材でも、作ってくれた職人や直してくれた職人たちの誠実な仕事がつまっているから。
エ ふるさとへ帰る職人が、くせのある木に時間をかけた哀しさが、下駄を今まで買えなかった自分の悲しい境遇《きょうぐう》と重なったから。

問九　――6「下駄は三十年のきよの心にこたえて」とありますが、下駄ときよはどのような共通点でつながっていますか。文中から二十五字以内でぬき出し、最初の五字を答えなさい。

四　**次の文章を読んで、あとの問いに答えなさい。**

２０２１年オリンピック・パラリンピック東京大会で、日本のソフトボールチームは金メダルを獲得《かくとく》しました。そこで興味深い一戦があったのを覚えている人はいるでしょうか。それは《勝っても負けても結果に影響《えいきょう》のない試合》です。

ソフトボールの決勝・3位決定戦進出ルールは、《参加全6か国で予選リーグをおこない、その上位2チームが決勝戦に進出し、3位と

そしてまたくせを贈《おく》られた自分は、いったいどういう巡《めぐ》りあわせか、ということ。それは考えてわかることではなく、ただ、三者ともに通じるのは、ふしあわせな環境《かんきょう》におかれたとき我慢《がまん》する能力がある、という点だった。

しかしこのおかげで、きよはとにもかくにも繁柾をはいたのである。たしかに歯は減りがおそく長もちした。はき捨てるのは惜しく、近所の歯つぎへもっていった。するとおやじさんは見るなり、ほうと声をあげ、珍《めずら》しい下駄だといった。そして新品のように仕上げて、この歯はおれでないと継げないよ、と自慢《じまん》した。柾のつまったくせ木が継いであった。そのつぎ禿《ち》びた時、そのおやじはもういなくて、他の人に頼んだ。その人も目をみはって、やりにくい仕事だがためしましょうといい、同じように自慢じゃないがほかじゃ出来まいと笑った。最初えんじだったはな緒は、二代目にはしそ紫、そして今度は濃紺になった。4このつぎはもう歯つぎはできない。なぜならもう削《けず》るeヨチのない程に、甲《こう》もうすく脚《あし》も短くなっていたからである。こんどはきへらせば、もう別れであり、きよはそれをいとおしんだ。5そこはかとない執《しゅう》着《ちゃく》が、あのひとと下駄とを結んで漂《ただよ》っていた。それ以来「仕舞ってある下駄」だった。戦争中にも、一行李だけ疎《そ》開《かい》させた荷物の中へいれて——。

三十年を経たくせ下駄は、たしかに当時よりずっと目方がへって、手に軽かった。はな緒の紺も落付いて深い色をしている。磨《みが》きがかけある木肌《きはだ》は、艶《つや》をふくんでやさしい。記憶の中ではなにか固々としたおぼえがあるのに、今みれば案外にやわらかみがあった。6下駄は三十年のきよの心にこたえて、見勝りする姿である。

来週の土曜はこれをはいていって、先《ま》ず第一に嫁の春子に、由来をきかせようとたのしかった。

※出題の都合上、本文の一部を改稿《かいこう》しています。（幸田　文「濃紺」より）

27ページ

◆**身じんまく**　自身の始末をきちんとすること。

◆**うじゃじゃける**　けじめがなくなる。だらしなくなる。

◆**柾目**　真っ直ぐに通った木目。

◆**行李**　竹・柳《やなぎ》でできた衣類などの保存に使う物入れ。

26ページ

◆**と見こう見**　あちらを見たりこちらを見たりすること。

◆**うらぼん**　祖先の霊《れい》を祭る仏事。

◆**すげる**　糸・ひもなどを穴に通して結ぶ。

◆**一分**　一寸の十分の一。約三ミリ。

25ページ

◆**歯つぎ**　（下駄の）歯を修理すること。またはその職人。

◆**疎開**　被害《ひがい》を避《さ》けて都会の住民・物資を地方に移すこと。

問一　この話は、いつごろの話でしょうか。次の中から選び、記号で答えなさい。

ア　江戸　**イ**　明治　**ウ**　昭和　**エ**　平成

問二　次の文①～⑤が本文の内容に合うものには**A**を、合わないものには**B**を書きなさい。

① きよは息子夫婦と同居している。

② きよの父親は自分の息子が進学したことを知らない。

③ きよは現在未亡人である。

④ きよの夫は孫の顔を見たことがない。

⑤ きよは下駄を作ってくれた職人と結婚した。

問三　‖a～eのカタカナを漢字に直しなさい。

問四　——1「割のいい」の意味としてふさわしいものを一つ選び、

下駄を買うのが、2たった一つの楽しみだった。下町では化粧《けしょう》より髪《かみ》より着物より、足をうつくしく、足もとをすずやかにという風俗《ふうぞく》が、根強く受《う》け継《つ》がれていた。それにきよの足はほそく、指がすんなりして、かかとが丸かった。細身で、すこし粋好《いきごの》みな下駄がよく似合うのだった。といっても買える範囲《はんい》のものは、せいぜいが中の下という級の品だが、それでもと見こう見して、喜びにあふれてえらぶ。はな緒は紫蘇《しそ》むらさきが好きだった。

隣町《となりまち》に品が豊富で、応待の静かな店があった。品が多いから選《えら》みがきいて、買いやすい。きよはいつもわざわざそこへいく。ある日、そこにその青年がいた。どこの店でも中級品以下は、主人でなく店員が扱《あつか》う。その人は一度できよの好みをおぼえてくれ、二度目に行った時には、黙《だま》っていたのにはな緒の締《し》めぐあいを、ぴたりにしてくれた。つまり一度で、なじみ並みのサーヴィスをしてくれた。それは買物のよろこびを倍にもした。こころよい買物だった。

はたち、二十一。きよのbサイフは相変らず普段《ふだん》ばきしか買えず、その人も相変らず下働きをつとめて、控《ひか》え目だった。

七月、うらぼん。この月と十二月には毎年、母と弟たちへ中元のしるしに、新しい下駄をおくる。自分のもまぜて四足のはな緒をすげるのを待つ間に、ふと見るとそこに繁柾《しげまさ》というか、糸柾というか、みごとな女物がでていた。思わず手にとって、見惚《みと》れた。一分《いちぶ》置きほどの間隔《かんかく》に、すうんとcスナオに、まっすぐに伸《の》びた木目の美しさ。たいした材なのだ。こしらえも薄手《うすで》で華奢《きゃしゃ》なくせに、粋にならず上品である。手から放せない魅力《みりょく》があった。

「気に入りましたか。」

びっくりした。いつも殆《ほとん》どしゃべらない人だから、そんなふうに話しかけられるとは、ほんとに思いがけないことだった。反射的に、一生に一度でいいから、こんな柾がほしいわといった。主人がちらとこちらを見た。きよは恥《は》ずかしかった。所詮《しょせん》手の届かぬものに心奪《うば》われたのが、きまり悪かった。でも、きまり悪さはちょっとのまのこと、それはそれ、これはこれ、普段ばきでも四足の新調はうちの中を明るくしたし、やはり満足感があった。

その晩、また思いがけないことに、その人が訪ねてきた。

「ぜひこの一足をあなたにはいてもらいたい、そう思って仕上げた。しかし、主人が上物は扱わせてくれないので、自費の材料ゆえ粗末《そまつ》で恥ずかしい。かなりなくせのある木目で、今日のあれとは比べものにならない。気をわるくされやしないかと心配だが、くせがあるだけに仕事に手間はかけた、それだけが価値だ」といつもの無口に似ず一気に話し、はっとして自分の気負いかたに気付いてあわて、あすは東京をはなれ、dコキョウへ帰るものだから、ついせかせかして、と詫《わ》びた。

なるほど、それは歯に当たるあたりに、二段のくせがあった。おそらく根に近い、土ぎわの部分の材であり、そう木取るよりほかない材だったとしか思えぬ。はけばそう目立たないから、そそっかしい人は、なんと贅沢《ぜいたく》なのをはいてるのかとほめる。そうなるとどうしても、一言そのあらを話さずにはいられないし、あらをあばけば下駄にも3その人にもうしろめたい。へんな感じだった。それに正直いうと、あるく当たりがあまり柔らかい下駄ではなかった。土の上を歩くと、土も下駄も両方とも固いという触感《しょっかん》があり、固いもの同士がぶつかり合って、なにか足が難儀《なんぎ》だという気がした。はきにくいとはいわないが、軽快でらくというのではなかった。きよはしみじみ思った。下駄というのは、はいた時の気持のよさと、脱《ぬ》いだ時の見付きのよさと、二つながら備わることが肝心《かんじん》だ、と。

いずれにもせよ、一番心にかかったのは、くせのある木のいとしさ、くせのある材に多分並ならぬ手間をかけたであろうその人の哀《かな》しさ、

三 次の文章を読んで、あとの問いに答えなさい。

土曜日の午後は、息子《むすこ》の家へいって寛《くつろ》ぐのが、きよの習慣になっていた。

六年前に夫を見送ったあと、息子娘《むすめ》が心配するのを、手に和裁という職があるから、自分の身じんまくは自分でする、といってその言葉通り一人住みなのである。娘のころからずっとひいきにしてくれる呉《ご》服屋《ふくや》さんが、1割のいい仕事をえらんではまわしてくれるから、収入が安定していて仕合せである。弟子も、二階の二部屋ぶっこぬきの仕事場にほぼいっぱい、みな縁故《えんこ》で断りきれなかった人ばかり、だが一人残らず通い制にして、内弟子はおかない。内弟子をおいて親しくすれば、自分の気持がうじゃじゃけそうでいやだ、という。月曜から土曜の正午までみっちりと働く。五日半の緊張《きんちょう》は、気分にもしこりがくるし、身も疲《つか》れる。気をほぐすのには、息子のうちの茶の間よりいいところはなかった。気のいい、物ごしのやさしい嫁《よめ》と二人の孫は、この上なくきよの気をやわらげる。そして日曜は自由気ままに、あさ寝《ね》もひる寝も好きにして、身を休める。まずはいい老後といえた。

その日は栗《くり》ごはんにするからと引きとめられ、きよもゆっくりするつもりで、栗むきを手伝っていた。すると孫たちがけんかをはじめた。一年生の妹が三年の兄に、なぜ下駄《げた》やさんは看板に下駄店と書かずに、おはきものと書くのか。おはきものとは何のことか、ときいたのがけんかのもとだった。

「いまはもう下駄、はかないもの。下駄店じゃ時代に合わないさ。ぞうり店でもセンスわるいだろ。だから、おはきもの、としたんだと思うけどな。はきものというのは、足にはくものという意味だから、ぞうりも下駄もサンダルもふくまれちゃって、都合いいじゃないか。」

最初からはきものというのが気にいらないらしい妹は、ぬからず逆らった。それなら靴《くつ》はなぜ靴店でもいいのか、なぜおはきものと書かないのか、と。逆襲《ぎゃくしゅう》に閉口した兄は、千代っぺはしつこくて根性曲がりだとこきおろすし、妹は得意で、お兄ちゃんは負けだとよろこび、そのあげくカッとした兄が暴力をふるって、妹の肩《かた》をこづいて、泣かせたが――きよはそのけんかで上の孫が〝いまはもう下駄はくひとはいないもの〟といったひと言がaフイにつうと胸にしみてきて、三十年も以前の回想のなかへ引きこまれ、栗むきの手を休めてしまったのさえ気付かずいた。

その記憶《きおく》の中には、柾目《まさめ》のこまかい桐《きり》の台へ、濃紺《のうこん》のはな緒《お》をすげた、小粋《こいき》な下駄一足が、あざやかに見えていた。その下駄はいまもまだ、丁寧《ていねい》に包んだなり仕舞《しま》ってある筈《はず》で、仕舞っておいた場所もあの押入れの、あの行李《こうり》のわき、とわかっていた。そうだ、あれを出してみよう。出してはこう。あたしのほかの誰《だれ》のものでもない下駄なのだから、惜《お》しがるあまりになまじ仕舞ったきりでおくより、はいて、はいて、はきぬいてしまうほうが、かえってやさしくもあろうか。そう、そうしよう、ときよは思った。

「ねえ、すまないけど、急にあたし帰りたくなった。栗ごはん、そのうちもう一度たいて頂戴《ちょうだい》。」

「ごはんはいつでもまた炊《た》きますけど、どうしたんですか。」

「いえね、下駄なのよ。千代ちゃんたちのけんかでね、急に、仕舞っといた古い下駄をだしてみたくなったの。」

数えの十九歳《さい》、きよはもうすぐれたお針子で、家のささえになっていた。弟が二人いて、それが頭がよかったので進学したがり、いきおいきよは懸命《けんめい》に稼《かせ》いだ。呉服屋に目をかけられたのは、その頃《ころ》からである。むろん仕立代はそっくり母に渡《わた》したが、時折呉服屋のおかみさんが心付けをくれる。それだけが自分の小遣《こづか》いだった。きよはそれでせん。しかし、数ヶ月もすれば、3□［く］□［く］□［も］クラス全員の名前ぐらいはわかるようになるものです。それは等しく、全員の差異がわかるようになったからだとも言えるのです。

周囲のものや事象、それぞれに対する差異の発見。それが形状からくるものであれ、性質からくるものであれ、言葉が誕生したのはまさにその部分からです。4一見、言葉はものへの「対応」にその由来を持っていそうなイメージですが、もっとも根本的なところは認識上の「違い」であり「差異」であったのです。

（ドリアン助川『プチ革命　言葉の森を育てよう』より）

※出題の都合上、本文の一部を改稿《かいこう》しています。

〈注〉**査証**　入国を許可する旨《むね》のパスポートの裏書き。ビザ。

問一　～～～①～④のうち、可能の意味のあるものにはA、ないものにはBを解答らんの中に書きなさい。

問二　空らん［あ］～［え］んの中にはひらがな四文字の言葉が入ります。最もふさわしいものを次の中から選び、記号で答えなさい。

ア　とりわけ　**イ**　なぜなら　**ウ**　もとより

エ　ましてや　**オ**　それでも　**カ**　なおかつ

キ　あたかも　**ク**　ちなみに　**ケ**　なかなか

問三　空らん［A］に入る漢字二文字は何ですか。最もふさわしいものを次の中から選び、記号で答えなさい。

ア　好評　**イ**　混乱　**ウ**　抜擢《ばってき》

エ　躍進　**オ**　奮発　**カ**　賛成

問四　ベーシストの——1「フィッシュ・イズ・フィッシュ」という言葉はどのような発言に置き換《か》えられますか。最もふさわしいものを次の中から選び、記号で答えなさい。

ア「単純なことじゃないか、当たり前だろ」

イ「君が何を考えているのか知りたいな」

ウ「こんな食べ方をする必要があるのか」

エ「寿司になる前の元の形が知りたいな」

オ「魚の身は肉とは違うものなんじゃないのかい」

カ「どれだって似たようなものじゃないのかい」

問五　空らん［B］に入る漢字二文字は何ですか。最もふさわしいものを次の中から選び、記号で答えなさい。

ア　常識　**イ**　比較　**ウ**　一般

エ　普遍　**オ**　典型　**カ**　基本

問六　——2「宮沢賢治」の作品ではないものはどれですか。次の中から選び、記号で答えなさい。

ア　よだかの星　**イ**　一房《ふさ》の葡萄《ぶどう》

ウ　どんぐりと山猫《やまねこ》　**エ**　グスコーブドリの伝記

オ　永訣《えいけつ》の朝　**カ**　月夜のでんしんばしら

問七　本文のなかで筆者が——2「宮沢賢治」にとっての雲と同じ意図で挙げた例にはA、そうでないものにはBを書きなさい。

①　カリフォルニアの人々にとっての雨

②　入学直後の生徒にとってのクラスメイト

③　イヌイットにとっての雪

④　ベーシストにとってのカミキリムシ

問八　——3は六文字の語です。意味が通るように、「□［く］□［く］□［も］」の空らんにひらがなを一文字ずつ入れなさい。

問九　——4「一見、言葉はものへの『対応』にその由来を持っていそうなイメージですが、もっとも根本的なところは認識上の『違い』であり『差異』であったのです。」とありますが、目に見えないものの《違い・差異の認識》と《言葉》の関係について述べている段落をぬき出し、最初の五字（句読点を含む）を答えなさい。

野を旅していて、その雪面に対してなんらかの表現をこころみようとした時、どんな言葉が出てくるでしょうか。思いつくところで、「白い」「冷たそう」「かたそう」「まぶしい」といったところではないでしょうか。しかし、雪とともに暮らすイヌイットには、その表層の呼び方だけで幾十《いくじゅう》もの言葉があると言われています。［え］彼らは、雪質や気温や風によって微妙《びみょう》に変わる雪原の見え方、その区別がつくからです。

区別がつく。そこに差異がある。だから言葉が生まれるのです。

日本には、雨に対する呼び名がたくさんありますね。「霧雨《きりさめ》」「こぬか雨」「にわか雨」「五月雨《さみだれ》」「お天気雨」「夕立」「通り雨」「ゲリラ豪雨《ごうう》」といったふうです。雨が多く、四季に恵《めぐ》まれた国土だけに、ボクらはその区別がつくのです。だからこれだけの呼び名が生まれました。では、欧米ではどうでしょう。たとえばカリフォルニアやニューメキシコで「雨の表現はいくつありますか？」と訊《き》いても、それはあまり意味をなさない問いになるはずです。まったくもって、あちらでは雨は雨でしかありません。せいぜいが「ヘヴィー・レイン（激しい雨）」や「シャワー（にわか雨）」といった程度。言い方はありますが、雨に対する細分化がない土地では、その言葉数もぐっと減るのです。

2宮沢賢治《みやざわけんじ》が雲をどう表現しているか。かつて草野心平がそれをまとめたことがありました。ここですこし引用しますと、「氷河が海にはいるように白い雲のたくさんの流れは枯《か》れた野原に注いでいる」「向うの縮れた亜鉛《あえん》の雲へ」「雲はたよりないカルボン酸」「雲には白いとこも黒いとこもあってみんなぎらぎら湧《わ》いている」「白い輝雲《きうん》のあちこちがきれて、あの永久の海蒼《かいそう》がのぞいている」「雲はみんなリチウムの赤い焔《ほのお》をあげる」「雲の累帯《るいたい》構造の継《つ》ぎ目から一切れのぞく天の青」「燃え上がる雲の銅粉」「日はいま羊毛の雲に入ろうとして」「やまなしの匂《にお》いの雲」「蛋白質《たんぱくしつ》の雲は遥《はる》かにたたえ」「蒼鉛《そうえん》色の暗い雲からみぞれはびちょびちょ沈んでくる」……ああ、もう、詩人の目にはどれだけの種類の雲が現れたのでしょう。おそらく宮沢賢治にとっては、目にする雲はすべて違《ちが》う雲であって、それは一回性の命との出会いでもありました。すべてに差異があり、だからこそそれぞれの形容になったのです。一般の人はしかし、いわし雲と入道雲程度の区別はついたとしても、ここまではいかないでしょう。まさに、差異がわかることが言葉を生むみなもとであるわけです。

では、差異は初めから対象に用意されているものなのでしょうか。これもまた、そうだとも言えるし、そうではないとも言えそうです。これもまた、ボクらの内側が「差異がある」と、とらえられるかどうかにかかっているようなのです。

たとえば、並木を考えてみて下さい。あなたの家のそばにも並木はありますよね。ケヤキやサクラのように、樹木の名ぐらいはあなたにもわかると思います。でも、それ以上のことになるとどうでしょう。あなたは毎朝、何本の木に出会いますか？　そのそれぞれの区別がつきますか？　たとえば並木の一本だけを取り出したとして、それがどこに植えられていた木なのかわかるでしょうか。

おそらくは「いいえ」という答えが返ってくるでしょう。並木全体は認識できても、その一本ずつは区別していないはずです。すべての木は形が違うのに、差異をとらえられていない。物体としての分け隔《へだ》てがないのです。独立していない。だから一本ずつに対しては呼び名もない。

しかし、これが並木ではなく、人間だったらどうでしょう。木の代わりに人が立っていたら？　いえ、そこまで考えなくても、入学や転校で新しい仲間たちと出会った時のことを思い出して下さればけっこうです。何十人、あるいは何百人もの新しい仲間たちが現れた時、最初はだれがだれだと区別がつきませんから、当然、名前も覚えられま

「1フィッシュ・イズ・フィッシュ（魚は魚だろ）」

次回からは回転寿司でいいやと思いました。つまり彼は、寿司ダネの区別がついていなかったのです。魚は魚でしかなかったのです。

たしかに、アメリカ人は日本人ほど魚の種類を知りません。ニューヨークの寿司レストランでも、経営者が日本人ではない場合は、カンパチやハマチやツムブリを一緒《いっしょ》くたにイエローテール、マグロもカツオもまとめてツナと言っている店がほとんどです。多くのアメリカ人にとっては、イエローテールという魚は存在しても、カンパチやハマチは存在しないのです。[い] そのハマチが成長具合によってワラサやブリと名が変わる出世魚だなんて、説明したところで「？」という表情になるだけです。

日本人は、生き物の名前を細かく知っているという点でおそらく世界一の民族ではないでしょうか。魚の名前もそうですし、虫の名前や花の名前もそうです。[う] このベーシストは東部の名門大学の生物学科を卒業していますが、カブトムシもクワガタムシもカミキリムシも全部まとめてビートルと言います。区別をつけないのです。

日本人の男性なら、クワガタの国産種のすべて、カミキリムシも五つ六つは名前を知っていることだと思います。最低でも、シロスジカミキリとゴマダラカミキリの区別くらいはつくはずです。でも、日本のように虫や魚を愛する伝統がない欧米《おうべい》では、虫に対して二、三の言葉しか浮かばない人が [B] 的です。『昆虫記《こんちゅうき》』のジャン・アンリ・ファーブルがフランス本国では必ずしも有名人ではないように、虫に対する情熱を他国で探すのはなかなか難しいことなのです。

このベーシストの一件は、言葉とはなにか？ という問いかけに対して、ほとんど答えにも近いようなヒントを与《あた》えてくれているように思います。

人間は区別がつかないものに対しては、呼び名を持ち得ません。区別がついている事象に対してのみ、呼び名を持つのです。

その考えをあてはめると、感情に対して三つの言葉しか持てない人は、三つの感情しか区別がついていないと言えます。嫌悪《けんお》の感情が全部「むかつく」になってしまうのであれば、その人にとってはたった一種類の怒《いか》りしか存在しないことになります。逆に、揺《ゆ》れ動く心に対して百の描写《びょうしゃ》ができるなら、その人はそれだけの心の姿の区別がつくのです。

言葉とはすなわち、区別がつくかどうか。差異に根ざした表現なのです。

言葉とは差異に根ざした表現である。

これは言語学の父と呼ばれるフェルディナン・ド・ソシュール（一八五七—一九一三）が、言葉が存在することの根本理由を明かしていくなかでたどりついた答えです。

ソシュールは、二十一歳《さい》という年齢《ねんれい》で「インド＝ヨーロッパ語」という壮大《そうだい》な体系があることを各国語の母音の分析《ぶんせき》によって解き明かした天才です。どの言語がどの時代にどう影響《えいきょう》し合っていたかという樹形図を明らかにしていく比《ひ》較《かく》言語学に於《お》いて、ヨーロッパ言語の幹までをも見出した人です。

言語学の分野に彗星《すいせい》のように現れ、なおかつ言語学そのものを世界的レベルで打《う》ち立てたこのスイス人は、続いて一般《いっぱん》言語学にターゲットを定めました。各国の言葉の成り立ちではなく、言語そのものに対する探究を始めたのです。（中略）その結果、ソシュールが突《つ》き止めた言葉の正体。

それはベーシストの寿司の一件でも明らかになった、認識上の差異というものでした。

わかりやすい例をあげましょう。たとえばあなたが雪の積もった原

二〇二二年度 慶應義塾湘南藤沢中等部

【国語】（四五分）〈満点：一〇〇点〉

※解答に句読点や記号などが含まれる場合は一字に数えます。

一 次の各組の語のうち、＝の字の読みが違う語の読みをひらがなで書きなさい。二通りの読み方がある場合もあるので注意すること。

〈例〉 才**女**　天**女**　子**女**→答　てんにょ
人**気**　天**気**　元**気**→答　ひとけ

① 内**訳**　直**訳**　通**訳**
② 現**役**　使**役**　大**役**
③ 入**手**　先**手**　旗**手**
④ 家**屋**　楽**屋**　平**屋**
⑤ 密**度**　支**度**　節**度**
⑥ 細**工**　木**工**　施**工**
⑦ 馬**力**　非**力**　努**力**
⑧ 王**家**　出**家**　人**家**
⑨ 小**言**　寝**言**　公**言**
⑩ 発**作**　工**作**　不**作**

二 次の文章を読んで、あとの問いに答えなさい。

前世紀の終わりから今世紀の初めにかけて、ボクはニューヨークで暮らしました。知人一人いない街に飛びこんだのですから、当初は崩《くず》れ落ちそうになるほどの孤独《こどく》に①さいなまれました。［あ］三年近くもの間、あの街で②やってこられたのは、数人の友人ができたお陰《かげ》だったと思います。結果的には日米混成のバンドを③組め、ニューヨークのいくつかのライブハウスで④歌えたことは良い思い出になっています。ただ、人は調子に乗るもので、やっているうちに欲が出てきて、ニューヨークで結成したこのバンドを日本でデビューさせようという話になりました。

問題はベーシストでした。彼《かれ》はアメリカ人だったので、日本での彼の居住や〈注〉査証をめぐってさまざまな問題が起きました。それだけに日本で暮らす覚悟《かくご》を決めてくれたベーシストに対し、ボクらは深く感謝をしました。彼が来日してすぐ、知っている寿司《すし》店に連れていったのも、歓迎《かんげい》の気持ちからです。

そこで言葉に関し、とても印象的なことが起きました。ベーシストにとって、日本の本格的な寿司店に入るのは初めてのこと。カウンター席に座った彼はなにを注文していいかわからず、ガラスの保冷ケースに入った寿司ネタをおずおずと指さします。ボクはいちいち、それはカンパチというんだよ、それはハマチ、それはサバ、それはアジ、といった具合に魚の名前を言っていきました。

彼はずいぶんと食べました。回転寿司ではないので大［Ａ］です。でも、「おいしい」と日本語で連発してくれたので、こちらの気分も盛り上がりました。ところが、寿司店を出てしばらく歩いてから、ベーシストはいきなりこう言ったのです。

「なんで日本人は、魚にいちいち名前をつけるんだよ？」

ボクは「え？」と聞き返しました。その時の彼の反応がこうです。

2022年度

慶應義塾湘南藤沢中等部 ▶解説と解答

算 数 (45分) ＜満点：100点＞

解 答

1 (1) 0 (2) 4 (3) 24 2 (1) 7 g (2) 38本 (3) 30通り 3 (1) 118.8cm (2) 244cm^2 (3) 300cm^2 4 (1) 49 (2) 904 (3) 11段目と122段目 5 (1) 分速54m (2) 36分後 (3) 80分 6 (1) 36秒後 (2) 18秒後 (3) 1152cm^3

解 説

1 四則計算，逆算，単位の計算

(1) $5\div0.5\times0.05\div0.005\times0.0005-0.05=\frac{5}{0.5}\times\frac{0.05}{0.005}\times\frac{5}{10000}-0.05=\frac{50}{5}\times\frac{50}{5}\times\frac{5}{10000}-0.05=10\times10\times\frac{5}{10000}-0.05=\frac{5}{100}-0.05=0.05-0.05=0$

(2) $3\frac{3}{4}\div\frac{5}{\square-2}-0.5=1$ より，$3\frac{3}{4}\div\frac{5}{\square-2}=1+0.5=1.5$，$\frac{5}{\square-2}=3\frac{3}{4}\div1.5=\frac{15}{4}\div\frac{3}{2}=\frac{15}{4}\times\frac{2}{3}=\frac{5}{2}$，$\square-2=2$ よって，$\square=2+2=4$

(3) 1 haは1辺の長さが100mの正方形の面積であり，1 aは1辺の長さが10mの正方形の面積だから，1 ha＝100m×100m＝10000m^2，1 a＝10m×10m＝100m^2となる。よって，すべてm^2にそろえてから計算すると，15ha＋3800m^2＋862 a＝150000m^2＋3800m^2＋86200m^2＝240000m^2＝24haとわかる。

2 条件の整理，植木算，整数の性質，場合の数

(1) データを大きさの順に並べたときに，その中央の値のことを中央値という。ただし，データの個数が偶数《ぐうすう》個の場合は，中央の2個の値の平均が中央値になる。よって，この場合は5 gと9 gの平均が中央値になるから，(5＋9)÷2＝7(g)と求められる。

(2) 木と木の間かくを24と33の最大公約数から3mにすればよい。また，この長方形の周りの長さは，(24＋33)×2＝114(m)なので，木と木の間かくの数は，114÷3＝38(か所)とわかる。周上に植えるとき，木の本数と間かくの数は同じになるから，木の本数は38本である。

(3) 偶数になるのは，一の位が0，2，4の場合である。一の位が0の場合，残りのカードは{1，2，3，4}なので，百の位には4通り，十の位には残りの3通りのカードを並べることができ，4×3＝12(通り)の整数ができる。また，一の位が2の場合，残りのカードは{0，1，3，4}だから，百の位には0を除いた3通り，十の位には残りのカードに0を加えた3通りのカードを並べることができ，3×3＝9(通り)の整数ができる。一の位が4の場合も同様なので，全部で，12＋9×2＝30(通り)と求められる。

3 平面図形―長さ，面積，相似

(1) 下の図で，半円の弧《こ》の長さは，40×3.14÷2＝20×3.14＝62.8(cm)である。これにDCとBCの

長さを加えると，かげのついた部分の周りの長さは，62.8＋24＋32＝118.8(cm)とわかる。

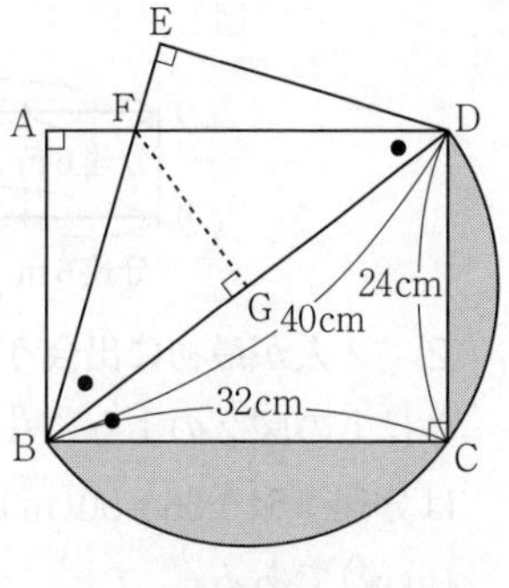

⑵　半円の半径は，40÷２＝20(cm)だから，半円の面積は，20×20×3.14÷２＝200×3.14＝628(cm^2)となる。また，三角形BCDの面積は，32×24÷２＝384(cm^2)なので，かげのついた部分の面積は，628－384＝244(cm^2)と求められる。

⑶　図のように，FからBDに垂直に引いた線をFGとする。三角形CBDと三角形EBDは合同だから，角DBCと角DBEの大きさは等しい。また，ADとBCは平行なので，角CBDと角ADBの大きさも等しい。よって，●印をつけた角の大きさはすべて等しいから，三角形BDFは二等辺三角形となり，BGとDGの長さは等しいことがわかる。つまり，Gは半円の中心であり，BGの長さは20cmである。次に，三角形BCDと三角形BGFは相似であり，相似比は，BC：BG＝32：20＝８：５なので，FGの長さは，$24\times\frac{5}{8}$＝15(cm)とわかる。したがって，三角形BDFの面積は，40×15÷２＝300(cm^2)と求められる。

4　数列

⑴　N段目にはN枚のカードが並んでいるから，１段目から９段目までに並んでいる枚数の合計は，１＋２＋…＋９＝(１＋９)×９÷２＝45(枚)となる。よって，10段目の左から４番目のカードの数は，45＋４＝49である。

1段目	1							
2段目	2	3						
3段目	4	5	6					
4段目	7	8	9	10				
5段目	11	12	13	14	15			
6段目	16	17	18	19	20	21		
7段目	22	23	24	25	26	27	28	
8段目	29	30	31	32	33	34	35	36

⑵　１段目から14段目までに並んでいる枚数の合計は，１＋２＋…＋14＝(１＋14)×14÷２＝105(枚)なので，15段目には，105＋１＝106から，105＋15＝120までの15枚のカードが並んでいる。また，奇数《きすう》段目は白で始まり，白にかかれている数は２ずつ大きくなるから，15段目の白の数の和は，106＋108＋110＋112＋114＋116＋118＋120＝(106＋120)×８÷２＝904と求められる。

⑶　右上の図の太線のようにとなり合う２枚のカードを組にすると，偶数段目の組の数は$\frac{N}{2}$と表すことができる。また，どの組も白と黒の差は１なので，偶数段目の白と黒の差は，$1\times\frac{N}{2}=\frac{N}{2}$になる。よって，$\frac{N}{2}$＝61より，$N$＝61×２＝122と求められるから，１つ目は122段目とわかる。次に，奇数段目の場合，組の数は１つ上の段の組の数と同じになり，最後に白が１枚余る。さらに，奇数段目の組は黒の方が大きいので，３段目の差は，６－１×１＝５，５段目の差は，15－１×２＝13，７段目の差は，28－１×３＝25のように求めることができる。同様にして求めると，９段目の最後の数は45だから，９段目の差は，45－１×４＝41，11段目の最後の数は，45＋10＋11＝66なので，11段目の差は，66－１×５＝61となる。したがって，２つ目は11段目とわかる。

5　比の性質，旅人算

⑴　三田さんの登りと下りの速さを⑤と⑨，藤沢さんの登りと下りの速さを[3]と[5]として図に表すと，下の図１のようになる。図１で，[5]－[3]＝⑨－⑤，[2]＝④より，[1]＝②となるから，藤沢さんの登りの速さは，[3]＝②×３＝⑥とわかる。よって，⑥－⑤＝①にあたる速さが分速６mなので，三田さんの下りの速さは分速，６×９＝54(m)である。

図1

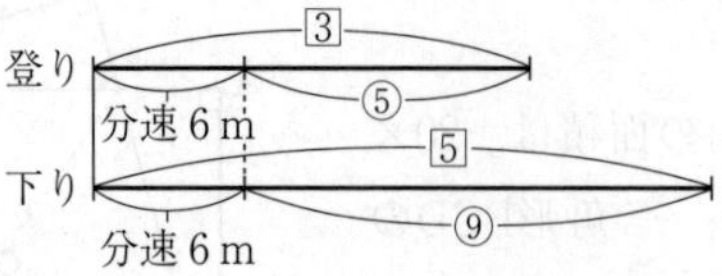

図2

	登り	下り
三田さん	分速30m	分速54m
藤沢さん	分速36m	分速60m

⑵　２人が最初に出会うのは，２人が合わせて3240m進んだときである。また，⑴より，２人の速さは上の図２のようになることがわかるから，三田さんの下りの速さと藤沢さんの登りの速さの和は分速，54＋36＝90(m)となる。よって，２人が最初に出会うのは出発してから，3240÷90＝36(分後)である。

⑶　三田さんがＢ町に着くのは，3240÷54＝60(分後)であり，藤沢さんがＡ町に着くのは，3240÷36＝90(分後)なので，藤沢さんがＡ町に着いたとき，三田さんはＢ町から，90－60＝30(分)進んでいる。また，その間に進む距離《きょり》は，30×30＝900(m)なので，出発してから90分後のようすは右上の図３のようになる。このときの２人の間の距離は，3240－900＝2340(m)であり，この後の２人の速さの和は分速，30＋60＝90(m)なので，２回目に出会うのは図３の，2340÷90＝26(分後)とわかる。よって，出発してから，90＋26＝116(分後)だから，最初に出会ってから２回目に出会うまでの時間は，116－36＝80(分)である。

図3

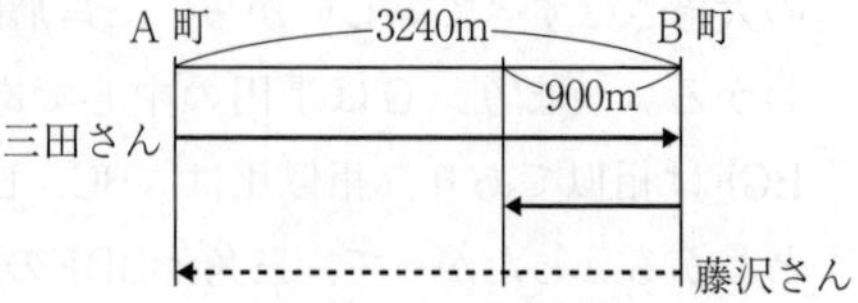

6　水の深さと体積

⑴　容器の容積は，12×12×12＝1728(cm³)だから，毎秒48cm³ずつ水を入れると，1728÷48＝36(秒後)にいっぱいになる。

⑵　右の図１のようになる時間を求める。図１で，かげをつけた部分の面積は，４×２＋４×６＋４×10＝72(cm²)なので，かげをつけた部分の水の体積は，72×12＝864(cm³)とわかる。よって，このようになるのは，864÷48＝18(秒後)である。

図1

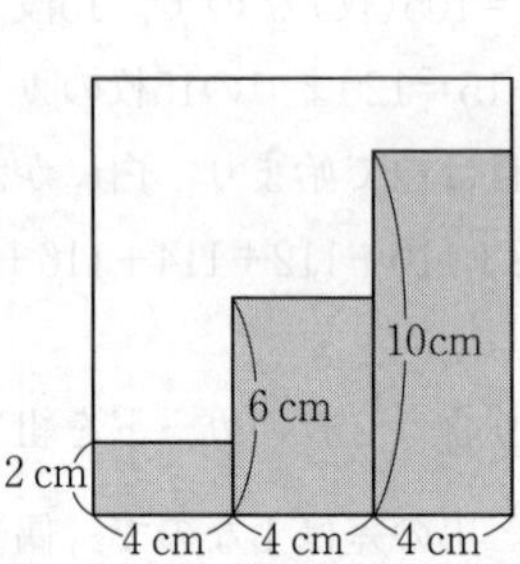

図2

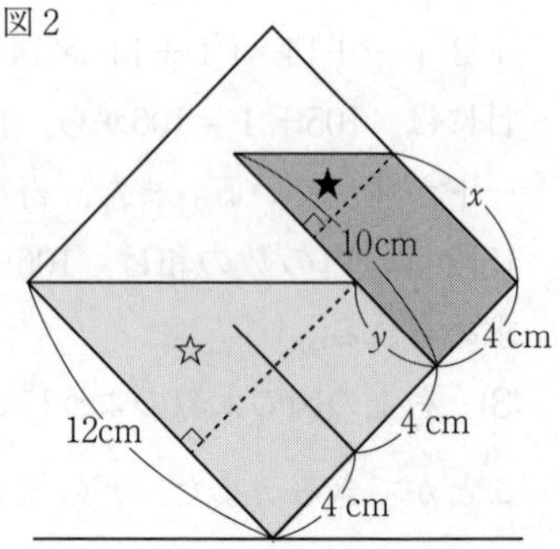

⑶　容器を45度かたむけると右上の図２のようになり，水が残る部分は２つの台形に分けることができる。図２で，★印と☆印をつけた部分はどちらも直角二等辺三角形である。また，★印をつけた三角形の直角をはさむ辺の長さは４cmだから，xの長さは，10－４＝６(cm)となり，小さい方の台形の面積は，(６＋10)×４÷２＝32(cm²)とわかる。同様に，☆印をつけた三角形の直角をはさむ辺の長さは，４＋４＝８(cm)なので，yの長さは，12－８＝４(cm)となり，大きい方の台形の面積は，(４＋12)×８÷２＝64(cm²)とわかる。よって，かげをつけた部分の面積の合計は，32＋64＝96(cm²)と求められる。この後，容器をもとにもどしても水の体積は変わらないから，容器に残っている水の体積は，96×12＝1152(cm³)となる。

社 会 (25分) ＜満点：50点＞

解 答

1 問1 3 問2 4 問3 3 問4 1 問5 5 2 問1 1 問2 3 問3 2 問4 2 問5 (あ) 3 (い) 1 (う) 2 問6 1 3 問1 3 問2 2 問3 (う) 9 (え) 2 (お) 4 問4 4 4 問1 4 問2 1 問3 3 問4 2 問5 1 問6 4 問7 2 5 問1 3 問2 1 問3 4 問4 4→2→1→3 問5 2 問6 3 問7 自由民権(運動) 6 問1 3 問2 1 問3 高等 問4 3 問5 コンセント 問6 3 7 問1 4 問2 2 問3 1 問4 3 問5 4 問6 4→1→3→2

解 説

1 日本の人口についての問題

問1 2020年時点では，日本の総人口約１億2600万人のうち，現役世代あるいは生産年齢人口とよばれる15～64歳の割合が59.3％，65歳以上の高齢者の割合が28.8％で，現役世代２人で高齢者１人を支えることになる。統計資料は『日本国勢図会』2021／22年版による(以下同じ)。

問2 2019年の人口を１億2600万人とした場合，その0.7％は88.2万人，1.1％は138.6万人と求められる。死亡数が上回っているので，138.6－88.2＝50.4より，約50万人の減少になる。

問3 1 国勢調査は，５年に１度行われる。 2 少子高齢化対策は行われているが，2020年以降も人口は少しずつ減少していくと予想されている。 3 中央省庁を地方に移転させる，地方に移住して働く人を支援するなど，人口の偏《かたよ》りをなおす対策がとられているので，正しい。 4 グローバル化の進展にともない，海外在留の日本人も日本在留の外国人も，おおむね増加傾向《けいこう》にある。

問4 東京都庁の旧庁舎は千代田区にあり，周辺には多くの企業や商業施設，行政機関の庁舎，皇居などがあるため，東京都内の中でも特に０～10kmの常住人口が少ない。なお，２は大阪50km圏《けん》，３は名古屋50km圏。

問5 沖縄県は，全国の都道府県の中で唯一《ゆいいつ》，自然増減率がプラスになっている。一方，社会増減率は都市部でプラスになる傾向にあり，東京都が全国で最も高い。なお，アは青森県，ウは大阪府。

2 世界がかかえる課題についての問題

問1 日本では，2011年の東日本大震災以降，原子力発電の発電量が大きく減り，発電量は火力，水力，原子力，新エネルギー(太陽光など)の順となっている。また，水資源の豊かなカナダやブラジルでは，水力発電の割合が高い。なお，２は火力，３は原子力，４は太陽光。

問2 ジェンダー平等を実現するため，2018年に候補者男女均等法が制定され，政党は選挙のさいにできるだけ男女の候補者数をそろえるよう努力することが定められたが，選挙区に女性優遇枠《ゆうぐうわく》を設けるような制度はない。

問3 1990年代から，豊かな資源や労働力などを背景としてめざましい経済成長をとげているブラジル(Brazil)・ロシア(Russia)・インド(India)・中国(China)・南アフリカ共和国(South Africa)の

5か国は，その頭文字をとってBRICSとよばれる。表中のこの5か国のうち，ロシアは1990年に比べて2018年のほうが二酸化炭素排出量が少ない。

問4　温室効果ガスの排出量と吸収量を均衡《きんこう》させ，全体として排出量をゼロにおさえることをカーボンニュートラルという。日本政府は2050年までにカーボンニュートラルを達成し，脱《だつ》炭素社会の実現を目指すと宣言した。なお，環境アセスメントは，大規模開発のさい，その開発が与える環境への影響《えいきょう》を事前に調査し，予測・評価すること，トレーサビリティは，ある製品の原材料の調達から生産・流通・消費・廃棄に至るまでの過程を追跡できるようすること。ヒートアイランドは都市部の気温が周辺よりも高くなる現象で，等温線を結ぶと島(アイランド)状になることからその名がある。

問5　(あ)　WHOは世界保健機関の略称で，世界の人々の健康や医療《いりょう》に関する仕事を行っているので，SDGsの目標3「すべての人に健康と福祉を」と関係が深い。　(い)　UNESCOは国連教育科学文化機関の略称で，教育・科学・文化などの分野での国際協力を通じ，世界平和を実現することを目的として活動している。よって，SDGsの目標4「質の高い教育をみんなに」と関係が深い。(う)　ILOは国際労働機関の略称で，世界の働く人々の働く権利の保障や労働条件の改善のために活動している。よって，SDGsの目標8「働きがいも経済成長も」と関係が深い。

問6　フードマイレージは，輸送する食材の重さに輸送距離をかけて算出される数値で，大きくなるほど環境への負荷が大きいことを意味する。フードマイレージを減らすには，食料の輸入を減らしたり地産地消を進めたりして，食料自給率を高めることが求められる。

3　**縄文・弥生時代の社会についての問題**

問1，問2　1877年，アメリカの動物学者エドワード・モースは，大森(東京都)付近を通る汽車の車窓から大森貝塚を発見した。これにより，考古学という学問が日本で始まった。なお，シーボルトはドイツ人で，江戸時代後半に長崎出島のオランダ商館の医師として来日し，鳴滝塾を開いたことなどで知られる。ペリーは1853年にアメリカ使節として来日し，翌54年に江戸幕府との間で日米和親条約を結んだ。ラフカディオ・ハーンは小泉八雲という日本名を持つギリシャ人で，『怪談』の著者として知られる。

問3　(う)　三内丸山遺跡は，青森市郊外で発掘された縄文時代の大規模集落跡で，大型掘立《ほったて》柱建物跡や大型住居跡，植物の栽培跡が見つかるなどしている。　(え)　登呂《とろ》遺跡は静岡市にある弥生時代の遺跡で，高床倉庫の跡や木製農具，水田の跡などが発掘され，当時の稲作のようすがうかがえる。　(お)　吉野ヶ里遺跡は，佐賀県神埼《かんざき》市と吉野ケ里町にまたがる弥生時代最大級の環濠《かんごう》集落跡で，敵の侵入《しんにゅう》を防ぐため周囲に濠《ほり》や柵《さく》をめぐらし，物見やぐらなどを備えていた。

問4　中国の歴史書『後漢書』東夷《とうい》伝によると，紀元57年に倭《わ》(日本)の奴国《なこく》王が後漢(中国)に使いを送り，光武帝から「漢委奴国王《かんのわのなのこくおう》」と刻まれた金印を授けられた。なお，隋は6世紀後半～7世紀前半，唐は7世紀～10世紀，秦《しん》は紀元前3世紀に中国にあった王朝。

4　**室町～戦国時代の人物やできごとについての問題**

問1，問2　足利義政は室町幕府の第8代将軍で，義政の後継《あとつ》ぎをめぐる争いに有力守護大名の勢力争いなどが結びつき，1467年に応仁の乱が起こった。義政は戦乱を避《さ》けるようにして京都東山の山荘で暮らし，ここに銀閣(慈照寺)を建てるなどした。一方，1477年まで続いた応仁の乱で主戦場となった京都は焼け野原となり，幕府の権威《けんい》は失われて戦国時代へと入っていった。なお，足利尊氏は初代，足利義満は第３代，足利義昭は第15代将軍。また，承久《じょうきゅう》の乱は鎌倉時代初めの1221年，壬申《じんしん》の乱は飛鳥時代の672年，佐賀の乱は明治時代初めの1874年のできごと。

問３，問４　鎌倉時代に親鸞《しんらん》が開いた浄土《じょうど》真宗(一向宗)は，15世紀後半，蓮如《れんにょ》のときに大きく信者を増やした。1488年，現在の石川県南部にあたる加賀国で，一向宗の信者らが守護大名の富樫《とがし》氏を滅ぼし，自治を始めた。これが加賀の一向一揆《いっき》で，総本山であった石山本願寺が織田信長に降伏《こうふく》する1580年までおよそ100年にわたって自治を行ったことから，加賀国は「百姓の持ちたる国」といわれた。なお，臨済宗は栄西，真言宗は空海，天台宗は最澄が開いた宗派。

問５　堺(大阪府)は日明貿易や南蛮《なんばん》貿易の港町として栄え，戦国時代以降は鉄砲の一大産地となった。会合《えごう》衆とよばれる大商人による自治が行われていたが，1568年に織田信長の支配下に入った。なお，萩《はぎ》は山口県，横浜と鎌倉は神奈川県にある。

問６　平安時代初めに活躍《かつやく》した僧である最澄が開いた比叡《ひえい》山延暦寺(滋賀県・京都府)は，天台宗の総本山であるとともに，日本の仏教教学の中心となり，多くの僧がここで学んだ。政治への影響力も強く，平安時代には僧兵が強訴《ごうそ》(仏の権威を利用して要求を通そうとすること)を行ったり，戦国時代には織田信長と激しく対立したりしたが，1571年には織田信長によって焼き打ちされた。なお，東大寺は奈良時代に聖武天皇が，法隆寺は飛鳥時代に聖徳太子が創建した寺で，いずれも奈良県にある。本能寺は，織田信長が家臣の明智光秀《あけちみつひで》にそむかれ自害した本能寺の変が起こった寺で，京都府にある。

問７　武田信玄《しんげん》は甲斐《かい》国(山梨県)の戦国大名で，「信玄家法(甲州《こうしゅう》法度《はっと》之《の》次第《しだい》)」という分国法による統治や，信玄堤《づつみ》とよばれる堤防による治水，越後国(新潟県)の戦国大名・上杉謙信《けんしん》と信濃国(長野県)の領有を争った川中島の戦いなどで知られる。なお，毛利元就《もとなり》は中国地方，伊達《だて》政宗は東北地方の戦国大名。

5　明治時代の政治についての問題

問１，問２　板垣退助は土佐藩(高知県)出身の政治家で，1874年に民撰《みんせん》議院設立の建白書を提出し，自由民権運動を指導した。板垣退助はこの中で，現在の政権をにぎっているのは天皇でも人民でもなく，長州藩(山口県)と薩摩藩(鹿児島県)の出身者を中心とする官僚《かんりょう》だとして，明治政府の藩閥《はんばつ》政治を批判した。なお，岩倉具視《ともみ》と大久保利通《としみち》は明治政府の中心人物。大隈重信は明治政府で活躍していたが，議会開設を求めるなどして1881年に追放され，自由民権運動に加わった。

問３　自由民権運動では，選挙によって選ばれた国民の代表者による議会の設立が主張された。これは，1868年に明治政府が新しい政治の方針として示した五箇条《ごかじょう》の誓文《せいもん》の中の，「広く会議を興し万機公論に決すべし」という内容と一致する。なお，学制は1872年に出された教育制度についての法令，徴兵令は1873年に出された兵役の義務に関する法令，日米和親条約は1854年に結ばれた日本の開国に関する条約。

問４　１(秩父《ちちぶ》事件)は1884年，２は1881年，３は1889年，４は1877年のできごとなので，古い順に４→２→１→３となる。

問５　明治時代初めの1873年に地租改正が行われ，地価(土地の価値)を記した地券が土地所有者に発行された。そして，地租(税)は土地所有者が地価の３％を現金で納めることとされた。

問６　明治時代初めには新聞が発行されるようになり，人々の情報源として広まった。自由民権運動も新聞を通じて広がったため，政府は新聞紙条例を定めるなどしてこれを弾圧した。なお，かわら版は江戸時代に発行された出版物で，新聞のように事件を伝えた。雑誌が広まったり，ラジオ放送が開始されたりしたのは大正時代のことである。飛脚《ひきゃく》は，江戸時代の文書などの配達業者。

問7　問１の解説を参照のこと。

6 日本の司法制度についての問題

問1　靖国《やすくに》神社は東京都千代田区にある神社である。明治天皇が戊辰《ぼしん》戦争(1868～69年)の戦没《せんぼつ》者をまつるために創建した招魂《しょうこん》社がのちに靖国神社とされ，太平洋戦争にいたるまでの多くの戦没者がまつられている。なお，出雲《いずも》大社(島根県)には大国主大神が，明治神宮(東京都)には明治天皇と昭憲皇太后(明治天皇の皇后)が，鶴岡八幡宮《つるがおかはちまんぐう》(神奈川県)には応神天皇などがまつられている。

問2　日本国憲法は第20条で信教の自由について規定しており，１項で「いかなる宗教団体も，国から特権を受け，又《また》は政治上の権力を行使してはならない」，３項で「国及《およ》びその機関は，宗教教育その他いかなる宗教的活動もしてはならない」と定めている。そのため，宗教団体である靖国神社へのお供えに公費を用いることは憲法違反であるとして，裁判が起こされた。

問3　日本では，同一事件について３回まで裁判を受けられるという三審制を採用している。第一審が地方裁判所で行われた場合，第二審は高等裁判所，最終審は最高裁判所で行われる。

問4　自己決定権は，日本国憲法には直接明記されていないものの，社会の変化にともなって主張されるようになった新しい人権の一つで，自分の生き方などの個人的なことがらは自分で決定できるという権利である。

問5　医療行為を受ける患者が，その内容について医師や看護師などから説明を受け，十分理解したうえで，患者が自分の意思で医療方針に合意することを，インフォームド・コンセントという。臓器提供の意思表示などとともに，自己決定権を行使する機会として重視されている。

問6　三審制において，第一審の判決に不服で，より上級の裁判所に訴《うった》えを起こすことを控訴《こうそ》，第二審の判決に不服で，さらに上級の裁判所に訴えを起こすことを上告という。

7 戦後の日本の経済についての問題

問1　1950年に朝鮮戦争が始まると，日本に駐留《ちゅうりゅう》していたアメリカ軍が韓国を支援するため，朝鮮半島に出撃《しゅつげき》した。このとき，アメリカ軍が大量の軍需《ぐんじゅ》物資を日本に発注したことから日本の産業は活気づき，特需景気とよばれる好景気が訪れた。これにより，日本の経済復興が早まった。

問2　高度経済成長期には，産業と経済の発展にともなって家電製品が家庭に普及《ふきゅう》し，1950年代後半～1960年代前半には白黒テレビ・電気洗濯機・電気冷蔵庫が「三種の神器」とよばれて人気を集めた。また，1960年代なかばからは，カラーテレビ・エアコン(クーラー)・自動車という「新三種の神器(３Ｃ)」が普及していった。

問3　1973年に第四次中東戦争が起こると，中東の産油国が原油の輸出制限や値上げを行ったため，石油をおもなエネルギー源とする先進工業国の経済が大きく混乱した。これを石油危機(オイルショック)といい，日本もその影響で高度経済成長期が終わった。なお，リーマンショックは2008年，バブル崩壊《ほうかい》は1990年代初めのできごと。暗黒の木曜日は，世界恐慌《きょうこう》のきっかけとなったニューヨークでの株価の大暴落が起こった日のことで，1929年のできごと。

問4　1980年代，日本は自動車などの輸出によって利益を得る一方，国内の農家を守るため，農産物の輸入を制限していた。これによって，特にアメリカとの間で貿易摩擦《まさつ》が深刻な問題になったことから協議が重ねられ，日本は自動車の輸出自主規制や自動車の現地生産を行い，アメリカ産の牛肉とオレンジの輸入自由化を行った。

問5　1980年代後半には，円高や金融《きんゆう》政策によって株価や地価が極端に値上がりし，これが経済を押し上げて1990年代初めまで好景気が続いた。この時期の1989年に元号が昭和から平成に変わったことから，この好景気は平成景気とよばれる。なお，平成景気は，経済が実態を超《こ》えて泡《あわ》(バブル)のようにふくれあがり，はじけて終わったことから，バブル景気(経済)ともよばれる。また，いざなぎ景気は1966～70年，神武景気は1955～57年，岩戸景気は1958～61年のことで，いずれも高度経済成長期にあたる。

問6　1は2005年，2は2014年，3は2009年，4は1999年のできごとなので，古い順に4→1→3→2となる。

理　科　(25分)　＜満点：50点＞

解　答

[1] **問1**　マツ…風　カボチャ…こん虫　**問2**　鳥　**問3**　2，3，5　**問4**　4，6，8　**問5**　**A**　3　**B**　4　**C**　2　**D**　1　[2] **問1**　2　**問2**　2　**問3**　2，4　**問4**　(例)　雪が積もらないようにするため。　**問5**　再生可能　[3] **問1**　551.0 g　**問2**　200.0 g　**問3**　505.7　**問4**　9：7　[4] **問1**　**X**　1　**Y**　4　**Z**　4　**問2**　1，3　**問3**　2，5　**問4**　(例)　石灰水を集気びんに少量入れてよくふると，石灰水が白くにごる。

解　説

[1] 生物の進化についての問題

問1　マツの花粉は，空気袋《ぶくろ》がついていることからもわかるように，風によって運ばれる。風で運ばれる花粉はめしべに届く可能性を高くするために，大量につくられる。カボチャの花粉はこん虫などによって運ばれるので，こん虫などの体にくっつきやすいように，表面にトゲとねばり気がある。

問2　こん虫などのいない冬に目立つ色の花をさかせる植物は，花粉を鳥に運んでもらう場合が多い。そのため，一般《いっぱん》的に花のつくりが丈夫で，大量の蜜《みつ》を出すが，あまりにおいが強くないものが多い。

問3　見た目や働きはちがっていても，元は同じものから進化した体のつくりを相同器官という。サボテンのとげは葉が変化したもので，アサガオなどの葉とは相同器官の関係になる。また，魚類やクジラの胸びれ，ウマの前あし，ヒトの手も，相同器官である。なお，くきに栄養分をたくわえているジャガイモと根に栄養分をたくわえているサツマイモ，こん虫のはねと鳥類のつばさのように，見た目や働きは同じでも，別のものから進化した体のつくりは相似器官という。

問4　魚類として，マグロ，メダカ，サメの3つがあてはまる。なお，イルカはほ乳類，カエルは両生類，ペンギンは鳥類で，魚類の3つの動物も含《ふく》め，いずれも背骨を持つせきつい動物である。イソギンチャク，アサリ，エビは背骨を持たない無せきつい動物に属する。

問5　共通した特ちょうの有無によって分類するので，表の○の数が同じものは最も近いなかまである。ウサギはヒトと○のついた項目が一致《いっち》していて，ヒトにいちばん近いAにあてはまる。次に，ヒトに近いBにあてはまるものは，ヒトとたいばんの項目だけ有無が異なるカエルである。Cにあてはまるものは，ヒトと背骨の項目だけが共通しているタイとなる。バッタは4つの項目でヒトと共通しているものが1つもないため，ヒトから最も遠い位置にあるDにあてはまる。

2 太陽光発電についての問題

問1　グラフBでかげの長さが最も短くなっている12時ごろには，太陽が南中しており，かげは北の方角にできる。同じ地点で太陽が南中する時刻は1年中ほぼ変わらないので，夏でも冬でも12時における柱のかげのできる方角は変わらない。かげの長さは太陽の高さが高いほど短くなるため，太陽の南中高度が高くなる夏には短く，低くなる冬には長くなる。

問2　グラフAの山とグラフBの谷の時刻は一致しているので，発電された電流の大きさとかげの長さには関係があると考えられる。また，グラフCはグラフAの山やグラフBの谷の時刻からおくれて山をむかえている。このことから，気温の変化が電流の大きさに影響《えいきょう》を与《あた》えていたり，かげの長さと関係があったりすることはないと考えられる。

問3　太陽光と太陽光パネルのつくる角度が直角に近づくほど，太陽光パネルに多くの太陽光があたり，発電効率がよくなる。右の図で，太陽高度を高くした場合，太陽光パネルの設置角度を小さくしないと，太陽光パネルに太陽光が直角にあたらない。したがって，太陽の南中高度が高いときほど，太陽光パネルの設置角度を小さくしてねかせた方が発電効率がよいといえる。鹿児島県は神奈川県よりも南にあるので，同じ日における太陽の南中高度は高い。また，冬よりも夏の方が太陽の南中高度は高くなる。

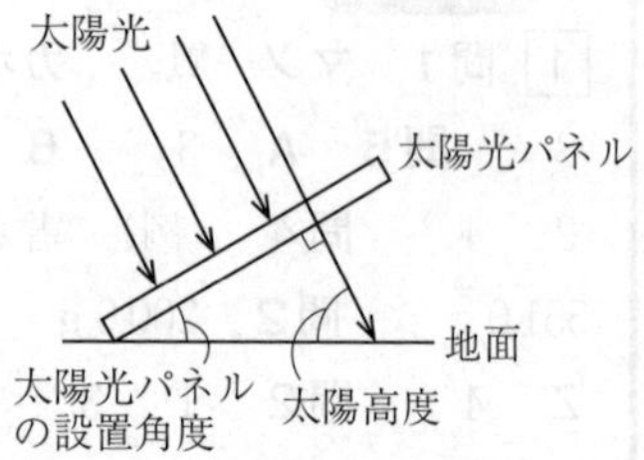

問4　北海道などの地域では，冬になると雪が積もるため，太陽光パネルの設置角度が小さいと，太陽光パネルの上に雪が積もって発電できなくなってしまう。そこで，設置角度を大きくして，太陽光パネルの上に雪が積もりにくくなるように工夫している。

問5　太陽光や風，地熱などのエネルギーは，半永久的にくり返し利用できて，なくなる心配がない。このようなエネルギーは，再生可能エネルギーとよばれる。

3 浮力《ふりょく》とてこのつり合いについての問題

問1　実験2で銀メダルが水から受けている浮力の大きさは，1.0×52.5＝52.5(g)である。ばねばかりが示している498.5gの値は，銀メダルの重さから浮力の大きさを引いた値なので，銀メダルの重さは，498.5＋52.5＝551.0(g)とわかる。

問2　実験1の結果と問1より，容器の重さは，731.0－551.0＝180.0(g)と求められる。水と容器の重さの合計は380.0gだから，実験2に使った水の重さは，380.0－180.0＝200.0(g)になる。

問3　金メダルは，銀メダルの上に金がうすくぬられていて，その金の重さは7.6g，体積は，7.6÷19.0＝0.4(cm^3)である。実験2で金メダルが水から受ける浮力の大きさは，52.5＋1.0×0.4＝52.9(g)なので，X＝551＋7.6－52.9＝505.7(g)となる。

問4　実験3と実験4で用いた銅と亜鉛《あえん》のかたまりの重さをそれぞれ63gとすると，実験3より，水中にある銅のかたまりの見かけの重さは，63×8÷9＝56(g)になる。この銅のかたまりは，63－56＝7(g)の浮力を受けていることから，体積は，7÷1.0＝7(cm^3)である。また，実験4では，水中にある亜鉛のかたまりは見かけの重さが，$63\times6\div7=54$(g)で，受けている浮力が，$63-54=9$(g)なので，体積は，$9\div1.0=9$(cm^3)となる。よって，銅と亜鉛の1cm^3あたりの重さの比は，$\frac{63}{7}:\frac{63}{9}=9:7$と求められる。

4 ドライアイスについての問題

問1　**X**　ドライアイスはまわりの空気などによってあたためられて，気体の二酸化炭素になっていくので，水そう内はしだいに気体の二酸化炭素で満たされていく。息(空気)をふきこんでつくったシャボン玉は，シャボン玉がおしのけた分のまわりの空気の重さに等しい浮力を受ける。シャボン玉が水そうの底に達しなかったのは，浮力の方が息をふきこんだシャボン玉の重さより大きいこと，つまり，同じ体積あたりで比べると，二酸化炭素で満たされた水そうの底にある空気の方がふきこんだ息より重いことを示している。このことから，二酸化炭素は同じ体積の空気と比べて重いとわかる。　**Y**　固体から直接気体に変化した低温の二酸化炭素に空気中の水蒸気がふれると，気体である水蒸気が細かい液体の水の粒《つぶ》や固体の氷の粒に変化する。これが集まると，白いけむりのように見える。　**Z**　はく息の中には水蒸気が多く含まれているので，ドライアイスに息をふきかけると白いけむりが増える。

問2　水蒸気が冷えて細かい水の粒に変わる現象を選ぶ。きりは気温が下がった朝などに冷たい地面にふれた空気中の水蒸気が水の粒になって浮《う》かんでいるもの，やかんのゆげは水がふっとうして出てくる水蒸気が空気中で冷え，細かい水てきに変わったものである。

問3　二酸化炭素が水にとけた水溶液《すいようえき》は酸性の性質を持つので，BTB溶液は黄色を示す。BTB溶液を入れたとき，酸性のうすい塩酸とレモン果汁《かじゅう》は黄色，中性の食塩水は緑色，アルカリ性のうすいアンモニア水と石灰水は青色になる。

問4　二酸化炭素であることを確認する場合には，石灰水がよく使われる。二酸化炭素を集めた集気びんに石灰水を適量入れてよくふると，石灰水が白くにごることで二酸化炭素があるかどうかを確認できる。

英語　(60分)　<満点：100点>

※解説および作文の解答例は編集上の都合により省略させていただきました。

解答

Listening 省略　**Reading Passage One** **1** C　**2** B　**3** A　**4** D　**5** B　**Passage Two** **1** B　**2** C　**3** A　**4** D　**5** C　**Grammar Part A** **1** C　**2** B　**3** C　**4** A　**5** C　**6** D　**7** A　**Part B** **1** clouds can tell you if a storm　**2** allow plenty of time to get to　**3** to keep the windows open to let　**Vocabulary** **1** D　**2** B　**3** A　**4** C　**5** B　**6** A　**7** C　**8** B　**9** D　**10** C

国語 (45分) ＜満点：100点＞

解答

一 ① うちわけ ② たいやく ③ せんて ④ かおく ⑤ したく ⑥ さいく ⑦ どりょく ⑧ じんか ⑨ こうげん ⑩ ほっさ 二 **問1** ① B ② A ③ A ④ A **問2** **あ** オ **い** エ **う** ク **え** イ **問3** オ **問4** カ **問5** ウ **問6** イ **問7** ① B ② B ③ A ④ B **問8** す(く)な(く)と(も) **問9** その考えを 三 **問1** ウ **問2** ① B ② B ③ A ④ B ⑤ B **問3** 下記を参照のこと。 **問4** イ **問5** イ **問6** ア **問7** ウ **問8** ウ **問9** ふしあわせ 四 (例) 決勝で勝つことを第一目標とし，第5戦は相手チームをリサーチする試合という方針で臨む。選手には「第5戦は，アメリカチームの弱点，強み，プレイのくせを見定め，日本チームの弱点，強み，悪いくせを明確にする試合だ。その情報をもとに決勝での戦い方を組み立てれば，優勝につながる」と伝える。

●漢字の書き取り

三 **問3** a 不意 b 財布 c 素直 d 故郷 e 余地

解説

一 漢字の読み

① 「内訳」は，金銭の総額や物品の総量に対し，その内容を項目《こうもく》別に分けたもの。「直訳」は，外国語の文章を一語一語，原文に忠実に訳すこと。「通訳」は，当事者間において言語の違《ちが》いなどから意志疎通《そつう》に支障がある場合，両者の間で双方《そうほう》の意図を伝達すること，または伝達する人。 ② 「現役」は，ある地位や職に就《つ》いて実際に今活動していること，または活動している人。「使役」は，誰《だれ》か(何か)を使って仕事をさせること。「大役」は，重要な役目。 ③ 「入手」は，手に入ること，または，手に入れること。「先手」は，ほかより先に始めること。「旗手」は，団体の行進などで，その印となる旗を持つ人。あるいは，思想や芸術運動などの先頭に立つ人。 ④ 「家屋」は，人が住むための建物。「楽屋」は，劇場などの舞台裏にあって，出演者が準備したり休息したりする部屋。「平屋」は，一階建ての建物。 ⑤ 「密度」は，疎密の度合や内容の充実《じゅうじつ》度。「支度」は，準備すること。「節度」は，行き過ぎない適切な程度。 ⑥ 「細工」は，手先を利《き》かせて細かい物をつくること，または，細かなごまかしをする企《たくら》み。「木工」は，木で物をつくること，または，その人。「施工」は，工事を実際に行うこと。 ⑦ 「馬力」は，精力的に活動する力，または，仕事率の単位。「非力」は，力が弱いこと，または，勢力や能力に欠けること。「努力」は，目標を実現するために力を尽《っ》くすこと。 ⑧ 「王家」は，王の血族集団，王族の家系。「出家」は，家を出て仏道の修行をすること。「人家」は，人の住む家屋。 ⑨ 「小言」は，不平や苦情。細かいことを取り立ててしかること。「寝言」は，眠《ねむ》っている間に無意識に発する言葉，または，理屈《りくつ》の通らない主張。「公言」は，人前でおおっぴらに言うこと。 ⑩ 「発作」は，病気の症状《しょうじょう》が急激に起こること。「工作」は，簡単な器物をつくること，または，目的達成のために前もって計画的な働きかけを行うこと。「不作」は，作物のできが悪いこと。

二 **出典はドリアン助川《すけがわ》の『プチ革命　言葉の森を育てよう』による。**二十世紀末から二十一世紀の初めにかけてニューヨークで暮らした体験を導入として，筆者は「言葉とは何か」を語っている。

問1　①「孤独《こどく》にさいなまれました」とは，孤独によって苦しめられたことを意味する。ここには，受身を表す助動詞の「れる」が用いられているとわかる。　②「三年近くもの間，あの街でやってこられた」とは，知人のいない外国の街で三年間ずっと暮らし続けることができたという意味。ここには，可能の助動詞「られる」が使われている。　③「日米混成のバンドを組め」とは，日本人である筆者が，ニューヨークの友人たちとバンドを組むことができたという意味。この「組め」は，可能動詞の「組める」の連用形である。　④「いくつかのライブハウスで歌えた」とは，ライブハウスで歌うことができたという意味。この「歌えた」は，可能動詞の「歌える」の連用形である「歌え」に，助動詞「た」がついたものになる。

問2　**あ**　知人一人いないニューヨークの街に飛びこんだ筆者は，崩《くず》れ落ちそうになるほどの孤独にさいなまれたが，友人ができたお陰《かげ》で三年近くもの間やってこられたという文脈である。よって，前のことがらを受けて，それに反する内容を述べるときに用いる「それでも」が入る。　**い**　多くのアメリカ人は，「カンパチやハマチ」を一緒《いっしょ》くたに「イエローテール」とまとめてしまうほど魚の区別が大雑把《おおざっぱ》なのだから，「ハマチが成長具合によって」名前の変わる「出世魚」だなどと説明したところでいっそう理解できないだろうというつながりである。よって，“なおさら”という意味を表す「ましてや」があてはまる。　**う**　アメリカ人のベーシストが，「なんで日本人は，魚にいちいち名前をつけるんだ」と不思議がったエピソードを紹介《しょうかい》した後，彼《かれ》は名門大学の生物学科を卒業しているにもかかわらず，カブトムシもクワガタムシもカミキリムシもまとめて「ビートル」と表現すると補足している。よって，“ついでにいうと”という意味の「ちなみに」がふさわしい。　**え**　イヌイットが，雪面に対して幾十《いくじゅう》もの呼び方を持っているのは，「雪とともに暮らす」なかで，「雪質や気温や風によって微妙《びみょう》に変わる雪原の見え方」に区別がつけられるからだという文脈である。よって，前に述べた内容の理由を導く「なぜなら」が合う。

問3　来日したアメリカ人のベーシストを歓迎《かんげい》しようと連れていった「本格的な寿司《すし》店」で，彼は「ずいぶんと」食べたと述べられている。直前に「回転寿司ではないので」とあることからも，筆者はだいぶお店にお金を支払《しはら》ったものと想像できるので，思い切りよく金品を出すことを表す「奮発」が選べる。なお，「好評」は，評判がよいこと。「混乱」は，入り乱れること。「抜擢《ばってき》」は，大勢の中から優《すぐ》れたものを選び出して役目につけること。「躍進《やくしん》」は，すごい勢いで進歩すること。「賛成」は，他人の言動をよいと認め，同意すること。

問4　カンパチやハマチなどの「区別」がつかないアメリカ人のベーシストは，「魚にいちいち名前をつける」日本人のことを不思議に思っている。つまり，「魚は魚だろ」というのは，そもそも彼が魚に対して名前を言いわける必要はないと感じていることを意味しているので，カが合う。

問5　日本人の男性ならば，「クワガタの国産種のすべて，カミキリムシも五つ六つは名前を知っている」はずだが，日本のように虫や魚を愛する伝統のない欧米《おうべい》では，「虫に対して二，三の言葉しか浮《う》かばない」ことがふつうだという文脈である。よって，特別ではなく広く全体に行き渡《わた》っているさまの「一般《いっぱん》的」があてはまる。なお，「常識的」は，ふつうであるさま。「比較《ひかく》的」は，比べて判断するようす。「普遍《ふへん》的」は，すべてにあてはまるようす。「典型的」は，物事の特徴《とくちょう》をよく表しているさま。「基本的」は，基本の性質を備えたようす。

問6　『一房《ふさ》の葡萄《ぶどう》』は，有島武郎《ありしまたけお》の小説。ほかに，『或《あ》る女』『生まれ出《い》づる悩《なや》み』『カインの末《まつ》裔《えい》』などがある。

問7　「縮れた亜鉛《あえん》の雲」「羊毛の雲」「蒼鉛《そうえん》色の暗い雲」など，「雲」をさまざまに表現している宮《みや》沢賢治《ざわけんじ》について，彼が「目にする雲はすべて違う雲」だったのだろうと筆者は述べている。このように対象の「差異」を多くの言葉で表現しているのは，「イヌイットにとっての雪」である。

問8　入学や転校をしたさい，最初は「何百人もの新しい仲間たち」の区別などつかないが，数ヶ月もすれば，ともかく「クラス全員の名前ぐらいはわかるようになる」というのだから，“せめて”“すくなく見積もっても”という意味の「すくなくとも」が合う。

問9　一つ目の大段落の最後のほうで，人間は「区別がついている事象に対してのみ，呼び名を持つ」と述べた後，筆者は「感情に対して三つの言葉しか持てない人は，三つの感情しか区別がついていない」が，「揺《ゆ》れ動く心に対して百の描写《びょうしゃ》ができるなら，その人はそれだけの心の姿の区別がつく」と主張している。このことが，目に見えないものの「違い・差異の認識《にんしき》」と「言葉」の関係にあたる。

三　**出典は幸田文《こうだあや》の『台所のおと』所収の「濃紺《のうこん》」による。**和裁の腕《うで》で暮らしている「きよ」が，孫たちの言い争いを聞くうち，三十年ほど前に贈《おく》られた下駄《げた》のことを思い出し，またはいてみようと思うようすが描《えが》かれている。

問1　息子《むすこ》の家で兄妹げんかがはじまった場面で，兄が「いまはもう下駄，はかないもの」と言っていることや，「三十年も以前」，「きよ」が十九歳《さい》のころの普段《ふだん》ばきは「下駄」だったことから，本文の時代設定は「昭和」だと推測できる。

問2　①　本文の最初のほうに，「六年前に夫を見送った」「きよ」は，心配する息子娘《むすめ》に「自分の身じんまくは自分でする」と言って「一人住み」をしているとある。　②　本文中に「きよ」の「父親」は登場していないので，正しくない。　③　「六年前に夫を見送った」「きよ」は未亡人にあたる。なお，「未亡人」は，夫と死別した女性。　④　孫は「一年生」と「三年」の兄妹なのだから，「六年前に亡《な》くなった夫」は「一年生」の孫(妹)とは会えるはずである。また，「顔を見たことがない」かどうかもわからないので，ふさわしくない。　⑤　職人は「きよ」のために仕上げた下駄を贈り，「あすは東京をはなれ，故郷へ帰る」と伝えているので，合わない。

問3　**a**　急であるようす。　**b**　金銭を入れて持ち歩く布製や革製などの入れ物。　**c**　ゆがみのない真《ま》っ直《す》ぐなようす。　**d**　生まれ育った土地。　**e**　ゆとり。余裕《よゆう》。

問4　続く部分で，「収入が安定していて仕合せ」だと書かれていることに注目する。「一人住み」の「きよ」に対し，娘のころからずっとひいきにしてくれる呉服《ごふく》屋が効率よくお金の稼《かせ》げる仕事をえらんで回してくれたのである。

問5　十九歳という若さながらすでに優れたお針子となって家計を支え，進学したがる二人の弟のためにもより「懸命《けんめい》」に働いていた「きよ」は，仕立て代をそっくり母親に渡すなか，時折呉服屋のおかみさんから心付けをもらい，下駄を買うのがたった一つの楽しみだったと言っている。働きづめだった「きよ」にとって，わずかな小遣《こづか》いで好きな下駄を買えるという心浮き立ち，安らげる機会は少なかったのだから，イが選べる。

問6　ひいきにしていた隣町《となりまち》の店で，みごとな女物に見とれ，「一生に一度でいいから，こんな柾《まさ》がほしいわ」と言った自分の話を覚えていた店の青年から，自費の材料でくせのある木目ではあるものの，手間をかけて仕立てたのでぜひはいてもらいたいと，「きよ」が下駄を贈ってもらったことをおさえる。その後，はいていたその下駄を見た「そそっかしい人」から「なんと贅沢《ぜいたく》なのをはいてるのかとほめ」られた「きよ」は，気恥《きは》ずかしさからか「一言そのあらを話さずにはいられない」が，あらをあばけば下駄にも，手間をかけて仕立ててくれた青年にもどこか悪い気がしたのだから，「その人」とは「きよの行きつけの店で働く青年」を指している。なお，「あら」は欠点のこと。

問７　「くせ」があった固い触感《しょっかん》の下駄は，長く大事に使ったことで「やわらかみ」を感じさせる「見勝《みまさ》りする姿」になっていたのだから，ウの「愛想《あいそ》が尽きた」が合わない。

問８　この次はきへらせば，もう「歯つぎ」ができないところまできた下駄を前に別れを惜《お》しんだ「きよ」は，青年のことを思い出している。青年が仕立てたこの下駄には，自費の材料ながらもじゅうぶんな手間がかけられていたうえ，歯がへるたび職人さんのところへ持って行けば，そのくせに合わせて難しい「歯つぎ」をしてくれていた。青年や職人さんたちの「誠実な仕事」が，「この下駄」になされていることを目のあたりにしていた「きよ」の心には，ある種の執着《しゅうちゃく》が生まれていたのだから，ウが合う。

問９　ぼう線３の直後の段落で，「きよ」は下駄を仕立ててくれた青年と，それを贈られた自分，下駄自体の共通点として，「ふしあわせな環境《かんきょう》におかれたとき我慢《がまん》する能力がある」ところをあげている。つまり，「きよ」が好きな下駄をほしいと思いながらも稼ぎはすべて家計の支えとした点，本来であれば「あら」となる下駄の「くせ」のおかげで歯のへりが遅く「長もち」した点が，「下駄ときよ」の共通点にあたる。普段ばき以外，ほとんど買う機会のない「きよ」が，その下駄を歯つぎして大切に使ってきたことに応え，下駄は「やさしい」姿になったのである。

四　条件作文

「勝っても負けても結果に影響《えいきょう》のない」第５戦で勝ったアメリカチームが決勝では負け，第５戦で負けた日本チームが決勝では勝ったことをふまえ，自分が監督《かんとく》ならどんな方針で第５戦に臨み，選手にどう方針を伝えるかをまとめる。「肝心《かんじん》なのは決勝を全力で勝つこと」とあることに注目する。決勝で勝つために，日本チームが第５戦ですべきことだから，たとえば，「第５戦は勝つことではなく相手を研究するという方針で臨む。選手には，『一番大切なのは決勝で勝つことだから，この試合は，負けてもいいので，相手の長所と短所を見極めることを第一に考えて戦おう。そして，それをもとに決勝でどのように戦うか，みんなで作戦を考えよう』と伝える」のような内容が考えられる。

Dr.福井の 入試に勝つ！脳とからだのウルトラ科学

試験場でアガらない秘けつ

キミたちの多くは，今まで何度か模擬試験（たとえば合不合判定テストや首都圏模試）を受けていて，大勢のライバルに囲まれながらテストを受ける雰囲気を味わっているだろう。しかし，模擬試験と本番とでは雰囲気がまったくちがう。そういうところでも緊張しない性格ならば問題ないが，入試独特の雰囲気に飲みこまれてアガってしまうと，実力を出せなくなってしまう。

試験場でアガらないためには，試験を突破するぞという意気ごみを持つこと。つまり，気合いを入れることだ。たとえば，中学の校門前にはあちこちの塾の先生が激励《げきれい》のために立っている。もし，キミが通った塾の先生を見つけたら，「がんばります！」とあいさつをしよう。そうすれば先生は必ずはげましてくれる。これだけでもかなり気合いが入るはずだ。ちなみに，ヤル気が出るのは，TRHホルモンという物質の作用によるもので，十分な睡眠をとる，運動する（特に歩く），ガムをかむことなどで出されやすい。

試験開始の直前になってもアガっているときは，腹式呼吸が効果的だ。目を閉じ，おなかをふくらませるようにしながら，ゆっくりと大きく息を吸う。ここでは「ゆっくり」「大きく」がポイントだ。そして，ゆっくりと息をはく。これをくり返し何回も行うと，ノルアドレナリンという悪いホルモンが減っていくので，アガりを解消することができる。

よく「手のひらに“人”の字を書いて飲みこむことを3回行う」とアガらないというが，そのようなおまじないを信じて実行し，自分に暗示をかけてもいいだろう。要は，入試に対するさまざまな不安な気持ちを消し去って，試験に集中できるようなくふうをこらせばいいのだ。

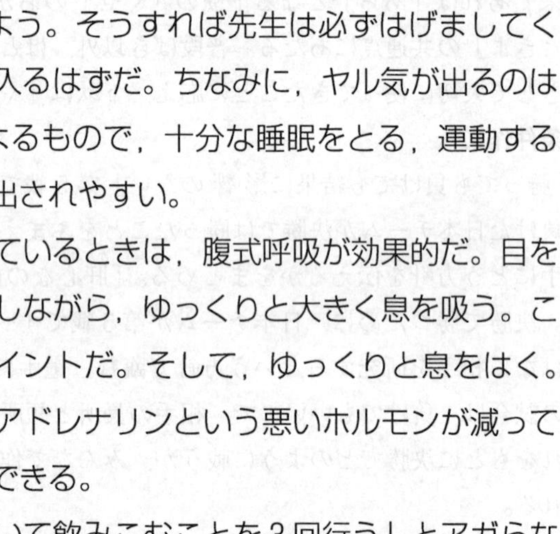

Dr.福井（福井《ふくい》一成《かずしげ》）…医学博士。開成中・高から東大・文Ⅱに入学後，再受験して翌年東大・理Ⅲに合格。同大医学部卒。さまざまな勉強法や脳科学に関する著書多数。

2021年度　慶應義塾湘南藤沢中等部

〔電　話〕（0466）49－３５８５
〔所在地〕〒252－0816　神奈川県藤沢市遠藤5466
〔交　通〕小田急江ノ島線・相鉄いずみ野線・市営地下鉄ー「湘南台駅」よりバス15分　JR東海道線ー「辻堂駅」よりバス25分

※　出願時に４科目受験（算数・社会・理科・国語）か３科目受験（算数・国語・英語）を選択します。算数と国語は同一問題です。

【算　数】（45分）〈満点：100点〉

1　ア，イ，ウ にあてはまる数を求めなさい。

(1)　$8\times9+24\times5+21\times8+72\times3+11\times24+8\times39=\boxed{\text{ア}}$

(2)　$10\div\left(9\div\dfrac{12}{\boxed{\text{イ}}-2}-1.25\right)-3=1$

(3)　かげのついた部分の面積は $\boxed{\text{ウ}}$ cm^2　（ただし，円周率は3.14とする。）

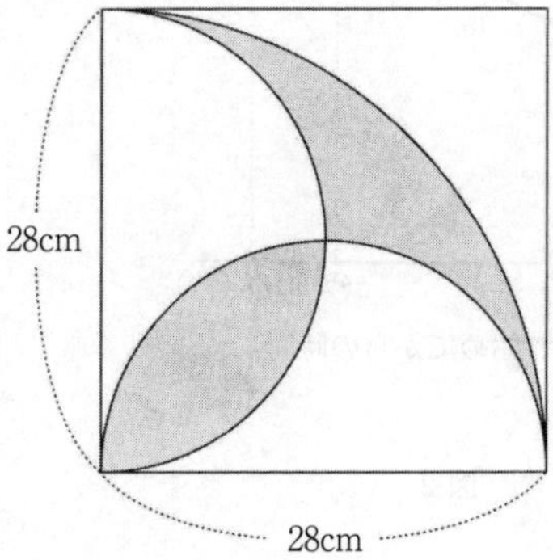

１辺の長さ28cmの正方形と，半円２個と円を四等分したものを組み合わせた図形

2　(1)　２つのビーカーAとBの中の水の量の比は17：3であった。AからBに30cm^3の水を移すと，水の量の比は7：3になった。水を移す前のビーカーAに入っていた水の量は何cm^3ですか。

(2)　３つの箱A，B，Cの中にボールが入っている。
AとBの箱のボールの個数の和は137個，
BとCの箱のボールの個数の和は118個，
AとCの箱のボールの個数の和は129個であった。
Aの箱の中に入っているボールの個数は何個ですか。

(3)　下の規則にしたがって，空いているマスに数字をすべて書き入れなさい。
・たて４列，横４列のそれぞれの列の中に，１，２，３，４の数字が必ず一つずつ入る。
・たて２マス，横２マスの太線で囲まれたそれぞれの部分に，１，２，３，４の数字が必ず一つずつ入る。

1			
		2	
	4		
			3

3 下の図1は底面をA，高さ20cmとする直方体と，底面をB，高さ10cmとする直方体をつなげて作った容器である。2つの底面A，Bはともに1辺の長さ4cmの正方形である。底面Aに底面積4cm^2，高さ10cmの直方体Xが置かれている。容器の右はしの上に管Cがあり，毎秒8cm^3で水を入れることができる。底面Bに管Dがあり，ふたを開けると毎秒2cm^3で水を出すことができる。

いま，管Dのふたを開けてから，管Cから水を入れ始め，10秒後に直方体Xをすばやく引きぬいた。図2は水を入れ始めてからの時間と底面Aからの水面の高さの関係をグラフで表したもので，水を入れ始めてからの時間が㋒秒のときに管Dのふたを閉じた。

このとき，グラフの㋐，㋑，㋒にあてはまる数を求めなさい。

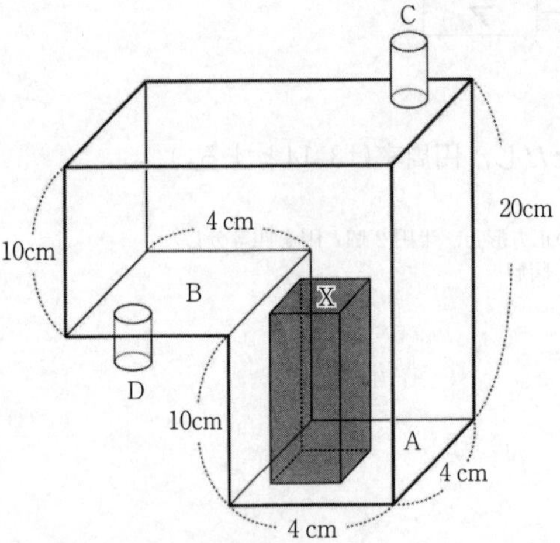

図1

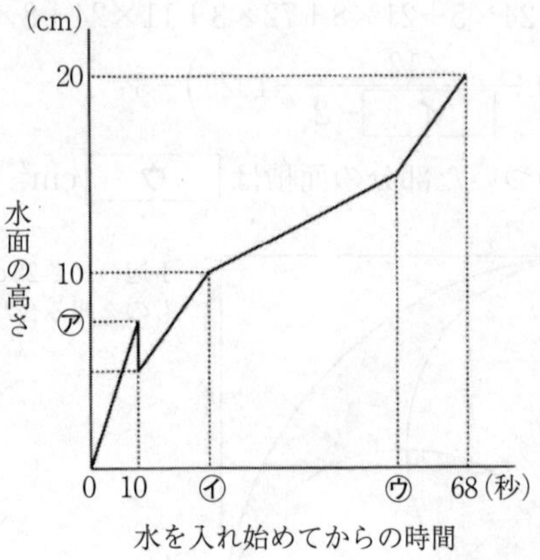

図2

4 AさんとBさんは同じ数ずつ玉を持っていて，次のような作業をする。

① Aさんの持っている玉のうち半分をBさんにわたす。

② Bさんの持っている玉のうち半分をAさんにわたす。

①，②の順にくり返し作業を行い，持っている玉の個数が奇数《きすう》になったら終わる。

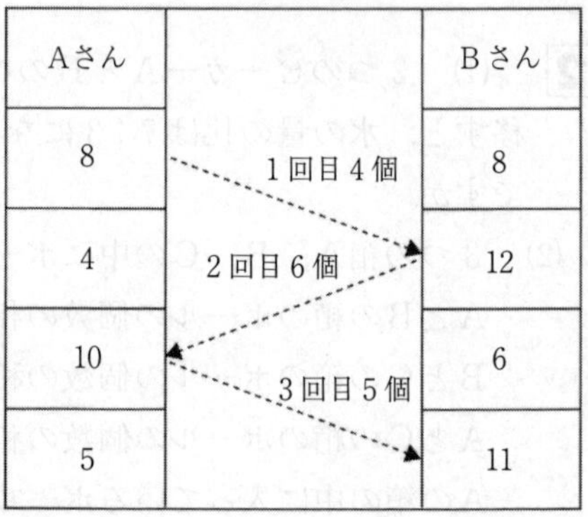

右の図は最初にAさんが8個，Bさんが8個玉を持っている場合の例であり，玉をわたす作業は3回行われたので，作業の回数は「3」と考えることにする。次の ア ～ オ にあてはまる数を答えなさい。

(1) Aさん，Bさんはそれぞれ最初に40個ずつ持っている。この作業が終わったときにAさんは ア 個の玉を持っていて，作業の回数は イ です。

(2) Aさん，Bさんはそれぞれ最初に ウ 個ずつ持っている。この作業が終わったときにAさんは63個，Bさんは129個の玉を持っていて，作業の回数は エ です。

(3) Aさん，Bさんはそれぞれ最初に3072個ずつ持っている。この作業が終わったときの作業の回数は オ です。

5　A君とB君は学校を同時に出発し，分速40mで駅へ向かう。出発してから8分後にB君の忘れ物を持ったCさんが学校を出発し，分速50mで駅へ向かう。B君は出発してから12分後に忘れ物に気がつき，A君と別れて分速90mで学校へ向かったが，途中《とちゅう》でCさんと出会い，忘れ物を受け取って，いっしょに駅へ分速30mで向かった。

A君は，B君と別れてからは分速20mで駅に向かったところ，A君が駅に着いてから3分後に，B君とCさんが駅に着いた。

学校から駅までは一本道で，忘れ物の受けわたしの時間は考えないものとする。

(1)　CさんがB君と出会ったのは，学校から何mの地点ですか。

(2)　A君が分速20mで歩いたのは何分間ですか。

(3)　学校から駅までの道のりは何mですか。

6　1辺の長さが8mの正方形の形をした広場がある。広場には図のように1mごとに線がひかれており，いくつかの印が線の交わるところに置いてある。広場の中のある地点からそれぞれの印にまっすぐ行くとするとき，印Aが他の印よりも一番近い広場の部分の面積をⒶとする。

たとえば右の図1のように2つの印A，Bを置いたとき，Ⓐはかげのついた部分の面積で，24m^2となる。このとき，かげのついた部分のある地点からAまでの距離《きょり》は，そこからBまでの距離より短くなる。

ただし，印の大きさは考えないものとする。

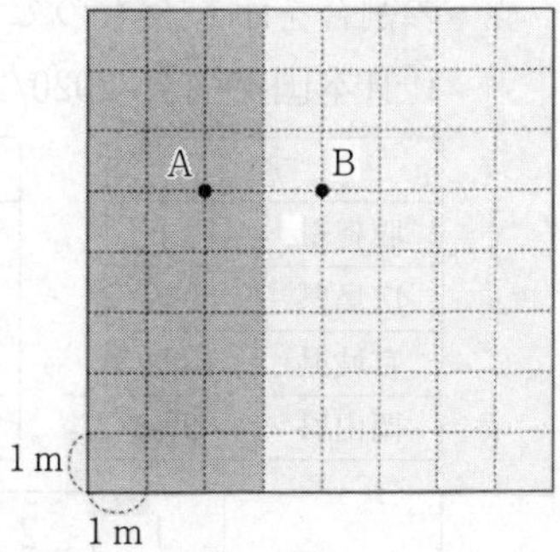

図1

(1)　図2のように，2つの印A，Bを置いたとき，面積Ⓐを求めなさい。

(2)　図3のように，3つの印A，B，Cを置いたとき，面積Ⓐを求めなさい。

(3)　図4のように，3つの印A，B，Cを置いたとき，面積Ⓐを求めなさい。

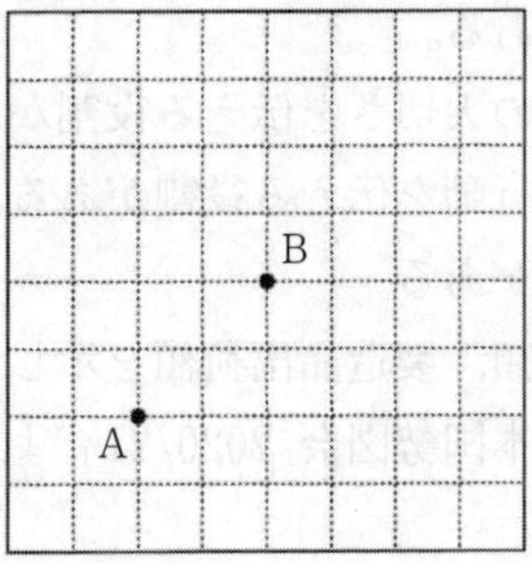

図2

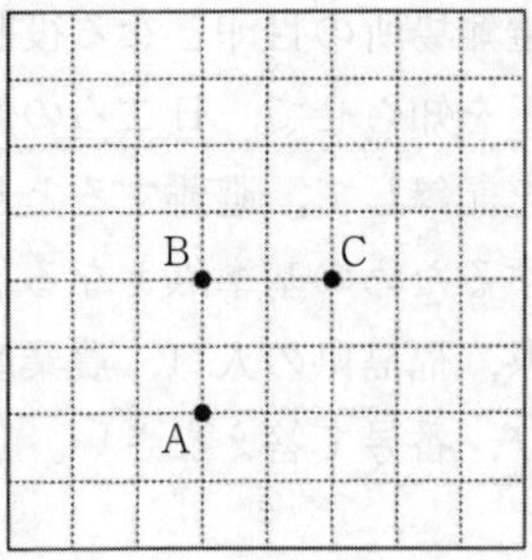

図3

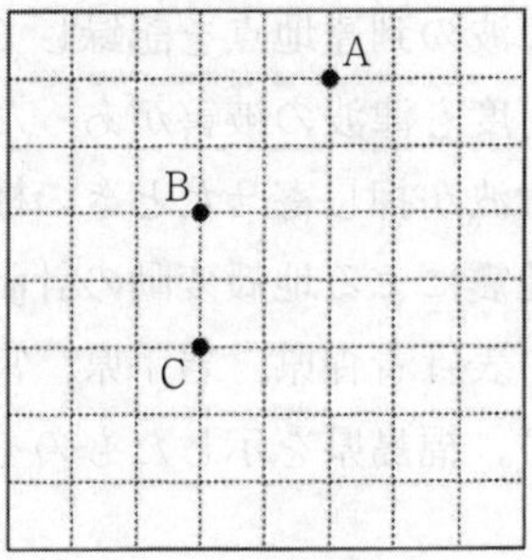

図4

【社　会】（25分）〈満点：50点〉

1　東北地方の太平洋沿岸は2011年３月11日の東日本大震《しん》災で発生した津《つ》波によって大きな被《ひ》害を受けました。各地で復興が進みましたが，今も多くの課題が指摘《てき》されています。東北地方沿岸部について問いに答えなさい。

問１　沿岸部の復興の様子を説明した文として適当でないものを選び，番号で答えなさい。

　１　想定される津波の規模を見直して，巨大な防潮堤《てい》が海岸に沿って建設された。

　２　復興住宅が整備されたことで，人口は震災前の水準にもどった。

　３　災害に備えるために，内陸部と沿岸部を結ぶ道路の建設や整備が進められた。

　４　津波の被害を受けた岩手県内の鉄道路線が再建された。

問２　沿岸部では海産物の養殖《しょく》が盛んです。養殖業も大きな被害を受けましたが生産が再開しています。下の表は2018年のわかめ，かき類，ほたて貝の養殖の収獲《かく》量について上位３位までの割合を示したものです。水産物の種類と表の正しい組み合わせを選び，番号で答えなさい。（「日本国勢図会 2020/21」より作成）

ア	
収獲量	177千ｔ
広島県	59%
宮城県	15%
岡山県	9%

イ	
収獲量	174千ｔ
北海道	49%
青森県	48%
宮城県	2%

ウ	
収獲量	51千ｔ
岩手県	36%
宮城県	33%
徳島県	12%

	1	2	3	4	5	6
わかめ	ア	ア	イ	イ	ウ	ウ
かき類	イ	ウ	ア	ウ	ア	イ
ほたて貝	ウ	イ	ウ	ア	イ	ア

問３　沿岸部に暮らしてきた人びとは，後世に津波の様子を伝えるために伝承碑《ひ》を作ってきました。各地の津波伝承碑について説明した文として適当でないものを選び，番号で答えなさい。

　１　津波の到《とう》達地点を記録して，避《ひ》難場所の目印となる役割がある。

　２　何度も津波の被害があったことを知らせて，日ごろの備えの大切さを伝える役割がある。

　３　津波が押し寄せたときの様子を記録して，避難するときの行動を伝える役割がある。

　４　地震による地殻《かく》変動の計測をするための基準点となる役割がある。

問４　下の表は青森県，岩手県，宮城県，福島県の人口，農業産出額，製造品出荷《か》額を示したものです。福島県を示したものを選び，番号で答えなさい。（「日本国勢図会 2020/21」より作成）

	人口 2019年　（千人）	農業産出額 2018年　（億円）	製造品出荷額等 2017年　（億円）
青森県	1246	3222	19361
1	1227	2727	25432
2	1846	2113	51571
3	2306	1939	44953

2 次の文を読み，問いに答えなさい。

日本は大量の食料品を輸入しています。食料品を生産国から輸送するときには，大量の燃料を消費し，二酸化炭素の排《はい》出量も大きくなります。食料品の輸送距離《きょり》と重さから地球環《かん》境におよぼす影響を(あ)という指標でとらえられます。(ア)輸入に頼《たよ》る割合が高い食料品や，生産の過程や原料に輸入品が用いられているものは(あ)が大きくなります。(イ)それぞれの産地で生産された食料品を使い切ること，食べきることは(あ)を小さくすることに加えて，無駄《だ》になる食料品を減らすことにもつながります。

熱帯気候の地域には，かつて外国の支配を受けていた国が多くあります。これらの国では独立した後も輸出向けの作物を栽培《さいばい》しています。(ウ)作物は安い価格で原料として輸出されますが，輸出先の国で加工されると高価な食品になります。(エ)産地の人びとの暮らしを支え，持続可能な生産を行うためにフェアトレードという考え方があります。私たちが選ぶ品物が産地の人びとの暮らしを支え，地球環境を守ることにつながっています。

問１　空らん(あ)にあてはまる語句として最も適するものを選び，番号で答えなさい。

１　フードマイレージ　２　フードロス　３　フードバンク　４　フードトレード

問２　下線(ア)について，日本が輸入した農産物(2019年)の特色を説明した文のうち適当でないものを選び，番号で答えなさい。(統計資料は「日本国勢図会 2020/21」より)

１　輸入される果実は生のままのものと，果汁などに加工されたものがある。

２　野菜の輸入先は中国が最も多く，加工食品の材料や外食産業でも使われている。

３　味噌《そ》の原料としても使われる大豆と小麦の輸入先はオーストラリアが最も多い。

４　家畜の飼《し》料として使われるトウモロコシの輸入先は，アメリカ合衆国が最も多い。

問３　下線(イ)を何と呼ぶか，漢字四文字で答えなさい。

問４　下線(ウ)のような食品としてチョコレートがあります。下の表は2018年のカカオ豆，コーヒー豆，茶の生産国上位４カ国を示したものです。カカオ豆の生産を示した表を選び，番号で答えなさい。(「日本国勢図会 2020/21」より作成。単位は千t)

1	
世界計	10,303
ブラジル	3,557
ベトナム	1,616
インドネシア	722
コロンビア	721

2	
世界計	5,252
コートジボワール	1,964
ガーナ	948
インドネシア	594
ナイジェリア	333

3	
世界計	6,338
中国	2,610
インド	1,345
ケニア	493
スリランカ	304

問５　下線(エ)にもとづいた取り組みが行われる理由として適当でないものを選び，番号で答えなさい。

１　農地として利用するために，一度に広い面積の森林が伐《ばっ》採される。

２　生産の効率を上げるために農薬や肥料が大量に使われて水や土が汚染《おせん》される。

３　十分な資金がないために，伝統的な品種だけが栽培されていて，輸出先が限られる。

４　産地で働く人びとに支払われる賃金が少なく，貧しい暮らしをしている人が多い。

3 次の各文は日本列島を通る経線についての説明です。文を読み，問いに答えなさい。ただし経線１～３は東経131度，東経137度，東経139度のいずれかです。

経線１　この経線付近には，日清戦争の講和条約が結ばれた都市があり，経線に沿って南に下っていくと（　あ　）ことで知られる島を通過します。

経線２　この経線は（い）をきっかけに開港された新潟《がた》港付近を通り，経線に沿って南に下ると絹産業遺産として世界遺産に認定された場所があります。

経線３　この経線付近には合掌《しょう》造り集落で知られる五箇《か》山があり，そこから経線に沿って南に下っていくと（う）の古戦場が付近に認められます。

問１　空らん（あ）にあてはまる文として適当なものを選び，番号で答えなさい。

１　後鳥羽上皇が島流しにされた

２　金山の経営のために江戸幕府の領地となった

３　江戸時代に朝鮮との交流の窓口になった

４　鉄砲《ぼう》がポルトガルから初めて伝わった

問２　空らん（い）にあてはまる語句を選び，番号で答えなさい。

１　日米和親条約　　２　日米修好通商条約

３　サンフランシスコ平和条約　４　日米安全保障条約

問３　空らん（う）にあてはまる古戦場の名前を選び，番号で答えなさい。

１　壇《だん》ノ浦　２　川中島　３　厳島《いつくしま》　４　桶狭間《おけはざま》

問４　経線１～３を西から順番に並べなさい。

4　次の文は大塩平八郎が決起した理由を，わかりやすく言いかえたものです。文を読み，問いに答えなさい。

(ア)このころは米価がますます高くなり，(イ)大阪町奉行《ぶぎょう》や諸役人は人びとに仁愛をおよぼすことを忘れ，自分勝手な政治をしている。…（中略）…ここにいたって…（中略）…仲間と申し合わせて，庶《しょ》民を苦しめる役人たちを倒し，さらに大阪市中の金持ちの(ウ)町人を倒すつもり…（以下略）

問１　下線(ア)のころには，どのようなことが起きていましたか。その説明として適当でないものを選び，番号で答えなさい。

１　飢《き》きんによって，各地で一揆《き》や打ちこわしが多く起きていた。

２　米の値段があがり，米からの収入に頼る幕府の財政は潤《うるお》っていた。

３　外国の船が日本近海にあらわれ，幕府に開国を迫るようになっていた。

４　薩摩藩《さつまはん》や長州藩など，雄藩と呼ばれた西日本の諸藩では財政を建て直す動きが始まっていた。

問２　下線(イ)の江戸時代の様子について説明した文として正しいものに○を，誤っているものには×をそれぞれ解答らんに記入しなさい。

１　「天下の台所」として，日本中から様ざまなものが集まり，取引されていた。

２　大阪は人口100万人をこえる世界有数の大都市になっていた。

３　町奉行には町人がなるなど，町人による自治が行われていた。

問３　下線(ウ)について説明した文として，適当なものを選び，番号で答えなさい。

１　町人のなかには高い財力を持つ者もいたが，大名と取引することは禁止されていた。

２　町人は名主を中心に自主的に町を運営したが，農民より重い年貢《ねんぐ》を払っていた。

３　町人は蘭《らん》学や国学などの新しい学問を学ぶことを許されていた。

4　町人は伊勢《いせ》参りなど，全国の有名な寺社にお参りすることは禁止されていた。

問4　大塩平八郎の乱の後，幕府は水野忠邦《ただくに》を中心に改革を始めます。その説明として適当なものを選び，番号で答えなさい。

1　武家諸法度《はっと》を出し，参勤交代の義務化を始めた。

2　生類憐《あわ》れみの令を出し，動物を保護し，違《い》反した者を厳しく処罰《ばつ》した。

3　公事方《くじかた》御定書《おさだめがき》を出し，裁判の基準を明確にした。

4　上知令を出し，江戸や大阪周辺の土地を幕府の領地にしようとした。

問5　大塩平八郎の乱の後の出来事を順番に並べなさい。

1　ペリーが日本に来航する　　2　薩摩藩と長州藩が同盟を結ぶ

3　大老井伊直弼《なおすけ》が暗殺される　　4　大政奉還《ほうかん》が行われる

5　次の文を読み，問いに答えなさい。

日清戦争に勝利した日本は，多額の賠償《ばいしょう》金と領土を手に入れました。(ア)その領土の一部は他国の干渉《しょう》によって手放すことになりますが，(イ)日露《ろ》戦争にかけての時期に(あ)分野の産業革命が進んだのは，日清戦争の賠償金がもとでになったからだと言われています。

このころ，(ウ)科学分野でめざましい活躍《やく》をした日本人もいました。日清・日露戦争の勝利もあって日本の国際的な地位は向上していきますが，［　い　］といった問題が国内であらわれるようになりました。

問1　下線(ア)について，干渉してきた国の組み合わせとして正しいものを選び，番号で答えなさい。

1　ロシア・ドイツ・イタリア　　2　ロシア・フランス・イギリス

3　ロシア・ドイツ・フランス　　4　ロシア・フランス・イタリア

問2　下線(イ)について説明した文として正しいものに○を，誤っているものには×をそれぞれ解答らんに記入しなさい。

1　東郷平八郎が指揮した日本海での海戦で，日本は勝利をおさめた。

2　同盟を結んだアメリカからの支援を受けながら，日本は戦いを優位に進めた。

3　与謝野晶子《よさのあきこ》はこの戦争に反対する詩をよんだ。

問3　空らん(あ)にあてはまる語句を選び，番号で答えなさい。

1　農業　　2　軽工業　　3　重工業　　4　情報産業

問4　下線(ウ)について，福澤諭吉の支援《えん》を受けて伝染《せん》病研究所を設立した人物を選び，番号で答えなさい。

1　北里柴《しば》三郎　　2　志賀潔《きよし》　　3　野口英世　　4　高峰譲吉《たかみねじょうきち》

問5　空らん［い］にあてはまる文として適当なものを選び，番号で答えなさい。

1　産業排《はい》水が，四大公害病と呼ばれる病気を引き起こす

2　劣《れつ》悪な労働環境から社会主義運動が起こり，弾《だん》圧される

3　国会の開設を求めた運動が，さまざまな法律で弾圧される

4　国内の基地に関わる外国との条約をめぐって，学生がデモを起こす

6 次の文を読み，問いに答えなさい。

日本国憲法は，(ア)前文と103条の条文から成り立っています。憲法は国の最高法規なので，［　あ　］。また，憲法は一人ひとりが自由に生きるために必ず守られなければなりません。しかし，自由といっても他人の権利を侵《しん》害してはいけません。憲法13条には，「国民の権利については，（ い ）に反しない限り」尊重されると書いてあります。そのため最高裁判所は（ う ）権を持ち，政府によって国民の権利が侵害されていないか判断をする役割があります。私たちは(イ)行政権を持つ内閣，立法権を持つ国会，司法権を持つ裁判所の力がそれぞれ強くなりすぎていないか，常にチェックしていかなければなりません。

問１　下線(ア)について，日本国憲法前文に示されている原理の内容として適当でないものを選び，番号で答えなさい。

1　国民は平和のうちに生存する権利を持つ。

2　国民は資本主義の原則にもとづき，経済的に成長するようつとめる。

3　国家は，二度と戦争を起こさないようにする。

4　国民が主権を持ち，政治は国民の代表者によって行われる。

問２　空らん［あ］にあてはまる文として適当でないものを選び，番号で答えなさい。

1　憲法に反する法律や条例は効力を持ちません

2　憲法が保障する基本的人権は，国家も侵《おか》すことのできない権利です

3　天皇や国務大臣は，憲法を尊重し擁《よう》護する義務を負います

4　憲法の改正には，国民投票で三分の二以上の賛成を必要とします

問３　空らん(い)にあてはまる語句として適当なものを次の中から選び，番号で答えなさい。

1　公共の福祉《し》　　2　法の下の平等　　3　社会の良識　　4　法律の定める手続き

問４　空らん(う)にあてはまる語句を答えなさい。

1　国民審《しん》査　　2　国政調査　　3　違憲審査　　4　行政裁判

問５　下線(イ)について，権力が一つに集中しないための工夫として適当でないものを選び，番号で答えなさい。

1　裁判官としてふさわしくないことをした人は，国会の弾劾《がい》裁判にかけられる。

2　内閣総理大臣は，国民の代表者である国会議員の中から指名される。

3　最高裁判所長官は，内閣によって任命される。

4　内閣不信任の決議が可決されたときは，内閣は衆議院を解散することができる。

7 次の文を読み，問いに答えなさい。

私たちの生活は，(ア)地方自治体の様ざまな政策によって支えられ，(イ)私たちがよりよい生活を送れるように整備されています。各自治体の政策は，議会で(ウ)首長や議員によって審議され，決定されます。また，(エ)住民が政策に対して意思表示をすることができる制度もあります。政策を実行するために，議会では(オ)年間の予算を決定しています。(カ)自治体の収入は住民が納める税金，国からの補助金などによって成り立っています。

	ア	イ	ウ	計
1999年	574	670	1,994	3,238
2005年	372	732	1,423	2,527
2019年	189	792	743	1,724

問１　下線(ア)について，右の表は1999年，2005年，2019年３月の市町村の数を示したものです。ア～ウにあてはまる組み合わせとして正しいものを選び，番号で答え

なさい。（総務省資料より作成）

	1	2	3	4	5	6
ア	市	市	町	町	村	村
イ	町	村	村	市	町	市
ウ	村	町	市	村	市	町

問２　下線(イ)について，地方自治体の仕事として適当でないものを選び，番号で答えなさい。

1　警察や消防の仕事　　　2　上下水道の整備・運営

3　郵便配達を行う事業　　4　保育園の整備などの子育て支援

問３　下線(ウ)について説明した文として適当なものを選び，番号で答えなさい。

1　首長は不信任の議決をされた場合，議会を解散することができる。

2　首長は地方議会の議員から選ばれ，議会によって任命される。

3　首長は地方裁判所の裁判官を指名および任命することができる。

4　首長は有権者の３分の１以上の署名を集めれば，条例の制定，改正，廃《はい》止をすることができる。

問４　下線(エ)について，この制度の例として住民投票があります。次のうち実際に行われた住民投票の内容として適当でないものを選び，番号で答えなさい。

1　市町村合併《ぺい》の是《ぜ》非を問う投票

2　東京都と同じような特別区導入の是非を問う投票

3　住民税の減税の是非を問う投票

4　原子力発電所や産業廃棄《き》物処理場の建設の是非を問う投票

問５　下線(オ)について，日本の会計年度は何月から始まるか，正しいものを選び，番号で答えなさい。

1　１月　　2　４月　　3　７月　　4　９月

問６　下線(カ)について，下の円グラフXとYは神奈川県，長崎県のいずれかの歳《さい》入の割合を示したものです。次のうち，グラフについての説明として適当なものを選び，番号で答えなさい。（平成30年度総務省資料より作成）

1　大都市がある自治体は，国からの補助金の割合が少なくなるからXが神奈川県である。

2　大都市がある自治体は，地方税の割合が多くなるからYが神奈川県である。

3　観光収入が多い自治体は，国からの補助金の割合が少なくなるからXが長崎県である。

4　観光収入が多い自治体は，地方税の割合が多くなるからYが長崎県である。

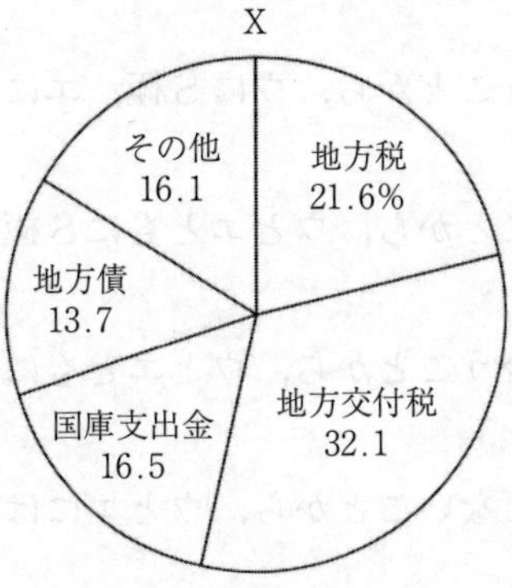

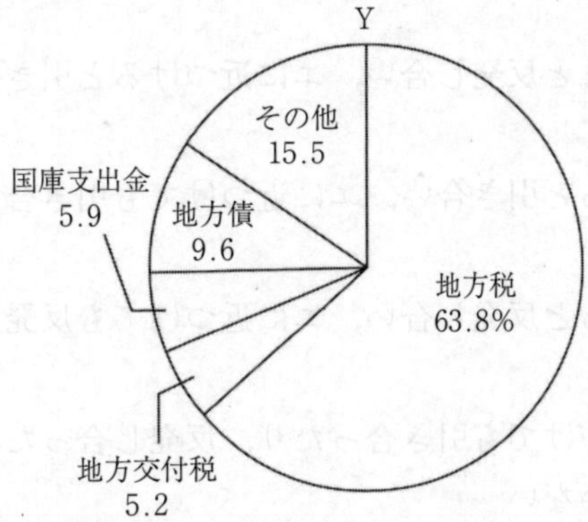

【理　科】（25分）〈満点：50点〉

1　磁石について，以下の問いに答えなさい。

問1　棒磁石にくっつく物質を次の中からすべて選び，解答らんの番号を○で囲みなさい。

1　金　　2　銀　　3　銅　　4　プラチナ　　5　鉄　　6　ステンレス

問2　図1は棒磁石です。棒磁石のアの部分に別の棒磁石のN極を近づけたところ，たがいに引き合いました。イの部分にS極を近づけたときの結果と，そこからわかることとして正しいものを次の中から1つ選び，番号で答えなさい。

図1

1　たがいに引き合い，棒磁石のイの部分はN極であることがわかる。

2　たがいに引き合い，棒磁石のイの部分はS極であることがわかる。

3　たがいに反発し合い，棒磁石のイの部分はN極であることがわかる。

4　たがいに反発し合い，棒磁石のイの部分はS極であることがわかる。

問3　図2のように，図1の棒磁石のアの部分をアルミ箔《はく》でおおいました。アルミ箔でおおった部分に別の棒磁石のN極を近づけると，どうなりますか。次の中から正しいものを1つ選び，番号で答えなさい。

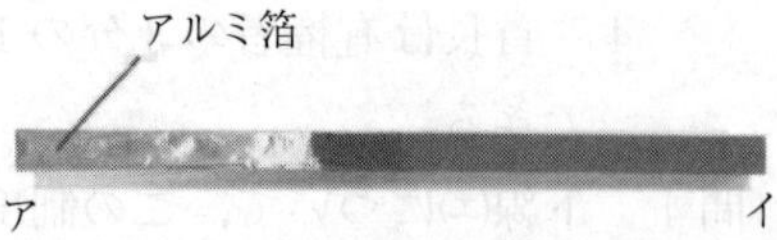

図2

1　アルミ箔は磁石につかないので，引き合うことも反発し合うこともない。

2　アルミ箔は磁石のN極とS極を反対にするはたらきがあるので，反発し合う。

3　アルミ箔があっても磁石の力ははたらくので，引き合う。

4　アルミ箔があっても磁石の力ははたらくので，反発し合う。

問4　図3は，図1の棒磁石が中央付近で折れてしまったものです。棒磁石のウ，エの部分に，別の棒磁石のN極を近づけました。そのときの結果と，そこからわかることとして正しいものを次の中から1つ選び，番号で答えなさい。

図3

1　ウに近づけると引き合い，エに近づけると反発し合うことから，ウにN極，エにS極ができている。

2　ウに近づけると引き合い，エに近づけると反発し合うことから，ウにS極，エにN極ができている。

3　ウに近づけると反発し合い，エに近づけると引き合うことから，ウにN極，エにS極ができている。

4　ウに近づけると反発し合い，エに近づけると引き合うことから，ウにS極，エにN極ができている。

5　ウに近づけると引き合い，エに近づけても引き合うことから，ウとエともにS極ができている。

6　ウに近づけると反発し合い，エに近づけても反発し合うことから，ウとエともにN極ができている。

7　ウやエに近づけても引き合ったり，反発し合ったりしないことから，ウとエにはN極もS極もできていない。

問５　方位磁針は磁石であり，そのＮ極が北を向きます。しかし，方位磁針が指す方向に進んでも北極点に到達《とうたつ》することはできません。地球を１つの棒磁石と考えるとき，正しい図を次の中から１つ選び，番号で答えなさい。

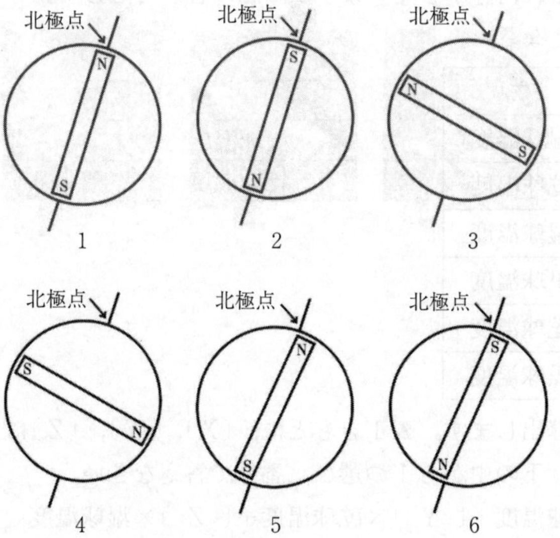

2　2020年は，東京都心で８月の猛暑《もうしょ》日が観測史上最多を記録したため，暑さ指数が注目されました。これは，人体と空気との熱のやりとりを反映した数値です。図１は，黒球温度・乾球《かんきゅう》温度・湿球《しっきゅう》温度を測定するための観測器であり，表１は関東地方で観測した３日分のデータと，これらから算出した暑さ指数(℃)です。以下の問いに答えなさい。

図１

> 黒球温度：黒色にぬった銅板で作った球の中心に温度計を入れ，測定した空気の温度。
> 乾球温度：温度計を用いて測定した空気の温度。
> 湿球温度：水でしめらせたガーゼを巻いた温度計で測定した空気の温度。

表１

	１日目	２日目	３日目
ア	32.0℃	32.0℃	34.0℃
イ	55.4℃	52.8℃	54.8℃
ウ	29.6℃	27.5℃	29.5℃
暑さ指数	35.0℃	33.0℃	35.0℃

問１　2020年８月は，関東地方で積乱雲や雷雨《らいう》がよく発生しました。積乱雲について誤って述べているものを，次の中から１つ選び，番号で答えなさい。

１　暖められた空気が上昇《じょうしょう》して積乱雲が発達し，夏の夕立の原因となっている。

2　山間部だけでなく都市部でも積乱雲が発生し，ゲリラ豪雨《ごうう》の原因となっている。

3　積乱雲を真下から見上げると灰色のように見えることが多い。

4　地表近くの冷たい空気が上昇し，上空の暖かい空気とぶつかることで発生する。

問2　表1において，ア，イ，ウはそれぞれ何を示していますか。組み合わせとして正しいものを，次の中から1つ選び，番号で答えなさい。

	ア	イ	ウ
1	黒球温度	乾球温度	湿球温度
2	黒球温度	湿球温度	乾球温度
3	乾球温度	黒球温度	湿球温度
4	乾球温度	湿球温度	黒球温度
5	湿球温度	黒球温度	乾球温度
6	湿球温度	乾球温度	黒球温度

問3　暑さ指数は，下記の＜計算式＞で算出します。表1をもとに，〔X〕，〔Y〕，〔Z〕に入る数字の組み合わせとして正しいものを，下の中から1つ選び，番号で答えなさい。

＜計算式＞　暑さ指数＝〔 X 〕×黒球温度＋〔 Y 〕×乾球温度＋〔 Z 〕×湿球温度

	〔X〕	〔Y〕	〔Z〕
1	0.2	0.1	0.2
2	0.4	0.1	0.4
3	0.7	0.1	0.2
4	0.8	0.1	0.1
5	0.1	0.1	0.7
6	0.2	0.1	0.7

問4　問3の＜計算式＞を参考にして，暑さ指数について最も適切に述べているものを，次の中から1つ選び，番号で答えなさい。

1　温度にもとづく計算式で暑さ指数を求めるため，空気中の水蒸気量の影響《えいきょう》はない。

2　日光の影響を考えていないため，日中でも夜間でも暑さ指数を算出できる。

3　暑さ指数は，日光の影響よりも，空気中の水蒸気量の影響の方が大きい。

4　くもっているときや雨が降っているときは，暑さ指数を算出することができない。

問5　2020年8月に関東地方において，環境省と気象庁が暑さ指数にもとづいた暑さに関する情報を発表しました。この情報の名前として正しいものを，次の中から1つ選び，番号で答えなさい。

1　緊急猛暑速報　　2　猛暑特別警報　　3　猛暑警戒《けいかい》アラート

4　緊急熱中症速報　　5　熱中症特別警報　　6　熱中症警戒アラート

3 ヒトの体のつくりについて，以下の問いに答えなさい。

問1　ヒトの骨をつくっている主な成分は何ですか。次の中から正しいものを１つ選び，番号で答えなさい。

1　たんぱく質　　2　脂質《ししつ》　　3　炭水化物
4　マグネシウム　　5　カルシウム　　6　ナトリウム

問2　ヒトの体において，骨はどのような役割を果たしていますか。次の中から正しいものを１つ選び，番号で答えなさい。

1　体を支える。　　2　全身に電気信号を伝える。
3　全身に血液を運ぶ。　　4　体に不要な物質を一時的にためる。
5　体に必要な酸素をためる。　　6　体に必要なエネルギーをためる。

問3　ヒトは，筋肉をゆるませたり収縮させたりすることによって，体を動かしています。図１はヒトの腕《うで》の様子をあらわしています。ひじを伸ばしているとき，筋肉Ａと筋肉Ｂはどのような状態になりますか。25字以内で答えなさい。

問4　図１では，筋肉のひじに近い側が骨につながっていません。筋肉Ａ，Ｂは，図中の①～④のどこにつながっていますか。正しいものをそれぞれ１つずつ選び，番号で答えなさい。

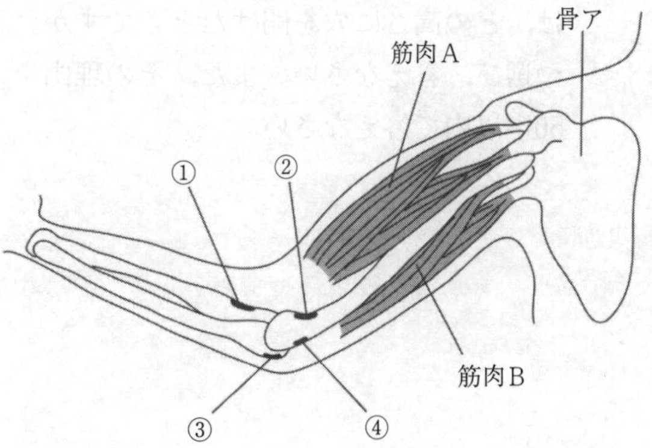

図１

問5　図１の骨アの名前として正しいものを次の中から１つ選び，番号で答えなさい。

1　せきつい骨　　2　けんこう骨　　3　じょうわん骨
4　骨ばん　　5　ろっ骨

問6　筋肉は，腱《けん》とよばれる構造によって骨につながっています。腱が食材となっているものを次の中から１つ選び，番号で答えなさい。

1　豚《ぶた》バラ　　2　豚レバー　　3　鶏《とり》なんこつ
4　鶏ささみ　　5　牛すじ　　6　牛タン

4 ものの燃え方について，以下の問いに答えなさい。

問1　ろうそく，木炭がそれぞれ燃えているとき，どの状態のろうや炭が燃えていますか。それぞれ，次の中から正しいものを１つ選び，番号で答えなさい。

1　固体　　2　液体　　3　気体

問2　木炭の燃え方と同じように，炎を上げずに燃えることがあるものはどれですか。次の中から正しいものをすべて選び，解答らんの番号を○で囲みなさい。

1　アルコール　　2　サラダ油　　3　スチールウール
4　線香　　5　木ガス

問3　ものが燃えるときには，それとは別のものが発生します。木炭が燃えるときには発生しないが，ろうそくが燃えるときには発生する気体の名前を答えなさい。

問4　木炭は，木片を蒸し焼きにして作ることができます。蒸し焼きとはどのような操作ですか。最も適切なものを次の中から1つ選び，番号で答えなさい。

1　水蒸気を吹《ふ》きこみながら加熱する。
2　酸素を吹きこみながら加熱する。
3　水に浸《ひた》したまま加熱する。
4　水や水蒸気にふれないように加熱する。
5　酸素にふれないように加熱する。

問5　木片を図1のような缶《かん》の底に入れて燃やそうとしましたが，うまく燃えませんでした。そこで，ア，イ，ウのいずれかの高さに何カ所か穴を開けたところ，木片はよく燃えました。一番よく燃えたのは，どの高さに穴を開けたときですか。正しいものをア～ウから1つ選び，答えなさい。また，その理由を「空気の流れ」に注目して50字以内で答えなさい。

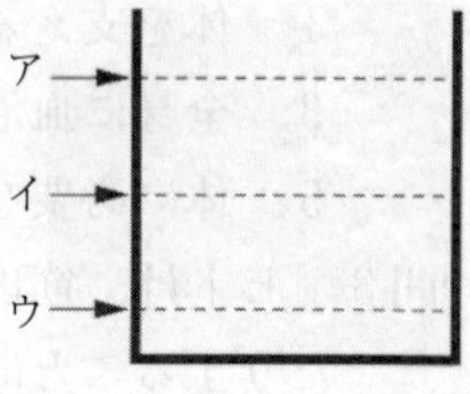

図1

【英　語】（60分）〈満点：100点〉

注意　試験開始からの40分はこの問題用紙の問題のみを解答すること。監督者の指示があるまでは，解答用紙(2)の作文を始めてはいけません。

Listening

The listening test consists of two parts : Part A and Part B. You will hear instructions at the beginning of each part. You may take notes in your test booklet.

Part A : Short Conversations

For Part A, you will hear five short conversations. Choose the best reply to finish the conversation. Write the letter of the best answer choice on your answer sheet. You will hear each conversation only once.

> EXAMPLE
> A : Hi.
> B : May I help you ?
> A : I'm looking for the fiction section. Whereabouts is it ?
> B : ＿＿＿＿＿＿＿＿＿＿＿＿＿＿＿＿＿＿
> A．You'll find the non-fiction section on the 1st floor.
> B．We have over 10,000 books in this store.
> C．Each book costs 2,000 yen.
> D．You'll find it on the 2nd floor.
> The best answer is D.

1．A．I see.　Airport security is very strict these days.
B．I don't recommend staying there.　It's quite far from the train station.
C．I understand what you mean.　There are so many stops.
D．Yeah, the view from the train is really beautiful.

2．A．His hobbies are playing golf and reading books.
B．He is a manager at a large manufacturing company.
C．He's very smart and he makes me laugh.
D．He is 2 years younger than me.

3．A．Yes, I think it's been over a year.　　B．No, we have never met before.
C．No, I am not entering this school.　　D．Yes, I do.　How about you ?

4．A．I always cry when the boy and girl finally kiss at the end.
B．That actor is terrible.　I never watch his movies.
C．Don't take it so seriously.　It's just a movie.
D．I agree.　I didn't like that movie at all.

5．A．That's too bad.　The weather is great today.
B．Great !　I'll think about it and let you know.
C．Sure.　Thanks for inviting me.
D．I am sorry you have to work today.

Part B：Radio Interview

For Part B, you will listen to a radio interview with a researcher who looks for intelligent life in space. After the interview, you will hear five questions. Choose the best answer to each question and write the letter on your answer sheet. You will hear the interview and the questions only once.

1. A. To destroy extraterrestrial civilizations
   B. To look for signs of intelligent life in space
   C. To design and build new spaceships
   D. To protect earth from an attack by aliens
2. A. They sent messages, maps, music and photos into space.
   B. They looked for UFOs in their backyards.
   C. They successfully communicated with an extraterrestrial civilization.
   D. They discovered some new types of fungus on Mars.
3. A. They have decided to send out more probes to look for extraterrestrials.
   B. They have decided to limit their search to our own galaxy.
   C. They have decided to give up looking for extraterrestrials.
   D. They have decided to listen for signals from extraterrestrials.
4. A. We don't have the right kind of technology to hear them.
   B. They might have destroyed their own civilization.
   C. The government is hiding this information.
   D. We aren't looking in the right place.
5. A. Aliens are actively trying to avoid being discovered by humans.
   B. It is too dangerous to continue to look for intelligent life in space.
   C. The silence means that humans are definitely alone in the universe.
   D. There are many parts of the universe humans have not explored yet.

Reading

Read the passages and choose the best answer to the questions that follow.

Passage One

The Wonderful World of Postcards

When was the last time you received a postcard in the mail? These days the custom of sending postcards has been largely supplanted by posting vacation pictures on Facebook, Instagram, and other social media sites. However, in the not-so-distant past, it was quite common for people on vacation to send friends and family postcards from the places they visited. Such postcards not only let people know where you were and how you were doing, but they also provided them with a souvenir of your vacation. It was not uncommon for people to amass hundreds of postcards from their acquaintances. [1] As these collections grew, a hunger for more postcards arose, and a new hobby was born

— deltiology — or postcard collecting.

As deltiology gained popularity, collectors began to seek each other out to buy, sell, and trade cards. Some of them even formed clubs. The largest club dedicated to deltiology is the New York Metropolitan Postcard Club (NYMPC). Since its creation just over 70 years ago, the club has held monthly meetings where dozens of collectors all sit together at folding tables, and spend hours flipping through each other's cards, pulling out the ones they like. Most of the club's members are middle-aged or elderly, but there are some younger collectors as well.

[**2**] Some collectors are interested in collecting cards from a specific location such as their place of birth or a place they used to live, while others like to collect cards featuring certain buildings. For example, one collector claims to have 300 different postcards of the Empire State Building. Some collectors like postcards with real photographs on the front, while others prefer illustrations. Holiday—themed cards are among the some of the most popular types of cards, with vintage Halloween cards often selling for over $20 a card.

All the collectors said they were drawn to collecting postcards for different reasons. Some said they liked collecting postcards as a way of understanding history. Others said they had started out collecting stamps, but soon grew more interested in the cards the stamps were attached to. A couple of collectors said they didn't have any special interest in postcards. Instead, they were buying postcards as an investment, like some people buy financial stocks or works of art.

One collector, named Laura, explained that she got into postcard collecting when she was very young. As a child, her father liked to wake her before dawn and drive her from their home in Newport, New Jersey, to the sprawling flea market in Englishtown, where they would spend hours foraging for old postcards. [**3**] When her father passed away, he left behind more than 100,000 cards, all stored in a jumble of albums, envelopes, and shoe boxes, and crammed into a special section of the garage that her father had built for the purpose of preserving them.

The cards had remained there until twenty years ago, when Laura suddenly found herself sitting at home with nothing to do while recovering from a serious workplace injury. Looking for a way to pass the time, she went out to the garage, gathered them up, and spread them across her dining room table. For the next few months, she spent her days organizing the cards, first by geographic region, then by topic. Before long she re-discovered her childhood passion for deltiology and joined the NYMPC in order to meet fellow collectors and find new cards to add to her collection.

While her father had been interested in cards featuring scenic spots in Canada and the United States, Laura liked to collect cards featuring superlatives — 'the biggest,' 'the smallest,' 'the newest,' 'the oldest,' 'the most expensive,' 'the most beautiful,' et cetera. As a collector with a somewhat unique area of interest, she was well-known among the members of the club and her fellow members frequently sought her out when they found cards they thought she'd like. Laura said she enjoyed attending the NYMPC's meetings, but she was worried for the club's future as she had noticed the crowds were becoming thinner in recent years.

[4] Despite the fact that postcard collecting is thought to be the world's third most popular hobby, after stamp collecting and coin collecting, the NYMPC has been struggling to attract new members in recent years. It appears that young people are not as interested in collecting postcards as their elders, and the ones who are tend to buy and sell their cards on the Internet rather than in person. If the club is unable to attract a new generation of postcard collectors, it may not survive long enough to see its 100th birthday.

"I think it's a shame," said Laura. "Part of the fun of collecting postcards is all the people you meet. The cards all have their own history, but so do the collectors."

1. Choose the best word to replace the underlined supplanted.
   A. encouraged
   B. fixed
   C. replaced
   D. promoted

2. What is **NOT** given as a reason why people collect postcards?
   A. To read the messages on the back
   B. To try to make a profit
   C. To collect certain images
   D. To understand history better

3. Why does Laura think it is a shame that young collectors tend to buy and sell their postcards online?
   A. There are few chances for them to meet other collectors.
   B. They are able to make more money.
   C. They attract a lot of people to the meetings.
   D. They don't send postcards to their acquaintances.

4. According to the passage which of the following statements is true?
   A. Laura's father left a well-organized collection of postcards in his garage.
   B. Sending postcards has become more popular in recent years.
   C. Some collectors hold monthly meetings to look over each other's collections.
   D. Laura's father collected postcards with superlatives on them.

5. Choose the best location in the passage for the following sentence:

Every collector looks for something different.

A. [1]　B. [2]　C. [3]　D. [4]

Passage Two

The Art Lesson

It wasn't until her third year at Miss Green's School for Art that Kate found something she was really good at. Drawing using charcoal came easily to Kate, and she loved watching the lines spread across the page as she moved the bits of charcoal back and forth over the paper.

One day, Sophie, the best artist in the school, sat down and set up her easel next to Kate's usual spot in the room. Kate felt nerves beginning to bubble in her stomach. She'd actually found a type of art that she enjoyed — and was good at — and now Sophie was going to outshine her again? Tears began to form in the corner of her eyes, but she quickly brushed them away when the art teacher entered the room.

"Hello class," Miss Green said, "Please take the charcoal drawings you started last lesson from the closet and continue working on them."

Everyone's chairs scraped on the floor as they pushed away from their easels and went to the closet to get their drawings. Kate grabbed her drawing and pinned it to her easel, then she stared at it miserably. What masterpiece would Sophie come up with today?

Sophie returned to her seat and smiled nervously at Kate. "I like your drawing," she said, pointing to the outline of a young girl's face on Kate's paper.

Kate blushed and mumbled, "Thanks."

Sophie slowly pinned her drawing to her easel, and Kate couldn't help it — she gasped. Sophie had clearly tried to draw a landscape scene, but botched the river, then tried to turn it into a boat sitting upside down in a grassy meadow. It was a mess.

For a brief moment, Kate felt triumphant — she couldn't believe her drawing was better than Sophie's. But then she looked at Sophie, who was watching Kate with an anxious expression on her face.

"I . . . I couldn't decide what to do," Sophie said defensively.

"Yeah," Kate said and she turned back to her own drawing, while Sophie stared sadly at her failed landscape. A very awkward silence developed in the space between their seats.

"I've totally been there," Kate said suddenly. She wasn't sure why she'd said it. Why did she need to comfort the most talented girl in the class just because she'd made one terrible drawing? Kate had a dozen bad drawings stuffed in a box under her bed. But Sophie smiled gratefully. "That's really nice of you to say," she said, moving her chair closer to Kate's. "You're so good, sometimes I feel like my stuff is just so bad in comparison."

Kate laughed and looked to see if Sophie was joking, but she seemed completely serious. Now Kate was shocked. "What are you talking about?" she said. "I'm not talented . . . Miss Green never compliments me. You're the best one in our class!"

Sophie raised her eyebrows a little bit. "I might be a really good copier, but I have no idea what to do when I need to create something original. You're so wonderful at that !"

Kate could barely believe what she was hearing. She had always struggled to reproduce the famous works of art Miss Green asked them to imitate and often ended up making up her own pictures, going off into the world in her head and drawing whatever she found there. Miss Green never said anything about it, but she had always complimented Sophie's perfect pastel and watercolor replicas of famous works of art.

"I never thought about it that way," Kate said slowly.

Sophie smiled. "I can't believe we're having this conversation !" she said. "I've loved your work for two years."

"I've loved yours, too," Kate said.

Sophie laughed. "Well, definitely not this one," she said.

"Aww," Kate grinned. "Maybe not right now. But if you add to those cloud shapes you already have, you can turn the boat into a cluster of rose bushes and the river into a forest."

Sophie was quiet for a moment, and Kate was nervous she had offended her. "That's a great idea !" she said finally. "Thank you so much."

Kate smiled and turned back to her drawing, looking up every so often at Sophie's work to see that Sophie had taken her advice.

1. Why is Kate upset to see that Sophie is sitting next to her in art class ?

A. Kate is worried that Sophie's drawing will be better than hers.

B. Kate is afraid that Sophie will copy her drawing.

C. Kate wanted to sit next to her best friend.

D. Kate thinks Sophie will criticize her artwork.

2. Choose the word with the closest meaning to <u>triumphant.</u>

A. confused　　B. jealous　　C. victorious　　D. knowledgeable

3. What does Kate mean when she tells Sophie <u>"I've totally been there."</u>?

A. Kate recognizes the place Sophie is drawing.

B. Kate has sat in the same seat Sophie is sitting in.

C. Kate thinks Sophie's drawing is good.

D. Kate understands how Sophie is feeling.

4. Why is Kate nervous after she gives Sophie advice on how to fix her drawing ?

A. She is afraid that Sophie dislikes her drawing.

B. She is afraid that she has upset Sophie.

C. She is afraid that Sophie's drawing will be better.

D. She is afraid that Miss Green will ask her to quit the class.

5. Which of the following statements about Kate and Sophie is accurate ?

A. Neither of them is good at charcoal drawing.

B. They admire each other's artistic abilities.

C. They think Miss Green is too strict.

D. They are both good at copying famous works of art.

Grammar

Choose the best answer to complete each sentence.

1. The new version is much ( ) to understand.

A. easy B. easier C. more easy D. more easier

2. The teacher will stay in his office ( ) five o'clock.

A. later B. by C. to D. until

3. The family ( ) five years in Brazil when they decided to come back to Japan.

A. spent B. has spent C. had spent D. have spent

4. Those are the girls' dresses. These shoes are also ( ).

A. her B. their C. hers D. theirs

5. The airplane will leave for Paris ( ) as scheduled.

A. at ten minutes

B. in ten minutes

C. ten minutes after

D. ten minutes before

6. I didn't mean to hurt her feelings. I really ( ) such things to her.

A. didn't say

B. have not said

C. shouldn't have said

D. wouldn't say

7. Some medicines will do you more harm than good. ( ), you should not rely on medicine and exercise more.

A. Therefore B. Besides C. Nevertheless D. Otherwise

8. It was ( ) nice weather that the children spent all day hiking.

A. so B. such C. so a D. such a

9. Despite ( ), they hardly ever talk to each other.

A. being in the same class

B. are in the same class

C. they are in the same class

D. they are not in the same class

10. If you hadn't reminded me, I ( ) my assignment.

A. hadn't completed

B. wasn't able to complete

C. wouldn't complete

D. wouldn't have completed

Vocabulary

Choose the word or phrase that best completes each sentence.

1．You may have made a mistake, but the future is ( ) up to you.

A．entirely B．eventually C．gradually D．initially

2．We couldn't ( ) how the boys ended up running in front of us.

A．bring up B．come up C．figure out D．keep out

3．It is said that the IPS technology is a major ( ) in medical treatment.

A．barrier B．breakthrough C．phenomenon D．symptom

4．Unfortunately things didn't ( ) as they had expected.

A．head for B．pass on C．take over D．turn out

5．My brother rarely cooks, but the dish he made for the party was ( ) delicious.

A．frequently B．possibly C．unexpectedly D．vigorously

6．Friends ( ) her with gifts on her 20th birthday.

A．breezed B．rained C．showered D．stormed

7．We are not sure to ( ) we can trust the man.

A．how far B．how much C．what extent D．what range

8．At first he found it difficult to ( ) living in severe weather.

A．adapt to B．absorb into C．apply to D．convert into

9．He was concentrating on his book, so the sudden noise ( ) him.

A．contradicted B．emphasized C．erupted D．startled

10．Japan is considered one of the most stable and ( ) countries in the world.

A．perspective B．prosperous C．prospective D．provisional

作文

Pretend you are a pet animal living with a human family.

Write a story about a memorable day in your life.

（注意） 1．作文は英語で書くこと。 2．時間は20分間です。

ア　「ぼく」の演奏が中断したことが残念だったから。
イ　「ぼく」の演奏技術に驚いたから。
ウ　「ぼく」の態度が望みに合わなかったから。
エ　「ぼく」の特別な能力に気がついたから。

問十一　空らん「C」にあてはまる言葉として最も適当なものを次の中から選び、記号で答えなさい。
ア　どうでもいいけどさ
イ　がんばれよ
ウ　ありがとう
エ　おれにはかなわないな

問十二　――4とあるが、ここに込められた気持ちとして不適当なものを次の中からすべて選び、記号で答えなさい。
ア　自分の謝罪の言葉に腹を立てた水谷に反感を抱いている。
イ　とっさに代役を引き受けてしまったことを思い悩んでいる。
ウ　父親に対する複雑な思いにとらわれている。
エ　周囲の期待に応えなければならないと思っている。
オ　コンサートでうまくギターを弾けるか不安になっている。

四

日本には自然災害が多く、特に東日本大震災《だいしんさい》の際には、多くの人々が被災《ひさい》し、その後の避難《ひなん》生活では長期間にわたってさまざまな制約が必要となりました。もし今後、同規模の災害が生じ、長期間にわたる避難生活をすることになった場合、十歳の子ども達に体験、または経験してほしいとあなたが考えることは何ですか。また、あなたが具体的にどのような工夫をすることで、それは実現できるでしょうか。百四十字以内で書きなさい。
※原稿用紙《げんこうようし》の使い方に従って書くこと。ただし、一マス目から書き始め、改段落はしないこと。

（今井恭子『ギフト、ぼくの場合』より）

※出題の都合上、本文の一部を改稿しています。

問一 ══A～Eの漢字をひらがなに直しなさい。

問二 〰〰a～eのカタカナを漢字に直しなさい。

問三 「ぼく」のイニシャルを姓《せい》・名の順番で答えなさい。

問四 空らん［Ⅰ］～［Ⅲ］にあてはまる語として最も適当なものをそれぞれ下の中から選び、記号で答えなさい。

Ⅰ **ア** たのしげ **イ** ものほしげ **ウ** なやましげ **エ** ほこらしげ

Ⅱ **ア** ぎこちなく **イ** 味気なく **ウ** せわしなく **エ** 抜《ぬ》け目なく

Ⅲ **ア** 密《ひそ》やか **イ** 冷ややか **ウ** 軽やか **エ** 和やか

問五 空らん［A］にあてはまる語として最も適当なものを次の中から選び、記号で答えなさい。

ア 気楽 **イ** 鈍感《どんかん》 **ウ** 幼稚《ようち》 **エ** 勝手

問六 空らん［B］にあてはまる語として最も適当なものを次の中から選び、記号で答えなさい。

ア いい気味 **イ** 気の毒 **ウ** 不幸せ **エ** 気がかり

問七 ――1「そうなった」とあるが、どうなったのですか。二十字以内で答えなさい。

問八 ――2とあるが、母親のために「ぼく」が事前にしたことは何ですか。十字以内で答えなさい。

問九 次の**ア**～**オ**を、空らん［X］にあてはまるように正しく並べ替えなさい。

ア ぼくは答えずに、もう一曲のワンフレーズを弾いた。

レレシソレー……。

弾き終わったら、頭の中で自分自身の小さな声がゴーサインを出すのがわかった。

イ ジョー先生は気楽な調子をよそおってうながした。

すぐには指が動かなかった。

ぼくは目を閉じて、やっとの思いで、ボロン、と弦をかき鳴らした。きのう夢の中で弾いたコードのひとつを。

ウ ドッドードレドシララソラソ……。

音色の美しさが楽器の良さを語っている。プロが貸してくれたものだ。水谷のギターよりさらに高価なものにちがいない。

気をもんで目の前に立ったままだった先生が、そのときになって初めてななめ前のいすに腰《こし》をおろした。

「なんの曲？」

父さんが作った曲だ。たぶん……。

エ 初めてさわるギターだ。会ったこともない人からの借り物だ。なのに、心より先に、手と体がこのギターを素直に受け入れたのがわかった。なつかしい感触《かんしょく》だった。久しぶりの、でも、確かによく知っているものだ。

「なんでもいいよ。何か弾いてくれる」

オ ぞくっとした。美しい和音の響《ひび》きが、いつまでも空気を伝ってゆく……。

続いて、コードをもうひとつ。

もうひとつ。

それから、ペグ（糸巻き）をギリッと回しては調弦し、試しにそっとあるメロディーをはじいてみた。

問十 ――3とあるが、それはなぜですか。その説明として最も適当なものを次の中から選び、記号で答えなさい。

そう自分に言い聞かせる。

ジョー先生の友だちから借りたものだ。

そうして、ようやっとひざの上にギターのボディーをしっかり抱くと、何かかけがえのないものを預けられた気持ちになった。小さいころ、赤ん坊《ぼう》だった美咲を抱っこしたときのように。

水谷が弾いていたソロパートははっきりと頭に入っている。が、念には念を入れ、ジョー先生が印をつけておいてくれた楽譜をdシサイにながめながら、音を確かめていった。あらためて思い出すと、楽譜を使ってギターの練習をしたことは一度もなかったのだ。楽譜を読むのは、頭にあるメロディーを再現するより難しかった。

でも、夢中で練習していると、ほかの全てのことは——悲しいことも、悔しいことも、怒《いか》りも、うらみも——忘れ去った。

バンドの練習がない日でも、ときおりメンバーが準備室をのぞきにきた。興味しんしんで、いや、心配もあったのかもしれない。みんなドアからそうっと顔だけ差し入れて、しばらくぼくの練習を聴《き》くと、何も言わずに帰っていった。

一番ひんぱんに通ってきたのは井村だ。

「すげー。ほんと、信じられない。水谷よりうまいじゃん」

井村はいつもずかずか準備室に入ってくると、ぼくの前に仁王立《におうだ》ちになって断言した。

おどろいたことに、水谷が一度だけふらりと立ちよったことがある。骨折を機にバンドをぬけた水谷だったが、うわさを聞いて様子を探りに来たのだろう。無関心でいられるはずがない。すんなり代役が現れ、ほっとするよりは悔しかったにちがいない。心おだやかでなかったのは容易に想像がつく。

水谷は三角巾で腕をつった姿で、ドアによりかかった。ぼくはギターをかかえたまま、思わず立ち上がったが、何を言えばいいのかわからなかった。

「あの、腕、だいじょうぶ？」

やっとの思いで、それだけ言った。

水谷は、「ああ」と、うなってから、「うまいんだな」と、いかにも興味のなさそうな言い方をした。ドアの外で、ぼくが弾くギターをこっそり聞いていた、とわかった。

「そんなことないって。水谷くんにはかなわないよ。ぼくのは自己流なんだから」

水谷はプロのギタリストに何年も個人レッスンを受けているという。

水谷はめんどうくさそうにドアから背中をはがし、立ち去りぎわに、

「［　C　］」と、言った。

無理をしている。

ぼくはつい、「ごめんね」と、口走った。

「あやまることないだろ」

言ってから初めて、水谷は本当に腹を立てたらしい。

「なんであやまるんだよ！　なんでだよ！」

三角巾の腕をつきだすようにして、つめよってきた。

答えられなかった。ぼくは目をそらし、何度も頭をふった。

水谷が床をけって出ていったあと、ぼくはギターをかかえたままいすにすわりこみ、しばらくぼうっとしていた。

4頭の中がごちゃごちゃだった。

きょうはもう練習を続ける気になれない。

ギターをそうっとケースにおさめた。どんなに動揺したって、このギターだけは心して大切に扱《あつか》わなければならない。

十一月も間近にせまっていた。日暮れが早くなっている。ぼくはパーカーのフードを首にeマくようにして、道を急いだ。

先生は一音ずつ何度かくり返して弾き、そのたびにぼくはギターで同じ音を鳴らした。
「うん、ソのフラット」
「ラのシャープ。ギフトだなぁ」
「えっ？」
「神さまからの贈《おく》り物だよ」
「そんな……。だって、水谷くんが弾くのを何十回も、何百回も聞いたからです」
『愛のロマンス』を弾けたとしたら、それしか理由は思いつかない。
「水谷くんも、とてもうまい。練習すればオリジナルの『愛のロマンス』くらいじゅうぶん弾ける。でも、これは小学生の合奏曲だからね。ソロパート以外は、オリジナルよりも簡単に編曲したんだ。きみはその通りに弾いた。譜面も見ずに。
一か所だけ音をはずしたね」
先生はさも面白そうに笑った。
「水谷くんがいつも、同じようにはずした個所《かしょ》だ。
水谷くんの代わり、やってくれるね？」
ぼくはしばらく床を見つめていた。それから、しぶしぶ無言でうなずいた。
E納得したわけじゃない。ほかにどうしようもなかったからだ。
「ギターは家に持って帰るかい？」
家に？ とんでもない！
「だ、だめです」
思わず声を荒《あら》げる。
「家では練習できません」
先生はちょっとおどろいたようだが、すぐに、「わかった」と、応じた。
「じゃあ、音楽室か準備室を使えるように、松本先生にお願いしてみよう。ギターと楽譜は準備室に置いておく。弾いてほしいところに、あとで赤で印をつけておくからね」
それからというもの、放課後は毎日、音楽準備室にひきこもった。
母さんにはギターの代役のことは、いっさいCホウコクしなかった。
母さんは夕方までねじ工場で仕事だし、そのあともコンビニのバイトに直行だ。帰宅が遅《おそ》くなっても、気づかれることはなかった。
準備室はいつもしっかり施錠《せじょう》されていた。プロのギタリストから借りている大事なギターだ。盗難《とうなん》や事故にあったら取り返しがつかない。まず、職員室で音楽の松本先生から鍵《かぎ》を受け取るのが日課になった。
だが、準備室に向かう足取りは重かった。どうしたって父さんのことを思い出してしまうからだ。
どうして、こんなことになったんだ。
またギターを弾くだなんて……。
音楽室の奥《おく》にある準備室には、ふだん使っていない楽器や楽譜のほかに、正体の知れない紙袋《かみぶくろ》などがどっさりしまいこんである。ドアを開けるたびに、独特の古くさいにおいが鼻についた。おばあちゃんの家の納戸《なんど》もこんなにおいだったっけ。
ぼくはよどんだ空気の中に、しばらくただつっ立っている。おそるおそる息をしてから、覚悟《かくご》を決める。毎回そうだった。
もう後もどりはできない。
でも、使いこんで色のあせたケースを開け、ギターを取り出すには勇気がいった。実際、伸《の》ばした腕がかすかにふるえることもあった。
父さんからもらったギターを自分の手でたたきこわしたあのときの衝《しょう》撃《げき》を、手が、体が覚えている。
これはあのギターじゃない。

アを閉めた。

「あ、そこにすわって」

先生は机に置いたギターケースを開けながら言った。

「きみは六年生にしては大きいから、大人用のギターでもいいと思う。でも、少し小ぶりのを友だちのギタリストが貸してくれた。小柄《こがら》な人や女性が使うサイズだって」

いつの間にか、まるで時間の流れが変わったみたいだった。ギターを取り出す先生の一挙手一投足がスローモーションで見えた。中年男性にしては長くてきれいな指の一本一本が、ダンスをするように優雅《ゆうが》に動く。映画の一場面のように。ピアニストの指だ。

全てが夢のようだった。

いい夢なのか、悪い夢なのか。

ギターが手わたされた瞬間、背すじにぶるっとふるえが走った。時間の流れは瞬時にして現実のものになった。

重いはずがないのに、ギターはずしっと重い。楽器の重みだけではない。責任という重圧がのしかかってきた。ぼくはこわごわとひざの上にボディーをかかえなおし、左手でネックをにぎりしめた。鉛《なまり》のような足を足台に引き上げた。

すると……。

X

よし、行け！

ぼくはひと呼吸おいてから、ゆっくりと『愛のロマンス』を弾きだした。

水谷がくり返し弾いたソロだ。頭にこびりついているメロディーだ。初めて弾くのだから、もちろんうまくはない。それでも、事の成り行きに耳をそばだてていたろうかの仲間たちから、どよめきが起こるのがわかった。

しばらくして、頭の中のメロディーがとだえたところで、ぼくは手を止めた。

顔を上げると、先生は穴のあくほどぼくを見つめていた。

「譜面はいらないんだね？」

とっさに答えられなかった。

「あ、いえ。はい」

3先生は無言で頭をふっている。

きっと気に入らなかったんだな、と思った。

「水谷くんが弾いた通りに弾いたね。聞いて覚えた通りに。ちがうかい？」

それじゃ、いけなかったのだろうか？

ぼくが答えるより早く、先生は「はっ！」と、短く笑ってから、両ひざをポンとたたいた。

「絶対音感かもしれない」

えっ？

その言葉を聞いたことはある。音楽に関する特別な能力か何かだ。そんなの、ぼくに関係あるはずがない。

「この音、音名で答えられるかい？」

オンメイ？

先生は立っていって、ピアノの鍵盤《けんばん》を一回だけ軽くたたいた。

「ソ、ってことですか？」

「そうだよ。じゃあ、これは？」

ぼくはだまりこんだ。

「ギターなら弾ける？」

「はい」

間、ぼくも父さんを完全に捨てたのだ。

美咲が死んだことさえ知らせもしなかった。知らせれば、父さんは父親らしく後悔もし、苦しみもしただろう。でも、知らせてなんかやるもんか。そうも思った。完全に無視することは存在を否定することだ。そんな形でせめてもの仕返しをしてやりたかった。

父さんなんかじゃない。

ぼくには父さんなんかいない。

いなくって、いい。

なのにまたギターを弾こうとしている。父さんから習ったギターを……。

むし返すことになる。頭も心も混乱し、動揺《どうよう》していた。母さんにも同じ思いをさせたくなかった。

あとから思い出すと不思議だけど、くよくよ思い悩《なや》んだそのとき、うまく弾けないかもしれない、という不安はみじんもなかった。かといって、ぼくならうまく弾ける、という自信もなかった。

そう、弾けるとか、弾けないとか、そういうことを考える余裕《よゆう》は全然なかった。だからこそ、どうして手をあげたのか、説明がつかなかった。

寝返《ねがえ》りばかり打っているうちに、十一時を過ぎたのだろう。2母さんが仕事から帰ってきた。疲《つか》れきっているのにちがいない。ドアを閉めてすぐ、たぶんドアにもたれて大きなため息をつくのが聞こえた。

ぼくはとっさに寝たふりを決めこんだ。

母さんはそれからどさっといすにすわりこんだまま、しばらく動かなかった。だいぶたってから力をふりしぼるように立ち上がり、トイレを使ってから台所のシンクで手と顔を洗った。冷蔵庫から何か取り出して、ぼそぼそ食べているらしい。お茶くらい入れればいいのに、水道の蛇口《じゃぐち》からコップに入れた水を飲んだだけだった。

聞き耳を立てているだけで、寝ているぼくを気づかい、何をするにもできるだけ音を立てないよう努めているのがわかった。それがもうくせになっているのだ、とわかった。

ぼくがしいておいた布団《ふとん》に母さんがぐったりと横になると、ぼくは母さんに背を向けたまま、タオルケットをかんで息を殺していた。

幸い、まもなく小さな寝息がもれた。ようやく身をほぐして、今度はぼくがこっそりトイレに立った。

それからも長いこと眠れなかった気がする。

が、ついに眠りこむと、今度はえんえんと夢を見た。ギターを弾く夢を見た。

父さんがおさえたコードを、ボロン。

自分もまねして、ボロン。

ドッドードレドシラソラソ……。

父さんが弾くのをまねて、いつまでも弾いていた気がする。

翌日の放課後、重苦しい気持ちをかかえて音楽室へ向かうと、練習日でもないのにドアの外にはバンドのメンバーが群がっていた。

「外山、だいじょうぶなの？」

井村《いむら》が開口一番、聞いてきた。

「えっ、あぁ」

「信じられないよ。ギター弾けるなんて、ひと言も言わなかったじゃん」

「えっ？うん……」

みんなに囲まれ、いたたまれない気分で立ちつくしていると、ギターケースをさげたジョー先生が小走りにやってきた。

「さ、みんな。どいて、どいて。心配しなくていいから」

先生はぼくを先に音楽室へ通すと、みんなをろうかに残したままドうなってから思わずつぶやいた。

「まいったな。ほかにギター弾ける子なんて、いないよね」

質問にもなっていなかった。その証拠《しょうこ》に、先生は生徒たちを見回しもせずに言ったのだ。教壇《きょうだん》の上の楽譜《がくふ》に目を落としたまま。

どうして1そうなったのか、わからない。

その瞬間の脳みその動きを、ぼくは自分にも説明できない。いや、むしろ何も考えていなかったのだと思う。

気がつくと、ぼくは高々と手をあげていた。うつむいたまま。

ぼくの後ろにすわっていた生徒たちが、声にならない声を上げた。

すると、それにつられて、みんながきょろきょろ周りを見回した。うつむいていても、すぐに全ての視線がぼくに集まってくるのがわかった。

小さなどよめきが起こってから、初めてジョー先生は顔を上げた。

「えっ、外山《とやま》くん？」

そのころには、すでに後悔《こうかい》していた。

「ちょっと、前に出てきて」

あとさきも考えず手をあげるなんて、信じられない。

どうして？

どうしよう？

足がもつれた。よろけるようにして前へ出てゆくと、みんなの視線はますます強くなって背中にそそがれた。痛いくらいだ。

「弾けるんだね？」

ジョー先生の声は低かったが、うむを言わせぬ語調だった。

「はぁ」

「習っているの？」

今度は答えなかった。

ただうつむいていると、音楽室の床《ゆか》はキズだらけだ、と気づいた。

「ギターは持ってるんだね？」

ぼくは目をふせたままかぶりをふった。

意外だったのだろう。一瞬、間があった。

「あした、同じ時間にここに来られるかい？」

「はぁ」

消え入るような声で答えた。

「ギターを用意しておくから」

もうのがれようがなかった。

ぼくはだまってうなずいた。

母さんにばれたらどうしよう？

まず、そう思った。

かくし通せるだろうか？

母さんさえコンサートに来なければ……。

母さんは工場とコンビニをかけもちする毎日だ。学校行事にも保護者会にも、顔を出したことはほとんどない。ママ友もいないから、うわさからばれることはないだろう。けど、コンサートは仕事が休みの日曜日だ。

どうしよう？

その夜はむし暑かった。ガラス戸を開けて横になると、窓の下の夜道を行く足音は昼間よりも高く、耳についた。いつまでも眠《ねむ》れなかった。

ギターなんか弾くどころか、二度とふれるつもりはなかった。父さんからもらったギターは、自分でたたきこわしたのだ。弾くbシカクだってあるはずがない。

ギターとギターにまつわる全てが父さんにつながっている。父さんがぼくたちを捨てたのと同じように、ギターをたたきこわしたあの瞬ていた。どの楽器も、弾きまちがえるといった基本的ミスはなくなっていたので、そこからは、それこそジョー先生の腕の見せ所となった。曲それぞれのふんいきをかもしだす工夫に、多くの時間がさかれた。シソー、シファー、シミーレドレー、ソラドミソファレシラシー……。

「はい、みんな。そこはリズムよく、軽やかに。はい、もう一度」

演奏中も、ずいしょで先生の声が飛んだ。

「ピアノ！　そこ、もっと歌って歌って。テンポは気にするな！」

水谷のギターはさらに完ぺきになっていた。個人レッスンを受けているギタリストにコンサートの演奏曲も見てもらっているのだろう。特にギターのソロパートは、もう水谷にお任せ、という流れになっていた。

しかし、他の楽器との合奏部分では、夏休みの間から先生にいつも同じことを指摘《してき》されていた。

「ギター！　少し弱く。もっと。リコーダーと合わせて」

「水谷くん、そこおさえ気味に弾いてね」

そして、二学期の初め。

先生はとうとう言葉づかいを変えた。

「水谷、何度も言ってるだろ。リコーダーの音を聞きなさい。いっしよに溶《と》けこむように。そういう気持ちで弾けないか、そこ」

「はい」

「はい、は百回も聞いた。気持ちの問題だ。自分だけ目立とうとするんじゃない！」

しのび笑いがもれた。

すると、水谷は悪びれもせずに言いかえしたのだ。

「じゃあ、おれ、ここ、弾きませんから」

音楽室は水を打ったように静まり返った。どうなることかと、C全員が自分のことのように緊張《きんちょう》した。

先生は怒《おこ》ってどなりつけるだろうか？

水谷に向かってタクトを投げつけるかもしれない。

「わかった。じゃあ、そういうことで。水谷くんの判断をD尊重しよう」

先生は全く動じずに、そう言った。

もしかしたら、まんまと先生の望み通りになったのかもしれない。が、生徒たちは水谷のわがままが通った、と受け取った。

そこから「じゃあ、おれ」がはやりだした。

水谷は全てに自信があるからだ。だから、平気であんな態度もとれるのだ。その自信にあやかり、みんなは面白がって「じゃあ、おれ、ここそうじしませんから」などと、言っておどけた。

水谷がらみで正真正銘《しょうめい》の非常事態が起こったのは、コンサートまで二か月を切ったころのことだ。通学とちゅう、スマホ運転の自転車が水谷の自慢《じまん》のギター目がけてつっこんできたという。とっさに楽器をかばったら、右腕を骨折してしまったのだ。

三角巾《さんかくきん》で腕をつって、手ぶらで音楽室に現れた水谷からは、さすがにいつもの自信たっぷりの表情は消えうせていた。それどころか、今にも泣き出しそうにさえ見えた。

「結局、ギターも傷ついちゃってさ」

だれも［B］だとは思わなかった。

せっかくがんばって練習してきたのに、コンサートが台なしになる。今年のコンサートはギターが売りだったのに。

みんなも水谷同様、しゅんとしていた。

「その程度のけがですんでよかったじゃないか。自転車事故だって軽く見ちゃいかん。死者が出ることもあるんだし」

ジョー先生はそう言ってなぐさめたが、そのあと、「うーん」と、小学校に上がるとすぐ、父さんはぼく専用の小さなギターを買ってくれた。すでにどの弦のどこをおさえるとどんな音が出るかわかっていたから、父さんが弾くのについてぼくも弾いた。教えてもらったというより、父さんのまねをして覚えた。

じきに、聞き覚えのある曲なら、頭の中でメロディーをたどれば初めてでも弾けるようになった。

父さんの出張がやけに多くなり、しかも長引くようになったのは、ぼくが二年生になってからのことだった。家に帰ってきても、どことなく態度がぎこちなかった。それをふざけてごまかしている節があった。

「あっ、父さんだ！」

「おかえりなさーい！」

喜んで出迎《でむか》えるぼくたちを、父さんはスーツ姿のまま高く抱きあげてふり回したり、そのままレスリングのわざに持ちこんだりした。いっしょにお風呂《ふろ》に入れば、自分からお湯をザバザバたたいて、ぼくたちを「キャーキャー」言わせたりもした。出張のおみやげは以前より多くなり、豪華《ごうか》になった。

そんな父さんに対して、母さんのそぶりは徐々《じょじょ》に［II］なっていった気がする。父さんが悪ふざけをして騒げば騒ぐほど、母さんの反応は逆に［III］になっていった気がする。

小さな違和感を抱《いだ》いた。でも、その違和感を、ぼくははっきり意識したわけじゃない。大人は都合の悪いことをかくすのがうまいのだ。

父さんとギターを練習する時間はどんどん減っていった。が、気にはならなかった。そのころまでには、思いのままにギターをあやつることができるようになっていたからだ。

正式にレッスンを受けたことはない。高度なテクニックなど、もちろん知るはずもない。が、歌を歌うように自由に、自分勝手につまびいた。弾き方やコードは、そのつど好きなように工夫した。

「お兄ちゃん、クマさんの歌、弾いて」

美咲はしょっちゅう、幼稚園《ようちえん》やテレビで覚えた歌をリクエストした。

「悪いな、優太。ギターの時間、なかなかとれなくて」

たまに父さんは申し訳なさそうに言った。

「将来、音大行くか？　父さんの分もがんばれば、プロのギタリストになれるかもな」

ある日、しばらくぶりにぼくが弾くのを聞いて、父さんはそんなことを言った気もする。

けど、そんな野心は、かけらも持たなかった。なんの疑問もなく、ただ弾いていて楽しかったから。父さんと共通の趣味《しゅみ》を持っているだけでうれしかったから。父さんの息子だ、としみじみ感じられたから。

救いがたいほど［A］だった――今になって、そう思う。

（中略）

「じゃあ、おれ、ここ弾きませんから」

二学期に入ってまもなく、水谷がジョー先生に向かって反抗《はんこう》的に発したひと言は、バンド仲間はおろか学年全体に流行語となって広がった。

「じゃあ、おれ、ここやりませんから」

「じゃあ、おれ、ここ行きませんから」

「じゃあ、おれ、ここ描《か》きませんから」

言われたことや指示されたことが気に入らないと、女の子でさえこのフレーズを使った。

そもそもの発端《ほったん》はこうだった。

夏休みの集中練習のおかげで、ほとんどの演奏曲はかなり仕上がっ思わず飛びのいてから、美咲《みさき》と大笑いしたものだ。

でも、ぼくが何よりうれしかったのは、父さんがしょっちゅうギターを弾《ひ》いて聞かせてくれることだった。クラシックギターの腕前《うでまえ》はプロ並みで――と、自分でもいばっていたが――学生時代にはクラブや結婚式《けっこんしき》の披露宴《ひろうえん》で演奏のバイトもしたことがあるという。

いつだったか昔の同好会の仲間が数人集まって、小さなコンサートを開いたことがあった。小規模な集まりで、観客は家族や友人がほとんどだったが、みんなが拍手喝采《はくしゅかっさい》するすてきな演奏ばかりだった。もちろん、どうしたってひいき目に見てしまうけど、ぼくは父さんが一番うまい、と思った。

コンサートの終了《しゅうりょう》後、家族も交えてパーティーが開かれた。ギター仲間が何人も、ビールのグラスを片手にぼくに話しかけてきた。

「お父さん、うまいだろ？　ギタリストになるかも、と思ってたんだけどな」

「あなたもギター、弾くの？　そうよね。お父さん譲《ゆず》りなら、きっと上手でしょうね。がんばってね」

「きみのお父さんに追いつきたくて、学校、落第しそうになるまでギターばっかり練習したけどさ、だめだったなぁ」

昔から父さんはそんなにギターがうまかったんだ。みんなのあこがれの的だったんだ。そう思うとほこらしかった。じまんしてふれ回りたいほどだった。

「どうしてプロのギタリストにならなかったの？」

一度、ぼくは聞いたことがある。

「うまいと言ったって、B内輪の話だ。この程度のやつは掃《は》いて捨てるほどいる。音大出てるわけじゃなし、つてもないよっぽど有名な人についてレッスンして、こねでもつけてもらうとか？　それで食っていくには何年かかるかわからん。至難のわざだよ。

第一、父さんがギタリストになってみろ。母さんとだって結婚もできてなかった。優太《ゆうた》も美咲もこの世に存在しなかったぞ」

「えっ、やだー！」

ぼくがさけぶと、わけもわからず「やだ、やだー！」と、美咲もまねしてさけんだ。

「だろ？　だろう？」

父さんは右手にぼくを、左手に美咲を抱《だ》きあげると、その場でぐるぐる回った。ぼくたちの足が、回転する遊園地の飛行機みたいに宙を飛んだ。

「ギターより、こっちの方がいいなぁ。おまえたちも、そうだろう。ああ、よかった、よかった」

父さんとぼくたちのやり取りを見て、母さんはaシュウシにこにこ笑っていた。

父さんは、ぼくがもの心ついたころには自分のギターにさわらせてくれるようになっていた。

「この弦《げん》、そう、ここ、おさえてごらん」

ぼくの指をとって弦の上に置き、「ミー」とか「ソー」とか教えてくれたり、父さんが難しいコードをおさえてぼくにボロンと音を出させてくれたりした。

「ドとミと2弦のドをおさえて。あとは開放でC」

ボロン！

「レ、ソ、シは開放。1弦のファはおさえて」

ぼくの指が弦に届かないところは、父さんが手伝ってくれて、「G7」

ボロン！

そう、これまでの人生で一番楽しかったのは、父さんと共同作業でかき鳴らす、ボロンの一瞬《いっしゅん》だったと思う。

ているので、硬さと他の機械的性質などとの関係をよくみて、どの硬さ試験が本当の目的に適しているかを見究めて使えば、逆に硬さの利用価値は増大するはずです。

　硬さは、〝使用する人の頭の使い方で役にも立つし、立たないこともある〟ということがお分かりいただけたことと思います。

（寺澤正男『硬さのおはなし』より）

※出題の都合上、本文の一部を改稿しています。

〈注〉二十世紀

問一　空らん［1］・［2］にあてはまる語を次の中から選び、記号で答えなさい。なお、同じ記号を二度用いてはならない。

ア　では　**イ**　なぜなら

ウ　さらに　**エ**　しかし

問二　空らん［I］・［II］にあてはまる語を本文中からぬき出し、答えなさい。

問三　――線部「引っかき硬さよりもより精度の高い硬さ測定法」とあるが、どのような方法か。本文中の表現を用いて、二つ書きなさい。ただし、それぞれ四十字以内で説明すること。

問四　空らん［III］にあてはまる語として適当な語を答えなさい。ただし、本文中の語の対義語が入ります。

三　次の文章を読んで、あとの問いに答えなさい。

「ぼく」の通っている小学校では十一月に文化祭を行っている。中でもピアニストのジョー先生（澤口常一《さわぐちじょういち》）が指導する「不二見小バンド」が参加するコンサートは地域でも有名である。ぼくはリコーダーとして練習に参加していたが、バンドの花形となるギターを担当する水谷《みずたに》を「鼻持ちならないやつ」と感じ、関わらないようにしていた。

　両親が離婚《りこん》したのは、ぼくが三年生のときだった。

　父さんは大手の衣料品メーカーに勤めており、いつも忙《いそが》しそうにしていた。「やり手の営業マンなのよ」と、母さんは［I］だった。

　小さいけれど、建て売りの一戸建ても買った。

　そんな父さんは地方への出張が当たり前の日々だったから、母さんと兄妹、三人だけの生活には慣れっこになっていた。母さんは専業主婦でいつも家にいてくれたし、父さんが留守でも困ることは何もなかった。さびしいとも思わなかった。

　それに、父さんは休みの日には子ぼんのうぶりをしっかりA発揮していた。

　近くの公園では、ブランコを高くゆらしてくれたり、ジャングルジムにおし上げてくれたり、砂場で作ったお城にきれいな窓をたくさんつけたりしてくれた。映画館では、「となりで『007』やってるのになぁ」と言いながら、『アンパンマン』や『クレヨンしんちゃん』にしんぼう強くつきあってくれた。ぼくの背が届かない枝にセミがとまっていれば、つかまえようとしてオシッコをひっかけられ大騒《おおさわ》ぎしたこともある。

「きたないっ！」

には広く利用された硬さの考え方でありましたが、他の硬さの表示法が開発されるに及んで段々すたれてゆきました。［1］、最近になりまして引っかきによる硬さの表示が便利な用途《ようと》もでてきまして、ちょっと復活ムードにあるといえるでしょう。もちろんモースの尺度のような単純な方法ではありませんが、引っかききずの大小で硬さを表すものです。

〈注〉今世紀に入ってから、材料の硬さから他の機械的性質、例えば引っ張り強さ、伸び、耐衝撃《たいしょうげき》性、耐疲労《たいひろう》性のようなものを推定できると大変便利であるということで、引っかき硬さよりもより精度の高い硬さ測定法が開発されました。

押込《おしこ》み硬さとか反発硬さといわれるものがそれで、簡単に考え方を説明しておきましょう。

押込み硬さは、測定される材料よりもはるかに硬い材料(これを圧子といいます)を被測定物《ひそくていぶつ》に荷重をかけて押し込む方式のもので、同じ荷重で押し込んだとき大きなくぼみができるものは軟かいといい、小さいくぼみのできるものは硬いと考えるわけです。現在、硬さ測定の方法として最も広く用いられているものが、この考え方に基礎《きそ》をもつものです。

反発硬さは、一定高さから一定の重量の圧子部品を被測定物の上に落とし、はね返りの高さの大小で硬さを測定します。硬い材料の上に圧子を落とすと高くはね上がり、軟かいとはね上がり高さは低くなります。この方法は一番簡単なので現場で広く使用されていますが、これにも欠点があります。例えば、消しゴムと鉄とを測ってみますと、ゴムのほうが鉄を測定したときよりも高くはね上がります。［2］ゴムは鉄より硬いのかということになりますと、どう考えてもゴムのほうが軟かいと思われるでしょう。そのとおりなのです。

この方法は、同系列の材料を比較するときには便利ですが、異種材料の硬さの比較には適しないということです。間違《まちが》って使いますと大きな混乱をおこすことになるわけです。

以上述べました3種類の硬さを測る方法をみても、それぞれ考え方が違っていて、共通点はないといってよいくらいです。

ですから、硬さを一言でいい表すことが至難であることがお分かりいただけたと思います。〝硬さとは本当になんだろうか〟という疑問は現在まで未解決であり、今後も容易には分からないのではないでしょうか。硬さとは〝［Ⅰ］では誰《だれ》でも知っているのに、［Ⅱ］的にはよく分からない〟という、まことに硬さとは不思議なものではありませんか。

みなさん方は、〝硬さには直接の用途がない〟といったら、嘘《うそ》をつけと叱《しか》られるでしょう。はたして本当なのでしょうか。

ところが、硬いとか軟かいということは他の性質と結び付けて考えられているのです。〝硬い材料は、強い、変形しにくい、摩耗《まもう》しにくい〟といったようなことを無意識のうちに納得していたのではないでしょうか。軟かい材料は、強さが小さく変形させやすく、減りやすいと思われませんか。硬ければ摩耗しにくいという一般的常識からいっていることで、硬いということの目的をいっているのではなく、他の性質を硬さに置き換《か》えて考えているのにすぎないのです。

〝鉄は硬いじゃないか、それでよいではないか〟といえばそれまでですが、硬いから他の諸性質に対してそれぞれ相関性があって、その性質が機械部品などに役立っているので、硬いことの用途ではないのです。

われわれが硬い、軟かいといっていることは、いわば定性的な話で、常に硬さの裏にある性質を暗黙《あんもく》のうちに了解《りょうかい》して、硬さを［Ⅲ］的に利用しているわけなのです。このように硬さは複雑な内容をもっ

二〇二一年度 慶應義塾湘南藤沢中等部

【国語】（四五分）〈満点：一〇〇点〉

※解答に句読点や記号などが含まれる場合は一字に数えます。

一　次の□にあてはまる漢字を答えなさい。また、それと同じ漢字があてはまるものをあとのア～コの中から選び記号で答えなさい。

〈例〉□の耳に念仏　〈答〉馬・サ

① □を割ったような性格
② □生大事
③ □裁が悪い
④ 神□
⑤ 相手の□をつく

ア □進に道をゆずる
イ 時は□なり
ウ 失敗を□手にとる
エ 看□娘《むすめ》
オ 自□自得
カ □来語
キ 名は□を表す
ク 破□の勢い
ケ □心忘るべからず
コ 一身□の都合
サ □子にも衣装

二　次の文章を読んで、あとの問いに答えなさい。

みなさん方は、常識的に硬《かた》い軟《やわら》かいということをよく知っておられ、常に比較《ひかく》してどちらが硬いかを区別することができます。

ところが硬さとはなにかということを学問的に表現することは、極めて困難なことで、月旅行もできる現代ですらよく分からないというのが実情で、正直なところ不可思議な話です。

〝そんな馬鹿《ばか》なことってあるか〟といわれるでしょうが、本当なのです。〝鉄は硬くてゴムボールは軟かいではないか〟といわれればまさにそのとおりでありますが、これは硬いものと軟かいものを比較していえることであって、硬いということはなにかという本質になると非常にむずかしく、この何世紀かにわたって多くの研究者が一生懸命《けんめい》考えたのですが、今日にいたるまで〝一言で硬さとはこういうことだ〟と明言できるものはないのです。

一般にいわれている硬い軟かいということは、両者を比較してどちらが硬いかを判断しているだけで、硬さそのものを取りあげているのではないのです。

このように相手を選んで比較する技術は昔からありました。その発《ほっ》端《たん》は鉱石の硬い軟かいということを論ずることに始まり、モースという人が〝硬い材料と軟かい材料をこすり合わせて、きずのついたほうが軟かいのだ〟と判断していろいろの材料の硬さの順位を決めたことがあります。これを〝モースの硬さ〟といいまして、1から10まで硬さの順序にならべたものがあります。鉱石に例をとりますと、モースの尺度で1は滑石《かっせき》、2は石膏《せっこう》、3は方解石、4は蛍石《ほたるいし》、5は燐灰石《りんかいせき》、6は正長石、7は石英、8は黄宝石、9は鋼玉、10はダイヤモンドであります。

これは、引っかき硬さといわれる種類の硬さ表示法であり、表面に作られた引っかききずの状態から硬さの大小を比較したもので、初期

2021年度

慶應義塾湘南藤沢中等部 ▶解説と解答

算 数 (45分) ＜満点：100点＞

解 答

1 (1) 1152 (2) 7 (3) 223.44cm^2 **2** (1) 170cm^3 (2) 74個 (3) 解説の図4を参照のこと。 **3** ㋐ $6\frac{2}{3}$ ㋑ 20 ㋒ 52 **4** (1) ア 25 イ 3 (2) ウ 96 エ 5 (3) 10 **5** (1) 300m (2) 15分間 (3) 780m **6** (1) 18m^2 (2) 16.5m^2 (3) 17m^2

解 説

1 計算のくふう，逆算，面積

(1) $A\times B+A\times C=A\times(B+C)$となることを利用すると，$8\times9+24\times5+21\times8+72\times3+11\times24+8\times39=\underline{8\times3}\times3+\underline{8\times3}\times5+7\times\underline{3\times8}+9\times\underline{8\times3}+11\times\underline{8\times3}+\underline{8\times3}\times13=\underline{8\times3}\times(3+5+7+9+11+13)=24\times\{(3+13)\times6\div2\}=24\times48=1152$

(2) $10\div\left(9\div\frac{12}{\square-2}-1.25\right)-3=1$より，$10\div\left(9\div\frac{12}{\square-2}-1.25\right)=1+3=4$，$9\div\frac{12}{\square-2}-1.25=10\div4=2.5$，$9\div\frac{12}{\square-2}=2.5+1.25=3.75$，$\frac{12}{\square-2}=9\div3.75=9\div3\frac{3}{4}=9\div\frac{15}{4}=9\times\frac{4}{15}=\frac{12}{5}$，$\square-2=5$ よって，$\square=5+2=7$

(3) 右の図で，かげのついた部分の一部を矢印のように移動すると，かげのついた部分は，四分円OABから三角形OABをのぞいたものになる。また，四分円OABの面積は，$28\times28\times3.14\times\frac{1}{4}=196\times3.14=615.44$(cm^2)，三角形OABの面積は，$28\times28\div2=392$(cm^2)だから，かげのついた部分の面積は，$615.44-392=223.44$(cm^2)と求められる。

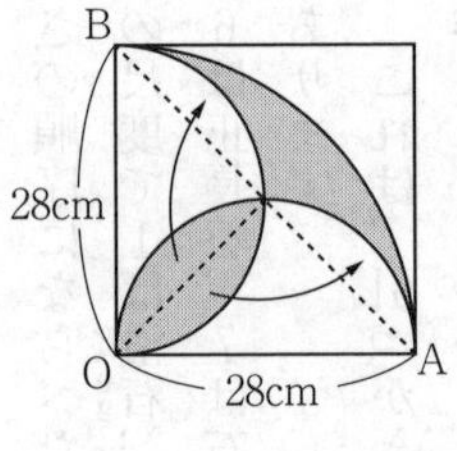

2 倍数算，消去算，条件の整理

(1) 水を移す前と移した後で，AとBに入っている水の量の和は変わらない。そこで，移す前の比の和と移した後の比の和をそろえると，下の図1のようになる。すると，そろえた比の，$17-14=3$にあたる量が30cm^{3}とわかるから，そろえた比の1にあたる量は，$30\div3=10$(cm^3)となる。よって，移す前にAに入っていた水の量は，$10\times17=170$(cm^3)と求められる。

図1

	A	B		A	B
前	17 ： 3		＝	17 ： 3	
	和20			和20	
後	7 ： 3		＝	14 ： 6	
	和10		×2	和20	

図2

Ⓐ＋Ⓑ ＝137(個)…ア
Ⓑ＋Ⓒ＝118(個)…イ
Ⓐ ＋Ⓒ＝129(個)…ウ

図3

	☆↓			
	1	ア		
★→	イ	ウ	2	オ
		4		
		エ		3

図4

1	2	3	4
4	3	2	1
3	4	1	2
2	1	4	3

(2) A，B，Cに入っているボールの個数をそれぞれⒶ個，Ⓑ個，Ⓒ個として式に表すと，上の図2のようになる。ア～ウの式をすべて加えると，Ⓐ，Ⓑ，Ⓒの2つずつの和が，137＋118＋129＝

384(個)とわかるので，Ⓐ＋Ⓑ＋Ⓒ＝384÷２＝192(個)となる。ここからイの式をひくと，Ⓐ＝192－118＝74(個)と求められる。

(3) 上の図３で，★の列には２があるから，イとウは２ではない。よって，アは２と決まる。また，☆の列には４があるので，ウは４ではない。したがって，イは４と決まる。すると，ウは３，エは１，オは１と決まる。同様にして決めていくと，上の図４のようになる。

3 グラフ―水の深さと体積

10秒後には右の図①のようになる。このときまでに入った水の体積は，８×10＝80(cm³)であり，水が入っている部分の底面積は，４×４－４＝12(cm²)だから，㋐＝80÷12＝$\frac{20}{3}$＝$6\frac{2}{3}$(cm)とわかる。次に，10秒後に直方体Ｘを引きぬくので，10秒後から先は右上の図②のⅠ～Ⅲの順に水が入る。㋑秒後までに入った水の体積は，４×４×10＝160(cm³)なので，㋑＝160÷８＝20(秒後)となる。また，㋒秒後に管Ｄを閉じるから，Ⅱの部分の水は毎秒，８－２＝６(cm³)の割合で増え，Ⅲの部分の水は毎秒８cm³の割合で増える。さらに，ⅡとⅢの部分に入れた時間の合計は，68－20＝48(秒)であり，ⅡとⅢの部分の容積の合計は，４×(４＋４)×10＝320(cm³)なので，右下の図③のようにまとめることができる。毎秒８cm³の割合で48秒入れたとすると，８×48＝384(cm³)入るから，実際に入れた量よりも，384－320＝64(cm³)多くなる。毎秒８cm³のかわりに毎秒６cm³の割合で水を入れると，入る量は１秒あたり，８－６＝２(cm³)少なくなるので，毎秒６cm³の割合で入れた時間は，64÷２＝32(秒)とわかる。つまり，Ⅱの部分に入れた時間が32秒だから，㋒＝20＋32＝52(秒後)と求められる。

図①

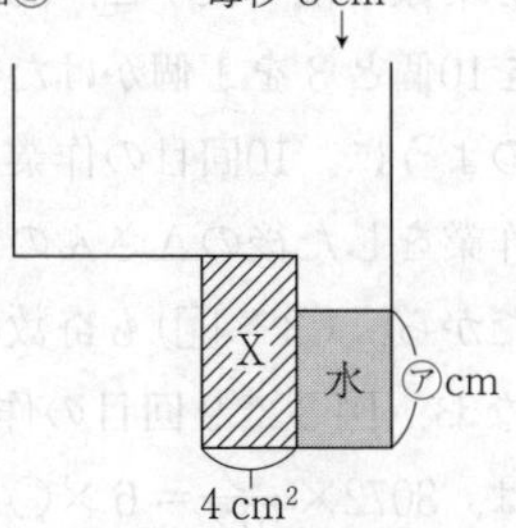

図②

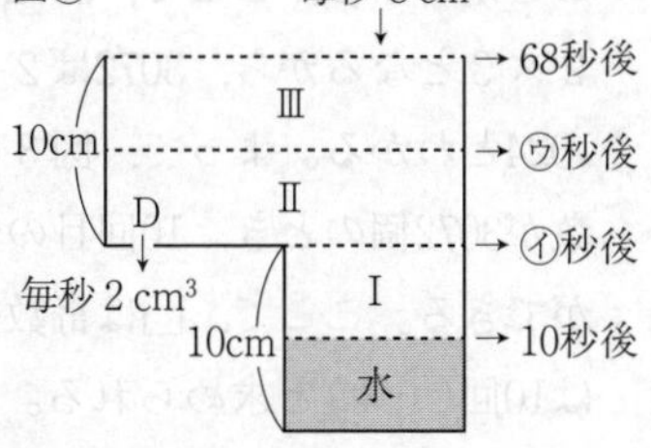

図③

Ⅱの部分(毎秒６cm³)
Ⅲの部分(毎秒８cm³)
} 合わせて48秒で320cm³

4 条件の整理，素数の性質

(1) 下の図１のように，１回目はＡさんがＢさんに，40÷２＝20(個)わたし，２回目はＢさんがＡさんに，60÷２＝30(個)わたし，３回目はＡさんがＢさんに，50÷２＝25(個)わたす。すると，玉の個数が奇数《きすう》になるから，作業が終わったときにＡさんは25個(…ア)持っていて，作業の回数は３回(…イ)である。

図１

Ａさん		Ｂさん
40	１回目20個	40
20	２回目30個	60
50	３回目25個	30
25		55

図２

Ａさん		Ｂさん
96	１回目48個	96
48	２回目72個	144
120	３回目60個	72
60	４回目66個	132
126	５回目63個	66
63		129

図３

Ａさん		Ｂさん	
1	÷２	1	最初
$\frac{1}{2}$	÷２	$\frac{3}{2}$	１回目
$\frac{5}{4}$	÷２	$\frac{3}{4}$	２回目
$\frac{5}{8}$		$\frac{11}{8}$	３回目
$\frac{□}{1024}$		$\frac{△}{1024}$	10回目

(2)　2人が持っている個数の合計は，63＋129＝192(個)であり，これは作業を何回しても変わらない。よって，最初に2人が持っている個数は，192÷2＝96(個)(…ウ)ずつとわかる。また，このときの作業は上の図2のようになるので，作業の回数は5回(…エ)である。

(3)　最初に2人が持っている個数を1とする。わたした後の個数はわたす前の個数の半分になり，2人が持っている個数の合計はつねに，1＋1＝2であることを利用すると，上の図3のようになる。図3から，N回目の作業をした後の分母は2をN個かけた数になり，分子はつねに奇数であることがわかる。ここで，3072を素数の積で表すと，3072＝2×2×2×2×2×2×2×2×2×2×3となるから，3072は2を10個と3を1個かけた数であり，2を10個かけた数は，3072÷3＝1024とわかる。よって，図3のように，10回目の作業をした後の分母は1024になるので，最初の個数が3072個のとき，10回目の作業をした後のAさんの個数は，$3072\times\frac{□}{1024}=3\times□$(個)と表すことができる。ここで，□は奇数だから，(3×□)も奇数になる。したがって，このときの作業の回数は10回(…オ)と求められる。なお，図3で9回目の作業をした後の分母は，1024÷2＝512なので，9回目の作業をした後の個数は，$3072\times\frac{○}{512}=6\times○$となり，奇数にならない。

5 旅人算

(1)　3人の進行のようすをグラフに表すと，右のようになる(○の数は分速～mを表す)。B君が12分で進んだ道のりは，40×12＝480(m)であり，Cさんが，12－8＝4(分)で進んだ道のりは，50×4＝200(m)だから，アの道のりは，480－200＝280(m)とわかる。また，斜線《しゃせん》の部分ではB君とCさんの間の道のりは1分間に，90＋50＝140(m)の割合で縮まるので，イの時間は，280÷140＝2(分)と求められる。よって，CさんがB君と出会ったのは学校から，200＋50×2＝300(m)の地点である。

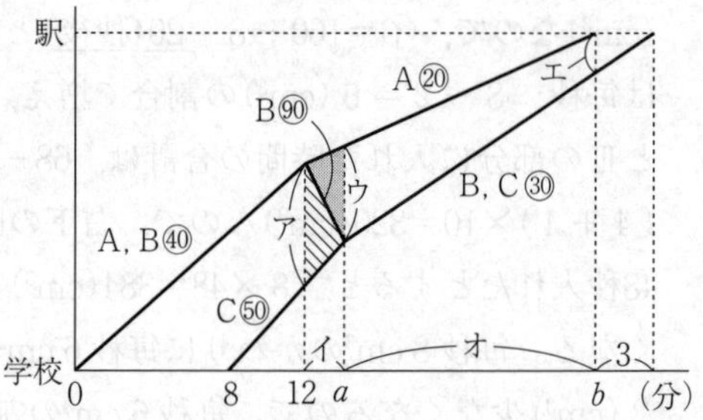

(2)　かげの部分ではA君とB君の間の道のりは1分間に，20＋90＝110(m)の割合で広がるから，ウの道のりは，110×2＝220(m)である。また，エの道のりは，30×3＝90(m)なので，a分後からb分後までの間にA君とB君の間の道のりは，220－90＝130(m)縮まったことになる。また，この区間ではA君とB君の間の道のりは1分間に，30－20＝10(m)の割合で縮まるから，オの時間は，130÷10＝13(分)と求められる。よって，A君が分速20mで歩いた時間は，2＋13＝15(分間)である。

(3)　A君が分速20mで歩いた道のりは，20×15＝300(m)なので，学校から駅までの道のりは，480＋300＝780(m)と求められる。

6 平面図形—構成，面積

(1)　下の図①のように，AとBを結ぶ直線を垂直に二等分するように太線をひくと，Ⓐは太線の左下側のかげをつけた部分の面積になる。よって，6×6÷2＝18(m^2)とわかる。

(2)　下の図②で，AとBだけを考えると，Ⓐは太実線の下側になる。また，AとCだけを考えると，Ⓐは太点線の左下側になる。このとき，両方に共通するのはかげをつけた部分であり，その面積は，(4＋7)×3÷2＝16.5(m^2)と求められる。

(3)　下の図③で，AとBだけを考えると，Ⓐは太実線の右上側になる。次に，AとCだけを考える。

AとCを結ぶ直線をひくと，直線ACは，右に1マス，上に2マス進む向きにひかれているから，これと垂直な直線は，右に2マス，下に1マス進む向きにひかれることになる。よって，ACを垂直に二等分する直線は太点線のようになるので，Ⓐは太点線の右上側の部分とわかる。このとき，両方に共通するのはかげと斜線をつけた部分になる。かげの部分の面積は，$(6+2)\times 4\div 2=16$ (m^2)であり，斜線部分の面積は，$2\times 1\div 2=1$ (m^2)だから，合わせると，$16+1=17$(m^2)になる。

図①

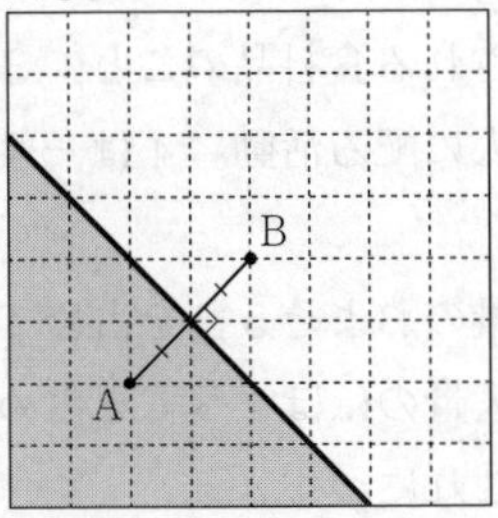

図②

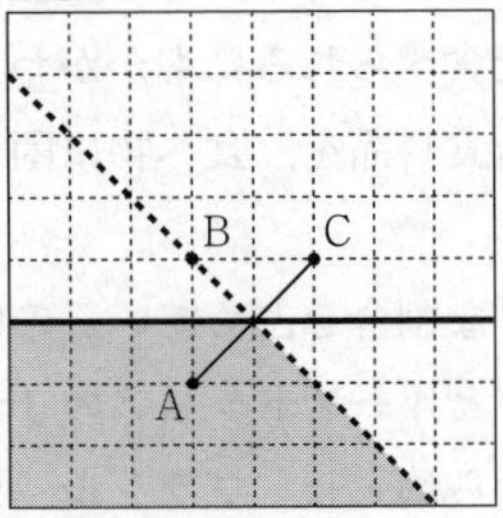

図③

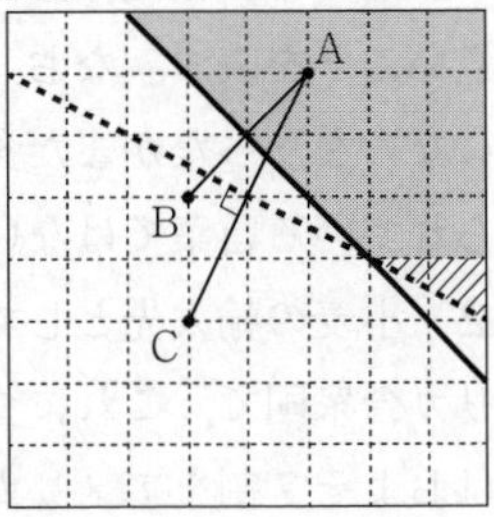

社 会 (25分) ＜満点：50点＞

解 答

1 **問1** 2 **問2** 5 **問3** 4 **問4** 2 **2** **問1** 1 **問2** 3 **問3** 地産地消 **問4** 2 **問5** 3 **3** **問1** 4 **問2** 2 **問3** 4 **問4** 1→3→2 **4** **問1** 2 **問2** 1 ○ 2 × 3 × **問3** 3 **問4** 4 **問5** 1→3→2→4 **5** **問1** 3 **問2** 1 ○ 2 × 3 ○ **問3** 3 **問4** 1 **問5** 2 **6** **問1** 2 **問2** 4 **問3** 1 **問4** 3 **問5** 3 **7** **問1** 6 **問2** 3 **問3** 1 **問4** 3 **問5** 2 **問6** 2

解 説

1 **東北地方のようすや各県の特徴，日本の水産業などについての問題**

問1 2011年3月11日に発生した東日本大震災は，地震の揺《ゆ》れと巨大津波によって東北地方の沿岸部に多大な被害をもたらした。翌12年には専門の機関として政府に復興庁が置かれ，復興が進められてきたが，10年の節目にあたる2021年になっても，避難《ひなん》生活を続ける人や故郷を離れたままの人がおり，人口は震災前の水準にもどっていない。

問2 かき類は，瀬戸内海に面する広島県，岡山県，兵庫県や，リアス海岸として知られる三陸海岸がある宮城県，岩手県での養殖収獲《しゅうかく》量が多く，収獲量は広島県が全国第1位である。よって，アにかき類があてはまる。ほたて貝は，サロマ湖での養殖がさかんな北海道と，陸奥《むつ》湾での養殖がさかんな青森県が全国収獲量のほとんどを占《し》めているので，イにあてはまる。わかめは，岩手県，宮城県でさかんに養殖されており，ウとなる。統計資料は『日本国勢図会』2020／21年版による(以下同じ)。

問3 津波のようすを後世に伝える伝承碑《ひ》には，津波のおそろしさや備えの大切さなどを記録しておくことで，同じ被害にあわないようにという願いがこめられている。4にあるような役割は，津波から人を救うことにはつながらない。

問4　人口が最も多い３は，東北地方唯一《ゆいいつ》の政令指定都市である仙台市を県庁所在地とする宮城県である。残る２つのうち，沿岸部のいわき市を中心に工業が発達している２が福島県で，福島県は東北地方６県の中で製造品出荷額等が最も多い。残った１が岩手県である。

2　食料品の貿易や農業についての問題

問1　食料品の輸送距離と重さから地球環境におよぼす影響《えいきょう》を数値化したものを，「フードマイレージ」という。輸送距離が長く，重量が重くなるほど数値が大きくなり，それだけ環境への負荷が大きいことを表す。なお，２はまだ食べられるにもかかわらず廃棄《はいき》される食料品のこと，３は売り物にならなかったがまだ食べられる食料品を，食べ物に困っている人に配る活動。４は一般的に用いられている言葉ではない。

問2　小麦の輸入先として最も大きな割合を占めているのは，輸入量のおよそ５割を占めているアメリカ合衆国で，これにつぐカナダとオーストラリアの３か国で輸入量のほぼすべてを占める。大豆はおよそ７割をアメリカ合衆国から輸入し，ブラジル，カナダがこれにつぐ。

問3　地元でとれた食材を地元で消費することを「地産地消」という。フードマイレージを小さくして環境への負荷を軽減できるだけでなく，地域の食料自給率を高めたり，農林水産業を活性化できたりするという利点もある。

問4　チョコレートの原料であるカカオ豆は高温多湿な熱帯地方で栽培され，西アフリカのコートジボワールとガーナが世界生産量の第１位，第２位を占める。なお，１にはコーヒー豆，３には茶があてはまる。

問5　フェアトレードは公正な貿易のことで，発展途上国の食料品を適正な価格で購入《こうにゅう》することを通じて，発展途上国の生産者や労働者の生活改善や自立をめざすことを目的としている。発展途上国では，先進国の資金をもとにして，もうけにつながる作物や品種が栽培され，それによって伝統的な品種の栽培が行われなくなることもあるので，３が正しくない。

3　日本列島を通る経線を題材にした問題

問1　「日清戦争の講和条約が結ばれた都市」とは山口県下関市のことで，1895年にここで下関条約が結ばれた。１は島根県の隠岐《おき》，２は新潟県の佐渡島で山口県より東，３は長崎県の対馬《つしま》で山口県より西に位置している。４は鹿児島県の種子島にあてはまり，山口県の南に位置するので，これが選べる。

問2　新潟は江戸時代末の1858年に結ばれた日米修好通商条約により，箱館(函館，北海道)・横浜(神奈川県)・神戸(兵庫県)・長崎とともに開港地とされた。戊辰《ぼしん》戦争の影響などで開港が遅れ，1869年になってようやく開港された。なお，１は1854年，３と４は1951年に結ばれた条約。

問3　「合掌《がっしょう》造り集落で知られる五箇山《ごかやま》」は富山県にある。１は山口県，３は広島県にあるので富山県より西，２は長野県にあるので富山県よりも東に位置している。４の桶狭間《おけはざま》は愛知県西部にあり，富山県の南に位置するので，これがあてはまる。1560年，織田信長は桶狭間の戦いで今川義元を破り，戦国大名として名をあげた。

問4　山口県を通る経線１は最も西にあたる東経131度，富山県を通る経線３はその東の東経137度，新潟県を通る経線２は最も東にあたる東経139度の経線である。なお，経線２の説明にある「絹産業遺産として世界遺産に認定された場所」とは，群馬県富岡市のこと。

4 大塩平八郎の乱とそのころのようすについての問題

問1 大塩平八郎の乱は江戸時代後半の1837年に起こった。このころには，第11代将軍徳川家斉《いえなり》がぜいたくな生活をしていたことから幕府の財政が厳しくなり，外国船の接近による国防費の増加や天保の飢《き》きんがこれに追い打ちをかけた。よって，2が正しくない。

問2 **1** 江戸時代，大阪(大坂)には諸藩の蔵屋敷が置かれ，全国から年貢米や特産物が集められて取り引きされた。こうして経済の中心地となった大阪は，「天下の台所」とよばれた。よって，正しい。 **2** 江戸時代には江戸・京都・大阪が三都とよばれて栄えたが，人口が100万人をこえていたのは江戸なので，誤っている。大阪は約35万人，京都は約40万人前後で推移していたと推定される。 **3** 町奉行には旗本(将軍家直属の家臣)が就任したので，誤っている。

問3 1 町人には商人がふくまれる。大名が年貢として得た米を現金化するのは商人であり，商人との結びつきを強めて財力を高める大名もいた。 2 年貢は原則として米で農民が領主に納めた。町人のうち，商工業者には運上金，冥加《みょうが》金とよばれる営業税が課された。 3 江戸時代後半には幕府の学問所で朱子学以外の学問が禁止されるなどしたが，町人にはそうした制限はなく，蘭学《らんがく》や国学に取り組むこともできた。 4 江戸時代には団体で寺社へ参詣《さんけい》することが流行し，多くの町人が伊勢参りなどに出かけた。

問4 老中の水野忠邦は1841年から，幕府財政の立て直しなどを目的として天保の改革とよばれる政治改革を始めた。その1つとして，江戸や大阪周辺の土地を幕府の領地(天領)にする上知令を出したが，大名や旗本の反対にあって取り下げ，改革も2年ほどで失敗に終わった。1は第3代将軍の徳川家光，2は第5代将軍の徳川綱吉，3は第8代将軍の徳川吉宗が行ったこと。

問5 1は1853年，2(薩長同盟の成立)は1866年，3(桜田門外の変)は1860年，4は1867年のできごとなので，年代の古い順に1→3→2→4となる。

5 日清・日露戦争のころの日本のようすについての問題

問1 日清戦争(1894～95年)で戦勝国となった日本は，下関条約で清(中国)から遼東《リヤオトン》半島や台湾などの領土をゆずり受けた。しかし，南下政策を進める上で日本の大陸進出がさまたげになると考えたロシアは，フランスとドイツをさそってこれに干渉《かんしょう》し，遼東半島を清に返還するよう求めてきた。この三国干渉に対抗するだけの力を持たなかった日本はやむなくこれに応じ，賠償《ばいしょう》金の増額と引きかえに遼東半島を清に返還した。

問2 **1** 日露戦争(1904～05年)末期に行われた日本海海戦では，東郷《とうごう》平八郎が率いる連合艦隊《かんたい》がロシアのバルチック艦隊を破り，戦争における日本の優位を決定づけた。よって，正しい。 **2** 日本は，対ロシア政策で利害が一致したことから，1902年に日英同盟を結んだ。当時，アメリカとは同盟を結んでいなかったので，誤っている。 **3** 日露戦争が始まると，歌人の与謝野晶子《よさのあきこ》は，戦場にいる弟の身を案じて雑誌「明星」に「君死にたまふことなかれ」という詩を発表し，戦争に反対した。よって，正しい。

問3 日本は下関条約で清から多額の賠償金を受け取り，その一部に多額の政府資金を投入して，現在の福岡県北九州市に官営八幡製鉄所を建設した。1901年に操業を開始した八幡製鉄所は，日本の重工業における産業革命の先がけとなり，鉄鋼の国内自給がめざされた。

問4 細菌《さいきん》学者の北里柴三郎《しばさぶろう》は，明治時代にドイツに留学してコッホのもとで研究を行っていたときに破傷風の血清療法《りょうほう》を発見し，世界的に知られる学者となった。帰国後の1892年に設立された伝染病研究所に所長としてむかえられ，1894年には政府の命によって訪れていた香港《ホンコン》でペスト菌を発見した。1914年には北里研究所を設立し，長く日本の医療・医学に貢献《こうけん》した。なお，２の志賀潔《きよし》は赤痢《せきり》菌を発見した細菌学者，３の野口英世は黄熱病を研究した細菌学者。４の高峰譲吉《たかみねじょうきち》は消化薬タカジアスターゼを開発し，アドレナリンの抽出《ちゅうしゅつ》に成功するなどした化学者。

問５　１　四大公害病は1960年ごろに大きな問題となった。産業排水が原因の四大公害病には，水俣病，第二(新潟)水俣病，イタイイタイ病がある。　２　産業革命によって機械工業が発展すると，資本家は利潤《りじゅん》をあげるため，労働者を工場で長時間，低賃金で働かせるようになった。こうした労働環境への反発から社会主義運動が展開されるようになったが，政府はこれを厳しく弾圧した。よって，正しい。　３　国会開設などを求めて自由民権運動が起こったが，さまざまな法律によって弾圧されたのは，1870年代なかばから後半のことである。　４　1960年，日米安全保障条約の改定をめぐって学生らが大規模なデモを起こしたが，岸信介内閣はこれを強行採決した。

6　日本国憲法についての問題

問１　日本国憲法の前文には，国民主権や平和主義などの基本原則が示されているが，経済に関する記述はない。

問２　憲法改正の国民投票では，有効投票の過半数の賛成が得られると憲法改正が承認される。なお，１は第98条，２は第97条，３は第99条で規定されている。

問３　基本的人権は人間が生まれながらにして持っている最も基本的な権利のことで，憲法第11条はこれを「侵すことのできない永久の権利」として現在および将来の国民に保障しているが，第13条では「公共の福祉に反しない限り」という条件がつけられている。公共の福祉は，国民全体の幸福や利益といった意味で，これに反する権利の主張は認められないことがある。

問４　すべての裁判所は，国会が制定する法律や内閣の政令・命令・行政処分が憲法に違反していないかどうかを，具体的な裁判を通じて判断する違憲審査権をもっている。最高裁判所はその最終的な判断を下すことから，「憲法の番人」ともよばれる。なお，１は国民，２は国会が行う。４は裁判の種類の１つ。

問５　最高裁判所長官は，内閣が指名し，天皇が任命する。よって，３が正しくない。

7　地方自治についての問題

問１　2000年代には「平成の大合併《がっぺい》」とよばれる市町村合併が進められ，合併によって新しく市となったところだけでなく，もともとあった市に町村が吸収されたところもある。よって，数が増えているイに市があてはまる。アとウのうち，数が多いウが町で，残るアが村である。

問２　郵便事業はかつては国営事業だったが，2007年からは民間事業とされ，現在は民間企業である日本郵便株式会社が配達業務を行っている。

問３　１　地方自治において，議会は首長の不信任決議を行うことができ，首長は議会を解散することができる。よって，正しい。　２　首長は住民の直接選挙で選ばれる。　３　地方裁判所の裁判官は，最高裁判所の作成した名簿《めいぼ》にもとづいて内閣が任命する。　４　条例の制定・改廃は，有権者の50分の１以上の署名を集めれば請求できる。

問４　住民税の税率などは条例で定められ，条例の改正については，有権者の50分の１の署名を集めて首長に提出することで直接請求を行えるが，住民税に関する条例ではこれが認められていない。そのため，税に関することは住民投票の対象にならないと明記している自治体があり，住民投票が行われた例もない。

問5　日本の会計年度は４月１日から翌年の３月31日までである。

問6　グラフの「地方交付税」「国庫支出金」は国から地方に配分されるお金で，一般に，地方税の税収が多い大都市では少なく，税収が少ない地方では多くなる。よって，２が正しい。なお，地方税の中心はその自治体に暮らす住民から徴収《ちょうしゅう》する住民税や，その地域に家や土地などを持っている人から徴収する固定資産税で，観光収入の中には消費税のような国税(一部は地方税)もあるので，これがそのまま地方の歳入の増加につながるとは限らない。

理　科　(25分)＜満点：50点＞

解　答

[1] **問1**　5，6　**問2**　1　**問3**　3　**問4**　3　**問5**　6　[2] **問1**　4　**問2**　3　**問3**　6　**問4**　3　**問5**　6　[3] **問1**　5　**問2**　1　**問3**　(例)　筋肉Aはゆるんで伸び，筋肉Bは収縮している。　**問4**　**筋肉A**…①　**筋肉B**…③　**問5**　2　**問6**　5　[4] **問1**　**ろうそく**…3　**木炭**…1　**問2**　3，4　**問3**　水蒸気　**問4**　5　**問5**　ウ／**理由**…(例)　木片が燃えるとき，下から上への新しい空気の流れが木片全体にふれるように続いて生じるから。

解　説

[1] 磁石についての問題

問1　磁石にくっつく金属は，鉄やニッケルなど一部の金属に限られる。ステンレスは鉄とクロムなどの合金なので磁石にくっつく。

問2　棒磁石のアの部分が別の棒磁石のＮ極と引き合ったので，アはＳ極である。棒磁石の両はしは異なる極になるため，イの部分はＮ極だとわかるが，このイの部分に近づけたＳ極が引き合ったことからも同じことがわかる。

問3　磁石の力は，磁石にくっつかない紙やプラスチック，アルミニウムなどの金属を通しても同様にはたらくため，アルミ箔でおおったアの部分に別の棒磁石のＮ極を近づけると引き合う。

問4　棒磁石が折れると，その切れた方のはしには，もう一方のはしとは反対の極が現れる。図３の場合，ウの部分にはアの部分(Ｓ極)とは反対のＮ極，エの部分にはイの部分(Ｎ極)とは反対のＳ極が現れる。したがって，別の棒磁石のＮ極をウの部分に近づけると反発し合い，エの部分に近づけると引き合う。

問5　方位磁針のＮ極が北を指すことからもわかるように，地球を１つの磁石と考えたとき，北極側がＳ極，南極側がＮ極となっている。しかし，地球のＳ極，Ｎ極の位置は北極点，南極点とは少しずれたところにある。そのため，方位磁針が指す方向に進んでいっても北極点や南極点に到達《とうたつ》することはできない。図としては６が選べる。

[2] 暑さ指数についての問題

問1　積乱雲は，地表近くの暖かい空気が水蒸気とともに上昇《じょうしょう》し，気圧の低い上空で水蒸気から細かい水滴や氷の粒に変化することによってできた，垂直方向に発達した雲である。

問2　黒色は日光などの熱を吸収しやすく，しかも銅は熱を伝えやすいので，黒球温度が３つの温度のうち最も高くなる。また，水でしめらせたガーゼから水分が蒸発するときにまわりから熱をうばうため，湿度が100％でなければ湿球《しっきゅう》温度は乾球《かんきゅう》温度より低くなる。よって，アが乾球温度，イが黒球温度，ウが湿球温度となる。

問3　表１の１日目の値を用いると，計算式は，35.0＝X×55.4＋Y×32.0＋Z×29.6となる。そして，選択肢《せんたくし》ではYの値がすべて0.1なので，X×55.4＋Z×29.6＝35.0−0.1×32.0＝31.8になる。ここで，XとZが同じ値だとすると，それは，31.8÷(55.4＋29.6)＝0.37…となるので，１と２は正しくない。また，31.8÷55.4＝0.57…より，Xの値は約0.57より小さいので，３と４も正しくない。すると，Z＝0.7と決まるので，X×55.4＋0.7×29.6＝31.8，X×55.4＝31.8−20.72＝11.08より，X＝11.08÷55.4＝0.2と求められ，６が選べる。

問4　問３より，Zの値が最大であることから，暑さ指数に最も影響《えいきょう》をあたえているのは湿球温度とわかる。湿球温度は空気中の水蒸気量(湿度)に大きく左右されるので，暑さ指数も空気中の水蒸気量に影響されやすいといえる。

問5　気象庁は環境《かんきょう》省と共同で暑さ指数にもとづいた「熱中症《しょう》警戒《けいかい》アラート」の発表を開始することになり，2020年の夏に関東地方などを対象に試行され，2021年には全国で運用される予定。暑さ指数が33℃以上になると予想され，熱中症になる危険性が高い場合に発表される。

3　ヒトの体のつくりについての問題

問1　ヒトの骨はリン酸カルシウムという物質でできていて，この物質をつくる主な成分はカルシウムである。

問2　骨は体のいろいろな場所でさまざまなはたらきをしている。背骨や骨ばん，手足の骨などは体を支えるはたらき，ろっ骨や頭の骨などは内部を守るはたらき，関節でつながっているところは体の各部を動かすはたらきをそれぞれ行っている。

問3　図１で，腕《うで》を曲げるときは，筋肉Ａが縮み，筋肉Ｂはゆるんで伸《の》びる。腕を伸ばすときは，筋肉Ａがゆるんで伸び，筋肉Ｂが縮む。

問4　筋肉Ａや筋肉Ｂが縮んだときに腕を動かすためには，これらの筋肉がひじより先にあるとなりの骨につながっていて，ひじから先の部分を動かせるようになっていなければならない。筋肉Ａは①に，筋肉Ｂは③につながっている。

問5　三角形に似た形をした広い板状の骨アは肩甲骨《けんこうこつ》で，背中側にある肩甲骨と胸の上部にあるさ骨とで，うでの骨(上わん骨)を支えている。

問6　１　豚《ぶた》バラの“バラ”はバラ肉のことで，ろっ骨(あばら骨)の周囲からとれる。　２　レバーはかん臓のことをいう。　３　鶏《とり》なんこつは，ニワトリの胸骨の先にある軟骨《なんこつ》(やげん軟骨，カッパなどとよばれる)，またはひざの軟骨(げんこつなどとよばれる)のことである。　４　鶏ささみは，ニワトリの胸部の奥《おく》側からとれる肉で，タンパク質を多くふくみ脂肪《しぼう》が少ないという特ちょうがある。　５　牛すじは，ふつうウシのアキレス腱《けん》(足の後ろ側にある大きい腱)を指すが，ほかの部位の腱がついた肉なども牛すじということがある。　６　牛タンはウシの舌にあたる。

4　ものの燃え方についての問題

問1　固体のろうそくは，熱によってとけたろうが液体になり，さらにしんの先で気体になってから燃える。木炭は，固体の炭素が空気中の酸素と直接結びついて燃える。木炭のように固体のままで燃えるものは炎を上げずに燃える。

問2　木炭は燃える気体の成分をふくまず，固体の炭素が空気中の酸素と直接結びつくため，炎《ほのお》を出さずに赤くなって燃える。スチールウールは鉄の細い繊維《せんい》が空気中の酸素と直接結びついて燃えるため，炎を出さない。線香《せんこう》は煙《けむり》を出すが，燃えている部分はふつう赤くなっているだけで炎は出さない。

問3　木炭の成分は主に炭素なので，燃えると二酸化炭素が発生する。一方，ろうそくは成分として炭素のほかに水素も多くふくむので，燃えると二酸化炭素以外に，水素が燃えるときに生じる水(水蒸気)も発生する。

問4　蒸し焼きとは，空気(酸素)にできるだけふれないようにして加熱する操作である。木片を蒸し焼きにすると，気体成分の木ガスや，液体成分の木さく液，木タールが発生し，あとに木炭が残る。

問5　木片などを缶《かん》の中に入れて燃やすとき，木片全体に新しい空気が継続《けいぞく》してふれるようにする必要がある。木片が燃えると，その熱によって缶の中の空気は温められて上昇するため，図1のウの位置のように缶の底に近いところに穴を開けておくと，穴から新しい空気が入って底から上に向かう空気の流れができ，燃えている木片がつねに新しい空気とふれることができるので燃え続ける。

英語　(60分) ＜満点：100点＞

※解説および作文の解答例は編集上の都合により省略させていただきました。

解答

Listening　省略　**Reading Passage One**　**1**　C　**2**　A　**3**　A　**4**　C　**5**　B　**Passage Two**　**1**　A　**2**　C　**3**　D　**4**　B　**5**　B　**Grammar**　**1**　B　**2**　D　**3**　C　**4**　D　**5**　B　**6**　C　**7**　A　**8**　B　**9**　A　**10**　D　**Vocabulary**　**1**　A　**2**　C　**3**　B　**4**　D　**5**　C　**6**　C　**7**　C　**8**　A　**9**　D　**10**　B

国語　(45分) ＜満点：100点＞

解答

[一]　①　竹，ク　②　後，ア　③　体，キ　④　業，オ(馬，サ)　⑤　逆，ウ

[二]　**問1**　**1**　エ　**2**　ア　**問2**　Ⅰ　常識　Ⅱ　学問　**問3**　(例)　被測定物より硬い材料に荷重をかけて被測定物に押し込み，できたくぼみの大小で測る。／一定の高さから一定の重量の部品を被測定物の上に落とし，はね返る高さの大小で測る。　**問4**　間接　[三]　**問1**　**A**　はっき　**B**　うちわ　**C**　ぜんいん　**D**　そんちょう　**E**　なっとく　**問2**　下記を参照のこと。　**問3**　T・Y　**問4**　Ⅰ　エ　Ⅱ　ア　Ⅲ　イ　**問5**　ウ　**問6**　ア　**問7**　(例)　骨折した水谷の代役をやることになった。　**問8**　(例)　布団をし

くこと。　**問9**　エ→イ→オ→ウ→ア　**問10**　エ　**問11**　イ　**問12**　ア，ウ，オ

四（例）　高齢者や体の不自由な人たちの散歩につきそう散歩隊をつくり，避難所で運動不足になりがちな人々の健康を守るという，人の役に立つ経験をさせたい。事前に上級生が高齢者の体調を確かめる，それぞれのご家族にも承だくを得る，安全に歩けるルートを見つけておくなどの準備をすれば実現できると思う。

●漢字の書き取り

三　**問2**　a　終始　b　資格　c　報告　d　子細　e　巻

解説

一　慣用句・四字熟語・難読熟語の完成

①「竹を割ったような性格」は，さっぱりした真っ直《す》ぐな気性。クの「破竹の勢い」は，竹が一節割れると次々に割れていくことになぞらえ，おさえ難《がた》いほどの勢いを表す。　②「後生大事」は，もともと仏教用語で，来世の安楽を大切に信心すること。転じて，大切にすることを表す。アの「後進に道をゆずる」は，引退して地位や役割などを後輩《こうはい》にゆずること。　③「体裁」は，外から見たようす。特に世間の人が見る自分のようす。キの「名は体を表す」は，“名前はその人やものごとの実体を表す”という意味。　④「神業《かみわざ》」は，神のしわざ。また，超人《ちょうじん》的な行いや技術。オの「自業《じごう》自得」は，もともと仏教用語で，自ら行なった善悪の行為《こうい》によって本人がその報《むく》いを受けること。なお，サが“どんな人間でも身なりを整えれば立派に見える”という意味の「馬《ま》子《ご》にも衣装《いしょう》」であることから，「神馬《しんめ》」としてもよい。　⑤「相手の逆をつく」は，相手の予測に反した行動をとること。ウの「失敗を逆手にとる」は，失敗を逆に利用して，こちらの利益にすること。　なお，イは「時は金なり」で，時間をむだに費やしてはいけないという戒《いまし》め。エは「看板娘《むすめ》」で，店先で客をひきつけるほど魅力《みりょく》的な娘。カは「外来語」で，日本語のなかに入ってきた外国語の単語。ケは「初心忘るべからず」で，ものごとを習い始めたころの謙虚《けんきょ》で真剣《しんけん》な気持ちを常に失ってはならないという戒め。コは「一身上の都合」で，“個人的な事情”という意味。退職などを願い出るときに使う。

二　出典は寺澤正男《てらさわまさお》の『硬《かた》さのおはなし』（日本規格協会 発行）による。

三種類の「硬さ」の測定方法を紹介《しょうかい》し，その方法には共通点がなく，一言で表すことは至難である「硬さ」をどう利用しているかを説明している。

問1　**1**「モースの硬さ」は，ほかの硬さの表示法が開発されるに及《およ》んで段々すたれていったが，最近では「復活ムード」にあるというのだから，前のことがらを受けて，それに反する内容を述べるときに用いる「しかし」が入る。　**2**「硬い材料の上に圧子を落とすと高くはね上がり，軟《やわら》かいとはね上がり高さは低く」なると考える「反発硬さ」という方法には「欠点」があると述べた後，筆者は「ゴムのほうが鉄を測定したときよりも高くはね上が」ることをあげ，それならば「ゴムは鉄より硬い」といえるのかと問いかけているので，前のことがらを受けて，それをふまえながら次のことを導く働きの「では」が合う。

問2　Ⅰ，Ⅱ　一つ目，二つ目の段落で，人々は「常識的に硬い軟かいということをよく知って」おり，「常に比較《ひかく》してどちらが硬いかを区別」できるにもかかわらず，「硬さ」を「学問的に表現することは，極《きわ》めて困難」だと述べられていることをおさえる。つまり，「常識」では誰《だれ》でも知って

いるのに，「学問」的にはよくわからない「硬さ」という概念《がいねん》を，筆者は「不可思議」に感じているものと判断できる。

問３　続く部分に，「引っかき硬さ」よりも精度の高い硬さ測定法として，「押《お》し込《こ》み硬さ」と「反発硬さ」があげられている。「押し込み硬さ」は，測定される材料より硬い材料を，荷重《かじゅう》をかけて被《ひ》測定物に押し込み，できたくぼみの大小で硬さを測る方法である。また，「反発硬さ」は，「一定高さから一定の重量の圧子部品を被測定物の上に落とし，はね返りの高さの大小で」硬さを測る方法である。

問４　後半の大段落の最初で，「硬さには直接の用途《ようと》がない」と述べられていることに注目する。「硬い材料は，強い，変形しにくい，摩耗《まもう》しにくい」，あるいは「軟かい材料は，強さが小さく変形させやすく，減りやすい」といったように，「硬さ」とはほかの性質が置き換《か》えられた表現に過ぎない。つまり，実際には「硬さ」と結びつけられた性質のほうが「直接」の役に立っているのだから，「硬さ」自体は「間接」的に利用していることになる。

三　**出典は今井《いまい》恭子《きょうこ》の『ギフト，ぼくの場合』による。**事故で右腕《みぎうで》を骨折してしまった水谷《みずたに》に代わり，自分達を捨てた父親へとつながるギターを，思いがけず「ぼく」が弾《ひ》くことになったようすを描《えが》いている。

問１　A　持っている能力や特性などをじゅうぶんに表すこと。　B　身近な者どうしの範囲《はんい》。　C　その集団に属するすべての人。　D　大切なものとして扱《あつか》うこと。　E　理解して受け入れること。

問２　a　始めから終わりまでずっと。　b　あることを行うのにふさわしい立場。　c　知らせること。　d　細かく詳《くわ》しいようす。　e　音読みは「カン」で，「圧巻」などの熟語がある。訓読みにはほかに「まき」がある。

問３　父親からは「優太」，ジョー先生や井村からは，「外山《とやま》」と呼ばれているので，「ぼく」の姓《せい》名《めい》は外山優太だとわかる。ただし，「イニシャルを姓・名の順番」で答えるのだから，「Ｔ・Ｙ」となる。

問４　Ⅰ　大手の会社に勤める父親を，母親は「やり手の営業マンなのよ」と自慢《じまん》していたのだから，得意なようすを表す「ほこらしげ」があてはまる。「やり手」は，腕《うで》が立つ人。　Ⅱ，Ⅲ　やけに回数が多く，しかも長期間の出張から帰宅した父親が無理に明るく騒《さわ》げば騒ぐほど，母親の「反応は逆」になっていったのだから，「ぎこちなく」「冷ややか」になったとするのがよい。

問５　自分たち家族を捨てた父親とのつながりを断《た》ち切るかのようにギターをたたきこわしていながらも，右腕を骨折した水谷の代わりにギター担当を引き受けようと，気づけば「高々と手をあげていた」ことに，「ぼく」はとまどっている。ギターにまつわる複雑な気持ちを抱《かか》える「今」の「ぼく」が，父親と同じ趣味《しゅみ》を持っているだけでうれしかった過去の単純な自分をふり返っているのだから，ウがふさわしい。

問６　水谷は全てに自信があり，ジョー先生に対しても逆らうわがままな性格の持ち主だが，右腕を骨折し，自慢のギターも傷ついてしまった今では，「いつもの自信たっぷりの表情は消えうせ」，泣き出しそうになっている。ギターを「売り」として懸命《けんめい》に練習してきたみんなは，たとえ「鼻持ちならないやつ」であっても水谷を失うことでコンサートが台なしになってしまうのではないかと思ったことに加え，けがをして弱気になった彼《かれ》を見るにつけ，いたたまれない気持ちになったものと想像できるので，だれ一人としてけがをした水谷に対し「いい気味」だとは思わなかったとするのがよい。

問7　右腕を骨折した水谷の代役として，「ほかにギター弾ける子なんて，いないよね」とつぶやいたジョー先生に対し，「ぼく」は気がつくと「高々と手をあげていた」。つまり，「どうして」水谷の代役に名乗りをあげたのか，「ぼく」は自分でも「わからな」かったのである。

問8　少し後に，「ぼくがしいておいた布団に母さんがぐったりと横になると」と書かれているので，この部分をまとめればよい。「ぼく」は「仕事」で「疲《つか》れきっているのにちがいない」母親のために，あらかじめ布団をしいておいて，自分は先に床《とこ》についていたのである。

問9　ギターが手わたされたときには重圧を感じたが，ネックをにぎるとその「感触」に「ぼく」は「なつかし」さを覚えているのだから，エが最初にくる。続いて，ジョー先生に「何か弾いてくれる」かとうながされて弦をかき鳴らすと「美しい和音」が響《ひび》き，「ぞくっと」しているので，イ→オとつながる。その後，「試しにそっとあるメロディーをはじい」た「ぼく」は，「なんの曲？」ときかれたが，それには答えず，「もう一曲のワンフレーズを弾いて」いる。よって，ウ→アという流れになると判断できる。

問10　「頭にこびりついているメロディー」にしたがい，「譜面《ふめん》」なしで「愛のロマンス」を弾く「ぼく」には，「絶対音感」が備わっているのかもしれないとジョー先生は話しているので，エが合う。

問11　水谷は，興味のなさそうな言い方ではあっても，自分の代役である「ぼく」に向かって「うまいんだな」とほめている。「ぼく」の力を認めているのだから，「がんばれよ」とエールを送ったものと考えられる。

問12　ア 「プロのギタリストに何年も個人レッスンを受けている」水谷は，ジョー先生にさからうほどの自信家である。その水谷なら，「すんなり」と現れた代役に「ほっとするよりは悔《くや》しかったにちがいない」うえ，自分よりも「うまい」と評されることにも「無関心でいられるはずがない」だろうと「ぼく」は想像している。つまり，「ぼく」が水谷に「ごめんね」と謝《あやま》ったのは，自分が彼《かれ》のプライドを傷つけたと思ったからなので，「反感」が合わない。ウ この時期の「ぼく」は練習中，「悲しいことも，悔しいことも，怒《いか》りも，うらみも――忘れ去った」のだから，正しくない。オ ぼう線部２の少し前に，ギターの代役を引き受けたときの「ぼく」は「くよくよ思い悩《なや》ん」ではいたものの，「うまく弾けないかもしれない，という不安はみじんもなかった」とあるので，ふさわしくない。

四 条件作文

避難《ひなん》所はふだんとは環境《かんきょう》が大きく異なり，安心して過ごせる居場所，生活リズムを保つ暮らし方，他人の役に立っていると思う自尊心などが必要になってくる。その状況《じょうきょう》において，大人からの支援《しえん》のもと，同じ児童の立場で，上級生にあたる六年生が四，五年生を組みこんだ活動を考えて実行するのはとても有意義だといえるが，そのさい，だれにでも開かれている活動であることや，みんなでつくり上げる活動であることが望ましい。避難所という環境では，利用できる資源(場所・物品・人材など)が限られることへの配慮《はいりょ》，事故が起きない工夫《くふう》なども必要になる点もふまえ，遊び，学習，制作，健康維持《いじ》，奉仕，交流などについて具体的活動を考えるとよい。

2020年度　慶應義塾湘南藤沢中等部

〔電　話〕（0466）49－３５８５
〔所在地〕〒252－0816　神奈川県藤沢市遠藤5466
〔交　通〕小田急江ノ島線・相鉄いずみ野線・市営地下鉄―「湘南台駅」よりバス15分　JR東海道線―「辻堂駅」よりバス25分

※　出願時に４科目受験（算数・社会・理科・国語）か３科目受験（算数・国語・英語）を選択します。算数と国語は同一問題です。

【算　数】（45分）〈満点：100点〉

1　$\boxed{\text{ア}}$，$\boxed{\text{イ}}$，$\boxed{\text{ウ}}$ にあてはまる数を求めなさい。

(1)　$\frac{22}{49}\times2\frac{1}{3}+\frac{11}{49}\times3\frac{5}{6}-\frac{33}{49}\times1\frac{2}{3}=\boxed{\text{ア}}$

(2)　$2\div\left(3-\frac{\boxed{\text{イ}}+41}{34}\right)-0.375=1.75$

(3)　底面の直径が28cm，高さが40cmの円柱の側面積は $\boxed{\text{ウ}}$ cm^{2}である。（ただし円周率は3.14とする。）

2　(1)　ある水そうに，水を毎分一定量ずつ入れていくと１時間30分でいっぱいになる。毎分あたりに入れる水の量を1.2倍にするとき，水そうは何時間何分でいっぱいになりますか。

(2)　コイン１枚を１回投げて，表が出れば５歩前に進み，裏が出れば３歩前に進むものとする。コインを15回投げたところ，合わせて63歩前に進んだ。表が出た回数を求めなさい。

(3)　ある36人のクラスで，金魚と犬をそれぞれ飼っているか，飼っていないかを調べたところ，次のようになった。このクラスで金魚と犬の両方を飼っている者の人数を求めなさい。

①　金魚を飼っていない者は13人

②　犬を飼っていない者は15人

③　金魚と犬の両方とも飼っていない者は６人

3　右の図のように，三角形の中に数の書かれたメダルがならんでいる。メダルにはある規則にしたがって数が書かれている。

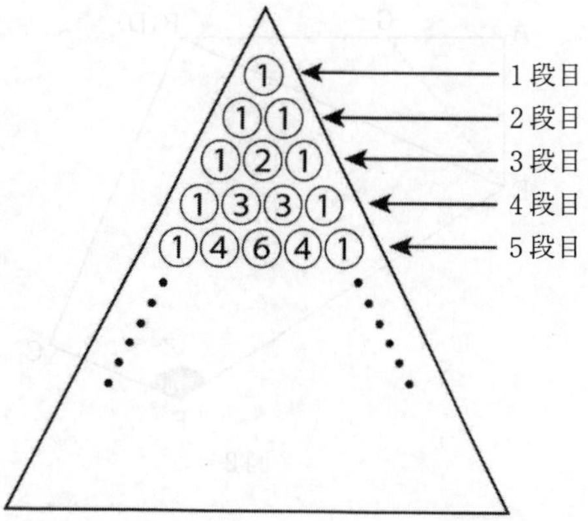

(1)　７段目のメダルに書かれている数の和を求めなさい。

(2)　35段目から73段目には全部で何個のメダルがありますか。

(3)　ある段のメダルに書かれている数の和は4096であるという。その１段下の段のうち一番右と一番左にあるメダルを１個ずつ除いた残りのメダルに書かれている数の和を求めなさい。

4　かべAとBがあり，かべAの面積はかべBの面積の1.5倍である。この両方のかべをKO産業の社員がぬることになった。

最初の40分は社員全員でかべAにペンキをぬる作業をした。次の30分は，社員全体の$\frac{2}{3}$がかべAに，社員全体の$\frac{1}{3}$がかべBにペンキをぬる作業をしたところ，かべAのペンキがちょうどぬり終わった。そこで，かべAで作業していた社員のうち何人かが，かべBの作業を手伝いに行ったところ，手伝いに行ってからさらに50分かかってかべBのペンキがぬり終わった。

⑴　最初の40分でペンキをぬった面積は，かべAの面積のどれだけにあたりますか。割合を分数で答えなさい。

⑵　最後の50分で，かべAからかべBに手伝いに行った人数は，社員全体の人数のどれだけにあたりますか。割合を分数で答えなさい。

⑶　最後の50分を社員全員でぬっていたら，手伝いに行ってから何分でペンキをぬり終わりますか。

5　図1のような長方形の形をした紙ABCDがある。辺AB上に点E，辺CD上に点Fをとり，直線EFを折り目として折ったとき，図2のように頂点Bと頂点Dがちょうど重なり，BEとEFの長さが等しくなった。

さらに，辺DA上に点Gをとり，図2の状態から直線EGを折り目として折ったとき，図3のように頂点Aが直線BEに重なった。

⑴　図2の角㋐の大きさを求めなさい。

⑵　AGの長さとGDの長さの比を求めなさい。

⑶　図3のかげをつけた部分の面積が$20\,\text{cm}^2$のとき，長方形ABCDの面積を求めなさい。

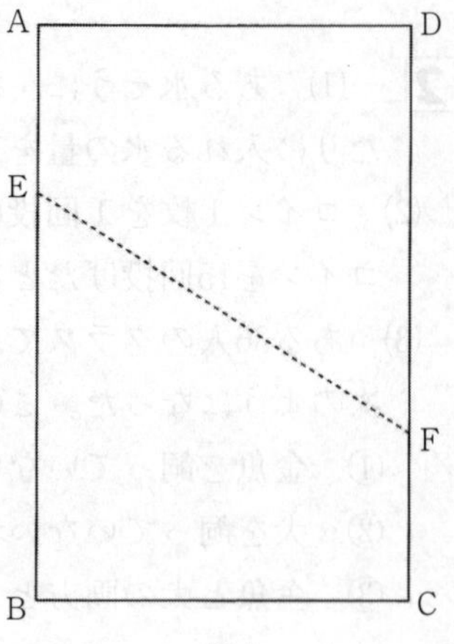

図1

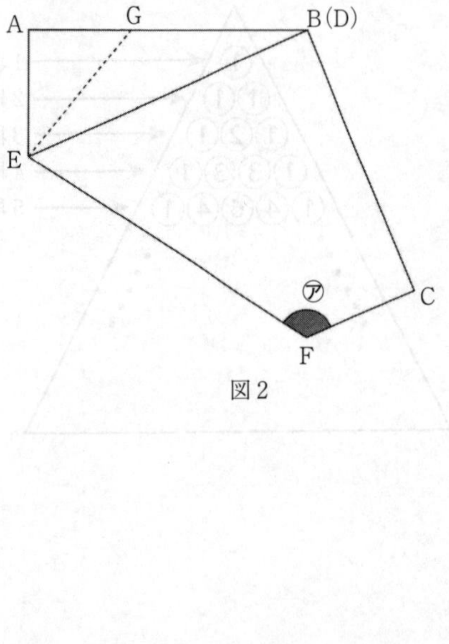

図2

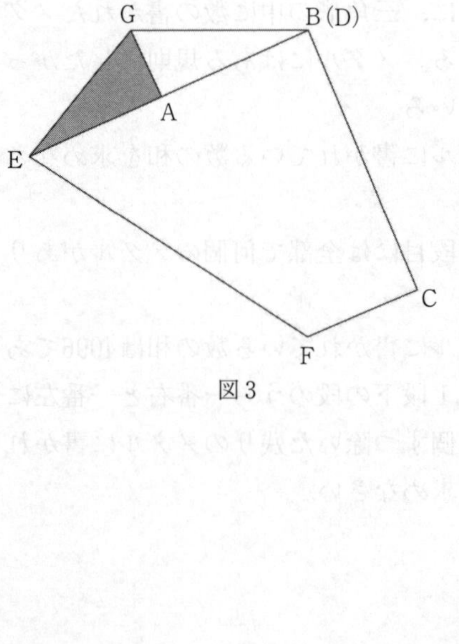

図3

6 下の図のように，K君とO君の兄弟が住む家の前には川が流れており，その川には2つの橋A，Bがかかっている。2つの橋A，Bは，ともに9時と9時30分になると橋が上がりはじめて通れなくなり，10分で元の状態にもどる。橋が上がりはじめたときに橋の上にいたときは，その場所に止まって橋が元にもどるまで待つものとする。

K君とO君が歩いて橋をわたり，川の向こう岸にある店に行くとき，後の問いに答えなさい。ただし，K君とO君はそれぞれ分速20m，分速15mで歩くものとする。また，道路や橋の幅《はば》は考えないものとする。

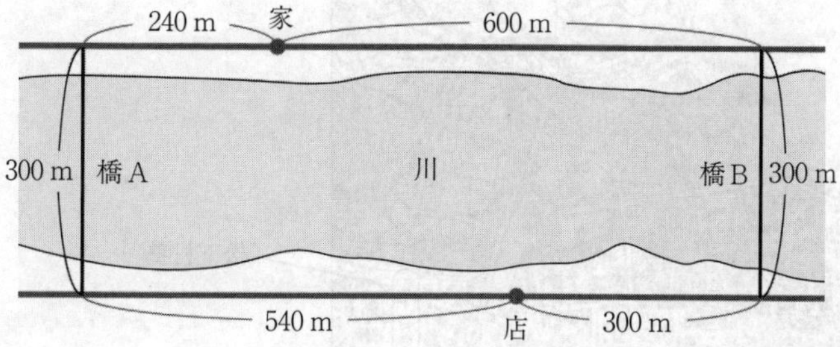

(1) K君が8時50分に家を出て，橋Aをわたって店に行くとき，何時何分に店に着きますか。

(2) O君が8時30分に家を出て店に行くとき，どちらの橋をわたったほうが何分早く着きますか。

(3) O君は橋Aを，K君は橋Bをわたって店に行く。

O君はK君より早く店に着きたいと考えた。K君が8時30分に家を出ると知ったとき，O君はおそくとも何時何分より前に家を出ればよいですか。

【社　会】（25分）〈満点：50点〉

1　図１は1/50,000地形図「萩《はぎ》」より作成したものです。地図の方位は上が北で拡大縮小はしていません。問いに答えなさい。

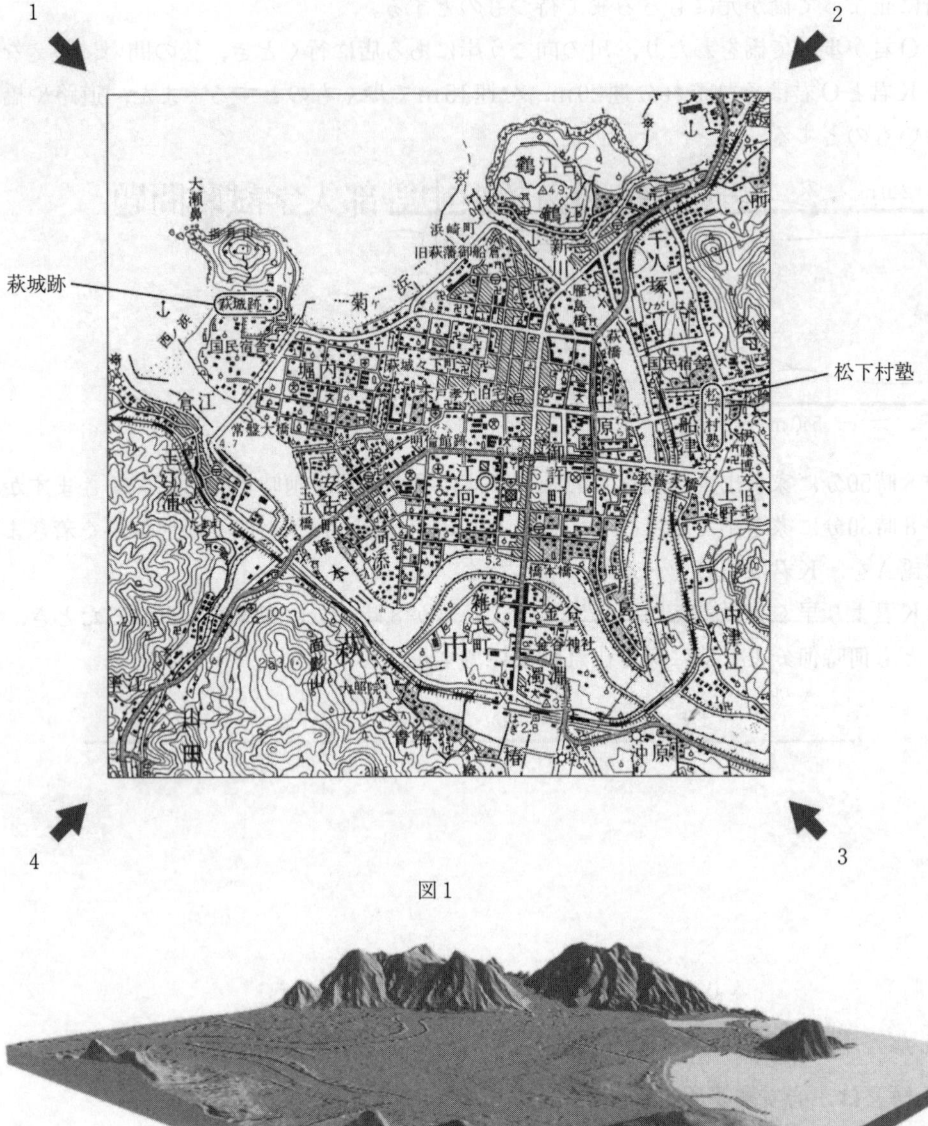

図１

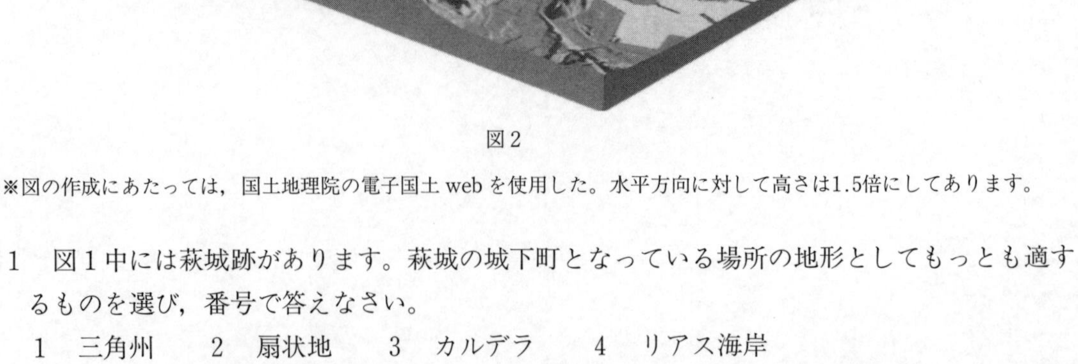

図２

※図の作成にあたっては，国土地理院の電子国土 web を使用した。水平方向に対して高さは1.5倍にしてあります。

問１　図１中には萩城跡があります。萩城の城下町となっている場所の地形としてもっとも適するものを選び，番号で答えなさい。

１　三角州　　２　扇状地　　３　カルデラ　　４　リアス海岸

問2　図1中には松下村塾《じゅく》があります。松下村塾から萩城跡までの直線距離は地図上では6cmでした。実際の距離は何mか答えなさい。

問3　図1から読み取れることとして適当でないものを選び，番号で答えなさい。

1　鉄道の線路は萩城の城下町を囲むように通っている。

2　市役所は鉄道の駅前にある。

3　萩城の城下町は直線の道路で区切られている。

4　萩城の城下町の中心部を通る送電線はない。

問4　図2は図1の1から4のいずれかの視点から見たときの地形の起伏を示したものです。図2の視点としてもっとも近いものを選び，番号で答えなさい。また，選んだ視点の矢印の先が向いている方位を八方位のいずれかで答えなさい。方位は漢字で書くこと。

2　次の文を読み，問いに答えなさい。

世界の人口は76億人を超え，現在も増え続けています。多くの人口を支えるためには，食料の中でも穀物は重要な作物であり，(ア)穀物生産のために工夫がされてきました。その結果，世界全体では穀物は足りていると考えられます。しかし，実際には近年，(イ)開発途《と》上国を中心に飢《き》餓《が》に苦しむ人は増えています。さらには，(ウ)開発途上国の食料にかかわる問題は他の地球規模での問題とも結びついています。また，日本では食生活が変化することによって，食料の多くを(エ)特定の国からの輸入に頼っている状況がみられます。

食料問題は世界全体が取り組むべき課題であり，2015年に日本を含むすべての国連加盟国が採択《たく》した(オ)SDGsでは，2030年までに飢餓人口をなくすことを約束しています。

問1　下線(ア)に関して，穀物の生産を増やすための取り組みについての説明として適当でないものを選び，番号で答えなさい。

1　飲料水を確保するために，農業に使用する水の量を減らした。

2　同じ土地で一年に何度も作物を栽培した。

3　浅い海や湖を干拓して農地を増やした。

4　病気や虫などによる作物への被害を減らすために，遺伝子組み換え作物を開発した。

問2　下線(イ)に関して，飢餓の発生する原因や理由についての説明として適当でないものを選び，番号で答えなさい。

1　干ばつや洪《こう》水などの天候不順により作物を十分に作ることができない。

2　国際市場で食料の価格が上がり十分に買うことができない。

3　穀物が家畜《ちく》のえさやバイオ燃料として使われてしまうため，必要な量が出回らない。

4　先進国向けの食料だけを生産しているために，自由に農業が行えない。

問3　下線(ウ)に関して，図1は問題の相互《ご》関係の一部をあらわしています（図中の矢印は影響《えいきょう》を与えている方向をあらわしています）。図中の(あ)～(う)にあてはまるものをそれぞれ選び，番号で答えなさい。ただし，関係の一部は省略してあります。

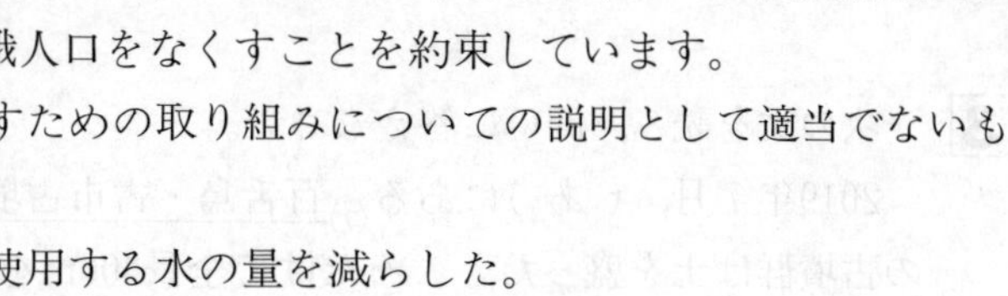

図1

1　化石燃料の使用　　2　熱帯林の減少　　3　貧困
4　海洋汚染《せん》　　5　砂漠《ばく》化

問4　下線(エ)に関して，図2は2018年の日本の農産物輸入について表したものです。図中の(え)～(か)は，それぞれ同じ国を表しています。(え)～(か)の組み合わせとして適当なものを選び，番号で答えなさい。

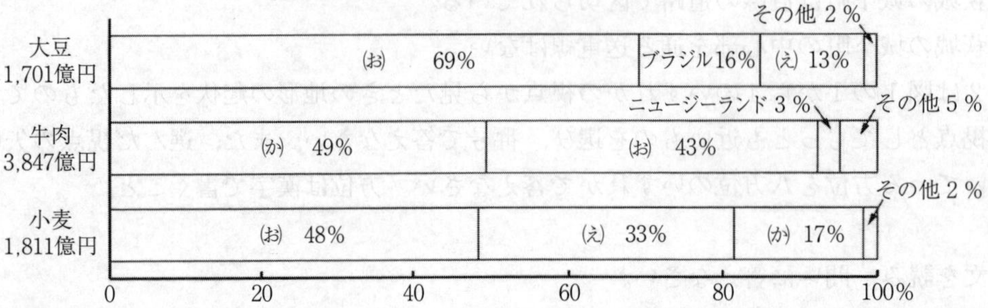

（出典）　農産物輸出入概況2018年（農林水産省）

図2

	1	2	3	4	5	6
(え)	アメリカ合衆国	アメリカ合衆国	カナダ	カナダ	オーストラリア	オーストラリア
(お)	カナダ	オーストラリア	アメリカ合衆国	オーストラリア	アメリカ合衆国	カナダ
(か)	オーストラリア	カナダ	オーストラリア	アメリカ合衆国	カナダ	アメリカ合衆国

問5　下線(オ)の日本語での呼び方について9文字で答えなさい。

3　次の文を読み，問いに答えなさい。

2019年7月，（ あ ）にある(ア)百舌鳥《もず》・古市古墳《ふん》群が世界文化遺産に登録されました。これらの古墳群は土を盛ったところだけで全長400mをこえる日本最大級の古墳を二つもふくんでいて，貴重なものです。埋葬《まいそう》された権力者の力を目に見える形で示すために，巨大な古墳はつくられました。

古墳の大きさは，百舌鳥・古市古墳群がつくられた時期を過ぎると，小さくなっていきました。(イ)中国や朝鮮半島の影響を受けて次第《しだい》に国の支配のしくみが整えられてゆくと，大きな古墳をつくることではなく，(ウ)仏教の寺院や仏像をつくることで権力を示すようになっていったのです。

問1　空らん（あ）にあてはまる都道府県の名前を漢字で答えなさい。

問2　下線(ア)がつくられた時期の説明として正しいものを選び，番号で答えなさい。

1　倭《わ》は百済《くだら》《ペクチェ》救援軍を出したが，白村江で戦いに敗れた。
2　倭の国ぐにのうち，奴《な》の国王が中国に使いを送って金印を授かった。
3　倭の女王である卑弥呼《ひみこ》は，中国に使いを送って金印や銅鏡を授かった。
4　倭王武は，中国に使いを送って朝鮮半島南部の支配を認めてもらおうとした。

問3　下線(イ)に関する次のできごとを古い順に並べなさい。

1　壬《じん》申の乱に勝利した皇子が即位する　　2　大化の改新が始まる
3　大宝律令が制定される　　4　冠《かん》位十二階を定める

問4　下線(ウ)に関して，A～Dの寺院と最も関係が深い人物を1～12から選び，組み合わせて，古い順に並べなさい。

A　中尊寺金色堂　B　東大寺　C　平等院鳳凰《ほうおう》堂　D　法隆寺

1　中大兄皇子　2　厩戸《うまやど》皇子（聖徳太子）　3　桓武《かんむ》天皇　4　聖武天皇
5　天武天皇　6　藤原道長　7　藤原頼通《よりみち》　8　藤原清衡《きよひら》
9　藤原純友《すみとも》　10　藤原鎌足《かまたり》　11　白河上皇　12　後鳥羽上皇

4　慶子さんと慶一くんは大津周辺の地図を見ながら話をしました。次の会話を読み，問いに答えなさい。

慶一：現在の大津には新幹線や高速道路の経路が集中しているね。
慶子：むかしから京都につながる街道が通っていたし，(ア)琵琶湖を使った水運の重要な場所でもあったのよ。
慶一：(イ)織田信長が安土城を拠《きょ》点にした理由のひとつだね。
慶子：江戸時代には，ここを通る(ウ)東海道が整備され，江戸と自分の藩《はん》の間を定期的に往復する（あ）の大名行列が歩いていたのよ。
慶一：(エ)朝鮮通信使と呼ばれる朝鮮からの使節団が大津を通ることもあったんだろうね。
慶子：人やものが行き来した活気あふれる場所だったんだね。

問1　下線(ア)についての説明として適当でないものを選び，番号で答えなさい。
1　北陸地方でとれた米などを舟で運んだ。
2　問《とい》が活やくし，琵琶湖を通って運ばれてきたものを倉庫で管理していた。
3　平安京へは琵琶湖から流れ出る川をつかって，海産物などを直接運ぶことができた。
4　大津以外にも多くの港があり，街道とつながっていた。

問2　下線(イ)の織田信長による経済に関する政策で適当なものには○，適当でないものには×を記しなさい。
1　堺などの港町や佐渡の金山を支配し，利益を独占した。
2　楽市楽座により，特権を与えた商人に経済活動の中心を担わせた。
3　各地にあった関所を廃止し，人やものの移動を円滑《かつ》にした。

問3　下線(ウ)についての説明として適当なものを選び，番号で答えなさい。
1　大津は江戸と終点との間のほぼ中間にあたった。
2　いくつかの関所があったが，人は自由に行き来することができた。
3　海運業は発達せず，江戸と西国との間で米の輸送路に利用された。
4　宿場町が整備され，大津にも多くの人が宿泊した。

問4　空らん（あ）にあてはまる語句を漢字で答えなさい。

問5　下線(エ)についての説明として適当なものには○，適当でないものには×を記しなさい。
1　長崎に上陸し，陸路を用いて江戸に向かった。
2　将軍の代がかわったときに，お祝いを目的に訪れた。
3　通信使と沿道の庶《しょ》民との交流は一切なかった。

5　慶子さんと慶一くんは，アジア太平洋戦争にいたるまでの日本の国内外の様子について話をしました。次の会話を読み，問いに答えなさい。

慶子：第二次世界大戦前の世界は３つの国のグループに分けられそうね。

慶一：広大な国土の中に資源を豊富に持つ（ あ ）と，植民地をたくさん持つ（ い ）などの国，そして資源や植民地の少ない（ う ）などの国だね。

慶子：日本は，（ う ）などの国と同じグループに分けられそうね。

慶一：だから資源や植民地を求めて，海外に積極的に進出すべきという動きが出てくるんだ。

慶子：（ え ）に敷《し》かれていた鉄道が爆《ばく》破されて始まった日中両軍の衝突《しょうとつ》がそのひとつね。

慶一：この時期，日本の国内政治を軍部が中心になって変えていこうという動きもみられたね。それが（ え ）に敷かれていた鉄道を爆破した事件の翌年の（ お ）に起きた事件だね。

慶子：慶應義塾出身の（ か ）首相が暗殺されたのね。

慶一：この事件のあと，（ き ）が皇帝となる新しい国が作られたんだね。

慶子：（ え ）に軍事的に進出したことが諸外国の反発を強め，日本は国際連盟から脱退し，国際的に孤《こ》立を深めていくことになるのね。

問１　空らん（あ）（い）（う）にあてはまる国の名前の組み合わせとして正しいものを選び，番号で答えなさい。

１　（あ）　アメリカ　（い）　イギリス　（う）　ドイツ
２　（あ）　アメリカ　（い）　ドイツ　（う）　イギリス
３　（あ）　イギリス　（い）　ドイツ　（う）　アメリカ
４　（あ）　イギリス　（い）　アメリカ　（う）　ドイツ

問２　空らん（え）にあてはまる地域名を選び，番号で答えなさい。

１　朝鮮　　２　台湾《わん》　　３　シベリア　　４　満州

問３　空らん（お）にあてはまる月日を選び，番号で答えなさい。

１　２月26日　　２　５月15日　　３　８月15日　　４　12月８日

問４　空らん（か）にあてはまる人物を選び，番号で答えなさい。

１　尾崎行雄　　２　犬養毅《いぬかいつよし》　　３　小村寿《じゅ》太郎　　４　陸奥《むつ》宗光

問５　空らん（き）にあてはまる人物を選び，番号で答えなさい。

１　孫文　　２　蒋《しょう》介石　　３　毛沢東　　４　溥儀《ふぎ》

問６　アジア太平洋戦争にいたるまでのできごとを古い順に並べなさい。

１　アメリカによる日本への石油輸出の禁止
２　日中戦争のはじまり
３　日独伊三国同盟の締《てい》結
４　第二次世界大戦のはじまり

6 次の文を読み，問いに答えなさい。

参政権には選挙をする権利(選挙権)と(ア)選挙をされる権利(被《ひ》選挙権)がありますが，選挙権は日本が近代国家として出発した明治維《い》新の頃から，下の表のように人びとの権利として徐《じょ》々に拡大しています。(表は「詳説日本史　改訂版」「第六十八回　日本統計年鑑」「総務省　目で見る投票率」より作成)

表　選挙権の拡大

	選挙実施年	人口(千人)	人口に占める有権者の割合(%)
1	1890	39,902	1.1
2	1920	55,473	5.5
3	1928	62,595	20.8
4	1946	75,750	50.4
5	2013	127,414	81.7
6	2016	126,933	83.7

問1　下線(ア)について説明した文として誤っているものを選び，番号で答えなさい。

1　現在の日本では，衆議院議員の被選挙権は満20歳《さい》以上の男女に与えられている。

2　現在の日本では，参議院議員の被選挙権は満30歳以上の男女に与えられている。

3　現在の日本では，市区町村長の被選挙権は満25歳以上の男女に与えられている。

4　現在の日本では，都道府県知事の被選挙権は満30歳以上の男女に与えられている。

問2　表の1から6の選挙の中で，「普通選挙法」にもとづいて行われた最初の選挙を選び，番号で答えなさい。

問3　表の1の選挙の実施《し》に向けて力を尽くした人物を選び，番号で答えなさい。

1　原敬　　2　吉野作造　　3　黒田清隆《きよたか》　　4　板垣退助

問4　表の3と4の選挙を比べたときに，有権者の割合が大幅《はば》に増えた理由として，もっとも適当なものを選び，番号で答えなさい。

1　選挙権年齢《れい》が引き下げられ，女性にも選挙権が与えられたから。

2　有権者として納めるべき直接国税の額が減ったから。

3　有権者の条件がゆるやかになり，満25歳以上の男子に選挙権が与えられたから。

4　戦争が終わり，来日するようになった外国人にも選挙権が与えられたから。

問5　表の5と6の選挙を比べたときに，人口が減っているにもかかわらず有権者数が増えた理由として，もっとも適当なものを選び，番号で答えなさい。

1　政治に関心を示す若者が増えたから。

2　インターネットでの投票が認められるようになったから。

3　期日前投票が広く利用されるようになったから。

4　選挙権年齢が引き下げられたから。

7 次の文を読み，問いに答えなさい。

小学校で使用している教科書は(ア)税金によって無償《しょう》で支給されています。これは義務教育が無償で行われることを定めた日本国憲法第26条の(イ)教育を受ける権利を保障したものといえます。また，教科書には必ず「（ あ ）省検定済教科書」と記されていますが，(ウ)かつて教科書の検定をめぐって裁判が行われたことがありました。

教科書はそのほかにも多くの人に見やすいカラー（ い ）に配慮《りょ》したつくりがほどこされています。誰《だれ》もが使いやすいように工夫されているのも平等権や(エ)生存権を保障するためといえます。

問１　下線(ア)についての説明として適当でないものを選び，番号で答えなさい。

１　税には所得税や住民税などの国税と相続税や固定資産税などの地方税がある。

２　消費税は税を納める人と負担する人が異なる税である。

３　所得税は収入の多い人ほど多く税を納める仕組みとなっている。

４　法人税は企業の利益に対してかけられている税である。

問２　下線(イ)を保障するために1947年に制定された法律を選び，番号で答えなさい。

１　民法　　２　教育勅《ちょく》語　　３　教育基本法　　４　少年法

問３　空らん（あ）にあてはまる省名を漢字で答えなさい。

問４　下線(ウ)の裁判では何の自由の侵《しん》害について争われたか，もっとも適当なものを選び，番号で答えなさい。

１　信教の自由　　　２　人身の自由

３　経済活動の自由　４　表現の自由

問５　空らん（い）にあてはまる語句を選び，番号で答えなさい。

１　バリアフリー　　　　２　ユニバーサルデザイン

３　ノーマライゼーション　４　トレーサビリティ

問６　下線(エ)の権利の保障を求めた裁判の説明として適当なものを選び，番号で答えなさい。

１　小説の登場人物のモデルとされた人物が，許可なく自分の私生活を公開されたとして，訴《うった》えを起こした。

２　生活保護を受けている人物が，家族から送金をしてもらえるようになったことを理由に，自治体から生活保護費を減らされたことに対して，訴えを起こした。

３　夫婦は同じ姓《せい》にしなくてはならないとする決まりは，憲法違《い》反であるとして訴えを起こした。

４　身体に障がいを抱えた生徒が高校を受験し，障がいを理由に不合格となったことに対して訴えを起こした。

【理　科】（25分）〈満点：50点〉

1　川でおこなった実験と観察について，以下の問いに答えなさい。

問１　野外で何かの方位を知りたい場合，図１のような方位磁針を用います。方位磁針の使い方として正しいものを，次の中から１つ選び，番号で答えなさい。

図１

１　方位磁針を回さず，針の色のついた方を調べるものの方位として読み取る。

２　方位磁針を回さず，針の色のついていない方を調べるものの方位として読み取る。

３　方位磁針を回し，針の色のついた方を北に合わせ，調べるものに対して自分の体を向け，方位を読み取る。

４　方位磁針を回し，針の色のついていない方を北に合わせ，調べるものに対して自分の体を向け，方位を読み取る。

問２　水の流れを調べるために，川の位置Ａ，Ｂのそれぞれから笹《ささ》舟を１つずつ同時に流し，15秒後に回収しました。図２は川の様子を，図３は実験で使用した笹舟を表しています。川の位置Ａ，Ｂから笹舟が流れた経路として，最も適切なものを次の中から１つ選び，番号で答えなさい。ただし，笹舟の動きは水の流れ以外の影響《えいきょう》を受けないものとします。

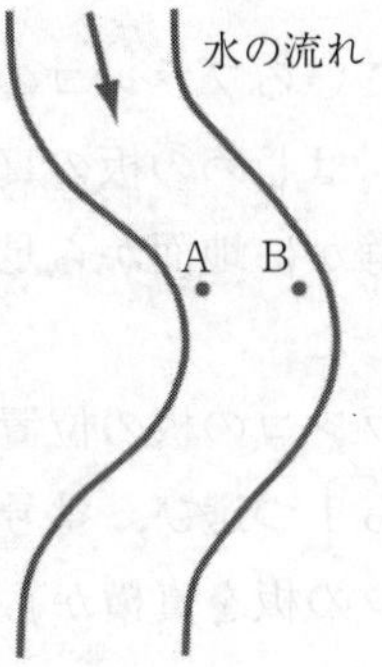

図２

図３

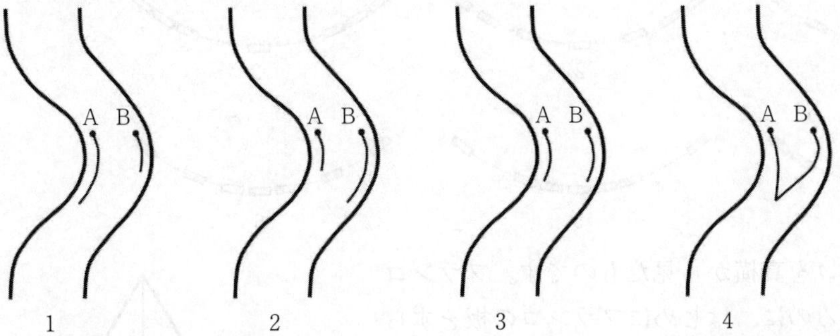

問３　図４の写真は，川原の石を観察しているときにさつえいしたものです。この写真から読み取れる情報として，最も信らい性の高いものを次の中から１つ選び，番号で答えなさい。

１　石の種類　　２　石の重さ

３　石の形　　　４　１m²あたりの石の個数

図４

問４　図４の写真からは，石の大きさは分かりません。写真をとるときに，どのような工夫をすれば，写真から石の大きさを推定することができますか。20字以内で答えなさい。

問5　川の水がなくならない理由として最も適切なものを次の中から１つ選び，番号で答えなさい。

1　川の上流は地下を通じて海に直接つながっており，水がじゅんかんしているから。
2　地面の下に，かつて降った雨水がたくわえられているから。
3　川の上流ではいつも雨が降っているから。
4　川の源には大きな湖や池が必ず存在しているから。

問6　河口は，川の水が海の水と出会う場所です。河口付近における川と海の水について，最も適切なものを次の中から１つ選び，番号で答えなさい。

1　川の水が海の水の上に流れこみ，潮の満ち引きなどで川と海の水が混ざっていく。
2　河口付近の水の塩分の濃さは，蒸発量や降水量のえいきょうを受けにくい。
3　魚などの生物が泳ぐことは，川と海の水の混合に大きくえいきょうする。
4　合流後，川の水が蒸発することで，海の水が占める割合が高くなる。

2　図１のように静止しているブランコの板に座《すわ》って，ひもをたるませないで，はじめの板の真下のＡ点から１mの点まで動かし，静かに地面から足をはなすとブランコは往復運動しました。

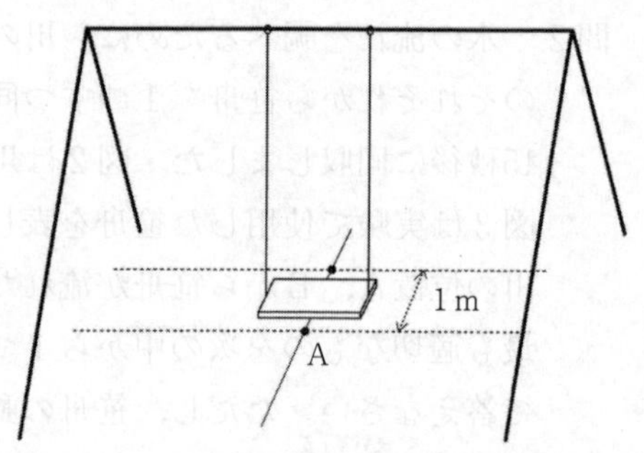

図１

問１　一定時間ごとのブランコの板の位置を正しく表している図を次の中から１つ選び，番号で答えなさい。ただし，図はブランコの板を真横から見た位置を表しています。

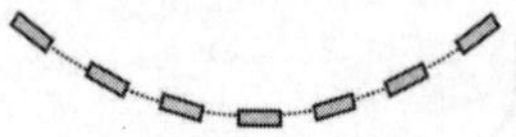
1
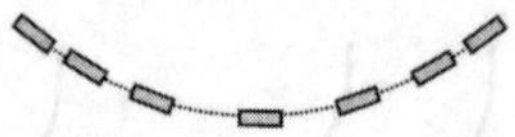
2

3

4
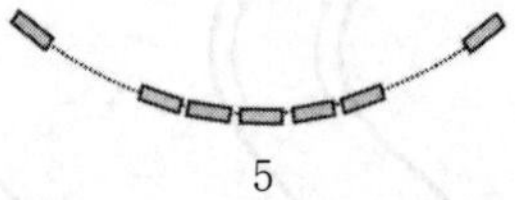
5
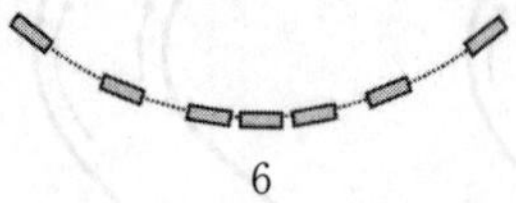
6

問２　図２はブランコを真横から見たものです。ブランコを往復運動させるのに，はじめにブランコの板をずらす位置を図２のＢ，Ｃ，Ｄのように変えると，ブランコが１往復するのにかかる時間はどのように変化しますか。正しいものを次の中から１つ選び，番号で答えなさい。ただし，ＡからＢ，Ｃ，Ｄはすべて30cm間隔《かく》で並んでいます。

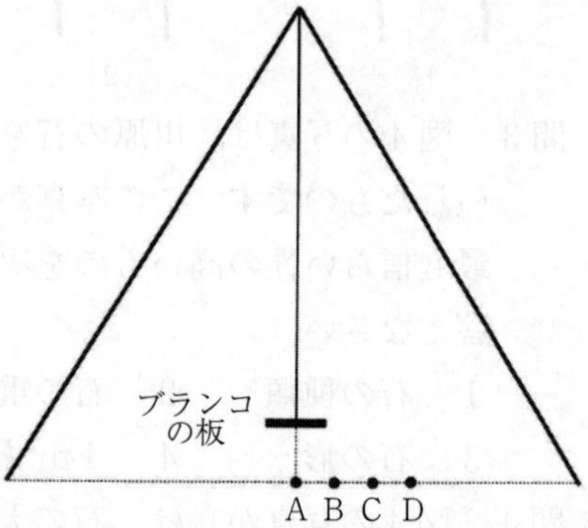

図２

1　Ｂが最も短く，Ｃ，Ｄの順で長くなる。
2　Ｂが最も長く，Ｃ，Ｄの順で短くなる。
3　ＢとＣのときは同じで最も短く，Ｄが最も長くなる。
4　ＢとＣのときは同じで最も長く，Ｄが最も短くなる。
5　Ｂ，Ｃ，Ｄのように変えてもすべて同じ時間である。

問3　同じ振《ふ》れはばで，ブランコが1往復するのにかかる時間を長くする方法として正しいものを次の中からすべて選び，解答らんの数字を○で囲みなさい。

1　ブランコの座る板をより重いものに取りかえる。

2　ブランコの座る板をより軽いものに取りかえる。

3　ブランコのひもをより短くする。

4　ブランコのひもをより長くする。

5　ブランコに座って乗っていた状態から板の上に立って乗るようにする。

6　ブランコの板の上に立って乗っていた状態から座って乗るようにする。

次に，図3のように等間隔に線が並んだシーソーの運動について考えることにします。同じ体重の子どもが中心Oから互いに反対方向に同じ距離《きょり》の位置にまたがって座ると，シーソーは水平につり合います。子どもの体重が違う場合，座る位置を変えると同じように水平につり合わせることができます。

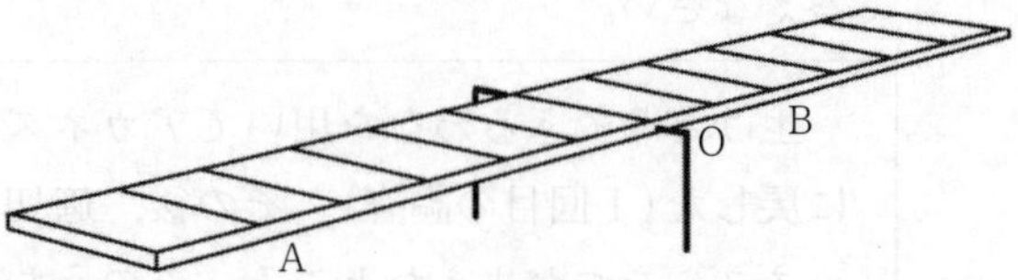

図3

問4　慶子さんが図3のAの線上に座り，慶太郎君がBの線上に座るとシーソーは水平につり合いました。慶太郎君の体重は慶子さんの体重の何倍ですか。

問5　慶太郎君がおりて，慶子さんの1.5倍の体重の慶次郎君がBの線上に座りました。シーソーをつり合わせるには慶子さんはどこの線上に座ればよいですか。シーソーの中心OからAまでの距離の何倍かで答えなさい。ただし，このシーソーでつり合わせることができない場合には，解答らんに「×」を記入しなさい。

3　森林では多くの生物がともに暮《く》らしており，図1は生物どうしのつながりと，気体のやりとりを示しています。例えば，「生物イ➡生物ア」は生物イが生物アに食べられていることを表します。また，「生物ア→気体A」は生物アが気体Aを放出していることを，「気体A→植物」は植物が気体Aを吸収していることを表します。

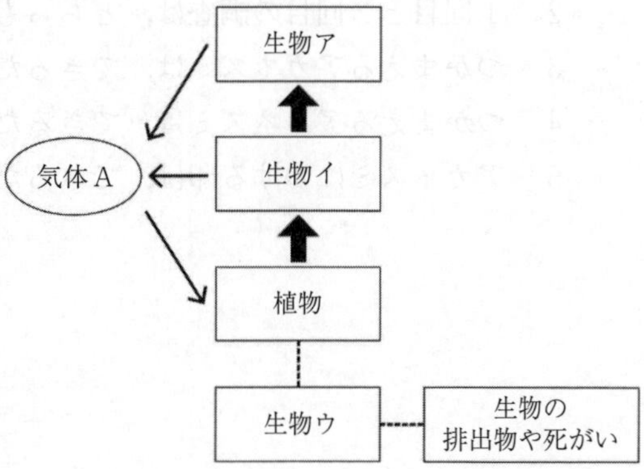

図1

問1　図1の生物ウは，植物，生物の排出物《はいしゅつぶつ》や死がいと関わるはたらきをもっています。図中に点線で示されているそのはたらきについて，正しく述べているものを次の中からすべて選び，解答らんの番号を○で囲みなさい。

1　植物が育つのに必要な土を作り出すために，岩石をくだき分解する。

2　土の中から水を吸収し，植物に水を与える。

3　植物が吸収する栄養分を作り出す。

4　生物の排出物や死がいがくさらないようにする。

5　生物の排出物や死がいを食べる。

問2　図1の生物ア～ウに当てはまるものを次の中から2つずつ選び，番号で答えなさい。

1　タヌキ　　2　オオタカ　　3　カモメ　　4　タガメ

5　シイタケ　　6　カブトムシ　　7　ノウサギ　　8　ダンゴムシ

問3　図1の気体Aの名称を漢字で答えなさい。

問4　図1には，生物間における気体Aのやりとりのすべてが示されているわけではありません。不足している矢印(→)を解答らんの図に描《えが》き入れなさい。

問5　ある森林に生息するアカネズミのおおよその総数を知るために，次のような調査をおこないました。文中の(ア)～(ウ)に入る数字として正しいものを下の中から1つずつ選び，記号で答えなさい。

> 生《い》けどりできるわなを用いてアカネズミを32ひきつかまえ，その体に印をつけて森林に戻した(1回目の調査)。その後，適切な日数をおいて，再びわなを用いて29ひきのアカネズミをつかまえたところ，そのうち4ひきに印がついていた(2回目の調査)。
>
> この調査では，アカネズミは森林全体を動き回っていて，森林から出入りしないものとする。ここでアカネズミの総数をNとすると，N:(ア)=(イ):(ウ)となるので，森林内にいるアカネズミの総数を推定することができる。

A　4　　B　8　　C　29　　D　32　　E　58　　F　64

問6　問5の調査でより正確な結果を得るためには，どのようなことに気をつける必要がありますか。正しいものを次の中からすべて選び，解答らんの番号を○で囲みなさい。

1　1回目と2回目の調査は，どちらもアカネズミが活発に動いている同じ時間帯におこなうようにする。

2　1回目と2回目の調査は，どちらも森林内の同じ場所でおこなうようにする。

3　つかまえるアカネズミは，できるだけ体の大きなものを選ぶようにする。

4　つかまえるアカネズミは，できるだけ体の小さなものを選ぶようにする。

5　アカネズミにつける印は，できるだけ外れやすいものを用いるようにする。

4　8種類の水溶《よう》液(A～H)を用意しましたが，何の水溶液か分からなくなってしまいました。そこで，以下の[実験1]～[実験5]をおこなって，それぞれが何の水溶液かを確認することにします。ただし，水溶液は①炭酸水，②食塩水，③石灰《せっかい》水，④重そう水，⑤塩酸，⑥アンモニア水，⑦水酸化ナトリウム水溶液，⑧さとう水のいずれかであるとします。

[実験1]　A～Hをそれぞれ少しずつ取り，青色リトマス紙につけたところ，AとDだけが赤色に変わった。

[実験2]　A～Hをそれぞれ試験管に少しずつ取り，その中にアルミニウムはくを入れると，DとGを入れた試験管からのみ気体が発生した。

[実験3]　A～Hのにおいをかいだところ，CとDには鼻がツンとするにおいがあった。

[実験4]　A～Hをそれぞれビーカーに少しずつ取り，そこに電池，豆電球，導線を使って，電気を流そうとしたところ，Hだけは豆電球がつかなかった。

[実験5]　B，E，Fをそれぞれ試験管に少しずつ取り，フェノールフタレイン溶液を1滴ずつ加えたところ，Bは変化が見られなかったが，Eははっきりとした赤むらさき色，Fはかすかな赤むらさき色に変化した。

問1　A～Eのうち，赤色リトマス紙を青くする性質をもつものはどれですか。正しいものをすべて選び，解答らんの記号を○で囲みなさい。

問2　A～Hのうち，気体がとけているものをすべて選び，解答らんの記号を○で囲みなさい。

問3　A，B，C，D，G，Hはそれぞれ何の水溶液ですか。問題文中の①～⑧の記号の数字で答えなさい。

問4　EとFがどの水溶液であるかをはっきり決めるために，A～Cのいずれかを使って実験をおこないました。文中の[　]を，直後の(　)にしたがって答えなさい。

EおよびFが入ったそれぞれの試験管に，水溶液[ア](A～Cから1つ選ぶ)を加えたところ，Eでは[イ](実験結果を10字以内)が，Fでは変化が見られなかった。

このことから，Eが[ウ](①～⑧から1つ選ぶ)であることが分かった。

【英　語】（60分）〈満点：100点〉

注意　試験開始からの40分はこの問題用紙の問題のみを解答すること。監督者の指示があるまでは，解答用紙(2)の作文を始めてはいけません。

Listening

The listening test consists of two parts : **Part A** and **Part B**.　You will hear instructions at the beginning of each part.　You may take notes in your test booklet.

Part A : Short Conversations

For **Part A**, you will hear five short conversations.　Choose the best reply to finish the conversation.　Write the letter of the best answer choice on your answer sheet.　You will hear each conversation only once.

EXAMPLE

A :　Hi.

B :　May I help you ?

A :　I'm looking for the fiction section.　Whereabouts is it ?

B :　＿＿＿＿＿＿＿＿＿＿

A．You'll find the non-fiction section on the 1st floor.

B．We have over 10,000 books in this store.

C．Each book costs 2,000 yen.

D．You'll find it on the 2nd floor.

The best answer is D.

1．A．Sure.　I'll just bring you the dessert menu.

B．No problem at all.　May I have your name please ?

C．Of course.　Do you have your boarding passes ready ?

D．Absolutely.　I hope you enjoyed your stay.

2．A．Not really.　I just need to stick my neck out.

B．Not really.　I just need to cross my fingers.

C．Not really.　I just need to put my feet up.

D．Not really.　I just need to bite my tongue.

3．A．Well, you're a braver person than I am.　I couldn't live without my modern luxuries.

B．OK, let me think about what I've read recently and I'll put together a list of my top five.

C．Sorry, I've never been there, but I've heard it's really beautiful.　Have a great trip !

D．There are so many films about the war in Vietnam that it's difficult to know where to start.

4．A．I will !　You've really inspired me !

B．I will !　You've really appreciated me !

C．I will !　You've really reassured me !

D．I will !　You've really obliged me !

5. A. If only I had checked.

B. I wish I hadn't checked.

C. I surely would have checked.

D. It's a good thing I checked.

Part B : Radio Broadcast

For **Part B**, you will listen to a radio broadcast on the subject of air conditioning. After the broadcast, you will hear five questions. Choose the best answer to each question and write the letter on your answer sheet. You will hear the broadcast and the questions only once.

1. A. 1,600,000　B. 16,000,000　C. 160,000,000　D. 1,600,000,000

2. A. To prevent damage to documents

B. To ensure the comfort of movie-goers

C. To maintain the health of patients

D. To aid the growth of plants

3. A. They took up too much space.

B. They consumed too much electricity.

C. They couldn't be depended on to work properly.

D. They were a potential health hazard.

4. A. It went from curiosity to suspicion.

B. It went from commitment to doubt.

C. It went from disapproval to enthusiasm.

D. It went from anticipation to excitement.

5. A. Air conditioning has gone from being a luxury to a necessity due to its environmental merits.

B. Air conditioning has revolutionized the way we live in various ways but it is not without its critics.

C. Air conditioning has hindered the development of other technologies and we can't live without it.

D. Air conditioning has developed so rapidly that there has been no time to analyze its wider impact.

Reading

Read the passages and choose the best answer to the questions that follow.

Passage One

Overnight Geniuses

The question of where creative insights come from — and how to get more of them — has remained a subject of great speculation for thousands of years. But until recently, most sensible people agreed on one thing : creativity begins in the pink, wobbly mass inside our skulls. So, it surely goes without saying that brain damage caused by an illness or an accident would lead to a swift decline in our creative abilities. As it happens, sometimes the opposite is true.

Consider the case of Jim Serkin, who was transformed from a bus driver into a famous artist after a stroke. Although he had never taken an interest in art, he felt an urge to paint as soon as he regained consciousness, with his first paintings being of a bowl of fruit in his hospital room. His works were highly original and soon attracted attention, and they have since been published in The New York Times, featured on album covers and been the subject of a book by an award-winning author. They regularly sell for more than $10,000.

There's also Jacob Guthrie, who was hit by a car in Washington in 2002. Before the accident, Guthrie was a college dropout who worked in a convenience store. His primary passion in life was partying with his friends. He certainly had no interest in mathematics. But that night, everything changed. Initially he was taken to hospital with a severe concussion. "I remember thinking that everything looked weird, but I thought it was just the drugs I had been given," he says. "Then the next morning I woke up and turned on the water. It looked like little tangent lines, spiralling down."

From then onwards Guthrie's world was overlaid with geometric shapes and grids. He became obsessed with mathematics and is now renowned for his drawings of formulas such as Pi. Today he's amazed that he once didn't know what a tangent was. "I do feel like two people, and my parents have even said it's like having two separate kids," he says.

It's possible that both Serkin and Guthrie have "sudden savant syndrome", in which exceptional abilities appear after a brain injury or disease. It's extremely rare, with just 25 verified cases on the planet. Why does it happen? How does it work? And what does it teach us about what makes geniuses special?

Research shows that the brain is made up of two sides, each of which specialises in different tasks; in general, the right side is home to creativity and the left is the centre of logic and language. But the left side is also something of a bully. "It tends to be the dominant brain region," says Dr Ben Gillmore, a renowned expert in brain function. "It tends to suppress very marginal types of thinking — highly original, highly creative thinking, because it's beneficial for our decision-making abilities and our ability to function in normal life." The theory goes that if an accident or illness causes damage to only the left hemisphere, the right hemisphere is free to flourish. Might this be what happened to Serkin and Guthrie?

This idea is backed up by several other experiments, including one in which creative insight was roused in healthy volunteers by temporarily dialling down activity in the left hemisphere and increasing it in the right. "The results have been repeated several times, so that's the theory that I think is responsible," says Dr Gillmore, who has been studying sudden savant syndrome for many years.

But what about more mainstream geniuses? Could the theory explain their talents, too? One study has found that a high percentage of child prodigies (children with exceptional abilities) have very low levels of the hormone serotonin in the left hemisphere of the brain, which prevents the region from developing normally. Just like with sudden savant syndrome, this may allow the right hemisphere to become more active. And although it's difficult to prove, it's recently been speculated that numerous intellectual giants, including Einstein, Mozart, Darwin and Picasso, shared this serotonin deficiency.

Although we still have much to learn, our understanding of both mainstream and so-called "overnight" geniuses continues to improve, and eventually it's hoped that we might all be able to unlock our hidden mental powers — perhaps with the help of smart drugs or computer chips. But until then, perhaps we mere mortals should try putting in some extra hours of hard work instead.

1. Which of the following statements about Jim Serkin and Jacob Guthrie is accurate?

A. They have both benefited financially from their talents.

B. The onset of their newfound abilities was gradual.

C. The incidents that changed their lives were similar.

D. Neither of them showed signs of genius at an early age.

2. According to the article, what have researchers discovered about the human brain?

A. In most people, both sides of the brain are as active as each other.

B. The left side of the brain plays a crucial role in supporting human creativity.

C. The right side of the brain tends to play a secondary role in our everyday lives.

D. Children's brains are more prone to hormonal imbalances than adults' brains.

3. Choose the best word to replace the underlined flourish in the sixth paragraph.

A. thrive　B. persist　C. generate　D. extend

4. Which of the following is **NOT** mentioned as a characteristic of "sudden savant syndrome"?

A. It is seen in a tiny proportion of the population.

B. It is a condition that mostly affects men.

C. It drastically alters the way the brain functions.

D. It causes the emergence of hidden capabilities.

5. What has recently been said about Mozart, Einstein, Darwin and Picasso?

A. It is likely that they had "sudden savant syndrome".

B. It is possible that their brains were hormonally imbalanced.

C. They were interested in the way their own minds worked.

D. They may have suffered head injuries as children.

Passage Two

The Dark Walk

One of the first places Julia always ran to when they arrived on holiday was the Dark Walk: a covered walkway encased in trees, very old, gone wild, a tunnel of smooth branches. Underfoot the tough brown leaves were never dry enough to crackle: there was always a suggestion of cool and damp, even at the height of summer. [**1**]

She raced right into it. For the first few meters she always had the memory of the sun behind her, then she felt the dusk closing swiftly down on her so that she screamed with pleasure and raced on to reach the light at the far end; and it was always just a little too long in coming so that she emerged gasping, laughing, drinking in the sun. [**2**]

This year she had the extra joy of showing it to her brother Stephen, and of terrifying him as well as herself. And for him the excitement lasted longer because his legs were so short and she had gone out at the far end while he was still screaming through. When they had done this many times they came back to the house. He boasted. She mocked. They argued.

'Cry baby!'

'You were afraid yourself, so there!'

'I won't take you anymore.'

'You're a big pig.'

'I hate you.'

Tears were threatening, so somebody said, 'Did you see the well?' Julia screwed up her eyes. How could there be a well? In the Dark Walk? That she had visited year after year? Shaking her head, she said, 'Nonsense.'

But she went back, pretending to be going somewhere else, and eventually she found a hole scooped in the rock at the side of the walk, hidden by some ferns. At the back of this little cavern there was a small hole filled with water. In the water she suddenly perceived a real, live trout. She rushed for Stephen and dragged him to see, and they were both so excited that they were no longer afraid of the darkness as they kneeled down and stared at the fish.

Nobody knew how the trout had got there. It troubled Julia that he was always in the same position, with no room to turn. All the time the silver belly went up and down; otherwise he was motionless. Kneeling over him she thought how, all winter, while she was at school, he had been in there. All winter, in the Dark Walk, all day, all night, floating around alone. [**3**]

She was still thinking about it as she lay in bed that night. Before they had gone to bed, her mummy had told Stephen a story about the trout. A Fairy Godmother had sent lots of rain, and filled the well, and a stream poured out and the trout had floated away down to the river below. Staring at the moon she knew that there was no such thing as Fairy

Godmothers and that the trout, down in the Dark Walk, was stuck.

Quietly, she got up. Stephen was fast asleep. She lifted their jug of water, climbed out of the window and tiptoed along the gravel path down to the tunnel. Once inside, she knelt down in the damp and put her hand into the slimy hole. When the trout lashed about, they were both mad with fright. But she gripped him and shoved him into the jug and raced, with all her might, out to the other end of the tunnel and down the steep path to the river's edge.

All the time she could feel him lashing his tail against the side of the jug. She was afraid he would jump right out. The gravel cut into her soles until she reached the cool grass on the river's bank. She tipped up the jug and watched as he plopped out. For a second he was visible in the water. She hoped he was not dizzy. Then all she saw was the glimmer of the moon in the silent-flowing river. [4]

She ran up the hill, climbed back through the window, put down the jug and flew through the air like a bird into bed. She hugged herself and giggled. Like a river of joy, her holiday spread before her. In the morning Stephen rushed to her, shouting that 'he' was gone, and asking 'where' and 'how'. Lifting her nose in the air she said with an air of mystery, 'Fairy Godmother, I suppose. . . .'

1. Choose the best location in the story for the following sentence:

When she was filled with the heat and glare she would turn and consider the ordeal again.

A. [1]　B. [2]　C. [3]　D. [4]

2. Which words best describe how Julia and Stephen felt as they ran through the Dark Walk?

A. Delight mixed with fear　B. Confidence mixed with panic

C. Appreciation mixed with sorrow　D. Optimism mixed with anxiety

3. What was Julia's initial reaction when she heard about the well?

A. She was envious.　B. She was convinced.

C. She was indifferent.　D. She was skeptical.

4. What was the primary reason for Julia taking the trout to the river?

A. She was scared to play in the Dark Walk with the trout nearby.

B. She wanted her brother to think that she was a Fairy Godmother.

C. She wanted to prove that there was no trout in the well.

D. She could not stop worrying about the trout's wellbeing.

5. What can we infer about Stephen from the story?

A. He does not believe in Fairy Godmothers.

B. He cannot swim.

C. He is younger than his sister.

D. He is afraid of Julia.

Grammar

Part A Choose the best answer to complete each sentence.

1. If I were you, I ______ spend so much money on a hotel.
A. won't B. wouldn't C. don't D. didn't

2. Kendrick Lamar won the Pulitzer Prize for Music on April 16, ______ history as the first rap artist to win the prestigious award.
A. make B. made C. making D. to make

3. You ______ lie to that teacher. He's really strict.
A. had better not to B. had not better
C. had better not D. had not better to

4. Don't brush your teeth ______.
A. at the running water B. on the running water
C. in the water running D. with the water running

5. I ______ abroad before I visited Mexico last year.
A. had never been B. never did go
C. have never been D. never gone

6. He said he was bilingual, ______ was not true.
A. that B. which C. it D. who

7. ______ entering the restaurant, I found it had a friendly atmosphere.
A. In B. With C. For D. On

8. I won't talk to you ______ apologize to me.
A. if you couldn't B. if you don't
C. if you wouldn't D. if you didn't

9. Despite the fact ______ he is a millionaire, he lives in a very small house.
A. of B. what C. that D. which

10. ______ October, so the trees in my garden are starting to lose ______ leaves.
A. It's . . . their B. Its . . . their
C. It's . . . they're D. Its . . . they're

Vocabulary

Choose the best answer to complete each sentence.

1. I caught a ______ of her in the crowd.
A. stare B. glimpse C. gaze D. notice

2. The Prime Minister ______ the importance of free and fair trade.
A. emphasized B. evolved C. educated D. endured

3. He is ______ to none when it comes to playing soccer.
A. first B. best C. better D. second

4. She had to hang up the phone ______ because her baby started crying.
A. acutely B. absolutely C. anxiously D. abruptly

5．His laughter ______ with my concentration.

A．disrupted　B．interacted　C．interfered　D．disturbed

6．Due to the heavy rain, the baseball match was ______ until the following day.

A．arranged　B．postponed　C．scheduled　D．cancelled

7．A： Guess what？ I quit my job last month, and I'm going to travel around the world for a year.

B： You never ______ to amaze me.

A．cease　B．stop　C．quit　D．halt

8．It seems to me that the idea of living on Mars is ______.

A．chronic　B．absurd　C．fertile　D．severe

9．The young doctor ______ himself to helping the poor and sick.

A．devoured　B．deserved　C．despised　D．devoted

10．Tourism can bring positive economic ______, but it can also negatively ______ the environment.

A．affects . . . effect　B．affects . . . affect

C．effects . . . affect　D．effects . . . effect

作文

It's the year 2100 and scientists have come up with a revolutionary new invention.

Describe the invention and how it has changed people's lives.

（注意）　1．作文は英語で書くこと。　2．時間は20分です。

から。

カ　ずっと協力してこなかった朱里に以前から不満があったから。

問九　――4「本当の友達」とはどのような友達でしょうか。次の中から選び、記号で答えなさい。

ア　いつも一緒に行動し明るい会話を楽しむ友達。
イ　お互いへの気遣いを忘れないようにする友達。
ウ　困ったときにかばってあげられる友達。
エ　すなおな気持ちで接することのできる友達。

問十　空らん[II]に入れるのに最もふさわしい語句を次の中から選び、記号で答えなさい。

ア　明るさ　**イ**　おだやかさ　**ウ**　自由さ
エ　壮大さ　**オ**　強さ

問十一　空らん[III]・[IV]に入れるのに最もふさわしい語句を次の中から選び、記号で答えなさい。なお、同じ記号を二度用いてはならない。

ア　うしろめたさ　**イ**　悲しさ　**ウ**　怖さ
エ　さみしさ　**オ**　情けなさ　**カ**　むなしさ

問十二　――5「ただうつむいて、靴の先っぽをじっと見つめている」とありますが、このときのしおりの心情として正しいものを次の中から選び、記号で答えなさい。

ア　まったく予想外の発言に、困惑してしまっている。
イ　菓子のことを簡単に許す気になれず、こらえている。
ウ　すなおな気持ちを聞けて、胸がいっぱいになっている。
エ　二人のいきさつを思い返し、気持ちを整理している。
オ　先に謝《あやま》らせてしまったことで、自分を責めている。

四　「お金」の機能について、以下のようにまとめました。

品物自体を交かんする場合と比べて、持ち運んだり、ためておいたりすることが簡単である。また、より多くの人々や地域で一定の価値を共有できるため、商品やサービスの売り買いが、広いはん囲でスムーズに行える。

「お金」の例を参考にして、「文字」の機能について説明しなさい。

※一五〇字以内で書きなさい。
※原稿《げんこう》用紙の使い方に従って書くこと。改段落は不要である。

鼻をぐすぐすさせながらそう言って、どちらからともなく、笑みをこぼす。

顔を上げると、青と朱《しゅ》が溶け合って、やわらかなグラデーションを描いた空が目に入った。頭上にはレモンみたいな形の月が透《す》けている。それを見た時、厚ぼったくはれたまぶたからすうっと熱が引いていくような気がした。心に、涼《すず》やかな風が吹く。

描きたいな、と、ふいに思った。

今の気持ちで、私は、この景色《けしき》を描いてみたい。ヘタクソだって、しおりに及ばなくたっていいから。ただ、描きたい。

暮れていく通学路を、並んで帰った。

私たちは一年以上の空白をうめるみたいに、たくさんしゃべった。

空気に、かすかに夏の始まりのにおいがした気がした。アスファルトの上にふたり分の影法師《かげぼうし》が落ちて、ひっそりと寄りそっている。

（水野瑠見『十四歳日和』より）

※出題の都合上、本文の一部を改稿しています。

問一 ＝＝＝a～eのカタカナを漢字に直しなさい。

問二 空らん〈A〉～〈D〉に入れるのに最もふさわしい語句を次の中から選び、記号で答えなさい。なお、同じ記号を二度用いてはならない。

ア 怒ったような　**イ** おびえるような
ウ ぎょっとしたような　**エ** ささやくような
オ とがめるような　**カ** 逃げるような

問三 空らん[1]～[4]に入れるのに最もふさわしい語句を次の中から選び、記号で答えなさい。なお、同じ記号を二度用いてはならない。

ア あきれたような声　**イ** 困ったような声
ウ 平べったい声　**エ** わずかに明るい声

問四 空らん[I]に入れるのに最もふさわしい語句を次の中から選び、記号で答えなさい。

ア 厳しい　**イ** 暗い　**ウ** 苦い
エ にぶい　**オ** 冷たい

問五 ――1「やさしい」とはここではどんなことにたいして使われている言葉でしょうか。次の中から選び、記号で答えなさい。

ア 友達の失敗を責めずにフォローをすること。
イ 一人でいるクラスメイトによりそってあげられること。
ウ 昔の友人関係にいつまでも一方的にこだわり続けること。
エ 周囲の皆にいい顔をして自分の意見を言わないこと。

問六 ――2「明るい会話。笑い声。～いつもの、日常だ」とありますが、朱里たちとの「日常」を葉子は何にたとえていますか。本文中から漢字二文字でぬき出しなさい。

問七 二箇所の空らん〔a〕に入れるのに最もふさわしい語を本文中から漢字三文字でぬき出しなさい。

問八 ――3「松村さんのせいじゃない」とありますが、衝突した本当の原因は何でしょうか。次の中から二つ選び、記号で答えなさい。

ア 応援旗に対する思いを朱里が最後までわかってくれなかったから。
イ 葉子自身も今まで言うべきことを言わずに済《す》ませてきてしまったから。
ウ 何の落ち度もない松村さんに対する朱里の発言がひどかったから。
エ 朱里がグループの中で自分とだけ言葉を交わさなくなったから。
オ 何とか修正《しゅうせい》しようとする百井くんの提案を朱里が否定した

松村さんと百井くんとは、校門の前で別れた。

「今日はありがとう……本当に」

と、松村さんが言って、「じゃあね」と、百井くんが手をふる。

遠ざかるふたつの背中を見送ってしまうと、その場には、私としおりだけが残された。

「……帰ろうか。私たちも」

どちらからともなく顔を見合わせて、私たちは歩き出した。

ひっそりとした夕暮れの道に、ぱたぱたと、私たちの足音だけがリズムを刻む。そういえば、こうしてふたりで帰るのは、いつぶりだろう。そんなことを考えていたら、ふいに横顔に視線を感じた。目を上げると、しおりがためらうように、おずおずと口を開いた。

「あの……宮永さんのこと、ごめん。私のせいだよね」

朱里の名前を耳にして、心が、ちくりと痛んだ。

平気――では、きっとないだろう。朱里は「日向」からはみ出した私を、きっと受け入れはしないだろう。そのことに、どうしようもない［Ⅲ］はある。でも、少し前まで感じていた［Ⅳ］は、どこを探しても、もうなかった。

「大丈夫」

と、私はうなずいて、小さくほほえんだ。

「それに私、あの時初めて、朱里に本音を言えたから」

そう言いながら、自分はこれまで、どれだけの境界線を周りに引いてきたんだろう、と思った。しおりに対してだけじゃなく、朱里たちに対しても。いつだって皆《みな》に合わせて、顔色を読んで、笑っているだけ。一度だって、本気で向き合おうとはしてこなかった。

しおりは少しだまって、小さく「そっか」とつぶやいた。

うん、とうなずきながら、私はぎゅうっと指先を握《にぎ》り込む。そうだ。私はしおりにも、言わなくちゃいけないことがある。

「しおり、ごめんね」

ごめんなさい、と私が言うと、しおりの足がぴたりと止まった。

なんのこと？　と、しおりは、聞かなかった。ただうつむいて、靴《くつ》の先っぽをじっと見つめている。その姿は薄闇《うすやみ》にぼやけ、表情までは見えなかった。

どのくらい経ったころだろう。

やがて、しおりがぽつんと口を開いた。

「いいの。私も同じだったから」

「……同じ？」

意外な一言に、私は思わず目を見張る。しおりは横顔だけで、小さく笑った。

「中学生になってから、葉子、急にきれいになったでしょ。大人っぽくて、おしゃれで。周りの友達もみんなかわいくて明るくて、私とは、全然ちがったから」

「…………」

「本当は、いつも話しかけたいと思ってた。なのにできなかった。私なんかに話しかけられたら、迷惑なんじゃないかって。無視されたらどうしようって。考えれば考えるほど、葉子が遠い人になってくみたいで、目を合わすのも怖くなっちゃって」

だから――と、しおりはひとりごとみたいにつぶやいて、私に向き直る。

「だから、私も、ごめん」

しおりの声が震えてる。そのことに気づいたとたん、吐く息がにじんだ。まばたきをすると、こらえていた涙が、春の雨みたいにほっぺたを滑《すべ》り落ちた。

「……なんで、葉子泣いてるの」

「しおりこそ。目、真っ赤」

くんとはごく自然に言葉を交わしてる。そのことに、びっくりした。

「瀬川さんは、将来、画家になるの？」

教室に差し込む光に夕暮れの色が混じり始めたころ、百井くんが、ふいにそう言った。

「……なんで？」

唐突《とうとつ》な質問だったからだろう、ささやくように答えたしおりの頬が、さっと赤くなった。

「え。だって、いつも休み時間に絵、描いてるから。だから、そうなのかなって」

ごく当たり前のように、のんびりと笑って、百井くんは言った。

その言葉に、はっとする。今まで考えたこともなかったけれど、そういえば、百井くんは昼休みにどこで何をしているんだろう、と思って。でも全然、思い浮かばない。そんなことさえ思い出せないぐらい、ごく近い、目の前の出来事しか自分には見えてなかったんだと思って、ふいに恥ずかしくなった。

「……なりたいって、思ってはいる、けど」

やがてしおりが恥ずかしそうにつぶやくと、「うわあ、やっぱりそうなんだ」と、百井くんはうれしそうに、明るい声を上げて笑った。その声にしおりはいっそう顔を赤くして、「私、水換《か》えてくるね」と、にごった色水のバケツを片手に、そそくさと立ち上がる。しおりが教室を出ていったところで、「あの……」と松村さんが、遠慮がちに私のほうに顔を向けた。

「なに？」

「ううん。ただ、佐古さんと瀬川さんって仲よかったんだなって。ちょっと意外だったから、その、びっくりして……」

ごにょごにょとそう言ってから、松村さんはあわてたように、「あ、でも悪い意味じゃなくて！　むしろいい意味で！」と、言葉をついだ。

「なんだか、見てて、4本当の友達って感じがするから。だから、いいなって」

その一言に、驚いた。〔ａ〕を越えることが、私はずっと怖かった。「日向」からはみ出そうとすることは、とがめられても仕方ないことなんだって、そう思っていた。だけど、いいな、と松村さんは言ってくれた。心を込めて。

「うん。小学校が一緒で。その時から……親友で」

親友、という言葉を使っていいのか、しおりが今もそう思ってくれているのか、それは私には分からない。でも、そうだったらいい。そう思って、私は言った。

「へえ、いいなあ。そういう友達」

百井くんが間のびした声で言って、のんびりと笑う。私はうなずいて、応援旗に目を落とす。

花びらの舞う空の中を、悠々《ゆうゆう》と泳いでいく大きなクジラ。どこにでも行けそうな［II］が、その絵からは伝わってくる。

私もいつか、そんなふうに、なれるだろうか――。

そう胸の内でつぶやいたら、教室に差し込む夕陽《ゆうひ》が、かすかに目にしみた。

応援旗が完成したのは、完全下校のチャイムが鳴った、六時半のことだった。

「……終わったー！」

と、最初に声を上げたのがだれだったのかは分からない。そのぐらい、みんなの声が気持ちよくハモったから。ちょうどそこへ、「なんだ、お前らまだやってたのか」とやってきたザワ先は、完成した応援旗を一目見るなり、「おおっ、すっげえな！」と、年甲斐《としがい》もなくはしゃいだ声を上げて、私たちを苦笑させた。

「……もういい。帰る」

そう吐《は》き捨てると、ふり向きもせず、朱里は足早に歩いていってしまった。その背中を視線だけで追いかけながら、私は、そっと目をふせる。

泣きたかった。

だけど、泣かない、と思った。

だって、私は今、朱里に本当の気持ちを言った。そのことに、後悔《こうかい》はなかったから。

ゆっくりとeシンコキュウしてふり向くと、しおりと最初に目が合った。心配そうなそのまなざしに、大丈夫だよ、というふうに、私はうなずいてみせる。

「佐古さん……ごめんなさい。私のせいで」

目を赤くした松村さんに、私はううん、と首をふった。それは、本当の気持ちだった。私と朱里が衝突《しょうとつ》したのは、絶対に、3松村さんのせいじゃない。

「……だけど、どうしようか。これ」

と百井くんがつぶやいて、私たちは改めて、赤く散らばったシミを見下ろした。

淡《あわ》い色が混じり合った幻想的《げんそうてき》な空の中に、点々と散った鮮やかな赤。たしかに、そこだけ見れば、違和感《いわかん》はある。だけど、なんて鮮やかなんだろう。

そう思った時、ぴんと心にひらめくものがあった。そうだ、初めてしおりと出会った日、私たちの間を吹《ふ》き抜けていった風と、ひらめく花びらと――。

「……花」

ぽつんとこぼした私のつぶやきに、三人が、いっせいに顔を上げる。

「花？」

首をかしげるしおりに、私は大きくうなずいた。

「そう。隠《かく》すんじゃなくて、デザインの一部にするのってどうかな。空に花びらが舞《ま》ってるようなイメージで全体に描きたして。そしたら、遠目からでも華やかに見えるし……」

そこまで言った時、みんなの視線が私に集まっているのを感じて、はっとした。遅ればせながら恥《は》ずかしくなって、かっと頰《ほお》がほてる。どうしよう。もしかして、おかしいことを言ってしまっただろうか――。

けれど、その時。

「いいと思う。すごく」

え、とまばたきをする私の前で、しおりがまっすぐ私にほほえみかけて言った。

「やろうよ、それ」

四人で頭をくっつけるようにして、空に、たくさんの花びらを描いた。そうして少しずつ暮れていく教室の中で、私たちは、今までていちばん、お互《たが》いのことをしゃべったと思う。

松村さんが吹奏楽部《すいそうがくぶ》でホルンを吹いていること。最近、小学生の妹が生意気になって困ってるってこと。そんなことも、初めて知った。「生意気なのに、やっぱりかわいくて。くやしいけど」と、照れくさそうに笑う松村さんは、教室では見たことのない、「お姉さん」の顔をしていた。

百井くんは、あまり自分のことを話そうとはしなかったけれど、私たちの話にのんびりうなずいたりあいづちを打ってくれたりした。そのおだやかな横顔は、クラスの騒々《そうぞう》しい男子たちとは、まるで雰囲気《ふんいき》がちがう。そのせいだろうか、男子が苦手なはずのしおりまで、百井朱里も含めた応援旗係全員が顔をそろえていた。

そんな時、それは起こった。

「あ」

ぽつ、と目の前で鮮《あざ》やかな赤色の絵の具がしぶきのように散《ち》ったのと、松村さんが短い悲鳴を上げたのは、どっちが先だったんだろう。

――嘘。

気づいた時には、背景の空の上に、赤い絵の具が点々と散っていた。拭《ふ》きとる間もなく、赤い絵の具はすうっとすいこまれるようにシミになっていく。目の前には、赤く染まった筆をパレットに置いて、青ざめた顔をした松村さんの姿があった。

「ごめん！ ごめんなさい……」

一瞬、しん、と静まり返った教室の中で、だれよりも先に声を上げたのは、松村さん本人だった。今にも泣き出しそうな顔で、「どうしようどうしよう」とうろたえている。

実際、これはまずいかも、というのは私自身も思ってしまったことだった。

上から塗《ぬ》り直したって、背景の色が薄《うす》いぶん、どうしても派手《はで》な赤色のほうが浮き出てしまう。ごまかそうとしても、かえって悪目立ちしてしまいそうだ。だけど今は、涙目《なみだめ》になっている松村さんを責める気にはなれなかった。

大丈夫だよ、なんとかなるよ――。

そうフォローの言葉を口にしようとした。けれど、その時だった。

「えー、超《ちょう》目立つじゃん。どうすんの？ これ」

ロコツな物言いにぎょっと顔を上げると、さっきまで手持ちぶさたにしていた朱里が、すぐそばに立っていた。きれいに整った眉をひそめて、応援旗を見下ろしている。

「あ、でも上から塗り直せば……」

おずおずと、百井くんが言いかける。

けれどそれを朱里は、「や、そこだけ塗り直しても、かえって目立つでしょ」とあっさり一蹴《いっしゅう》した。その一言に、松村さんはさらに耳を真っ赤にして、「ごめんなさい……」とうつむいてしまう。しおりが手を当てた松村さんの肩《かた》は、すでに、泣きだす寸前のように小さく震えている。

――なんで？ 朱里……。

思わず隣をふりあおぐと、朱里はもう他人事《ひとごと》みたいにつまらなそうにそっぽを向いていた。

その瞬間、私の中で、何かが弾《はじ》けた。

「朱里」

口を開くと、思ったよりも低い声が出て自分でも驚いた。

朱里が、おっくうそうに首をもたげて私を見る。その視線にひるみそうになったけれど、私は、構わずに口を開く。

「……なんで、そういう言い方するの。それに、ずっとサボってたじやん、朱里。こんな時だけ責めるのって、おかしいよ」

言った。言ってしまった。

水を打ったような静けさの中で、カツン、と時計の針が動く音がした。しおりの、そして百井くんと松村さんの視線をひりひりと肌に感じる。怖い。怖くてたまらない。

「……何ソレ。なんであたしが、悪者みたいになってんの？」

抑揚のない声で言って、朱里がカバンをつかむ。そしてポニーテールを揺《ゆ》らして、私をまっすぐに見た。少し前まで「葉！」と笑いかけてくれていた、勝ち気な猫《ねこ》みたいな瞳《ひとみ》。でも今そこにあるのは、以前のような親しみじゃなかった。

「日向《ひなた》」と「日陰《ひかげ》」の〔ａ〕。それを朱里がたった今、私の前に、完全に引いたことが、はっきりと分かった。

レットの上でぺたぺたと絵の具を溶《と》いていた朱里は、とたんに顔をぱっと輝《かがや》かせて、「ちーちゃん！」と、その子に駆《か》け寄っていく。

――ああ、まただ。

のど元にこみ上げた［　Ｉ　］感情を、ため息とともにのみ下す。

だけど、心はざらりと毛羽だったまま、ちっともおだやかになってはくれなかった。きゃははは、と廊下《ろうか》から聞こえてくる朱里たちの笑い声が、やたらと耳にさわる。

今日で、応援旗製作を始めてから六日目。

だけど、朱里がまともに活動に参加していたのは、最初の二日――いや、二日目も途中で帰ってしまったから、初日だけ、だった。

「あっれー？　もしかして朱里も応援旗で残ってんの？」と、隣のクラスの女子が、ひょっこりとうちのクラスの教室をのぞきこんできて言ったのは、今から、三日前のこと。どうやら朱里と同じバスケ部の子だったらしく、以来朱里はこれ幸いとばかりに、連日、隣のクラスに入り浸《びた》るようになってしまったのだった。

――なんか……なんかやだ。こういうのって、すごく。

心の奥でつぶやいて、私はぎゅっと奥歯《おくば》をかみしめる。思っているだけじゃなくて、実際に言わなくちゃいけないんだ、と分かってはいるけれど、隣の教室へ踏《ふ》み込んでいって、朱里を連れ戻すことを考えると、どうしても足がすくんだ。もしかすると、私の煮《に》え切らないところを、朱里は「やさしい」と言ったのかもしれない。

「葉子、大丈夫？」

私がよほどdケワしい顔をしていたんだろう。おずおずとしおりが話しかけてきて、私はようやく、はっとわれに返った。

「……うん、平気」

かろうじて笑顔を返すと、しおりも、ほっとしたように目元をゆるめた。

しおりとは、早朝の教室でしゃべったのをきっかけに、じょじょにではあるけれど言葉を交わすようになっていた。ぎこちなさはまだ完全に消えてはいないし、しおりのほうに壁《かべ》を感じることもときどきある。だけど、「葉子」としおりがよんでくれるようになったことだけで、今は十分にうれしかった。

それに――絵を描くことは、やっぱり、すごく楽しかったんだ。

普段はめったに使わないような大きな刷毛で、思い切り、まだ白いところをすうっとなぞる。そうすると、心にあったもやもやも、自分のふがいなさも、全部ぜんぶ、ざあっと流されていくような気がした。

百井くんと松村さんは、細かい作業が苦手なようで、細筆を使って描くところは、私としおりのふたりでやった。息をつめて、筆先に集中して、丁寧《ていねい》に色をつけていく。そうして、ふうっと息を吐いて筆先を持ち上げる瞬間《しゅんかん》は、急に視界が広くなって、清々《すがすが》しい気持ちになれる。

作業を終えて、片付けをしている時に、

「だいぶ、進んだね」

と、うれしそうに百井くんが言った。「頑張《がんば》れば、明日《あした》か明後日《あさって》には完成するんじゃないかなあ」と松村さんがあいづちを打ち、私としおりも、笑顔でうなずく。応援旗を見下ろせば、パステルカラーの空の中に、まだ白いままのクジラのシルエットがくっきりと浮かび上がっていた。

――どうか無事に、この絵が完成しますように。

祈るようにそう思いながら、私はそっと、教室のドアを閉める。

事件が起きたのは、その翌日のことだった。

午後四時。外は、まだずいぶん明るくて、グラウンドからは野球部の掛《か》け声が、中庭からはトランペットの音色が響いている。作業を開始してまだ十分しか経《た》っていないこともあって、その時教室にはまだ、気がつくと、とっさに、そう口走っていた。でもそれは、とっさだったからこその、本音でもあった。冷たい汗《あせ》が背中を伝う。どうしよう。朱里の顔が、見られない。

「……へー、そうなんだ」

ひりつく沈黙の後、朱里は感情の読めない[3]でつぶやいて、短く笑った。

「なんかさ、前から思ってたけど、葉ってほんと、1やさしいんだね。だれにでも」

あ、と思って目を上げた時には、朱里はもう、きびすを返したところだった。そのまま、私を置いて、〈 C 〉足取りでトイレから出ていってしまう。

しばらくして、私がひとり教室に戻《もど》ると、そこに朱里の姿はなかった。呆然《ぼうぜん》と立ち尽《つ》くす私を見つけて、しおりが「葉子」と遠慮《えんりょ》がちに口を開く。その隣《となり》で百井《ももい》くんと松村さんが、眉を八の字に下げていた。

平静を装《よそお》って、「朱里は?」と、尋《たず》ねると、百井くんが[4]で言った。

「宮永さん、今日は部活に行くからって。佐古《さこ》さん、一緒じゃなかったの?」

「やさしい」っていうのは、これまでずっと、ほめ言葉だと思ってた。だけど、ちがった。

朱里があの時言ったのは、八方美人、いい子ちゃん――きっと、そういう意味だ。

「聞いてよー、今日の染谷《そめや》先生のネクタイ、ウサギ柄《がら》だったんだけど! ギャップっていうかさ。やっぱかわいくない?」

「うーっそ、ソレ、彼女の趣味《しゅみ》とかなんじゃない?」

「朱里ー、意地悪言わない! ってか、ソメ先って、もともと乙女《おとめ》趣味っぽくない?」

休み時間。私たちは、今までどおり、四人でひとつの机を囲む。

2明るい会話。笑い声。ぱっと見ただけじゃ、なんにも変わったところはない。いつもの、日常だ。

朱里は私のことを、グループから外そうとはしなかった。

意外なことに、芙美《ふみ》とりっちゃんには何も話していないようで、ふたりとも「葉ー、教室移動するよー」なんて、ふつうに話しかけてくる。その流れで結局は、いつものように四人のままで行動する。そんな日々が、ここ数日はつづいていた。

だけど朱里が自分から、私に声をかけてくることはなくなった。一緒に机を囲んでいても、朱里は芙美とりっちゃんにだけ、笑顔を向ける。芙美とりっちゃんをはさんでその場を共有しながらも、私と朱里の間で直接言葉が交《か》わされることは、ない。

なんで――なんて、そんなこと、聞くまでもない。

私がしおりと親しくするのを、朱里ははっきりと拒《こば》んでいる。それはもう、目に見えて明らかだった。その証拠《しょうこ》に、私がしおりのほうを気にしていると、〈 D 〉朱里の視線が、すぐさま横顔に飛んでくる。まるで、牽制《けんせい》するみたいに。

少しずつ、だけど確実に、何かがずれ始めてる。

そしてそれがいちばん、はっきりと目に見えて分かるのは、やっぱり、放課後の教室だった。

「おーい、朱里ー!」

人気のない、五人きりの教室の中に、朱里をよぶ甲高《かんだか》い声が響《ひび》き渡《わた》る。

手を止めて顔を上げると、ドアの向こうから背の高いショートボブの女の子がぶんぶんと手をふっていた。数秒前まで不機嫌《ふきげん》そうに、パそんなふうに、しおりに話しかけた私に、あんのじょう、朱里は〈 A 〉目を向けた。なんで？ 葉ってば、何言っちゃってんの――？ あからさまに向けられた困惑《こんわく》と a ヒナンのまなざしがぴりぴりと肌《はだ》に突《つ》き刺《さ》さって、息が止まりそうだった。

怖《こわ》くない、なんて言ったら、百パーセント、嘘《うそ》になる。本音を言うと、今すぐにでも逃《に》げ出したかった。

――だけどもう、怖がるのはやめる。やめるって、決めたんだ。

ぐらつく心をぴしっと叱《しか》って、私は、うつむきそうになるのをぐっとこらえる。

耳をすませるまでもなく、b シンゾウがばくばく波打っているのが分かった。パレットの中でつやめく空の色を見つめながら、ただ祈《いの》るように、息をつめて待つ。

凍《こお》りついたような沈黙《ちんもく》。

それを、先に破ったのは、朱里ではなくて、しおりのほうだった。

「……うん。それで大丈夫《だいじょうぶ》。ありがとう、葉子」

〈 B 〉、まだかすかにためらいのにじんだ声。

けれどしおりは、間違いなく、私の名前をよび返してくれた。

顔を上げると、しおりと c チュウで視線が合った。だけどもう、その目を私はそらさない。「了解《りょうかい》」と笑顔《えがお》で言って、私は、刷毛《はけ》をたっぷりの青にひたした。

だけどもちろん、このままで、今日が終わるはずはなかった。

「あのさ、葉。なんなの、さっきのアレ」

葉、ちょっとトイレ行かない？ と、声をかけられた時から、何か言われるだろうな、とは思っていた。だから覚悟はしていたはずだったのだけど、やっぱり、面と向かって直球を投げられると、足がすくんだ。

「なんで瀬川《せがわ》さんのこと、急によび捨てにしてんの？」

びっくりなんだけど、と朱里はひとりごとみたいにつぶやいて、ロコツに不審《ふしん》そうな顔をこちらに向ける。私は小さく息をすって、意を決して口を開いた。

「……友達、なんだ。小学校からの」

そう言って、必死でなんでもない顔をして、朱里の顔をまっすぐに見る。顔が熱い。なのに、どうしようもなく足元は寒かった。もうじき四月も終わるというのに、身体に細かい震《ふる》えが走る。

「友達って……」

朱里は [1] でそうつぶやくと、ぷつりとだまった。眉《まゆ》を寄せ、何かを考えているような表情。だけどややあって、朱里は気を取り直したような、[2] で「まあでも、それって、昔の話なんでしょ？」と言った。

――え。

どうして、そういう話になるんだろう。きょとんと私がまばたきをすると、「え、だってそうじゃないの？」と、朱里が首をかしげた。

「だって、これまで瀬川さんと葉がクラスの中でしゃべってるとこ、見たことなかったし。今も仲いいんだったら、もっと前からしゃべってるはずじゃん」

朱里の指摘《してき》に、言葉につまる。たしかに、一理あったから。思わず口ごもった私にちらりと目をやって、朱里は「だったらさあ」と苦《く》笑《しょう》まじりにつづけた。

「今さら、義理立てしてあげなくたって、大丈夫だって！ 瀬川さんっていかにもマイペースって感じだし、うちらと全然ジャンルちがうじゃん。そこまで葉が、気をつかってあげること、ないと思うけど」

――ちがう。義理立てとか、そんなんじゃない。

「そうじゃないの。私が今、しおりと、友達になりたくて」

「〈　Ⅱ　〉。それがおすすめです」と。

（針生悦子『赤ちゃんはことばをどう学ぶのか』より）

※出題の都合上、本文の一部を改稿《かいこう》しています。

〈注1〉その土地で生まれ育った人。

〈注2〉二つの言語を日常的に使える人。

問一　空らん[a]～[d]にあてはまる語を次の中から選び、記号で答えなさい。なお、同じ記号を二度用いてはならない。

ア　したがって　イ　すると

ウ　そして　エ　もちろん

問二　空らん[A]にあてはまる語を本文中からぬき出し、漢字三文字で答えなさい。

問三　――1「良い教材になる」とありますが、それはなぜですか。「～から」に続く二〇文字以内の語句を本文中からぬき出しなさい。

問四　――2「意味不明な雑音」と同じ内容の語句を本文中から一一字以上一五字以内でぬき出しなさい。

問五　――3「この違い」とはどのような違いか、三〇字以内で書きなさい。

問六　空らん〈Ⅰ〉にあてはまる文を次の中から選び、記号で答えなさい。

ア　赤ちゃんでも違いはありません

イ　集中しないわけがありません

ウ　役に立たないはずがありません

エ　楽しくないこともありません

問七　空らん〈Ⅱ〉にあてはまる文を次の中から選び、記号で答えなさい。

ア　とりあえず学校で英語の文法を一通り習ったあと、お子さんが自分で覚悟を持って『行きたい』と言ったのなら、留学でもさせるのがいいのではないでしょうか

イ　英語は大人になってから学習しても十分間に合うので、お子さんが小さいうちはまずは母語である日本語をしっかり身につけることを優先させましょう

ウ　小さいころから特別に英語教育を行う必要はありませんが、日常生活の中でなるべく自然に英語に接する機会が多くあった方が大人になってから苦労しません

エ　英語に関心を示すようになる年齢《ねんれい》は子どもによってそれぞれ違いますから、近くで見ている保護者が必要だと思うタイミングで習わせるのが一番効果的だと思います

三

次の文章を読んで、あとの問いに答えなさい。

（これまでのあらすじ）

絵画という共通の趣味もあって、小学校では一番の親友だった葉子（「私」）としおり。中学校に進学した葉子が姉のすすめでおしゃれをするようになると、周囲からの扱《あつか》いも変わり、クラスの華《はな》やかな女子グループの一員に迎《むか》えられるが、一方でしおりとは次第に距離《きょり》をおく。二年生になった春、体育祭の応援旗《おうえんき》を作る放課後の居残り作業を、しおりと、現在のグループのメンバーである朱里《あかり》と一緒《いっしょ》に行うことになった。朱里の目を気にしてしおりによそよそしい態度をとる葉子だったが、朝早くから学校に来て絵を描《か》いているしおりの姿を偶然《ぐうぜん》目にして心を打たれ、もう一度友達としてやり直すことを決意する。

その日の放課後、私は、朱里の前で、初めてしおりの名前をよんだ。

「しおり、背景の色ってこんな感じの青でいいかな」

も、それはどのようなリズムや抑揚《よくよう》で話され、どのような音でできており、そこにはどのような単語や文末表現（たとえば「〜だよ」「〜ているね」などなど）が出てくるか。そんなことはもうわかってきています。

それに対して外国語の音声は、話すリズムもいつもなじんでいる言語とは違《ちが》うし、使われている音の種類もなんだかヘンだし、よく知っている文末表現もいっさい出てきません。となれば、赤ちゃんにとってそれは、話しことばではなく、ただの2意味不明な雑音でしかないでしょう。

意味不明な雑音と言えば、ふだん耳にしているのが英語である赤ちゃんにとって、オーディオから聞こえてくる日本語は、やはり雑音にすぎないのでしょう。私の研究室でこんなことがありました。

1歳前後の赤ちゃんに日本語のセリフを聞いてもらう研究で、赤ちゃんの母親に、「これから日本語のセリフを聞いていただくのですが」と説明しかかると、その母親は私を遮《さえぎ》って次のように言いました。

「ああ、それでしたら、うちの子はダメかもしれません。私、自分が〈注2〉バイリンガルなので、家では英語でしか話しかけていないし、お父さんは日本語しか話せないんですけど、この子が起きているときはほとんど家にいませんし。この子、日本語を知らないと思います」

「でもまあ、せっかく来てくださったのですし」ということで、試しにその赤ちゃんにもいつもの日本語のセリフを聞いてもらいました。

［ d ］、その赤ちゃんは本当にまったく興味を示さないのです。音声が流れ始めたとき、ちらっと音のする方を見ることはしたのですが、じっと音のする方を見つめ続けるようなことはせず、すぐに何だかリラックスした様子で部屋の中をあちこち見回し始めたのでした。

たいていの子どもは、日本語のセリフが聞こえ始めると、じっと音がする方を見つめ、時には少し嬉《うれ》しそうな表情さえ浮《う》かべ、音声に聞き入ってくれます。ですから、3この違いには驚《おどろ》きました。

「いやいや、赤ちゃんが集中して聞いてくれているか、まったく興味を示さないか、なんて、それは見ている方の思い込《こ》みでしょう」と言われれば、返すことばはありません。もちろん、このような印象だけでは、データとは言えず、研究として報告することもできません。それでも、日本語のセリフにまったく興味を示さないその赤ちゃんを見ながら、そのとき私はふと思ったのです。なじみのない外国語のオーディオを聞かされたときの赤ちゃんも、こんな感じなのではないかと。

このように1歳前後とはいえ、何かの話し声を聞かされれば、赤ちゃんには、それがいつも耳にしている言語かどうかぐらいはすぐにわかります。その意味では、なじみのない外国語の音声は、赤ちゃんにとっては意味不明なただの雑音です。それが何なのか、自分の生活にどう関係があるのかなど、さっぱりわからないはずです。対して大人は、初めから「その外国語を学習しよう」と思って、オーディオを一所懸命《けんめい》に聞くわけです。それなら、〈 I 〉。

ここにもまた、赤ちゃんと大人とのあいだの大きな違いがあります。目前の状況《じょうきょう》のなかで、それが必要であることを実感できないと赤ちゃんは学びません。それに対して、大人は少し時間的に離《はな》れた将来に備えて、自分の意思で学習するということを選択《せんたく》できるのです。

言語を身につけるというのは、簡単なことではありません。「今ここでの必要性」から「将来の必要性」まで含めて、本人がその必要性に納得《なっとく》し、そのたいへんさを引き受ける覚悟《かくご》で学習に取り組まなければ、到底《とうてい》身につけられるものではありません。

こういう研究をやっていると、よく受ける質問の一つが、「それで、子どもにはいつから英語を聞かせたり習わせたりしたらいいのでしょうか」というものです。この質問に対して、私は次のように答えることにしています。

二〇二〇年度 慶應義塾湘南藤沢中等部

【国　語】（四五分）〈満点：一〇〇点〉

※解答に句読点や記号などが含《ふく》まれる場合は一字に数えます。

一 次の各組の□には同じ漢字一字が入る。その漢字を書きなさい。また、各組の語句が一般的にどのような意味で用いられるかによって、次のように記号を書きなさい。

・両方ともプラスの意味→A
・片方がプラス、もう片方がマイナスの意味→B
・両方ともマイナスの意味→C

〈例〉□が出る・□をすくわれる　　〈答〉足・C

① □がいい・□の息
② □がきれる・□が下がる
③ □のおけない・□が多い
④ □に流す・□をさす
⑤ □を失う・□をなす

二 次の文章を読んで、あとの問いに答えなさい。

「小さなうちに母語以外の言語にも触《ふ》れさせておけば、子どもは〃母語と同じように〃その言語もラクに素早く〈注1〉ネイティブ並みのレベルで身につけられるのではないかしら」

よく聞くそのような考えは、どうやら大人の都合よすぎる期待のようです。

結論として、子どもは母語であろうとラクして学んでいるわけではありません。悲愴《ひそう》な顔つきはしていないかもしれませんが、時間はかかっていますし、相当な努力もしています。

[a]、子どもにそのような努力ができるのは、それがわかるようになることがぜひとも必要だと実感させる環境《かんきょう》が、母語の場合はあるからです。

[b]、1歳《さい》前後の子どもに、なじみのない外国語のオーディオやビデオを与えても、あまり効果はありません。赤ちゃんにとって、オーディオやビデオから聞こえてくる音声は、[A]が実感できるどころか、何だかよくわからない音の流れにすぎず、それが自分の生活にどうかかわってくるかもよくわからないのですから。

授業で大学生にこの研究の話をすると、教室がざわつきます。実際に、自分の外国語学習にオーディオやビデオを使ったりしてきた人も少なくないので、「効果がなかったのか……」とがっかりする人もいれば、「そんなはずないだろう！」と怒る人もいます。

[c]大人、つまり自分でわかって努力できる人には、オーディオやビデオは1良い教材になると思います。ビデオやオーディオに効果がないことを見いだした研究は、1歳にもならない赤ちゃんを対象にしたものでした。

1歳にもならないとしても、それでももう1歳近くの赤ちゃんです。自分がふだん耳にしている言語のすべてを理解することはできなくて

2020年度

慶應義塾湘南藤沢中等部 ▶解説と解答

算 数 (45分) ＜満点：100点＞

解 答

1 (1) $\frac{11}{14}$　(2) 29　(3) 3516.8cm^2　2 (1) 1時間15分　(2) 9回　(3) 14人　3 (1) 64　(2) 2106個　(3) 8190　4 (1) $\frac{2}{3}$　(2) $\frac{4}{15}$　(3) 30分　5 (1) 120度　(2) 1：2　(3) 360cm^2　6 (1) 9時52分　(2) 橋Bをわたったほうが2分早く着く　(3) 8時24分

解 説

1 計算のくふう，逆算，表面積

(1) $A\times B+A\times C=A\times(B+C)$となることを利用すると，$\frac{22}{49}\times2\frac{1}{3}+\frac{11}{49}\times3\frac{5}{6}-\frac{33}{49}\times1\frac{2}{3}=\frac{11}{49}\times2\times\frac{7}{3}+\frac{11}{49}\times\frac{23}{6}-\frac{11}{49}\times3\times\frac{5}{3}=\frac{11}{49}\times\frac{14}{3}+\frac{11}{49}\times\frac{23}{6}-\frac{11}{49}\times5=\frac{11}{49}\times\left(\frac{14}{3}+\frac{23}{6}-5\right)=\frac{11}{49}\times\left(\frac{28}{6}+\frac{23}{6}-\frac{30}{6}\right)=\frac{11}{49}\times\frac{21}{6}=\frac{11}{14}$

(2) □＋41＝△とすると，あたえられた式は，$2\div\left(3-\frac{△}{34}\right)-0.375=1.75$となる。よって，$2\div\left(3-\frac{△}{34}\right)=1.75+0.375=1\frac{3}{4}+\frac{3}{8}=\frac{7}{4}+\frac{3}{8}=\frac{14}{8}+\frac{3}{8}=\frac{17}{8}$，$3-\frac{△}{34}=2\div\frac{17}{8}=2\times\frac{8}{17}=\frac{16}{17}$，$\frac{△}{34}=3-\frac{16}{17}=\frac{51}{17}-\frac{16}{17}=\frac{35}{17}=\frac{70}{34}$　したがって，△＝70だから，□＋41＝70より，□＝70－41＝29

(3) 底面のまわりの長さは，28×3.14(cm)なので，この円柱の側面積は，28×3.14×40＝1120×3.14＝3516.8(cm^2)とわかる。

2 正比例と反比例，つるかめ算，集まり

(1) 毎分あたり入れる水の量と，水そうがいっぱいになるのにかかる時間は反比例する。また，毎分あたり入れる水の量の比は，1：1.2＝5：6だから，水そうがいっぱいになるのにかかる時間の比は，$\frac{1}{5}:\frac{1}{6}=6:5$とわかる。よって，1時間30分×$\frac{5}{6}$＝90分×$\frac{5}{6}$＝75分＝1時間15分と求められる。

(2) 裏だけが15回出たとすると，3×15＝45(歩)しか進まないので，実際よりも，63－45＝18(歩)少なくなる。裏が出るかわりに表が出ると，1回あたり，5－3＝2(歩)ずつ多くなるから，表が出た回数は，18÷2＝9(回)とわかる。

(3) 金魚を飼っている者は，36－13＝23(人)，犬を飼っている者は，36－15＝21(人)なので，「飼っている人数」をまとめると，右の図のようになる。よって，金魚と犬の少なくとも一方を飼っている者は，36－6＝30(人)だから，両方を飼っている者(太線部分)は，23＋21－30＝14(人)と求められる。

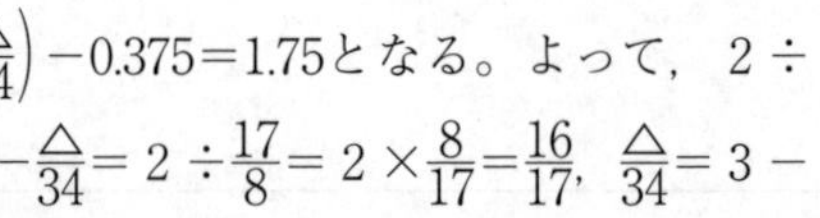

3 数列

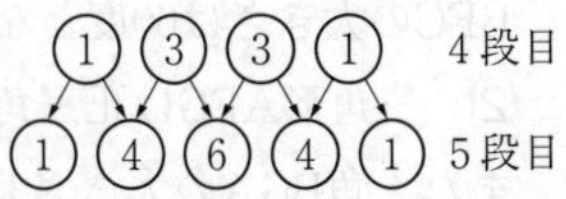

(1) たとえば４段目と５段目の関係を考えると，右の図のように，４段目の数を２回ずつ使ったものが５段目の数になっているから，５段目の数の和は４段目の数の和の２倍になる。他の段についても同様であり，５段目の和は，１＋４＋６＋４＋１＝16なので，７段目の和は，16×２×２＝64と求められる。

(2) 各段にならんでいる個数は１個ずつ増えるから，１段目から73段目までにならんでいる個数は，１＋２＋…＋73＝(１＋73)×73÷２＝2701(個)とわかる。そのうち，１段目から34段目までにならんでいる個数は，１＋２＋…＋34＝(１＋34)×34÷２＝595(個)なので，35段目から73段目までにならんでいる個数は，2701－595＝2106(個)と求められる。

(3) ある段の和が4096だから，その１段下の和は，4096×２＝8192である。また，どの段も一番右と一番左の数は１なので，これらを除いた数の和は，8192－１×２＝8190になる。

4 仕事算，割合と比

(1) 社員全体で１分間にぬる面積を１とすると，最初の40分で社員全体でかべAにぬった面積は，１×40＝40となる。さらに，次の30分で社員全体の$\frac{2}{3}$でかべAにぬった面積は，$1\times\frac{2}{3}\times30=20$，社員全体の$\frac{1}{3}$でかべBにぬった面積は，$1\times\frac{1}{3}\times30=10$とわかる。よって，最初の40分でかべAにぬった面積は，かべAの面積の，$\frac{40}{40+20}=\frac{40}{60}=\frac{2}{3}$にあたる。

(2) かべAの面積は60だから，かべBの面積は，60÷1.5＝40となり，最後の50分でぬった面積は，40－10＝30とわかる。そこで，この部分をぬったのは社員全体の，$30\div50=\frac{3}{5}$にあたる。このうち，はじめからかべBをぬっていたのは社員全体の$\frac{1}{3}$なので，かべAから手伝いに行ったのは社員全体の，$\frac{3}{5}-\frac{1}{3}=\frac{4}{15}$と求められる。

(3) 30の部分を社員全体でぬるから，30÷１＝30(分)でぬり終わる。

5 平面図形―角度，面積

(1) 下の図①のように，角A′EGと角AEGの大きさを○，角A′GEと角AGEの大きさを●とすると，○と●の和は90度だから，○２個と●２個の和は180度になる。よって，角BEB′の大きさは●２個分となる。さらに，角BEFと角B′EFの大きさは等しいので，これらの大きさは●とわかる。次に，A′B′とBC′は平行だから，角B′EFと角EFBの大きさは等しく，三角形EFBは二等辺三角形なので，角EFBと角EBFの大きさも等しくなる。したがって，下の図②のようになるから，三角形EFBは正三角形であり，●＝60度，○＝90－60＝30(度)とわかる。すると，角CBFの大きさは30度，角

図①

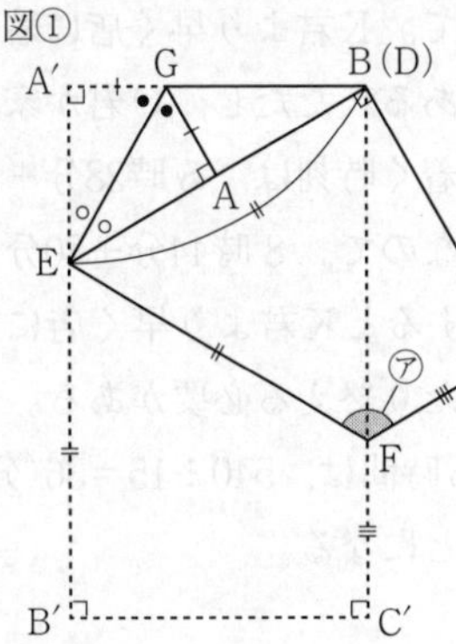

図②

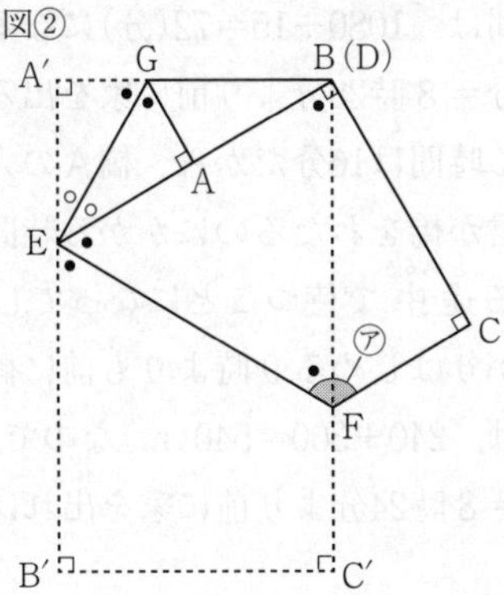

図③

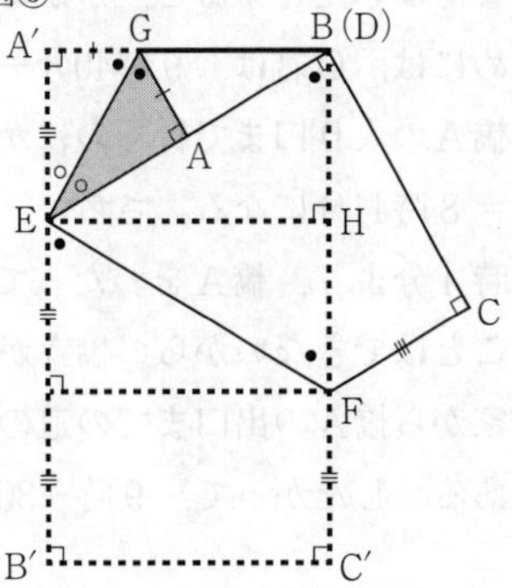

BFCの大きさは60度となり，角㋐の大きさは，60＋60＝120(度)と求められる。

(2) 三角形AEGは正三角形を半分にした形なので，AGの長さを1とすると，EGの長さは2となる。また，角BGAの大きさは，180－60×2＝60(度)だから，三角形AEGと三角形ABGは合同であり，GB(GD)の長さも2になる。よって，AG：GD＝1：2とわかる。

(3) 上の図③で，三角形A′EBの面積は，20×3＝60(cm^2)なので，長方形A′EHBの面積は，60×2＝120(cm^2)となる。また，太線で囲んだ3つの長方形は合同だから，長方形A′B′C′Dの面積は，120×3＝360(cm^2)とわかる。

6 速さ，条件の整理

(1) K君が家から橋Aの入り口まで行くのにかかる時間は，240÷20＝12(分)だから，橋Aの入り口に着く時刻は，8時50分＋12分＝9時2分である。このとき橋Aは上がっているので，9時＋10分＝9時10分まで待つことになる。また，橋Aの入り口から店までの道のりは，300＋540＝840(m)だから，かかる時間は，840÷20＝42(分)とわかる。よって，店に着く時刻は，9時10分＋42分＝9時52分と求められる。

(2) 橋Aをわたる場合，家から橋Aの入り口まで行くのにかかる時間は，240÷15＝16(分)だから，橋Aの入り口に着く時刻は，8時30分＋16分＝8時46分である。この，9時－8時46分＝14分後に橋Aが上がりはじめるので，橋Aを，15×14＝210(m)歩いたところで待ち，9時10分に再び歩きはじめることになる。また，再び歩きはじめた地点から店までの道のりは，(300－210)＋540＝630(m)だから，かかる時間は，630÷15＝42(分)となり，店に着く時刻は，9時10分＋42分＝9時52分と求められる。次に橋Bをわたる場合，家から橋Bの入り口まで行くのにかかる時間は，600÷15＝40(分)なので，橋Bの入り口に着く時刻は，8時30分＋40分＝9時10分である。これは橋Bが元の状態にもどったときだから，橋Bは待たずにわたることができる。さらに，橋Bの入り口から店までの道のりは，300＋300＝600(m)なので，かかる時間は，600÷15＝40(分)となり，店に着く時刻は，9時10分＋40分＝9時50分と求められる。よって，橋Bをわたったほうが，9時52分－9時50分＝2分早く着く。

(3) はじめに，K君が店に着く時刻を求める。K君が家から橋Bの入り口まで行くのにかかる時間は，600÷20＝30(分)なので，橋Bの入り口に着く時刻は，8時30分＋30分＝9時となり，9時10分まで橋Bの入り口で待つことになる。また，橋Bの入り口から店まで歩くのにかかる時間は，600÷20＝30(分)だから，K君が店に着く時刻は，9時10分＋30分＝9時40分とわかる。次に，家から橋Aをわたって店までの道のりは，240＋300＋540＝1080(m)なので，O君が橋Aで待つことなく歩いたとすると，かかる時間は，1080÷15＝72(分)になる。よって，K君より早く店に着くためには，O君は，9時40分－72分＝8時28分より前に家を出る必要がある。ただし，O君が家から橋Aの入り口まで行くのにかかる時間は16分だから，橋Aの入り口に着く時刻は，8時28分＋16分＝8時44分になる。さらに，O君が橋をわたるのにかかる時間は20分なので，8時44分＋20分＝9時4分より，橋Aをわたっている途《と》中《ちゅう》で待つことになってしまう。するとK君より早く店に着くことはできないから，橋Aが上がりはじめる9時よりも前に橋Aをわたり終える必要がある。また，家から橋Aの出口までの道のりは，240＋300＝540(m)なので，かかる時間は，540÷15＝36(分)である。したがって，9時－36分＝8時24分より前に家を出ればよいことになる。

社会 (25分) ＜満点：50点＞

解答

1 問1 1 問2 3000(m) 問3 2 問4 2，南西 2 問1 1 問2 4 問3 (あ) 3 (い) 2 (う) 5 問4 3 問5 持続可能な開発目標
3 問1 大阪府 問2 4 問3 4→2→1→3 問4 D・2→B・4→C・7→A・8 4 問1 3 問2 1 × 2 × 3 ○ 問3 4 問4 参勤交代 問5 1 × 2 ○ 3 × 5 問1 1 問2 4 問3 2 問4 2 問5 4 問6 2→4→3→1 6 問1 1 問2 3 問3 4 問4 1 問5 4 7 問1 1 問2 3 問3 文部科学(省検定済教科書) 問4 4 問5 2 問6 2

解説

1 地形図の読み取りについての問題

問1 萩《はぎ》市(山口県)が日本海に面した都市で，川の河口に位置していることと，萩城の城下町が川にはさまれた中洲上に位置していることから，三角州と判断できる。三角州は川の運んできた土砂が河口付近に積もってできた地形で，低くて平らなことや，水が得やすいことから，水田として利用されたり，都市が発達したりすることが多い。萩城の市街地は，阿武《あぶ》川(地形図の右側の川)と橋本川によって形成された三角州である。

問2 実際の距離は，(地形図上の長さ)×(縮尺の分母)で求められる。この地形図の縮尺は50000分の1なので，6×50000＝300000(cm)＝3000(m)ということになる。

問3 市役所(◎)は中洲の中央に位置しており，中洲の外側に位置する「ひがしはぎ」「はぎ」「たまえ」のいずれの駅前ともいえない。したがって，2が適当でない。なお，4について，送電線(⸭⸭)は地形図の右下に見られるが，城下町の中心部には見られない。

問4 右側に海が広がり，手前の海は海岸線が直線的であることから，港だとわかる。また，奥には山が見える。これらのことなどから，2だと判断できる。2の矢印は左下を向いており，八方位では南西にあたる。

2 世界の人口増加を題材とした問題

問1 飲料水の確保は大切だが，農業に使用する水の量を減らすと穀物の生産を増やすことはできないから，1が適当でない。なお，2について，同じ土地で一年に何度も作物を栽培すると，土地がやせてしまい，しばらく土地を休ませなければならないおそれが生じる。3について，湖の干拓《かんたく》による農地の拡張は穀物増産にはつながるが，湖から流出する河川があった場合には結果的に水資源が減り，不毛の土地を生む可能性もある。4について，遺伝子組み換《か》え作物を開発する場合には，安全性の確保に留意することが必要となる。

問2 おもに先進国に輸出することを目的として農産物を生産することは世界各地で行われているが，開発途上国が先進国向けの食料「だけ」を生産しているとは考えられず，何を生産するかは現地の人に任されていると推測できるので，4が適当でない。

問3 (あ) 食料不足の結果として起こり，途上国での人口急増と相互《そうご》に影響《えいきょう》しているので，3の

「貧困」だと考えられる。途上国では食料を増産するための働き手が必要になることなどから，人口が増える傾向《けいこう》にあるが，これが食料不足をまねき，結果として貧困につながるという悪循環《じゅんかん》が見られる。　(い)　貧困と，過度な放牧や耕作の結果として起こり，地球の温暖化の原因となっているので，２の「熱帯林の減少」があてはまる。貧困によって農地を拡大する必要にせまられた結果，熱帯林を伐採《ばっさい》して農地を広げることになり，熱帯林が減少する。熱帯林の減少は，温室効果ガスの１つである二酸化炭素の吸収量を減らすことになるので，地球の温暖化につながる。　(う)　「過度な放牧や耕作」の結果として起こることなので，５の「砂漠化」だと推測できる。砂漠化によって緑地が減ることで地球の温暖化が進行し，地球の温暖化によって気候変動が起きると，砂漠化がいっそう進行する。なお，国連では砂漠化を「乾燥地域における土地の劣化《れっか》」と定義しており，アフリカやアジアの砂漠周辺で深刻化しているが，焼畑のくり返しなどによって森林が草木の生えない不毛の地となることも砂漠化にふくめた場合，アジアや南アメリカの熱帯雨林で進行している熱帯林の減少も砂漠化と関連づけることができる。

問４　３品目のいずれも高い割合を占《し》め，大豆と小麦で最大の輸入先となっている(お)には，アメリカ合衆国があてはまる。牛肉の最大の輸入先となっている(か)がオーストラリアで，残った(え)がカナダである。なお，日本の小麦の輸入先はアメリカ合衆国・カナダ・オーストラリアの３か国で大半を占めている。

問５　SDGsはSustainable Development Goalsの略称で，日本語では「持続可能な開発目標」とよばれる。2015年に国連総会で採択《さいたく》され，2030年までに世界が達成すべき17分野の目標(ゴール)と169のターゲット(達成基準)が盛りこまれている。

[3] 古墳を題材とした古代・中世の歴史についての問題

問１　2019年７月，大阪府南部の堺市，羽曳野《はびきの》市，藤井寺市にまたがる49基の古墳が，「百舌鳥《もず》・古市古墳群」としてユネスコ(国連教育科学文化機関)の世界文化遺産に登録された。この中には，日本最大の前方後円墳である仁徳《にんとく》天皇陵《りょう》古墳(大仙陵古墳)や，これにつぐ大きさを持つ応神《おうじん》天皇陵古墳(誉田御廟山《こんだごびょうやま》古墳)といった，墳丘の全長が400mをこえる古墳もふくまれている。

問２　百舌鳥・古市古墳群にふくまれる古墳の多くは，４世紀後半から５世紀後半にかけてつくられたと考えられている。中国の歴史書『宋書』倭国《わこく》伝には，このころ，ヤマト政権の大王と考えられている倭の五王の１人，武(雄略《ゆうりゃく》天皇のことと推定されている)が宋(中国)の皇帝に使いを送り，朝鮮半島における支配権を認めてもらおうとしたことが記されている。よって，４が正しい。なお，１は７世紀後半の663年，２は１世紀後半の57年，３は３世紀前半の239年のできごと。

問３　１は673年，２は645年，３は701年，４は603年のできごとなので，古い順に４→２→１→３となる。なお，「壬申の乱に勝利した皇子」とは大海人《おおあまの》皇子で，天武天皇として即位《そくい》した。

問４　古い順に，607年，推古天皇と厩戸《うまやと》皇子(聖徳太子)によって建てられた法隆寺→奈良時代の８世紀に聖武天皇が建て，金銅の大仏(盧舎那《るしゃな》仏)が安置された東大寺→1053年，藤原頼通《よりみち》が京都宇治に建てた阿弥陀《あみだ》堂である平等院鳳凰《ほうおう》堂→1124年，奥州藤原氏の初代清衡《きよひら》によって平泉(岩手県)に建てられた阿弥陀堂である中尊寺金色堂となる。

[4] 平安時代から江戸時代までの政治や経済，外交についての問題

問１　敦賀(福井県)などで陸揚《りくあ》げされた東北地方や北陸地方などの産物は，陸路で琵琶湖北岸まで運ばれ，そこから琵琶湖の水運を利用して大津まで運ばれた。荷物は大津で再び陸揚げされたのち，陸路で京都の平安京まで運ばれるのが一般的であった。よって，3が適当でない。

問2　**1**　佐渡の金山を直接支配したのは，江戸幕府である。　**2**　楽市楽座は，自由な経済活動をうながすことによって城下町の商工業をさかんにするための政策で，特定の商人たちの特権は廃止された。　**3**　室町時代の関所の多くは通行税をとるために設置されたが，織田信長はそうした関所を廃止して人やものの移動を円滑《えんかつ》にすることで，商工業をさかんにすることをめざした。

問3　1　大津宿は江戸時代に整備された東海道の53番目の宿で，終着点である京都三条大橋の1つ手前にあった。現在も大津市と京都市は隣接《りんせつ》しており，最も距離の近い府県庁所在地となっている。　2　東海道では箱根(神奈川県)や新居(静岡県)に関所が置かれ，通行する人や荷物は役人によって検査された。　3　江戸時代には航路が整備されて海運業が発達し，江戸と大阪の間に菱垣《ひがき》廻船や樽《たる》廻船という定期船が就航して多くの物資を運んだ。　4　東海道では江戸日本橋と京都三条大橋の間に53の宿が設けられ，それらが宿場町として栄えた。

問4　江戸幕府の第3代将軍徳川家光は1635年，大名を統制するための法令である武家諸法度《しょはっと》を改定し，参勤交代を制度化した。これによって大名は1年おきに江戸と領地に住むことを義務づけられ，大名の妻子は人質として江戸に置くことを命じられた。

問5　**1**　朝鮮通信使は朝鮮半島南部の釜山《プサン》から船で対馬《つしま》海峡を渡り，瀬戸内海を経由して大阪に上陸後，船を乗り継いで淀《よど》川を京都まで上り，東海道を使って陸路で江戸に向かった。　**2**　朝鮮通信使は，幕府の将軍がかわったさいに訪れる慶賀の使節であった。　**3**　朝鮮通信使は正使・副使のほか，医者や学者なども同行した400人ほどからなる大使節団で，宿泊先では日本と朝鮮の文人の間で詩歌を唱和する会が催《もよお》されるなど，地元の人々との交流があった。

5　第二次世界大戦とアジア太平洋戦争についての問題

問1　「広大な国土の中に資源を豊富に持つ」とある「あ」には，世界第3位の面積を持ち，資源も豊富なアメリカがあてはまる。また，「植民地をたくさん持つ」とある「い」には，第二次世界大戦のころ，アフリカの国々やインドなどを植民地としていたイギリスがあてはまる。「う」はドイツで，第一次世界大戦の敗戦国となったドイツは，植民地をすべて失っていた。

問2　1931年，満州(中国東北部)にいた日本軍(関東軍)は柳条湖《りゅうじょうこ》で南満州鉄道の線路を爆破し，これを中国側のしわざとして軍事行動を開始した。そして半年余りで満州のほぼ全域を占領し，翌32年には満州国を建国して植民地とした(満州事変)。

問3，問4　1932年5月15日，海軍の青年将校らが首相官邸《かんてい》や日本銀行，警視庁などをおそい，犬《いぬ》養毅《かいつよし》首相を暗殺した。この五・一五事件をきっかけに政党政治が終わり，軍部の政治に対する発言権が増すことになった。

問5　日本は1932年に満州のほぼ全域を占領すると，清王朝最後の皇帝であった溥儀《ふぎ》を執政《しっせい》とし，満州国建国を宣言させた。その後，溥儀は皇帝となったが，指導権は日本にあった。

問6　1は1941年，2は1937年，3は1940年，4は1939年のできごとなので，古い順に2→4→3→1となる。

6　参政権と選挙についての問題

問1　現在の日本では，衆議院議員・市区町村長・地方議会議員の被選挙権(立候補する権利)は満25歳以上，参議院議員と都道府県知事の被選挙権は満30歳以上の男女に与えられている。

問2　1925年，加藤高明内閣のもとで普通選挙法が成立し，満25歳以上のすべての男子に選挙権が与えられ，1928年の衆議院議員選挙で初めて適用された。これによって，人口に占める有権者の割合はそれまでのおよそ4倍に増えた。

問3　1890年に第1回衆議院議員総選挙が行われ，第1回帝国議会が開かれた。これは，1870年代にさかんになった自由民権運動の成果であるといえるので，その指導者であった板垣退助があてはまる。

問4　1945年に敗戦すると，日本ではGHQ(連合国軍最高司令官総司令部)の指導のもとで民主化政策がおし進められた。その1つとして同年12月に衆議院議員選挙法が改正され，満20歳以上のすべての男女に選挙権が与えられた。よって，1があてはまる。

問5　2015年6月に公職選挙法が改正され，選挙権の与えられる年齢が満20歳以上から満18歳以上へと引き下げられた。2016年7月の参議院議員選挙はこの法律が適用された初めての国政選挙となり，満18歳・満19歳の人が新たに有権者となったため，人口に占める有権者の割合が増加した。

7 教科書や教育を題材とした問題

問1　住民税は住んでいる地方自治体に納める地方税である。一方，相続税は国税である。よって，1が適当でない。

問2　1947年，戦後の民主化政策の1つとして，教育基本法が制定された。教育基本法では民主主義教育の目的と理念などが示されたほか，義務教育を9年とすること，男女共学なども定められた。

問3　教科書の検定をふくめ，広く教育行政にかかわる仕事を行うのは文部科学省である。2001年の中央省庁再編のさいに文部省と科学技術庁が統合され，文部科学省となった。

問4　教科書の検定とは，民間でつくられた図書を文部科学大臣が教科書として審査し，合格したものを教科書として使用することを認めることである。審査で不適切と判断された内容には削除《さくじょ》や修正などが行われるが，政府が出版物の内容を審査し，適切か不適切かを判断することは，書いた人の表現の自由を侵害《しんがい》することにつながるといえる。

問5　障がいのあるなしや国籍・人種・性別・年齢のちがいに関係なく，すべての人が安全に使いやすいように考えられた建築(施設)や製品，情報などの設計(デザイン)のことを，「ユニバーサルデザイン」という。特に，色の情報がきちんと伝わるよう，色の使い方に配慮《はいりょ》したデザインは「カラーユニバーサルデザイン」とよばれる。

問6　生存権とは，日本国憲法第25条で保障されている「健康で文化的な最低限度の生活を営む権利」のこと。これにもとづいて生活保護(公的扶助《ふじょ》)などの社会保障制度が整備されているのだから，これが争点となっている2が選べる。なお，2は1957年に起こされた「朝日訴訟《そしょう》」を説明した文である。また，1はプライバシーの権利，3と4は平等権にかかわる。

理　科　(25分)＜満点：50点＞

解　答

[1] **問1**　3　**問2**　2　**問3**　3　**問4**　(例)　だれでも大きさがわかるものをそばに置く。　**問5**　2　**問6**　1　[2] **問1**　2　**問2**　5　**問3**　4，6　**問4**　2.5倍　**問5**　0.6倍　[3] **問1**　3，5　**問2**　ア　1，2　イ　6，7　ウ　5，

8　**問3**　二酸化炭素　**問4**　右の図　**問5**
ア　D　**イ**　C　**ウ**　A　**問6**　1，2
4　**問1**　C，E　**問2**　A，C，D　**問3**　**A**
①　**B**　②　**C**　⑥　**D**　⑤　**G**　⑦　**H**
⑧　**問4**　**ア**　A　**イ**　(例)　白くにごった
ウ　③

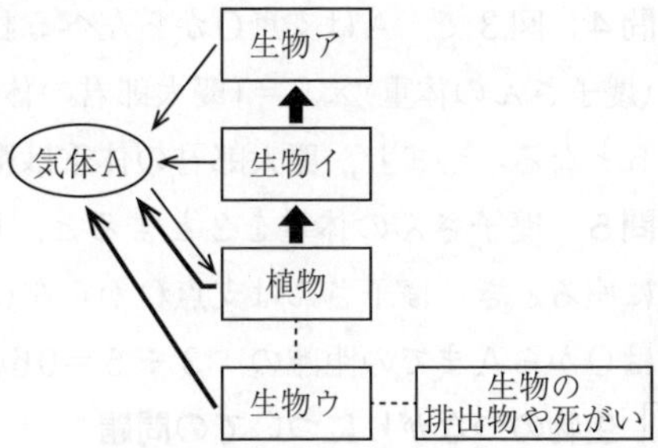

解　説

1 流水のはたらきについての問題

問1　方位磁針では，針の色のついた方がN極で，つねに北を指す。よって，針の色のついた方が示す向きに文字ばんの「北」を合わせてから，調べたい方位を読み取る。

問2　川が曲がって流れているところでは，曲がりの外側の方が内側よりも流れが速い。したがって，曲がりの内側のAと外側のBから同時に笹《ささ》舟を流すと，15秒後にはBから流した笹舟の方が長い道のりを進むと考えられる。

問3　図4の写真を見ると，どの石も丸みを帯びていることがわかる。つまり，この写真からは石の形についての情報が読み取れる。なお，写真にはものさしが示されていないため，石の大きさや，ある面積あたりの石の数は分からない。

問4　野外観察で地層や石などの写真をとるときには，そばにものさしを置いてとると，後で調べたいものの大きさが推測できて都合がよい。ものさしがない場合は，だれでもおよその大きさが分かるものを代用する。たとえば，対象物が小さいときは硬《こう》貨《か》やえん筆，ボールペンなどを置くとよく，地層全体のような対象物が大きいときは仲間(人)がいっしょに写るとよい。

問5　山間部に降った雨は，その多くが地下にしみこんでたくわえられ，長い時間をかけて継続的に川へ流れこむ。そのため，ふつうは川を流れる水がなくなることはない。

問6　川の水は淡水《たんすい》であり，海水よりも同じ体積あたりの重さが軽いので，河口では海水の上に川の水が流れこむ。そして，潮《しお》の満ち引きなどによって川と海の水が混じり合っていく。

2 ふりこの動き，てこのつり合いについての問題

問1　ブランコの動きはふりこの動きと同じである。ブランコの板が最も低いところを通るときの速さが最も速く，高い位置に上がるにつれて速さは遅《おそ》くなり，最も高く上がった位置では一瞬《いっしゅん》静止して向きを変える。速さが速いほど一定時間ごとの移動する長さが大きくなるので，2が選べる。

問2　ブランコのはじめの位置を変えることは，ふりこのふれはばを変えることと同じである。よって，はじめの位置をB，C，Dのように変えても，ブランコの長さが変わっていないので，ブランコが1往復するのにかかる時間はすべて同じ時間となる。

問3　ふりこの場合と同様に，ブランコの長さを長くすれば，ブランコが1往復するのにかかる時間が長くなる。よって，ブランコのひもを長くする方法がある。また，ブランコに人が乗った場合，ブランコの長さは支点から人の重心までの長さと考えてよい。よって，座《すわ》って乗る方が，立って乗るときより重心が下がり，ブランコの長さが長くなるので，立って乗っていた状態から座って乗るようにすると，1往復するのにかかる時間が長くなる。

問４　図３で，Ａは支点Ｏから左へ５目もりの位置，Ｂは支点Ｏから右へ２目もりの位置なので，(慶子さんの体重)×５＝(慶太郎君の体重)×２より，(慶子さんの体重)：(慶太郎君の体重)＝２：５となる。つまり，慶太郎君の体重は慶子さんの体重の，５÷２＝2.5(倍)である。

問５　慶子さんの体重を２とすると，慶次郎君の体重は，２×1.5＝３となるから，慶次郎君がＢに座るとき，慶子さんは支点Ｏから左に，３×２÷２＝３(目もり)の位置に座るとよい。この位置はＯからＡまでの距離《きょり》の，３÷５＝0.6(倍)にあたる。

3　生物のつながりについての問題

問１　生物ウは“分解者”とよばれる生物で，動植物の排出《はいしゅつ》物や死がいなどを細かくしたり分解したりして，最終的に植物が利用できる養分(肥料分)に変えるはたらきをしている。菌《きん》類(カビやキノコなど)や細菌類のほか，ミミズなどのようなくさった植物やそれが混じった土を食べる動物もふくまれる。

問２　生物イは植物を食べる動物(草食動物)で，ここではカブトムシとノウサギが当てはまる。また，生物アはそれらの動物を食べる動物(肉食動物)で，ここではタヌキとオオカミが当てはまる。そして，ここで生物ウの“分解者”に当てはまるのは，キノコのなかまであるシイタケと，落ち葉などを食べて細かくするダンゴムシである。

問３　草食動物や肉食動物が放出し，植物が吸収していることから，二酸化炭素と分かる。動物は呼吸をすることで二酸化炭素を放出し，植物は光合成をおこなうために二酸化炭素を吸収する。

問４　生物ウも植物も呼吸をしていて，二酸化炭素を放出する。よって，生物ウから気体Ａへの矢印と，植物から気体Ａへの矢印を描《えが》き入れる。

問５　この調査方法を標識再捕獲《ほかく》法といい，(調査するはんいに生息する総数)：(１回目の調査で印をつけた数)＝(２回目の調査でつかまえた数)：(２回目の調査で印がついていた数)という関係式から，調査するはんいに生息する総数を求める方法である。ここでは，N：32＝29：４という関係式となる。

問６　問５の方法をおこなうときには，１回目の調査で印をつけた動物が森林に戻《もど》ったときに均等に散らばること，捕獲するときの時刻や場所は同じにすること，捕獲するさいに条件(体の大きさなど)をつけて選別しないことなどに注意する。また，１回目の調査で動物につける印は，２回目の調査までに失われないようにする必要がある。ただし，動物の生息に支障をもたらす印をつけてはならない。

4　水溶液《すいようえき》の性質についての問題

問１，問３　実験１より，ＡとＤは酸性なので，一方が炭酸水，もう一方が塩酸である。実験２より，アルミニウムをとかして気体(水素)を発生させたＤとＧは，一方が塩酸，もう一方が水酸化ナトリウム水溶液となる。よって，両方に共通するＤが塩酸と決まるので，Ａは炭酸水，Ｇは水酸化ナトリウム水溶液と分かる。次に，実験３より，ツンとするにおいがするＣはアンモニア水，実験４で電流を流さなかったＨはさとう水となる。この時点で残っているのは食塩水，石灰水，重そう水であるが，実験５で用いたフェノールフタレイン溶液はアルカリ性に対して変色するので，Ｂは食塩水と分かる。赤色リトマス紙を青くするのはアルカリ性の水溶液だから，Ａ～Ｅの中では，Ｃ(アンモニア水)とＥ(重そう水または石灰水であるが，どちらもアルカリ性)が当てはまる。

問２　気体がとけている水溶液は，Ａの炭酸水(二酸化炭素がとけている)，Ｃのアンモニア水(アンモニアがとけている)，Ｄの塩酸(塩化水素がとけている)の３つである。

問４　重そう水と石灰水を判別するには，Ａの炭酸水を混ぜるとよい。石灰水は炭酸水を加えると白くにごる(石灰水が二酸化炭素と反応)が，重そう水は炭酸水を加えても白くにごらないので，Ｅが石灰水，Ｆが重そう水と決まる。

英語　(60分)　＜満点：100点＞

※解説および作文の解答例は編集上の都合により省略させていただきました。

解答

Listening　省略　**Reading Passage One**　**1**　D　**2**　C　**3**　A　**4**　B　**5**　B　**Passage Two**　**1**　D　**2**　A　**3**　D　**4**　D　**5**　C　**Grammar Part A**　**1**　B　**2**　C　**3**　C　**4**　D　**5**　A　**6**　B　**7**　D　**8**　B　**9**　C　**10**　A　**Vocabulary**　**1**　B　**2**　A　**3**　D　**4**　D　**5**　C　**6**　B　**7**　A　**8**　B　**9**　D　**10**　C

国語　(45分)　＜満点：100点＞

解答

一　①　虫，C　②　頭，A　③　気，B　④　水，B　⑤　色，C　二　**問１**　**a**　ウ　**b**　ア　**c**　エ　**d**　イ　**問２**　必要性　**問３**　自分の意思で学習する(から)　**問４**　何だかよくわからない音の流れ　**問５**　(例)　ふだん耳にしている母語と外国語に対する赤ちゃんの反応の違い。　**問６**　ウ　**問７**　ア　三　**問１**　下記を参照のこと。　**問２**　**A**　ウ　**B**　エ　**C**　ア　**D**　オ　**問３**　**1**　ア　**2**　エ　**3**　ウ　**4**　イ　**問４**　ウ　**問５**　エ　**問６**　日向　**問７**　境界線　**問８**　イ，カ　**問９**　エ　**問10**　ウ　**問11**　Ⅲ　エ　Ⅳ　ウ　**問12**　エ　四　(例)　話し言葉のようなその場で消えてしまう音声と比べ，文字は伝えたい情報などを正確に記録したり，保存したりすることが可能である。また，手紙などで遠方の人に情報を伝えたり，書籍などで後世の人に伝えたいことを残したりすることができるので，空間や時間を越えて情報の伝達をスムーズに行うことができる。

●漢字の書き取り

三　**問１**　**a**　非難(批難)　**b**　心臓　**c**　宙　**d**　険(しい)　**e**　深呼吸

解説

一　**慣用句の完成と意味**

①「虫がいい」は，自分の都合ばかりを考えること。「虫の息」は，今にも死にそうになっているようす。　②「頭がきれる」は，頭がよく，てきぱきと判断ができるようす。「頭が下がる」は，

感心させられること。　③「気のおけない」は，おたがいに気心が通じ合い，うちとけた関係であるようす。「気が多い」は，興味や関心が移りやすく，心が集中できないさま。　④「水に流す」は，以前起こったもめごとなどを，なかったことにすること。「水をさす」は，じゃまをして，うまくいかないようにすること。　⑤「色を失う」は，おどろいたり，あわてたりして，顔色が青くなるようす。「色をなす」は，顔色を変えておこるさま。

二　**出典は針生悦子《はりゅうえつこ》の『赤ちゃんはことばをどう学ぶのか』による。**赤ちゃんは普段《ふだん》聞いている言語以外には興味を示さないことが語られている。

問1　**a**　子どもは母語を学ぶのに「時間」がかかり，「相当な努力」もしていることに加え，そのような努力ができるのは，母語を「わかるようになることがぜひとも必要だと実感させる環境《かんきょう》」があるからだと述べられているので，前のことがらを受けて，さらにつけ加える意味を表す「そして」があてはまる。　**b**　直前の段落で，赤ちゃんが母語を学ぶのは，「わかるようになることがぜひとも必要だと実感させる環境」があるからだと書かれていることに注目する。そのことを根《こん》拠《きょ》に，続く部分で「なじみのない外国語」は聞かせても効果がないという結論が述べられているので，前のことがらを原因・理由として，後にその結果をつなげるときに用いる「したがって」が入る。　**c**　赤ちゃんに「なじみのない外国語のオーディオやビデオ」を与《あた》えても，あまり効果はないが，当然，「自分でわかって努力できる人」には「良い教材になる」というのだから，“言うまでもなく”という意味の「もちろん」が選べる。　**d**　「日本語を知らない」という赤ちゃんに，「日本語のセリフ」を聞かせたところ，まったく興味を示さなかったのだから，前のことがらに続いて後のことが起こることを表す「すると」がふさわしい。

問2　問1で検討したように，赤ちゃんが母語を覚えるのは「それがわかるようになることがぜひとも必要だと実感させる環境」があるからだが，「なじみのない外国語」は，赤ちゃんにとって「必要性」が実感できないので，そうした「オーディオやビデオ」を聞かせても効果がないのだと筆者は述べている。

問3　「良い教材になる」とは，ここでは“効果がある”という意味。赤ちゃんと違《ちが》い，「大人」は自分でその必要性がわかって努力できる，つまり「自分の意思で学習する」から外国語学習のためのオーディオやビデオは効果的なのだと筆者は述べている。

問4　赤ちゃんが，自分の母語ではない外国語をどのようにとらえているかを読み取る。空らんbをふくむ段落で，赤ちゃんにとって「なじみのない外国語」を聞かせても，「何だかよくわからない音の流れ」としかとらえられないと説明されているので，この部分がぬき出せる。

問5　前にある，「１歳《さい》前後の赤ちゃんに日本語のセリフを聞いてもらう研究」の結果に注目する。母語として日常から日本語を聞いている赤ちゃんの場合，日本語のセリフを聞かせると「音声に聞き入ってくれ」るが，「ふだん耳にしているのが英語である赤ちゃん」の場合は，母語が「英語」になるために，外国語である「日本語」に対して「まったく興味を示さな」かったとある。「ふだん耳にしている」言語と，そうではない言語に対する反応の違いがはっきりとしていたことに，筆者は驚《おどろ》いたのである。

問6　赤ちゃんにとっては，オーディオやビデオから流れる外国語の音声は「意味不明なただの雑音」でしかなく，学習の効果がないのに対して，初めから「その外国語を学習しよう」という意思のある大人にとっては当然，「役に立たないはず」がないといえる。

問7 「『今ここでの必要性』から『将来の必要性』まで含《ふく》めて，本人がその必要性に納得《なっとく》し，そのたいへんさを引き受ける覚悟《かくご》で学習に取り組まなければ」，言語など「到底《とうてい》身につけられるものでは」ないと筆者が述べていることをおさえる。この考え方が，アの「お子さんが自分で覚悟を持って『行きたい』と言ったのなら，留学でもさせるのがいい」という内容と対応している。

三 **出典は水野瑠見《みずのるみ》の『十四歳日和《さいびより》』による。**応援旗《おうえんき》の作成を通じて，「私」（葉子）としおりは小学生のときのような関係を取り戻《もど》す。

問1 a 相手の悪いところなどをとがめること。 b 血液を体内に循環《じゅんかん》させるはたらきをする臓器。 c 地面からはなれている空間。 d 音読みは「ケン」で，「危険」などの熟語がある。 e 大きく息を吸ったりはいたりすること。

問2 A 続く部分で，「朱里《あかり》」が「私」に「困惑《こんわく》と非難のまなざし」を向けていることをおさえる。「私」が「しおり」に話しかけるとは思ってもいなかった「朱里」は，「ぎょっとした」ものと推測できる。 B 「かすかにためらいのにじんだ声」とあることに着目する。「私」から声をかけられたことへの戸惑《とまど》いと，「朱里」に対し遠りょする気持ちから，「しおり」は「ささやくような」小さな声でしか返答できなかったのである。 C 「朱里」から「やさしいんだね。だれにでも」と言われた「私」が，それは「ほめ言葉」ではなく，「八方美人，いい子ちゃん」と非難されていると気づいたことをおさえる。「朱里」は，「私」が「しおり」に話しかけたことが気に入らなかったのだから，「怒《おこ》ったような」があてはまる。 D 「私がしおりと親しくするのを」，「はっきりと拒《こば》んでいる」「朱里」は，「私」に「牽制《けんせい》する」ような視線を向けている。つまり，「とがめるような」視線だったものと考えられる。

問3 1 「しおり」のことをよび捨てにした「私」に，「朱里」が「ロコツに不審《ふしん》そうな顔」を向けてきたことに着目する。「私」が「……友達，なんだ。小学校からの」と理由を答えたことに対して，そんな理由で「しおり」に親しそうに声をかけたのかと，あきれたような気持ちになったのである。 2 「私」が「しおり」に親しそうに声をかけたことを不満に思っていた「朱里」は，しばらくして「気を取り直した」ように，「まあでも，それって，昔の話なんでしょ？」と言ったのだから，「わずかに明るい声」があてはまる。 3 直前に，「朱里」は「感情の読めない」声でつぶやいたと書かれているので，「平べったい声」がふさわしい。なお，「平べったい」は，ここでは感情の変化などが感じられないようすを表している。 4 応援旗をつくるための居残り作業から勝手にぬけ出してしまった「朱里」の行動に対し，「百井《ももい》くんと松村さん」は「眉《まゆ》をハの字に下げていた」のだから，自分本位な「朱里」の行動に「困ったような」気持ちになっているものとわかる。

問4 「朱里」が応援旗をつくる作業にまともに参加していないようすを見て，「私」は不快に思い，「ため息」をもらしている。一方で，不快に「思っているだけじゃなくて，実際に言わなく」てはならないとわかっているにもかかわらず，ふみだせない自分に対する情けない気持ちも抱《いだ》いている。そうした思いには，「苦い感情」とするのが合う。

問5 問2のCでみたように，「朱里」が言う「やさしい」とは，「八方美人，いい子ちゃん」という，非難をこめた言葉だと「私」はとらえている。よって，エが選べる。なお，「八方美人」は“誰《だれ》からもよく思われるよう，要領よくふるまう人”という意味。

問6 後のほうで，「私」との関係を，「朱里」が「『日向《ひなた》』と『日陰《ひかげ》』」にくっきりと分けたと表現されていることや,「『日向』からはみ出そうとすることは, とがめられても仕方ないこと」だと「私」が考えていることに着目する。このことから,「朱里」を中心とした華《はな》やかな女子グループの「日常」は「日向」にたとえられていることがわかる。

問7 「日向」のグループと「日陰」のグループを区別するものであることをおさえる。「朱里」が「私」との間に「引いた」ものであり,「私」が「日向」のグループからはみ出し,「しおり」と仲よくするために「越《こ》え」たものなので,「境界線」があてはまる。

問8 「私」は「朱里」の自分勝手な言動に対して不満を感じ,「思っているだけじゃなくて, 実際に言わなく」てはならないとわかっていながら, そうすることができず, ずっと情けない思いを抱いていた。しかし, ようやく本当の気持ちをはっきりと言ったことで, 決定的に「私と朱里が衝《しょう》突《とつ》」することになったのだから, イとカが選べる。

問9 「本当の友達」とは,「私」と「しおり」について言っていることをおさえる。「いつも一緒《いっしょ》に行動し明るい会話を楽しむ友達」とは, 以前の「私」と「朱里」のような関係にあたるので, アは合わない。また,「私」は「しおり」に対し,「気遣い」をして仲よくなろうとしているわけではないので, イも正しくない。さらに, 応援旗にシミをつけてしまったことについて「私」がかばったのは「しおり」ではなく「松村さん」なので, ウもふさわしくない。

問10 直前に「どこにでも行けそうな」とあることに着目する。「境界線」を越え,「『日向』からはみ出そうとする」のをずっと怖《こわ》がっていた「私」が, これから先,「自由」に「境界線」を越えていけるような人間になりたいと思いはじめている気持ちを,「悠々《ゆうゆう》と泳いでいく大きなクジラ」に重ねているものと想像できる。

問11 Ⅲ, Ⅳ 衝突《しょうとつ》してしまったことで, 今まで仲よくしていた「朱里」に受け入れてもらえなくなってしまうだろうと「私」は考えているので, いくらかの「さみしさ」を感じているものと推測できる。一方,「私」は「境界線を越え」,「『日向』からはみ出そうとすること」をおそれていたが,「朱里」に対して本当の気持ちを言えたことで, そうした「怖さ」もなくなったのだろうと考えられる。

問12 「しおり」に「境界線」を引いていたことを謝罪する「私」に対し,「しおり」が「いいの。私も同じだったから」と話していることに着目する。「私」の謝罪を聞いた「しおり」は, 自分もまた,「私」に対して「境界線」を引いてしまっていたと考え, 気持ちを整理するために「ただうつむいて, 靴《くつ》の先っぽをじっと見つめ」ていたものと想像できる。

四 条件作文

「文字」には, 情報を目に見える形で記録したり保存したりすることができるという特長があることをおさえる。例文では「品物自体を交かんする場合」と「お金」が対比されているが,「文字」についても, 会話など“音声”による情報のやりとりと比較《ひかく》して書くとまとまりのある内容になる。

2019年度　慶應義塾湘南藤沢中等部

〔電　話〕(0466) 49－３５８５
〔所在地〕〒252－0816　神奈川県藤沢市遠藤5466
〔交　通〕小田急江ノ島線・相鉄いずみ野線・市営地下鉄―「湘南台駅」よりバス15分　JR東海道線―「辻堂駅」よりバス25分

※　出願時に４科目受験（算数・社会・理科・国語）か３科目受験（算数・国語・英語）を選択します。算数と国語は同一問題です。

【算　数】（45分）〈満点：100点〉

1　［ア］，［イ］にあてはまる数を求めなさい。

(1)　２つの数 360，756 の最大公約数は［ア］である。

(2)　$125\times8\times\left(\dfrac{1}{3\times5}+\dfrac{1}{5\times7}+\dfrac{1}{7\times9}\right)\div25=$［イ］

2　以下の問いに答えなさい。

(1)　１辺の長さが18 cmの正方形の折り紙を図のように折った。このとき，DGの長さは何cmですか。

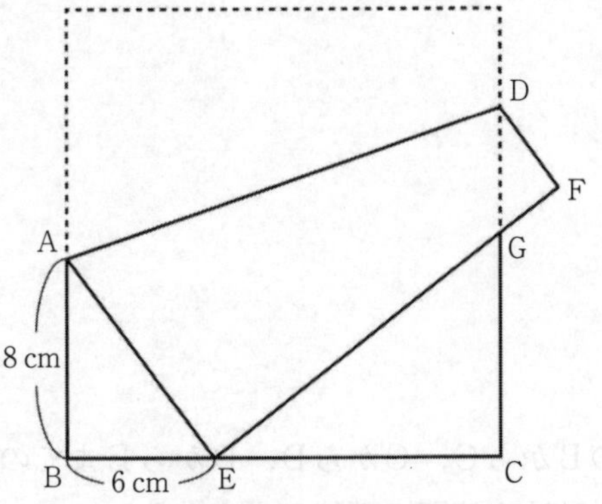

(2)　男子３人，女子３人合わせて６人を１列にならべるとき，男子どうし女子どうしがとなり合わないならべ方は何通りありますか。

(3)　図のように，底面積が12 cm²，高さが８cmの三角すいの容器に水が入っている。この容器を水平な台の上に置いたら，水の深さが４cmになった。この容器に入っている水の量は何cm³ですか。

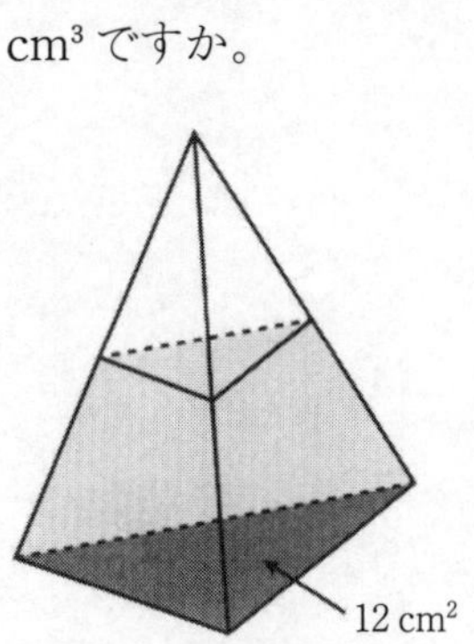

3 図のような，さくABCDEFがあり，そこで犬がひもにつながれて飼われている。犬もひももさくをこえることはできないが，AとFの間は自由に通ることができる。犬の大きさとさくの高さは考えないものとする。**円周率を3.14として**，次の問いに答えなさい。

(1) ひもの長さが12mで，ひもの片方のはしは，図のCからDまでの間をさくにそって自由に動かすことができるとき，犬が動ける範囲《はんい》の面積を求めなさい。

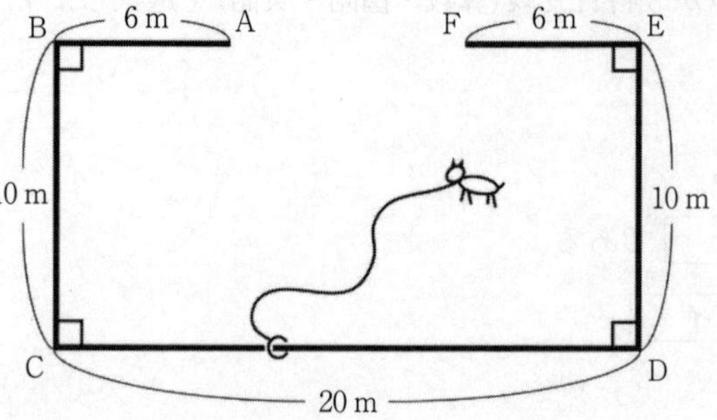

(2) ひもの長さが6mで，ひもの片方のはしは，図のBからC，CからD，DからEまでの間をさくにそって自由に動かすことができるとき，犬が動ける範囲の面積を求めなさい。

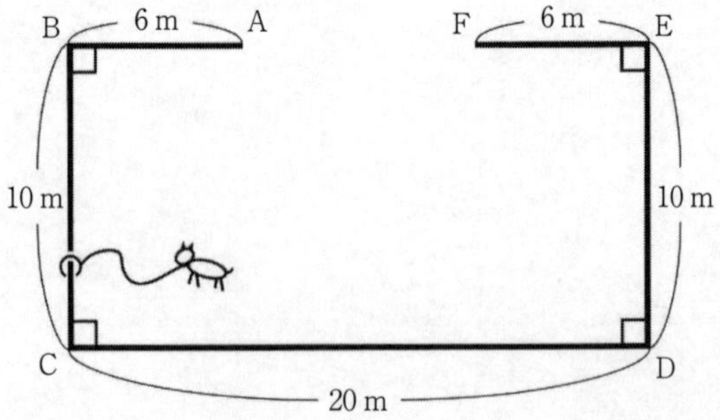

(3) ひもの長さが8mで，ひもの片方のはしは，図のBからC，CからD，DからEまでの間をさくにそって自由に動かすことができるとき，犬が動ける範囲の面積を求めなさい。

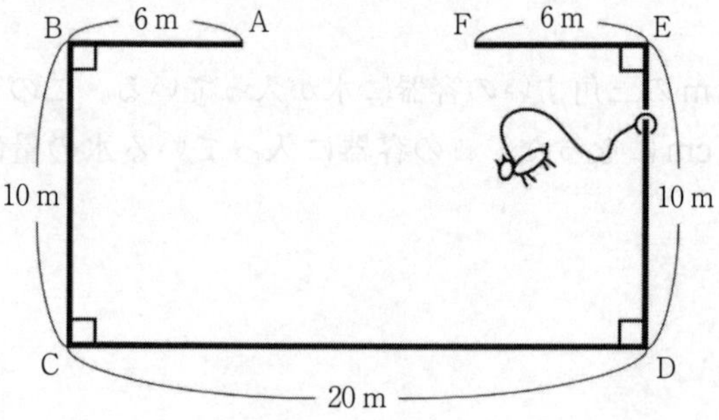

4　図のように，１～５の数字がかかれたランプが円状にならんでいる。

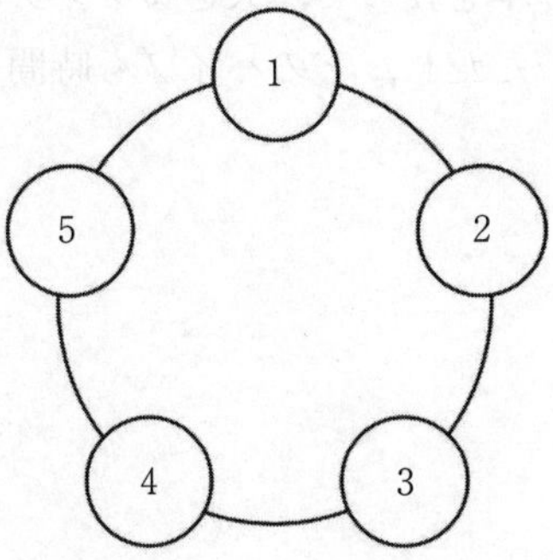

あるランプをおすと，その両どなりの２つのランプが，明かりがついていれば消え，消えていればつく仕組みとなっている。このとき，両どなり以外の３つのランプは変わらない。

例えば，①のランプがついていて，③のランプが消えているときに，②のランプをおすと，①のランプが消え，③のランプがつき，②，④，⑤のランプは変わらない。

次の各問いを，最初はすべてのランプがついているものとして答えなさい。

(1)　①→②→②の順番でおしたあと，ついているランプの数は全部で何個になりますか。

(2)　①→④→③→②→⑤→③の順番でおしたあと，ついているランプは①～⑤のどれですか。すべて答えなさい。

(3)　①→③→④→①→⑤→②→③→②→③→④→①→①→②→①→⑤→②→⑤→②→③→□→③の順番でおしたあと，すべてのランプがついていた。□にあてはまるランプは①～⑤のどれですか。

5　図のように，半径が5.4kmの半円が４個つながっている形で流れている川があり，そこに橋Aから橋Eがかかったまっすぐな道がある。川の水は，AからEに向かって，時速1.8kmの速さで流れている。川はどの部分も一定の速さで流れているものとする。また，道と川のはばと高低差は考えないものとする。**円周率を３として**，下の問いに答えなさい。

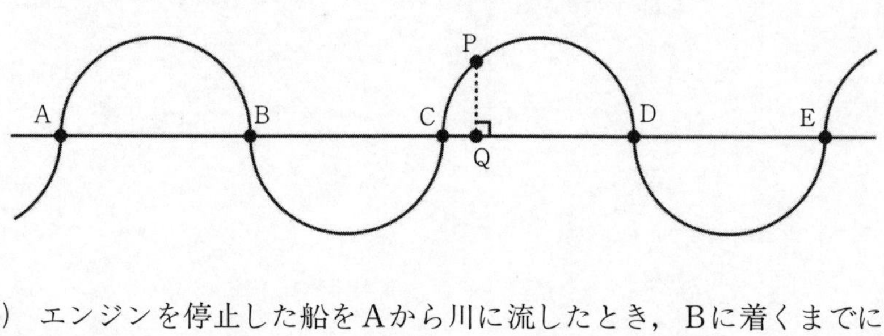

(1)　エンジンを停止した船をAから川に流したとき，Bに着くまでに何時間かかりますか。

(2)　静水時に同じ速さの２そうの船を，AとEから同時に出発させたとき，出発から３時間後にPで出会った。船の静水時の速さは時速何kmですか。

(3)　(2)において，慶太君が自転車で船と同時にAを出発し，Eに向かってまっすぐな道を一定の速さで走っていたところ，ちょうど２そうの船がPで出会うのを，Qで進行方向の左側に90度の向きに見ることができた。慶太君の自転車の速さは時速何kmですか。

6 ある工場では，３つの液体原料Ａ，Ｂ，Ｃを混ぜて薬品を作っている。原料Ａを入れるパイプ６本，原料Ｂを入れるパイプ５本，原料Ｃを入れるパイプ３本を使って，大きなタンクに１時間原料を入れ，それを混ぜると１日分の薬品が生産できる。ただし，どのパイプも時間当たりに入れられる量はすべて同じであるとする。

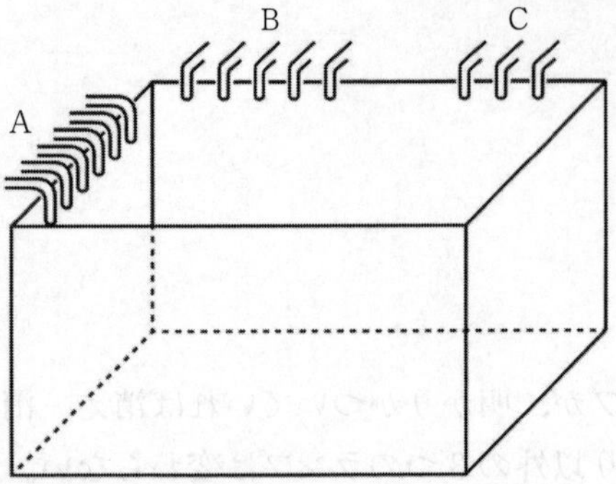

(1) 原料Ａの薬品全体に対する割合を答えなさい。

(2) パイプの本数を①，②のように変えて，１日分の薬品を生産するためには，どのように原料を入れればよいですか。次の ア ～ オ にあてはまる数をかきなさい。また，**〔A・B・C〕の中から正しいものを１つだけ選び○でかこみなさい。**

① Ａを入れるパイプ４本，Ｂを入れるパイプ５本，Ｃを入れるパイプ３本のとき，Ａ，Ｂ，Ｃを同時に ア 分入れて，その後〔A・B・C〕だけを イ 分入れる。

② Ａを入れるパイプ５本，Ｂを入れるパイプ４本，Ｃを入れるパイプ３本のとき，Ａ，Ｂ，Ｃを同時に ウ 分入れて，その後〔A・B・C〕をすべて止めてそれ以外の原料を エ 分入れて，その後さらに〔A・B・C〕をすべて止めて残りの原料を オ 分入れる。

(3) パイプの本数を23本に変えて，それぞれの原料を入れるパイプの本数を自由に決める。(2)と同じような方法で１日分の薬品を生産するとき，最短何分でできますか。ただし，パイプに入れる原料の種類を途中《とちゅう》で変えることはできない。

【社　会】（25分）〈満点：50点〉

1　次の文を読み，問いに答えなさい。

近年，海の環《かん》境について様ざまな危機が指摘《てき》されています。まず，海の汚《よご》れについて考えましょう。20世紀後半から世界の人口の増加や工業化が進み，(ア)水質の汚《お》染とともに海を漂《ただよ》うゴミが増加しました。海岸のゴミは，干《ひ》潟《がた》にくらす生物のはたらきで分解されてきました。しかし，生物が分解できないゴミの増加と(イ)日本列島の干潟が減少したために沿岸部の海の汚れが広がっています。

また，世界の貿易が盛んになったことで海上を行き交う船による海の汚染も深刻化しています。(ウ)日本は世界の国ぐにから大量の食料や資源を輸入しています。日本と輸入先を結ぶ航路に沿って陸から遠く離《はな》れた海が汚れ，深海にもゴミがたまっています。

つぎに，地球温暖化が及ぼす影響《えいきょう》について考えましょう。(エ)日本の近海でも海水温の上昇によって，生き物の分布域や生息数が変化していることが観察されています。海の生き物は世界の人びとの食料でもあります。海の環境の変化は(オ)漁業や食料の供給にも影響を与えます。豊かな海の環境を守ることは21世紀の課題です。

問1　下線(ア)についての説明として適当でないものを選び，番号で答えなさい。

1　家庭や工場の排《はい》水に含まれる成分が栄養となって，海中の微《び》生物が大量発生することがある。

2　分解されずに細かい破片となったプラスチックが生物の体内に取り込まれる可能性がある。

3　先進国と開発途《と》上国で海に流れ出るゴミの分量と構成は，ほとんど同じになっている。

4　海に漂うゴミを回収する技術の開発が進められている。

問2　下線(イ)の理由として適当でないものを選び，番号で答えなさい。

1　地殻《かく》変動によって地盤《ばん》が隆《りゅう》起したため。

2　農地や工場用地を得る目的で，干拓《たく》や埋《う》め立てが行われたため。

3　河川の上流部のダム建設によって，河口まで運ばれる土砂の量が減少したため。

問3　下線(ウ)について，日本が世界の国から輸入する品物の種類と，2016年の輸入先第一位の国の正しい組み合わせを選び，番号で答えなさい。（「朝日ジュニア学習年鑑2018」より）

1　石油・アメリカ合衆国　石炭・オーストラリア　小麦・サウジアラビア

2　石油・アメリカ合衆国　小麦・オーストラリア　石炭・サウジアラビア

3　石炭・アメリカ合衆国　石油・オーストラリア　小麦・サウジアラビア

4　石炭・アメリカ合衆国　小麦・オーストラリア　石油・サウジアラビア

5　小麦・アメリカ合衆国　石炭・オーストラリア　石油・サウジアラビア

6　小麦・アメリカ合衆国　石油・オーストラリア　石炭・サウジアラビア

問4　下線(エ)にあてはまると考えられるものを選び，番号で答えなさい。

1　サンゴ礁《しょう》の分布の北限が北上する。

2　海藻《そう》が生育する水深が，より深い場所になる。

3　サケが産卵するために戻ってくる河川の北限が南下する。

問5　下線(オ)について，次のページの表は日本，中国，アメリカ合衆国の2016年の漁獲《かく》量，2015年の水産物の輸出額，輸入額を示したものです。日本のものを選び，番号で答えなさい。

（表は「日本国勢図会2018/19」より作成）

	2016年 漁獲量（千トン）	2015年 輸出額（百万ドル）	2015年 輸入額（百万ドル）
1	17,807	19,924	8,722
2	3,275	1,986	13,752
3	4,931	5,670	20,052

2　下の地形図は縮尺1/50,000地形図「砂川」の一部です。地形図の方位は上が北で拡大縮小はしていません。問いに答えなさい。

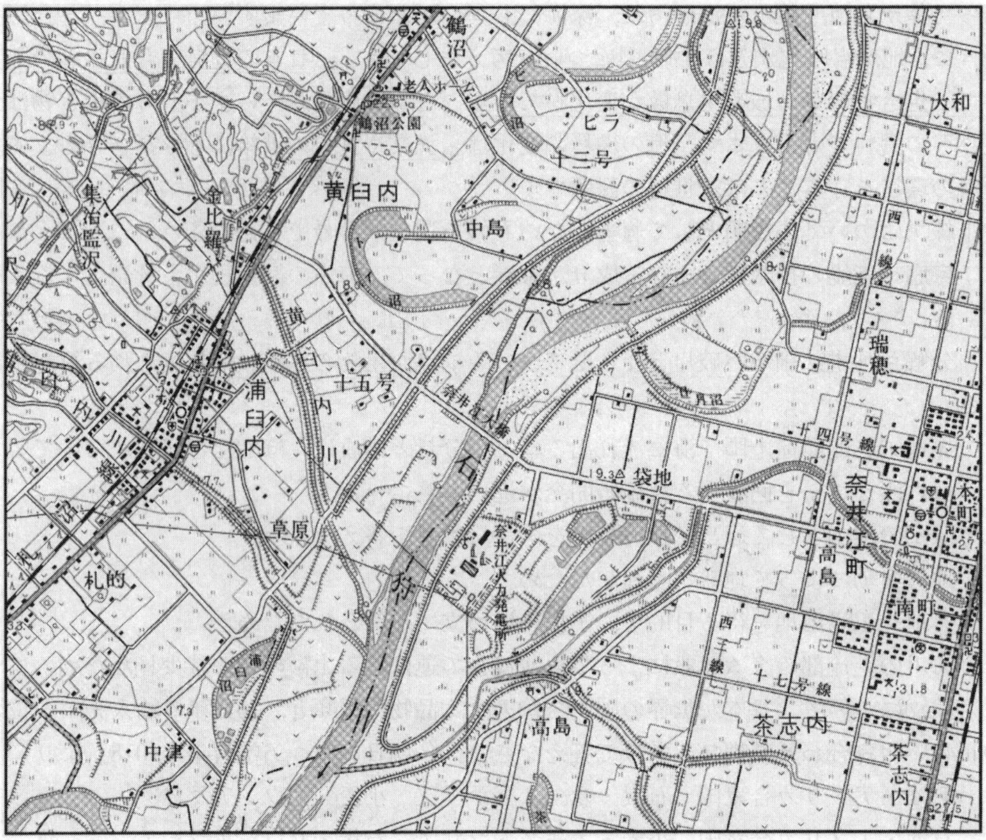

問1　石狩《いしかり》川の河口に最も近い位置にある都市を下から選び，番号で答えなさい。

　1　小樽《おたる》　2　函館《はこだて》　3　稚内《わっかない》　4　釧路《くしろ》　5　苫小牧《とまこまい》

問2　地形図を見ると石狩川の周囲の農地は正方形に区切られています。地図上で正方形の農地の一辺の長さは1cmでした。この一辺の実際の長さを求めなさい。単位はmで答えること。

問3　地形図から読み取れることとして適当でないものを選び，番号で答えなさい。

　1　石狩川の両岸には堤《てい》防が作られている。

　2　西の線路沿いにある集落の方が，石狩川の東にある集落よりも人口密度が高い。

　3　石狩川は，ほぼ北北東から南南西に向かって流れている。

　4　石狩川が蛇《だ》行していたときの河道《かどう》の一部が切り離されて，三日月型の沼や池となっている。

問4　北海道の農業の特色についての説明として適当でないものを選び，番号で答えなさい。（統計数値は「データブック オブ・ザ・ワールド2018」「朝日ジュニア学習年鑑2018」「日本国勢図会2018/19」より）

1　稲の栽培に適さない土地に手を加え，低い気温に強い品種の開発によって米の大産地となった。

2　都道府県ごとにみた2015年の農家総数にしめる販売農家の割合は，北海道が最も高い。

3　農家一戸あたりの経営規模が大きく，大型の農業機械が使われている。

4　北海道の2016年の農業産出額で，最も高い割合をしめるのは米となっている。

3　次の文を読み，問いに答えなさい。

(ア)明治新政府軍と旧江戸幕府軍の戦いが終わって，2019年でちょうど（ あ ）年になります。新政府軍が通ったと思われる道のりを見てみましょう。

新政府軍の一部は(イ)美濃《みの》国の大垣から出発し，中山道から甲州道中を通って江戸を目指しました。江戸にいたった新政府軍は江戸城総攻撃《こうげき》を計画しますが，総攻撃の前日に(ウ)両軍の代表者が会談し，江戸城は新政府軍に明け渡されることになりました。その後，新政府軍が目指したのは，長州藩《はん》と対立した会津藩でした。江戸を出発した新政府軍の一部は奥州道中を通って会津若松を目指します。奥州道中の終点の（ い ）で会津藩を中心とする勢力を破った新政府軍はそこから奥州に侵《しん》入しました。

会津藩を含め東北諸藩を降伏《ふく》させた新政府軍は，翌年の春を待って旧幕府勢力の逃れた北海道を目指します。品川沖《おき》を出た新政府の艦《かん》隊は(エ)銚子沖を北上し，宮古湾《わん》を経由して函館にいたりました。その後5月に旧幕府勢力を降伏させ，この戦いは終結することになりました。

問1　下線(ア)の戦いの名称として正しいものを選び，番号で答えなさい。

1　関ヶ原の戦い　2　戊辰《ぼしん》戦争　3　弘安《こうあん》の役　4　承久の乱

問2　空らん（あ）にあてはまる数字を算用数字で答えなさい。

問3　下の表1は3つの県の「面積と人口」を，表2は「もも」，「りんご」，「かき（果物）」の生産量の全国にしめる割合を示したものです。下線(イ)を通り江戸を目指す順番に表中の1～3の県を番号で並べなさい。ただし，表中の1～3はすべて内陸県を示しています。（表は「日本国勢図会2018/19」より作成）

表1　面積と人口

県	面積（km²）	人口（千人）
1	13,562	2,076
2	10,621	2,008
3	4,465	823

表2　もも，りんご，かき（果物）の生産量の全国にしめる割合

もも		りんご		かき	
県	割合（%）	県	割合（%）	県	割合（%）
3	31.3	青森	58.5	和歌山	20.0
福島	23.0	1	18.6	奈良	14.7
1	12.6	山形	6.0	福岡	7.0
和歌山	7.8	岩手	5.7	2	6.8

問4　下線(ウ)の組み合わせとして正しいものを選び，番号で答えなさい。

1　西郷隆盛と勝海舟　　2　大久保利通と勝海舟

3　大久保利通と徳川慶喜　　4　西郷隆盛と徳川慶喜

問5　空らん（い）にあてはまる地名を選び，番号で答えなさい。

1　郡山《こおりやま》　2　福島

3　いわき　4　白河

問6　次の表は，東北地方の6県と，その県で作られる伝統的な工芸品と祭りをまとめたものです。新政府の艦隊が下線㈤の航路をとったときに，沖合を通過する県を表中の1～6の中から4つ選び，航路に沿う順番になるように番号で並べなさい。

県	工芸品	祭り	県	工芸品	祭り
1	鳴子《なるこ》のこけし	七夕祭り	4	三春駒	相馬野馬追《そうまのまおい》
2	天童《てんどう》の将棋《ぎ》の駒《こま》	花笠《はながさ》祭り	5	津軽塗《ぬり》	ねぶた祭り
3	角館《かくのだて》のかば細工	竿灯《かんとう》祭り	6	南部鉄器	さんさ踊《おど》り

4　先生と慶子さんは次の絵について話をしました。2人の会話を読んで問いに答えなさい。

先生：㈠この絵は㈡禅《ぜん》宗の僧《そう》で画家でもある雪舟という人物が描《えが》いたものだよ。

慶子：㈢実際にある場所のようです。いつ描かれたのですか。

先生：㈣室町時代です。作者は㈤全国的な戦乱が始まった1467年に，㈥当時の中国に渡って絵の勉強をしました。帰国して晩年に描いたのがこの絵です。

慶子：全国的な戦乱が始まっても，文化的な活動は続けることができたのですね。

先生：㈦戦乱をさけた人びとによって，京都の文化が全国に伝わっていきました。

問1　下線㈠のような様式の絵は何とよばれるか，正しいものを選び，番号で答えなさい。

1　洋風画　2　水墨《ぼく》画　3　大和絵　4　似絵《にせえ》

問2　下線㈡についての説明として適当なものを選び，番号で答えなさい。

1　飛鳥時代に聖徳太子によって広められた。

2　平安時代に空海によって伝えられた。

3　鎌倉時代に栄西や道元によって伝えられた。

4　室町時代に勢力を拡大し，一向一揆《き》をおこした。

問3　下線㈢とあるが，作者が描いた場所には砂州《す》があり，風景の美しさから日本三景の一つとされている場所です。この場所の名称を選び，番号で答えなさい。

1　天橋立　2　松島　3　三保の松原　4　宮島

問4　下線㈣についての説明として適当なものを選び，番号で答えなさい。

1　足利尊氏《たかうじ》は幕府を始める時に武家諸法度《はっと》を定めた。

2　幕府は面積の単位や枡《ます》の大きさを統一し，全国的な検地を行った。

3　国ごとに国司がおかれ，幕府の命令を国内の地頭に伝えた。

4　幕府は将軍をたすけて政治全般をみる管領《かんれい》をおいた。

問5　下線(オ)とあるが，この年に始まった戦乱の名前を答えなさい。

問6　下線(カ)と日本との関係についての説明として適当なものを選び，番号で答えなさい。

1　日本は瀬《せ》戸内海の航路を整備して，大輪田泊《とまり》という港に中国船が来ることができるようにした。

2　日本は海賊《ぞく》の取りしまりを行うことを約束して，国どうしのやりとりが開始された。

3　日本は白村江の戦いで敗北したが，外交使節だけでなく多くの留学生も送った。

4　日本は二度にわたって侵攻《しんこう》を受けたが，どちらも撤《てっ》退させることに成功した。

問7　下線(キ)の例としてあてはまらないものを選び，番号で答えなさい。

1　茶の湯　　2　流鏑馬《やぶさめ》　　3　連歌《れんが》　　4　能楽

5　次の表は1600年から1995年にかけての日本の総人口を示しています。問いに答えなさい。

（表は「図説 人口で見る日本史」「日本国勢図会2018/19」より作成）

	A	B	C	D	E	F
西暦	1600年	1721年	1846年	1880年	1945年	1995年
人口（百万人）	12	31	32	36	72	126

問1　AからBの時期にかけて人口は急増し，文化面でも変化がありました。この時期の文化についての説明として適当なものを選び，番号で答えなさい。

1　歌川広重や葛飾北斎《かつしかほくさい》の浮《うき》世絵が大量に印刷され，庶《しょ》民も手に入れることができるようになった。

2　俳諧《かい》が発達し，与謝蕪村《よさぶそん》や小林一茶がおおいに活躍《やく》した。

3　江戸の発展にともなって，京都や大坂の文化はおとろえていった。

4　豊かになった町人の気風が，文化に大きな影響《えいきょう》を与えるようになった。

問2　BからCの時期にかけて，人口は大きく変化していません。この時期の都市と農村についての説明として適当なものを選び，番号で答えなさい。

1　都市に住む町人の人口が，百姓《しょう》の人口を上回るようになった。

2　開墾《こん》はほとんど行われず，農地はあまり増えなかった。

3　火山の噴《ふん》火などの天災により，農村では飢《き》きんが何度も起きた。

4　一揆《き》が少なくなり，農村から都市に流入する人口が減少した。

問3　DからEの時期にかけて，人口は再び急増しています。増え続ける人口に対する政策についての説明として正しいものを選び，番号で答えなさい。

1　食料を自給できるように，国民に農地を均等に分配した。

2　人口増加をおさえるために，子どもの数を少なくするように呼びかけた。

3　海外に移住することをすすめ，朝鮮半島や満州などに人びとを送り出した。

4　都市の人口が急増し，住宅を確保するために，郊《こう》外の丘陵《きゅうりょう》地に大きな団地を整備した。

問４　ＥからＦの時期に起きたできごとについての説明として適当なものを選び，番号で答えなさい。

1　食料輸入額に占めるヨーロッパの割合がもっとも大きくなった。

2　朝鮮戦争以降，経済が著しい成長をとげ，国民の生活水準が上昇した。

3　アメリカ軍の駐《ちゅう》留費を負担し，国の財政の半分近くを占めるようになった。

4　日本車の中国への輸出をめぐって，貿易摩擦《まさつ》が大きな問題となった。

問５　2000年以降の日本の社会状況について説明したものとして適当でないものを選び，番号で答えなさい。

1　少子化がすすみ，都市部の保育園では待機児童がいなくなっている。

2　高齢化がすすみ，医療《りょう》費の増大が問題になっている。

3　過疎《そ》化がすすみ，地方の商店街から店が減っている。

4　IT 化がすすみ，少ない労働力で効率のよい生産が行われるようになっている。

6　慶一くんは長崎を旅行するための下調べをしました。次の会話を読み，問いに答えなさい。

慶一：(ア)長崎県にはたくさんの島と半島があるね。県庁所在地の長崎市は，県の南部に位置しているね。長崎に行ったら，おいしいものを食べたいな。

慶子：(イ)長崎は鎖《さ》国をしているとき，外国との貿易窓口になっていたこともあって，独特な食文化が発達したのよ。

慶一：江戸時代には食べ物だけではなく，外国の文化や学問も入ってきたので，長崎には多くのひとが(ウ)新しい学問を勉強しに来たそうだよ。長崎の街には，さまざまな歴史や文化の積み重ねがあるんだ。

慶子：長崎で受け継《つ》がれてきたことが，(エ)2018年に世界遺産に登録されたよ。

慶一：長崎を訪れるときは(オ)原子爆弾が投下された歴史があることも，きちんと理解しておかないとね。

問１　下線(ア)について長崎県にある島や半島として適当でないものを選び，番号で答えなさい。

1　島原半島　　2　五島列島　　3　対馬《つしま》

4　壱岐《いき》　　5　国東《くにさき》半島

問２　下線(イ)についての説明として適当なものを選び，番号で答えなさい。

1　江戸幕府が琉《りゅう》球王国を征《せい》服したため，琉球産の砂糖が輸入された。

2　オランダとの貿易窓口だったため，東南アジア産の砂糖が輸入された。

3　朝鮮半島から多くの人が移り住み，朝鮮半島を経由して，大陸産の砂糖が輸入された。

4　東南アジアに進出した日本人商人が買いつけた砂糖が，朱印船で輸入された。

問３　下線(ウ)についての説明として正しいものには○を，誤っているものには×をそれぞれの解答らんに記入しなさい。

1　この学問は厳しく制限されていたが，徳川吉宗が学ぶことを許可した。

2　杉田玄白らによる『解体新書』の出版は，この学問が盛んになるきっかけのひとつとなった。

3　長崎に吉田松陰が開いた松下村塾では，福沢諭吉ら多くの者がこの学問を学んだ。

4　本居宣長《もとおりのりなが》らはこの学問を通じて，古来からある日本人の考え方を明らかにしようとした。

問4　下線(エ)についての説明として適当なものを選び，番号で答えなさい。

1　島に残る固有の自然や生態系が，世界遺産に登録された。

2　古来から受け継がれてきた巡《じゅん》礼の道が，世界遺産に登録された。

3　島における信仰《こう》や海を通じた交流がもたらした古代の遺物が評価され，島自体も世界遺産に登録された。

4　江戸時代以降におけるキリスト教との独特な関わり方が評価され，教会などが世界遺産に登録された。

問5　下線(オ)について，長崎に原子爆弾が投下された年月日を答えなさい。算用数字を用いて西暦で答えること。

7　次の文を読み，問いに答えなさい。

物々交換《かん》をしなくてもお金を使えば必要なものを手に入れられます。お金をお金として使うことができるのは，その価値が人びとの信用によって保たれているためです。(ア)世の中に出まわるお金の量によって物価が上がったり下がったりすることがあります。

(イ)世界の国ぐにでは，それぞれ異なる通貨が用いられています。そこで(ウ)海外旅行で買い物を行うときには両替《がえ》が必要です。その交換比率《りつ》は毎日変動します。交換比率の変動は(エ)貿易を行うときにも大きな影響《えいきょう》を与えます。

お金の世界でもグローバル化と情報化が進み，近年では現金での支払いの機会が減っています。電子マネーと呼ばれるデジタルデータやインターネットを利用したお金のやり取りもできるようになり，(オ)お金の価値やあり方が変化してきています。

問1　下線(ア)についての説明として適当でないものを選び，番号で答えなさい。

1　人びとがたくさん物を買うようになると，物価は上がりやすい。

2　銀行がお金を貸し出すときの利子が上がると，物価は下がりやすい。

3　国や地方公共団体が積極的に道路やダムの建設を行うと，物価は上がりやすい。

4　日本銀行が積極的に民間銀行から国債《さい》や地方債を買うと，物価は下がりやすい。

問2　下線(イ)についてヨーロッパでは複数の国ぐにが利用している共通通貨があります。この通貨単位の名前をカタカナで答えなさい。

問3　下線(ウ)について外国の通貨を取引する市場を選び，番号で答えなさい。

1　外国為替《かわせ》市場　　2　外国株式市場

3　先物《さきもの》取引市場　　4　外国国債市場

問4　下線(エ)について貿易に関するルールを定める国際機関の名称《しょう》を選び，番号で答えなさい。

1　ILO　　2　WHO　　3　WTO　　4　UNESCO

問5　下線(オ)についての説明として適当でないものを選び，番号で答えなさい。

1　スマートフォンを利用した支払いでは，指紋《もん》や顔などによる認証が取り入れられている。

2　日本では仮想通貨が通貨としての価値を認められている。

3　実際の店舗《ぽ》を持たないインターネット上の銀行があり，その口座から支払いができる。

4　あらかじめお金をチャージしたICカードを利用して，バスや電車の運賃だけでなく，コンビニエンスストアでの支払いができる。

【理　科】 (25分) 〈満点：50点〉

1　アサガオの生育について，以下の問いに答えなさい。

問1　アサガオの種子が発芽するために必要な条件を調べるため，さまざまな環境に種子を置いて発芽の有無を調べました。下の[実験]の空らん(ア)～(ウ)に，表の1～8をそれぞれ当てはめたとき，種子が発芽するものはどれですか。1～8の中からすべて選び，解答らんの番号を○で囲みなさい。

[実験]　温度が(ア)の場所で，光を(イ)，(ウ)脱脂《だっし》綿の上に種子を置いた。

	ア	イ	ウ
1	20℃	当てて	乾《かわ》いた
2	20℃	当てて	湿《しめ》った
3	20℃	当てずに	乾いた
4	20℃	当てずに	湿った
5	4℃	当てて	乾いた
6	4℃	当てて	湿った
7	4℃	当てずに	乾いた
8	4℃	当てずに	湿った

問2　問1の[実験]では調べられない発芽に必要な条件が1つあります。この条件を調べるためには，種子をどのようにして発芽の有無を調べればよいですか。10字以内で答えなさい。ただし，この条件以外は発芽に適切であるとします。

問3　アサガオは，自力で体を支えることができず，他のものを支えにすることで成長していきます。このように他のものを支えにして成長する植物を次の中からすべて選び，解答らんの番号を○で囲みなさい。

1　オオバコ
2　イネ
3　キュウリ
4　カラスノエンドウ
5　ヘチマ
6　アブラナ
7　トウモロコシ

問4　アサガオが体を支える方法として正しいものを次の中から1つ選び，番号で答えなさい。

1　茎《くき》そのものを他のものにからみつける。
2　茎の一部を巻きひげにして，他のものにからみつける。
3　茎にとげをはやし，他のものにひっかける。
4　茎から根をはやし，根の先を吸盤《きゅうばん》にして，他のものにはりつける。

5　葉の先を巻きひげにして，他のものにからみつける。

アサガオとアブラナを比べて，花のつくりを調べました。図１はアブラナの花を分解したものを，図２はアブラナの花の横断面を，それぞれ表しています。ただし，オ～クの大きさと形は正確ではありません。

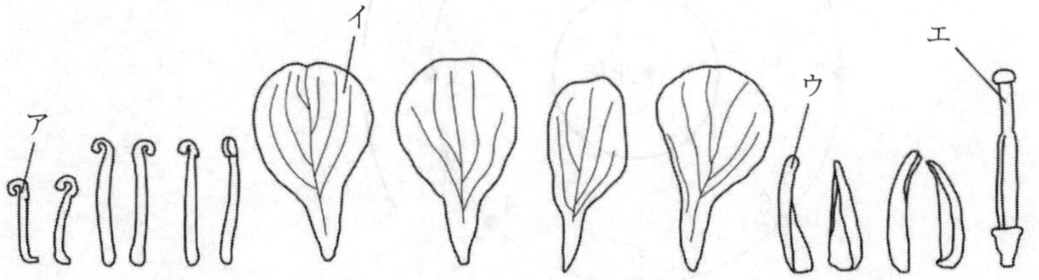

図１

図２

問５　図１と図２において，花びらを表しているものはどれですか。図１と図２からそれぞれ１つ選び，記号で答えなさい。

問６　アサガオの花の横断面を図２と同じように表したとき，花のつくりを正しく表しているものを次の中から１つ選び，番号で答えなさい。

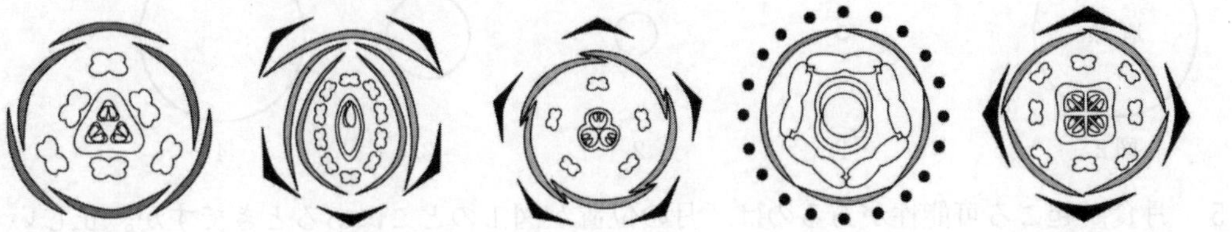
1　2　3　4　5

2　月について，以下の問いに答えなさい。

問１　月面には模様が見られ，日本では「ウサギが餅《もち》つきをしているように見える」などと言われています。このように，月面に模様が見える理由として正しいものを次の中から１つ選び，番号で答えなさい。

1　地球の影《かげ》が映っているから。
2　人工衛星の影が映っているから。
3　表面の岩石の種類が場所によって違《ちが》うから。
4　表面に水がある部分とない部分で見え方が違うから。
5　雲がある部分とない部分で見え方が違うから。

問２　月面の模様は，違う日に観察してもいつも同じ模様が見え，地球から月の裏側を見ることはできません。月の裏側が見えない理由として正しいものを次の中から１つ選び，番号で答えなさい。

1　月は公転しているが，自転はしていないから。
2　月の自転周期が，地球の公転周期と等しいから。
3　月の自転周期が，地球の自転周期と等しいから。
4　月の公転周期が，地球の自転周期と等しいから。
5　月の公転周期が，月の自転周期と等しいから。

図１は，太陽，北極上空から見た地球，月の位置関係を表し，１～８は月の位置を表しています。ただし，太陽，地球，月の大きさおよびそれぞれの間の距離《きょり》の比は正確ではありません。

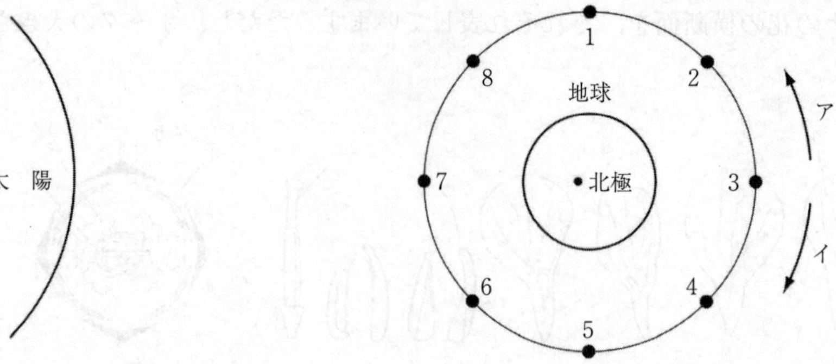

図１

問３　月の公転の向きは，図１のア，イのどちらですか，記号で答えなさい。

問４　地球の大きさと比べて，月の大きさはどのくらいですか。図２の地球に対する月の大きさとして正しいものを次の中から１つ選び，番号で答えなさい。

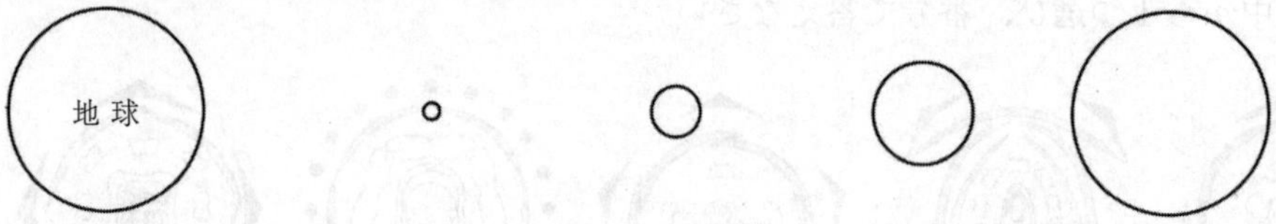

図２　　1　　2　　3　　4

問５　月食が起こる可能性があるのは，月の位置が図１のどこにあるときですか。正しいものを１つ選び，番号で答えなさい。

問６　月が問５で選んだ位置に来るたびに月食が起こるとすると，約１か月ごとに月食を観察できることになります。しかし，実際に観察できる回数はもっと少ないです。この原因として正しいものを次の中から１つ選び，番号で答えなさい。

1　月の公転周期が，地球の公転周期より短いから。
2　月の公転周期が，地球の自転周期より長いから。
3　季節によって夜の長さが違うから。
4　地球の公転面に対して，月の公転面が傾《かたむ》いているから。
5　太陽光が，地球以外の惑《わく》星から反射されて月に届くから。

問７　日本で真夜中に月食が観察された日に，南半球にあるオーストラリアで月を観察するとどのように見えますか，次の中から１つ選び，番号で答えなさい。ただし，天気による影響《えいきょう》は考えないものとします。

1　月食は起こらずに，日本で月食が起こる直前に見えた月と同じ形の月が見える。
2　月食は起こらずに，日本で約２週間前に見えた月と同じ形の月が見える。
3　日本で月食が見られたときより数時間遅《おく》れて，月食が見られる。
4　日本と同時に，月食が見られる。
5　月が地平線の下にあり，見られない。

3 電流計には，プラス端子《たんし》とマイナス端子があります。図1の電流計ではマイナス端子が3つあり，それぞれ50mA，500mA，5Aと書かれています。以下の問いに答えなさい。

図1

問1　図1のマイナス端子に書かれている50mA，500mA，5Aは何を表していますか。次の中から正しいものを1つ選び，番号で答えなさい。

1　その端子で計ることのできる電流の最小値
2　その端子で計ることのできる電流の最小値の半分の値
3　その端子で計ることのできる電流の最大値
4　その端子で計ることのできる電流の最大値の半分の値

問2　電流計の針が振《ふ》れるのと同じしくみで動作するものはどれですか。次の中から1つ選び，番号で答えなさい。

1　洗たく機　　2　ガソリン自動車　　3　蛍《けい》光灯
4　電気ポット　　5　飛行機

問3　図2は，同じ豆電球2個が電池に並列《へいれつ》につながれている回路です。C点での電流に関する記述として正しいものを次の中から1つ選び，番号で答えなさい。

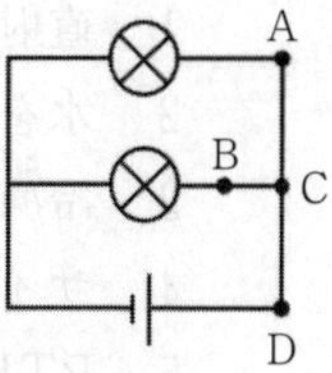

図2

1　A点とB点からC点に流れ込む電流の値の合計より，C点からD点へ流れ出る電流の値の方が大きい。
2　A点とB点からC点に流れ込む電流の値の合計より，C点からD点へ流れ出る電流の値の方が小さい。
3　A点とB点からC点に流れ込む電流の値の合計と，C点からD点へ流れ出る電流の値は等しい。
4　D点からC点に流れ込む電流の値より，C点からA点とB点へ流れ出る電流の値の合計の方が大きい。
5　D点からC点に流れ込む電流の値より，C点からA点とB点へ流れ出る電流の値の合計の方が小さい。
6　D点からC点に流れ込む電流の値と，C点からA点とB点へ流れ出る電流の値の合計は等しい。

問4　図2で電池から流れ出る電流の値が50mAのとき，1個の豆電球を流れる電流の値は何mAですか。

問5　図3は，同じ豆電球7個と，図2とは異なる電池を用いて作った回路です。ア～カは図1と同じ電流計を表しています。いま，アの電流計の値が50mAを示しています。50mAのマイナス端子を使うと針が振り切れてしまう電流計を，イ～カからすべて選び，解答らんの記号を○で囲みなさい。

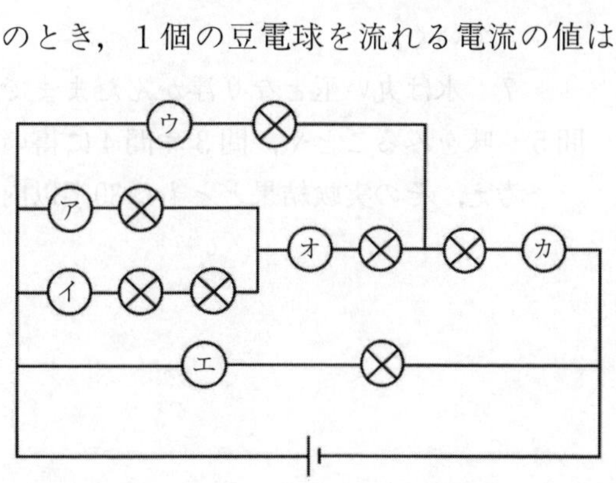

図3

4 次の表に示す割合で水に食塩をすべて溶かし，食塩水A～Dを作りました。以下の問いに答えなさい。

	食塩水A	食塩水B	食塩水C	食塩水D
食塩（g）	10	5	30	5
水（g）	50	115	90	55

問1　食塩水Aにさらに食塩15gを加えました。元の食塩水Aと濃さを同じにするためには，ここに水を何g加えればよいですか。

問2　食塩水A～Dのうち，最も濃さのうすい食塩水には，さらに何gの食塩を溶かすことができますか。ただし，この実験中の温度において，100gの水に溶ける食塩の最大量は36gとします。

問3　2本のペットボトルを用意し，一方に食塩水A，もう一方に水を同じ量ずつ入れました。中に入っている液体を見分ける方法として正しいものを次の中からすべて選び，解答らんの番号を○で囲みなさい。

1　直射日光にかざし，不透明《とうめい》なものが食塩水である。

2　水を1滴《てき》たらしたとき，液体内部にモヤモヤとしたものが見えるのが食塩水である。

3　冷凍《とう》庫にしばらく入れ，早く凍《こお》る方が食塩水である。

4　サイコロ状にしたニンジンやジャガイモを入れたとき，すべて浮《う》くのが水である。

5　BTB液を加えると，緑色になるのが水である。

6　バラの切り花をしばらくさしておくと，しおれて元気がなくなるのが食塩水である。

問4　サラダ油の入ったコップに，食塩水Cと水をそれぞれ1滴ずつ落とすと，それらはどうなりますか。次の中から正しいものを1つ選び，番号で答えなさい。

1　食塩水も水もサラダ油に溶けて，見えなくなる。

2　食塩水は溶けて見えなくなるが，水は丸い玉となって浮かんだままでいる。

3　食塩水は溶けて見えなくなるが，水は丸い玉となってゆっくり落ちていく。

4　水は溶けて見えなくなるが，食塩水は丸い玉となってゆっくり落ちていく。

5　水も食塩水も丸い玉となってゆっくり落ちていくが，水の方が食塩水よりゆっくり落ちていく。

6　水も食塩水も丸い玉となってゆっくり落ちていくが，食塩水の方が水よりゆっくり落ちていく。

7　水は丸い玉となり浮かんだままでいるが，食塩水は丸い玉となってゆっくり落ちていく。

問5　味をみることや，問3や問4に書いてある方法以外で，食塩水と水を見分ける実験方法を考え，その実験結果とともに30字以内で書きなさい。

【英　語】（60分）〈満点：100点〉

（注意）試験開始からの40分はこの問題用紙の問題のみを解答すること。監督者の指示があるまでは，解答用紙(2)の作文を始めてはいけません。

Listening

The listening test consists of two parts : Part A and Part B. You will hear instructions at the beginning of each part. You may take notes in your test booklet.

Part A : Short Conversations

For Part A, you will hear five short conversations. Choose the best reply to finish the conversation. Write the letter of the best answer choice on your answer sheet. You will hear each conversation only once.

EXAMPLE

A : Hi.

B : May I help you ?

A : I'm looking for the fiction section. Whereabouts is it ?

B : ＿＿＿＿＿＿＿＿＿＿＿＿＿＿

A. You'll find the non-fiction section on the 1st floor.

B. We have over 10,000 books in this store.

C. Each book costs 2,000 yen.

D. You'll find it on the 2nd floor.

The best answer is D.

1. A. I'm afraid we don't have anything cheaper than that.
   B. We're open from 9 a.m. to 6 p.m. seven days a week.
   C. Sure. The changing room is just over there on the left.
   D. No problem. I'll get you a full refund right away.
2. A. Yes, it's about time!　　B. Yes, time flies!
   C. Yes, time will tell!　　D. Yes, take your time!
3. A. Try talking to your father. I'm sure he'll understand.
   B. I know how you feel. I really don't like sports either.
   C. It's too late to change your mind now.
   D. Have you asked him why he hates music so much?
4. A. That's extremely fortunate.
   B. That's very humiliating.
   C. That's really dishonest.
   D. That's absolutely terrible.
5. A. Well, I suppose anything's better than a family gathering.
   B. Did you say chicken wings? OK, you've twisted my arm.
   C. I'll drop by for a couple of hours in the morning.
   D. I've got no plans at all, so count me in.

Part B : Radio Interview

For Part B, you will listen to a radio interview with the long-distance swimmer, Ben Lecomte. After the interview, you will hear five questions. Choose the best answer to each question and write the letter on your answer sheet. You will hear the interview and the questions only once.

1. A. Half a year
   B. Four months
   C. Two to three weeks
   D. Eight hours
2. A. He is passionate about open-water swimming.
   B. He wants to challenge himself.
   C. He is raising money for charity.
   D. He is concerned about the environment.
3. A. They asked him to give up long-distance swimming.
   B. They knew he had been planning it, so they were not surprised.
   C. They told him to take as many precautions as possible.
   D. They were excited about living on a boat for so long.
4. A. Lack of sleep
   B. Dangerous animals
   C. Water temperature
   D. Weather conditions
5. A. To keep himself mentally occupied
   B. To stop him from getting lost
   C. To ensure he doesn't swim too fast
   D. To make sure he doesn't get hungry

Reading

Read the passages and choose the best answer to the questions that follow.

Passage One

What if the Internet stopped working for a day?

Jeff Pearson, a psychology professor at a famous U.S. university, likes to give his students interesting assignments. Last year, he decided to challenge one group to stay off the Internet for 24 hours so that they could discuss how it affected them. "But when I tried to introduce the task, there was a revolt," says Pearson. "The students said the assignment was impossible and unfair, and they refused to do it."

In 1994, less than 1% of the world's population was online. [1] Fast-forward 25 years, and today more than 3.5 billion people have an Internet connection－nearly half of all humans on the planet. For many of us, it is now virtually impossible to imagine life without the Internet.

In theory, however, the Internet could be taken away at any time on either a national or global scale. Cyberattacks by malicious hackers are one possibility. Some governments also have "kill switches" that can turn off the Internet in their country. [2] The most devastating strikes could come from space. A large "sun storm" could send harmful flares in our direction, which would destroy satellites, power grids and computer systems.

So, what would happen if the Internet stopped working for a day? We are so used to having a constant Internet connection that even a short outage would have an effect. It just might not be what you would expect.

For a start, the impact on the economy may not be too severe. [3] In 2017, U.S. researchers discovered that the financial impact of a 24-hour Internet breakdown would be surprisingly insignificant. After all, the economy is already set up to deal with weekends, national holidays, and other unproductive periods of time. In some cases, shutting down the Internet for a short time might even increase productivity. Rather than doing nothing, employees might carry out duties that they would normally put off, such as dealing with paperwork, tidying their desks, or having a difficult but necessary meeting. The result would be a boost for business.

It is likely that travel would not be affected too much in the short term, either. Planes are designed to fly offline, and trains would also continue to run. Surprisingly, even the GPS navigation systems in most modern cars would also continue to function, as they are fully self-contained and do not rely on an Internet connection.

By far the biggest effect would be psychological, with feelings of isolation and anxiety hitting people everywhere. Most of the Internet is designed for one purpose: to allow us to communicate with each other. [4] A sudden inability to do that would be unsettling, as anyone who has lost or broken their smartphone knows. "There's this idea that maybe people would become more social and more in touch with friends and family if they didn't have use of the Internet, but I think that's really mistaken," says Pearson. "Most people who use the Internet are actually more social than those who don't." The loss of connection may make people more social in specific situations, such as forcing co-workers to speak to each other rather than sending emails, but overall the experience is likely to be distressing.

"But let me make one thing clear," says Pearson, "even though it may terrify us, the world certainly wouldn't fall apart if we didn't have access to the Internet for a day."

1. Choose the best location in the article for the following sentence:

We are used to being able to connect to anyone, anywhere and at any time.

A. [1] B. [2] C. [3] D. [4]

2. Choose the best word to replace the underlined malicious in the third paragraph.

A. mean B. foolish C. clumsy D. stubborn

3. Which of the following is **NOT** mentioned as a possible cause of an Internet breakdown?

A. Criminal activity B. Political activity

C. Solar activity D. Economic activity

4. According to the article, why might an Internet outage improve productivity?

A. Workers could have an extra day off, which would give them more energy.

B. It would give everyone an opportunity to catch up with important offline tasks.

C. Employees would still be able to travel, allowing them to go on business trips.

D. Instead of exchanging emails, co-workers would talk to each other face to face.

5. Choose the sentence that best summarizes this article.

A. It is impossible for young people to live without constant access to the Internet.

B. Research has shown that going offline for a day makes people more social.

C. The effects of a 24-hour Internet outage would be more psychological than economic.

D. The Internet is much more fragile than we think, and we need to use it carefully.

Passage Two

The fun they must have had

Margie even wrote about it that night in her diary: "Today, Tommy found a real book!" It was a very old book. Margie and Tommy's grandfather once said that when he was a boy, his own grandfather had told him that there was a time when all stories were printed on paper.

They turned the pages, which were yellow and crinkly, and it was strange to read words that stood still instead of moving the way they were supposed to on a screen. "Where did you find it?" she asked. Tommy pointed without looking because he was busy reading. "In the attic. It's about a school." Margie frowned. "A school? What's there to write about a school? I hate school."

Margie had always hated school, but now she hated it more than ever. Her teacher had been giving her test after test in geography, and she had been doing worse and worse until her mother had shaken her head sorrowfully and sent for the county inspector. After checking the teacher, the inspector said to her mother, "It's not the little girl's fault, Mrs. Jones. Geography was set to the wrong level. I've reset it, so now she can carry on as normal." Margie was disappointed. She had been hoping they would take the teacher away altogether. They had once taken Tommy's teacher away for nearly a month because the history section had frozen completely.

So she said to Tommy, "Why would anyone write about a school?" Tommy rolled his eyes. "Because it's not our kind of school, stupid. This is the old kind of school that they had hundreds and hundreds of years ago." Margie was hurt. "Well, I don't know what kind of school they had all that time ago." She read the book over his shoulder for a while, and then said, "Anyway, they had a teacher."

"Sure they had a teacher, but it wasn't a regular teacher. It was a person." Margie looked surprised. "I wouldn't want a strange person in my house to teach me." Tommy laughed. "You don't know much, Margie. The teachers didn't live in the house. They had a special building and all the kids went there. And all kids of the same age learned the same thing." Again, <u>Margie looked incredulous.</u> "But mother says a teacher has to be adjusted to fit the mind of each boy and girl it teaches, and that each kid has to be taught differently."

"Well they didn't do it that way back then. If you don't like it, you don't have to read the book." "I didn't say I didn't like it," Margie said quickly. She wanted to read about those funny schools. They weren't even half finished when mother called, "Margie! Tommy! School!" Margie looked up. "Not yet, Mamma." "Now!" said Mrs. Jones. Margie turned to Tommy. "Can I read the book some more with you after school?" "Maybe," he said, nonchalantly. He walked away whistling, the dusty old book tucked under his arm.

Margie went into the schoolroom. It was right next to her bedroom, and the teacher had been switched on. The screen was lit up, and it said: "Today's mathematics lesson is on the addition of proper fractions." Margie sighed. She was thinking about the old schools they had when her grandfather's grandfather was a little boy. All the kids from the neighborhood came, laughing and shouting in the schoolyard, sitting together in the classroom, going home together at the end of the day. They learned the same things, so they could help one another with homework. And the teachers were people. . .

The screen was flashing: "When we add 1/2 and 1/4. . . ." Margie was thinking about how the kids must have loved it in the old days. She was thinking about the fun they must have had.

1. What can we infer about Tommy from the story?
 A. His bedroom is full of things he found in the attic.
 B. He prefers studying history to geography.
 C. He has a difficult relationship with his mother.
 D. He thinks he knows more than his sister.

2. How does Margie's attitude towards the book change as the story progresses?
 A. At first she is enthusiastic, but then she becomes frustrated.
 B. At first she is interested, but then she becomes disgusted.
 C. At first she is scornful, but then she becomes curious.
 D. At first she is doubtful, but then she becomes cheerful.

3. What does the author mean by the underlined phrase <u>Margie looked incredulous</u>?
 A. She looked like she was impatient to start her studies.
 B. She looked like she didn't believe what she was hearing.
 C. She looked like she was about to start laughing.
 D. She looked like she was tired of listening to Tommy.

4. What can we infer about Mrs. Jones from the information in the fifth paragraph?

A. She thinks that every child is unique and should be given a personalized education.

B. She wants her children to leave the house every day and go to an actual school.

C. She would prefer her children to be educated by people rather than machines.

D. She believes that all children of the same age should be taught the same thing.

5. Which word best describes Margie's mood at the end of the story?

A. Generous B. Gloomy C. Grateful D. Guilty

Grammar

Part A

Choose the best answer to complete each sentence.

1. My favorite socks ________ since last week.

A. are missing B. has been missing

C. have been missing D. is missing

2. Your dream won't come true if you ________.

A. are not working harder B. don't work harder

C. didn't work harder D. will not work harder

3. There are signs of a strong ________ Tokyo.

A. storm approaching B. storm approached

C. approaching storm D. approached storm

4. She doesn't visit her grandmother ________ she used to.

A. as often as B. more often as

C. so often than D. as often than

5. Located in California, San Francisco ________.

A. being the most photographed city in the world

B. having been the world's most photographed city

C. is the most photographed city in the world

D. that is the world's most photographed city

6. The passengers waited patiently ________.

A. for the trains started running

B. for the trains to start running

C. that the trains started running

D. the trains to start running

7. ________, but they went to the movies instead.

A. Although the students knew they should finish their homework

B. Since the students knew they should finish their homework

C. While the students knew they should finish their homework

D. The students knew they should finish their homework

Part B

Change the order of the words in the parentheses to complete each dialogue.

1．A： Would you like a cup of coffee?
　B： No, thank you.　I (up / to / it / trying / am / give).

2．A： You speak French very well.
　B： Thank you.　I find (it / languages / foreign / interesting / learn / to).

3．A： Do you know (this contest / the result / of / to / be / is / going / announced / when)?
　B： There will be an official announcement sometime next week.

Vocabulary

Choose the word or phrase that best completes each sentence.

1．His experience will definitely ______ to our project.
　A．assign　B．commit　C．contribute　D．proceed

2．We must ______ the extinction of endangered species.
　A．destroy　B．expel　C．preserve　D．prevent

3．Smoking is ______ for your health.
　A．offensive　B．desperate　C．hazardous　D．infamous

4．The man was ______ at what they had done to him.
　A．awkward　B．furious　C．ordinary　D．successful

5．If I can help you in any ______, please feel free to ask.
　A．chance　B．fact　C．hope　D．way

6．You should never trust a man who __________ his friend behind his back.
　A．is involved with　B．jumps at　C．laughs off　D．speaks ill of

7．I should have gone to bed earlier.　I could ______ keep my eyes open during the concert.
　A．barely　B．briefly　C．slightly　D．surely

8．__________, people get lost when they go hiking in the mountains without a compass.
　A．There and then　B．From time to time
　C．For the time being　D．On the spot

9．As an artist, I gain ______ from traveling overseas.
　A．complication　B．definition　C．inspiration　D．violation

10．The watch he was wearing was ______ to mine.
　A．identical　B．accustomed　C．precious　D．rare

作文

Write a story that begins and ends with the following sentences.

Beginning：The two students were waiting nervously outside the headmaster's office.

Ending：They had never felt as happy as they did that evening.

（注意）　1．作文は英語で書くこと。　2．時間は20分です。

四

次の二つのグラフを見て、「なぜ日本のプロ野球選手は四月～七月生まれが多いのか」という問いに対する答え(仮説)を考えて書きなさい。また、その答え(仮説)が正しいことは、どうすれば証明されるかを説明しなさい。

※百六十字以内で書きなさい。

※原稿《げんこう》用紙の使い方に従って書くこと。ただし改段落をする場合は行をかえず、一マス空けることで示しなさい。

日本のプロ野球選手の月別出生数

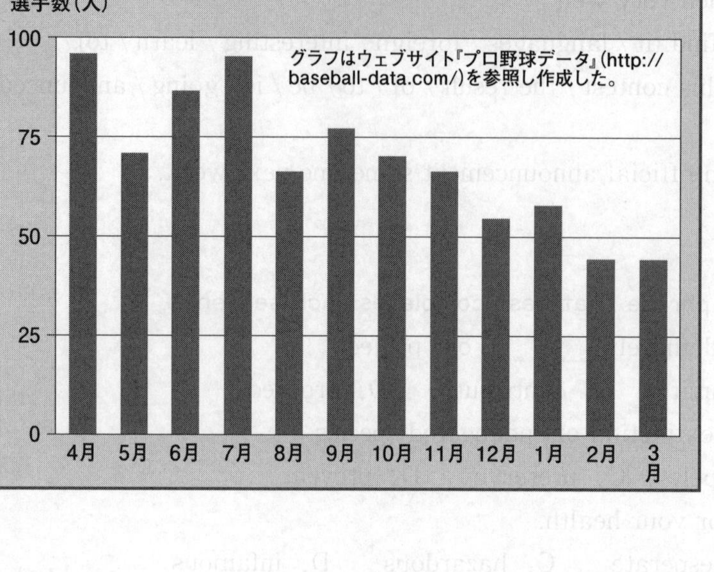

日本人男性の月別出生数(2016年)

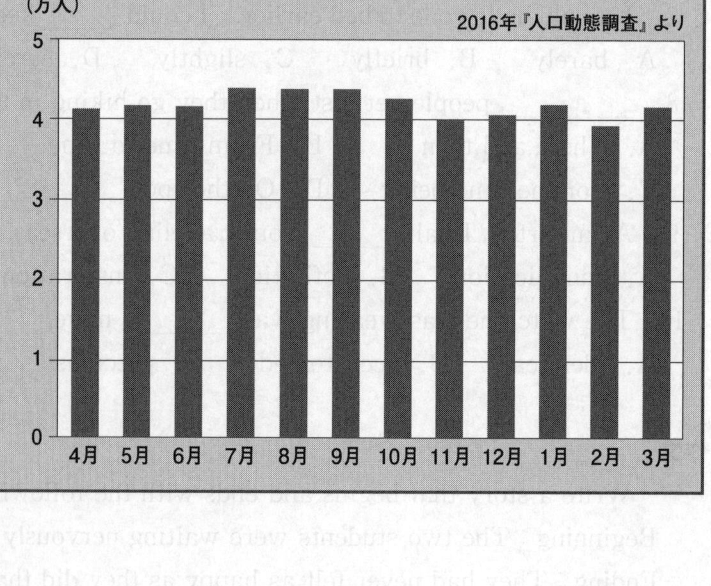

(ニュートン別冊「統計と確率改訂版《かいていばん》 よりよい判断をするための数学」より)

いわ

イ　生まれて来られてうれしいわ。ありがとうありがとう

ウ　元気に生まれておいで。幸せな世界に生まれておいで

エ　だいじょうぶ、だいじょうぶ。ゼムスは戻《もど》る、必ず戻る

問六　空らん①・②にあてはまる語を、次から選び、それぞれ記号で答えなさい。なお、同じ記号を二度用いてはならない。

ア　勝手に　**イ**　きちんと　**ウ**　自然と

エ　徐々《じょじょ》に　**オ**　突然《とつぜん》に

問七　――2「あえてそのことには触《ふ》れませんでした」とあるが、それはなぜか。次から選び、記号で答えなさい。

ア　ゼムスのきげんを損《そこ》ねたくなかったから。

イ　自分の体調がすぐれず、聞く元気がなかったから。

ウ　ゼムスが本当はオルゴールを作りたいことがわかっていたから。

エ　自分もオルゴールの欠点に気づいていたから。

オ　自分のためにオルゴールを作ってくれたのがうれしかったから。

問八　ゼムスの性格を表す語を次からすべて選び、記号で答えなさい。

ア　勇敢《ゆうかん》　**イ**　頑固《がんこ》　**ウ**　正直　**エ**　純朴《じゅんぼく》

オ　明朗　**カ**　凝《こ》り性《しょう》　**キ**　欲張り　**ク**　おおざっぱ

問九　次にあげるA～Gの出来事を、古いものから順に並べ、記号で答えなさい。

A　ゼムスの父がオルゴール職人に転向した

B　わたしが生まれた

C　ゼムスが家出をした

D　オルゴールが発明された

E　ゼムスが時計工房《こうぼう》を継《つ》いだ

F　蓄音機《ちくおんき》が発明された

G　ゼムスが誕生した

いました。

「オルゴールは繰り返すだけ」と言った人には一生わからないかもしれません。

繰り返しの中にも変化があるのです。時代や人の心を④ウツすことによる変化です。音は鳴るだけではないんです。音を聴いて体に入れる、その受容体によっても変化するのです。

そう、音は入るんです。聴く人の心に。入ってから、変化するのです。ほんとです。

この一年どこで何をしていたのでしょうか。ゼムスの頬はこけ、体は痩せて小さくなっていました。それでもゼムスは微笑みました。微笑む練習をどこかでしてきたのかしらと思うくらい、いい感じの笑顔でした。わたしを作った時の底抜《そこぬ》けの笑顔とは違います。痛みが刻まれた、美しい笑顔です。

ゼムスは翌日から時計工房で仕事を再開しました。おとうさんはどれだけほっとしたことでしょう？

ゼムスはもともと寡黙な男でしたが、石のようにだんまりになり、その分、腕は精巧さに磨《みが》きがかかったようで、時計工房はうまくいっているようでした。

安心したのでしょう、しばらくしておとうさんが亡くなり、時計工房はゼムスが引き継《つ》ぎました。時たまオルゴールの注文も来ましたが、ゼムスは断っているようでした。

ゼムスの生涯で最後の作品だという⑤ジフがわたしの中に芽生えてきました。こうなったら二度と注文を受けて欲しくないとさえ思い始めました。

一方、オルゴールはその価値を再び認められ始めたようです。贈答《ぞうとう》品として息を吹き返してきたようで、石造りの家にまで人が来て「またオルゴールを作ってくれないか」とゼムスに[4]を下げる場面が何度かありました。

ゼムスは頭を縦に振《ふ》りませんでした。言い訳もせずに、ただ首を横に振るだけです。そういう態度ですから、相手はなかなか納得しません。

「隣のあれ、オルゴール工房だろう？　工房は潰《つぶ》してないじゃないか！　お前はオルゴールが好きなんだ。そうだろう？」と強く言う人もいました。

それでもゼムスは頑《かたく》なに断り続けました。なぜでしょう？　ひょっとして時計作りが好きになったのかもしれません。とにかくゼムスはしゃべらないので、本当の心は闇の中です。

（大山淳子『あずかりやさん　桐島《きりしま》くんの青春』より）

※出題の都合上、本文の一部を改稿《かいこう》しています。

問一　＝＝①～⑤のカタカナを漢字に直しなさい。

問二　〰〰A～Eの漢字をひらがなに直しなさい。

問三　空らん[1]～[4]に体の部分を表す漢字一字を入れなさい。すべて違う漢字が入ります。

問四　――1「大丈夫なの？」という言葉に込《こ》められた意味を次から選び、記号で答えなさい。

ア　お金がかかったのではないかと経済的なことを気にかけている。

イ　加工がむずかしかったのではないかとゼムスの腕《うで》に不安を持っている。

ウ　寝《ね》不足なのではないかとゼムスを気づかっている。

エ　音もいいのかしらとオルゴールの音色を気にしている。

問五　空らん[A]～[D]にあてはまるせりふを、次から選び、それぞれ記号で答えなさい。なお、同じ記号を二度用いてはならない。

ア　おかえりなさい、おかえりなさい、帰ってきてうれしこの頃の記憶はわたしの中で曖昧《あいまい》です。嫌なことは思い出さないようにするので、自然とぼやけた記憶になるのです。

もうすぐ幸せの頂点がやってくる、というそわそわとした空気に浸《ひた》ったあと、なんだか雲行きがよろしくないという不穏《ふおん》な空気がやってきて、瞬《またた》く間にその空気が周囲を包み、まさかまさかとあせっているうちに、ドーンと悪いそれが世界を支配して、あとは闇《やみ》があるばかりでした。

当時、そういうことは珍《めずら》しくなかったそうですが、ゼムスにとっては致命《ちめい》的な出来事でした。葬儀《そうぎ》を終えたあとも仕事が手につかず、いつまでも頭を抱えていました。

「今度は若くて丈夫な奥さんをもらおう。そしてまた子どもを作ればいい」とおとうさんはゼムスを励ましました。微塵《みじん》も悪意はなく、息子を思ってのことでしたが、ゼムスはそれどころではありませんでした。

とうとう石造りの家に鍵《かぎ》をかけてこもり、わたしを鳴らしました。不思議なことですが、わたしの歌は以前と違っていました。

「[B]」と歌っているつもりが、「ごめんなさい。ごめんなさい。死んでしまってごめんなさい」とまるで奥さんの心を代弁するような歌になってしまうのです。そんな歌は駄目《だめ》、ちゃんと励まそうと思い、明るいことばかりを思い浮かべるのですが、わたしの歌はただただ物悲しく室内に響き渡り、ゼムスを涙《なみだ》ぐませることしかできませんでした。

わたしはそれまでゼムスと奥さんの会話から世の中のことを知ることができました。オルゴールの歴史を知り、一家の状況《じょうきょう》を見極《みきわ》め、さらにふたりの心情を知ることができました。奥さんのところには時たま教え子がお見舞《みま》いにくることもあったし、奥さんはひとりでいる時もお腹の子に話しかけていたため、わたしに多くの情報が伝わりました。

ところが奥さんが死んでゼムスひとりになると、当然ですがしゃべりませんし、その頃からわたしはゼムスのことも世の中のことも見えにくくなってきました。

そのうちゼムスは消えました。

石造りの家から出て行ったまま戻らないのです。おとうさんが何度か捜《さが》しに来たので、工房にもいないようです。

おとうさんは時たま石造りの家に来て、わたしを鳴らしました。オルゴールは使わないと機械のすべりが悪くなるからです。ゼムスが消えて半年くらい経った頃でしょうか、おとうさんはわたしを聴きながら泣きました。静かにさめざめと泣きました。おとうさんの髪《かみ》はもう真っ白で、引退をしてもよい歳《とし》でした。頼《たよ》りの息子が行方《ゆくえ》知れずで、もしかしたら死んだかもしれず、工房の行く末も心配だったのでしょう。

わたしはそれからおとうさんのために歌いました。

「[C]」

言葉を持たない歌ですが、伝わるのでしょうか。おとうさんはわたしの歌を聴き終えると、少しだけ微笑み、ほんの少しですが丸い背中が伸《の》びるようでした。

一年後、ゼムスは戻りました。

石造りの家のドアを開け、まっすぐにわたしのところにやってきて、「ただいま」とつぶやき、わたしを鳴らしました。

「[D]。ありがとうありがとう」

わたしは歌いながら気づきました。声があたたかみを取り戻したことを。一度知った悲劇は消すことができず、メロディーに物悲しさは残りましたが、生まれた時に持っていた、元気と明るさを取り戻して短い曲しかできない、繰り返すことしかできない、テンポが遅くなる。

この三つの欠点はオルゴールの性質上、しかたのないものでした。

ゼムスは大好きなオルゴール作りをやめることに寂《さび》しさはありましたが、絶望はしていませんでした。なぜなら奥さんのお腹に子どもがいるからです。もうすぐ新しい命が誕生するのです。ゼムスはむしろこの時期、人生で最も希望にあふれていたかもしれません。奥さんの心と体をやすませ、お腹の子に心地よい音が届くようにとわたしを作り、それをオルゴール作りの区切りにして、その日から時計工房で働くようになりました。

ゼムスは奥さんにそのことを伝えていませんでした。奥さんは気づいていましたが、2あえてそのことには触《ふ》れませんでした。

ある日奥さんは晩ご飯を食べながらゼムスに言いました。

「オルゴールの良さはね、短いフレーズを繰り返すことと、だんだんゆっくりとなって、［②］止まることね」

ゼムスははっとしました。短い曲しか演奏できない、繰り返すだけ、テンポが遅くなる。この三つはオルゴールの欠点として必ず指摘《してき》されることだったからです。

「そこがいいって、どういうことだい?」

「音楽ってね、繰り返し聴くことで体に染《し》み込むの。学校で子どもたちに教える時は、最初からたくさんの曲を聴かさないで、ひとつの曲を繰り返し聴かせて、メロディーを体に染み込ませるのよ。ちゃんと体に曲が入ったら、次に別の曲が入ってきた時、きちんと違いがわかって、そこから音楽というものが見えてくるようになるの」

「なるほどなあ」

「わたしのように体が普通ではない時は、知った曲を繰り返し聴くことが癒《いや》しになるみたい。だんだん遅くなるのもね、刺激《しげき》が和《やわ》らいでいいのよ。このオルゴールを聴きながらだとよく眠れるし、いい夢が見られるわ」

「そうか、そうか」

ゼムスはうれしそうに微笑みました。

「あ、それともうひとつ良い点があるわ。オルゴールはピアノより小さいでしょう? 持ち運べるからどこでも聴ける。それも良さのひとつね」

「ああ、そうだな」

「この子も一緒に聴いているに違いないの。だからこの子はいい音楽を体に入れた状態で生まれてくるの」

わたしはこの会話を聞きながら、わたしにも生まれる前の記憶があることに気づきました。ゼムスの指、ゼムスの息遣《いきづか》い、ゼムスの真剣《しんけん》なまなざしを覚えています。ゼムスがピンを埋め込む時の確かな指の動きも、生まれた時にすでに知っていました。

魂っていつ生まれるのでしょうね。そして魂はどこにあるのでしょう?

ゼムスの子もわたしの「元気に生まれておいで。幸せな世界に生まれておいで」という歌を、その心を、きっとしっかりと覚えた状態で生まれてくることでしょう。なんという幸せなことでしょう!

「そうだな。きっと音楽好きの子だ」ゼムスはうれしそうに頷《うなず》きます。

「将来シューマンのような作曲家になるかもしれないわ」

「そうだな、たぶんそうなるな」

「子育てもこのオルゴールと一緒にやっていくわ」

奥さんは頬を紅潮させて微笑みました。

けれど奥さんがわたしを聴きながら子育てをすることは一度もありませんでした。出産はうまくゆかず、奥さんと子どもは命を落としてしまったのです。

ールを発明して以来、スイスでは時計と並んでオルゴールが盛んに作られるようになりました。時計職人だったおとうさんは時代の波に乗ってオルゴールを作り始めたのです。

当時はＣＤもラジオもテレビもありません。音楽といえば、ピアニストがピアノを弾き、バイオリニストがバイオリンを弾くもので、たいそう贅沢《ぜいたく》な文化でした。

演者がいなくても音楽を奏でる魔法《まほう》のようなオルゴールの発明は、国中から歓迎《かんげい》されました。教会やレストランや学校などから次々と注文がありました。さらに技術が進んで木箱におさまる形ができると、貴族の間では結婚《けっこん》祝いや誕生祝いにオルゴールを贈《おく》り合う習慣ができました。とても高価なものなので貴族しか手にすることができないところも、人気の②ヒミツでした。注文はますます増え、おとうさんは時計工房の隣にオルゴール工房を建てて職人も雇《やと》いました。ゼムスが生まれたのはその頃です。

ゼムスはオルゴールの部品に囲まれて、オルゴールの音を聴きながら育ち、何の迷いもなくオルゴール職人になりました。

ゼムスの職人としての腕《うで》は確かなものでした。その精巧《せいこう》な仕上がりはおとうさんも「まいった」とシャッポを脱《ぬ》ぐほどでした。ゼムスの寡黙《かもく》で粘り強い気質がこの仕事にぴったり合っていたのです。おしゃべりは極端《きょくたん》にＥ不得手で、社交は苦手でした。外へ飲みに行くことも、祭りでダンスを踊ることもしませんでした。この時代の職人は十代後半で③ショタイを持つのが普通でしたが、そういうわけで、ゼムスは三十を超《こ》えてもひとり身でした。

ある日ゼムスは近所の学校に納めたオルゴールの定期点検に出かけて、そこでピアノを弾いていた奥さんと出会いました。奥さんは音楽の教師で、おしゃべりな人でした。むすっとしたゼムスに何のためらいもなく話しかけ、彼の硬い心にどんどん入り込んでゆきました。奥さんにはダンスが上手で遊び好きな恋人《こいびと》がいましたが、彼のふわふわな態度に嫌気《いやけ》がさしていたところで、ゼムスの朴訥《ぼくとつ》で実直な性格に惹《ひ》かれてゆきました。そしてついにふたりは結婚することになったのです。

奥さんは結婚後も教師を続けていましたが、お腹に子どもができてから体が辛くなり、教師をやめ、出産に備えて安静に過ごすようになりました。

皮肉なことに、ゼムスがめでたく結婚した頃から、オルゴールの注文は減ってゆきました。なぜなら遠いアメリカという国で、エディソンという男が蓄音機《ちくおんき》なるものを発明したのです。それは音を記憶する装置なのだそうです。声を保存して再生する目的で作られたそうですが、音楽鑑賞《かんしょう》にも利用できました。

演者がいなくても音楽を再生できるという点で、オルゴールと同じ性質を持っていましたが、蓄音機が優《すぐ》れているのは、さまざまな音楽を再生できるところです。

百二十年生きてきたわたしには「蓄音機の時代もそう長くは続かないのよ」とわかっていますが、当時は世界中が驚く画期的な発明でした。海の向こうのことで、すぐには影響はありませんでしたが、ゆっくりとスイスにも蓄音機の波が押し寄せてきました。

蓄音機を賞賛する人は決まってこう言ったものです。

「オルゴールは短い曲を繰り返すだけじゃないか。しかもだんだんとテンポが遅《おそ》くなって、途中で［①］止まってしまう」

オルゴールのわたしが聞いても、その言い分は間違っておらず、「はいその通りでございます」と頭《こうべ》を垂れるほかありません。

だんだんとオルゴールの注文は減り、ゼムスのおとうさんは細々と続けていた時計工房に力を入れるようになりました。そしてゼムスにも時計作りをするように言いました。

が」

「いいえ、ゼムス、間違いではないのよ」

奥さんはわたしの蓋をそっと閉じました。

「わたしが弾くともっと物悲しく響くの」

「君がピアノを弾いて、俺《おれ》は悲しくなったことはない」

「この曲にはおだやかで優しい気持ちと、平和な中に必ずつきまとう切なさがこめられているのよ。シューマンには愛する人がいたけれど、その人とは一緒《いっしょ》になれない事情があったの。彼女《かのじょ》への思いが、曲へ滲《にじ》み出ているわ。でもこのオルゴールの音色は違う。あなたのこの子へのまっすぐな思いがこもっていて、ずっと明るく、あたたかく聴こえるわ」

奥さんは大きなお腹をさすって言いました。

ゼムスは子どもの誕生を願ってわたしを作ったのです。わたしを作る時のあの粘《ねば》り強い情熱は、子どもと奥さんへの愛だったのです。

「俺は音楽家じゃないから難しいことはわからないし、ピアノの生演奏には勝てないよ」

ゼムスは鼻を手でこすりながら恥《は》ずかしそうに言いました。

奥さんはわたしを手に取り、蓋の手触《てざわ》りを楽しむようになでました。D細工をほどこしていない素直《すなお》な木の箱ですが、柔《やわ》らかな曲線を描《えが》いており、えも言われぬ優しい形をしています。

「随分とよいクルミ材を使ったのね。1大丈夫なの？」

ゼムスは奥さんの肩《かた》を抱《だ》き、額にキスをしました。

「元気な子を産んでおくれ」

そして工房へ戻《もど》って行きました。

奥さんはそのあとすぐにゼンマイを巻き、わたしの歌を聴き始めました。わたしははりきって歌いました。

「作ってくれてありがとう！」

生まれた喜びに感謝しました。

「A！」

お腹の子を励《はげ》ますのも忘れませんでした。

奥さんは良い聴き手です。わたしの気持ち、正確に言えばゼムスの気持ちですが、それを素直に受け止め感謝しているのがわかります。

わたしは気持ちよく歌い、だんだんとゆっくりになり、やがて歌は消えました。その頃《ころ》には奥さんの寝息《ねいき》が聞こえてきました。安心と幸福に満ちた寝顔でした。見る人をも幸せにする良い寝顔です。幼い頃の彼女はきっと天真爛漫《らんまん》な少女で、みなに愛され、こうして毎晩安心しきった顔で寝ていたのだと想像できます。

それから毎日、奥さんは朝起きるとまずわたしを聴き、食後にはまたわたしを聴き、眠《ねむ》る前にもわたしを聴きました。

さすがのゼムスも「そんなに聴いたら飽《あ》きないかい？」と言うほどでした。

「気持ちが落ち着くのよ」と奥さんは言いました。

「血の巡《めぐ》りがよくなるみたい」

奥さんは食が進んで元気になり、ふっくらとして、しばらくすると大きなお腹で立ち歩くこともできるようになりました。

ある時、とても気分が良いので、お茶をふたりぶんいれてゼムスに届《とど》けようと工房を覗《のぞ》きましたが、働いているはずのゼムスはそこにはいませんでした。ゼムスがいるのはオルゴール工房ではなく、その隣《となり》の時計工房だったのです。

そこではゼムスのおとうさんと職人さんたちが働いています。

わたしが生まれてひと月が過ぎようとしており、ゼムスや奥さんの会話から、いろんなことがわかってきました。ここはスイスという国で、もともと時計作りが盛《さか》んだったようです。一七九六年にアントワーヌ・ファーブルという時計職人が機械仕掛《じか》けで音楽を奏《かな》でるオルゴここにたどり着くまでにはいろいろありました。船で延々と揺《ゆ》られたり、気が遠くなるほどの時間放置されたり、空を飛んだり、男の子に放り投げられたりと、辛《つら》いこともたくさんありましたが、へこたれずにやってこられたのは、あのゼムスの笑顔によるところが大きいと思います。

わたしの誕生をあれほど喜んだ男がこの世にひとりはいた。その記憶がどんな時もわたしを支えてくれたのです。

ゼムスは出来上がったわたしを大切そうに抱えて工房《こうぼう》を出ると、同じ敷地《しきち》内にある石造りの家に駆《か》け込《こ》みました。そこにはベッドで横になっている女の人がいました。第一印象は「顔色がよくない人」です。ゼムスの奥《おく》さんでした。

ゼムスが黙《だま》ってわたしを差し出すと、奥さんは目を大きく開けて上半身を起こしました。

「まあ、ゼムス！　これをわたしに？　まあ、ゼムス！　ゼムスったら！」

その時初めて、わたしは自分を作った人間がゼムスという名だと知りました。奥さんがB連呼したので記憶にこびりつきました。

奥さんの声は喜びにあふれていて、思いのほかしっかりとしていました。瞳《ひとみ》は灰色《はいいろ》にも緑色にも見え、生き生きとしていました。白い二本の手でわたしを受け取った時、そのあまりの冷たさに、わたしはひやりとしました。ゼムスの手はあたたかかったので、その落差に驚《おどろ》きました。

奥さんはわたしをじっと見つめます。それまで顔色が悪かった奥さんの頬《ほお》はほんのりとC紅潮し、随分と綺麗《きれい》な人なんだとこの時気づきました。痩《や》せているのにお腹《なか》だけ大きいのです。奥さんのお腹には赤ちゃんがいるのでした。

ゼムスは奥さんのベッドの脇《わき》に木の台を置きました。奥さんはそこにわたしを載《の》せました。それはオルゴールが最高に良い音を響かせるための共鳴台なのです。

「蓋を開けてごらん」

ゼムスはいそいそと言い、奥さんは冷たい両手でそうっとわたしを開けました。

すぐに歌い始めました。ゼンマイはしっかり巻かれてあったし、もうもう、うれしくって歌わずにはいられませんでした。生まれた喜びに満ちあふれていました。魂《たましい》が「ありがとうありがとう作ってくれてありがとう」と叫《さけ》び、全身が「よかったねよかったね生まれてこられてよかったね」と震《ふる》えます。

われながらなんて素敵《すてき》な声なのでしょう！

ゼムスはこれ以上ないほどの笑《え》みを浮《う》かべています。奥さんは[2]を細めてうっとりと聴《き》いています。歌はやがてゆっくりとなり、だんだんとなくなりました。

奥さんはにっこりと微笑《ほほえ》みました。

「なんてすばらしい音色だこと。特に低音の深みは胸に響くわ」

「気に入ってくれたかな」

「もちろんだわ」

「君が好きなシューマンだよ」

「ええ、あなたと出会った時、わたしが弾《ひ》いていた曲ね」

「『子どもの情景』の七番目の曲だ」

「ええそう。一番好きな曲よ。夢見るような心地《ここち》がするメロディでしょう？　だから『トロイメライ（夢見心地）』というのよ」

「『トロイメライ』か。タイトルは知らなかったな」

「でもこの曲はわたしが弾いたのと少し違《ちが》って聴こえるわ」

ゼムスは[3]を曇《くも》らせました。

「何か間違っていたかい？　君が持っていた音符通りにしたつもりだ

三 次の文章を読んで、あとの問いに答えなさい。

わたしをこしらえたのはゼムスというオルゴール職人です。大柄《おおがら》な男でした。手の甲《こう》にはみっしりと黒く硬《かた》い毛が生えており、顔には顎《あご》から耳にかけてふっさふさの髭《ひげ》を生やして、熊《くま》に似た風貌《ふうぼう》の男ですが、たいそう繊細《せんさい》な仕事をします。

彼《かれ》のおじいさんは生粋《きっすい》の時計職人でした。おとうさんも時計職人でしたが、途中《とちゅう》でオルゴール職人に転向しました。ゼムスは生まれた時からオルゴールに囲まれており、七歳《さい》でもうおとうさんの仕事を手伝っていたという話です。

わたしを作ったのはゼムスが三十五歳の時で、それはもうもう、とてつもなく丁寧《ていねい》な仕事でした。

まずは真鍮《しんちゅう》でシリンダーを作ります。ぴかぴかとしてつるつるとして筒《つつ》の形をしています。ゼムスはそれまでにもたくさんのシリンダーを作ってきましたし、ひと抱《かか》えもある大きなものを扱《あつか》ったこともあるそうですが、この時作ったのは、当時としては小さめのシリンダーでした。ゼムスの大きなてのひらにすっぽりと入ってしまうくらいの大きさです。

そのシリンダーに小さな穴をいくつも開けてゆきます。これはメロディを記憶《きおく》させる作業です。穴の位置でメロディが決まります。

白い紙に踊《おど》る音符《おんぷ》を睨《にら》みながら、穴の位置を慎重《しんちょう》に決めました。すべての穴を開け終わると、今度は鋼鉄製の細い針金を短くカットします。ピンをこしらえるのです。穴の数だけピンをこしらえると、鼻息で飛んでしまいそうなそれをシリンダーの穴にひとつひとつ埋《う》めてゆきます。気の遠くなるような作業ですが、大きな体を丸めて、手の指に神経を集中させ、こなしてゆきました。これでシリンダー部分は完成です。

シリンダーのピンにはじかれて美しい音を生むコーム(櫛歯《くしば》)は、作って試して作って試してを何回繰《く》り返したことでしょう。ゼムスが一番苦労したのはこのコーム作りでした。シリンダーに合わせて五十の歯、つまり五十の音階があるコームで、ようやく気に入った響《ひび》きに到《とう》達《たつ》すると、仕上げに研磨《けんま》を丹念《たんねん》に行い、音階を調律してゆきました。

さらには、ゼンマイ。鋼《はがね》で作ります。ゼンマイの力をコントロールするガバナー。それらを組み込む土台も金属で作ります。これが音源となるのです。ムーブメントとも呼ばれます。

ゼムスは自分が納得《なっとく》できるまで、朝から晩まで、わたしを作り続けました。

「いい加減にしないか」とおとうさんに注意されても、[1]を貸そうとしませんでした。ゼムスの手は喜びにあふれていましたし、技術は確かなもので、何よりも心がしっかりとしていて、目指すところが見えているようでした。

随分《ずいぶん》とあとになってわたしは気づいたのですが、見えない目標に向かって試行錯誤《さくご》するのが芸術家で、見えている目標に向かって試行錯誤するのが職人なのではないでしょうか。どちらにしたって試行錯誤は免《まぬか》れませんが、ゼムスは生粋の職人でした。

音源が出来上がると、それを①ナイゾウして音を響かせる木箱もゼムスがこしらえました。木箱はその材質や大きさ、板の厚みすら響きに影響《えいきょう》するのでたいへん重要です。普通《ふつう》は木工職人がやるのですが、ゼムスは時間をかけてひとりでやってのけたのです。木箱に音源を設置すると、音源を守るようにガラスの蓋《ふた》をはめました。木箱の蓋を開けると、ガラス越《ご》しに音源が見える仕組みです。

理想のわたしが出来上がった時の、ゼムスの得意そうな顔。熊が笑ったんですよ。百二十年A経った今もあの時のゼムスの笑顔は忘れられません。

わたしは今、異国の小さなお店のガラスケースに収まっています。

まります。DNAが「生命の設計図」と呼ばれる所以《ゆえん》になっています。

それでは、DNA配列の違いはどのようにして生じるのでしょうか。基本的に、細胞にはDNAの配列を正確に複製し、それを親から子へと受け渡《わた》していく仕組みが備わっています。ところが、生物らしいといえるかもしれませんが、この情報の伝達は完璧《かんぺき》ではありません。DNAの配列を複製するときにごく稀《まれ》にミスが生じてしまい、元の鋳型《いがた》となる配列とは異なる配列が生成される場合があります。この現象は「突然変異《とつぜんへんい》」と呼ばれています。ほとんどの配列ではうまくコピーが完了《かんりょう》しますが、突然変異の生じた箇所《かしょ》では親と子で配列が異なってしまいます。

DNAの配列が変わっても、それによって生成されるアミノ酸の並び方やタンパク質の構造に大した影響《えいきょう》が生じないこともあります。そのような場合、突然変異は生物の生存にとってプラスでもマイナスでもなく、「中立」であると見なされます。もし突然変異がなんらかの影響を及《およ》ぼすとすれば、多くの場合は生物の生存や繁殖にとって[B]の効果をもたらすでしょう。[③]、現在の形質は何世代にもわたる自然淘汰を経て存在しているわけですから、その環境においてベストな形質をいじられてしまうことになるからです。こうした「不利な」突然変異は、結局は自然淘汰によって排除《はいじょ》され、後世に伝わりにくくなります。

[④]、突然変異によって生じた形質が元の形質よりも生存や繁殖において有利になることも稀にあります。その場合、毎世代の自然淘汰を経て、この有利なDNA配列(形質)は集団の中へ広まっていきます。まさしく、生物はそうしたプロセスを経て今の形や行動を進化させてきたのです。突然変異はたしかに情報伝達の際のエラーなのですが、形質の差を生み出し、新たな適応をもたらすためのスタートになっているともいえます。

以上のように、突然変異が起きたとしても生物にとってはほとんど中立であって、そうでなければだいたいは有害です。有益な突然変異はそれ以外のケースに限られますが、自然淘汰はまさにこうしたごくわずかなチャンスに賭《か》けているのです。今いる生物の形質は、途方《とほう》もないような試行錯誤《さくご》の積み重ねによって存在しているといえるでしょう。

(鈴木紀之『すごい進化』より)

※出題の都合上、本文の一部を改稿《かいこう》しています。

問一　空らん[①]～[④]にあてはまる語を次の中から選び、記号で答えなさい。なお、同じ記号を二度用いてはならない。

ア　あるいは　**イ**　では

ウ　ところが　**エ**　なぜなら

問二　空らん[A]・[B]にあてはまる語を本文中からぬき出し、答えなさい。

問三　――「DNA配列の違いはどのようにして生じるのでしょうか」という質問に対する答えとなる部分を本文中から五十字程度でぬき出し、はじめと終わりの七字ずつで答えなさい。

問四　次の文①～④の内容が、本文の内容に合うものにはAを、合わないものにはBを書きなさい。

①　子どもを残す上で有利な形質の個体がうまく生き延びることを自然淘汰という。

②　ペプチターゼは生物の体を形作るタンパク質である。

③　突然変異が起きることは生物にとってはほとんど中立か有害であるが、生存や繁殖において有利になることもある。

④　「イチロー選手は進化している」という言い方は、進化という語を生物学の用語とは異なるニュアンスで使っている。

二　次の文章を読んで、あとの問いに答えなさい。

前の章で、スジグロカバマダラに姿を似せたツマグロヒョウモンを紹介《しょうかい》しました。似てはいるけど瓜《うり》二つではない両者。自然淘汰《とうた》を経てなおそっくりでないのは、何らかの制約がかかっているからなのか、あるいは実は十分に適応した結果が現在の姿であって、そっくりでない合理的な理由があるからなのか――こうしたことを議論していく前に、まずは「進化とは何か」、そして「自然淘汰とは何か」というところからおさらいしていきましょう。

そもそも進化とは、生物の形質が世代をこえて置き換《か》わっていくプロセスのことです。たとえば、どの個体も茶色の毛をしているネズミの集団がいたとしましょう。その子の世代ではみんなまだ茶色の毛をしていたのに、何らかの原因によって孫の世代から毛の色が黒い個体が現れることがあります。そうすると、その次の世代以降、黒い個体の割合が増えていったり、①また茶色の個体ばかりの集団に戻《もど》ったりもします。このように、世代をまたいだ変化の過程が進化の本質であるといえます。

ひとつ注意が必要です。よく「イチロー選手は進化している」というような表現を耳にしますが、これはイチロー選手個人の野球のスキルが上達したことを指しているのであって、世代をまたいで置き換わっているプロセスではありません。したがって、生物学の用語としての進化にはあてはまりません。一方でスマートフォンの進化というときは、端末《たんまつ》やソフトウェアが新しい「Ａ」に置き換わっていくプロセスを指しており、生物学の進化と相性《あいしょう》のよい現象といえます。進化という専門用語は今や市民権を得て、本来とは異なるニュアンスで使われることもしばしばあります（まさに、「進化」という言葉の意味が置き換わっているのです）。この文章では、進化とは、あくまでも世代をまたいで生物の形質が置き換わっていくプロセスを指すことにします。

②、どのような要因が進化をもたらすのでしょうか。その代表的なものが自然淘汰（自然選択《せんたく》）です。自然淘汰とは、生物の集団に見られるさまざまな形質のうち、より環境《かんきょう》に適していて生存や繁殖《はんしょく》に向いている形質へと置き換わっていくことを指します。毛の色が茶色の個体と黒の個体というように、形質の違《ちが》いは個体ごとにあります。その中には、天敵の目を逃《のが》れるなどしてうまく生き延びて、子どもを残す上で有利な形質もあれば、天敵に見つかりやすいといった不利な形質もあるでしょう。有利な形質は世代を経るにつれて自動的に割合を増やしていき、逆に不利な形質は減っていきます。このプロセスが自然淘汰による進化です。

自然淘汰とは、さまざまな形質の中からより生存や繁殖に適したものへと置き換わっていくプロセスであると定義されました。もしどの個体もすべて同じ形質を持っているなら、有利も不利もないわけですから、世代をまたいだ進化は起こりようがありません。集団の中に異なる形質が生み出されることが進化のしやすさに直結しています。個体ごとの違いはまさしく進化の源泉なのです。では、ここでいう「さまざまな形質」は、そもそもなぜ存在するのでしょうか。

生物の形質の違いをたどっていくと、ＤＮＡに行き着きます。ＤＮＡとは四種類の小さなユニットが長くつらなっている分子で、細胞《さいぼう》の中に格納されています。四種類のユニットの並び方（配列）によって、異なる種類のアミノ酸が細胞の中で生成されます。このアミノ酸がつらなることで立体的で複雑なタンパク質になります。タンパク質にはコラーゲンやケラチンのように生物の体を形作るものから、アミラーゼやペプチターゼのように酵素《こうそ》として他の化学反応を手助けするものもありますから、このタンパク質こそがまさしく生物の形質の実体であるといえます。元をただせば、すべてはＤＮＡの配列の違いから始

二〇一九年度 慶應義塾湘南藤沢中等部

【国 語】（四五分）〈満点：一〇〇点〉

※解答に句読点や記号などが含《ふく》まれる場合は一字に数えます。

一 次の空らんにあてはまる物の名を、ひらがなで書きなさい。また、その物の絵を下から選び、記号で答えなさい。なお、同じ記号を二度用いてはならない。

〈例〉遊びと勉強を□にかける。〈答〉てんびん・ク

① 医者も□を投げそうになったが、奇跡《きせき》的に回復した。

② 悪いことをしないように、あらかじめ□をさしておく。

③ 大接戦の末、赤組に□があがった。

④ 名監督《かんとく》の□にかなった新人俳優。

⑤ おだてられてその気になったところで□を外されてしまった。

2019年度 慶應義塾湘南藤沢中等部 ▶解説と解答

算 数 （45分）＜満点：100点＞

解 答

1 (1) 36 (2) $4\frac{4}{9}$ **2** (1) 5 cm (2) 72通り (3) $28cm^3$ **3** (1) 222.28 m^2 (2) $168m^2$ (3) $204.56m^2$ **4** (1) 3 個 (2) ①，③，⑤ (3) ④ **5** (1) 9 時間 (2) 時速10.8km (3) 時速8.1km **6** (1) $\frac{3}{7}$ (2) ① ア…60，A，イ…30 ② ウ…60，C，エ…12，A，オ…3 (3) 37.5分

解 説

1 約数，計算のくふう

(1) 右の計算から，360と756の最大公約数は，2×2×3×3＝36とわかる。

2)	360	756
2)	180	378
3)	90	189
3)	30	63
	10	21

(2) $\frac{1}{N\times(N+2)}=\left(\frac{1}{N}-\frac{1}{N+2}\right)\times\frac{1}{2}$ となることを利用すると，$\frac{1}{3\times5}+\frac{1}{5\times7}+\frac{1}{7\times9}=\left(\frac{1}{3}-\frac{1}{5}\right)\times\frac{1}{2}+\left(\frac{1}{5}-\frac{1}{7}\right)\times\frac{1}{2}+\left(\frac{1}{7}-\frac{1}{9}\right)\times\frac{1}{2}=\left(\frac{1}{3}-\frac{1}{5}+\frac{1}{5}-\frac{1}{7}+\frac{1}{7}-\frac{1}{9}\right)\times\frac{1}{2}=\left(\frac{1}{3}-\frac{1}{9}\right)\times\frac{1}{2}=\left(\frac{3}{9}-\frac{1}{9}\right)\times\frac{1}{2}=\frac{2}{9}\times\frac{1}{2}=\frac{1}{9}$ となる。よって，$125\times8\times\frac{1}{9}\div25=125\times8\times\frac{1}{9}\times\frac{1}{25}=\frac{125\times8}{9\times25}=\frac{40}{9}=4\frac{4}{9}$ と求められる。

2 相似，場合の数，体積

(1) 下の図1で，台形DIHAと台形DFEAは合同だから，HA＝EA＝18－8＝10(cm)となり，三角形ABEは3辺の長さの比が，6：8：10＝3：4：5の直角三角形とわかる。また，同じ印をつけた角の大きさはそれぞれ等しいので，三角形ECGと三角形DFGの3辺の長さの比も3：4：5になる。さらに，EC＝18－6＝12(cm)だから，EG＝12×$\frac{5}{4}$＝15(cm)，GF＝18－15＝3(cm)となり，DGの長さは，3×$\frac{5}{3}$＝5(cm)と求められる。

図1

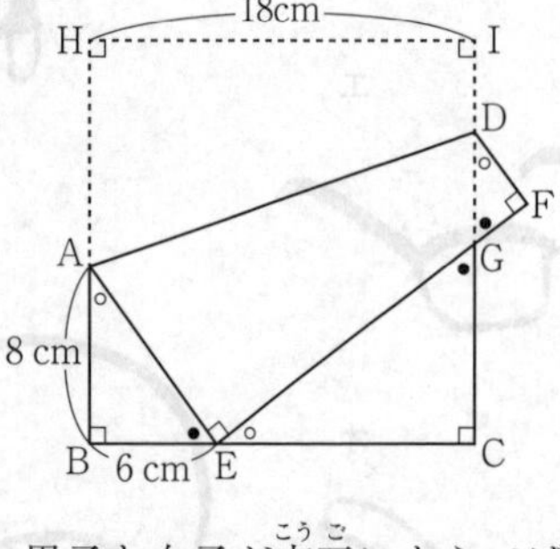

図2

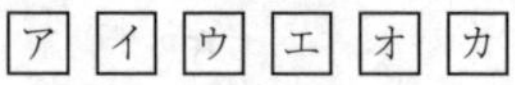

図3

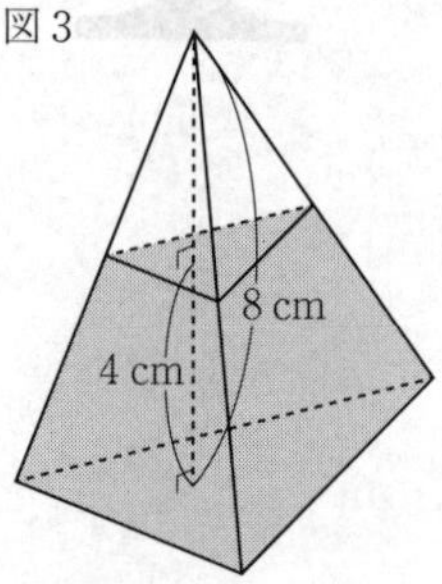

(2) 男子と女子が交互《こうご》にならべばよい。上の図2で，アが男子の場合，アには男子の3通り，イには女子の3通り，ウには男子の残りの2通り，エには女子の残りの2通り，オには男子の残りの1通り，カには女子の残りの1通りが考えられるので，3×3×2×2×1×1＝36(通り)となる。アが女子の場合も同様だから，全部で，36×2＝72(通り)とわかる。

(3) 上の図3で，容器全体と空気の部分は相似である。このとき，空気の部分の高さは，8－4＝4(cm)なので，相似比は，8：4＝2：1となり，体積の比は，(2×2×2)：(1×1×1)＝8：1とわかる。よって，水の量は容器全体の体積の，(8－1)÷8＝$\frac{7}{8}$(倍)になる。また，容器全体の体積は，12×8÷3＝32(cm^3)だから，水の量は，32×$\frac{7}{8}$＝28(cm^3)と求められる。

3 平面図形―図形の移動，面積

(1) 下の図1で，ひもの長さが12mであり，これはBCの長さよりも長いから，長方形BCDEの内側のかげをつけた部分は，すべて動くことができる。このほかに，AとFの間を通ることにより，長方形BCDEの外側の斜線《しゃせん》部分も動くことができる。これは，半径が，12－10＝2(m)の四分円2個と，たての長さが2m，横の長さが，20－6×2＝8(m)の長方形を組み合わせた形だから，斜線部分の面積は，2×2×3.14÷4×2＋2×8＝6.28＋16＝22.28(m^2)と求められる。よって，犬が動ける範囲《はんい》の面積は，10×20＋22.28＝222.28(m^2)である。

図1

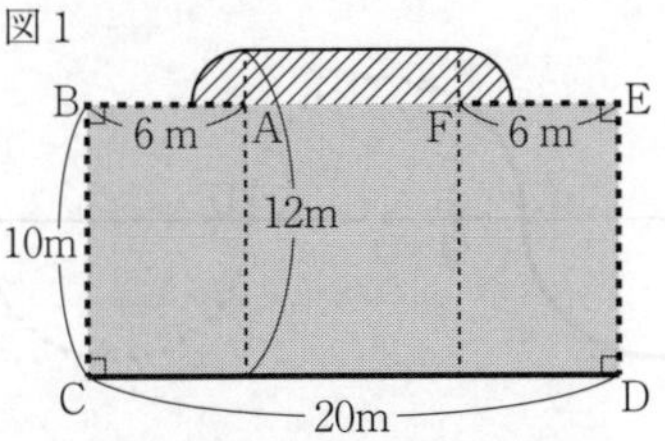

図2

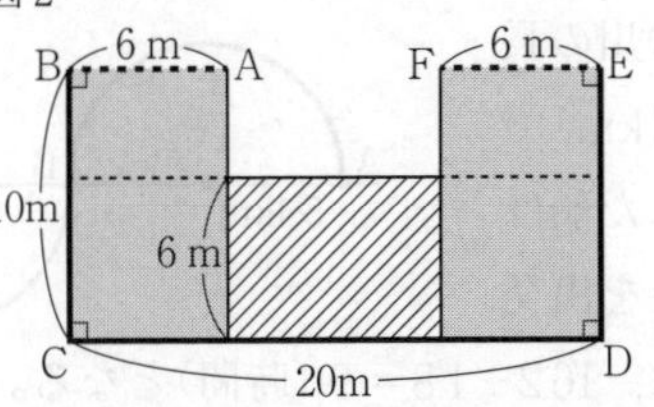

図3

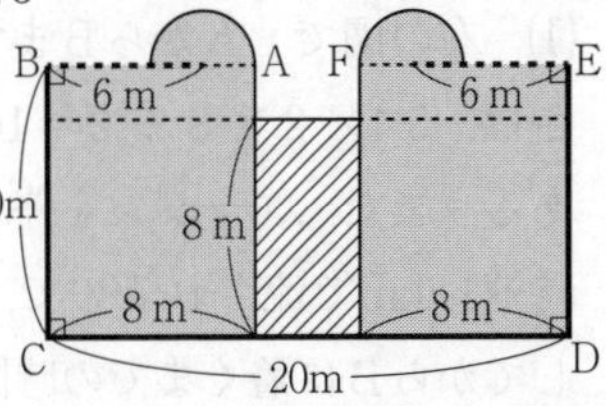

(2) 上の図2のように，BCとDEにそって動くと，かげをつけた部分を動くことができる。また，CDにそって動くと，かげをつけた部分のほかに斜線部分も動くことができる。よって，犬が動ける範囲の面積は，10×6×2＋6×8＝168(m^2)となる。

(3) 上の図3のように，BCとDEにそって動くと，かげをつけた部分を動くことができる。また，CDにそって動くと，かげをつけた部分のほかに斜線部分も動くことができる。かげをつけた部分の半円の半径は，8－6＝2(m)なので，半円2個分の面積の合計は，2×2×3.14÷2×2＝12.56(m^2)となる。これ以外のかげをつけた部分と斜線部分の面積の合計は，10×8×2＋8×(20－8×2)＝192(m^2)だから，犬が動ける範囲の面積は，12.56＋192＝204.56(m^2)と求められる。

4 条件の整理

(1) ついているランプを○，消えているランプを●で表すと，右の図1のようになる。よって，ついているランプは①，③，④の3個である。

図1

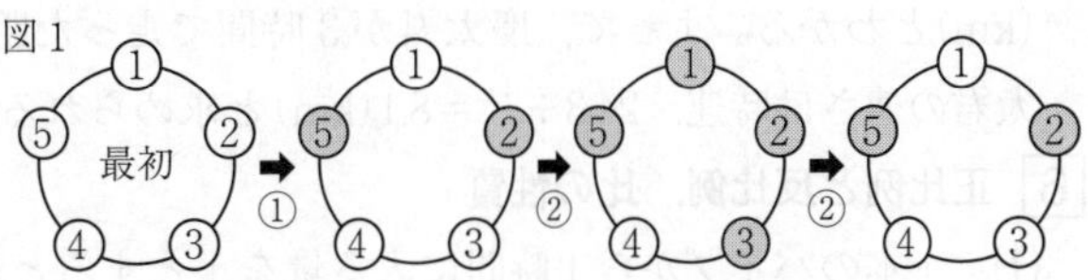

(2) 下の図2のようになるので，ついているランプは①，③，⑤とわかる。

図2

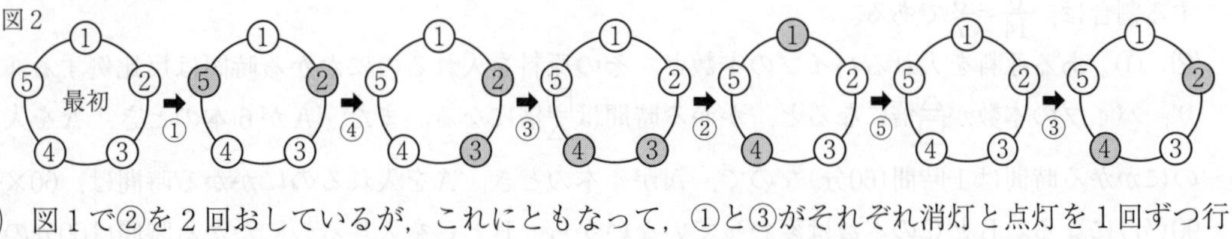

(3) 図1で②を2回おしているが，これにともなって，①と③がそれぞれ消灯と点灯を1回ずつ行い，もとの状態にもどる。このように，同じランプを2回おすごとにもとの状態にもどるから，同

じランプを２回おすことは，何もおさないのと同じである（図１では②を連続して２回おしているが，この性質は連続しておさなくても成り立つ）。また，図２で①～⑤を１回ずつおしたときに，すべてのランプが点灯して，もとの状態にもどる。つまり，①～⑤を１回ずつおすことは，何もおさないのと同じである（これも，連続しておさなくても成り立つ）。下の図３の(ア)の中には①～⑤を１回ずつおすことが２度あるから，これを取り除くと(イ)のようになる。さらに，(イ)から同じランプを取り除くと(ウ)のようになる。よって，すべてのランプがつくようにするには，□に④を入れればよい。

図３

(ア)　①→③→④→①→⑤→②→③→②→③→④→①→①→②→①→⑤→②→⑤→②→③→□→③

(イ)　①→③→①→②→①→②→⑤→②→③→□→③

(ウ)　①→②→⑤→□→③

5 流水算

⑴　右の図で，ＡからＢまでの川の長さは，5.4×２×３÷２＝16.2(km)である。また，エンジンを停止した船は時速1.8kmで流されるので，Ａを出発してからＢに着くまでの時間は，16.2÷1.8＝９(時間)となる。

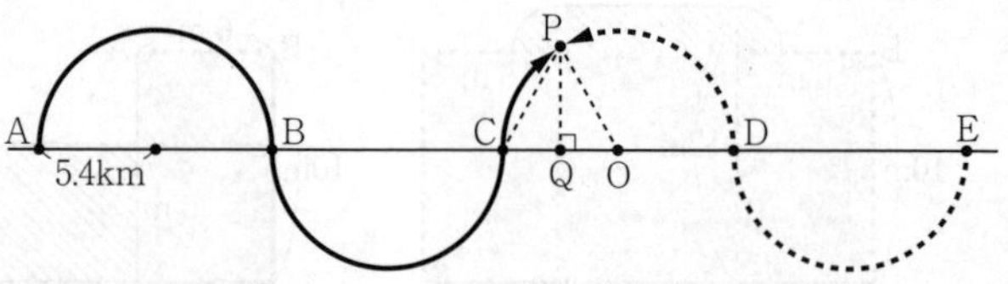

⑵　２そうの船がＰで出会うまでに進んだ距離《きょり》の和は，ＡからＥまでの川の長さに等しく，16.2×４＝64.8(km)だから，２そうの船の速さの和は時速，64.8÷３＝21.6(km)とわかる。また，２そうの船の速さの和は，（下りの速さ）＋（上りの速さ）＝{（静水時の速さ）＋（流れの速さ）}＋{（静水時の速さ）－（流れの速さ）}＝（静水時の速さ）×２となる。これが時速21.6kmにあたるので，静水時の速さは時速，21.6÷２＝10.8(km)と求められる。

⑶　船の下りの速さは時速，10.8＋1.8＝12.6(km)だから，下りの船が３時間で進んだ距離は，12.6×３＝37.8(km)であり，ＣからＰまでの川の長さは，37.8－16.2×２＝5.4(km)とわかる。これはＣからＤまでの川の長さの，$\frac{5.4}{16.2}=\frac{1}{3}$にあたるので，半円の中心をＯとすると，角COPの大きさは，$180\times\frac{1}{3}=60$(度)となる。すると，三角形OPCは正三角形になるから，CQの長さは，5.4÷２＝2.7(km)とわかる。よって，慶太君が３時間で走った距離は，5.4×２×２＋2.7＝24.3(km)なので，慶太君の速さは時速，24.3÷３＝8.1(km)と求められる。

6 正比例と反比例，比の性質

⑴　１本のパイプから１時間に入る量を１とすると，Ａ６本，Ｂ５本，Ｃ３本から１時間に入る量の合計は，６＋５＋３＝14となる。そのうちＡ６本から１時間に入る量は６だから，Ａの全体に対する割合は，$\frac{6}{14}=\frac{3}{7}$である。

⑵　①　ある原料を入れるパイプの本数と，その原料を入れるのにかかる時間は反比例する。つまり，パイプの本数が$\frac{△}{□}$倍になると，かかる時間は$\frac{□}{△}$倍になる。また，Ａが６本のとき，Ａを入れるのにかかる時間は１時間(60分)なので，Ａが４本のとき，Ａを入れるのにかかる時間は，$60\times\frac{6}{4}=$90(分)になる。ＢとＣの本数は変わっていないから，ＢとＣを入れるのにかかる時間は60分のままである。よって，Ａ，Ｂ，Ｃを同時に60分入れて，その後Ａだけを，90－60＝30(分)入れればよい。

② ①と同様に考えると，Aを入れるのにかかる時間は，$60\times\frac{6}{5}=72$(分)，Bを入れるのにかかる時間は，$60\times\frac{5}{4}=75$(分)，Cを入れるのにかかる時間は60分となる。よって，A，B，Cを同時に60分入れて，その後Cを止めてAとBだけを，72−60＝12(分)入れて，その後さらにAを止めてBだけを，75−72＝3(分)入れればよい。

(3) 最短の時間で生産するためには，3種類のパイプを同時に使う時間をできるだけ長くした方がよい。そのためには，A，B，Cのパイプの本数の比ができるだけ6：5：3に近くなるようにすればよい。つまり，$23\times\frac{6}{6+5+3}=9\frac{6}{7}$，$23\times\frac{5}{6+5+3}=8\frac{3}{14}$，$23\times\frac{3}{6+5+3}=4\frac{13}{14}$より，Aの本数が9本前後，Bの本数が8本前後，Cの本数が4本前後になるようにすればよい。はじめに，Aを9本，Bを8本とすると，Cは，23−(9＋8)＝6(本)となり，かかる時間はそれぞれ上の表1のようになる。そこで，時間が最も長いAを1本増やし，かわりに時間が最も短いCを1本減らすと，上の表2のようになる。この後，Bを1本増やすとBの時間は短くなるが，AまたはCの時間が37.5分よりも長くなってしまう。よって，時間が最短になるのは表2の場合であり，その時間は37.5分である。

表1

A9本	$60\times\frac{6}{9}=40$(分)
B8本	$60\times\frac{5}{8}=37.5$(分)
C6本	$60\times\frac{3}{6}=30$(分)

表2

A10本	$60\times\frac{6}{10}=36$(分)
B8本	$60\times\frac{5}{8}=37.5$(分)
C5本	$60\times\frac{3}{5}=36$(分)

社 会 (25分) ＜満点：50点＞

解 答

[1] **問1** 3 **問2** 1 **問3** 5 **問4** 1 **問5** 2 [2] **問1** 1 **問2** 500(m) **問3** 2 **問4** 4 [3] **問1** 2 **問2** 150(年) **問3** 2→1→3 **問4** 1 **問5** 4 **問6** 4→1→6→5 [4] **問1** 2 **問2** 3 **問3** 1 **問4** 4 **問5** 応仁の乱 **問6** 2 **問7** 2 [5] **問1** 4 **問2** 3 **問3** 3 **問4** 2 **問5** 1 [6] **問1** 5 **問2** 2 **問3** **1** ○ **2** ○ **3** × **4** × **問4** 4 **問5** 1945(年)8(月)9(日) [7] **問1** 4 **問2** ユーロ **問3** 1 **問4** 3 **問5** 2

解 説

[1] 海の環境を題材とした総合問題

問1 ゴミ全般《ぜんぱん》で考えたさい，開発途上国は先進国に比べて第一次産業(農林水産業)の比率が高いため，これに関連したゴミの割合が多くなる。逆に先進国では，情報産業が発達することなどから，開発途上国に比べて紙ゴミの割合が高くなる。また，海を漂《ただよ》うゴミにはさまざまなものがあるが，自然に分解されるまでに長い年月がかかるため，最も問題とされているプラスチックゴミについては，2010年の推計発生量世界第1位が中国，第2位がインドネシア，第3位がフィリピン，第4位がベトナム，第5位がスリランカであったのに対し，アメリカ合衆国は第20位，日本は第30位と，先進国のほうが低い傾向《けいこう》にある。これは，先進国に比べて開発途上国のほうが，ゴミの分別や処理，再利用などのしくみが整備されていないことが原因だと考えられる。よって，3が適当でない。統計資料は環境省ホームページによる。

問2　地盤《じばん》が隆起《りゅうき》すれば陸地が広がり，浅い海では干潟《ひがた》が広がると考えられるので，1が適当でない。

問3　日本は石油(原油)の多くを中東(西アジア)の国々から輸入しており，なかでもサウジアラビアは輸入額の40.2%を占《し》めて第1位の輸入先となっている。また，日本はオーストラリアから多くの資源を輸入しており，石炭は全輸入量の6割以上をオーストラリアから輸入している。小麦は，輸入量の50.4%を占めるアメリカ合衆国と，それにつぐカナダ，オーストラリアの3か国を合わせた輸入量の割合がほぼ100%となっている。統計資料は『日本国勢図会』2018／19年版による(以下同じ)。

問4　海水温の上昇は，赤道から極へと水温の温かい領域が広がっていくことを意味する。これによって，温かい海に広がるサンゴ礁《しょう》の北限も北上すると考えられるので，1が選べる。なお，海《かい》藻《そう》はさまざまな環境で生育しているため，ある海域に生育する海藻の種類が変わることはありえるが，全体に生育場所が深くなるかどうかはわからない。また，サケは比較《ひかく》的水温の冷たい海域に生息する魚なので，海水温が上昇すると，産卵する河川の北限は北上すると考えられる。

問5　漁獲《ぎょかく》量と輸出額が最も多い1には中国があてはまる。中国の漁獲量は世界の漁獲量の約20%を占め，世界第1位である。残る2つのうち，いずれの数値でも上回る3がアメリカ合衆国で，2に日本があてはまる。かつて日本は世界最大の水産物輸入国であったが，近年はアメリカ合衆国につぐ世界第2位となっている。

2　地形図の読み取りと北海道の産業に関する問題

問1　石狩川は，北海道の中央に位置する大雪山《たいせつざん》系の石狩岳を水源とし，上川盆地や石狩平野を流れ，石狩湾の中央部で日本海に注いでいる。小樽《おたる》は石狩湾沿岸に位置しており，1～5の都市のなかでは最も石狩川の河口に近い。

問2　実際の長さは，(地図上の長さ)×(縮尺の分母)で求められる。この地形図の縮尺は50000分の1なので，1(cm)×50000＝50000(cm)＝500(m)となる。

問3　1　石狩川の両岸には，盛り土(═══)のなされた道路が走っており，これが堤防《ていぼう》の役割をはたしていると考えられる。　2　地形図中で集落は，西の線路沿いの「浦臼内《うらうすない》」付近と石狩川の東の「奈井江《ないえ》町」付近に発達しているが，「奈井江町」付近の集落のほうが建物が密集していることが読み取れるので，人口密度も高いと考えられる。　3　「石狩川」の文字の下に示された矢印は流水方向を表しており，これによって石狩川が北北東から南南西に向かって流れているとわかる。　4　河川の両岸に三日月型の沼や池が多く見られるが，これらは蛇行《だこう》していた河川の流路が変わり，かつての流路に水が取り残されたことでできる三日月湖であると判断できる。

問4　1　第二次世界大戦後，品種改良によって低温に強い稲の品種がつくられたことから，多くの地域で稲作が行われるようになった。また，泥炭《でいたん》地が広がっていた石狩平野は，客土による土地改良が行われた結果，全国有数の稲作地帯となった。　2　農家のうち，経営耕地面積が30アール以上または農産物販売金額が1年間で50万円以上のものを販売農家，それより生産規模の小さいものを自給的農家という。2015年において，日本の農家のうち販売農家が占める割合は61.7%であるが，北海道だけはその割合が80%を超《こ》えている。　3　2018年における農家1戸あたりの耕地面積は，全国平均の2.98haに対し，北海道は28.91haで約10倍になっており，機械を使って広い耕地で生産を行う大型農業が行われている。　4　一般に，稲作や畑作に比べて畜産は収益性が高く，産出額も大きくなる。北海道の2016年における農業生産額でも，畜産が57.7%で最も高い割合を占めており，ついで18.2%の野菜，9.6%の米となっている。

3　戊辰《ぼしん》戦争を題材とした歴史と地理の問題

問1，問2　1868年1月，徳川家に対する明治新政府の処分などを不満とした旧幕府側の勢力が挙兵し，京都の鳥羽《とば》・伏見《ふしみ》で新政府軍と戦ったが，旧幕府軍は敗れた(鳥羽・伏見の戦い)。その後，江戸城の無血開城，会津戦争などを経て旧幕府軍は北海道へと逃《のが》れた。旧幕臣榎本武揚《えのもとたけあき》は箱館(函館)の五稜郭《ごりょうかく》に立てこもって抵抗《ていこう》を続けたが，1869年5月に降伏《こうふく》し，一連の戦いは終結した。この戦いは，1868年が十干《じっかん》十二支のうちの戊辰の年であったことから，戊辰戦争とよばれる。

問3　表2より，ももの生産量が全国第1位の3には山梨県が，りんごの生産量が青森県につぐ全国第2位の1には長野県があてはまるとわかる。また，「美濃《みの》国」が現在の岐阜県南部にあたることから，残る2には岐阜県があてはまる。したがって，2の岐阜県を出た新政府軍は，中山道を通って1の長野県に入り，甲州道中を通って3の山梨県をぬけ，江戸に向かったことになる。

問4　1868年3月，明治新政府軍は江戸にせまり，総攻撃《こうげき》の準備をしていた。しかし，総攻撃が予定されていた日の前日，新政府軍参謀《さんぼう》の西郷隆盛と旧幕府側代表の勝海舟が江戸高輪の薩摩藩邸《てい》で会談。話し合いの結果，翌4月に江戸城の無血開城が行われた。

問5　福島県南部で栃木県と境を接する白河には，古代から陸奥《むつ》(東北地方)への入り口として関所がおかれていた。江戸時代には奥州道中(奥州街道)の終点とされたが，白河以北も各藩によって街道が整備され，参勤交代などに利用された。

問6　それぞれの工芸品や祭りから，1には宮城県，2には山形県，3には秋田県，4には福島県，5には青森県，6には岩手県があてはまる。銚子《ちょうし》は千葉県の北東部，宮古湾は岩手県中東部でそれぞれ太平洋に面しているので，品川沖を出た明治新政府軍の艦隊《かんたい》は4の福島県から1の宮城県，6の岩手県，5の青森県沖合を経て，函館にいたったのだとわかる。

4　雪舟の作品を題材とした歴史の問題

問1　水墨画《すいぼくが》はおもに墨《すみ》の濃淡《のうたん》を利用して描かれた絵で，鎌倉時代に日本に伝わった。禅《ぜん》宗の精神を表すものとして，画僧とよばれる僧によって多く描かれ，雪舟も京都相国《しょうこく》寺の画僧であった。雪舟は室町時代に明(中国)に渡って絵画を学び，帰国後，日本風の水墨画を大成した。

問2　禅宗は6世紀初めごろにインドから中国に伝わったとされ，坐禅《ざぜん》によって悟《さと》りにいたることをめざす仏教の宗派である。平安時代末期から鎌倉時代にかけて，宋(中国)で学んだ栄西や道元によって日本に伝えられ，栄西は臨済宗，道元は曹洞《そうとう》宗を開いた。

問3　天橋立《あまのはしだて》は京都府北西部に広がる宮津湾にのびる砂州《さす》で，白砂青松の景勝地として知られており，松島(宮城県)，安芸《あき》の宮島(広島県)とともに日本三景に数えられる。史料の絵は雪舟の「天橋立図」である。

問4　1　1336年，足利尊氏は幕府を開くに先立って建武式目を定めた。武家諸法度《しょはっと》は江戸幕府の第3代将軍徳川家光が，大名統制のために定めた法令である。　2　豊臣秀吉が1582年から領地で行った検地(太閤《たいこう》検地)について説明している。　3　飛鳥時代，律令制度が整備されると，国ごとに国司がおかれるようになった。また，地頭は1185年，源頼朝が荘園や公領ごとにおいた役職である。　4　室町幕府には将軍の補佐役として管領《かんれい》がおかれ，足利氏の一族である細川・斯《し》波《ば》・畠山《はたけやま》の３氏が交代でこれを務めた。

問５　1467年，室町幕府の第８代将軍足利義政の後継ぎ争いに有力守護大名の勢力争いなどがからみ，京都を主戦場として応仁の乱が始まった。戦いは11年におよんで京都の大部分は焼け野原となり，全国で大名が勢力争いをくり広げる戦国時代が始まるきっかけとなった。

問６　「当時の中国」は明にあたる。室町幕府の第３代将軍足利義満は，明が倭寇《わこう》(日本の武装商人団・海賊《かいぞく》)の取りしまりを求めてくるとこれに応じ，明と正式に国交を開いて貿易を開始した。したがって，２が正しい。なお，１は宋，３は唐，４は元との関係について述べている。

問７　流鏑馬《やぶさめ》は，走る馬の上から一定間隔《かんかく》でおかれた的を矢で射る武芸で，鎌倉時代の武士が鍛錬《たんれん》として行っていた。茶の湯，連歌，能楽はいずれも室町時代に広まった文化で，戦国時代には都から移り住んだ貴族や僧たちによって地方にも広がった。

5　各時代の日本の人口を題材とした問題

問１　ＡからＢの時期は，おおむね江戸時代前半にあたる。このころには，上方とよばれた京都と大坂(大阪)の町人を中心とした元禄《げんろく》文化が栄え，井原西鶴《さいかく》や近松門左衛門《もんざえもん》の作品などが人気を集めた。なお，１と２は江戸時代後半に栄えた化政文化について述べたもの。３は内容が誤りである。

問２　ＢからＣの時期は江戸時代の後半にあたる。このころには天候不順の時期が続き，飢《き》きんがたびたび発生した。特に1782年から1787年まで続いた天明の飢きんでは，東北地方で起こった冷害による凶作《きょうさく》と浅間山の噴火が重なり，大きな被害が出た。なお，１について，地域にもよるが，江戸時代を通じて人口の８割程度は百姓《ひゃくしょう》で，町人は１割に満たない程度であった。２について，江戸時代，幕府や藩は年貢《ねんぐ》収入を増やすために新田開発を奨励《しょうれい》した。４について，江戸時代後半には，江戸や大阪などの都市に出稼《でかせ》ぎに行く農民が増えたため，農民の都市への出稼ぎを禁止したり，農村に帰したりする法令が出された。また，飢きんや政治への不満から，農村では百姓一揆《いっき》，都市では打ちこわしがたびたび起きていた。

問３　ＤからＥの時期は，明治時代後半から昭和時代中期にあたる。海外移民は明治時代末期から始まり，多くの人びとが移民としてハワイや南アメリカ大陸へ渡っていった。また，朝鮮は1910年の韓国併合《へいごう》によって日本の植民地となったので，政府やその関係者が移住していったと考えられる。さらに，1930年代には満州を開拓するための移民が政府によって奨励された。なお，１と２は内容が誤り，４は高度経済成長が進んだ1960年代以降の説明である。

問４　1950年に始まった朝鮮戦争によって日本は特需《とくじゅ》景気をむかえ，第二次世界大戦(1939～1945年)後の経済復興が早まった。その後，日本は1950年代後半から高度経済成長期に入り，経済は著しい発展をとげた。なお，１について，食料輸入額に占める割合は，ヨーロッパよりもアメリカやオーストラリア，アジア諸国のほうが高い。３について，アメリカ軍の駐留《ちゅうりゅう》費には日本の負担分もあるが，国の財政の半分近くを占めるということはない。防衛関係費は，国家予算の５％程度で推移している。４について，貿易摩擦《まさつ》はおもにアメリカやヨーロッパ諸国との間で問題となった。

問５　日本では少子化がすすんでいるが，特に都市部では，働く女性と保育園への入所を希望する人の増加，保育士の不足などから，保育園への入園を申請しても入園がかなわない「待機児童」がいることが問題となっている。したがって，１は適当でない。

6　長崎県の地理と歴史についての問題

問１　長崎県は全国で最も多くの島がある県で，壱岐《いき》や対馬《つしま》，五島列島なども長崎県に属する。また，島原半島は県南東部で有明海や島原湾に面する半島で，中央には雲仙普賢《うんぜんふげん》岳がそびえる。国東《くにさき》半島は大分県北東部に位置し，瀬戸内海に面している。

問2　1　江戸時代初めの1609年，琉球《りゅうきゅう》王国は薩摩藩に征服され，薩摩藩が琉球王国との貿易の窓口となった。琉球王国からは，黒砂糖などが輸入された。　2　江戸幕府は長崎の出島でオランダと，長崎郊外の唐人屋敷《やしき》で中国の商人と貿易を行った。これらの貿易では中国産の生糸・絹織物のほか，砂糖など東南アジアの産物もさかんに輸入されていた。　3　朝鮮との貿易の窓口となったのは対馬藩で，釜山《プサン》には日本との貿易のために倭館《わかん》が設けられた。　4　江戸時代初期には朱印船が東南アジアに出かけて貿易を行っていたが，鎖国後は行われていない。

問3　**1**　江戸幕府は当初，洋書の輸入を厳しく制限していたが，徳川吉宗がキリスト教に関係のない漢訳洋書の輸入を認めたことから，オランダとの貿易を通して洋書が日本に入ってくるようになった。　**2**　医者の前野良沢《りょうたく》や杉田玄白《げんぱく》らはオランダ語の医学解剖《かいぼう》書『ターヘル＝アナトミア』を苦心の末に翻訳《ほんやく》し，1774年に『解体新書』として出版した。こののち，オランダ語を通して西洋の学問を研究する蘭学がさかんになっていった。　**3**　松下村塾は，山口県萩《はぎ》で吉田松陰のおじが開いた私塾を松陰が再興したもので，伊藤博文や山県有朋《やまがたありとも》など，明治政府で活躍《かつやく》する人材を輩出《はいしゅつ》した。福沢諭吉が洋学などを学んだのは，緒方洪庵《こうあん》が大坂に開いた適塾(適々斎塾)である。

4　長崎には蘭学などの新しい学問を学ぶため，全国から多くの若者が集まった。本居宣長《もとおりのりなが》は国学を大成した人物である。

問4　2018年，長崎県の原城跡や大浦天主堂，熊本県天草の集落など12の資産が「長崎と天草地方の潜伏《せんぷく》キリシタン関連遺産」としてユネスコ(国連教育科学文化機関)の世界文化遺産に登録された。よって，4が選べる。なお，1は屋久島，2は「紀伊山地の霊《れい》場と参詣道《さんけいみち》」，3は「『神宿る島』宗《むな》像《かた》・沖ノ島と関連遺産群」について説明した文。

問5　広島に人類史上初の原子爆弾が投下された3日後の1945年8月9日，長崎に原子爆弾が投下された。長崎市は三方を山に囲まれていたため，被害が浦上川流域に集中した。

7　お金を題材とした経済と現代の社会についての問題

問1　1　人びとがたくさん物を買うと市場に多くの貨幣《かへい》が流通するため，貨幣価値が下がって物価が上がりやすくなる。　2　銀行が利子を上げると，企業などはお金を借りづらくなる。これによって市場から貨幣が減り，そのぶん価値が上がるため，物価は下がりやすくなる。　3　国や地方公共団体が道路やダムの建設といった公共事業(公共投資)を増やすと，市場に多くの貨幣が流通するため，貨幣価値が下がって物価は上がりやすくなる。　4　日本銀行が国債や地方債を民間銀行から積極的に買うと，その支払いのためのお金が市場に出まわって通貨量が増え，そのぶん貨幣価値が下がるので，物価は上がりやすくなる。

問2　EU(欧州連合)の単一通貨はユーロ。2002年から実際に使われるようになった共通通貨で，2018年時点でEU加盟国28か国中，19か国で使用されている。

問3　ある国の通貨と外国通貨が交換される場を外国為替《かわせ》市場という。各通貨の交換比率を為替相場(為替レート)といい，その比率は各国の経済状況などに応じて常に変動している。

問4　WTO(世界貿易機関)は1995年に設立された国際機関で，本部はスイスのジュネーブにおかれている。ものだけでなくサービスや知的財産など貿易全般に関するルールを定めたり，貿易問題解決のための交渉《こうしょう》の場を提供したりしている。なお，アは国際労働機関，イは世界保健機関，は国連教育科学文化機関の略称。

問5　円のように，国家や中央銀行によって発行された通貨を法定通貨という。これに対し，おもにインターネット上での取引に用いられ，電子データのみでやりとりされる通貨を仮想通貨という。世界中でさまざまな種類のものが利用されているが，特定の国家によって価値が保証されているわけではないから，現状では「通貨としての価値を認められている」とまではいえない。

理科　(25分)＜満点：50点＞

解答

1　**問1**　2，4　**問2**　(例)　種子を水にしずめる。　**問3**　3，4，5　**問4**　1　**問5**　図1…イ　図2…オ　**問6**　3　**2**　**問1**　3　**問2**　5　**問3**　ア　**問4**　2　**問5**　3　**問6**　4　**問7**　4　**3**　**問1**　3　**問2**　1　**問3**　6　**問4**　25mA　**問5**　ウ，エ，オ，カ　**4**　**問1**　75g　**問2**　36.4g　**問3**　2，6　**問4**　5　**問5**　(例)　水分を蒸発させ固体が残れば食塩水，何も残らなければ水である。

解説

1　**アサガオの生育についての問題**

問1　種子が発芽するために必要な条件は水，適当な温度，空気(酸素)で，いずれかの条件が欠けると種子は発芽しない。また，アサガオなど多くの種子は発芽するのに光を必要としない。1～8はすべて，脱脂綿《だっしめん》の上に種子を置いているので，空気の条件は満たされている。アサガオは発芽に適当な温度が20～25℃ほどで，湿《しめ》った脱脂綿の上では水の条件が満たされるので，2と4が発芽する。

問2　問1の実験では，空気の条件を調べることができない。空気の条件について調べるためには，適当な温度にして光の条件を同じにした環境を用意し，1つは種子を湿った脱脂綿の上に置き，もう1つは種子を水中にしずめて種子が空気とほとんど接しない状態をつくり，発芽するかしないかを調べればよい。

問3　オオバコ，イネ，アブラナ，トウモロコシは自力で体を支えることができる。一方，キュウリ，カラスノエンドウ，ヘチマは自力で体を支えることができず，つるを他のものにからみつけて体を支える。

問4　アサガオの茎《くき》は上から見ると反時計回りに動くようにのび，支柱があるとそれに茎そのものが左巻きに巻きついて(からみついて)のびる。

問5　アブラナの花は，花の中央にめしべが1本あり，その外側におしべが6本，花びらが4枚，がくが4枚ある。図1と図2では，エとクがめしべ，アとキがおしべ，イとオが花びら，ウとカががくを表している。

問6　アサガオの花には，めしべが1本，おしべが5本，花びらが5枚，がくが5枚ある。また，アサガオは合弁花で花びらは根もとでくっついている。そのようすを表しているのは3である。

2　**月の見え方や動きについての問題**

問1　月の表面を見ると，月の陸とよばれる明るく見える部分や月の海とよばれる暗く見える部分があり，それが模様のように見える。月の陸では白っぽい色をした斜長《しゃちょう》岩，月の海では黒っぽい色をした玄武《げんぶ》岩でおおわれているため，そのように見える。

問2　月は公転周期と自転周期が等しく，公転と自転の回る向きも同じである。そのため，月はいつも地球に同じ面を向けていて，地球からは月の裏側を見ることができない。

問3　月は北極の上空から見て，地球のまわりを反時計回りに公転している。

問4　月の直径は地球の直径の約$\frac{1}{4}$倍である。なお，地球の直径は約13000km，月の直径は約3500kmである。

問5　月食は，太陽—地球—月がこの順に一直線上にならび，月が地球の影《かげ》に入ることによって起こる。このときの月は満月となる。

問6　月の公転面は，地球の公転面に対して約５度傾《かたむ》いている。そのため，月が満月になる位置にきても，いつも月が地球の影に入るわけではなく，つまり月食がいつも起こるわけではない。

問7　月食が起きているとき，地球上の夜になっている場所ではそのようすを観察できる。また，経度が同じ地点では同じ時刻に月食が観察される。つまり，オーストラリアと日本で経度が同じ地点では，同時に月食が観察されることになる。

3　回路に流れる電流についての問題

問1　電流計のマイナス端子《たんし》に書かれている電流の値は，そのマイナス端子につないだときにはかることのできる電流の最大値を表している。

問2　電流計の中にはコイルがあり，コイルに電流が流れたときに磁界が発生し，そのはたらきにより電流計の針を動かしている。洗たく機はモーターにより回転をしており，モーターもコイルに電流が流れたときに磁界ができることで回っている。

問3　電池の記号は長い線の方が＋極，短い線の方は－極で，電流は＋極から－極へと流れる。図２の回路においては，電池の＋極から出た電流はD点を通り，C点からA点とB点に流れ込《こ》む。このとき，D点を通りC点に流れ込む電流の値と，C点からA点とB点へ流れ出る電流の値の合計は等しくなる。

問4　図２は豆電球の２個が並列につながっているため，それぞれの豆電球には電池から流れ出た電流の半分の値の電流が流れる。よって，１個の豆電球に流れる電流の大きさは，50÷2＝25(mA)である。

問5　アに流れる電流が50mAなので，ここよりも大きな電流が流れると考えられるところにある電流計では，50mAのマイナス端子につなぐと針が振《ふ》り切れてしまう。また，豆電球は電気が流れるのをさまたげるはたらきがあるので，電流が流れる道すじに豆電球が少ない方が大きな電流が流れる。アとイのある枝分かれした２つの道すじを比べると，２個の豆電球が直列につながるイの方が小さな電流が流れるため，イでは針が振り切れない。一方，オはアとイを流れる電流の合計，カはウとオを流れる電流の合計の値になるため，いずれもアよりも大きな電流が流れる。そして，ウは，ウのある枝分かれした道すじには豆電球が１つしかなく，ウと枝分かれしてその後合流するアからオを通る道すじやイからオを通る道すじに比べると通る豆電球が少ない。そのため，ウはアよりも大きな電流が流れていると考えられる。同様に，エもアよりも大きな電流が流れているといえる。したがって，ウ～カでは針が振り切れてしまう。

4 食塩の溶《と》け方についての問題

問1　食塩水Aは，食塩と水の比が，10：50＝1：5となっている。食塩15gをさらに溶かし，同じ濃《こ》さにしたときについて，全体の水の重さを□gとすると，1：5＝(10＋15)：□となるので，□＝(10＋15)×5÷1＝125(g)と求められる。よって，加える水の重さは，125−50＝75(g)となる。

問2　同じ量の食塩に多くの水を加えて溶かした食塩水ほど，食塩水の濃さはうすくなる。食塩5gが水何gに溶けているかを比べると，食塩水Aは，50÷10×5＝25(g)，食塩水Bは115g，食塩水Cは，90÷30×5＝15(g)，食塩水Dは55gなので，食塩水Bが最も濃さがうすい。この食塩水Bには，$36\times\frac{115}{100}-5=36.4$(g)の食塩をさらに溶かすことができる。

問3　1　水溶液は透明《とうめい》なので，水と食塩水はどちらも透明である。　2　濃さの異なる水溶液どうしはすぐに混じり合わず，濃さによって溶液中を通る光の進み方が異なるため，濃さの異なる水溶液どうしを混ぜるともやもやとしたものが観察できる。この現象をシュリーレン現象という。水に水を1滴《てき》たらしても同じ水どうしなので，もやもやとしたものは見られないが，食塩水に水を1滴たらしたときは濃さが異なるので，もやもやとしたものが見られる。　3　水に食塩が溶けていると凍《こお》る温度は0℃より低くなる。よって，水の方が食塩水より早く凍る。　4　ニンジンとジャガイモはどちらも水にしずむが，濃い食塩水に入れるとどちらも浮《う》かぶようになる。　5　BTB液が緑色になる水溶液は中性である。水も食塩水も中性なので，両方ともBTB液は緑色になる。　6　植物は水を吸い上げるが，食塩水のように塩分が溶けていると体内に水分を吸収することが難しくなる。したがって，バラの切り花は食塩水から水をうまく吸い上げることができないので，水にさして置いた場合に比べて，早くしおれて元気がなくなる。

問4　食塩水と水は，油には混じり合わない。また，同じ体積あたりで比べると，食塩水と水は油よりも重い。そのため，食塩水と水をそれぞれ1滴ずつ落とすと，これらは丸い玉となり，油の中に落ちていくことになる。また，食塩水の方が水より同じ体積あたりの重さが重いので，食塩水の方が水より早く落ちていくことになる。つまり，水の方が食塩水よりゆっくり落ちていく。

問5　食塩水の水分を蒸発させると，溶けていた食塩は白い固体となって残る。一方，水は蒸発させると何も残らない。この性質を使って2種類の液体を見分けることができる。また，食塩水は電気を通すが水は電気を通さないことや，同じ体積で比べると食塩水の方が水より重いということを使っても見分けることができる。

英　語　(60分)＜満点：100点＞

※解説と作文の解答例は編集上の都合により省略させていただきました。

解　答

Listening　省略　**Reading Passage One**　**1**　D　**2**　A　**3**　D　**4**　B　**5**　C　**Passage Two**　**1**　D　**2**　C　**3**　B　**4**　A　**5**　B　**Grammar Part A**　**1**　C　**2**　B　**3**　A　**4**　A　**5**　C　**6**　B　**7**　D　**Part B**　**1**　am trying to give it up　**2**　it interesting to learn foreign languages　**3**　when the result of this contest is going to be announced　**Vocabulary**　**1**　C　**2**　D　**3**　C　**4**　B　**5**　D　**6**　D　**7**　A　**8**　B　**9**　C　**10**　A

国語　（45分）＜満点：100点＞

解答

一　①　さじ，オ　②　くぎ，ウ　③　ぐんばい，ア　④　めがね，エ　⑤　はしご，キ　二　**問1**　①　ア　②　イ　③　エ　④　ウ　**問2**　**A**　世代　**B**　マイナス　**問3**　DNAの配列を～列が生成される　**問4**　①　B　②　B　③　A　④　A　三　**問1**　下記を参照のこと。　**問2**　**A**　た（った）　**B**　れんこ　**C**　こうちょう　**D**　さいく　**E**　ふえて　**問3**　**1**　耳　**2**　目　**3**　顔　**4**　頭　**問4**　ア　**問5**　**A**　ウ　**B**　イ　**C**　エ　**D**　ア　**問6**　①　ア　②　ウ　**問7**　ウ　**問8**　イ，ウ，エ，カ　**問9**　D→A→G→F→B→C→E　四　（例）　4月～7月は屋外での運動に適した季節である。立って歩けるようになるのが生後1年くらいだとすると，歩き始めると同時に屋外での運動に適した季節となるため，この時期生まれの人は屋外での運動の機会に恵まれ，屋外での運動が好きになると思われる。これを証明するには，ほかの屋外スポーツ選手についても調べ，数値を確認する必要がある。

●漢字の書き取り

三　**問1**　①　内蔵　②　秘密　③　所帯　④　映（す）　⑤　自負

解説

一　**慣用句の知識**

①「匙《さじ》を投げる」は，回復の見こみがないとあきらめるようす。　②「釘《くぎ》をさす」は，間違《まちが》いのないようにあらかじめ念をおすさま。　③「軍配があがる」は，勝つこと。　④「眼鏡にかなう」は，目上の人に認められ気に入られること。　⑤「はしごを外す」は，味方の裏切りで困難な立場に立たされるようす。

二　**出典は鈴木紀之《すずきのりゆき》の『すごい進化』による。**「進化」が指す意味とその要因について述べられている。

問1　①「茶色の毛」をしたネズミの集団から，何らかの原因で孫の世代に毛の「黒い個体」が現れると，次の世代以降「黒い個体の割合が増え」たり，「茶色の個体ばかりの集団に戻《もど》ったり」するという文脈なので，同類のことがらを並べ立て，色々な場合があることを表す「あるいは」が入る。　②　本文における「進化」を定義した後，「進化」をもたらす「要因」についての話題に移っているので，前のことがらを受けて，それをふまえながら次のことを導く働きの「では」がよい。　③「突然《とつぜん》変異」が生物の生存や繁殖《はんしょく》にとってよくない効果をもたらすことの理由は，「その環境《かんきょう》においてベストな形質をいじられてしまうことになるから」だと述べられているので，前のことがらの理由をつけ加える働きの「なぜなら」があてはまる。　④「突然変異」によって生じた形質は，多くの場合元の形質よりも生存や繁殖において「不利」に働くが，稀《まれ》に「有利」

になることもあると述べられているので，前のことがらを受けて，それに反する内容を述べるときに用いる「ところが」が合う。

問2　**A**　「スマートフォンの進化」は，「世代をまたいで生物の形質が置き換《か》わっていくプロセス」を指す「生物学の進化」と「相性《あいしょう》のよい現象」だというのだから，「世代」が入る。　**B**　続く部分に，「その環境においてベストな形質をいじられてしまうことになる」とあるように，「突然変異」は多くの場合，生物の生存や繁殖にとって「マイナス」の効果をもたらすのである。

問3　細胞《さいぼう》は，基本的に「DNAの配列を正確に複製」して親から子へと伝達するが，そのとき「ごく稀にミスが生じてしまい，元の鋳型《いがた》となる配列とは異なる配列が生成される」という「突然変異」が起こるために「DNA配列の違《ちが》い」が発生するのだと言っている。よって，「DNAの配列を～列が生成される」の部分がぬき出せる。

問4　①　自然淘汰《とうた》とは，「子どもを残す上で有利な形質」が「世代を経るにつれて自動的に割合を増やして」いく一方，「不利な形質は減って」いくことだと説明されているので，合わない。　②　ペプチターゼは「生物の体を形作る」のではなく，「酵素《こうそ》として他の化学反応を手助けする」のだから，正しくない。　③　本文の最後のほうで，「突然変異」は生物にとって「ほとんど中立」か「だいたいは有害」だが，生存や繁殖においては稀に「有利になる」こともあると述べられているので，合う。　④　空らん①の少し後で，「イチロー選手」の「進化」とは「イチロー選手個人の野球のスキルが上達したこと」を意味するもので，世代をまたいでいるわけではないため「生物学の用語としての進化」とは異なると筆者は述べている。よって，正しい。

三　**出典は大山淳子《おおやまじゅんこ》の『あずかりやさん　桐島《きりしま》くんの青春』による。**オルゴール職人のゼムスは妻と生まれてくる子のために心をこめてオルゴールをつくったが，二人は亡くなってしまう。

問1　①　内部に持っていること。　②　隠《かく》して人に知らせないようす。　③　「所帯を持つ」は，一戸を構えて独立した生計を営むこと。ここでは結婚《けっこん》して独立するという意味。　④　音読みは「エイ」で，「映画」などの熟語がある。訓読みにはほかに「は(える)」がある。　⑤　自分の才能や仕事に自信や誇《ほこ》りを持つこと。

問2　**A**　音読みは「ケイ」「キョウ」で，「経済」「経文」などの熟語がある。訓読みにはほかに「へ(る)」がある。　**B**　何度も続けて呼ぶこと。　**C**　うれしかったり恥《は》ずかしかったりして，顔が赤くなるようす。　**D**　手先を使って細かい模様や仕掛《しか》けなどをつくること。また，つくったもの。　**E**　得意ではないこと。

問3　**1**　「耳を貸す」は，人の話を聞こうとするようす。　**2**　「目を細める」は，うれしくて満面の笑《え》みをうかべるさま。　**3**　「顔を曇《くも》らせる」は，心配や不安で暗い顔つきになること。　**4**　「頭を下げる」は，お辞儀《じぎ》をして心から頼《たの》むようす。

問4　奥《おく》さんは，オルゴールの木の箱が「随分《ずいぶん》とよいクルミ材」でできていることに「大丈夫《だいじょうぶ》なの？」と言っているので，たくさんお金がかかったのではないかと心配しているものとわかる。よって，アがふさわしい。

問5　**A**　直後に，「お腹《なか》の子を励《はげ》ますのも忘れ」なかったとあるので，ウがよい。　**B**　奥さんと子どもが二人とも亡くなってしまったのだから，誕生の喜びと感謝を歌うつもりが，死んでしまった悲しみをうったえる歌になってしまったとするのが合う。よって，イが正しい。　**C**　家から出て行った息子《むすこ》を心配する父親を励ます言葉が入るので，エがふさわしい。　**D**　ゼムスがようやく戻ってきたことを喜んでいるのだから，アが選べる。

問6　①「蓄音機《ちくおんき》を賞賛する人」は，オルゴールが止まることを欠点として批判しているので，「途中《とちゅう》で勝手に止まってしまう」とするのがよい。　②「奥さん」はオルゴールが止まることを美点としてとらえている。だんだんゆっくりになって，ごく自然に止まるのがよいというのである。

問7　蓄音機の登場とともにオルゴールの注文が減り，父にうながされたゼムスは時計工房《こうぼう》で働き始めたが，それを奥さんに伝えることはなかった。奥さんは，大好きなオルゴールづくりをやめざるを得なかったゼムスの「寂《さび》しさ」を感じ取っていたので，彼《かれ》を思いやり，「あえてそのことには触《ふ》れ」なかったのだから，ウがふさわしい。

問8　父に「いい加減にしないか」と言われても耳を貸さなかった点や，奥さんと子どもを亡くした後，人々からオルゴールをつくってほしいと熱心に頼《たの》まれても決してつくらなかったことから，イが合う。また，奥さんはゼムスの「朴訥《ぼくとつ》で実直な性格」に惹《ひ》かれたとあることから，ウとエもよい。さらに，ゼムスは「普通《ふつう》は木工職人がやる」ところまで自分で手掛け，思い通りのオルゴールをつくろうとしたのだから，カも選べる。

問9　まず，時計づくりが盛んだったスイスでオルゴールが発明されたので，Dが最初になる。その後，時計職人だったゼムスの父が，時代の波に乗ってオルゴールをつくり始めたころにゼムスが生まれたのだから，A，Gが続く。次に，ゼムスが結婚したころ蓄音機が発明され，奥さんと子どものために最後のオルゴールをつくったが，二人は亡くなってしまい，ショックを受けて家から出て行ってしまうので，F，B，Cが来る。そして，一年後に戻ってきたゼムスが父の亡き後，時計工房を引き継《つ》いだEが最後になる。

四　条件作文

「日本人男性の月別出生数」を見ると，どの月もほぼ4万人前後で一定している。一方，「日本のプロ野球選手の月別出生数」を見ると，明らかに4～7月が多い。毎月ほぼ同じ出生数なのに，なぜプロ野球選手には4～7月生まれが多いのか推測する。二つのグラフから自分なりの仮説とその証明法を考えてまとめる。

Dr.福井の 入試に勝つ！脳とからだのウルトラ科学

右の脳は10倍以上も覚えられる！

手や足，目，耳に左右があるように，脳にも左右がある。脳の左側，つまり左脳は，文字を読み書きしたり計算したりするときに働く。つまり，みんなはおもに左脳で勉強していることになる。一方，右側の脳，つまり右脳は，音楽を聞き取ったり写真や絵を見分けたりする。

となると，受験勉強に右脳は必要なさそうだが，そんなことはない。実は，右脳は左脳の10倍以上も暗記できるんだ。これを利用しない手はない！　つまり，必要なことがらを写真や絵などで覚えてしまおうというわけだ。

この右脳を活用した勉強法は，図版が数多く登場する社会と理科の勉強のときに大いに有効だ。たとえば，歴史の史料集には写真や絵などがたくさん載っていて，しかもそれらは試験に出やすいものばかりだから，これを利用する。やり方は簡単。「ふ～ん，これが○○か…」と考えながら，載っている図版を５秒間じーっと見つめる。すると，言葉は左脳に，図版は右脳のちょうど同じ部分に，ワンセットで記憶される。もし，左脳が言葉を忘れてしまっていたとしても，右脳で覚えた図版が言葉を思い出す手がかりとなる。

また，項目を色でぬり分け，右脳に色のイメージを持たせながら覚える方法もある。たとえば江戸時代の三大改革の内容を覚えるとき，享保の改革は赤，寛政の改革は緑，天保の改革は黄色というふうに色を決め，チェックペンでぬり分けて覚える。すると，「“目安箱”は赤色でぬったから享保の改革」というように思い出すことができ，混同しにくくなる。ほかに三権分立の関係，生物の種類分け，季節と星座など，分類されたことがらを覚えるときもピッタリな方法といえるだろう。

Dr.福井（福井《ふくい》一成《かずしげ》）…医学博士。開成中・高から東大・文Ⅱに入学後，再受験して翌年東大・理Ⅲに合格。同大医学部卒。さまざまな勉強法や脳科学に関する著書多数。

Memo

Memo

2018年度　慶應義塾湘南藤沢中等部

〔電　話〕 (0466) 49－3585
〔所在地〕 〒252-0816　神奈川県藤沢市遠藤5466
〔交　通〕 小田急江ノ島線・相鉄いずみ野線・市営地下鉄―「湘南台駅」よりバス15分　JR東海道線―「辻堂駅」よりバス25分

【算　数】 (45分) 〈満点：100点〉

1　ア，イ，ウにあてはまる数を求めなさい。

(1) $\left\{0.6-\left(0.375-\frac{1}{8}\right)\right\}\div\frac{14}{\boxed{\text{ア}}}+2\frac{3}{5}=\frac{29}{10}$

(2) 直径5cmの円の面積は［イ］cm^2である。(ただし，円周率は3.14とする。)

(3) 箱の中に［ウ］個のみかんが入っている。全体の$\frac{3}{7}$のみかんを取り出したところ，箱の中には64個のみかんが残った。

2　(1) A君，B君，C君の3人の所持金の合計は2500円である。B君の所持金はA君の3倍より100円多く，C君の所持金はB君の2倍より500円少ない。B君の所持金を求めなさい。

(2) 15本の等しい長さの紙テープを，のりしろを2cmにして1本につなげたところ5m42cmになった。紙テープ1本の長さは何cmですか。

(3) 「先生2人が等しい金額を出して生徒に45個のケーキを買ったところ，代金の合計は□602□円だった」一万の位と一の位の□には数字が1つずつ入る。このケーキ1個の値段を求めなさい。ただし，ケーキ1個の値段は整数とする。

3　数の書かれた白と黒のカードが以下の規則に従って左から順番に並べてある。

1番目	2番目	3番目	4番目	5番目	6番目	7番目	8番目	9番目	10番目	11番目	12番目	……
1,	1,	2,	1,	2,	3,	1,	2,	3,	4,	1,	2,	……

次のア，イ，ウにあてはまる数を求めなさい。

(1) 最初の黒い1のカードは2番目である。最初の黒い5のカードは［ア］番目である。

(2) 7番目の白い1のカードは，白いカードだけを数えて4枚目である。白いカードだけを数えて30枚目のカードに書かれている数は［イ］である。

(3) 7番目の白い1のカードは，白い1のカードだけを数えて2枚目である。白い2のカードだけを数えて10枚目のカードは，［ウ］番目である。

4　６つの角がすべて等しい六角形ABCDEFと円の$\frac{1}{4}$の図形ODGが，図のように重なっている。点Oは辺BCの真ん中の点で，点Pは円周と辺EFが重なる点である。

また，半径OGは点Bと点Pを結んだ直線の真ん中の点Qで交わっている。

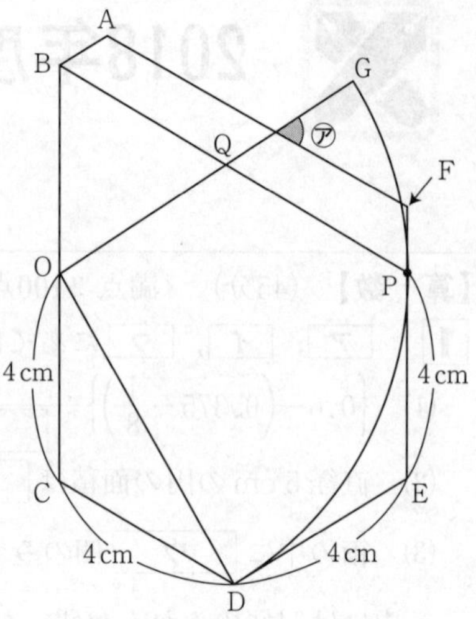

⑴　OQの長さを求めなさい。

⑵　㋐の角度は何度ですか。

⑶　辺ABの長さが２cmのとき，六角形ABCDEFの面積は三角形OCDの面積の何倍ですか。

5　底面を水平のまま動かせる水そうがある。

右の図のように最初の底面の位置は深さ60 cmのAのところにある。ここに水を一定の量ずつ入れ始めると同時に毎分２cmの速さで底面を上げていったところ，３分後の水面の高さはAから８cmになった。

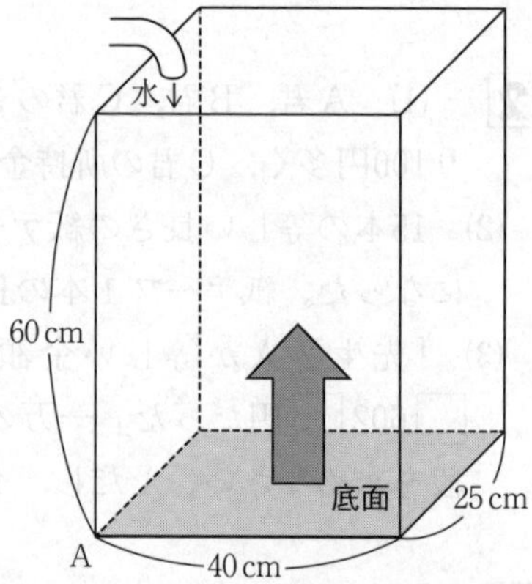

⑴　水は毎分何Lずつ入りますか。

⑵　水そうがいっぱいになるのは，水を入れ始めてから何分後ですか。

⑶　水を入れ始めてから□分後に，底面の上がる速さを$\frac{1}{3}$にして，水を入れる量を２倍にしたところ，水を入れ始めてから24分後に水そうがいっぱいになった。□に入る数を求めなさい。

6　ある川では，上流にある地点Pと，その下流にある地点Qを，２そうの船A，Bが往復している。どちらの船も地点P，Qに着くとすぐ折り返すものとする。

⑴　毎日午前６時に地点Pを出発する船Aは，午前７時30分に地点Qに着き，折り返して午前10時30分に地点Pに着く。船Aの静水時の速さは，川の流れの速さの何倍ですか。

⑵　毎日午前６時に地点Pを出発する船Bは，午前７時12分に地点Qに着く。船Bの静水時の速さは，船Aの静水時の速さの何倍ですか。

⑶　ある日，午前７時30分に地点Qを出発した船Aが途中《とちゅう》で動かなくなり，下流の方に流され始めた。そして，地点Pに着いてから折り返してきた船Bと午前10時６分に出会った。

船Aが動かなくなったのは午前何時何分ですか。

【社　会】（25分）〈満点：50点〉

1　次の文を読み，問いに答えなさい。

日本で多くの人が自家用車を手に入れられるようになったのは高度経済成長期を迎えてからのことでした。国内向けの自動車の生産とともに，(ア)工業製品の輸出が増えていきました。

これまで(イ)自動車の生産は先進工業国が中心でしたが，近年は大きな変化が見られます。

世界の自動車生産が増加するなかで，(ウ)安全性や快適さを高める工夫がされてきました。一方で，(エ)自動車が増加することで地球環《かん》境に大きな負荷がかかっています。

誰もが安全で快適に利用できる自動車を目指して(オ)自動運転技術の実用化に力が入れられています。新たな機能を加えるだけでなく地球環境への負荷を抑えることが求められています。

問１　下線(ア)について，下の表は2016年の日本の合成繊《せん》維《い》織物，石油製品，鉄鋼，自動車の輸出先１位から４位までの割合を示したものです。単位は％です。自動車の輸出を示したものを選び，番号で答えなさい。（日本国勢図会2017/18より作成）

1

中国	16.3
韓国	14.2
タイ	13.1
アメリカ合衆国	6.7
輸出総額	28,433億円

2

アメリカ合衆国	38.9
オーストラリア	6.0
中国	4.7
アラブ首長国連邦	4.1
輸出総額	113,329億円

3

オーストラリア	23.5
シンガポール	15.1
韓国	14.1
中国	12.3
輸出総額	8,685億円

4

中国	35.7
ベトナム	19.3
アラブ首長国連邦	10.1
サウジアラビア	6.4
輸出総額	1,458億円

問２　下線(イ)について，下の表は日本，ドイツ，アメリカ合衆国，中国の４か国について自動車の生産台数（単位　千台）の移り変わりを示したものです。表から日本を選び，表中の番号で答えなさい。

表　世界の自動車生産（日本国勢図会2017/18より作成）

	2000年	2010年	2015年	2016年
1	2,069	18,265	24,567	28,119
2	12,800	7,743	12,106	12,198
3	10,141	9,629	9,278	9,205
4	5,527	5,906	6,033	6,063

問３　下線(ウ)として人工衛星と通信して音声や画面で道案内するしくみを何と呼ぶか。解答らんの指示にしたがって，カタカナで答えなさい。

問４　下線(エ)について，自動車の増加によって課題が発生しています。日本における対策を説明した文として適当でないものを選び，番号で答えなさい。

1　自動車を生産するときに排出される二酸化炭素を減らすために，海外での生産をやめる。

2　都市の中心部に乗り入れる自動車の台数を制限して，大気汚染物質の発生を少なくする。

3　ガソリン以外の燃料で動く電気自動車や燃料電池を利用した自動車の利用を広める。

4　排気ガスの成分について厳しい基準を設定して，基準を満たさない自動車の走行を制限する。

問5　下線(オ)について説明した文として適当でないものを選び，番号で答えなさい。

1　自動運転で効率よく走行することで，道路の混雑緩和や資源の節約が期待されている。

2　自動運転技術の開発には自動車メーカー以外にＩＴ企業が運転を制御するソフトの分野から参加している。

3　自動運転で走行していた自動車が事故を起こした時の責任の扱いが，まだ定まっていない。

4　自動運転技術の研究開発は道路を走行する自動車に限られていて，農業や土木工事の作業機械などには導入されていない。

2　次の表１は，日本国内の新幹線(北海道線，東北線，上越線，北陸線，東海道線，山陽線，九州線)について，長さ(旅客営業キロ)と旅客数および終点の駅がある道府県の人口をあらわしたものです。ここで，東京駅または東京駅に近い側を起点とし，遠い側を終点としています。また，Ａ～Ｆのそれぞれの終点位置については，地図中のア～カで示しています。地図は一部省略しています。

問いに答えなさい。

表１

	長さ(km)	旅客数(万人)	終点の道府県人口(千人)
A	713.7	9,045	1,308
B	644.0	7,206	5,102
C	552.6	16,297	8,839
D	345.5	3,184	1,154
E	303.6	4,296	2,304
F	288.9	1,365	1,648
北海道線	148.8	10	5,382

(注)　長さと旅客数は2015年度，人口は2015年10月１日の数値。

日本国勢図会2017/18より作成。

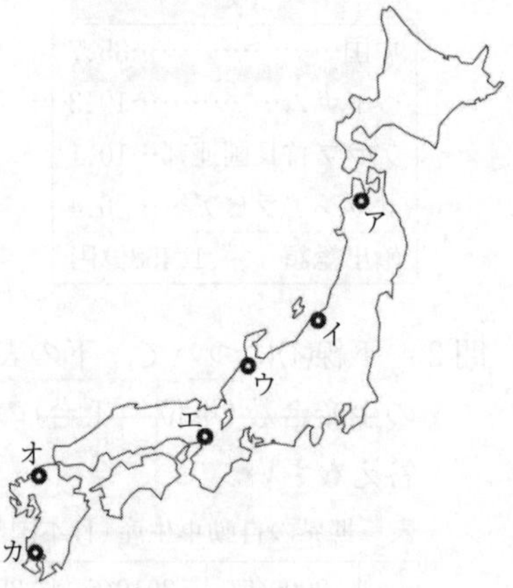

問１　表１中の新幹線Ａ・Ｃ・Ｆの終点として，それぞれ地図中のア～カから選んだ地点の組み合わせとして正しいものを選び，番号で答えなさい。

	1	2	3	4	5	6
A	ア	ア	エ	エ	カ	カ
C	エ	カ	ア	カ	ア	エ
F	カ	エ	カ	ア	エ	ア

問2　右のグラフは，ウ・エ・オ・カの駅がある府県について，人口集中地区と過疎《そ》地域が各県の面積に占める割合をあらわしたものです。

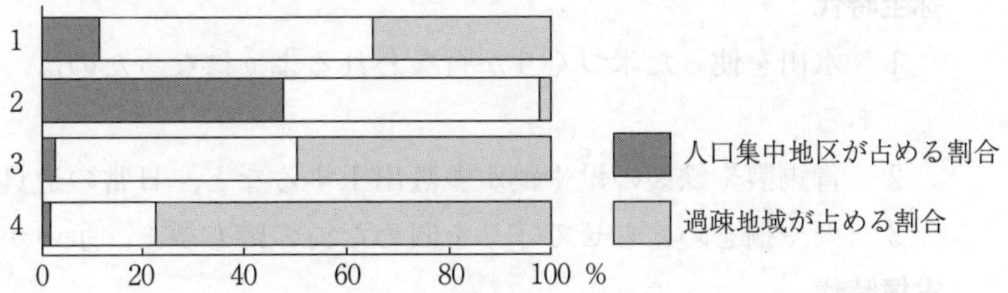

地図中でオの駅がある県をあらわすものを選び，グラフ中の番号で答えなさい。（データでみる県勢2017より作成。グラフ中の白い部分はどちらにもあてはまらない面積をあらわす。）

問3　日本の鉄道について説明した文として誤っているものを選び，番号で答えなさい。

1　現在では北海道から鹿児島まで新幹線を乗り継いで行くことができる。

2　地方では人口減少により路線が廃止されることがあるが，その一方で新幹線は延長されつつある。

3　大都市圏《けん》では異なる鉄道会社の相互《ご》乗り入れが増え，新たな地域の結びつきが生じている。

4　道路網《もう》が整備されてきたので，近年では鉄道による旅客輸送，貨物輸送ともに減少しつつある。

問4　次の表2は，自動車，鉄道，航空，船による旅客と貨物の平均輸送距離（旅客1人・貨物1tあたりの距離）についてあらわしたもので，X・Y・Zは自動車，鉄道，航空のいずれかを示しています。表2中のX・Y・Zがそれぞれあらわしているものの組み合わせとして正しいものを選び，番号で答えなさい。（数値は2015年度。日本国勢図会2017/18より作成）

表2　旅客と貨物の平均輸送距離（km）

	旅客輸送	貨物輸送
X	918.4	1,067.7
Y	17.6	498.0
Z	13.1	46.6
※船	34.6	493.5

※旅客船または国内輸送

	1	2	3	4	5	6
X	自動車	自動車	鉄道	鉄道	航空	航空
Y	鉄道	航空	自動車	航空	自動車	鉄道
Z	航空	鉄道	航空	自動車	鉄道	自動車

3　慶一君は，縄文時代，弥生時代，古墳時代について，3つずつ特徴《ちょう》を書いてみました。それぞれの文1～3について適当なものには○，適当でないものには×をつけなさい。

縄文時代

1　この時代に作られた土器はもろいが，複雑な形をしていることもある。

2　クリの木をはじめとして，いくつかの植物が栽培《さいばい》されていた。

3　三内丸山遺跡に見られるように，定住するようになった人びともいた。

弥生時代

1　水田を使った米づくりが行なわれるようになったのは，この時代の後半に入ってからである。

2　青銅製や鉄製の鍬《くわ》や鋤《すき》が多数出土するなど，日常の道具の多くが金属で作られていた。

3　堀《ほり》や柵《さく》をめぐらせて守りを固めた村の跡《あと》も多く，争いがあったことがわかる。

古墳時代

1　古墳の種類は前方後円墳だけに統一されるようになった。

2　渡来人によって須恵器《すえき》という固い土器が作られるようになった。

3　倭《わ》の五王に関する記録が中国の歴史書に書かれている。

4　史料Aは，北条泰時《やすとき》が京都にいる弟に出した手紙です。問いに答えなさい。

史料A

> (ア)この法令をつくったことについて，なにをもとにして書かれたものかと，人びとはきっと非難してくるでしょう。確かにこれといったもとになるものはありませんが，ただ(イ)道理に基づいてつくったものです。…(中略)…これによって，朝廷が取り決めたことや，(ウ)以前からある朝廷が定めた法令の決まりが改められることは少しもありません。…(中略)…京都の人びとが非難してくることがあれば，こうしたことをよく心にとどめて，伝えてほしいのです。

問1　弟に史料Aの手紙を出したとき，北条泰時は何という地位についていましたか。正しいものを選び，番号で答えなさい。

1　摂政《せっしょう》　　2　執権《しっけん》　　3　将軍　　4　管領《かんれい》

問2　下線(ア)の法令の内容についての説明としてもっとも適当なものを選び，番号で答えなさい。

1　大名の家どうしでの自由な結婚《こん》を禁止した。

2　農民が武器を持つことを禁止し，武士に反抗《こう》した者を罰《ばっ》した。

3　土地に関する争いを裁《さば》くため，公正な基準を示した。

4　政治のことは会議を開いて，みんなの意見を聞いて決めるとした。

問3　下線(イ)の道理とは，武士の道徳や慣習を指します。この手紙が書かれたころ，武士はどのような生活を送っていましたか。もっとも適当なものを選び，番号で答えなさい。

1　武士は農村に住み，農民らから年貢《ねんぐ》を集め，生活の糧《かて》としていた。

2　武士は朝廷《てい》に年貢を納めなくてよいかわりに，命をかけて天皇のために戦った。

3　武士は集めた年貢だけでは生活が成り立たないので，積極的に商いを行なった。

4　武士は城下町に住み，集めた年貢を売って生活していた。

問4　下線(ウ)が示す法令を何と呼びますか。ひらがな5文字で答えなさい。

問5　次の1～4のできごとを古い順に並べなさい。

1　後醍醐《ごだいご》天皇が鎌倉幕府を倒そうとしたが失敗して，島流しにされた。

2　朝廷を監《かん》視することを目的に，六波羅探題《ろくはらたんだい》が設置された。

3　中国全土を統一した元が日本に攻めてきた。

4　史料Aの法令がつくられた。

5 慶吾くんと藤子さんは明治時代の政治のようすについて調べました。二人の会話を読んで問いに答えなさい。

慶吾：明治時代になってまもなく政府の中で対立がはじまるね。そのきっかけとなったのが，江戸時代に結ばれた不平等条約改正を大きな目的とした，ヨーロッパへの使節団の派遣《はけん》だね。その団長が（ あ ）だよ。

藤子：この使節団には，長州出身の（ い ）も参加しているのよ。なかには女性の（ う ）も含まれているのね。

慶吾：反対に，この使節団に参加しなかった者の中には西郷隆盛がいるよ。

藤子：新政府は（ え ）に国を開くように求めたけど，使節団に参加しなかった者たちを中心に，開国に応じようとしない（ え ）に対して出兵しようという方針が打ち出されるのね。

慶吾：結局，使節団に参加した者たちが中心となって打ち出した方針が論争において勝ちをおさめ，この方針に敗れた西郷隆盛らは故郷へ帰って行くことになるんだ。

藤子：故郷へ帰った者たちは，それぞれの方法で政府への対抗を試みるのよ。西郷隆盛は武力対決を試み(ア)西南戦争を起こすの。結局は失敗したんだけどね。

慶吾：言論で政府に対抗しようとした者が土佐出身の（ お ）だね。彼を中心に始まった(イ)自由民権運動が，結局のところ国会開設につながっていくんだ。

藤子：武力で政府に対抗しようとした試みが失敗し，言論で対抗しようとしたことが成功を収めたことを考えると，まさにペンは剣よりも強しってことになるのね。

問1　空らん（あ）～（お）にあてはまる語句を選び，番号で答えなさい。

1　板垣退助　　2　清　　3　樋口一葉　　4　福沢諭吉
5　朝鮮　　6　岩倉具視《ともみ》　　7　木戸孝允《たかよし》　　8　平塚らいてう
9　琉《りゅう》球　　10　大久保利通　　11　坂本龍馬　　12　津田梅子

問2　下線(ア)についての説明として，適当なものを選び，番号で答えなさい。

1　西郷軍はイギリスの支援《えん》を受けていた。
2　士族を中心とした西郷軍は，3年以上に渡って政府軍と戦った。
3　政府は徴《ちょう》兵で動員した兵を用いて戦った。
4　西南戦争以前，士族は武力による政府への抵抗を行わなかった。

問3　下線(イ)以降の動きについての説明として，適当なものを選び，番号で答えなさい。

1　大隈重信は立憲改進党をつくり，国会開設に備えた。
2　フランスの憲法を大いに参考にして，大日本帝国憲法はつくられた。
3　第1回衆議院議員選挙では，25歳以上の成人男性全員に選挙権が与えられた。
4　自由民権運動の広がりを受けて，政府は言論の自由を認めるようになった。

6 慶太くんと湘子さんは，衆議院と参議院について話をしました。二人の会話を読んで問いに答えなさい。

慶太：2017年9月に安倍晋三内閣は（ あ ）の冒《ぼう》頭で衆議院を解散したね。

湘子：前回の総選挙から3年弱で衆議院議員は資格を失ったというわけね。わたしは将来なれるのなら，任期途中の解散がない(ア)参議院議員の方がいいな。

慶太：衆議院の方が強い権限を認められることがあるけれども，それでも参議院の方がいいの？

湘子：たとえば？

慶太：（ い ）の審議については，衆議院が可決した後，参議院が30日以内に議決しないと衆議院の議決が国会の議決になるね。

湘子：なぜ衆議院は強い権限が認められているの？

慶太：では考えてみよう。参議院と比較して，衆議院の特徴《ちょう》を挙げてごらん。

湘子：1 衆議院の方が若いうちから立候補できる。
2 衆議院は参議院にはない小選挙区制を取り入れている。
3 衆議院の方が参議院よりも任期が短い。
4 衆議院の方が参議院よりも歴史が古い。今思いつくのはこれくらいかな。

慶太：そうだね。（う）し，解散もあるから，そのときどきの民意を反映しやすい。だから強い権限が認められているんだよ。

湘子：なるほど。では，参議院の存在する意味はなに？

慶太：衆議院のいきすぎをおさえるというブレーキの役割が期待できるんだ。でも，最近はそういう意識がうすれているから「参議院不要論」というのもあるくらいだよ。

湘子：そういえば，今回の解散前に東アジア情勢が緊迫《きんぱく》していることが話題になったけど，衆議院の解散中に大きな問題が起きたらどうするの？

慶太：内閣が要求することで参議院議員が集まって（ え ）が開かれるんだ。

湘子：それなら安心ね。

問１　空らん（あ）にあてはまる語句を選び，番号で答えなさい。

1　常会　　2　臨時会　　3　特別会　　4　両院協議会

問２　下線(ア)の参議院議員の定数は何名ですか。正しいものを選び，番号で答えなさい。

1　47　　2　121　　3　242　　4　295

問３　空らん（い）にあてはまる語句を選び，番号で答えなさい。

1　予算案　　2　内閣総理大臣の指名

3　法律案　　4　内閣不信任案

問４　空らん（う）にあてはまるもっとも適当な文を，直前の湘子さんの発言の１～４の中から選び，番号で答えなさい。

問５　空らん（え）にあてはまる語句を答えなさい。

7　次の文を読み，問いに答えなさい。

条約とは，国家間または国際機関との間で交わされた取りきめのことを指します。(ア)その内容には国交回復や平和的関係についてのものや，経済，(イ)自然環《かん》境に関するものなどがあります。

条約を結ぶ手順について，日本では，（ あ ）とされており，毎年いくつもの条約が結ばれています。

しかし，(ウ)日本は採択された全ての国際的な条約を批准《ひじゅん》（最終的な合意）しているわけではありません。同様に，各国もそれぞれの事情から足並みがそろわずに未発効のままとなる条約があります。特に(エ)核《かく》軍縮に関する条約には，不徹《てつ》底となっているものもあります。

問１　下線(ア)について，以下の条約（宣言）を結ばれた年が古い順に並べなさい。

1　日韓基本条約　　2　日中平和友好条約

3　日ソ共同宣言　　4　サンフランシスコ平和条約

問２　下線(イ)について，自然環境に関する条約の説明として正しいものを選び，番号で答えなさい。

1　ウィーン条約は絶滅《めつ》のおそれのある野生動物の取引について定めている。

2　ワシントン条約はオゾン層保護のためフロンの使用禁止について定めている。

3　バーゼル条約は生物の多様性を保護し，生物資源の持続可能な利用について定めている。

4　ラムサール条約は国際的に重要な湿《しっ》地・干潟《がた》の保護について定めている。

問３　空らん(あ)にあてはまる文を選び，番号で答えなさい。

1　国会が結び，結んだ後に内閣の承認を必要とする

2　内閣が結び，結ぶ前か後に国会の承認を必要とする

3　国会が結び，結ぶ前に天皇の承認を必要とする

4　内閣が結び，結ぶ前か後に天皇の承認を必要とする

問４　下線(ウ)について，日本が2017年４月の時点で批准していない条約を選び，番号で答えなさい。

1　拷《ごう》問禁止条約　　　2　人種差別撤廃《てっぱい》条約

3　子どもの権利条約　　4　死刑廃止条約

問５　下線(エ)について，核軍縮に関する条約の説明として誤っているものを選び，番号で答えなさい。

1　包括《かつ》的核実験禁止条約は核爆《ばく》発をともなうすべての核実験を禁止する条約だが，核保有国のアメリカ合衆国や中国が批准していない。

2　核拡散防止条約はアメリカ合衆国・ロシア・イギリス・フランス・中国のみを核保有国とし，他国への核兵器の拡散を防ぐための条約である。

3　部分的核実験停止(禁止)条約は地下以外での核実験を停止(禁止)する条約であり，1963年にアメリカ合衆国・ソ連・イギリスの３国間で結ばれた。

4　核兵器禁止条約は核兵器の保有，実験，使用すべてを禁止する条約として2017年に結ばれ，日本は唯《ゆい》一の被爆国として条文の作成に関わり，採択当初から批准している。

問６　2017年のノーベル平和賞は，核兵器廃絶を進める国際キャンペーンが受賞しました。その名称《しょう》を選び，番号で答えなさい。

1　ICAN　　2　IAEA　　3　IMF　　4　IOC

【理　科】（25分）〈満点：50点〉

1　K君は，川原の石は上流ほど大きく，下流ほど小さいと習いました。そこで，ある川の上流(山の中)，中流(平地へ流れ出たあたり)，下流(平地)の川原で，①～④の方法で石の大きさを調べました。次の問いに答えなさい。

① 図1のように，一辺の長さが5mの枠《わく》を糸で作り，同じ糸で枠内を50cmごとに網目《あみめ》状に区切りました。

② ①で作ったものを，川原の石の上に置きました。

③ 糸と糸の交わった場所(交点)の下にある石の大きさを測りました。このとき，石の大きさは，図1のXのように最も長いところで測りました。ただし，図1の石Aのように2カ所以上の交点にまたがる大きな石は，大きさを1回だけ測り，重複して測らないようにしました。

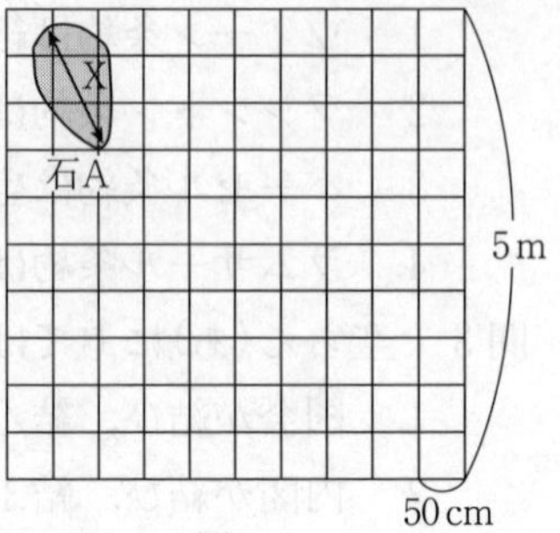

図1

④ すべての交点の下にある石の測定結果をもとに，石の大きさと個数の関係をまとめました。

問1　図2は，川のようすを表しており，矢印は水が流れる向きを表しています。川原ができやすいのはどのような場所ですか。図2のア～ウから1つ選び，記号で答えなさい。

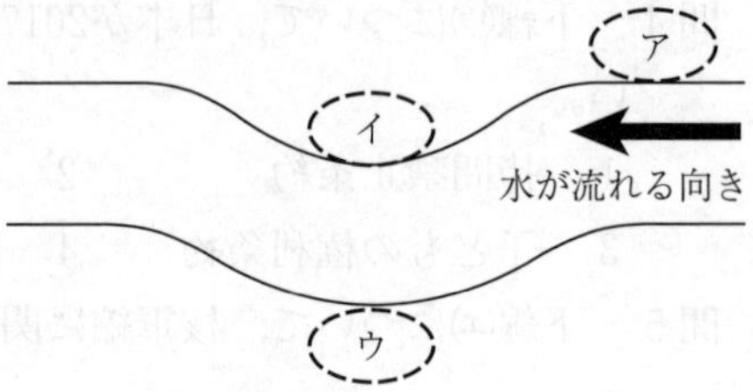

図2

問2　①～④の方法で川原の石の大きさを調べる利点は何ですか。次の中から2つ選び，番号で答えなさい。

1　その場所での平均的な大きさの石を選んで測ることができる。

2　大きな石だけを選んで測ることができる。

3　同じ方法で別の川を調べたときの結果と，同じ条件で比べることができる。

4　特定の大きさの石にかたよることなく調べることができる。

問3　グラフ㋐～㋒は，石の大きさと個数の関係を示したものです。㋐～㋒は，それぞれどの川原での結果ですか。次の中から正しい組み合わせを1つ選び，番号で答えなさい。

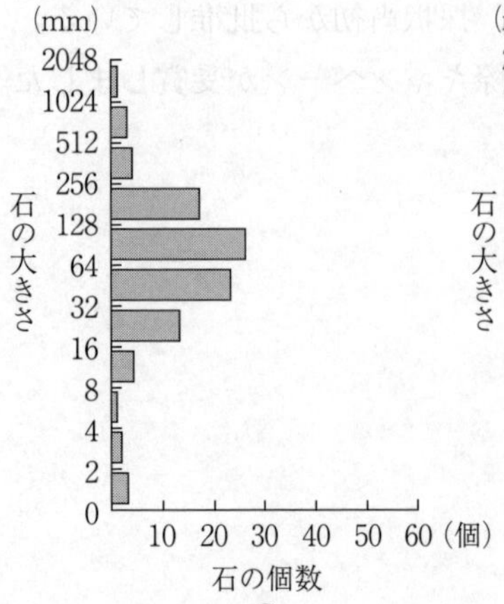

㋐

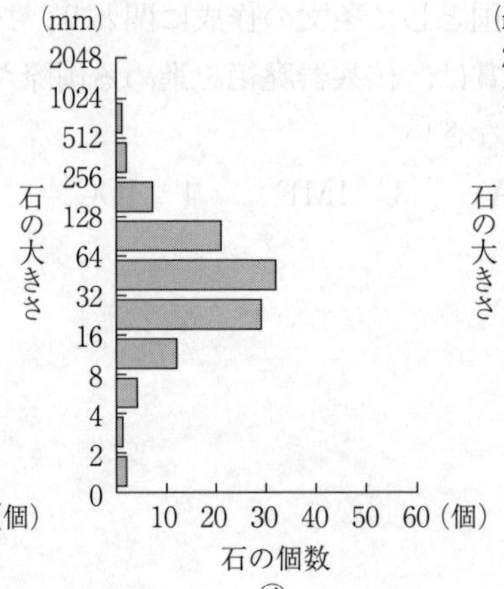

㋑

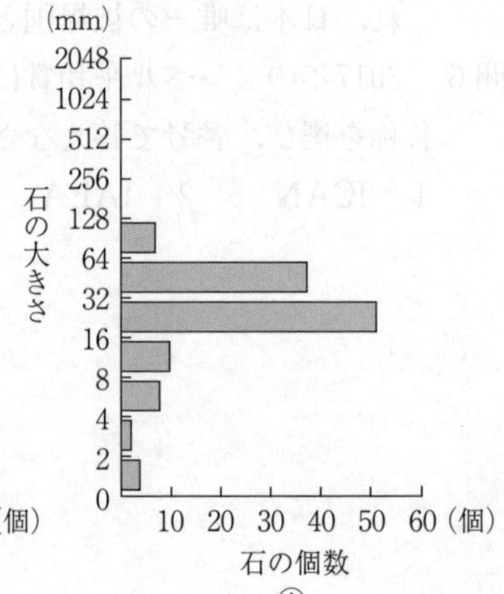

㋒

1　㋐ 上流　㋑ 中流　㋒ 下流

2　㋐ 上流　㋑ 下流　㋒ 中流

3　㋐　中流　㋑　下流　㋒　上流

4　㋐　中流　㋑　上流　㋒　下流

5　㋐　下流　㋑　上流　㋒　中流

6　㋐　下流　㋑　中流　㋒　上流

問4　この調査の結果から，上流，中流，下流の川原の石の大きさの特ちょうは何であるといえますか。次の中から正しいものをすべて選び，解答らんの番号を○で囲みなさい。

1　最も大きな石があるのは，上流である。

2　最も小さな石があるのは，下流である。

3　下流ほど，最も大きな石の大きさが小さい。

4　下流ほど，最も大きな石と，最も小さな石の大きさの差が小さい。

5　上流，中流，下流で，最も大きな石と，最も小さな石の大きさの差は等しい。

問5　この調査の結果から，上流，中流，下流の川原の石の大きさと個数の関係について，どのような特ちょうを読み取れますか。次の中から正しいものを1つ選び，記号で答えなさい。

1　上流は，大きな石ほど個数が多い。

2　下流は，小さな石ほど個数が多い。

3　同じ位の大きさの石の個数が最も多いのは，上流である。

4　同じ位の大きさの石の個数が最も多いのは，下流である。

問6　K君は，中流の川の中で，どのような石が流されているかを確かめるために，水中カメラを使って観察しました。その結果，川原で見られた石のうち最も大きな石と同じ位の大きさの石は流されていませんでした。中流の川原で見られた最も大きな石は，どのようなときに流されたと考えられますか。10字以内で答えなさい。

2　図1のような二《ふた》また試験管と，ゴム管・ガラス管・水槽《そう》を用いて，図2のような装置を作りました。ただし，図2では図1の◌部分の構造は省略しています。次に，実験1～3の操作によって気体を発生させ，試験管に集めました。次の問いに答えなさい。

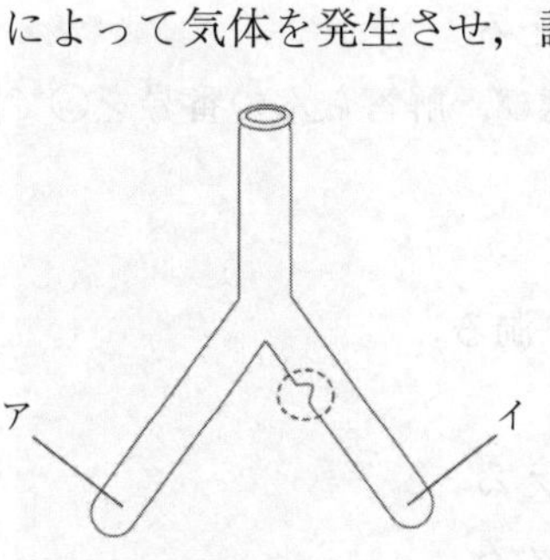

図1

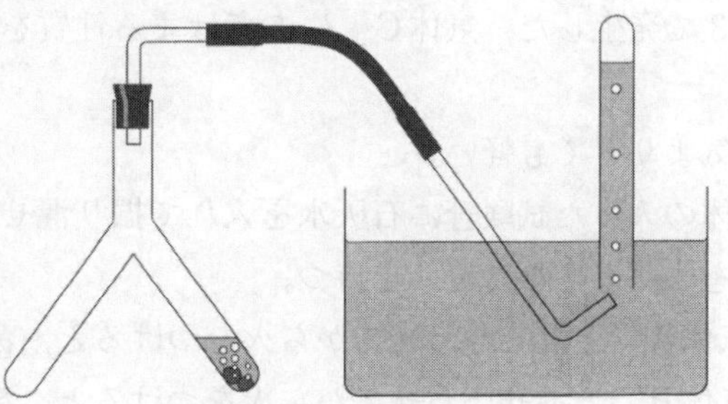

図2

実験1　二また試験管の一方に石灰石，もう一方にうすい塩酸を入れ，ゴム管・ガラス管を取りつけてから塩酸を石灰石のほうに少しずつ入れると，「気体A」が発生した。

実験2　二また試験管の一方に二酸化マンガン，もう一方にうすい過酸化水素水を入れ，ゴム管・ガラス管を取りつけてから過酸化水素水を二酸化マンガンのほうに少しずつ入れると，「気体B」が発生した。

実験3　二また試験管の一方に亜鉛《あえん》のつぶ，もう一方にうすい塩酸を入れ，ゴム管・ガラス管を取りつけてから塩酸を亜鉛のほうに少しずつ入れると，「気体C」が発生した。

以下の文は，二また試験管を用いる2つの利点を示しています。

> 液体を固体に少しずつ加えることで[　①　]ことと，液体を最初にあった方に戻《もど》すことによって，反応を止められることです。反応を止めるためには，固体を二また試験管の[②]に入れる必要があります。

問1　[①]にあてはまる利点を，15字以内で答えなさい。

問2　[②]にあてはまるものを，図1のア，イから選び，記号で答えなさい。

問3　実験1で発生した「気体A」にあてはまる性質をすべて選び，解答らんの番号を○で囲みなさい。

1　空気よりとても軽い。

2　気体の入った試験管に石灰水を入れて振《ふ》り混ぜると白く濁《にご》る。

3　気体の入った試験管に火のついた線香《せんこう》を入れると，空気中よりも激しく燃える。

4　気体の入った試験管に火のついた線香を入れると，火は消える。

5　鼻をつくようなにおいを持つ。

6　気体の入った試験管に少量の水を入れてよく振り混ぜてからBTB溶液を入れると，青色に変化する。

問4　実験2で発生した「気体B」にあてはまる性質をすべて選び，解答らんの番号を○で囲みなさい。

1　空気の約2割をしめる。

2　気体の入った試験管に石灰水を入れて振り混ぜると白く濁る。

3　気体の入った集気びんに火のついた線香を入れると，空気中よりも激しく燃える。

4　気体の入った試験管に火のついた線香を入れると，火は消える。

5　鼻をつくようなにおいを持つ。

6　「気体A」と混ぜ合わせてから火をつけると，激しく燃える。

問5　実験3で発生した「気体C」にあてはまる性質をすべて選び，解答らんの番号を○で囲みなさい。

1　空気よりとても軽い。

2　気体の入った試験管に石灰水を入れて振り混ぜると白く濁る。

3　鼻をつくようなにおいを持つ。

4　「気体A」と混ぜ合わせてから火をつけると，激しく燃える。

5　「気体B」と混ぜ合わせてから火をつけると，激しく燃える。

6　水道水の殺菌《さっきん》に用いられることがある。

問6　実験3では亜鉛を塩酸に溶《と》かして気体Cを発生させました。亜鉛と塩酸のどちらも使わないで「気体C」を発生させる方法は，他にどのようなものがありますか。使用する物質の名前をあげて，10字以上25字以内で答えなさい。ただし，使用する器具を示す必要はありません。

3 図1のように，太さ・材質が均一な棒《ぼう》の中心をスタンドに固定し，自由に回転できるようにしました。棒には，フックをかけられる穴が中心から等間隔《かんかく》にあいています。これらの穴の位置を，それぞれ中心に近い方から左1～10，右1～10と呼ぶことにします。左1～10には皿を，右1～10にはおもりをかけて実験をします。おもりは，1個5gのものが5個あり，1つの穴には1個しかかけることができません。次の問いに答えなさい。

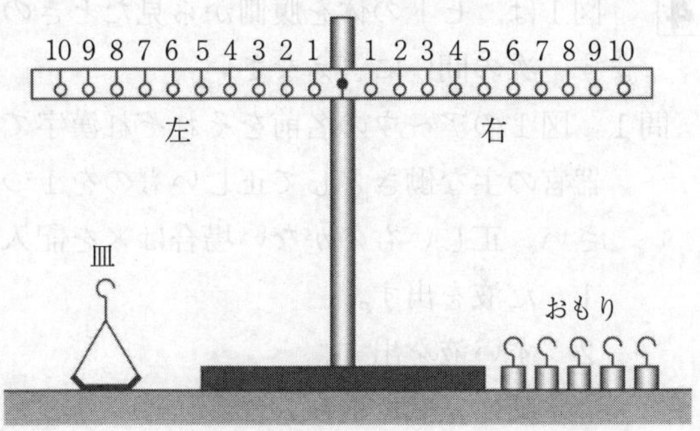

図1

問1　左6の位置に，皿をかけました。おもりを右9にかけると棒の左側が下がり，右10に移動すると右側が下がりました。皿の重さは何gから何gの間と考えられますか。整数で表せない場合は，最も簡単な帯分数で答えなさい。

問2　皿の位置を左6から1目盛《めもり》となりに移動し，おもりの位置を右8にすると棒は水平につり合いました。皿を左5，左7のどちらに移動しましたか，解答らんのあてはまる方を○で囲みなさい。

問3　皿の重さは何gですか，答えなさい。

問4　皿の上にものをのせ，ものの重さを①～⑤の手順で測ります。この手順で測定できる，ものの重さは最大何gですか，答えなさい。

①　測りたいものをのせた皿を，左5の位置にかける。

②　1個目のおもりを，右10にかける。棒の右側が下がるときは，おもりの位置を1目盛ずつ左へ移動していき，棒が水平になったらその位置で固定し，⑤へ進む。棒が水平にならないときは，初めて棒の左側が下がるようになったところに1個目のおもりを固定し，③へ進む。

③　2個目のおもりを1個目のおもり位置より1目盛左側にかけ，②と同じ手順で1目盛ずつ左へと移動していく。棒が水平になったらその位置で固定し，⑤へ進む。水平にならない場合は，初めて左が下がるところで固定し，④へ進む。

④　おもりを1個追加して，③と同じ操作を行う。5個目のおもりを使っても水平にならない場合は，操作を終了する。

⑤　計算で皿とものの重さの合計を求め，皿の重さを差し引く。

問5　問4の手順で，どのくらいまで細かな測定ができますか。何gごとの測定ができるかを次の中から1つ選び，番号で答えなさい。

1　0.1gごと　　2　0.5gごと　　3　1gごと

4　2gごと　　5　5gごと

問6　問4の測定で，皿にのせたものの重さが20gとわかりました。棒が水平になった状態では，おもりは右1～10のどの位置にかけられていますか。おもりがかけられている位置をすべて選び，解答らんの番号を○で囲みなさい。

4 図1は，ヒトの体を腹側から見たときの，器官の位置を表しています。次の問いに答えなさい。

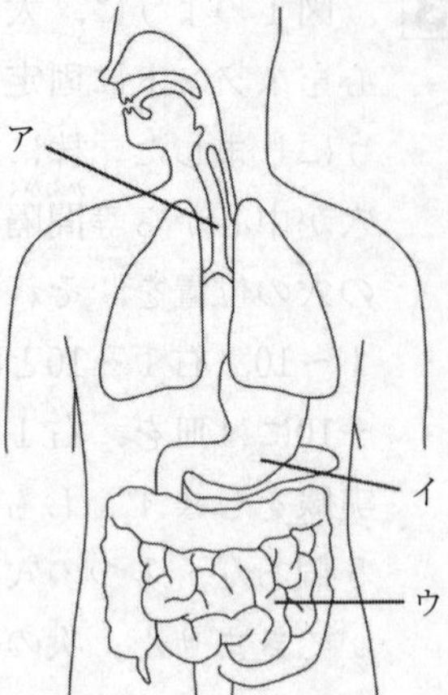

図1

問1 図1のア～ウの名前をそれぞれ漢字で答えなさい。また，その器官の主な働きとして正しいものを1つずつ選び，番号で答えなさい。正しいものがない場合は×を記入しなさい。

1 だ液を出す。
2 すい液を出す。
3 肺に空気を取り入れる。
4 体内に水分を吸収する。
5 体内に栄養分を吸収する。
6 体内の栄養分を貯蔵する。

問2 図1には，心臓とかん臓が表されていません。心臓とかん臓は体のどこにありますか。解答用紙の図に，その位置がわかるようにそれぞれ描《か》き入れなさい。ただし，心臓とかん臓は，解答用紙に示した形・大きさで表し，他の器官と重ねて描いてよいものとします。

問3 ヒトは息を吸うとき，横かく膜とろっ骨によって囲まれた胸の空間の容積を変化させることで，肺をふくらませます。息を吸っているとき，横かく膜の位置は息を吸う前に比べてどうなりますか。また，胸の空間内の圧力はどうなりますか。次の文の空らん(ア)，(イ)にあてはまるものを1つずつ選び，番号で答えなさい。

息を吸う前に比べて，横かく膜の位置は(ア)にあり，胸の空間内の圧力は(イ)。

1 上　2 下　3 高い　4 低い　5 変わらない

問4 ヒトが生きていくために必要な物質は，血液によって全身へと運ばれます。図2は，成人男性が安静にしているときと激しい運動をしているときの，1分間に各器官へ流れこむ血液量を表しています。図2のア～ウは，それぞれどの器官であると考えられますか。適切な器官を次の中から1つずつ選び，番号で答えなさい。ただし，1分間に心臓から全身へ送り出される血液量は，安静にしているときは5L，激しい運動をしているときは25Lであるとします。また骨格筋《こっかくきん》とは，体を支える骨につく筋肉のことです。

1 全身の皮ふ・骨格筋　2 肺　3 じん臓

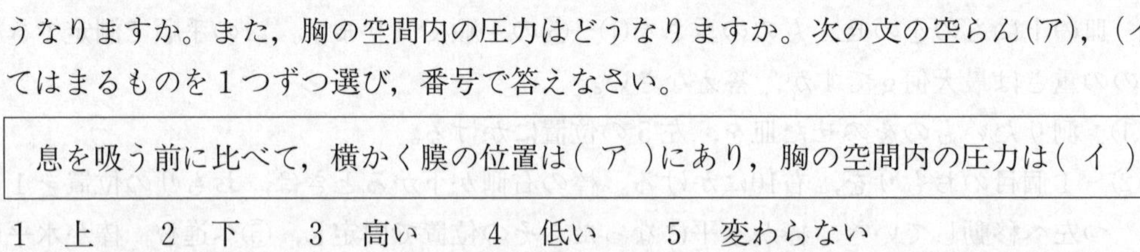

図2

問三　空らん[B]に入れるのに最もふさわしい語を次の中から選び、記号で答えなさい。

ア 痛かった　**イ** 悲しかった　**ウ** つらかった
エ まぶしかった　**オ** うらやましかった

問四　――①について、ここにはお父さんのどんな気持ちが込められているか。次の中から選び、記号で答えなさい。

ア 私にはもう関係ないと突《つ》き放している気持ち。
イ つらい思いをさせたかもしれないから好きなことをやってほしいという気持ち。
ウ どう声をかければよいのか分からず、とりあえず応援しておこうという気持ち。
エ 美術部に向いていると思って応援している気持ち。

問五　空らん[I]・[II]・[III]に入る語を次から選び、記号で答えなさい。なお、同じ記号を二度用いてはならない。

ア 唐突《とうとつ》に　**イ** 急に　**ウ** やさしそうに
エ おもむろに　**オ** 熱心に

問六　――②について、「素直に応援でき」るとはどういうことか。本文中から四十五字以内でぬき出し、文の最後が「〜こと」につながるように、答えなさい。(なお、句読点なども字数に含《ふく》みます。)

問七　――③の「……ごめんなさい」を聞いて、お母さんはどういう気持ちになったか、次の中から選び、記号で答えなさい。

ア 正太郎の気持ちをそのまま受け止めようと思っている。
イ やっと素直に認めたかとほっとしている。
ウ オムライスを美味《おい》しく食べてほしいのにと困っている。
エ 泣いたりして、どうしたのかととまどっている。

問八　空らん[C]に入る語句を次から選び、記号で答えなさい。

ア うらやましくなった
イ 帰りたい気持ちになった
ウ 父のうれしそうな声を思いだした
エ 続ければよかったと思った
オ 胸がキリリと痛んだ

問九　――④とあるが、お母さんはどう思っているのか。次の中から選び、記号で答えなさい。

ア お父さんと話してほしい。
イ 水泳をがんばってほしい。
ウ 好きなことをやってほしい。
エ 正太郎の絵をみせてほしい。
オ 真琴と仲良くしてほしい。

問十　空らん[D]に入る語句を本文中からぬき出し、六文字で答えなさい。

問十一　空らん「[E]」に入る文を次から選び、記号で答えなさい。

ア 真琴の大会、今度皆で応援に行こうか
イ 正太郎だから、大丈夫よ
ウ できるよ、家族なんだから
エ 真琴の泳ぎ、お父さんに似てきたでしょ
オ 今度、お父さんと話してみたら

四

あなたはこれから新しく作る小学校の教室の設計を任《まか》されました。教室を設計する際、どのような工夫をしますか。工夫したい点とその理由を、二つ説明しなさい。

※百二十字以内で書きなさい。
※原稿《げんこう》用紙の使い方に従って書くこと。ただし、改段落をする場合は行をかえず、一マス空けることで示しなさい。

「ごめん、二人でお昼食べてたら見逃しちゃった」

怒《おこ》るかと思ったが、真琴は、バカー！と言っただけだった。いや、これでちゃんと怒っているのか。

「またすぐに更新するでしょ。そのときはちゃんと見るから」

母の言葉に、真琴はうれしそうな顔をした。笛が鳴って、真琴はコーチのもとへ走っていった。

「じゃ、最後にクロールね」

真琴はゴーグルをばちんと目にはめて、コーチの笛の合図で壁を蹴《け》り、泳ぎ出した。

初めて見る真琴の泳ぎは見事だった。しなやかで、力強くて、子供のころに見た父の泳ぎをミニサイズにしたみたい。僕にはできなかった、父みたいな泳ぎ。そう思うと、やはり[C]。でも僕は、ちゃんと最後まで真琴の泳ぎを見た。

真琴は、ひとかきごとに確実に速くなっていくのだろう。僕だって、あのとき水泳をやめていなければ、真琴みたいに、父みたいに速くなれたのだろうか。

僕はいつか、真琴の泳ぎを、胸の痛みなしで、心の底から「がんばれ」と思いながら、見られるようになるだろうか。

そう思いながら、僕は真琴のクロールを見ていた。

帰りの車内は静かだった。

母がバックミラーにちらりと目をやって言った。

「見てよ、あの寝顔《ねがお》」

真琴は、体を斜《なな》めにして口を開け、上を向いて爆睡《ばくすい》していた。水泳は、ものすごく体力を使うのだ。

「お父さんね、このまえ言ってたよ」

母がまた[III]言った。

「……何を」

「正太郎に、どういうふうに接していいかわからないって」

「………」

「自分が無理矢理水泳をやらせて、つらい思いをさせたんじゃないかって。だから、正太郎がやることに関して、口を出すのはやめようって、正太郎が水泳やめたときに決めたんだって。でも、そんなの、口に出してくれないとわからないよね。お父さん、そういうの、へたくそなんだよ。だからいま、お母さんが代わりに言っちゃった。お父さんのこと、許《ゆる》してあげて。④お父さんだって、お母さんと同じこと、正太郎に対して思ってるんだよ」

今日の母は、まるで[D]口調で話す。

僕は、本当は、わかっていたのだ。

でも、途中であきらめた自分が情けなくて、僕のほうが、父と距離《きょり》を置くようになったのだ。

いまからでも、僕たち親子は、笑って話したり、思っていることを伝え合ったりできるだろうか。流れていく窓の外の景色に目をやりながら、僕はそんなことを考えた。

「[E]」

母は、僕の心が読めるみたいだ。

（小嶋陽太郎『ぼくのとなりにきみ』より）

※出題の都合上、本文の一部を改稿しています。

〈注1〉部活に全く出ない部員のこと。

〈注2〉ハセと近田さんは僕の同級生。

問一 ══a～eのカタカナを漢字に直しなさい。

問二 空らん[A]に入れるのに最もふさわしい語を次の中から選び、記号で答えなさい。

ア 達成感　**イ** 楽しみ　**ウ** 悔しさ

エ 速さ　**オ** 上達

母はアイスコーヒーをまた一口飲んだ。

もしかしたら母さんは僕が絵を描いていないことに気づいているのではないか、と思う。

「最近、いつお父さんと話した？」

と母が言った。

「……おはようくらいなら、毎日言ってるけど」

「正太郎、お父さんのこと、嫌い？」

言葉に詰まる。

そして母は、

「正太郎が、真琴のこと、②素直に応援できない気持ち、お母さんにはわかる」

と言った。

母は今日、僕を道案内のために連れてきたわけではないのだ。

「……母さん、メダルのこと、気づいてる？」

それは、声に出して言った言葉なのか、心の中だけで言った言葉なのか、自分でもわからなかった。

母は眉尻《まゆじり》を少し下げて、困ったような顔をした。たぶん、僕は、声に出して言ったんだ。

僕はもう一度、言い直した。

「僕が真琴の部屋からメダル盗んだこと、気づいてる？」

母はその質問には答えず、

「お母さんは、正太郎が、好きなことをやってくれてたら、それでいいと思う」

と言った。

僕はなんと言ったらいいかわからなくて、何口目かのオムライスを口に運んだ。卵はふわふわではなく薄いやつで、ケチャップの味が強くする。

母さんは、僕がメダルを真琴の部屋から持ち出したことを知っているのだ。母さんだけじゃない、真琴だって、きっと知っているのだ。あのメダルは、真琴の努力の証《あかし》だ。努力して取った大事なメダルがなくなって、気づかないはずがないだろう。

「なに泣いてるのよ」

「③……ごめんなさい」

真っ赤なケチャップに、涙《なみだ》が垂《た》れる。

ごめんなさい。ごめんなさい。

僕は、同じ言葉を繰《く》り返しながら、オムライスを食べた。

「泣きながら食べたら、作ってくれた人に失礼じゃない」

と母は言った。

僕は、オムライスを、時間をかけて食べ切った。

おばあさんがやってきて、温かい紅茶をテーブルに置き、おいしかった？と言った。おいしかったです、と僕は答えた。

店を出て、さらに一時間ほど街をドライブした。ラジオでは昭和歌《か》謡《よう》ベストヒットをやっていて、母はすべての曲を適当に口ずさみ、聞いてもいないのに、これは井上陽水《いのうえようすい》、これは山下達郎《やましたたつろう》、これは中島みゆき、と教えてくれた。

午後、僕は母と並んで真琴の合同練習をプールサイドの端《はじ》っこのほうで見学した。市民プールは、塩素のにおいがした。僕がこの世で、一番嫌いなにおい。

真琴のコーチは母を発見すると軽く頭を下げ、そのあと、ちょっと不思議そうな顔をしながらこちらにやってきた。

「正太郎君？　大きくなったわねえ」

六年もたっているのに、わかるもんなんだな。

休憩《きゅうけい》時間になり、水泳帽《すいえいぼう》を被《かぶ》った真琴は母と僕を発見して、ちゃんと見てた？　また記録更新《こうしん》したんだよ！　と言った。

母は無言でハンドルを右に切ったり、左に切ったりする。考えてみれば、母と二人でドライブというのは初めてだ。

「今日、あったかいわね。なんか喉渇《のどかわ》いてこない？」

「……真琴が泳ぐの、十二時過ぎぐらいでしょ？　そろそろ戻らないと、見逃《のが》しちゃうよ」

車のデジタル時計は十一時三十一分を指している。

「この時計、四分遅《おく》れてるから三十五分ね。まあ、コーヒー一杯飲むくらいなら大丈夫でしょ」

週末なのに市街地にもヒトケはなかった。

駅の周辺をくるくるとシュウユウしていると緑色の屋根をした喫茶店があり、母はその駐車場《ちゅうしゃじょう》に車を停《と》めた。小さな店なのに、やたらと駐車場が広い。dカンバンがあり、カフェ&レストと書いてある。

店に入ると、にこにこしたおばあさんに出迎《むか》えられた。コーヒーの香《かお》りがする。

日当たりのいい、明るい席に通された。厨房《ちゅうぼう》にはおじいさんがひとりいた。夫婦でやっているのだろう。

メニューはシンプルで、飲み物はコーヒー、紅茶、オレンジジュース、カルピス、ジンジャーエールしかなかった。

母はアイスコーヒーを頼み、僕はカルピスを頼んだ。喉が渇いていたので、僕は一口目でほとんどカルピスを飲み干してしまった。大きな氷の隙間《すきま》にストローを差し込んで、ずるずると残りのカルピスをすする僕の向かいで、母は、店の入り口に置いてあった十数年前からありそうな日焼けした生活eザッシを読みながら、ちんたらとした動作でアイスコーヒーにミルクだけ入れた。ストローでかき混ぜて、ちょびっとだけ飲んで、またテーブルに戻した。

「早く飲まないと、真琴の順番きちゃうよ」

「いまから戻っても、たぶん間に合わないよ。今日はいいや、いつも見てるんだし」

友達みたいな口調で母は言った。

いったい、どういうつもりだろう？

母は軽食メニューを眺《なが》め出した。「ご飯も食べちゃおう」

軽食メニューは三種類。サンドイッチとカレーとオムライス。

母がおばあさんにすいませーんと声をかける。

「サンドイッチと」

母が僕に目を向ける。

「……じゃあ、オムライスで」

おばあさんは、はーい、と言い、厨房のおじいさんに注文を伝えた。

おじいさんの仕事は早く、十分しないうちに両方運ばれてきた。

焦《こ》げ目のない黄色い薄焼《うすや》き卵に真っ赤なケチャップがかかっている。パセリが横に添《そ》えられていて、バターの濃厚《のうこう》な香りがする。スプーンを入れる。ケチャップライスには玉ねぎと角切りの鶏肉《とりにく》が入っていた。

「昔ながらの、一番おいしいやつだ」

と母は言い、タマゴがぎっしり詰《つ》まったサンドイッチをかじった。

「正太郎、いつも真琴の宿題みてくれてありがとね」

「なにそれ、［Ⅱ］」

「部活、どう？　楽しい？」

「うん、まあまあ」

「そう」

僕は放課後、ハセと、途中からは、〈注2〉ハセと近田さんと寄り道をしてから帰っているので、帰宅時間は部活をやっている人と同じくらいになる。だから母は僕が部活に出ていないことに気づいていない。

「今度、正太郎が描《か》いた絵、見せてよ」

「いや、それは、恥《は》ずかしいからいい」

「じゃ、見せたくなったらでいいや」

会場は市民プールだった。この町のスイミングスクールは、市民プールを使っているらしい。

急いで急いでと言いながら、母は真琴を連れて車を降りた。

「何してんの、正太郎も降りなさいよ」

「いや、僕は……」

母に無理矢理引っ張られて一緒に行くと、建物に入ってすぐのロビーのところに真琴のスイミング仲間の子がいて、あ、マユちゃんミキちゃん〜、と駆《か》け寄っていった。

真琴のコーチもいた。四十代の女性のコーチ。僕も小学校一年の一年間だけ、あの人に水泳を教わっていた。

僕は慌《あわ》ててロビーを出て車に戻った。しかし母がいないと鍵《かぎ》がないから、車に乗ることができない。

人数も少ないし、記録会自体は一時に終わるようだが、その後、昼食をはさんで地元のスイミングスクールの子と交流会という名の合同練習が予定されているらしく、すべてが終わるのは四時のようだ。

さて、どうやって時間をつぶそう。

母に強引に連れられてきてしまったけど、それを考えていないことに僕は気がついた。

知らない町だから、散歩すれば多少は新鮮《しんせん》かもしれないが、それだけでつぶれる時間ではない。

母はずっと真琴について、応援《おうえん》したり見学したり、ほかの子のお母さんとおしゃべりをしているだろうし。どこかに図書館でもあればいいんだけど。お昼は、散歩をしたついでにコンビニかファストフードですませればいい。

と考えていると、母が建物から出てきた。

「探したわよ」

「ああ、うん」

「さて」

と母は言った。「どうしよう。お昼には早いね。どこかでお茶でも飲む？」

「え、母さん、真琴についてるんじゃないの？」

「コーチがいるんだから大丈夫よ。だいたい、大会のときはマユちゃんミキちゃんとべったりでキャッキャしてるし、真琴、お母さんのことなんかすぐ忘れちゃうんだから。ちょっと車でbシュウユウしましよ。」

母は車に乗り込《こ》んでエンジンをかけた。

ラジオを聴《き》きながら、しばらく走る。

母はcヒトケのなさそうな、住宅街っぽい雰囲気《ふんいき》が強くなるほうを選んで走った。たまにコンビニがあり、変な名前の喫茶店《きっさてん》のようなものがある。近くに山が見える。山があって、家があって、人が住んでいて、要素は同じなのに、僕の住む町とはまた雰囲気が違う。町って不思議だ、と僕は思う。

聞いたことのある音楽が聞こえてきて、母はそれを口ずさんだ。

「誰《だれ》の曲？」

「ユーミン」

と母は言った。「松任谷由美《まつとうやゆみ》」

へえ、と僕は言った。

その曲が終わると、

「手の傷、大丈夫？」

［Ⅰ］母は言った。ハンドルを右に切った。

「大丈夫だけど」

と僕は言った。

母は山のふもとのほうまでのろのろと行って、また、市街地のほうに戻《もど》ってきた。

にaキュウシュウし、まさに水を得た魚のように水中で躍動《やくどう》した。彼女が泳いでいるところを見たことはなかったが、家の中で交わされる会話を聞いていると、それがわかってしまう。父のうれしそうな声が、僕には［B］。

真琴は、僕のために父が買ったのと色違いのゴーグルをつけて、ぐんぐん上達した。

僕は、真琴が水泳を始める前にやめておいてよかったと思った。三つも年下の妹が上達して、すぐに僕を追い抜くところをすぐ近くで見せられるのは、きっと、僕には耐えられなかっただろう。

水泳をやめてから、僕が父に話しかけることはなかったし、父のほうも、僕に話しかけることはほとんどなかった。

中学生になり、僕は美術部に入った。

部活は、親にやらせてもらうものではないし、自分ひとりで決められるのだ。

入学から二か月もたったころになって、夜の食卓で父は思い出したように言った。

「正太郎は、部活は、何をやっているんだ」

美術部だけど、と僕は答えた。

そうか、美術部か、と父は言った。

それから父はちょっと黙《だま》り、①まあ、がんばれよ、とだけ言って席を立った。

なんだよそれ。

僕は、その次の日から、放課後、美術室に行くのがいやになって、〈注1〉幽霊《ゆうれい》部員になった。

（中略）

「真琴の大会、一緒《いっしょ》に行ってくれない？」

突然《とつぜん》母にそんなことを言われた。

週末に、真琴の出る水泳大会があるらしい。

高速道路を使って車で一時間ほど行った町で催《もよお》される小学生対象の記録会で、とても小さな大会のようだ。もとはその町と隣《となり》町にあるスイミングスクールに通っている子供たちが合同で行うものだったらしいのだが、今年は参加人数が少ないので、コーチ同士が知り合いの真琴のスイミングスクールにも参加者募集《ぼしゅう》の通知が来たらしい。

「会場の場所がわかりにくいらしいのよ。お父さん、その日仕事でいないし。お母さんの車、ナビついてないでしょ。携帯《けいたい》で地図見ながら行くの不安だから助手席に乗って案内してほしいの」

母はたしかに方向音痴《おんち》ではある。そのうえ運転が苦手だ。ほとんど行ったことのない町で、初めての目的地にすんなりたどりつけるとは思えない。しかし助手席で地図を見て案内するくらい、真琴にもできるじゃないか。

僕がそう言ったら、

「真琴じゃ頼《たよ》りにならないから」

と母は言った。

たしかに、九九をいまだに間違える真琴に道案内を頼《たの》むのは、不安ではある。しかし母だっていい大人なんだから、その気になれば自力でたどりつけるとは思うんだけど。

とは思いつつも、どうしても、と母が言うので、僕は、初めて真琴の水泳大会に同行することになった。

（中略）

なんとか、十時五十五分に会場に到着《とうちゃく》した。

ンでいっせいに前に進んでみたら、僕が一番速かった。コーチも、正太郎君、速いわね、と言ってくれた。きっとぼくがいちばん水泳がうまいぞ、とそのときの僕は思った。
　家に帰ると、母に聞かれた。
「正太郎、どうだった？」
「すごくたのしかったよ！」
　僕は、初めて子供用丸プール以外のプールに入ったという感動で興奮していて、その夜はテレビを見るときも、ご飯を食べるときも、お風呂《ふろ》に入るときもゴーグルをつけて、母を笑わせた。お父さんの子供ね、と母は何度も言って楽しそうだった。
　でも、一か月くらいたって、僕はあることに気がついた。
　僕のバタ足は、同学年の四人の中で一番遅《おそ》くなっていたのだ。
　僕の二年間の貯金は、たったの一か月でほかの子たちに追い越《こ》されてしまった。
　二か月がたち、バタ足をしているのは僕だけになった。ほかの子たちは、クロールの練習を始めていた。
　僕にとって、泳ぐことは、思っていた何倍もむずかしかった。
　いくら足を動かしても、思うように体が前に進まないのだ。
　頭の中では父がやっていたみたいに、爆発のような大きな水しぶきを上げて、ぐんぐん前に進んでいるつもりでも、実際は、ちんたらと、よく見なければ前進しているのがわからないくらいのスピードでしか進まない。どうして、僕以外の子たちは、ちゃんと前に進むのだろう。
　でも、父はそんな僕に、根気強く、コツさえつかめばおまえも絶対に速くなるはずだ、と言い聞かせ、週末にはやはり僕を市民プールに連れていった。二十五メートルプールで、バタ足の特訓をしてくれた。
　あんなに憧《あこが》れた二十五メートルプールは、僕にとって苦痛でしかなかった。水泳を始めてから僕は一度も A を感じたことがなかったから。
　簡単な話で、僕は、水泳に向いていなかったのだ。
　スクールに通い始めて一年がたったころには、コーチはお情けで僕にもクロールを教えてくれていたが、僕のクロールが、まるで、泳げない人が沈《しず》まないようにあがいているみたいな、無様《ぶざま》な泳ぎでしかないことが、僕にはわかった。順調に技術を上げていく僕以外の三人は、へたくそな僕の泳ぎを見て笑った。
　ある日僕は、水泳をやめたいと父に言った。
「ほんとにやめたいのか？」
　父は、食卓《しょくたく》に僕と向かい合って座り、真剣《しんけん》な目で僕を見て言った。
　大人の、本当に真剣な目を見たのはそのときが初めてだった。
「一度やめたら、もうやり直すことはできないぞ」
　父の目にはぎりぎりとした力がこもっていて、僕は、その目を、怖《こわ》いと思った。
「それでもほんとにやめるのか？」
　僕は、水泳が嫌《きら》いなのだ。泳ぎたくないのだ。笑われたくないのだ。絶対に、やり直したくなんかならない。
「正太郎、やめたかったら、父さんの目を見て言いなさい」
　いやだよ、お父さんの目を見てなんて、すごく、言いづらいじゃないか。
　でも、僕は、水泳を続けることのほうが耐えられなかった。
　僕は父の目を見て言った。
「水泳、やめたい」
　父の目から、ふっと、力が抜けた。
　それ以来、父は、僕に興味を失ったように見えた。
　二週間後、当時年中だった真琴を父はスイミングスクールに入れた。母の反対を押《お》し切って。真琴は、泳ぎを教えられるとスポンジのようーや盾《たて》やメダルと、その上の壁《かべ》に貼《は》られた何枚もの賞状。とくに、メダルの数は多い。金色や銀色や銅色のもの。一枚なくなってもすぐには気がつかないくらいにたくさんある。そしてそれらは、いつもギラギラと光っている。水泳を一年でやめた僕を刺《さ》すみたいに。

逃《に》げるようにして下に下りていくと、

「もう終わったの？」

と母に言われた。

「いや、下でやろうかと思って」

「真琴の部屋でやりなさいよ、せっかく勉強机あるんだから」

「ちょっと真琴が気分転換《てんかん》したいって言うからさ」

真琴が僕に続いて下りてきた。勉強道具を一式抱《かか》えている。

母が不満そうにラジオのスイッチを切った。

僕は、鍋《なべ》で何かが煮込《にこ》まれる音を聞きながら真琴の宿題を手伝った。

僕が水泳を始めたのは小一のときだった。

父は僕が幼稚園《ようちえん》の年中になったあたりから僕に水泳を習わせたくてうずうずしていた。父は若いころ国体で泳いだ水泳選手だったらしいので、その夢を息子にも引き継《つ》いでほしかったのだろう。息子が生まれたら自分がやっていたのと同じスポーツをやらせたいと考えている男は一定数いるようだけど、父はまさにそれだった。

でも母は、そんなに小さいうちから習い事をさせるのには反対と言って、二年ほど、僕を水泳教室に通わせるのを遅らせた。せめて小学校に上がってからにして、と。

そのころ三十代前半だった父は朝早くから会社に行き、夜は遅く帰ってきて、週末もほとんどつぶして仕事をしていた。男には、ものすごく働かなければいけない時期というものがあるらしいのだ。だから、幼い僕は、父と同じ家で暮らしていながらも、顔を合わせる時間がほとんどなかった。なのでたまの休みに父が家にいると僕はとてもうれしかった。（中略）

父は僕をスイミングスクールに入れるまでの二年間、何度も僕を市民プールに連れていった。週末に父がたまの休みをとることができたときの僕たち父子《おやこ》の過ごし方は、まず間違いなく市民プールだった。

市民プールの二十五メートルプールは四レーンあった。そこで、僕は初めて父が泳ぐのを見た。水を掘《ほ》るみたいに左右の手をぐんぐんと回転させて、足を激しく水面に叩きつけ、何かが爆発《ばくはつ》するような激しい水しぶきを上げてすごい速さで前に進む父の姿に、僕は驚《おどろ》いた。比《ひ》喩《ゆ》ではなく、そのときの僕には、父が、強力なエンジンを搭載《とうさい》したロケットに見えた。

あんなふうに、水の中でびゅんと前に進むことができたら、どんなに気持ちがいいだろう。

四つある二十五メートルプールのうちのひとつは浅いもので、小学生限定のプールになっていた。四歳の僕は、その隣にある子供用の丸プールで父からバタ足を習いながら、小学生になったらあっちのプールで泳ぐことができるんだぞ、という父の言葉に、幼稚園の卒業を心待ちにして毎日を過ごした。（中略）

そして幼稚園を卒業し、小学生になり、念願叶《かな》って僕はスイミングスクールに通い出した。

父は張り切って、子供にはもったいないくらいの高価なゴーグルと水泳パンツを僕に買った。

初めてスイミングスクールに行った日、コーチが教えてくれたのはバタ足だった。僕は、二年間も市民プールで父からバタ足を習っていたので、とても上手にバタ足をすることができた。僕と同じで小一になるのと同時に入会した子が三人いたが、その子たちは、幼稚園以外でプールに入ったことはないと言った。その日、一度だけ、よーいド

問五　空らん［Ⅰ］～［Ⅲ］にあてはまる語をそれぞれ**ア**～**エ**から選び、記号で答えなさい。

［Ⅰ］　**ア**　売る　**イ**　殺す　**ウ**　食べる　**エ**　増やす

［Ⅱ］　**ア**　飾《かざ》る　**イ**　つぶす　**ウ**　摘《つ》む　**エ**　見る

［Ⅲ］　**ア**　壊《こわ》す　**イ**　崩《くず》す　**ウ**　つぶす　**エ**　失《な》くす

問六　空らん［c］に入る語句を考え、四文字で答えなさい。

問七　――1「他人の身体～感じる練習だ」とあるが、作者は何を育てる練習だと考えているか。本文中の語句を用いて、文の最後が「～練習」につながるように説明しなさい。

三　次の文章を読んで、あとの問いに答えなさい。

僕《ぼく》(正太郎)は小一の時に水泳を始めたが一年でやめてしまった。代わりに水泳を始めた妹(真琴)は、何枚ものメダルを獲得《かくとく》するほど活躍《かつやく》している。一方、僕には小五の時に真琴の部屋にこっそり入り、メダルの一枚を盗《ぬす》み出して黒く塗《ぬ》りつぶしたという過去があった。

家に帰ると、母に「真琴の勉強みてあげてよ」と言われた。

「……また?」

「お兄ちゃんなんだから」

母は台所で野菜を切りながら言った。

「二階?」

と僕は聞いた。

「うん、下でやってるとすぐに、できない～って話しかけてきて進まないの。お母さん、ご飯作ってるあいだラジオ聴《き》きたいし、下だとあの子、集中できないのよ」

僕は階段を上がり、真琴の部屋に行った。ドアを開けると、

「お兄ちゃん、これわかんない～」

と真琴が情けない声で言った。

「算数?」

ドアを半分くらい開けた状態で部屋の入り口に立ったまま、真琴にたずねた。真琴は算数が苦手なのだ。小四にもなって、いまだに九九を間違《まちが》える。

「そんなところに立ってないで教えてよ」

「うん」

と言いつつ部屋に入るのを僕は躊躇《ちゅうちょ》する。

「なにしてるの、お兄ちゃん、これがわかんないんだって～」

真琴がイスから立ち上がり、僕の腕をつかんで勉強机の隣《となり》まで引っ張っていく。(中略)

「どれがわかんないんだよ」

「これ、ちんぷんかんぷん」

しかし真琴はちょっとヒントを与えるとすぐに理解した。少し我慢《がまん》して自分の頭で粘《ねば》ってみればできるのに、最初から僕に手伝ってもらおうと手を抜《ぬ》いているに違いない。兄がいるという利点を最大限に生かすという賢《かしこ》さを僕の妹は持っているのだ。

「次のもいまのと同じやり方でできる」

六畳《ろくじょう》の部屋で真琴がノートに計算式をカリカリと書くのを見ながら、だんだん心拍数《しんぱくすう》が上がって、何かに圧迫《あっぱく》されるような息苦しさを僕は感じ始める。その何かは僕の背後の、本棚《ほんだな》の上にある。僕の部屋にはないが、真琴の部屋にだけあるそれらが僕に与える圧迫感で、僕は、真琴の部屋にいることが、だんだんと耐《た》えられなくなってくる。

「真琴、ちょっと、下でやろう」

と言って僕は部屋を出た。

出るときに、目に入ってしまった。本棚の上に飾《かざ》られた、トロフィ

違《ちが》う。勝手に踊っている。音楽や体育の時間は、音と動作をきっちり揃《そろ》えることが要求される。それがつまらない理由だ。もともとみんなで同じような動作をすることは楽しいのだが、[c]をするのはいやなのだ。ファッションだってそう。みんなよく似た服装をしているが(していないと不安だが)、同じ服装は絶対にいやなのだ。人間というのはまったくの孤立《こりつ》に耐《た》えられるほど強くないが、共通性のなかに埋没《まいぼつ》して安心するほど無神経でもないのだ。

幼稚園では、いっしょに歌い、いっしょにおやつやお弁当も食べる。1他人の身体に起こっていることを生き生きと感じる練習だ。そういう作業がなぜ学校では軽視されるのか、不思議なかんじがする。ここで他者への想像力は、幸福の感情と深くむすびついている。

生きる理由がどうしても見当たらなくなったときに、じぶんが生きるにあたいする者であることをじぶんにD納得させるのは、思いの外むずかしい。そのとき、死への恐れは働いていても、生きるべきだという倫理《りんり》は働かない。生きるということが楽しいものであることの経験、そういう人生への肯定《こうてい》が底にないと、死なないでいることをじぶんでは肯定できないものだ。お歌とお遊戯はその楽しさを体験するためにあったはずだ。〈注〉永井均は最近の著作のなかでこう書いている。「子供の教育において第一になすべきことは、道徳を教えることではなく、人生が楽しいということを、つまり自己の生が根源において肯定されるべきものであることを、体に覚え込ませてやることである」と。あるいは、幼児期に不幸な体験があったとして、それに代わるものを、それに耐えられるだけの力を、学校はあたえうるのでなければその存在理由はない。だれかの子として認められなかった子どもに、その子を「だれか」として全的に肯定することで、存在理由をあたえうるのでなければ、その存在の意味がない。

近代社会では、ひとは他人との関係の結び方を、まずは家庭と学校という二つの場所で学ぶ。養育・教育というのは、共同生活のルールを教えることではある。が、ほんとうに重要なのは、ルールそのものではなくて、むしろルールがなりたつためのE前提がなんであるかを理解させることであろう。社会において規則がなりたつのは、相手も同じ規則に従うだろうという相互《そうご》の期待や信頼《しんらい》がなりたっているときだけである。他人へのそういう根源的な〈信頼〉がどこかで成立していないと、社会は観念だけの不安定なものになる。

幼稚園でのお歌とお遊戯、学校での給食。みなでいっしょに身体を使い、動かすことで、他人の身体に起こっていること(つまり、直接に知覚できないこと)を生き生きと感じる練習を、わたしたちはくりかえしてきた。身体に想像力を備わせることで、他人を思いやる気持ちをはぐくんできたのである。

(鷲田清一『悲鳴をあげる身体』より)

※出題の都合上、本文の一部を改稿《かいこう》しています。

〈注〉哲学者、作家。本文中に引用されている著作の題名は『これがニーチェだ』。

問一 ===A～Eの漢字をひらがなに直しなさい。

問二 空らん[a]にあてはまる語を次の中から選び、記号で答えなさい。

ア 意識　**イ** 家庭　**ウ** 身体　**エ** 健康　**オ** 自然

問三 空らん[b]にあてはまる語を本文中からぬき出し、答えなさい。

問四 空らん[1]～[4]にあてはまる語を次の中から選び、記号で答えなさい。なお、同じ記号を二度用いてはならない。

ア あるいは　**イ** それどころか　**ウ** そして　**エ** つまり

るをえないということ、そのときその生き物は渾身《こんしん》の力をふりしぼって抗《あらが》うということを、身をもって学んだ。［ 1 ］じぶんもまたそういう生き物の一つでしかないということも。そういう体験の場所がいまじわりじわり消えかけている。見えない場所に隠《かく》されつつある。このことがわたしたちの現実感覚にあたえる影響《えいきょう》は、けっして少なくないと思う。

いのちを潰《つぶ》さないことには、わたしたちが生きていけないということ、このことをしっかり思いださせてくれる行事がある。NHKテレビの「ひるどき日本列島」という番組で紹介《しょうかい》していた埼玉県《さいたまけん》のある村の祭りはその一つだ。

つつじが満開になる季節に、赤や白のその花を毟《むし》りとって、籠《かご》いっぱいにためる。それを子どもたちが手にもち、大空を仰《あお》いで空中に花《はな》をふりまく。［ 2 ］、たがいにかけあって戯《たわむ》れる。ほんとうの花吹雪《ふぶき》である。地面が花びらの絨毯《じゅうたん》と化す、その豪奢《ごうしゃ》なこと。

花を引きちぎること、それをあたり一面にぶちまけること。せっかく育てたもののいのちを奪《うば》うこと、それを、ふだんは掃《は》いて清めている道に棄《す》てること。フランスのある思想家の言葉をもじって言えば、世界が無秩序《むちつじょ》に変えられるためにある秩序のように見えてくる。いずれ［ I ］ために飼育すること、いずれ［ II ］ために栽培《さいばい》すること。これは農牧業というかたちでひとびとがいとなんできたことだ。せっかくていねいに作りあげたものを［ III ］というわたしたちの日々のいとなみの構造だけを純粋《じゅんすい》に析出《せきしゅつ》したのが、この祭りだ。

いのちの深いやりとり、深い交感。その単純な事実を子どもたちに身をもって味わわせる祭り。あるいは、世界がこのようでもありうるということを世界は現にあるのとは別のありかた、反対のありかたもしうるということを確認する作業であると言ってもよい。［ 3 ］必然と思われたものを偶然《ぐうぜん》に変える作業……。世界をひっくり返すこの愉悦《ゆえつ》は、子どもを陶酔《とうすい》のなかに浸《ひた》す。

わたしたちは日々、獣《けもの》を殺し、魚を釣《つ》り、菜を毟って食べている。そしてそれをほんとうにおいしくいただく。ひとつのいのちが別のいのちの火に変わる。が、宇宙的とも言っていいこの単純な事実を、わたしたちはふだんひとの眼に触《ふ》れないようにばかりしている。肉や魚を切り身にし、透明《とうめい》ラップをかけて売ったりして。［ 4 ］じぶんたちの誕生や死も、病院というひとの眼に触れない場所でC処置するようになった。新生児も遺体もきれいにされ、衣にくるまれてから対面するようになった。

この覆《おお》いは残酷《ざんこく》さを隠《かく》すためのものだろうが、ほんとうは、いのちのやりとりというもっと大事なものを隠してしまっているとは言えないか。

家庭と学校という場所は、いのちのやりとりというこの大事なものを深く体験するためにあるはずだった。家庭や学校で体験されるべきとても大事なこと、それについてもう少し考えてみよう。

学校について友人と話したとき、彼がおもしろい問いをぶつけてきた。幼稚園《ようちえん》じゃお歌とお遊戯《ゆうぎ》ばかりだったのに、どうして学校に上がるとお歌とお遊戯が授業から外されるんだろうというのだ。

小学校に入ると音楽の時間に楽譜《がくふ》の読みかた、笛の吹きかた、合唱のしかたは習った。体育の特別授業として一学期に一、二回、フォークダンスの練習もした。が、どちらの時間も生徒だった頃のわたしはてれにてれた、あるいはふてくされた。なにか恥《は》ずかしかったからである、おもしろくなかったからである。ひとといっしょに歌うのは楽しいはずである。踊《おど》るのも楽しいはずである。ついこのあいだも見物してきたのだが、知人がやっている阿波《あわ》踊りの練習会を見ているだけでもそれは分かる。みんな同じように踊りながら、みんなどことなく

二〇一八年度 慶應義塾湘南藤沢中等部

【国語】（四五分）〈満点：一〇〇点〉

※解答に句読点や記号などが含《ふく》まれる場合は一字に数えます。

一 次の□の中に、植物に関する漢字一字を入れなさい。

〈例〉□に美しい景色だ。　〈答〉実

① 失敗の原因に思い当たる□がある。
② □をつめて働く。
③ 大きな契約《けいやく》を取った社員の□があがる。
④ ご近所とのトラブルが悩《なや》みの□だ。
⑤ 悪の□は早いうちに摘《つ》んでおこう。

二 次の文章を読んで、あとの問いに答えなさい。

料理をするということについて考えておこう。ひとは食べずには生きていけない。そして食べるためには、食べるものを作らなければならない。狩猟《しゅりょう》民や採集民にしても、獲物《えもの》や採集物を、調理もせずに食べるのはまれであろう。調理は、人間生活におけるもっとも基礎《きそ》的な行動であることは疑いない。火がしばしば文明の象徴《しょうちょう》とされるのも、おそらくそういう理由からであろう。

が、この調理といういとなみに、奇妙《きみょう》なことが起こっている。独身の人たちにかぎらず、料理をしないひとが増えてきたというのは、正確な数字情報はもっていないが、コンビニエンス・ストアやデパートの地下の食料品売り場、あるいは夜の居酒屋などの風景を見るかぎり、どうもたしかな事実のようである。昼休みともなると、みずから調理したお弁当をA開けるひとはさらに少なくなる。ほとんどのひとが社員食堂に行くか、ほっかほか弁当を買いに行く。パンやスナック菓子ですませるひとも少なくない。

作らないということは、食事の調理過程を外部に委託《いたく》するということだ。調理を家の外にだすということ、そのことの意味は想像以上に大きいように思われる。

たしかに、むかしは調理も公共の場で、たとえば露地《ろじ》の共同炊《すい》事《じ》場でおこなわれることが多かった。それは戦後の二十年くらいまではふつうの光景だった。その後料理の仕事は「マイホーム」に内部化されたのだが、現在ふたたびその過程が、わたしたちからは見えない場所に移動させられつつある。それはちょうど、かつて排泄《はいせつ》が野外や共同便所でなされ、汲《く》み取りもわたしたちの面前でなされていたのに、下水道の完備とともに排泄物処理が見えない過程になったのと同じことである。

それとほぼB並行して、病人の世話が病院へと外部化された。出産や死という、人生でもっとものっぴきならない瞬間《しゅんかん》も家庭の外へと去った。家で母親のうめき声を聴《き》くことも、赤ちゃんの噴《ふ》きだすような泣き声も聴くことはなくなってしまった。いや、じぶんの身体でさえ、もはやじぶんでコントロールできず、体調がすぐれないときには、すぐに医院にかけつけるしまつだ。自己治療《ちりょう》、相互《そうご》治療の能力はほぼ枯渇《こかつ》した。その点で、[a]はもはやじぶんのものではない。

誕生や病いや死は、人間が有限でかつ無力な存在であることを思い知らされる出来事である。同じように排泄も、じぶんがほかならぬ自然の一メンバーであることが思い知らされるいとなみである。そういう出来事、そういういとなみが、「戦後」という社会のなかで次々に[b]していった。そして家庭内にのこされたそういう種類の最後のいとなみが、調理だった。

ひとは調理の過程で、じぶんが生きるために他のいのちを破壊《はかい》せざ

2018年度

慶應義塾湘南藤沢中等部 ▶解説と解答

算 数 （45分）＜満点：100点＞

解 答

1 (1) 12　(2) 19.625cm^2　(3) 112個　**2** (1) 910円　(2) 38cm　(3) 356円
3 (1) 20番目　(2) 4　(3) 173番目　**4** (1) 4 cm　(2) 60度　(3) $8\frac{3}{4}$倍
5 (1) 毎分$\frac{2}{3}$L　(2) 22.5分後　(3) 18分後　**6** (1) 3倍　(2) $1\frac{1}{3}$倍　(3) 午前8時52分

解 説

1 **逆算，面積，相当算**

(1) $0.6-\left(0.375-\frac{1}{8}\right)=\frac{3}{5}-\left(\frac{3}{8}-\frac{1}{8}\right)=\frac{3}{5}-\frac{2}{8}=\frac{3}{5}-\frac{1}{4}=\frac{12}{20}-\frac{5}{20}=\frac{7}{20}$より，$\frac{7}{20}\div\frac{14}{\square}+2\frac{3}{5}=\frac{29}{10}$，$\frac{7}{20}\div\frac{14}{\square}=\frac{29}{10}-2\frac{3}{5}=\frac{29}{10}-\frac{13}{5}=\frac{29}{10}-\frac{26}{10}=\frac{3}{10}$，$\frac{14}{\square}=\frac{7}{20}\div\frac{3}{10}=\frac{7}{20}\times\frac{10}{3}=\frac{7}{6}=\frac{14}{12}$　よって，$\square=12$

(2) 半径は，5÷2＝2.5(cm)なので，面積は，2.5×2.5×3.14＝6.25×3.14＝19.625(cm^2)となる。

(3) 残ったみかんの個数は，はじめに入っていた個数の，$1-\frac{3}{7}=\frac{4}{7}$にあたる。これが64個だから，(はじめの個数)×$\frac{4}{7}$＝64(個)と表すことができ，はじめの個数は，$64\div\frac{4}{7}$＝112(個)と求められる。

2 **分配算，植木算，整数の性質**

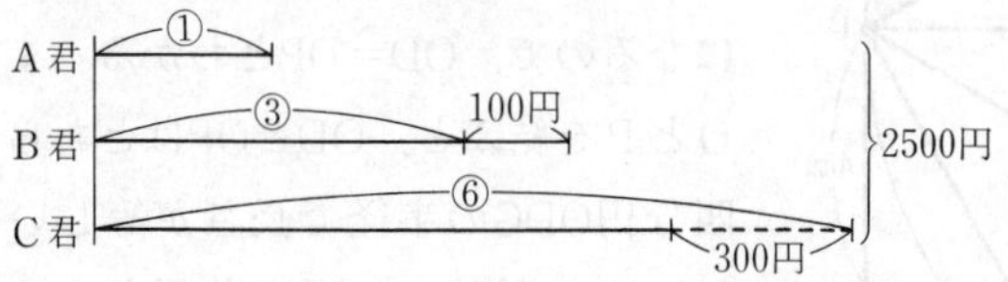

(1) A君の所持金を①とすると，B君の所持金は，①×3＋100円＝③＋100円となるから，C君の所持金は，(③＋100円)×2＝③×2＋100円×2＝⑥＋200円よりも500円少なく，500−200＝300(円)より，⑥−300円と表すことができる。また，3人の合計は2500円なので，左上の図のようになり，①＋③＋⑥＝⑩にあたる金額が，2500−100＋300＝2700(円)とわかる。よって，①にあたる金額は，2700÷10＝270(円)だから，B君の所持金は，270×3＋100＝910(円)である。

(2) 15本のテープをつなげるとき，のりしろは，15−1＝14(か所)できる。よって，のりしろの分で短くなった長さの合計は，2×14＝28(cm)なので，15本のテープの長さの合計は，5m42cm＋28cm＝5m70cm＝570cmとわかる。したがって，テープ1本の長さは，570÷15＝38(cm)と求められる。

(3) はじめに，45個のケーキを買ったから，代金の合計は45の倍数である。また，45は5の倍数なので，代金の合計も5の倍数となり，一の位は0または5とわかる。さらに，2人が等しい金額を出しているから，代金の合計は偶数《ぐうすう》である。よって，代金の合計の一の位は0と決まる。次に，45は9の倍数でもあるので，代金の合計も9の倍数となる。ここで，9の倍数は各位の数字の和が9の倍数になるから，代金の合計の一万の位の数字を△とすると，△＋6＋0＋2＋0＝△＋8が9の倍数になる。したがって，△として考えられる数は1なので，代金の合計は16020円となり，ケーキ1個の値段は，16020÷45＝356(円)と求められる。

3 数列

1組 1⃞
一組 { 2組 ❶，2⃞
　　　 3組 ❶，2⃞，❸
二組 { 4組 1⃞，❷，3⃞，❹
　　　 5組 1⃞，❷，3⃞，❹，5⃞
三組 { 6組 ❶，2⃞，❸，4⃞，❺，6⃞
　　　 7組 ❶，2⃞，❸，4⃞，❺，6⃞，❼

(1)　左の図のように，1組，2組，3組，…と組に分けると，N組には1～Nのカードが全部でN枚並ぶ。また，カードの色は1番目から順に白と黒がくり返されるから，図のようになる。よって，最初の❺は6組の5番目なので，1＋2＋3＋4＋5＋5＝20(番目)とわかる。

(2)　(白，黒)の順に並んでいるので，30枚目の白いカードは，全体では，2×(30－1)＋1＝59(番目)のカードである。また，1から10までの整数の和が55であることを利用すると，10組までに並んでいる枚数の合計が55枚とわかる。よって，59番目のカードは11組の，59－55＝4(番目)にあるから，その数は4である。

(3)　2組と3組，4組と5組，6組と7組はそれぞれ，同じ番号のカードの色が同じになる。そこで，一組，二組，三組，…と組に分けると，2⃞は一組，三組，五組，七組，九組，…にあらわれるので，10枚目の2⃞は九組の下の列の2番目とわかる。これは，1＋2×9＝19(組)の2番目だから，1＋2＋3＋…＋18＋2＝(1＋18)×18÷2＋2＝171＋2＝173(番目)と求められる。

4 平面図形―構成，長さ，角度，面積

図1
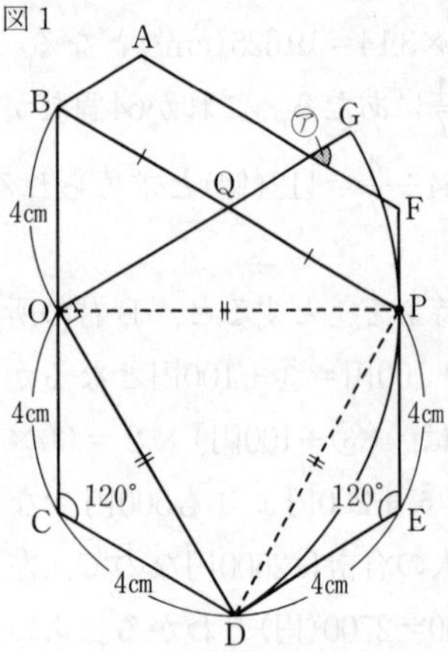

図2
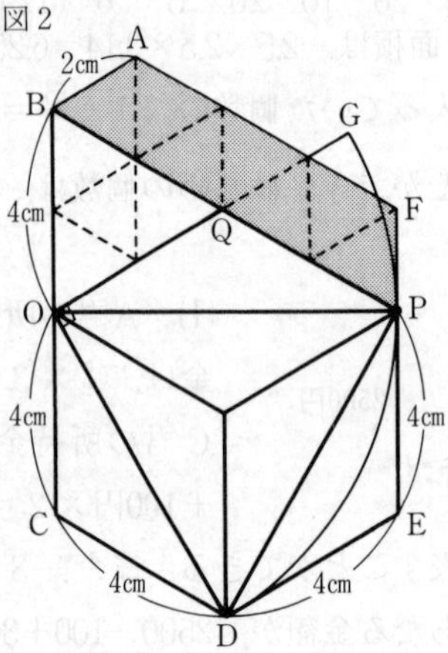

(1)　六角形の内角の和は，180×(6－2)＝720(度)だから，六角形ABCDEFの1つの内角は，720÷6＝120(度)である。左の図1のようにDとPを結ぶと，三角形CDOと三角形EPDは合同になるので，OD＝DPとわかる。また，OとPを結ぶと，ODとOPはどちらも四分円ODGの半径で長さが等しいから，三角形ODPは正三角形となる。さらに，角DOCの大きさは，(180－120)÷2＝30(度)なので，角BOPの大きさは，180－(30＋60)＝90(度)と求められる。よって，QはB，O，Pを通る円の中心であるとわかるから，QBとQOの長さは等しくなる。さらに，角BOQの大きさは，180－(30＋90)＝60(度)なので，三角形BOQは正三角形とわかる。したがって，OQの長さは4cmである。

(2)　角BAFの大きさは120度，角ABQの大きさは，120－60＝60(度)だから，AFとBPは平行である。よって，角㋐の大きさは角GQP(＝角BQO)の大きさと等しく60度になる。

(3)　上の図2で，太線で囲んだ7個の三角形の面積はすべて等しい。また，かげをつけた部分は，図2のように1辺の長さが2cmの正三角形7個に分けることができる。さらに，1辺の長さが2cmの正三角形1個の面積は三角形BOQの面積の$\frac{1}{4}$倍だから，六角形ABCDEFの面積は三角形OCDの面積の，$7+\frac{1}{4}\times 7=8\frac{3}{4}$(倍)となる。

5 水の深さと体積，つるかめ算

(1)　3分後には右の図1のようになる。図1で，底面が上がった高さ(ア)は，2×3＝6(cm)だから，水を3分間入れることで上がった高さ(イ)は，8－6＝2(cm)とわかる。よって，3分間で入れた水の量は，40×25×2＝2000(cm^3)なので，水を入れた割合は毎分，2000÷3＝$\frac{2000}{3}$(cm^3)と求められる。これは，1 L＝1000cm^3より，毎分，$\frac{2000}{3}$÷1000＝$\frac{2}{3}$(L)となる。

図1

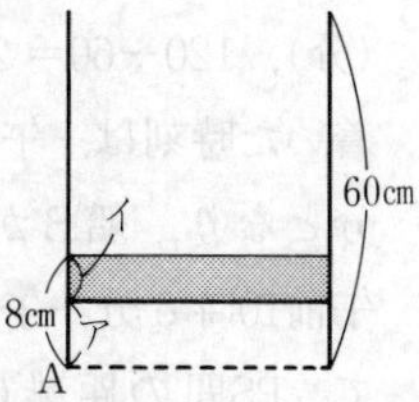

(2)　水を入れることで上がる水面の高さは毎分，2÷3＝$\frac{2}{3}$(cm)だから，水面の高さは毎分，2＋$\frac{2}{3}$＝$\frac{8}{3}$(cm)の速さで上がる(3分で8cm上がったので，8÷3＝$\frac{8}{3}$(cm)と求めることもできる)。よって，60cm上がるのは，60÷$\frac{8}{3}$＝22.5(分後)とわかる。

(3)　水面の高さは，はじめは毎分$\frac{8}{3}$cmの速さで上がる。また，途《と》中《ちゅう》から，底面の上がる速さは毎分，2×$\frac{1}{3}$＝$\frac{2}{3}$(cm)となり，水を入れることで上がる水面の高さは毎分，$\frac{2}{3}$×2＝$\frac{4}{3}$(cm)になるから，水面の高さは毎分，$\frac{2}{3}$＋$\frac{4}{3}$＝2(cm)の速さで上がることになる(水を入れる量を2倍にすると，水を入れることで上がる水面の高さも2倍になる)。よって，右の図2のようにまとめることができる。毎分2cmの速さで24分間上がったとすると，2×24＝48(cm)上がるので，実際よりも，60－48＝12(cm)低くなる。毎分2cmのかわりに毎分$\frac{8}{3}$cmの速さで上がると，1分あたり，$\frac{8}{3}$－2＝$\frac{2}{3}$(cm)高くなるから，毎分$\frac{8}{3}$cmの速さで上がった時間は，12÷$\frac{2}{3}$＝18(分)と求められる。したがって，□に入る数は18である。

図2

毎分$\frac{8}{3}$cm ｝合わせて
毎分2cm ｝24分で60cm

6 流水算，速さと比

(1)　右の図1より，船Aが下りにかかる時間は，午前7時30分－午前6時＝1時間30分＝90分，船Aが上りにかかる時間は，午前10時30分－午前7時30分＝3時間＝180分とわかる。この比は，90：180＝1：2だから，船Aの下りと上りの速さの比は，$\frac{1}{1}$：$\frac{1}{2}$＝2：1である。この比を用いると右の図2のようになるので，川の流れの速さは毎分，(2－1)÷2＝0.5，船Aの静水時の速さは毎分，1＋0.5＝1.5となる。よって，船Aの静水時の速さは，川の流れの速さの，1.5÷0.5＝3(倍)と求められる。

図1

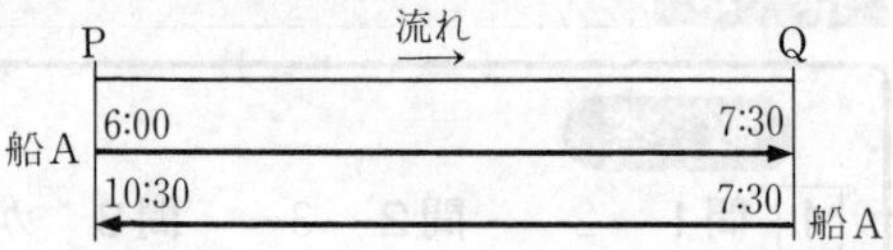

図2

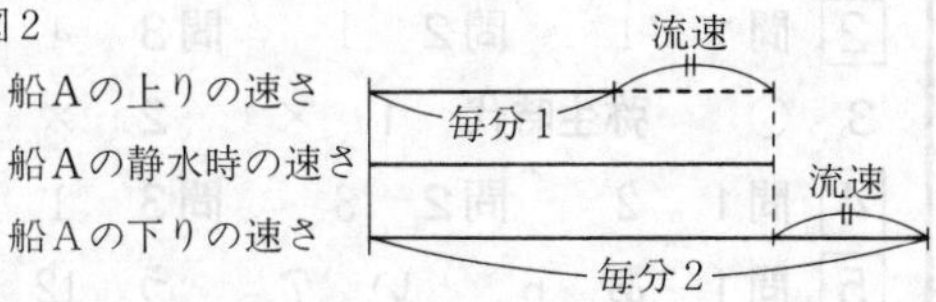

(2)　(1)の比を用いると，PQ間の距離《きょり》は，2×90＝180となる。また，船Bが下りにかかる時間は，午前7時12分－午前6時＝1時間12分＝72分だから，船Bの下りの速さは毎分，180÷72＝2.5となり，船Bの静水時の速さは毎分，2.5－0.5＝2とわかる。よって，船Bの静水時の速さは，船Aの静水時の速さの，2÷1.5＝1$\frac{1}{3}$(倍)である。

(3)　船A，Bは毎日午前6時に地点Pを出発する。そして，船Aは午前7時30分に，船Bは午前7時12分に地点Qを折り返す。そこで，船Aが動かなくなった地点をR，船Aと船Bが出会った地点をSとして，Q地点を出発してから出会うまでのようすを図に表すと，下の図3のようになる。船

図３

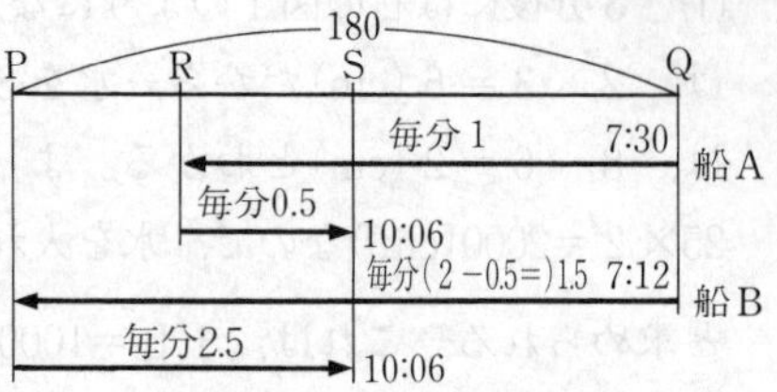

ＢがQP間の上りにかかった時間は，180÷1.5＝120(分)，120÷60＝２(時間)だから，船Ｂが P 地点に着いた時刻は，午前７時12分＋２時間＝午前９時12分となり，船ＢがPS間の下りにかかった時間は，午前10時６分−午前９時12分＝54分とわかる。よって，PS間の距離は，2.5×54＝135なので，SQ間の距離は，180−135＝45と求められる。また，船ＡがQ→Ｒ→Ｓと進むのにかかった時間は，午前10時６分−午前７時30分＝２時間36分＝156分であり，そのうちQS間の上りにかかった時間は，45÷１＝45(分)だから，船ＡがSR間の往復にかかった時間は，156−45＝111(分)とわかる。このとき，上りと下り(＝流れ)の速さの比は，１：0.5＝２：１なので，上りと下りにかかった時間の比は，$\frac{1}{2}:\frac{1}{1}=1:2$となり，下りにかかった時間は，$111\times\frac{2}{1+2}=74$(分)と求められる。したがって，船Ａが動かなくなった時刻は，午前10時６分−74分＝午前８時52分である。

〔ほかの考え方〕 上り方向に進むことを「＋」，下り方向に進むことを「−」として，船Ａの進み方をまとめると，右の図４のようになる。毎分＋１の速さで156分進んだとすると，１×156＝156進むから，実際よりも，156−45＝111長くなる。毎分＋１のかわりに毎分−0.5の速さで進むと，１分あたり，１＋0.5＝1.5短くなるので，毎分−0.5の速さで進んだ時間(RS間の下りにかかった時間)は，111÷1.5＝74(分)と考えることもできる。

図４

(上り方向)毎分＋１
(下り方向)毎分−0.5 } 合わせて156分で＋45

社　会　(25分)＜満点：50点＞

解　答

1 問１　2　問２　3　問３　カーナビゲーション(システム)　問４　1　問５　4
2 問１　1　問２　1　問３　4　問４　6　**3** 縄文時代　1　○　2　○　3　○　弥生時代　1　×　2　×　3　○　古墳時代　1　×　2　○　3　○
4 問１　2　問２　3　問３　1　問４　りつりょう　問５　2→4→3→1
5 問１　あ　6　い　7　う　12　え　5　お　1　問２　3　問３　1
6 問１　2　問２　3　問３　1　問４　3　問５　緊急集会　**7** 問１　4→3→1→2　問２　4　問３　2　問４　4　問５　4　問６　1

解　説

1 世界の自動車生産や自動車の装備・技術などについての問題

問１　日本の自動車の輸出先はアメリカ合衆国が４割近くを占《し》めているから，２と判断できる。なお，１は鉄鋼，３は石油製品，４は合成繊維《せんい》織物である。

問２　１は中国，２はアメリカ合衆国，３は日本，４はドイツである。自動車の生産台数は長い間，日本とアメリカが第１位を争ってきたが，近年は中国の生産台数が急増。2009年以降は中国が第１位で，以下，アメリカ，日本，ドイツの順となる年が続いている。

問3　人工衛星からの電波を利用するなどして自動車の現在位置を表示したり，目的地までの道案内などを行ったりするしくみを，カーナビゲーションシステム(カーナビ)という。近年，急速に普《ふ》及《きゅう》が進み，多くの自動車に搭載《とうさい》されるようになった。

問4　海外で自動車の生産をやめても二酸化炭素の排出《はいしゅつ》量を減らすことにはつながらないから，1が適当でない。2は，都市の入り口まで自動車に乗ってきて駐車《ちゅうしゃ》し，そこから電車やバスに乗りかえて中心部などに移動するパーク・アンド・ライドの説明。4について，さまざまな法律や都道府県の条例が制定され，窒素《ちっそ》酸化物や硫黄《いおう》酸化物など，排気ガスの成分については厳しい基準が設けられている。

問5　自動運転技術の研究開発は，公道を走る自動車のほか，トラクターなどの農業機械，建設機械などの土木工事用作業機械などでも行われているから，4が適当でない。

2 日本の交通機関を題材とした問題

問1　最も旅客営業キロが長いAは東北新幹線，最も旅客数が多いCは東海道新幹線，最も旅客営業キロが短いFは九州新幹線と判断できる。したがって，それぞれの終点の駅は，Aがアの新青森駅，Cがエの新大阪駅，Fがカの鹿児島中央駅ということになる。なお，Bは山陽新幹線，Dは北陸新幹線，Eは上越新幹線である。

問2　ウの金沢駅があるのは石川県，エの新大阪駅があるのは大阪府，オの博多駅があるのは福岡県，カの鹿児島中央駅があるのは鹿児島県である。グラフの1～4のうち，人口集中地区が占める割合が特に高い2は大阪府，過疎《かそ》地域が占める割合が特に高い4は鹿児島県と判断できる。残る2つのうち，人口集中地区の割合が比較《ひかく》的高い1が福岡県である。

問3　1　北海道新幹線の開通により，北海道から新幹線を乗り継《つ》いで鹿児島まで行くことが可能となった。　2　JRの在来線には廃止される路線も多いが，新幹線は北海道新幹線の新函館北斗駅－札幌駅間，北陸新幹線の金沢駅－敦賀《つるが》駅間，九州新幹線の長崎ルート(長崎新幹線)にあたる新鳥栖《とす》駅－長崎駅間が着工されている。　3　東京や大阪では，JRと私鉄，地下鉄の間で相互《そうご》乗り入れが増えており，新たな地域の結びつきが生まれている。　4　貨物輸送では，モーダルシフト(旅客や貨物を環境に与える影響の少ない交通機関にかえて輸送すること)の動きが広がっていることもあり，近年，鉄道による輸送量が増えている。

問4　旅客1人・貨物1tあたりの平均輸送距離である点に注意する。旅客機は1度にたくさんの人や貨物を遠くまで運ぶことができるのでその数値は大きくなり，自動車は1度にたくさんの人や貨物を遠くまで運べないのでその数値は小さくなる。したがって，表2のXは航空，Zは自動車と判断できる。残るYが鉄道である。

3 縄文～古墳時代の歴史的なことがらについての問題

縄文時代　**1**　縄文土器は低温で焼かれているため厚手でもろい。さまざまな形状のものがあり，なかには火焔《かえん》式(炎《ほのお》が燃え上がるような形)とよばれるような複雑な形のものもつくられた。

2　青森市郊外にある三内丸山遺跡では，クリやマメなどを栽培した跡が残されていた。　**3**　三内丸山遺跡では最大で500人程度が定住していたと考えられている。

弥生時代　**1**　稲作が始まったのは，縄文時代末期から弥生時代初めにかけてである。　**2**　青銅器は祭りごとの道具や宝器，鉄器は農具や工具，武器などとして用いられた。**3**　吉野ケ里遺跡のように周囲に堀《ほり》や柵《さく》をめぐらせた集落跡が見つかっていることから，争いがしばしば起きていたことがわかる。

古墳時代　1　大型の古墳には前方後円墳が多いが，古墳にはそのほかにも円墳や方墳などさまざまな形のものがある。　**2**　灰色で固い土器である須恵《すえ》器は，朝鮮半島から移住してきた渡来人によってつくられるようになった。それまでの土器と異なるのは，ろくろとのぼりがまを使って焼くため，一定の形・大きさのものを大量に生産できた点である。　**3**　中国の歴史書『宋書《そうじょ》』倭《わ》国《こく》伝には，5世紀に倭(日本)の5人の王(倭の五王)が中国南朝の宋に使いを送っていたことが記されている。なお，5人目の王である「武」は雄略《ゆうりゃく》天皇のことと考えられており，埼玉県行田市の稲荷山《いなりやま》古墳から出土した鉄剣に記されている「ワカタケル大王」と同じ人物とされている。

4　鎌倉時代の資料を題材とした問題

問1　北条泰時《やすとき》は鎌倉幕府の第3代執権《しっけん》である。執権は将軍の補佐役で，源氏の将軍が3代で絶え，公家や皇族による形式的な将軍が続くなかで，事実上，幕府における最高職となっていった。

問2「この法令」とは泰時が定めた御成敗式目《ごせいばいしきもく》(貞永《じょうえい》式目)のこと。最初の武家法として知られるこの法令には，御家人の権利と義務や土地の相続の基準などが定められているから，ここでは3が正しい。1は江戸幕府が定めた武家諸法度《しょはっと》，2は豊臣秀吉が定めた刀狩令，4は明治新政府が発表した五か条の御誓文《ごせいもん》にあてはまる。

問3　鎌倉時代の武士はふだん自分の領地である農村に住み，下人《げにん》などを使って農業を営むかたわら，武芸の訓練に励《はげ》んでいた。また，領地などの農民が納める年貢も収入としていた。

問4「以前からある朝廷が定めた法令」とは律令(りつりょう)のこと。泰時はみずからが定めた御成敗式目が適用されるのは武士社会だけで，貴族社会の律令はこれまでとは変わらないという意味のことを述べている。

問5　1は1331年の元弘《げんこう》の変とよばれるできごと。朝廷による倒幕計画が幕府側にもれて，公家の日野俊基《としもと》らが処刑され，後醍醐《ごだいご》天皇は隠岐《おき》(島根県)に流された。2は1221年に起こった承久《じょうきゅう》の乱の直後のこと。3の元寇《げんこう》(元の襲来《しゅうらい》)は1274年(文永の役)と1281年(弘安の役)，4は1232年のできごとである。

5　明治時代の歴史的なことがらについての問題

問1　あ　1871年，公家出身の岩倉具視《ともみ》を団長(正使)とする使節団が条約改正の予備交渉と欧米の視察をかねてアメリカに向けて出発。アメリカは条約改正に応じず失敗に終わったが，岩倉らはその後，約2年にわたり欧米諸国を歴訪し，各国の政治制度や産業などを視察した。　**い**　岩倉使節団には，副使として長州藩出身の木戸孝允《たかよし》や伊藤博文，薩摩藩出身の大久保利通《としみち》らが参加していた。　**う**　岩倉使節団には多くの留学生が同行したが，そのなかには津田梅子ら5人の女子留学生もいた。アメリカで教育を受けた梅子は帰国後，女子英学塾(現在の津田塾大学)を設立するなど，女子教育の発展に力をつくした。　**え**　明治時代初期，政府内部や士族たちの間に，鎖国政策を続ける朝鮮に対し，武力を用いてでも開国させるべきだとする考え方が強まった。これを征韓《せいかん》論という。　**お**　征韓論を主張して敗れ，政府を去った板垣退助は，1874年，同じく政府を去った後藤象二郎，江藤新平らとともに「民選議院設立建白書」を政府に提出し，国会を開いて国民を政治に参加させるよう要求する自由民権運動を中心となって進めた。

問2　1　西南戦争は，鹿児島の不平士族らが西郷隆盛をおし立てて起こした反乱で，諸外国はこの内戦にかかわっていない。　2　西南戦争は1877年2月から9月までの戦いであった。　3

約８か月にわたる戦いで，西郷軍は徴兵制による近代装備の政府軍に敗れ，西郷は自害した。

４　1874年に江藤新平らが起こした佐賀の乱など，各地で新政府の政策に反対する士族の反乱が起きていた。西南戦争はそうした士族の反乱のうち最大で最後のものであり，以後は言論で政府を批判する自由民権運動が広がっていった。

問３　１　1881年に政府は国会開設の詔《みことのり》を出し，10年後の国会開設を約束した。これに対し，同年，板垣退助らは自由党を，翌年には大隈重信《おおくましげのぶ》らが立憲改進党を結成し，国会開設に備えた。

２　大日本帝国憲法の草案は，君主の権力が強いドイツの憲法を参考につくられた。３　1890年に行われた第１回衆議院議員総選挙では，選挙権は直接国税15円以上を納める25歳以上の男子だけに認められた。　４　自由民権運動の広がりに対し，政府は新聞紙条例などを公布し，政府を批判するような言論活動を厳しく取りしまった。

6 **衆議院と参議院についての問題**

問１　2017年９月28日，臨時会(臨時国会)が召集されたが，その冒頭《ぼうとう》で安倍内閣は衆議院を解散。10月10日に衆議院議員総選挙が公示され，22日に投票が行われた。

問２　現在の参議院議員の定数は242名。３年ごとに半数ずつが改選されるから，１回の選挙では121名が選出される。

問３　予算の議決については，衆議院が可決した予算を参議院が否決し，両院協議会を開いても意見が一致しない場合は，衆議院の議決が国会の議決とされる。衆議院が可決した後，参議院が30日以内に議決しない場合にも，衆議院の議決が国会の議決とされる。条約の承認についても同様の手続きがとられるが，内閣総理大臣の指名については日数が10日以内になるので注意する。法律案については，衆議院で出席議員の３分の２以上の賛成による再可決が必要となる。内閣不信任決議は衆議院だけに認められた権限である。

問４　衆議院の優越が認められるのは，衆議院のほうが議員の任期が短く，解散もあるので，そのときどきの民意や世論の変化をより強く反映していると考えられるからである。したがって，ここでは3があてはまる。

問５　衆議院の解散中に緊急《きんきゅう》の事態が発生した場合などには，内閣は参議院に緊急集会の開催を求めることができる。

7 **さまざまな条約とそれを結ぶ手順などについての問題**

問１　１は1965年，２は1978年，３は1956年，４は1951年に，それぞれ結ばれた。

問２　正しいのは，ラムサール条約(特に水鳥の生息地として国際的に重要な湿地に関する条約)について述べた４。１はワシントン条約，２はモントリオール議定書の内容。３のバーゼル条約は，有害廃《はい》棄《き》物の国境を越《こ》える移動や処分の規制について取り決めたものであり，「生物の多様性を保護し，生物資源の持続可能な利用」について定めたのは，1992年にリオデジャネイロで調印された「生物多様性条約」である。

問３　条約を結ぶのは内閣であるが，結ぶ前か後に国会の承認を必要とする。

問４　いずれの条約も国際連合総会で採択・調印されたもの。１は1984年，２は1965年，３は1989年にそれぞれ調印され，日本は1999年，1995年，1994年にそれぞれ批准《ひじゅん》(議会が承認すること)している。４は1989年に調印された条約であるが，日本やアメリカ，中国，イスラム諸国などはこれに反対票を投じており，現在も批准していない。

問5　1～3はいずれも正しい。4の核兵器禁止条約は2017年7月に国際連合で採択されたもの。122か国の賛成で採択されたが，アメリカなどすべての核保有国と，アメリカの「核の傘《かさ》」に入っている日本や韓国，ドイツなどは交渉にも参加しなかった。

問6　「核兵器廃絶を進める国際キャンペーン」は略称をICAN《アイキャン》という。101の国と地域の400を超《こ》える団体と連携《れんけい》しながら活動している国際的なNGO(非政府組織)で，核兵器禁止条約の採択に大きく貢献《こうけん》したことが評価され，2017年にノーベル平和賞を受賞した。なお，2は国際原子力委員会，3は国際通貨基金，4は国際オリンピック委員会の略称である。

理科　(25分)＜満点：50点＞

解答

1　**問1**　イ　**問2**　3，4　**問3**　1　**問4**　1，3，4　**問5**　4　**問6**　(例)川が増水したとき。　**2**　**問1**　(例)気体の発生量を調節できる　**問2**　イ　**問3**　2，4　**問4**　1，3　**問5**　1，5　**問6**　(例)アルミニウムを水酸化ナトリウム水溶液に溶かす。　**3**　**問1**　$7\frac{1}{2}$gから$8\frac{1}{3}$gの間　**問2**　左5　**問3**　8g　**問4**　32g　**問5**　3　**問6**　1，8，9，10　**4**　**問1**　ア　気管，3　イ　胃，×　ウ　小腸，5　**問2**　解説を参照のこと。　**問3**　ア　2　イ　4　**問4**　ア　1　イ　3　ウ　2

解説

1　**流水の働きについての問題**

問1　川が曲がって流れる場所において，曲がりの外側では流れが速く，川岸が水にけずられてがけになっていることが多い。また，川底も比かく的深くなっている。一方，曲がりの内側では流れがゆるやかで土砂がたい積しやすく，広い川原ができやすい。なお，川がまっすぐに流れる場所では，中央付近が流れが速く川底が深くなっていて，両岸に近づくほど土砂がたい積しやすい。

問2　川原の石の大きさを調べるときには，場所が異なってもできるだけ同じ条件で標本となる石を選ぶ必要がある。図1のような網目《あみめ》状の枠《わく》を作って，きまりにしたがって石を採集すれば，およそ同じ条件で石を採集できる。また，ヒトがきまりに関係なく石を採集するときと比べて，特定の大きさなどにかたよることなく石を採集できる。

問3　上流ほど大きな石が多く，下流ほど小さな石が多くなるので，㋐が上流，㋒が下流と考えられ，㋑が中流となる。

問4　1　㋐で，上流には大きさが1024～2048mmの大きな石があるが，中流の㋑と下流の㋒にはその大きさの石は見られない。　2　㋐～㋒のいずれにも，大きさが0～2mmの小さな石が存在する。　3　最大の石の大きさは，上流の㋐では1024～2048mm，中流の㋑では512～1024mm，下流の㋒では64～128mmとなっていて，下流ほど最大の石の大きさが小さくなっている。　4，5　3で述べたように，下流ほど最大の石の大きさが小さくなるのに対し，2で述べたように，最小の石の大きさはどの場所でも同様に0～2mmなので，石の最大と最小の大きさの差は下流ほど小さくなっている。

問5　1，2　上流・中流・下流ではいずれも，個数が最も多いのは最大と最小の大きさの間で中間付近の大きさの石となっている。それよりも大きさが大きくなっても小さくなっても個数は少なくなる。　3，4　㋐～㋒のうち，下流の㋒にある16～32mmの大きさの石が50個以上と個数が多い。

問6　流れる水が石などを運ぶ働きは，流れの速さが速いほど，また水量が多いほどさかんになる。このことから，大きな石が下流に向かって流されるのは，大雨などで川が増水して水量が増え，流れの速さが速くなったときであると考えられる。

2　気体の発生と性質についての問題

問1　二また試験管では，2つに分かれた管の底に液体と固体を分けて入れ，必要に応じて液体を固体の方に少しずつ加えることができる。また，気体の発生を中断させたいときには，固体に加えた液体を最初に入れた側にもどすことができる。このようにして，気体の発生量を調節できるのが二また試験管の利点である。

問2　二また試験管では，管にくびれがある方に固体を入れる。固体に加えた液体を最初に入れた方にもどすとき，固体はくびれに引っかかって固体を入れた側に残る。

問3　石灰石にうすい塩酸を加えると，石灰石が溶《と》けて二酸化炭素が発生する。二酸化炭素は空気より重く(空気の約1.5倍の重さ)，石灰水と混じると石灰水を白く濁《にご》らせる。ものの燃焼を助ける性質はなく，燃える性質はないので，二酸化炭素の中に火のついた線香《せんこう》などを入れると火が消える。また，においや色はなく，水溶液《すいようえき》は弱い酸性を示すので，BTB液を加えると黄色に変化する。

問4　うすい過酸化水素水を二酸化マンガンに加えると，うすい過酸化水素水に溶けている過酸化水素が分解して酸素が発生する。酸素は空気中に約21%(2割ほど)ふくまれ，においや色がなく，空気より少し重く(空気の約1.1倍の重さ)，水に溶けにくい。ものの燃焼を助ける性質があるので，酸素中では線香などが大きな炎《ほのお》を上げて激しく燃える。なお，酸素は石灰水を白く濁らせることはない。燃える性質を持たない二酸化炭素と酸素を混ぜ合わせて火をつけても，この混合気体自体は燃えない。

問5　亜鉛《あえん》にうすい塩酸を加えると，亜鉛が溶けて水素が発生する。水素は空気よりとても軽い気体(空気の約0.07倍の重さ)で，においや色がなく，水に溶けにくい。水素を酸素と混ぜて点火すると激しく燃えて水ができるが，二酸化炭素と混ぜて点火しても燃えない。なお，水素は石灰水を白く濁らせることはなく，水道水にはふつうふくまれていない。

問6　水素は，亜鉛やアルミニウム，鉄，マグネシウムなどの金属にうすい塩酸やうすい硫酸《りゅうさん》を加えると発生する。また，アルミニウムに水酸化ナトリウム水溶液を加えても，水素が発生する。また，水に水酸化ナトリウムを少量溶かした水溶液を電気分解するときも水素が発生する。

3　てこのつり合いについての問題

問1　おもりの位置が右9のときは棒の左側が下がったので，皿の重さは，$5\times9\div6=7\frac{1}{2}$(g)よりは重いことがわかる。そして，おもりの位置が右10のときは棒の右側が下がったことから，皿の重さは，$5\times10\div6=8\frac{1}{3}$(g)より軽い。つまり，皿の重さは，$7\frac{1}{2}$gから$8\frac{1}{3}$gの間である。

問2，問3　皿の位置を左5に移したときに棒が水平につり合ったとすると，皿の重さは，$5\times8\div5=8$(g)となり，問1で求めた皿の重さの範囲《はんい》内になる。一方，皿の位置を左7に移動したときに棒が水平につり合ったとすると，皿の重さは，$5\times8\div7=5\frac{5}{7}$(g)で，問1で求めた範囲にあてはまらない。よって，皿は左５の位置に移動していて，皿の重さは８ｇとなる。

問４　測定できるものの重さが最大のとき，左右の棒をかたむける働きがこの手順において最大となって棒が水平につり合う。そのようになるように棒の右側に右はしから順におもりを５個つるすと，右回りに棒をかたむける働きの大きさは，５×10＋５×９＋５×８＋５×７＋５×６＝５×(10＋９＋８＋７＋６)＝200となる。左回りの棒をかたむける働きの大きさも200になるとき，ものの重さは，200÷５－８＝32(ｇ)と求められる。これが測定できる最大のものの重さである。

問５　左５の位置に皿をつるし，その上にものをのせ，右の適当な番号の位置におもりをつるして棒が水平につり合っているとする。このとき，皿に□ｇの重さのものを追加すると，左回りの棒をかたむける働きは，□×５だけ増えるので，その増えた棒をかたむける働きとつり合うように右の番号の位置におもりをつるすことになる。おもりをつるして増える右回りの棒をかたむける働きの最も小さい値は，５ｇのおもりを右１につるしたときの，５×１＝５であることから，□×５＝５より，□＝１(ｇ)と求められる。これが，この手順で測れる最小の重さとなる。

問６　皿にのせたものの重さが20ｇのとき，左回りに棒をかたむける働きは，(20＋８)×５＝140である。まず，１個目のおもりを右10にかけると，右回りに棒をかたむける働きが，５×10＝50なので，棒の左側が下がる。そのため，右10にかけたおもりはその位置で固定される。次に，２個目のおもりが右９，３個目のおもりが右８の位置に固定され，このときの右回りの棒をかたむける働きは，５×10＋５×９＋５×８＝135であり，棒の左側が下がる。右回りの棒をかたむける働きはあと，140－135＝５あれば棒がつり合うので，５÷５＝１より，右１の位置に４個目のおもりをかければよい。これらのことから，おもりは右１，右８，右９，右10の位置にかけられている。

4　ヒトの体についての問題

問１　アは気管で，鼻や口から吸いこんだ空気を肺へ送り，肺からはき出される空気を鼻や口から出す通り道である。イは胃であり，食べ物を一時的にため，胃液を分泌《ぶんぴつ》してタンパク質をペプトンに変える働きをしている。ウは小腸で，消化された食べ物から栄養分を体内に吸収するのが主な働きである。小腸はほかにも，食べ物を消化したり水分を体内に吸収したりする。

問２　右の図のように，心臓は左右の肺の中間で胃よりやや上の位置にある。かん臓は右の肺のすぐ下あたりから左側まで広がる大きな臓器である。

※　解答用紙が非公表であるため，図版の詳細は不明です。なお，解答例は右の図のようになると推測されます。

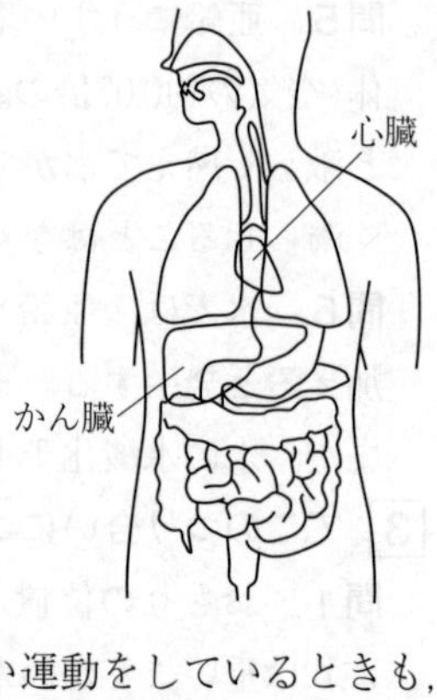

問３　ヒトが息を吸うときは，横かく膜《まく》が下がりろっ骨が上がって，胸の空間の容積が広がって，空間内の圧力が低くなる。これによって，筋肉を持たず自分では動けない肺がふくらみ，外から体内に空気が取りこまれる。

問４　じん臓は血液中から不要物をこし取る働きをする臓器である。激しい運動をしているときも，じん臓は働きの上でほとんどその運動にかかわりを持たないので，イのように血流量は安静時とあまり変わらない。皮ふや骨格筋は，アのように，安静時には働きがおだやかなので血流量が多くないが，運動をしているときには活発に働いていて，栄養分や酸素を大量に補給《ほきゅう》するために血流量が増える。また，心臓から送り出された血液は，肺動脈→肺→肺静脈，または大動脈→全身→大静脈を流れて心臓にもどることから，ある時間あたりに肺に流れこむ血液量は，同じ時間あたりに心臓から全身へ送り出される血液量とおよそ等しくなる。よって，肺に流れこむ血液量は，アのように，安静時が約５L，激しい運動時が約25Lになると考えられる。

国語　(45分)＜満点：100点＞

解答

一 ①節　②根　③株　④種　⑤芽　二 問1　A　あ(ける)　B　へいこう　C　しょち　D　なっとく　E　ぜんてい　問2　ウ　問3　外部化　問4　1　ウ　2　ア　3　エ　4　イ　問5　Ⅰ　ウ　Ⅱ　ウ　Ⅲ　ア　問6　(例)　同じ動作　問7　(例)　身体に想像力を備わせることで，他人を思いやる気持ちを育てる(練習)　三 問1　下記を参照のこと。　問2　オ　問3　ア　問4　イ　問5　Ⅰ　エ　Ⅱ　イ　Ⅲ　ア　問6　真琴の泳ぎを，胸の痛みなしで，心の底から「がんばれ」と思いながら，見られるようになる(こと)　問7　ア　問8　オ　問9　ウ　問10　友達みたいな　問11　ウ　四 (例)　私は教室の中が明るくなるように，窓の数や大きさに注意して設計をしたいです。窓からはなれた場所にも光が届けば勉強もしやすいからです。また，冷暖房完備の教室にしたいです。どんな季節でも過ごしやすければ，より授業に集中できると思うからです。

●漢字の書き取り

三 問1　a　吸収　b　周遊　c　人気　d　看板　e　雑誌

解説

一 ことばの知識

①「節《ふし》」は，特に目立つ部分。　②「根《こん》をつめる」で，“休む間もおしんで，集中して一つのことを行う”という意味。　③「株が上がる」で，“その人の評価が高まる”という意味。④「種」は，原因となるもの。「心配の種」などのように用いる。　⑤「芽」は，これから大きくなっていきそうなもの。

二 出典は鷲田《わしだ》清一《きよかず》の『悲鳴をあげる身体』による。人間生活における大切なことについて述べている。

問1　A　音読みは「カイ」で，「開始」などの熟語がある。訓読みにはほかに「ひら(く)」などがある。　B　二つ以上のものごとが，同時に行われること。　C　状況《じょうきょう》などに応じて判断を下し，あつかいを決めること。　D　他人の話や考えをしっかりと理解して，承知すること。E　あるものごとが成り立つためのもとになること。

問2　「誕生や病いや死」が家庭の外へと去ったことについて，「じぶんの身体でさえ，もはやじぶんでコントロールできず」「自己治療《ちりょう》，相互《そうご》治療の能力はほぼ枯渇《こかつ》した」と筆者は述べている。つまり，じぶんの「身体」が，「じぶんのものではない」状態になってしまったのである。

問3　同じ文の最初にある「そういう出来事，そういういとなみ」が，「誕生や病いや死」「排泄《はいせつ》」を指していることをとらえる。これらは，「わたしたちからは見えない場所に移動させられ」てしまったものであり，一語で言うならば，「外部化」された出来事やいとなみということになる。

問4　1　ひとが「調理」の過程で学んだこととして，「じぶんが生きるために他のいのちを破壊《はかい》せざるをえないということ，そのときその生き物は渾身《こんしん》の力をふりしぼって抗《あらが》うということ」をあげた後で，「じぶんもまたそういう生き物の一つでしかないということ」をつけ加えている。よって，前のことがらを受けて，さらにつけ加える意味を表す「そして」が合う。　2　毟《むし》りとったつつじの花を「大空を仰《あお》いで空中に～ふりまく」行動と，「たがいにかけあって戯《たわむ》れる」行動が並べられているので，同類のことがらのうちのいずれかであることを表す「あるいは」がよい。

3　前で述べたことを後で説明し直しているので，“要するに”という意味の「つまり」が入る。

4　肉や魚を切り身にするなどして「ひとつのいのちが別のいのちの火に変わる」という事実を「ひとの眼《め》に触《ふ》れないように」しているだけでなく，「じぶんたちの誕生や死」でさえも「ひとの眼に触れない場所で処置するようになった」というのである。よって，“そんなことで収まるどころか”という意味の「それどころか」があてはまる。

問5　Ⅰ　動物を「飼育」するのは，いずれ「食べる」ためである。　Ⅱ　植物を「栽培《さいばい》」するのは，後に「摘む」ためである。　Ⅲ　動物を「飼育」する目的は「食べる」ためであり，植物を「栽培」するのはそれを「摘む」ことで利用するためである。このように，「せっかくていねいに作りあげた」他のいのちを「壊《こわ》す」ことでしか，わたしたちは生きていけないのだとわかる。

問6　「もともとみんなで同じような動作をすることは楽しい」が，「音と動作をきっちり揃《そろ》えることが要求される」のは「つまらない」のだから，「同じ動作」がいやなのだと判断できる。「ファッション」について，「似た服装」はしていても「同じ服装」はいやなのだと述べていることも手がかりになる。

問7　「いっしょに歌い，いっしょにお遊戯《ゆうぎ》をするだけでなく，いっしょにおやつやお弁当も食べる」ことが「練習」にあたることに注目する。最後の段落で，「幼稚園《ようちえん》でのお歌とお遊戯，学校での給食」は「他人の身体に起こっていること～を生き生きと感じる練習」であり，その「練習」をくりかえすことによって「身体に想像力を備わせることで，他人を思いやる気持ちをはぐくんできた」と述べている。

三　出典は小嶋陽太郎《こじまようたろう》の『ぼくのとなりにきみ』による。スイミングスクールをやめてしまった「僕《ぼく》」(正太郎)は，父との仲がうまくいかなくなってしまう。

問1　a　知識や技術などを取りこんで，自分のものにすること。　b　あちこちめぐること。

c　人がいそうな気配。　d　店や商品などの名前を書いて，人の目につくようにした板。

e　いろいろな記事や写真などをのせて，決まった期間で発行されている出版物。

問2　スイミングスクールに入って一年がたったころになって，コーチから「お情け」でクロールを教わったのだから，「僕」は水泳が少しも「上達」しなかったのだと考えられる。

問3　父の期待に応えられなかった「僕」と比べて，妹の真琴は「まさに水を得た魚のように水中で躍動《やくどう》した」とあり，その話題を父は「うれしそうな声」で話している。そのことが非常につらく感じられるようすを「痛かった」とするのがよい。真琴の部屋に飾《かざ》られた「トロフィーや盾《たて》やメダルと～賞状」が「水泳を一年でやめた僕を刺《さ》すみたい」に光ったという表現や，真琴の泳ぐ姿を見ると「胸の痛み」を感じるという表現からも，水泳の話題に対しては痛みをともなうような感情になっていることがわかる。

問4　父の気持ちは，最後の場面の母の言葉から推測できる。父は「僕」に対して，「自分が無理矢理水泳をやらせて，つらい思いをさせたんじゃないか」と思い，「正太郎がやることに関して，口を出すのはやめようって，正太郎が水泳やめたときに決めた」というのだから，イがふさわしい。

問5　Ⅰ　“ゆっくりとした調子で”という意味の「おもむろに」が入る。　Ⅱ　「真琴の宿題」をみていることを改めて感謝されたので，「急に」どうしたのかと思ったのだと考えられる。
Ⅲ　「唐突《とうとつ》に」は，“だしぬけに”という意味。いままで話題にもあがっていなかった父のことを，だしぬけに母が話し始めたのである。

問6　「僕」が真琴のことを「素直《すなお》に応援《おうえん》できない」のは，父の期待に応えられなかったという負い目があるからである。素直に見れば，兄として妹の活躍《かつやく》を応援してあげられるはずなのに，「胸の痛み」を感じて，応援することができなかったのである。

問7　父との関係の中で真琴のことを「素直に応援できない気持ち」でいる「僕」を母は心配しており，「僕」が真琴の「メダル」を盗《ぬす》んだことを告白してもとがめようとはしないで，「正太郎が，好きなことやってくれてたら，それでいい」と言っている。「僕」のつらい気持ちをそのまま受け止めて，元気になってほしいと思っているのだから，アが選べる。

問8　妹の真琴が「僕にはできなかった，父みたいな泳ぎ」をするのを見たときの気持ちである。父の期待に応えられなかったという「胸の痛み」を感じているので，オが合う。

問9　問4，問7と関連している。父は「僕」に対して「つらい思いをさせたんじゃないか」という後悔《こうかい》の気持ちを抱《いだ》いて，「正太郎がやることに関して，口を出すのはやめよう」と思っている。母が「正太郎が，好きなことやってくれてたら，それでいい」と言っていることからもわかるように，父も母も「僕」に「好きなことをやってほしい」という同じ思いを持っているのである。

問10　真琴の応援に行かなくてもいいのかと心配する「僕」に対して，「いまから戻《もど》っても，たぶん間に合わないよ。今日はいいや，いつも見てるんだし」と，「友達みたいな口調」で言ったと前にある。空らんDをふくむ場面でも，これと同じような「口調」で話している。

問11　すぐ続けて，「母は，僕の心が読めるみたいだ」とあることに注目する。「僕」はこの直前で，「いまからでも，僕たち親子は，笑って話したり，思っていることを伝え合ったりできるだろうか」と，家族が以前のように仲よくなることができるかどうか考えているので，ウを入れると文意が通る。

四　条件作文

まず，「教室を広くしたい」「教室の床《ゆか》をたたみにしたい」「冷暖房《れいだんぼう》完備の教室にしたい」など，教室の設計の具体的な工夫《くふう》を示したうえで，その理由を示す組み立てにすると，まとまりのよい文になる。

Dr.福井の 入試に勝つ！脳とからだのウルトラ科学

入試当日の朝食で，脳力をアップ！

朝食を食べない学生は，朝食をきちんと食べる学生に比べて成績が悪かった――という研究発表がある。まあ，ちょっと考えればわかると思うけど，朝食を食べないということは，車にガソリンを入れないで走らせようとするようなものだ。体がガス欠になった状態では，頭が十分に働くわけがない。入試当日の朝食はちゃんと食べよう！　朝食を食べた効果があらわれるように，試験開始の２時間以上前に食べるようにするとよい。

では，入試当日の朝食にふさわしいものは何か？

まず，脳の直接のエネルギー源はブドウ糖だけであるから，それを補給するためのご飯やパン，これは絶対に必要だ。また，砂糖や果物の糖分は吸収されやすく，効果が速くあらわれやすいので，パンにジャムをぬったり果物を食べたりするのもよいだろう。

次に，タンパク質。これは脳の温度を上げる作用がある。温度が低いままでは十分に働かないからね。タンパク質を多くふくむのは肉や魚，牛乳，卵，大豆などだが，ここでは大豆でできたとうふのみそ汁や納豆をオススメする。そして，記憶力がアップするDHAを多くふくんでいる青魚，つまりサバやイワシなども食べておきたい。

生野菜も忘れてはならない。その中にふくまれるビタミンBは，ブドウ糖を脳に吸収しやすくする働きを持つので，結果的に脳力アップにつながるんだ。

コーヒーや紅茶，緑茶は，カフェインという成分の作用で目覚めをうながすが，トイレが近くなってしまうので，飲みすぎに注意！　試験当日はひかえたほうがよいだろう。眠気を覚ましたいときはガムをかむといい。脳が刺激《しげき》されて活性化し，目が覚めるんだ。

Dr.福井（福井《ふくい》一成《かずしげ》）…医学博士。開成中・高から東大・文Ⅱに入学後，再受験して翌年東大・理Ⅲに合格。同大医学部卒。さまざまな勉強法や脳科学に関する著書多数。

平成29年度　慶應義塾湘南藤沢中等部

〔電　話〕（0466）49－３５８５
〔所在地〕〒252-0816　神奈川県藤沢市遠藤5466
〔交　通〕小田急江ノ島線・相鉄いずみ野線・市営地下鉄－「湘南台駅」よりバス15分　JR東海道線－「辻堂駅」よりバス25分

【算　数】（45分）〈満点：100点〉

1　ア，イ にあてはまる数を求めなさい。

(1)　8×［ア］÷4－14－6＝4

(2)　$\left\{\left(3\frac{5}{6}-1\frac{4}{15}\right)\times\left(8\frac{1}{3}-\frac{5}{6}\right)-2\frac{1}{4}\right\}\div 2.125=$［イ］

2　(1)　ある商品の原価に15％の利益をみこんでつけると定価は4830円である。この商品の原価を求めなさい。消費税は考えないこととする。

(2)　男子野球部と女子サッカー部の合計120人を対象にして算数のテストを行ったところ，男子野球部の平均点は，女子サッカー部の平均点より８点高く，120人全員の平均点より2.4点高かった。男子野球部の人数を求めなさい。

(3)　袋の中に白と黒のご石が入っている。黒のご石は全体の$\frac{3}{8}$より６個多く，白のご石は全体の$\frac{9}{16}$より１個少ない。袋の中に入っているご石の数は全部で何個ですか。

(4)　右のような16個のますの中に，A，B，C，Dの４個の文字が次の条件を満たすように入っている。

■１個のますには１個の文字だけを入れることができる。
■同じ段・同じ列の中には文字は１個だけしか入らない。
■AはBより３列左に入っている。
■DはAより２段下に入っている。
■BはCより２列右に入っている。
■BはCより下の段に入っている。
■４個の文字がななめに一列にならぶことはない。

A，B，C，Dの文字を，解答用紙のますの中に書き入れなさい。

	ア列	イ列	ウ列	エ列
あ段				
い段				
う段				
え段				

3　図１は，直角二等辺三角形である。図２は，半径10cm，中心角180°のおうぎ形と，図１の直角二等辺三角形と，１辺の長さが15cmの正方形が組み合わさった図形である。

㋐の角度は53°であり，円周率を3.14として，図２の図形について，以下の問いに答

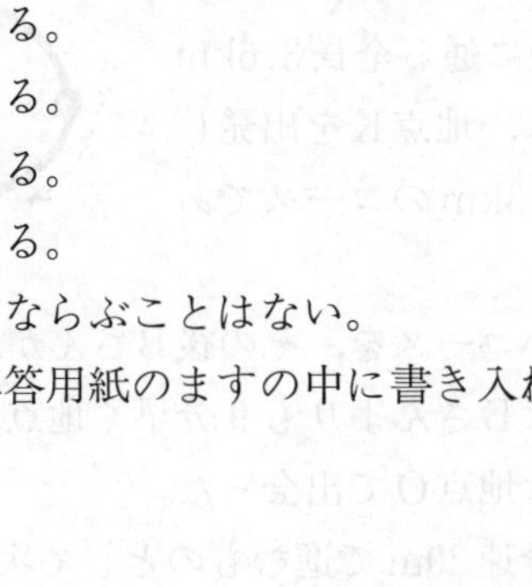

図１

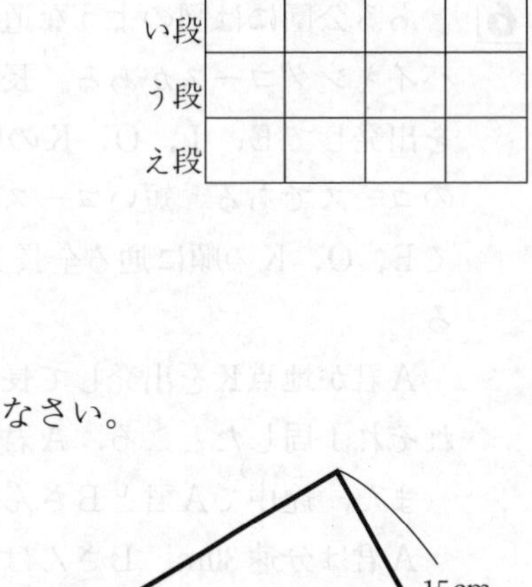

図２

えなさい。

(1) ㋑の角度は何度ですか。

(2) 図形の外周（太線の部分）の長さを求めなさい。

(3) かげの部分の面積を求めなさい。

4 下の図のように1円，5円，10円の硬貨を，ある規則に従ってならべていく。このとき，下の［ア］，［イ］にあてはまる数を求めなさい。

①⑤⑩①①⑤⑩①①⑤⑤⑩①①⑤⑤⑩⑩①①①⑤⑤⑩⑩……

(1) 42枚の硬貨をならべたとき，その42枚の合計金額は［ア］円である。

(2) 487枚の硬貨をならべたとき，その中に10円硬貨は全部で［イ］枚ある。

5 右の図の太線は，ある立体の展開図である。

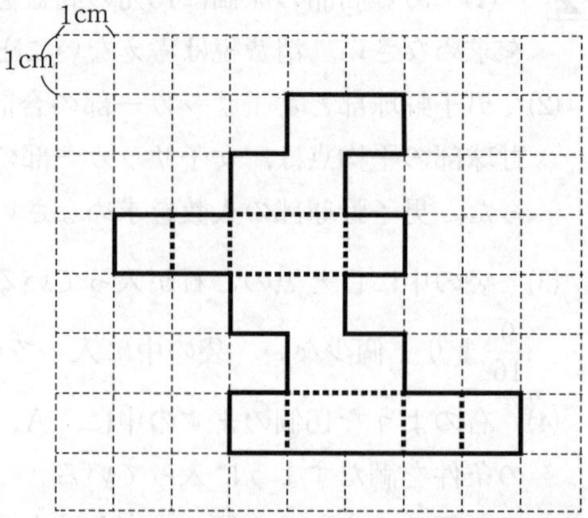

(1) この立体の体積を求めなさい。

(2) この立体を6個用いて，すきまなく組み合わせると直方体ができる。この直方体の表面積を求めなさい。

(3) (2)でできた直方体を同じ向きに用いて組み合わせてできる立方体のうち，最も小さいものを作る。このとき，(2)の直方体は何個必要ですか。

6 ある公園には図のような道のりの異なる2つのハイキングコースがある。長いコースは，地点Kを出発してE，I，O，Kの順に通る全長3.6kmのコースである。短いコースは，地点Kを出発してE，O，Kの順に通る全長1.3kmのコースである。

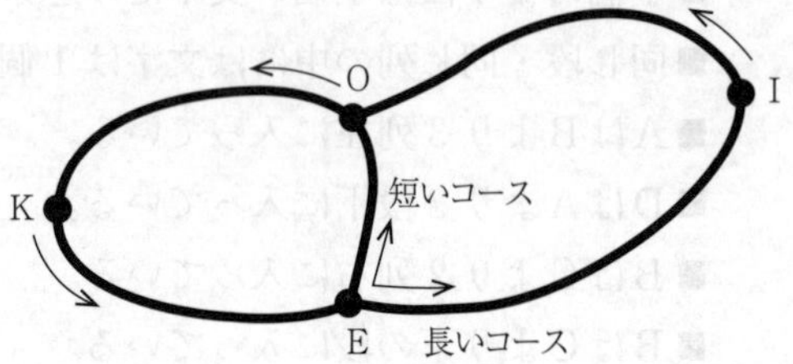

A君が地点Kを出発して長いコースを，その後Bさんが地点Kを出発して短いコースを，それぞれ1周したところ，A君はBさんよりも9分早く地点Kに戻った。

また，途中《とちゅう》でA君とBさんは地点Oで出会った。

A君は分速30m，Bさんは分速20mで進むものとして次の問いに答えなさい。

(1) Bさんが出発したのは，A君が出発してから何分後ですか。

(2) C君はA君といっしょに地点Kを出発し，同じ速さで同じコースを進んでいたが，途中で忘れ物に気がついた。そして，C君は分速45mでコースを引き返して地点Kに戻り，分速45mのまま長いコースをK，E，I，O，Kの順に1周したところ，Bさんより21分遅れて地点Kに戻った。忘れ物に気がついたのは出発してから何分後ですか。

(3) (2)のC君が，Bさんと2度目に出会ったところが地点Eであった。短いコースの地点Eから地点Oまでの道のりは何mですか。

【社　会】 (25分) 〈満点：50点〉

1 問いに答えなさい。下図は，２万５千分の１地形図「函館」より作成したものです。

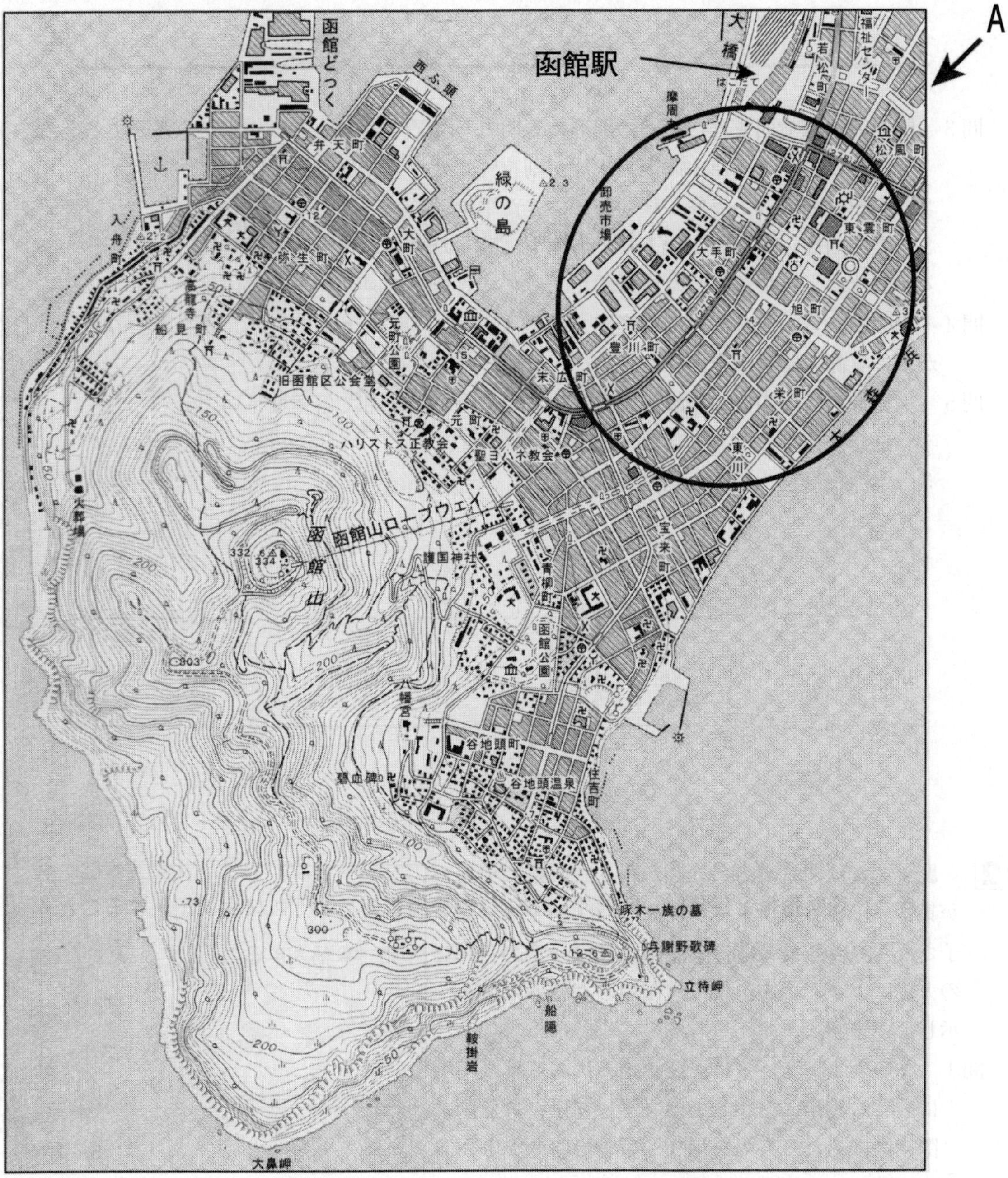

問1　解説を参照のこと。

問2　図の矢印**A**の方向から見た函館山の形として最も適当なものを選び，番号で答えなさい。

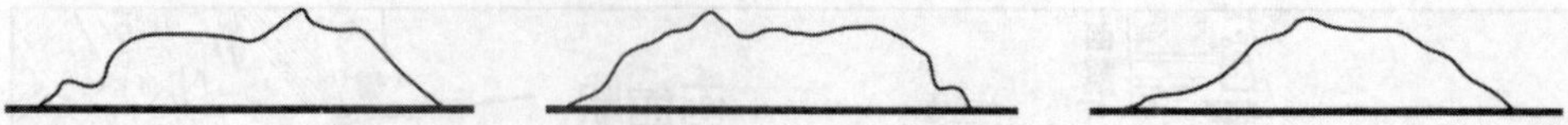

1　　　　　　　　2　　　　　　　　3

問3　図中の太線で囲まれた範《はん》囲の地形の説明として最も適するものを選び，番号で答えなさい。

1　潮流によって函館山周辺の土地が削られて残ってできた平地。

2　函館山と周辺の海底が隆起してできた平地。

3　函館山周辺の地面が沈下して海面上に残った平地。

4　潮流によって運ばれた土砂がたまってできた平地。

問4　函館駅から函館公園までの経路を地図上で測ったら8 cmでした。解答用紙の単位にしたがって実際の距離を求めなさい。

問5　次の都市の間の直線距離が最も長いものを選び，番号で答えなさい。

1　函館―東京　　2　新潟―東京

3　金沢―東京　　4　鹿児島―東京

2　慶子さんは関東地方の地図から5つの県の境界が集まっている場所を見つけました。図1は，慶子さんが見つけた場所を抜き出したものです（図の方位は上が北です。また，図中の点線は県境を示しています）。

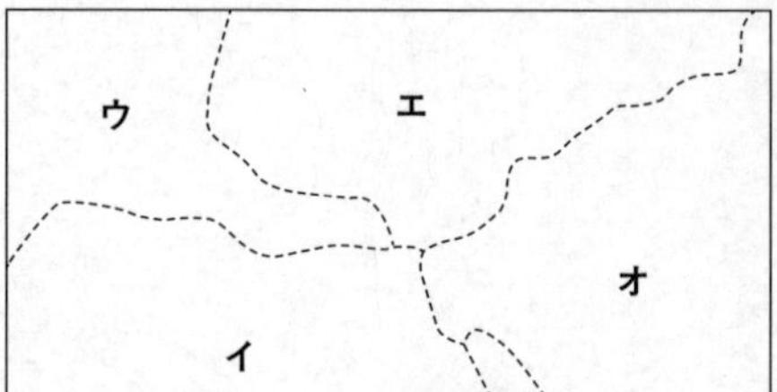

図1

問1　下の表1，2，3は，関東地方にある貿易港における輸出入を示しています。**ア**県にある国際空港にあたるものを選び，番号で答えなさい。

1

輸出　8.1兆円		輸入　11.7兆円	
半導体等	9.1%	通信機	14.0%
光学機器	6.6%	半導体等	10.3%
半導体等製造装置	5.8%	医薬品	9.4%
その他	78.5%	その他	66.3%

2

輸出　6.1兆円		輸入　11.0兆円	
事務用機器	7.9%	事務用機器	8.2%
自動車部品	5.1%	衣類・付属品	7.8%
光学機器	4.9%	魚介類	4.9%
その他	82.1%	その他	79.1%

3

輸出　7.1兆円		輸入　4.6兆円	
自動車	21.8%	天然ガス	8.1%
原動機	5.6%	石油	7.2%
自動車部品	5.3%	非鉄金属	7.0%
その他	67.3%	その他	77.7%

数値は2014年　(出典)　アクティブ地理総合

問2　図1中の**イ**県について，県の南部は東京に通勤，通学する人が暮らす町がたくさんあります。下の表は，関東地方の3つの県の昼夜間人口を示したものです。**イ**県にあたるものを選び，表中の番号で答えなさい。

	昼間人口(万人)	夜間人口(万人)
1	201	201
2	289	297
3	637	719

(2010年)　(出典)　アクティブ地理総合

問3　図1中の**ウ**県は高速道路沿いに工場が進出し，内陸の工業団地が形成されました。**ウ**県の製造品出荷額等割合を表した図2中の**A**にあたるものを選び，番号で答えなさい。

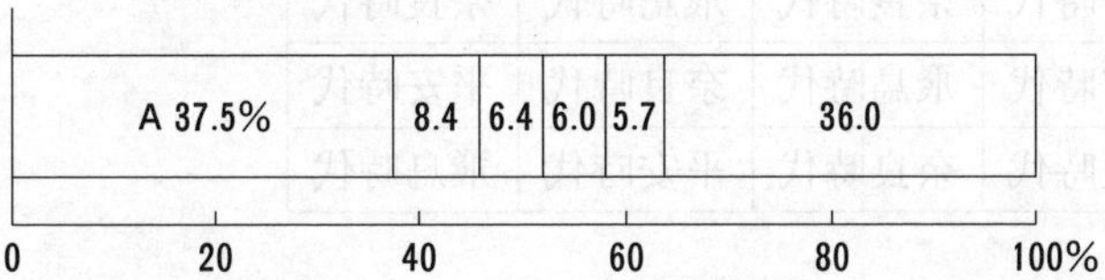

図2　(出典)　データでみる県勢2016

1　輸送用機械　　2　精密機械　　3　非鉄金属
4　石油・石炭製品　　5　電子部品

問4　図1中の**エ**県にある火山を選び，番号で答えなさい。

1　妙高山　2　鳥海山　3　浅間山　4　那須岳　5　蔵王山

問5　下の表は図1中の**ア**県〜**オ**県の耕地面積(2010年，単位千ha)および農業産出額(2013年，単位億円)を示したものです。**オ**県にあたるものを選び，表中の番号で答えなさい。

	耕地面積	米	野菜	その他作物	畜産	総額
1	75	162	936	224	947	2,303
2	80	403	1,025	249	284	2,012
3	127	685	810	146	955	2,690
4	129	710	1,687	357	1,094	4,141
5	175	875	1,767	282	1,131	4,356

(注)　米，野菜，その他作物，畜産の合計と総額は一致しないことがある。

(出典)　県勢2016，二宮高等地図帳

問6　図1中を北西から南東に向かって流れ太平洋に注ぐ河川があります。この河川の説明として正しいものには○を，誤っているものには×をそれぞれ解答らんに記入しなさい。

1　江戸時代の工事で流路を変更するまでは東京湾に河口があった。
2　日本で最も長く，流域面積も最大である。
3　東京の水源として重要な役割を果たしている。

3　慶子さんは飛鳥，奈良，平安時代の特色について調べたことをカードにまとめてみました。問いに答えなさい。

A　『古今和歌集』を編さんした（ あ ）は『土佐日記』という作品も書きました。

B　唐の僧，鑑真《がんじん》が苦労して来日し，（ い ）を建立しました。

C　世界最古の木造建築である（ う ）は世界文化遺産に登録されています。

D　正倉院は（ え ）の構造をもつ建築物です。

問1　空らん（あ）～（え）にあてはまる語句を選び，番号で答えなさい。

1　校倉造り《あぜくら》　2　柿本人麻呂　3　延暦《えんりゃく》寺　4　紀貫之
5　書院造り　6　薬師寺　7　法隆寺　8　寝殿造り
9　菅原道真　10　唐招提寺《とうしょうだいじ》

問2　カードA～Dはどの時代に関わるものですか。A～Dにあてはまる組み合わせとして正しいものを選び，番号で答えなさい。

	1	2	3	4	5	6
A	平安時代	奈良時代	飛鳥時代	平安時代	奈良時代	飛鳥時代
B	奈良時代	平安時代	奈良時代	奈良時代	飛鳥時代	奈良時代
C	奈良時代	奈良時代	平安時代	飛鳥時代	奈良時代	平安時代
D	飛鳥時代	飛鳥時代	奈良時代	奈良時代	平安時代	飛鳥時代

4　次の文を読み，問いに答えなさい。

A　「私」は，争いのない世の中になるよう願いをこめ，（ あ ）の地に中尊寺金色堂を建てました。

B　「私」は，1830年代に起き，東北地方にも大変な被害を与えた㋐<u>大きな飢饉《ききん》</u>で苦しむ人々を救おうと兵をあげました。

C　「私」は，㋑<u>これまでの総理大臣の出身地</u>とは異なり，東北地方出身者としてはじめての総理大臣となりました。

問1　A～Cの「私」は誰ですか。あてはまるものを選び，番号で答えなさい。

1　板垣退助　2　吉田松陰《しょういん》　3　藤原道長　4　原敬《たかし》
5　藤原定家　6　大塩平八郎　7　大隈《おおくま》重信　8　天草四郎
9　藤原清衡《きよひら》

問2　空らん（あ）にあてはまる語句を選び，番号で答えなさい。

1　北上　2　酒田　3　平泉　4　天童

問3　下線㋐の「大きな飢饉《ききん》」が起きた年号を選び，番号で答えなさい。

1　寛政《かんせい》　2　天保　3　享保《きょうほう》　4　天明

問4　下線㋑の「これまでの総理大臣の出身地」として最も多い都県を選び，番号で答えなさい。

1　高知県　2　佐賀県　3　東京都　4　山口県

問5　東北地方の歴史についての説明として正しいものを選び，番号で答えなさい。

1　江戸時代，大阪方面への東北地方の物産の積み出しは，主に日本海側にあった港が用いられた。

2　古代，東北地方には熊襲《くまそ》と呼ばれる人びとが住み，彼らを支配しようとした中央政府にしばしば抵抗した。

3　弥生時代中期に属《ぞく》する青森県の亀ヶ岡遺跡《いせき》では，めがねをかけたような顔をした土偶《どぐう》が出土した。

5　慶太くんと慶子さんは日本の鉱物資源について調べました。二人の会話を読んで問いに答えなさい。

慶太：東大寺の大仏には日本各地から集められた銅などが使われていたらしいよ。

慶子：(ア)大仏をつくったころは，どんな世の中だったのかな。

慶太：室町時代に建てられた京都の金閣には，金箔がはられているね。(イ)足利義満がもっていた力の大きさが伝わってくるようだね。

慶子：(ウ)16世紀ころの日本では銀が採掘され，輸出していたのよ。

慶太：明治時代になると，(エ)日本各地で石炭の採掘が進んだよ。

慶子：(オ)日本で産出する鉱物資源が，さまざまなことに用いられてきたのね。

問1　下線(ア)についての説明として正しいものを選び，番号で答えなさい。

1　各地で武士による反乱が相次ぎ，天皇は仏教の力で人びとの不安を取り除こうとした。

2　天皇は平城京から都を動かさず，安定した政治を行っていたので，人びとは大仏づくりに進んで協力できた。

3　空海が各地を歩き，大仏づくりに協力するように人びとにはたらきかけた。

4　天皇の命令が全国に伝わる仕組みができ，鉱物資源や人びとを各地から集めることができた。

問2　下線(イ)の人物が行ったことについての説明として正しいものを選び，番号で答えなさい。

1　中国との朱印《しゅいん》船貿易を盛んにし，大きな利益を得た。

2　各地の守護をおさえ，室町幕府の全盛期をもたらした。

3　歌舞伎《かぶき》を保護し，日本特有の文化の基礎《そ》をつくった。

4　応仁の乱を終わらせ，将軍の力を高めた。

問3　下線(ウ)についての説明として誤っているものを選び，番号で答えなさい。

1　日本国内では銀貨は用いられず，銀のほとんどが海外に輸出された。

2　銀山の開発により，力を高めようとする戦国大名もいた。

3　スペイン人やポルトガル人らとの間で，主に銀を用いて取引をする南蛮《なんばん》貿易が行われた。

4　石見銀山では大量の銀が採掘され，ヨーロッパでもその名前が知られていた。

問4　下線(エ)についての説明として正しいものを選び，番号で答えなさい。

1　太平洋戦争までは日本からの輸出品の大半が石炭だった。

2　明治時代半ば以降，製鉄業が盛んになり，石炭の需《じゅ》要は高まった。

3　九州や北海道を中心に現在でも石炭が大量に採掘されている。

4　端島《はしま》（軍艦《ぐんかん》島）は，世界文化遺産に登録されたことにより，石炭の採掘を再開した。

問5　下線(オ)についての説明として正しいものには○を，誤っているものには×をそれぞれ解答らんに記入しなさい。

1　江戸幕府は各地の金山や銀山を直接支配し，財源のひとつとした。

2　明治時代以降に導入された近代的な製鉄では，輸入された原料を用いずに製鉄が行われていた。

3　21世紀になってからは，レアメタルはほぼ自給できている。

6　次の文を読み，問いに答えなさい。

日本国憲法第27条に「すべて国民は，勤労の権利を有し，義務を負ふ」とあるように，「働く」ということはとても大切なことです。そして，(ア)「働く人びと」の権利もまた憲法や法律によって保障されています。

社会にはさまざまな職業があるように，「働き方」もさまざまです。1985年に(あ)が成立して以降，とくに(イ)女性の働き方は，大きく変わってきています。そして，現在では働く女性が増え，さまざまな場面で女性が活躍《やく》しています。しかし，その一方で女性の社会進出を支える国の仕組みには，まだまだ課題があります。安倍内閣は「(い)活躍社会」の実現を政策目標の一つとして掲《かか》げましたが，そのためには，(ウ)女性が安心して働けるような制度作りが求められています。

問１　空らん(あ)にあてはまる語句を選び，番号で答えなさい。

1　労働基準法　2　最低賃金法　3　労働者派遣《けん》法　4　男女雇《こ》用機会均等法

問２　空らん(い)にあてはまる語句を漢字で答えなさい。

問３　下線(ア)について，日本国憲法第28条では働く人びとの権利を保障していますが，その内容として誤っているものを選び，番号で答えなさい。

1　労働条件に不満があるため，わざと仕事をしなかった。

2　賃金の増加や労働環境の改善を求めて会社と話し合った。

3　会社と話し合いをするために労働者同士の団体をつくった。

4　労働時間が長すぎることに対して，裁判で会社を訴《うった》えた。

問４　下線(イ)について，現代の15歳《さい》～65歳までの日本の働く女性の割合をグラフで示すと，どのような形になりますか。以下の１～４から選び，番号で答えなさい。

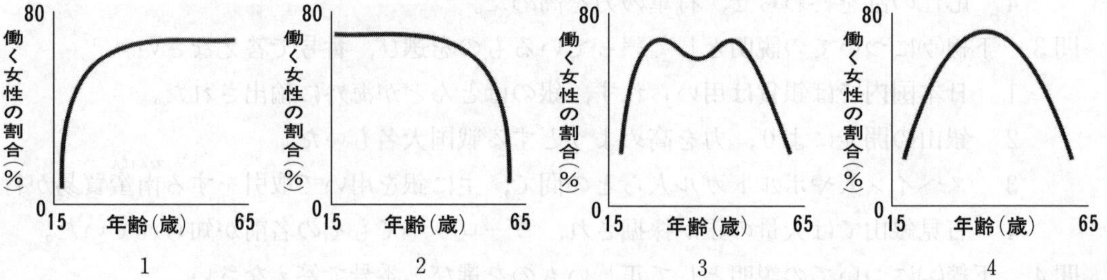

1　2　3　4

問５　下線(ウ)について，女性が子育てをしながら安心して働くための取り組みとして，適当でないものを選び，番号で答えなさい。

1　会社はAさんの夫に対して子育てをするための休みを積極的に取れるようにした。

2　会社はBさんを正社員からアルバイトにして，子育てをする時間を確保させた。

3　Cさんの住む自治体では，認定こども園や認可保育所の数が増えた。

4　子どもをもつDさんに対して児童手当が支給された。

7 次の文を読み，問いに答えなさい。

地球温暖化は，大気中の温室効果ガスが増加することによって，地球全体の平均気温が上がっていく現象です。温室効果ガスを減らしていくには，(ア)わたしたちの生活スタイルを見直すと同時に，世界各国がこの問題に協力して取り組んでいくことが重要です。

1992年には，国連環境開発会議「地球（　あ　）」で気候変動枠《わく》組条約が調印され，1995年からは(イ)毎年，地球温暖化対策の国際的なルール作りに向けての会議が，世界各地で開かれるようになりました。2015年12月には，京都議定書に代わる新たな国際ルールとして，途上国を含む全ての国・地域が温室効果ガスの削《さく》減に取り組む（　い　）協定が採択《たく》され，18年ぶりに世界は温暖化対策のために大きく前進することになりました。2016年９月には，２大排《はい》出国のアメリカ合衆国と中国がこの協定に従って協力すると発表し，その後2016年11月に発効しました。

問１　空らん（あ）（い）にあてはまる語句をカタカナで答えなさい。

問２　下線(ア)について，温室効果ガスを減らすために行われていることの説明として適当でないものを選び，番号で答えなさい。

　１　ごみの量を減らすために，ごみは分別し，できるだけ再利用している。
　２　森林の手入れをして，二酸化炭素を取りこむ量を増やしている。
　３　買い物客には，買い物袋《ぶくろ》を持参させ，レジ袋を使わないようにしている。
　４　植物の一部や動物のふん尿《にょう》などから作られるシェールガスの利用を進めている。

問３　下線(イ)の会議を表すことばとして，最も適するものを選び，番号で答えなさい。

　１　TPP　　２　PKO　　３　COP　　４　APEC

問４　消費者が，環境を守るために役立つと考えられる商品を買うときの目印になるものがエコマークです。右の「エコレールマーク」が表示されていると，「地球温暖化対策がしてある商品」として認められるのはなぜでしょうか。その理由を40字以内で説明しなさい。

エコレールマーク

【理　科】 (25分) 〈満点：50点〉

1 図1のように，おもりに糸をつけスタンドに固定し，ふりこにして実験をしました。ふりこのふれ幅《はば》，ふりこの長さ，おもりの重さを変えて，10往復にかかる時間をストップウォッチで測定しました。同じ条件の10往復の時間を5回ずつ測り，その平均をとったものを表1にまとめました。次の問いに答えなさい。

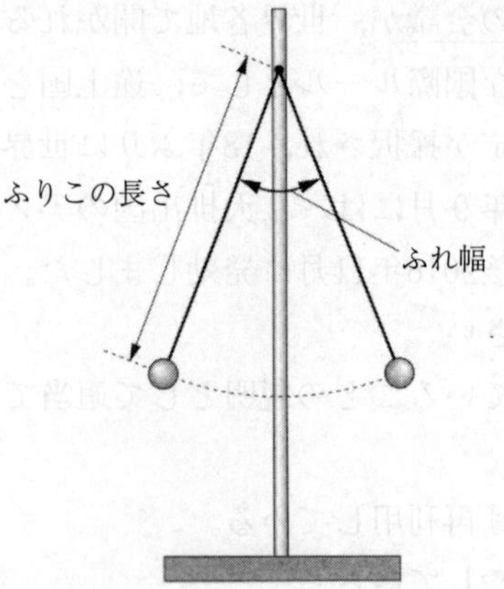

図1

表1

ふりこのふれ幅(度)	ふりこの長さ(cm)	おもりの重さ(g)	10往復の時間(秒)
10	10	10	6.3
10	20	10	9.0
10	40	10	12.6
10	90	20	18.9
20	20	10	9.0
20	40	20	12.6
30	20	10	9.0
30	40	30	12.6

問1　同じ条件で，10往復の時間を5回ずつ測定して平均をとっている理由を，15字以内で説明しなさい。

問2　10gのおもりを使い，「ふれ幅」または「ふりこの長さ」の一方だけを変化させて実験を行ったとき，10往復の時間はどのようになりますか。縦軸を「10往復の時間」，横軸を「ふれ幅」または「ふりこの長さ」としたときのグラフを，次の中からそれぞれ1つずつ選び，番号で答えなさい。

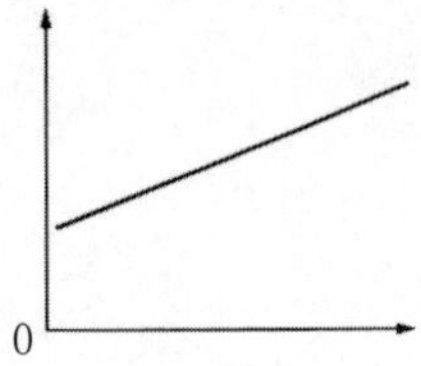

1

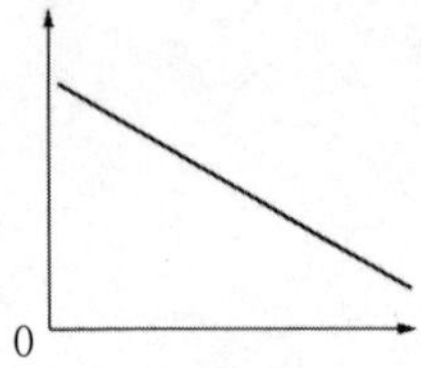

2

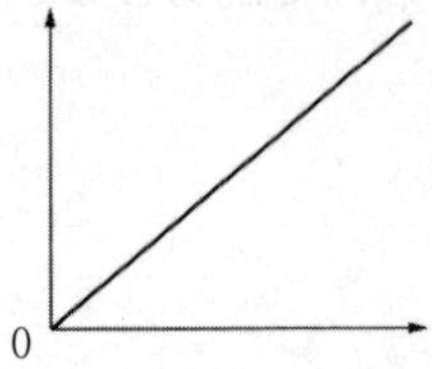

3

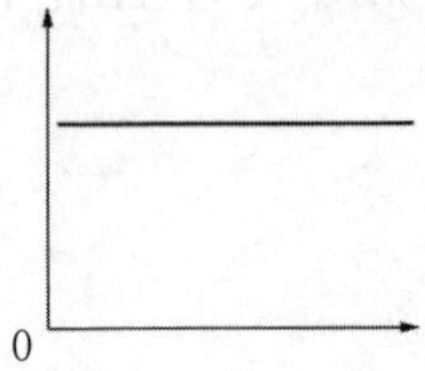

4

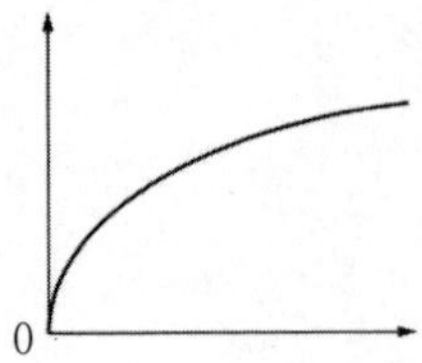

5

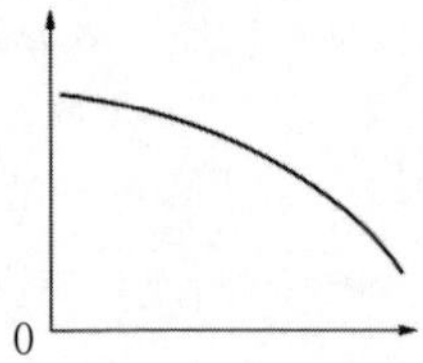

6

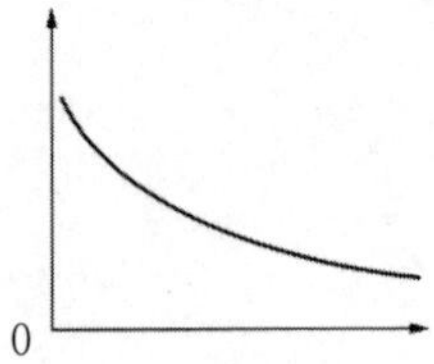

7

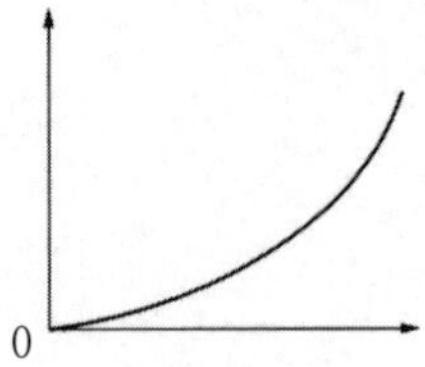

8

問3　次の文章は，この実験からわかったことをまとめた文章です。(ア)～(エ)に入る語句としてもっとも適切なものを語群の中から1つずつ選び，それぞれ番号で答えなさい。

> ふりこが1往復するのにかかる時間は，(ア)によって決まり，(イ)には関係しない。1往復の時間は(ア)の値が大きくなるほど(ウ)なるが，両者の関係は(エ)。

[語群]

1　ふりこのふれ幅と長さ　　2　ふりこのふれ幅とおもりの重さ
3　ふりこの長さとおもりの重さ　　4　ふりこのふれ幅
5　ふりこの長さ　　6　おもりの重さ
7　長く　　8　短く
9　比例である　　10　反比例である
11　比例でも反比例でもない

問4　ふりこが往復する時間についての「きまり」を発見した科学者は誰《だれ》ですか。次の中から1人選び，番号で答えなさい。

1　アインシュタイン　　2　平賀源内　　3　パスカル
4　湯川秀樹　　5　コペルニクス　　6　ニュートン
7　ガリレオ　　8　エジソン

問5　図2は，メトロノームと呼ばれるもので，ふりこの原理を応用して一定のリズムを刻むものです。おもりが1往復する時間を短くしてテンポを速めるためには，どのようにしたらよいですか。次の中から正しいものを1つ選び，番号で答えなさい。

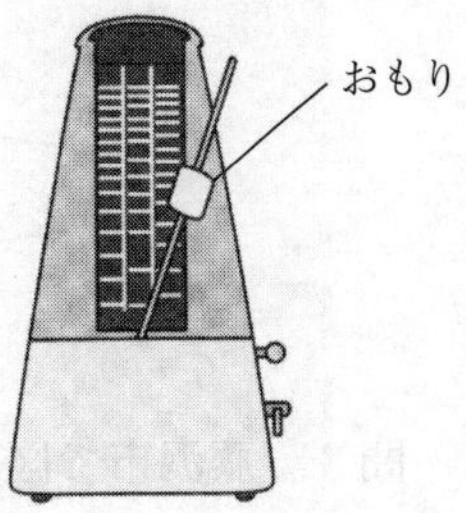

図2

1　おもりをより重いものに取りかえて，上方向に移動する。
2　おもりを上方向に移動する。
3　おもりを下方向に移動する。
4　おもりのふれ幅を大きくする。
5　おもりのふれ幅を小さくする。
6　メトロノームは一定のリズムを刻むものだから，1往復の時間は変えられない。

2　次の問いに答えなさい。

問1　図1は，地球の北極側から見た月，地球，太陽の位置関係を表しています。月がどの位置にあるときに，日本で満月を見ることができますか。図1のア～クの中から1つ選び，記号で答えなさい。

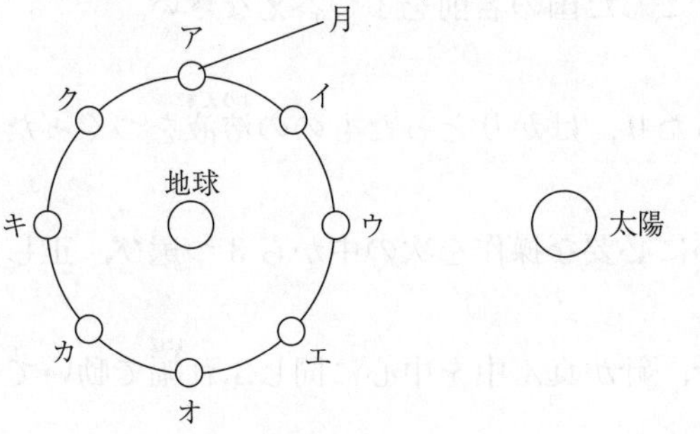

図1

問2　6月に藤沢市で見た満月が真南にきたときの地平線からの角度は，12月に同じ場所で真南に見えた満月よりも小さくなりました。このことから，6月と12月の月の公転軌道《きどう》面，地球，太陽の位置はどのような関係になっていると考えられますか。次の中からもっとも適切なものを１つ選び，番号で答えなさい。ただし，図中の地球は，上が北極側であるものとします。

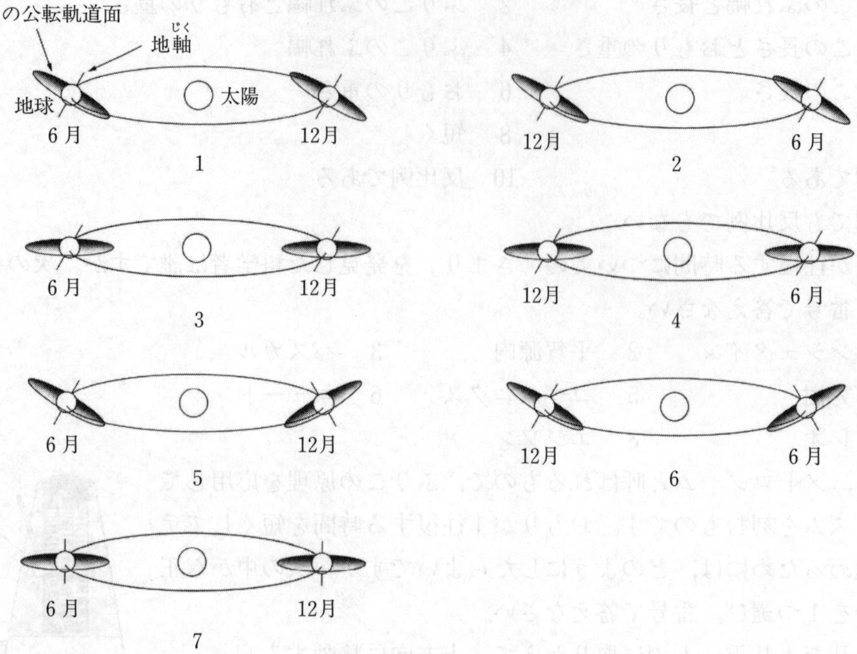

問３　藤沢市で図２の形の月が見えるのは，満月から何日後ですか。次の中からもっとも近いものを１つ選び，番号で答えなさい。

１　４日後　　２　９日後
３　14日後　　４　19日後
５　24日後

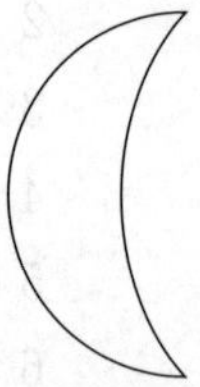
図２

問４　６月に藤沢市で見えた満月後の月(図２の形)が，真南にきたときの地平線からの角度は，６月の満月と比べるとどうなりますか。次の中から正しいものを１つ選び，番号で答えなさい。

１　大きい　２　小さい　３　同じ

問５　これまでに月は，アメリカやロシア(旧ソ連)などの探査機によって調べられています。アメリカとロシア以外に，月に探査機を送りこんだ国の名前を１つ答えなさい。

3　上皿天びんを用いて，物質の重さをはかったり，はかりとったものの溶液《ようえき》をつくったりする実験を行いました。

問１　食塩を39.8ｇはかりとりたい。そのために必要な操作を次の中から３つ選び，正しい順に並べて番号で答えなさい。

１　天びんの左右の皿に同じ薬包紙をのせ，針が真ん中を中心に同じふれ幅《はば》で動いていることを確認する。
２　天びんの左右の皿に同じ薬包紙をのせ，針が真ん中で止まったことを確認する。
３　分銅を利《き》き手と反対側(右利きの人は左側)の天びんの皿にのせる。
４　分銅を利き手側(右利きの人は右側)の天びんの皿にのせる。
５　食塩を利き手と反対側(右利きの人は左側)の天びんの皿にのせる。

6　食塩を利き手側(右利きの人は右側)の天びんの皿にのせる。

問2　問1で食塩をはかりとるときに薬品さじを利き手に持ちますが，反対の手はどうすればよいですか。次の中から正しいものを1つ選び，番号で答えなさい。

1　食塩の入っている容器に手をそえ，台からはなれないようにする。
2　食塩の入っている容器を持ち，胸の前に持ってくる。
3　食塩の入っている容器を持ち，容器の口をはかりとる天びんの皿に近づける。
4　天びんの皿の部分を押さえておく。
5　天びんの台の部分を押さえておく。

問3　金属でできたおもりAの重さをはかりたい。そのために必要な操作を次の中から3つ選び，正しい順に並べて番号で答えなさい。

1　針が真ん中を中心に同じふれ幅で動いていることを確認する。
2　針が真ん中で止まったことを確認する。
3　分銅を利き手と反対側(右利きの人は左側)の天びんの皿にのせる。
4　分銅を利き手側(右利きの人は右側)の天びんの皿にのせる。
5　おもりAを利き手と反対側(右利きの人は左側)の天びんの皿にのせる。
6　おもりAを利き手側(右利きの人は右側)の天びんの皿にのせる。

問4　おもりAの重さは56.8ｇでした。いずれかの分銅を上皿にのせる，あるいは下ろす操作をそれぞれ1回と数えるとすると，7回目の操作は，どの分銅をのせた，あるいは下ろしたことになりますか。なお，上皿天びんについている分銅は表1の通りとし，6回以内に操作が終わっていた場合には，解答用紙の重さのらんに×を記入すること。

表1

分銅の重さ(g)	0.1	0.2	0.5	1	2	5	10	20	50
個　数	1	2	1	1	2	1	2	1	1

問5　食塩は，水100ｇに対して20℃で36.0ｇ，100℃で39.0ｇまで最大溶けることができ，それ以上は溶け残ります。加熱とろ過に必要な実験器具と水100ｇを用いて，問1ではかりとった食塩にごくわずかな量の砂つぶと砂糖が混ざってしまったもの(「混合物」)から，食塩だけを9ｇ取り出すために，はじめに次のような[操作]を行いました。これに続けて，どのようなことを行えばよいですか。解答らんに説明しなさい。

[操作]　20℃の水100ｇに「混合物」をすべて加え，よくかき混ぜて溶かした後，ろ過をして溶け残りを取り除いた。

4　次の問いに答えなさい。

問1　図1は，メダカの体のようすを表しています。図1のア～カの中から，オスとメスで異なる形のひれがついている位置を2つ選び，解答らんの記号を○で囲みなさい。

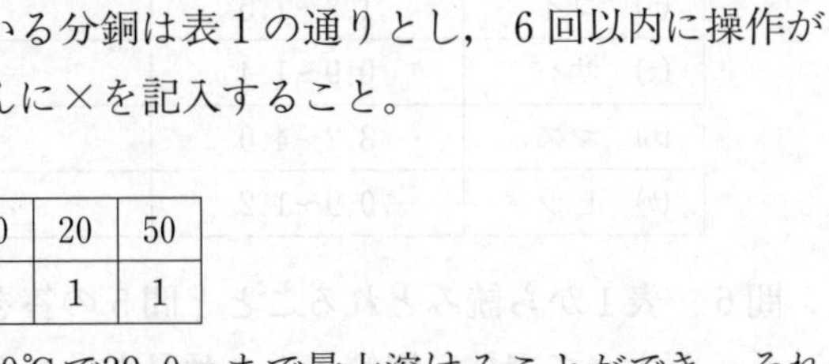

図1

問2　図1のひれXの役割としてもっとも適切なものを1つ選び，番号で答えなさい。

1　体を前進させる

2　体を左右に方向転かんさせる

3　体の平こう(バランス)を保つ

4　体を浮《う》き沈《しず》みさせる

問3　野生のメダカは，流れのゆるやかな小川や田んぼなどに生息しています。同じような環境《かんきょう》に生息している次の生物の中から，メダカのエサとして適切でないものをすべて選び，解答らんの番号を○で囲みなさい。

1　ゲンゴロウ　　2　ミドリムシ　　3　ボウフラ

4　ヌマエビ　　5　ミジンコ　　6　マツモ

問4　問3の1～6の生物の中から，バイオ燃料や栄養補助食品の原材料として利用できるために注目を浴びているものを1つ選び，番号で答えなさい。

問5　次の表1の魚(あ)～(か)の中から海で卵を産むものをすべて選び，解答らんの記号を○で囲みなさい。

表1

	卵の直径(mm)	体重1gあたりの一度に産む卵の数(個)	メスの最大体長(cm)
メダカ	1.4～1.5	30	4
(あ)　サケ	5.5～6.0	2	70
(い)　タラ	1.2～1.8	500	110
(う)　コイ	1.2～1.5	100	60
(え)　サバ	0.9～1.4	800	50
(お)　マス	3.2～4.0	8	50
(か)　ヒラメ	0.9～1.2	1200	100

問6　表1から読みとれることと問5の答をふまえて，正しいことを述べているものを次の中からすべて選び，解答らんの番号を○で囲みなさい。

1　メスの最大体長が小さいものほど，卵の直径が大きい。

2　卵の直径が大きいものほど，体重1gあたりの一度に産む卵の数が少ない。

3　体重1gあたりの一度に産む卵の数が多いものほど，卵1個が軽い。

4　川で卵を産むもののほうが，体重1gあたりの一度に産む卵の数が少ない。

5　海で卵を産むもののほうが，メスの最大体長が小さい。

※出題の都合上、本文の一部を改稿しています。

〈注〉うみかの入院は夏休みいっぱいかかった。

問一　〜〜〜a〜eのカタカナを漢字に直しなさい。

問二　═══1について、うみかが「え？」と言ったのはなぜですか。あてはまるものを次の中から選び、記号で答えなさい。

ア　はるかの言葉が聞き取れなかったから。
イ　はるかの言葉に衝撃をうけたから。
ウ　うみかは夜をこわいと思ったことがなかったから。
エ　うみかはいつも感動しながら星空をながめているから。

問三　═══2とはどういうことですか。次の文の〈①〉〜〈③〉に本文中の一節をあてはめて答えなさい。なお、それぞれ字数が指定されていますが、その字数には句読点をふくみます。

はるかが〈①　十字〉と教えたのに、〈②　十六字〉せいで、うみかが〈③　九字〉て、骨折した。

問四　═══3について、この時のはるかの気持ちを次の中から選び、記号で答えなさい。

ア　お母さんに怒られる。
イ　もともと私のものだったのに。
ウ　怪我《けが》をしたのはうみかなんだ。
エ　うみかのけがが治らなかったらどうしよう。

問五　空らん［Ⅰ］〜［Ⅲ］に入るものを次の中から選び、それぞれ記号で答えなさい。同じ記号を二度以上使うことはできない。

ア　謝らなきゃ　**イ**　謝りたい　**ウ**　謝る　**エ**　謝ろう
オ　謝った方がいい　**カ**　謝らざるを得ない

問六　═══4について、うみかが怯《おび》えているのはなぜですか。その理由が分かるせりふを抜き出し、最初の五字（句読点をふくむが「」は書かないこと）を書きなさい。

問七　空らん［A］〜［E］にあてはまるせりふを、次から選び、それぞれ記号で答えなさい。

ア　心配しなくても大丈夫だよ、はるか
イ　ちょっと、長くかかるかもしれない
ウ　どうして？　ただの骨折なんでしょ
エ　うみか、すぐに退院できるんでしょう？
オ　骨が育つ大事な時期の怪我だから、ちょっとね

問八　空らん［Ⅳ］にあてはまる語を次の中から選び、記号で答えなさい。

ア　楽しそうに　**イ**　遠慮《えんりょ》がちに
ウ　自信満々に　**エ**　恥ずかしそうに

問九　═══5について、「お姉ちゃんみたいな人」とはどんな人か。次の［①］・［②］にあてはまる漢字二字の言葉を答えなさい。

・［①］の中に宇宙に関する表現がふくまれる人
・言葉にして何か言うのが［②］な人

問十　═══6について、「前に、お姉ちゃんと海に行った」時、うみかは何年生でしたか。漢数字で書きなさい。

問十一　空らん［Ⅴ］・［Ⅵ］にあてはまる語句を本文中からぬき出し、答えなさい。

問十二　うみかの性格を表す語を次の中から全て選び、記号で答えなさい。

ア　がまん強い　**イ**　狡猾《こうかつ》　**ウ**　素直　**エ**　強がり
オ　向こう見ず　**カ**　無邪気《むじゃき》　**キ**　冷静　**ク**　わがまま

四

「じゃんけん」をしたことがない人に、二人でじゃんけんをする時のやり方やルールを説明する文章を、百八十字以内で書きなさい。なお、記述する際には、原稿用紙の使い方に従いなさい。

6前に、お姉ちゃんと海に行った時、お姉ちゃん、私に夜が暖かいって言ったの、覚えてる？」

そう感じたことは確かに覚えているけど、口に出したかどうかはわからない。どちらにしろ、些細《ささい》なことだ。黙《だま》ってしまった私に、うみかが言う。

「私、夜を怖いと思ったこと、ないから。お姉ちゃんが、暗いけど怖くない、夜の色の空が地球を包んでる本当の空だって言った時、衝《しょう》撃《げき》だった。そうか、夜が怖い人が見る空ってそういうものなんだって、びっくりしたの」

うみかが私を振《ふ》り返って、少し笑った。前の方で先生のホイッスルの合図が鳴って、今度は私が背中を押される番になる。

「あと、その時に、月を黄色じゃなくて、白に近い金色って言った。——私、月は好きだけど、月は月の色で、黄色でも金でも、うまく表現できない。宇宙から地球を見ても、どんなふうに言えばいいか、きっとわからない。ガガーリンみたいに、きっとあれからずうっと時間が経ってるのに同じように『青かった』しか言えないと思う」

「そうなの？」

「うん」

少しおかしくなって笑うと、うみかが「だから、お姉ちゃんみたいな人を宇宙につれていくのが、私の夢」と答えた。

「画家の人をつれてって、地球を実際に自分の目で見て絵を描いてもらったり、青も、ただ青じゃなくて、どんな青なのか、言葉で語ってくれる人たちをつれていきたい。何十年かかるか、わかんないけど」

「つれてってよ」

私は言った。

「私が死ぬ前に、そういう時代にしてよ」

「でも、正直、お姉ちゃんは間に合わないかも」

「何だと」

真剣《しんけん》に腕組《うでぐ》みして考えるうみかの物言いが本当にこの子らしい。

「そういえば」とせっかくだから私も尋《たず》ねてみる気になった。

「海に行った時、貝殻の音のことも話したよね。私が海の音だって言ったら、あんたが違うって言ってそれで怒っちゃったけど、あの時、本当はなんか言おうとした？『その音は』って言いかけて、やめてた」

「ああ——」

うみかが長く息を吸い込んだ。どうやら覚えているらしい。唇《くちびる》をきゅっと結ぶ。うみかが小声になって、答えた。

「『その音は、［Ⅴ］が［Ⅵ］音だよ』って、言おうとしたの」

私は咄嗟《とっさ》に妹を振り返った。私の背中を一生懸命押してる頭が見える。髪は、病院で切った時よりも少し伸《の》びてきた。

すごくいい、と思った。思わず言った。

「うみか、きちんと言葉にできてるよ。奏《かな》でてるなんて言い方、私もできないよ」

「そうかな」

ピー、とまたホイッスルが鳴って、ストレッチが終わる。立ち上がった私たちはお互《たが》いの顔を眺《なが》めた。

集合の合図がかかって、先生のもとに走り出すとき、うみかが私の腕をすっと掴《つか》んだ。柔《やわ》らかい手の感触《かんしょく》と体温を感じた途端《とたん》、無性に、この子は私の妹だ、と思った。考え方が似てなくても、姉より頭がいいかもしれなくても。無条件で私の腕を頼っていいのは、この地球上で、この子だけだ。

キーン、と頭上で高い音がして、振り仰《あお》ぐと空に飛行機が飛んでいた。白い飛行機雲が線を残している。

一九九二年の秋空がこんなふうに高かったことを、覚えていようと思った。

（辻村深月『家族シアター』より）

た。指もきちんと動かせるだろうって」

お父さんの言葉どおり、うみかのギプスは十月に取れた。少しして体育の授業にも出るようになった。まだ見学してればいいのにって思うけど、ぶっきらぼうな口調で「いい」と答える。こういう時、この子はとても頑固《がんこ》だ。

苦手だからサボってるって思われるのが、きっと嫌なのだ。本音の声を聞かせないで突《つ》っぱね続けるのも、本当にうみからしい。

五、六年合同ペアになってやるストレッチを、私は自分から「うみかとやりたい」と申し出た。怪我のことを知ってるみんなが、怖々《こわごわ》とうみかの身体に触《さわ》ることを考えたら、私がやるのがきっと一番いい。姉妹でやるなんて気まずいと思ってた気持ちは、今は不思議と消えていた。みんなから「いいお姉ちゃん」だと思われても、まあ、仕方ない。

軽い力で背中を押していると、ふいにうみかが言った。

「この間ね」

「うん」

「文集の原稿《げんこう》の、eショウライの夢のとこに『宇宙飛行士』って書いたよ」

「そっか」

知っていた。

五年の男子たちが「すっげえ、ザ・夢って感じ！」と騒《さわ》いでいた。パイロットとか、宇宙飛行士とか、大きくて叶《かな》わないものの代名詞のように言われる〝夢〟。だけど、言いたい人には言わせておけばいい。

私は、自分は人にどう見られるかが相変わらず気になるにもかかわらず、うみかにならそう言い放ってしまえた。

「私、宇宙に行く人っていうのは、あんたみたいな子だと思うよ。物の見方や、宇宙への考え方が私と全然違う」

深呼吸する。そして、ようやく「ごめんね」と謝った。

「怪我した日、私、鉄棒の練習付き合うって言ったのに、行かなかった。約束、破ってごめん。私がきちんと行ってたら、うみかは怪我しないで済んだかもしれない」

「別にお姉ちゃんのせいじゃないよ。お姉ちゃんがいてもいなくても、私は鉄棒から落ちただろうし」

「それでもごめん」

「いいってば」

普段どんな時でもけろりとしているうみかが、珍《めずら》しく居心地悪そうに顔をしかめる。しばらく無言でストレッチを続けていると、やがて、うみかが思いがけないことを言った。

「私は5お姉ちゃんみたいな人が宇宙に行けばいいと思う」

「は？」

ふざけてるのかと思って顔を覗《のぞ》きこんだけど、うみかに限ってそれはなさそうだった。

「〝はるか〟って名前、宇宙飛行士に向いてる」

「名前？」

「宇宙のことを〝はるか彼方〟って表現してある本がたくさんあって、私、それ見るたびに、昔からずっと羨ましかった。お姉ちゃんの名前、いいよ」

驚いてしまう。私はずっと「うみか」の名前が羨ましかったけど、うみかもそんなふうに思ってたなんて。

名前を面と向かって「いいよ」なんて褒《ほ》められたら、照れてしまった。どんな顔をしていいかわからない私の前で、うみかが「それと」とさらに続ける。

「私、言葉にして何か言うの、苦手なんだ」

真面目な顔のままでいう。

「色を見ても、自然を見ても、仕組みを理解するのが楽しいし、いい宇宙飛行士になるには、勉強ができることはもちろん、身体が丈夫《じょうぶ》なことだって必要だろう。どうしよう。あの子は本気だ。あんなふうに［Ⅳ］夢を打ち明けるくらい、大事に思ってる。エンデバーの打ち上げを、楽しみにしてる。

私はあの子のために何ができるだろう。

うみかに話を聞いてから、図書館で片っ端《ぱし》から宇宙飛行士に関する本を探して読んだ。手術したらダメなのか、目指すにはどんなことが必要なのか――、字がずらっと並んだ大人向けの分厚《ぶあつ》い本も開いてみた。

怪我は私のせいだ。どうしよう、どうしよう、と一生懸命《いっしょうけんめい》内容を読んだけど、私にちゃんとした答えをくれる本は一冊もなかった。両親や先生に聞くことも考えたけど、宇宙飛行士の夢のことはナイショにするって、うみかと約束していた。

闇が、この時も少しも怖くなかった。去年の夏、うみかと歩いた浜辺の空も、こんなふうに暖かい光に満ちていた。思い出したら胸が詰まって、あの時、ケンカしたことすら縋《すが》りつきたいほど懐《なつ》かしかった。

海岸で、貝殻の音のことで私はうみかに怒ってた。あの子が「その音は――」と続けようとしたのを遮《さえぎ》って、勝手に歩き出した。だけど、あの時、あの子はなんて言いたかったんだろう。私が何で怒ってるのかもわからないあの子に、私は一度だって怒ってる理由を自分から説明したことがない。口答えするうみかに、私はいつだってそこで話すのをやめてた。あの子が話すことはどうせ生意気でかわいくないって決めつけて、まともに聞かなかった。

病院で聞いたうみかの言葉を思い出す。

――宇宙に行ってるしかない。

痛みには逃げ場がない、と話していた。何をしてても、気が紛《まぎ》れないって。

――想像するの。自分が宇宙にいるとこ。

そう笑ってた。

ああ。

わかったよ、うみか、と心の中で呼びかける。

月がとても近い。私が見てるこの空の向こうにあるものを、うみかだったらもっとたくさん想像できるんだろう。あの子になら、見えるのだろう。

うみかはたぶん、宇宙にいるのだ。

嫌なことがあった時、いつも大好きな宇宙のことを思い出して、きっと耐《た》えている。だから平気なんだ。クラスでひとりぼっちの時も、逆上がりで残された時も、お気に入りだった長い髪を切られた時も。つらくなかったわけがない。だからきっと、自分の居場所を別に作った。狭《せま》い教室や目に見える場所だけをすべてにしなかった。だから、あんなに強いのだ。

彼方《かなた》にある星々の明かりを見上げながら、私は自分に何ができるかを、必死に必死に、考え続けた。

（中略）〈注〉

うみかの腕は、当初考えられていたより d ジョウタイがかなりよかったらしい。

「うみか、手術するの？」

思いきって、ある夜両親に尋《たず》ねた私に、二人は驚《おどろ》いていた。答えを聞くのが怖くて、私の肩《かた》も表情も、緊張《きんちょう》に強張っていた。顔を見合わせた二人が、私を自分たちの間に座らせる。そして教えてくれた。

「大丈夫。――完全にまっすぐにするためにはそういう方法もあるってお医者さんに言われただけなんだ。この間レントゲンを撮《と》ってみたら、どうやらそこまでしなくてもうみかの骨はきちんとまっすぐだっ

「手術、するんだ？」

「うん。たぶん」

うみかが、クラスメートからもらった色紙のメッセージを目で読んでいる。一度ずつ読んだら、それでおしまいとばかりに、さっさと棚《たな》にしまう。蛍光《けいこう》ペンを駆使《くし》して、かわいい絵を入れてうみかにメッセージを綴《つづ》ってる子たちとうみかが本当はそんなに仲良くないことを、私も知っていた。

「あのね、お姉ちゃん」

「うん」

「もし、骨折で、手術して、腕にボルトを入れたりすると、それがたとえ一個でも、もうそれだけで宇宙飛行士にはなれないんだって」

「え」

二度目の「え」は大きな声になった。うみかが目を伏《ふ》せ、何でもないふうに窓の外を見る。だけど、私にはわかる。わざとだ。無理やり平気そうにしてる。うみかはいつも、しっかり私の目を見て話す。

「痛いのって、逃《に》げ場がないんだよね」

言葉がかけられない私の前で、うみかが小さくため息をついた。

「何をしてれば気が紛《まぎ》れるっていうのがないから、宇宙に行ってるしかない」

「宇宙？」

「想像するの。自分が宇宙にいるとこ」

うみかはそう言って、ちょっとだけ笑った。海に穏《おだ》やかな波が寄せてすぐになくなる時みたいな、静かな笑顔だった。

夏休みになって少しして、うみかは長かった髪《かみ》を病院でばっさり、お母さんに切られてしまった。怪我のせいで思うようにお風呂に入ったり、髪を洗えなくなって、長い髪をきれいなままにしておくのが難しくなったのだ。ボサボサになっちゃうし、ちょうど暑い季節だし、いいじゃない、とお母さんは簡単なことのように言ったけど、お見舞いに行った病室で、髪を短くされたうみかを見た時は、衝撃《しょうげき》だった。

「スースーする。変な感じ」

うみかは何でもないことのように言ってみせたけど、この時も私の目を見ようとしなかった。

私の小六の夏休みは、ほぼ、うみかの怪我の思い出で埋まった。うみか自身が感じてるように、あの子の怪我は私が思っていたよりずっと重傷だった。両親が私が寝た後で、いつまでもリビングで話してる声が聞こえて、私はそっと布団《ふとん》を出て、ドアに耳をくっつけて、声の内容を聞いていた。

――肘《ひじ》のところから切って、神経を一つ一つくっつけ直す――という声を聞いた日、私は全身の血が一度に下がっていくのをはっきり感じた。

聞いてしまったことを後悔《こうかい》しながら布団に入ると、背筋が熱を出した時のようにぞくぞくした。

うみかが手術する。

繋《つな》がっている自分の腕の付け根を見ながら、皮膚《ひふ》にメスが入ることを想像して、嫌《いや》だ、と叫《さけ》びそうになった。ダメだ、ダメだ、ダメだ、うみかの腕を切るなんて、ダメだ。

宇宙飛行士が目指せなくなるなんて、ダメだ！

眠れずにまた布団を出ると、二段ベッドの上から、うみかの机が見えた。並んだ『科学』のふろくたち。中に、ドーム型プラネタリウムの丸い頭が見えたら、気持ちが抑《おさ》えられなくなった。

南向きのカーテンの向こうから、月と星の明かりが差し込んで、部屋の中は窓辺だけが明るかった。ベッドを降りて窓を開くと、夜の蝉《せみ》が鳴いていた。晴れた空に浮《う》かぶ星の名前。学校で習ったけど、私は北極星と北斗七星《ほくとしちせい》くらいしかわからない。

たんじゃないのか。

ｂせめられることを覚悟《かくご》した。お母さんたちにも、きっと怒《おこ》られる。だけど、うみかは何も言わなかった。ぼんやりと天井《てんじょう》を見てる。お母さんに言われて、私はうみかのすぐそばに座った。[Ⅲ]、と思うけど、ここまで来ても、言葉は口から出てこなかった。

両親が二人とも、入院のことで先生と話すため病室を出て行ってしまう。私は下を向いて、沈黙《ちんもく》の時間にただ耐《た》えていた。

「九月までに、手、よくなるかな」

うみかがぽつりと言った声に顔を上げる。うみかの唇《くちびる》が、かさかさに乾《かわ》いて白くなっていた。「痛いなぁ」と呟《つぶや》いて顔を歪《ゆが》める。

「エンデバーの打ち上げ、家で、見たい」

「……見ようよ、一緒に」

一緒に、を言う声が震《ふる》えた。

一緒に練習しよう、の約束を破った私が口にしていい言葉じゃないのかもしれない。だけどうみかがゆっくりと私を見た。その口元が、なぜか笑った。

「私ね、お姉ちゃん」

「うん」

「宇宙飛行士になりたいんだ」

どうして、この時を選んでうみかがそう言ったのかはわからなかった。だけど大事な秘密を打ち明けるように、うみかが「ナイショだよ」と続ける。

「うん」

私は頷《うなず》いた。そして、唇を噛《か》んだ。そうしていないとまた涙《なみだ》が出てきそうだった。痛いのはうみかなのに、私が泣いちゃダメなのに。

寝《ね》たままで言う4うみかが怯《おび》えていることに、声の途中で気づいた。人の目なんて気にしない、『科学』を面白がるセンスのある、風変りで強い、私の妹が弱気になっている。

「なれるよ」と私は答えた。水の中に放りこまれたように、鼻の奥がつんと痛んで、涙がこらえきれなくなる。

「なってよ」

もう一度、今度はそう言い直した。

「[A]」

「[B]」

帰りの車の中でお母さんに聞くと、少し間をおいて返事が返ってきた。

ちょっと、と長く。

矛盾《むじゅん》する二つの言葉を聞いて、嫌《いや》な予感がした。

「[C]」

「[D]」

「[E]」

運転席のお父さんも言う。だけど、二人の声は疲れて、元気がなかった。

結局、怪我についての肝心なことを私に教えてくれたのは、うみか本人だった。

一学期の終業式を迎《むか》えて夏休みに入っても、うみかは退院できなかった。私は五年のうみかのクラスからもらったお見舞《みま》いの寄せ書きの色紙と「早くよくなってね」と書かれた紙がぶらさがった千羽鶴《せんばづる》をcアズかって、病室を訪ねた。

「骨が曲がった方向でくっついちゃってるから、手術しなきゃならないかもしれない」

うみかの口調は、いつもみたいに淡々としていた。私は「え」と呟いて、咄嗟《とっさ》にうみかの腕を見てしまう。それからあわてて目をそらした。

た音を鼓膜《こまく》から脳に伝える役割をする体液が入ってるんだけど、それ、波みたいに揺《ゆ》れて動くんだって。お姉ちゃんが聞いたのは、その蝸牛の体液が動いて認識した音だよ。普段は小さくて聞こえないんだけど、貝殻にぶつかると耳に跳《は》ね返って聞こえる。——だからこの音は海の音じゃないし、貝殻の記憶でもないよ」

浮《う》かべていた笑みが強張《こわば》って、表情が固まる。うみかが私を見て「その音は——」と続けようとしたところで、頭の奥《おく》で真っ白い光が弾《はじ》けた。

猛烈《もうれつ》に腹が立った。無言でホテルの方に歩き出す。急に引き返した私を、うみかがびっくりしたように追いかけてくる。

「待ってよ。どうしたの、お姉ちゃん」

「知らない！」

「あ、貝殻……」

実際、どう言えばいいのかわからなかった。

うみかから「返すね、はい」と渡されても、受け取る気がしなかった。

うみかはいっつもそうだ。こういうところが生意気だ。私が何か言うと必ず言い返してくるし、そのことで私が怒っても、自分の何が悪いのかわかってない。他の子の妹はみんなお姉ちゃんの言うことは素直に聞いてるみたいなのに。

（中略）

仕事から帰ってきたお父さんと一緒に病院に向かう時、私はずっと俯《うつむ》いていた。

頭の奥でずっと、2お前のせいだ、という誰《だれ》のものかわからない声がしてる。

車の中、私の隣《となり》で、お母さんに持ってくるように言われたうみかの着替《きが》えが、半透明《はんとうめい》の袋《ふくろ》の中から透《す》けていた。灰色の、私のお下がりの下着。「はるか」と書かれた名前がマジックの線で消されて、下に、あの子の名前が「うみか」と書いてある。

うみかが怪我《けが》をしたと聞かされた時から、ずっと泣けたらいいのにと思いながら、3出てこなかった涙《なみだ》が、その書き直しの名前を見たら、じわっと目の奥に滲《にじ》んだ。車の外で、国道の向こうの夜景が筋を引いて流れていく。

骨折したことがある子は、うちのクラスにも何人かいた。みんなギプスをしながら学校に来てた。だけど、入院したという話はあんまり聞かない。うみかはそんなにひどい怪我なのか。

あの子は、練習に来なかった私を怒ってるに違いない。きちんと[Ⅰ]と思ってたのに、薬の匂《にお》いのする病室に一歩入った途端《とたん》、口が利《き》けなくなった。

うみかはとろんとしたいつもの二重瞼《ふたえまぶた》をさらに重そうにして、うっすらと目を開けて、ベッドに横になっていた。力と、光のない目で私たちの方を見る。朝までのうみかとまったく違った。顔を見たら、走っていって、抱《だ》きついて、[Ⅱ]気持ちになったけど、私は足を開いて立ったまま、妹に近づくことさえできなかった。

「うみか、お姉ちゃんが来てくれたよ」

お母さんが励《はげ》ますように言うのが苦しかった。私は約束を破った。何も言えずに、せめて目だけはそらさないようにしていると、うみかが「うん」と頷《うなず》いた。右腕《みぎうで》が白い包帯で何重にも固定されて、ベッドの上に吊《つ》られている。手がどんなふうになっているのかは、包帯に覆《おお》われてるせいでわからなかった。

私のせいだ。

怪我をした時の詳《くわ》しい状況《じょうきょう》はわからないけど、私が弾《はず》みをつけた方がいいって教えた。うみかはその勢いのまま、鉄棒の向こうに落ちているか、算用数字で答えなさい。

問六　空らん 1 ～ 4 にあてはまる語を次の中から選び、記号で答えなさい。なお、同じ記号を二度用いてはならない。

ア　しかも　　イ　そこで　　ウ　そして　　エ　ところが

三

次の文章を読んで、あとの問いに答えなさい。

去年の夏、家族で海に行った。

海岸沿いのホテルに泊《と》まって、両親と私たち、家族四人で夜の浜辺を散歩した。夕日のオレンジ色がだんだんと藍色《あいいろ》に押され、空が夜になっていく。遮《さえぎ》るもののない視界いっぱいの海と空を見上げていると、いつの間にか、うみかが横に来ていた。

実を言うと、私はうみかの名前が羨《うらや》ましかった。

はるかとうみか。似てる名前だけど、一つだけで見た時に、はるかは普通《ふつう》の名前で、うみかの方が個性的でかわいい感じがした。うみかの名前の中には「海」がある。暗い夜の海とうみかは、よく似合ってる。

普段から『科学』派で、宇宙に関する本だっていっぱい読んでる妹は、私より、今もずっとたくさんのことを考えて、感動しながら星空を眺《なが》めているかもしれない。そう考えたら、迂闊《うかつ》に声をかけてはいけない気がした。少し迷ってから、ようやく「いいね」と話しかけた。

「きれいだね。私、絵を描《か》く時、月を黄色く塗《ぬ》ってたけど、本当は白に近い金色なんだって、今、気づいた」

遠い場所に来たことで、ビー玉を散らしたようにきれいな夜空は、自分の家から見る空と違って『宇宙』なのだとはっきり思えた。波の音がしていた。

「空っていうと普通、昼間の水色の空を想像するけど、それって実は薄《うす》い膜《まく》みたいなもので、こっちの夜の色の空が地球を包んでる本当の空なんだって思えるね。不思議。暗いけど、怖《こわ》くない。暖かい感じがする」

旅のaコウフンと、日中海で泳ぎ疲《つか》れたことと、何より家族と一緒《いっしょ》にいるという気のゆるみが、いつになく暗闇《くらやみ》を身近に感じさせてくれた。

1うみかが「え？」と短く声を上げ、私を見た。聞き取れなかったのかもしれない。我ながら恥《は》ずかしいセリフだったから、私は言い直さずに下を向いた。

砂浜《すなはま》には、作り物みたいにきれいな形をした貝殻《かいがら》がたくさん落ちていた。ザリガニのハサミのように表面がごつごつした巻き貝を手に取る。耳に当て、そして「うわぁ」と声を上げた。

「海の音がするよ、うみか」

ピンク色につやつや光った貝の内側から、水の底で聞くような遠い音が流れ込《こ》んできた。自分がとても贅沢《ぜいたく》なことをしている気分になる。だって、貝が沈《しず》んでいた海底では、こんなにはっきりと星は見えなかったはずだ。

「この貝、どのぐらい深いとこに沈んでたのかな。なんで、海の音がするんだろう。貝が記憶《きおく》して一緒に持ってくるのかな。だとしたら、テープレコーダーみたい」

うみかにも聞かせたくて、貝を手渡《てわた》す。貝を耳に当てたうみかは、私と同じようにしばらく音を聞いた後で「お姉ちゃん」と呼びかけてきた。

「何？」

「貝の中から聞こえる音は、海の音じゃなくて、自分の耳の音なんだよ」

うみかはにこりともしていなかった。

「よく、貝殻から海の音が聞こえるっていうけど、それを出してるのはお姉ちゃん自身。保健室で耳の断面図の写真見たことない？　耳って、かたつむりの殻みたいな蝸牛《かぎゅう》って器官があるんだ。あの中、聞い立ってしまうのだ。

そこで、幼虫は成長すると植物の茎《くき》や葉と同じ緑色の保護色になる。そして、緑色になったアゲハチョウの幼虫には大きな目玉模様ができるのである。この目玉模様は重要な働きをしている。駅やベランダ、田畑などの鳥よけに、大きな目玉模様の風船が用いられるが、鳥は大きな目玉模様を嫌う性質がある。そのため、アゲハチョウの幼虫も鳥が嫌がる目玉模様で鳥の攻撃を避《さ》けているのである。また、二つの目玉模様によってアゲハチョウの幼虫は鳥の天敵であるヘビの顔に似せているとも考えられている。実際に襲《おそ》われるとヘビの鎌首《かまくび》のように頭をもたげて威嚇《いかく》する。

さらに、幼虫の体に描《えが》かれた白い帯模様にも意味がある。横方向に線状の模様があることによって、体が区切られ、幼虫の全体の大きさがわかりにくくなる。そのため、顔を出したヘビのように鳥に思わせることができるのである。それだけではない。攻撃を続けられると、アゲハチョウの幼虫は臭角《しゅうかく》と呼ばれる鳥がいやがるにおいのする黄色い角を出して威嚇する。こうして2あの手この手で鳥から身を守るのである。

さなぎになってもアゲハチョウの[II]は手を抜《ぬ》くことはない。さなぎはごつごつした場所では茶色いさなぎとなり、細くすべすべした場所では緑色になる。アゲハチョウの幼虫はミカン科の植物を餌《えさ》とするが、ミカンの木はごつごつした場所は茶色いC幹で、すべすべした場所は緑色の細い茎である。そのため、その場所にあわせた保護色となるようにさなぎの色を変化させるのである。[1]、さなぎはミカン科の植物によく見られる、枝のトゲに似せた形をしているから、手が込《こ》んでいる。

チョウが、ひらひらと飛ぶ理由は鳥の攻撃を避けるためだったが、アゲハチョウは、その美しい羽にも秘密がある。アゲハチョウの後の羽には尾状突起《びじょうとっき》と呼ばれるしっぽのような突起があるが、尾状突起の根元にはオレンジ色の中に黒い点のある斑状《はんじょう》模様がある。この模様も目玉を模している。この小さな目玉模様に鳥を脅《おど》かすほどの効果はない。[2]、鳥は獲物《えもの》に逃げられないように、チョウを襲うときには頭を狙《ねら》って攻撃を仕掛《しか》ける。[3]アゲハチョウは尾状突起を触角《しょっかく》に見立て、オレンジ色の目玉模様で羽の方を頭だと思わせるように偽装《ぎそう》しているのである。[4]、鳥が羽を攻撃しているうちに、アゲハチョウは首尾《しゅび》よく逃げるのである。

平安時代には嫌われていたチョウであるが、その後D台頭した平氏は優雅で美しいアゲハチョウをE文様として用いるようになり、アゲハチョウは武家の家紋《かもん》として好んで用いられるようになった。しかし、平氏がアゲハチョウの美しさだけでなく、その策略に満ちた生き残り戦略にまで、思いを致《いた》すことができたとしたら、どうだっただろう。もしかすると、平氏は滅《ほろ》びることはなく歴史は大きく変わっていたかもしれない。

（稲垣栄洋『身近な虫たちの華麗な生きかた』より）

※出題の都合上、本文の一部を改稿《かいこう》しています。

〈注〉万葉集…奈良時代に出来た歌集

問一 ＝＝A～Eの漢字をひらがなに直しなさい。

問二 空らん[I]・[II]にあてはまる語句を次の中から選び、記号で答えなさい。

ア 偽装《ぎそう》工作　**イ** 先制攻撃《こうげき》　**ウ** 逃避《とうひ》行動
エ 防御《ぼうぎょ》手段　**オ** 模倣《もほう》行為

問三 空らん[a]～[c]に入るひらがな一字を書きなさい。

問四 ――1「身をやつして」と同じ意味の語句を本文中から抜き出しなさい。

問五 ――2「あの手この手」とあるが、いくつの「手」があげられ

平成二十九年度 慶應義塾湘南藤沢中等部

【国語】(四五分)〈満点：一〇〇点〉

※解答に句読点や記号などが含《ふく》まれる場合は一字に数えます。

一 次のスポーツの試合をするエリアを何といいますか。( )内に指定した字数に従い、正確なカタカナで書きなさい。

〈例〉ハンマー投げ(5)〈答〉フィールド

① テニス(3)
② フィギュアスケート(3)
③ 一万メートル走(4)
④ サッカー(3)
⑤ ボクシング(3)

二 次の文章を読んで、あとの問いに答えなさい。

「蝶《ちょう》よ花よ」と言うように、美しいチョウは誰《だれ》からも愛される存在である。

ところが、日本の花鳥風月を詠《よ》んだ歌も多い『〈注〉万葉集』には、どういうわけか、チョウを詠んだ歌が一つもないという。また平安時代に書かれた清少納言の『枕草子』の第四十三段の「虫は」では、ハエやアリまで登場するのに、意外なことに女性が好みそうなチョウが紹介《しょうかい》されていないというから不思議だ。

一説には、ひらひらと飛ぶチョウは、昔は死者の魂《たましい》を運ぶとされており、A不吉なものとして、忌《い》み嫌《きら》われていたという。しかし、どんなに万葉の人々に嫌われようと、チョウはひらひらと飛ばなければならない事情がある。

ひらひらと舞《ま》う飛び方は、天敵の鳥の攻撃《こうげき》から身を守るための[I]である。

よく映画やドラマの一場面で銃《じゅう》を撃《う》ってくる悪者から逃《のが》れる主人公が、車をジグザグに走らせて逃《に》げるが、チョウの飛び方もまさに同じである。ひらひらと不規則に舞うチョウの動きは、鳥にとっては何とも捕捉《ほそく》しにくい。こうしてチョウは、直線的に高スピードで迫《せま》りくる鳥の攻撃をかわすのである。優雅《ゆうが》に見えるチョウの飛翔《ひしょう》は、敵から逃れるための[I]だったのである。

ひらひらと羽を動かしているように見えるチョウであるが、実際には羽を閉じてふわっと落ちる[a]、羽をはばたかせて、舞い上がるという動きを繰《く》り返している。もっとも、羽が大きいので、激しく上下運動をして敵をまどわすのに対して、意外にも体の方は大きく[b]上下しない。何ともB優れた飛び方なのである。

アゲハチョウは「揚羽蝶《あげはちょう》」と書く。着物の裾《すそ》の余った部分をたたんで縫《ぬ》うことを「揚《あ》げ」と言った。アゲハチョウが蜜《みつ》を吸うときに羽根を上げることから、羽根を揚げるという意味で揚羽と呼ばれるようになったのである。また、「揚げる」という言葉には、艶《あで》やかに遊ぶという意味があることから、大きくて美しい羽で舞うようすからつけられたと[c]言われている。軽やかに舞って敵を惑《まど》わすチョウにとって、一番の天敵は鳥である。アゲハチョウの生涯《しょうがい》は、まさに天敵の鳥との戦いであると言っていい。

卵から孵《かえ》ったばかりの小さなアゲハチョウの幼虫は、黒と白の混じった色をしている。これは鳥の糞《ふん》に姿を似せているのである。芋虫《いもむし》が大好物な鳥も、さすがに鳥の糞は食べない。そのため、糞の姿に1身をやつして身を守っているのである。しかし、いつまでも糞の姿をしているわけにはいかない。体が大きくなると鳥の糞に成りすましていたのでは巨大な糞になってしまう。こうなると、不自然でかえって目

平成29年度 慶應義塾湘南藤沢中等部 ▶解説と解答

算数 (45分) ＜満点：100点＞

解答

1 (1) 12 (2) 8 **2** (1) 4200円 (2) 84人 (3) 80個 (4) 解説の図3を参照のこと。 **3** (1) 82度 (2) 75.7cm (3) 50cm^2 **4** (1) 206円 (2) 149枚 **5** (1) 4 cm^3 (2) 52cm^2 (3) 72個 **6** (1) 64分後 (2) 42分後 (3) 544m

解説

1 逆算，四則計算

(1) 8×[ア]÷4－14－6＝4より，8×[ア]÷4＝4＋6＋14＝24　よって，[ア]＝24×4÷8＝12

(2) $\left\{\left(3\frac{5}{6}-1\frac{4}{15}\right)\times\left(8\frac{1}{3}-\frac{5}{6}\right)-2\frac{1}{4}\right\}\div 2.125=\left\{\left(\frac{23}{6}-\frac{19}{15}\right)\times\left(\frac{25}{3}-\frac{5}{6}\right)-\frac{9}{4}\right\}\div 2\frac{1}{8}=\left\{\left(\frac{115}{30}-\frac{38}{30}\right)\times\left(\frac{50}{6}-\frac{5}{6}\right)-\frac{9}{4}\right\}\div\frac{17}{8}=\left(\frac{77}{30}\times\frac{45}{6}-\frac{9}{4}\right)\div\frac{17}{8}=\left(\frac{77}{4}-\frac{9}{4}\right)\div\frac{17}{8}=\frac{68}{4}\times\frac{8}{17}=8$

2 売買損益，相当算，平均とのべ，条件の整理

(1) 原価を1とすると，定価は，1×(1＋0.15)＝1.15になる。これが4830円にあたるから，1にあたる金額(原価)は，4830÷1.15＝4200(円)と求められる。

(2) 男子野球部の人数を□人，女子サッカー部の人数を△人として図に表すと，下の図1のようになる。図1で，かげをつけた部分の面積と太線で囲んだ部分の面積は，どちらも120人全員の合計点を表しているので，これらの面積は等しい。よって，アとイの長方形の面積も等しくなる。また，アとイの長方形のたての長さの比は，2.4：(8－2.4)＝3：7だから，横の長さの比は，□：△＝$\frac{1}{3}$：$\frac{1}{7}$＝7：3となる。したがって，□＝120×$\frac{7}{7+3}$＝84(人)と求められる。

〔ほかの考え方〕 下の図2のように表すこともできる。図2で，□×a＝△×bという関係があり，a：b＝2.4：(8－2.4)＝3：7なので，□×3＝△×7となる。よって，□：△＝$\frac{1}{3}$：$\frac{1}{7}$＝7：3とわかる。

図1

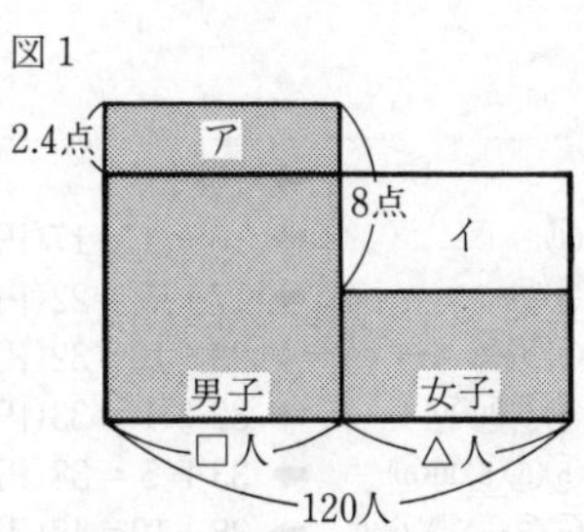

図2

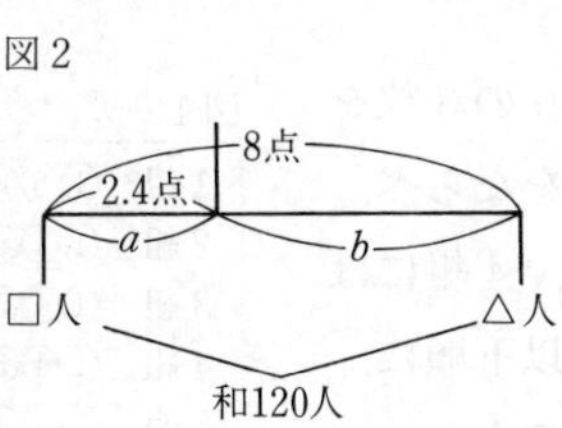

図3

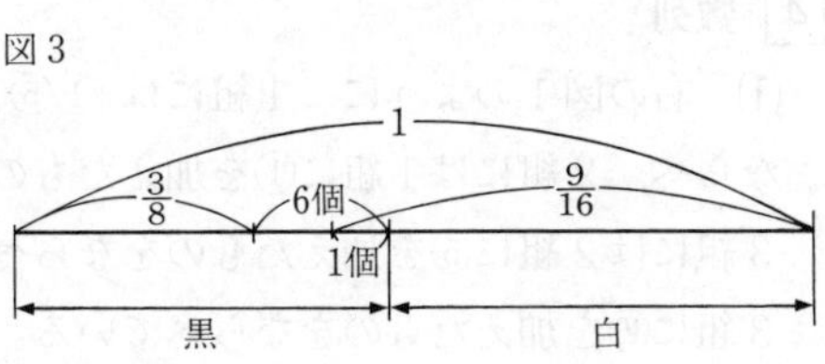

(3) 全体の個数を1として図に表すと，上の図3のようになる。図3から，$1-\left(\frac{3}{8}+\frac{9}{16}\right)=\frac{1}{16}$にあ

たる個数が，6－1＝5(個)とわかるから，1にあたる個数(全体の個数)は，$5\div\frac{1}{16}$＝80(個)と求められる。

⑷　はじめに列だけを考える。AはBより3列左なので，Aがア列，Bがエ列と決まる。また，BはCより2列右だから，Cはイ列，Dは残りのウ列となる。次に段だけを考える。DはAより2段下であり，BはCより下の段なので，考えられるのは上の図1の㋐，㋑の2通りである。㋐の場合は上の図2，㋑の場合は右上の図3のようになるから，4個の文字がななめ一列にならぶことはないという条件に合うのは図3である。

図1

	ア列	イ列	ウ列	エ列	㋐	㋑
あ段					←A	C
い段					←C	A
う段					←D	B
え段					←B	D
	↑A	↑C	↑D	↑B		

図2

	ア列	イ列	ウ列	エ列	㋐
あ段	A				←A
い段		C			←C
う段			D		←D
え段				B	←B
	↑A	↑C	↑D	↑B	

図3

	ア列	イ列	ウ列	エ列	㋑
あ段		C			←C
い段	A				←A
う段				B	←B
え段			D		←D
	↑A	↑C	↑D	↑B	

3　平面図形―角度，長さ，面積

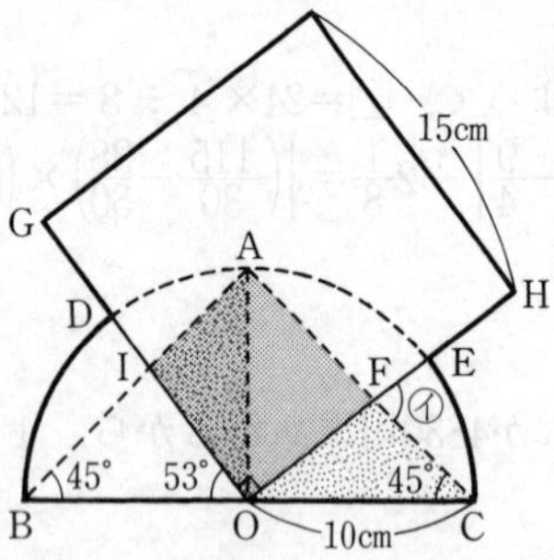

⑴　左の図で，三角形ABCは直角二等辺三角形だから，角ABCと角ACBの大きさはどちらも45度である。また，角EOCの大きさは，180－(90＋53)＝37(度)で，三角形の外角の大きさはそれととなり合わない2つの内角の大きさの和に等しいから，角㋑の大きさは，37＋45＝82(度)と求められる。

⑵　OB＝OD＝OE＝OC＝(半円の半径)だから，太線の部分のうち，直線の部分の長さの合計は，15×4＝60(cm)とわかる。また，角BODと角EOCの大きさの和は，180－90＝90(度)だから，弧《こ》DBと弧CEの長さの和は，$10\times2\times3.14\times\frac{90}{360}$＝5×3.14＝15.7(cm)と求められる。したがって，太線の部分の長さは，60＋15.7＝75.7(cm)となる。

⑶　OとAを結び，かげの部分を2つの三角形OAIとOFAに分ける(このとき，三角形AOBと三角形AOCも直角二等辺三角形になるから，角OABの大きさは45度になる)。三角形OAIと三角形OCFに注目すると，角AOIと角COFはどちらも90度から角AOFをのぞいたものなので，角AOI＝角COF(＝37度)である。また，OA＝OC(＝10cm)，角OAI＝角OCF(＝45度)だから，三角形OAIと三角形OCFは1つの辺とその両端の角の大きさが等しく，合同であることがわかる。よって，かげの部分の面積は三角形AOCの面積と等しくなるので，10×10÷2＝50(cm^2)と求められる。

4　数列

⑴　右の図1のように，1組には{①⑤⑩}の3枚をならべ，2組には1組に①を加えたものをならべ，3組には2組に⑤を加えたものをならべ，4組には3組に⑩を加えたものをならべている。以下順に，前の組に①，⑤，⑩をくり返し加えたものをならべることになる。よって，各組にならぶ枚数は3枚から順に1枚ずつ増えていくから，3＋4＋5＋6＋7＋8＋9＝42より，7組までならべたときにちょうど42枚になることがわかる。また，1組の合

図1

1組	①⑤⑩	➡ 16円
2組	①①⑤⑩	➡ 16＋1＝17(円)
3組	①①⑤⑤⑩	➡ 17＋5＝22(円)
4組	①①⑤⑤⑩⑩	➡ 22＋10＝32(円)
5組	①①①⑤⑤⑩⑩	➡ 32＋1＝33(円)
6組	①①①⑤⑤⑤⑩⑩	➡ 33＋5＝38(円)
7組	①①①⑤⑤⑤⑩⑩⑩	➡ 38＋10＝48(円)

計金額は，１＋５＋10＝16(円)なので，各組の合計金額を次々と調べると，図１のようになる。したがって，１組から７組までの合計金額は，16＋17＋22＋32＋33＋38＋48＝206(円)とわかる。

⑵　はじめに，３＋４＋…＋□≦487となるような，最も大きい□を求める($A≦B$は，AがB以下であることを表す)。この式に，１＋２＝３を補うと，１＋２＋３＋４＋…＋□≦490となる。また，１から□までの整数の和は，(１＋□)×□÷２で求めることができるから，(１＋□)×□÷２≦490より，(１＋□)×□≦980となる。□＝30とすると，(１＋30)×30＝930，□＝31とすると，(１＋31)×31＝992となるので，この式にあてはまる最も大きい□は30とわかる。また，組の枚数が30枚になるのは，30－２＝28(組)だから，１組から28組までならべたときの枚数は，３＋４＋…＋30＝(３＋30)×28÷２＝462(枚)となり，487枚ならべるのは，28＋１＝29(組)の，487－462＝25(枚)までならべたときとわかる。次に，右の図２のように，３組ごとに新しい組にすると，⑩は，[1]組(１～３組)には１枚ずつ，[2]組(４～６組)には２枚ずつ，…のように，[1]組ごとに１枚ずつ増える。よって，[9]組には９枚ずつあるので，[1]組から[9]組までの⑩の合計枚数は，(１＋２＋…＋９)×３＝(１＋９)×９÷２×３＝135(枚)と求められる。また，[10]組の最初(28組)には①⑤⑩が10枚ずつあるが，29組は①が１枚増えて，10＋１＝11(枚)になる。したがって，25枚目までならべたときの⑩の枚数は，25－(11＋10)＝４(枚)だから，487枚ならべたときの⑩の合計枚数は，135＋10＋４＝149(枚)である。

図２

[1]組	１組	①⑤⑩
	２組	①①⑤⑩
	３組	①①⑤⑤⑩
[2]組	４組	①①⑤⑤⑩⑩
	５組	①①①⑤⑤⑩⑩
	６組	①①①⑤⑤⑤⑩⑩
……		………………………………
[9]組	25組	①①①①①①①①①⑤⑤⑤…
	26組	①①①①①①①①①①⑤⑤…
	27組	①①①①①①①①①①⑤⑤…
[10]組	28組	①①①①①①①①①①⑤⑤…
	29組	①①①①①①①①①①①⑤…
	30組	①①①①①①①①①①①⑤…

[5] 立体図形―展開図，構成，表面積，整数の性質

図１

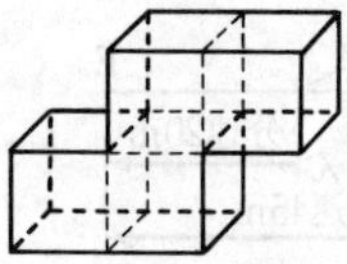

図２

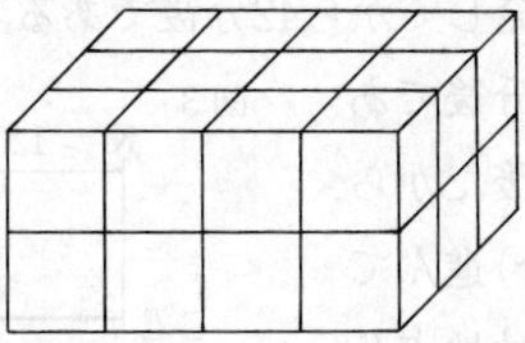

図３

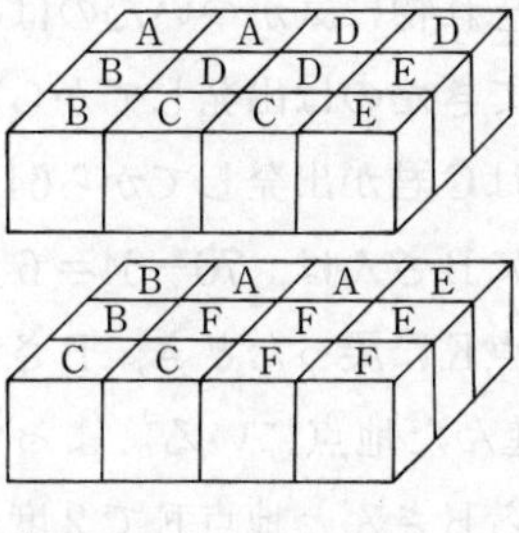

図４

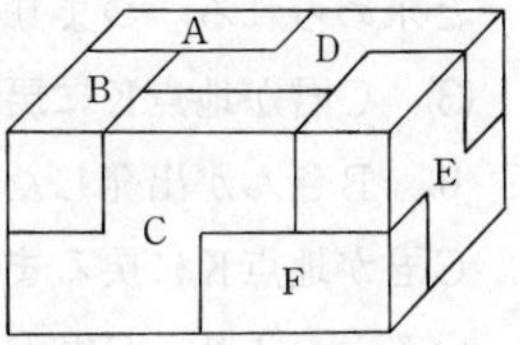

⑴　この展開図を組み立てると上の図１のようになる。これは，１辺の長さが１cmの立方体を４個組み合わせたものだから，この立体の体積は，(１×１×１)×４＝４(cm^3)となる。

⑵　図１の立体を６個用いてできる直方体は，１辺の長さが１cmの立方体を，４×６＝24(個)組み合わせてできる直方体である。よって，24＝２×３×４より，上の図２のように，３つの辺の長さが{２cm，３cm，４cm}の直方体と考えられ，表面積は，(２×３＋３×４＋４×２)×２＝52(cm^2)と求められる。

〔注意〕　図２の直方体を上下２段に分けて，用いる６個の立体をＡ～Ｆとすると，たとえば上の図３のような組み合わせ方が考えられる(これは上の図４のような直方体である)。また，24＝２×２×６などとすることもできるが，図１の立体を組み合わせて，３つの辺の長さが{２cm，２ cm，6 cm｝の直方体を作ることはできないので，条件に合わない。

⑶　2と3と4の最小公倍数は12だから，1辺の長さが12cmの立方体を作ることになる。このとき，図2の直方体を，たて方向に，12÷3＝4(個)，横方向に，12÷4＝3(個)，高さ方向に，12÷2＝6(個)使うので，図2の直方体が，4×3×6＝72(個)必要になる。

6　旅人算，速さと比

⑴　長いコースは3.6km(＝3600m)だから，A君が1周するのにかかった時間は，3600÷30＝120(分)である。また，短いコースは1.3km(＝1300m)なので，Bさんが1周するのにかかった時間は，1300÷20＝65(分)である。さらに，A君はBさんより9分早く戻《もど》ったから，下の図1のように表すことができる。よって，Bさんが出発したのはA君が出発してから，120＋9－65＝64(分後)とわかる。

図1

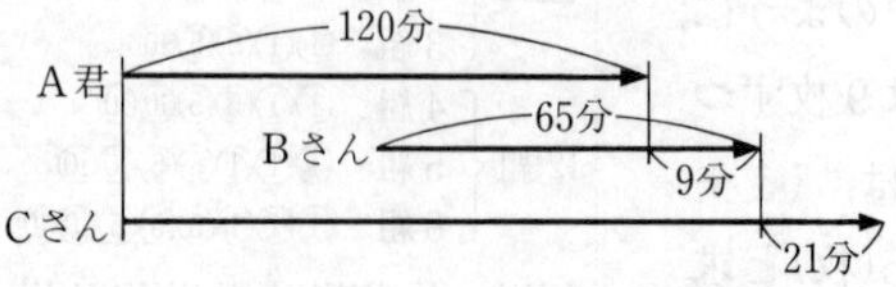

図2

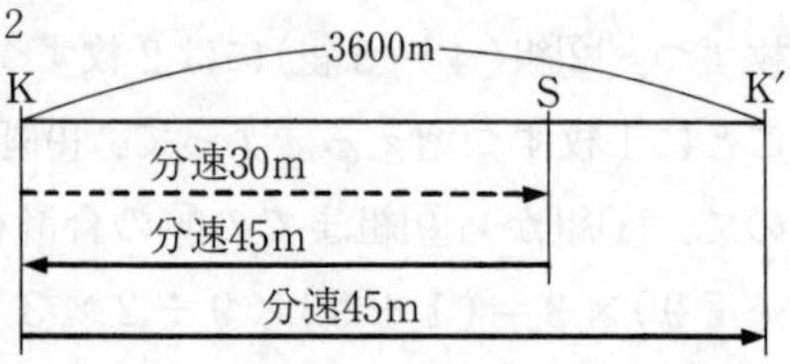

⑵　C君は，A君と同時に出発して，Bさんより21分遅《おく》れて戻ったので，図1より，C君が1周するのにかかった時間は，120＋9＋21＝150(分)である。よって，C君が忘れ物に気がついた地点をS，ゴール地点をK′とすると，C君の進行のようすは上の図2のように表すことができる。このうち，K→K′にかかった時間が，3600÷45＝80(分)だから，KS間の往復にかかった時間は，150－80＝70(分)とわかる。このとき，行きと帰りの速さの比は，30：45＝2：3なので，行きと帰りにかかった時間の比は，$\frac{1}{2}$：$\frac{1}{3}$＝3：2となり，行きにかかった時間は，70÷(3＋2)×3＝42(分)と求められる。つまり，忘れ物に気がついたのは出発してから42分後である。

⑶　C君が地点Kに戻ってきたのは出発してから70分後であり，Bさんが出発したのはC君が出発してから64分後だから，C君が地点Kに戻るまでにBさんは，70－64＝6(分)進んでいる。つまり，C君が地点Kに戻ったとき，Bさんは地点Kから，20×6＝120(m)進んだ地点にいる。よって，C君が再び地点Kを出発してからBさんと地点Eで2度目に出会うまでのようすは，右上の図3のようになる(C君が地点Kに戻る途中でC君とBさんは1度目に出会っている)。ここで，BさんとC君の速さの比は，20：45＝4：9なので，BさんとC君が進んだ道のりの比も4：9となり，KE間の道のりは，120÷(9－4)×9＝216(m)と求められる。次に，A君とBさんは地点Oで出会い，その後A君の方が9分早く地点K′に戻ったから，A君とBさんが地点Oで出会ってから地点K′に戻るまでのようすは，右上の図4のようになる。ここで，A君とBさんの速さの比は，30：20＝3：2なので，A君とBさんがOK′間にかかった時間の比は，$\frac{1}{3}$：$\frac{1}{2}$＝2：3となり，A君がOK′間にかかった時間は，9÷(3－2)×2＝18(分)と求められる。したがって，OK′間の道のりは，30×18＝540(m)であり，短いコース1周の長さは1300mだから，EO間の道のりは，1300－(216＋540)＝544(m)とわかる。

図3

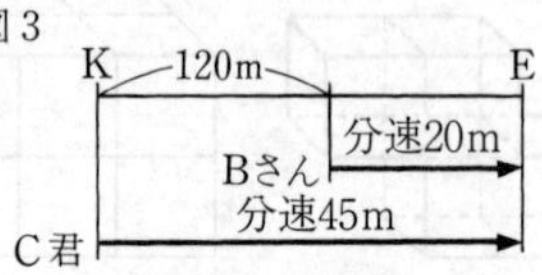

図4

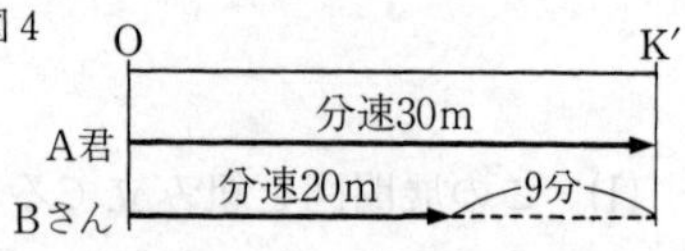

社 会 (25分) ＜満点：50点＞

解 答

1 問1 解説を参照のこと。 問2 1 問3 4 問4 2(km) 問5 4
2 問1 1 問2 3 問3 1 問4 4 問5 5 問6 1 ○ 2 × 3 ○ 3 問1 あ 4 い 10 う 7 え 1 問2 4 4 問1 A 9 B 6 C 4 問2 3 問3 2 問4 4 問5 1 5 問1 4 問2 2 問3 1 問4 2 問5 1 ○ 2 × 3 ×
6 問1 4 問2 一億総 問3 4 問4 3 問5 2 7 問1 あ サミット い パリ 問2 4 問3 3 問4 (例) 自動車よりも温室効果ガスの排出量が少ない鉄道による貨物輸送を利用した商品だから。

解 説

1 地形図の読み取りを中心とした問題

問1 ※ 適切な解答が選択肢中にありませんでした。

問2 矢印Aの方向から函館山を見ると，正面より右に頂上があり，等高線の分布から，頂上の右側の傾斜《けいしゃ》はやや急で，左側の傾斜はゆるやかであることがわかる。

問3 函館山はもともと島であったが，潮流によって運ばれた土砂が堆積《たいせき》したことで陸地とつながった。このような地形を陸繋島《りくけいとう》といい，ほかに志賀島《しかのしま》(福岡県)や江ノ島(神奈川県)などがある。

問4 実際の距離は，(地図上の長さ)×(縮尺の分母)で求められるから，8(cm)×25000＝200000(cm)＝2000(m)＝2(km)ということになる。

問5 東京を中心として半径1000kmの円を描《えが》いた場合，円は鹿児島市付近と北海道の根室半島付近を通過することを基準に考えるとよい。よって，4の鹿児島－東京が最も長く，以下，1，3，2の順となる。

2 関東地方の地形や産業などについての問題

問1 図1のアは千葉県，イは埼玉県，ウは群馬県，エは栃木県，オは茨城県である。千葉県にある国際空港は成田国際空港で，輸出入金額が多く，また，「半導体等」「医薬品」など航空機での輸送に適した小型・軽量のわりに高価な品目が上位を占《し》めていることから，1と判断できる。なお，2は東京港，3は横浜港。

問2 埼玉県南部の都市は，東京へ通学・通勤する人のベッドタウンとなっている。夜間人口はその地域の人口そのものと考えてよいから，夜間人口が700万人をこえ，昼間人口がそれをかなり下回っている3が埼玉県と判断できる。なお，1は群馬県，2は茨城県。

問3 群馬県は高速道路が整備されたことや，土地の価格が比較《ひかく》的安かったことなどから，首都圏《けん》から多くの工場が移転し，工業地域が形成されるようになった。とくに機械工業がさかんであり，そのなかでもグラフ中のAにあてはまる輸送用機械の生産額が大きな割合を占めている。

問4 栃木県にある火山は，県北部に位置する那須岳《なすだけ》である。なお，1は新潟県，2は山形県と秋田県の境，3は群馬県と長野県の境，5は山形県と宮城県の境にある火山。

問5 稲作や野菜の生産がさかんな茨城県は，農業生産額が関東地方の都県のなかで最も多いから，

5があてはまる。なお，1は群馬県，2は埼玉県，3は栃木県，4は千葉県。

問6　図1中を北西から南東に向かって流れ，太平洋に注ぐのは利根川。江戸時代の瀬替《せが》え工事により江戸湾（東京湾）に注ぐ流路から太平洋に注ぐ流路に変更され，現在は首都圏の水源として重要な役割を果たしているから，1と3は正しい。流域面積は日本最大であるが，長さは信濃川についで全国第2位であるから，2は誤っている。

3　飛鳥時代から平安時代にかけての文化についての問題

問1，問2　A　紀貫之《きのつらゆき》は平安時代前半に活躍《かつやく》した貴族・歌人で，日本初の勅撰《ちょくせん》（天皇の命によりつくられた）和歌集である『古今和歌集』を編さんした。また，土佐国（高知県）の国司の任期を終えて京に帰る途中《とちゅう》のできごとを，かな文字を用いて『土佐日記』として著したことでも知られる。　B　鑑真《がんじん》は唐（中国）の高僧で，日本の招きに応じて日本に渡ることを決意し，5度の渡航失敗と失明するという不運を乗りこえ，奈良時代の753年に，6度目の航海で念願の来日を果たした。鑑真は正式な戒律《かいりつ》（僧が守るべきいましめ）を伝え，都に唐招提《とうしょうだい》寺を建てるなど，日本の仏教発展に力をつくした。　C　法隆寺は聖徳太子が飛鳥時代の7世紀初めに，奈良県北西部の斑鳩《いかるが》の地に建てた寺で，現存する世界最古の木造建築物として知られ，1993年にユネスコ（国連教育科学文化機関）の世界文化遺産に登録されている。　D　正倉院は奈良時代に東大寺の倉として建てられたもので，切り口が三角形の長材を井桁《いげた》に組んだ「校倉《あぜくら》造り」の建物として知られる。聖武《しょうむ》天皇の愛用品などがおさめられており，なかには唐からもたらされた品物のほか，インドやペルシア（現在のイラン）の文化の影響を受けた品物も見られる。

4　歴史上の人物を題材とした問題

問1～問3　**A**　岩手県南部に位置する平泉は，11世紀後半から12世紀後半にかけて奥州藤原氏の根拠《こんきょ》地として栄えた。初代の藤原清衡《きよひら》は前九年の役や後三年の役でなくなった人びとを供養し，争いのない世の中になることを願って，この地に阿弥陀《あみだ》堂として中尊寺金色堂を建てた。中尊寺を中心とする平泉の仏教遺産群は，2011年に世界文化遺産に登録されている。　**B**　大阪町奉行所の元役人で，陽明学者でもあった大塩平八郎は，1837年，天保の飢饉《ききん》に対する幕府の対応に不満を持ち，同志や弟子たちとともに乱を起こしたが，一日で平定された。大塩もその後に自害したが，幕府の元役人が起こした反乱ということで幕府に与《あた》えた衝撃《しょうげき》は大きかった。　**C**　原敬《たかし》は岩手県出身の政治家で，寺内正毅《まさたけ》内閣が米騒動の責任をとって総辞職した後，初の本格的な政党内閣を組織した。原は東北地方出身者として初めての内閣総理大臣で，平民宰相《さいしょう》として期待を集めたが，1921年に東京駅構内で暗殺された。

問4　都道府県別に見て，これまでの総理大臣の出身地として最も多いのは山口県で，伊藤博文，山県有朋《ありとも》，桂太郎，寺内正毅，田中義一《ぎいち》，岸信介《のぶすけ》，佐藤栄作，安倍晋三《しんぞう》と8人を数える。とくに明治時代は，薩摩《さつま》藩（鹿児島県）とともに江戸幕府を倒した長州藩（山口県）出身者が政府の中心に多くいた。

問5　1　江戸時代，酒田（山形県）をはじめとする東北地方の日本海側の港から送り出されたさまざまな物資は，西廻《にしまわ》り航路を経て大阪方面へ運ばれた。　2　古代，東北地方に住み，しばしば朝廷に対して反乱を起こした人びとは蝦夷《えみし》。熊襲《くまそ》は南九州に住む，やはり長く朝廷にしたがわなかった人びとである。　3　めがねをかけたような顔をした土偶《どぐう》（遮光器《しゃこうき》土偶）が出土したことで知られる亀ヶ岡《かめがおか》遺跡（青森県つがる市）は，縄文時代晩期の遺跡である。

5 日本の鉱山資源を題材とした歴史の問題

問1　1　聖武天皇が大仏造立の詔《みことのり》を出したのは743年，完成した(開眼供養《かいげんくよう》が行われた)のは752年のこと。このころは，皇族や貴族どうしの争いが続き，飢饉や疫病《えきびょう》などの社会不安が続く時代であった。武士による反乱が各地で起こるのは，平安時代中期以降である。　2　聖武天皇は藤原広嗣《ひろつぐ》の乱(740年)が起こると平城京を出て，以後，恭仁《くに》京，難波《なにわ》宮，紫香楽《しがらき》宮と都を次々と移し，745年には再び平城京へ都をもどした。　3　各地を歩き，寄付集めをするなどして大仏づくりに協力したのは行基《ぎょうき》である。　4　大仏がつくられた8世紀中ごろには律令制度が整備されて天皇の命令が全国に及《およ》ぶようになり，大仏造立のさいも各地から鉱産資源が集められ，多くの人が工事に動員された。

問2　1　足利義満が行ったのは日明貿易(勘合《かんごう》貿易)。朱印船貿易は江戸時代初期に日本船が東南アジアなどに出向いて行った貿易である。　2　義満は各地の守護大名をおさえ，大きな力をふるった。　3　義満は能を大成した観阿弥《かんあみ》・世阿弥《ぜあみ》を保護したことでも知られている。歌舞伎《かぶき》は江戸時代に完成した演劇である。　4　室町幕府の第3代将軍である義満は，南北朝の争乱を終わらせた。応仁の乱(1467～77年)が起こったのは，第8代将軍義政の時代。

問3　銀は石見《いわみ》銀山(島根県)などで多く産出され，南蛮《なんばん》貿易では大量に海外へ流出したが，銀貨は国内でも流通していたから，1が誤っている。

問4　1　第二次世界大戦前の日本では，輸出品の中心は生糸などのせんい製品であった。　2　鉄鋼の生産には鉄鉱石，石炭(コークス)，石灰石が必要である。1901年に操業を開始した八幡製鉄所などで鉄鋼が生産されるようになると，石炭の需要《じゅよう》がいっそう高まった。　3　1960年代ごろまで，国内でも石狩炭田(北海道)や筑豊《ちくほう》炭田(福岡県)などでさかんに石炭が産出されていたが，エネルギー源の中心が石炭から石油にかわったことや，海外から安い石炭が輸入されるようになり採算が取れなくなったことから，1990年代までにほとんどの炭鉱が閉山した。　4　「軍艦島《ぐんかんしま》」ともよばれる長崎県の端島《はしま》は，2015年に「明治日本の産業革命遺産」のひとつとして世界文化遺産に登録されたが，炭坑《たんこう》は1974年に閉山したままになっている。

問5　**1**　江戸幕府は佐渡金山(新潟県)や生野《いくの》銀山(兵庫県)などの重要な鉱山を直接支配し，そこから採掘された金銀を用いて貨幣《かへい》を鋳造した。　**2**　八幡製鉄所では中国から輸入した鉄鉱石が原料とされていたように，鉄鋼の原料のうちとくに鉄鉱石は多くを輸入にたよってきた。1960年代以降は石炭も輸入されるようになっている。　**3**　電子工業などに用いられるチタンやクロムなどの希少金属はレアメタルとよばれるが，日本ではほとんど産出しないため，大部分を輸入にたよっている。

6 労働を題材とした現代社会についての問題

問1　1985年に制定されたのは男女雇用機会均等法。雇用の分野において，採用や配置，昇進などにおける男女差別を禁止した法律である。

問2　2015年10月に発足した第3次安倍内閣(第1次改造)は，「一億総活躍社会」をスローガンに掲《かか》げた。これは，「すべての国民が活躍する社会の実現をめざす」というものである。

問3　日本国憲法第28条は労働者の団結権，団体交渉《こうしょう》権，団体行動権(争議権)を保障している。1は「サボタージュ」とよばれる行為で，ストライキなどとともに争議権にもとづくものとして認められている。2は団体交渉権，3は団結権にもとづくもの。4は請求権のひとつである裁判を受ける権利によるものであるから，憲法第28条の規定とは直接のつながりはない。

問4　年齢別に見た日本の女性のうち働く人の割合を示したグラフは，「M字型曲線」とよばれる3のような形になる。これは，20代後半をピークとして，結婚や出産を機に離職し，子育てが一段落する40代後半ごろから仕事に復帰する女性が多いことを表している。これは日本において，女性が家事・育児と仕事を両立させることができる社会環境が整備されていない現状を示すものでもある。

問5　正社員からアルバイトに待遇《たいぐう》が変われば，一般に賃金などの労働条件が低下することになり，女性が安心して働くことはできないから，2が適当でない。

7　地球環境問題に対する取り組みについての問題

問1　**あ**　1992年にブラジルのリオデジャネイロで開かれた国連環境開発会議は，「地球サミット」ともよばれる。　**い**　2015年12月，パリで開かれた「気候変動枠組《わくぐ》み条約」の第21回締約国《ていやくこく》会議(COP21)においては，「パリ協定」とよばれる温暖化対策のための新たな協定が結ばれた。これは，先進国のみに温室効果ガスの削減を義務づけた1997年の「京都議定書」の内容を前進させ，すべての国に削減を義務づけ，21世紀後半に温室効果ガスの排出量を実質ゼロにすることをめざすとしたものである。

問2　動物や植物に起源を持つ有機物を利用したエネルギー資源はバイオマスとよばれるから，4が適当でない。シェールガスとは頁岩《けつがん》(シェール)の層から採取される天然ガスのことで，新しい資源として注目されている。

問3　COPはConference of the Partiesの略語。「条約を批《ひ》准《じゅん》した国が参加する会議」を意味する言葉で，気候変動枠組み条約のほか，生物多様性条約締約国会議などの略称にも用いられている。なお，1は「環太平洋パートナーシップ(経済連携《れんけい》)協定」，2は国連が行う「平和維持活動」，4は「アジア太平洋経済協力会議」の略称。

問4　エコレールマークは，鉄道貨物輸送を一定割合以上利用した商品であることを示すもの。自動車よりも温室効果ガスの排出量が少ない鉄道を利用しているので，地球温暖化対策に取り組んでいることになる。

理　科　(25分)　＜満点：50点＞

解　答

1　**問1**　(例)　誤差をなるべく小さくするため。　**問2**　ふれ幅…4　ふりこの長さ…5　**問3**　ア　5　イ　4　ウ　7　エ　11　**問4**　7　**問5**　3　**2**　**問1**　キ　**問2**　3　**問3**　2　**問4**　1　**問5**　(例)　日本　**3**　**問1**　1→3→6　**問2**　3　**問3**　1→5→4　**問4**　重さ2gの分銅をのせた　**問5**　(例)　ろ過した液を加熱し，重さが25g減るまで水分を蒸発させた後，20℃まで冷やしてから再びろ過する。　**4**　**問1**　イ，カ　**問2**　2　**問3**　1，4，6　**問4**　2　**問5**　(い)，(え)，(か)　**問6**　4

解　説

1 ふりこの動きについての問題

問1　ストップウォッチで測定すると，ボタンをおすタイミングが必ずしも一定にならないなどの理由から，実際との誤差(くるい)が生じてしまうのがふつうである。そこで，複数回測定してその平均をとることで，誤差を小さくしてより正確な値を求めるようにする。

問2　表1の8個の結果を上から①〜⑧とすると，おもりの重さが10gであるのは①，②，③，⑤，⑦の5個である。このうち，ふりこの長さが同じ20cmで，ふれ幅《はば》だけが異なる②，⑤，⑦で比べると，10往復の時間はどれも9.0秒となっている。よって，10往復の時間はふれ幅の変化に関係しないことがわかり，縦軸《じく》を10往復の時間，横軸をふれ幅としたときのグラフは4のようになる。また，ふれ幅が同じ10度で，ふりこの長さだけが異なる①，②，③で比べると，ふりこの長さが長いほど10往復の時間も長くなっていることがわかる。さらに，①と③より，ふりこの長さが4倍になると10往復の時間が2倍になっている。したがって，縦軸を10往復の時間，横軸をふりこの長さとしたときのグラフは5のようになる。

問3　表1では，ふれ幅とふりこの長さが同じで，おもりの重さだけが異なる組み合わせがない。そのため，ここではおもりの重さと10往復の時間の関係がわからない。よって，上の＿＿部より，この実験からは，ふりこが1往復するのにかかる時間が，ふりこの長さによって決まり，ふりこの長さの値が大きくなるほど長くなること，ただし，両者の関係は比例でも反比例でもないこと，そして，ふれ幅には関係しないことがわかる。

問4　ふりこの長さが同じであれば，ふりこが1往復するのにかかる時間はふれ幅に関係なく一定であることを「ふりこの等時性」という。これを発見したのは16世紀に活やくしたイタリアの科学者のガリレオ・ガリレイである。

問5　図1のふりこでは支点が上のほうにあり，それより下のほうにつるされたおもりが運動しているが，図2のメトロノームの場合は，支点が下側にあり，それより上のほうにあるおもりが運動している。よって，おもりを下方向に移動させると，支点からおもりまでの長さ(つまり，ふりこの長さ)が短くなり，1往復の時間が短くなる。

2 月の動きと見え方についての問題

問1　満月は，地球から見て月が太陽と正反対の方向にあるときに見られる。

問2　地球の地軸の北極側が太陽の方向へかたむいているときが6月(北半球で夏)，太陽と正反対の方向へかたむいているときが12月(北半球で冬)であり，そのようになっているのは1と3だけである。また，もし1のように月の公転軌道《きどう》面が地球の地軸と直角になっていると，夏でも冬でも満月の南中高度は変わらない。よって，3が選べる。

問3　図2は，満月から約1週間後の下げんの月より，さらに2〜3日たったときに見られる月である。

問4　問2の3の図の6月のところに着目すると，地球の北半球から見て月の南中高度がもっとも低くなるのは，太陽と正反対の方向に位置する満月である(太陽と同じ方向にある新月のときに南中高度がもっとも高くなる)。つまり，6月における月の南中高度は，満月のときにもっとも低く，月の欠け方が大きくなるほど高くなっていき，新月のときにもっとも高くなる。

問5　1959年にソビエト連邦が「ルナ2号」を月面に送り届け，1969年にはアメリカの「アポロ11

号」が月面に着陸し，人類が月面に降り立った。その後，20世紀の終わりごろから各国で月の探査機の打ち上げがあいつぎ，2016年現在で，日本，欧《おう》州宇宙機関(ヨーロッパ各国が参加している宇宙開発機関)，中華人民共和国，インドが月に探査機を送りこんだことがある。

3 上皿天びんの使い方，ものの溶《と》け方についての問題

問1　上皿天びんを使うとき，はじめに左右のうでがつり合っているかどうかを確かめる。それには，針が目もり板の真ん中の目もりを中心に，左右に等しくふれているかどうかを見る。物質を決まった重さだけはかりとるときは，左右の皿に同じ薬包紙をのせ，はかりとりたい重さ分の分銅を利き手と反対側(右利きの人の場合は左側)の皿にのせる。そして，利き手側の皿に物質を少しずつのせていき，左右のうでをつり合わせる。

問2　薬品さじを使って薬品などを容器からとり出して移しかえるさいは，容器の口を移しかえる先に近づけるようにする。薬品さじにのせた薬品などがこぼれ落ちる危険性を低くするためである。

問3　はじめに，針が目もり板の真ん中の目もりを中心に，左右に等しくふれているかどうかを確認してから，重さをはかりたいものを利き手と反対側(右利きの人の場合は左側)の皿にのせ，続いて利き手側の皿に分銅をのせていく。

問4　分銅は重い順にのせていくことに注意すると，操作は，①50gの分銅をのせる→②20gの分銅をのせる→③20gの分銅を下ろす→④10gの分銅をのせる→⑤10gの分銅を下ろす→⑥5gの分銅をのせる→⑦2gの分銅をのせる→⑧2gの分銅を下ろす→⑨1gの分銅をのせる→⑩0.5gの分銅をのせる→⑪0.2gの分銅をのせる→⑫2個目の0.2gの分銅をのせる→⑬2個目の0.2gの分銅を下ろす→⑭0.1gの分銅をのせる，という順になる。

問5　はじめの操作でおこなったろ過で，砂つぶと溶け残りの食塩を取り除《のぞ》くことができるので，ろ過した液(ろ液)は，20℃の水100gに食塩が溶けることのできる限界の36.0gまで溶けていて，さらにごくわずかな量の砂糖が溶けている。そこで，ろ過した液を加熱して水を蒸発させ，その分の水に溶けていた食塩が溶けきれずに固体となって出てきたものを，ろ過によってとり出せばよい。食塩を9gとり出すには，水を，100×9÷36.0=25(g)蒸発させればよいから，ろ液の重さが25g減るまで加熱すればよい。なお，砂糖は食塩よりも同じ量の水に対して溶ける重さが多く，しかもごくわずかな量しか溶けていないので，砂糖が溶けきれずに出てくることはない。

4 水の中にすむ生物についての問題

問1　メダカのオスの背びれには切れこみがあるが，メスの背びれにはない。また，オスのしりびれは大きくて平行四辺形に近い形をしているが，メスのしりびれは小さくて三角形に近い形をしている。背びれがついているのはイの位置，しりびれがついているのはカの位置である。

問2　Xはむなびれで，泳ぎはじめたり止まったりするときや，体の向きを変えるときにはたらく。

問3　メダカは，ミドリムシやボウフラ，ミジンコなど，水の中にすむ小さな生物を食べている。ゲンゴロウはメダカを食べる水生こん虫で，ヌマエビはメダカとの間に食べる・食べられる関係はない。マツモは水草であり，メダカにとっては産卵したりかくれたりする場所となるが，食べることはない。

問4　ミドリムシはユーグレナともよばれ，栄養素が豊富なことから，近年は加工されたものが栄養補助食品として売り出されている。また，ミドリムシを用いたバイオ燃料やプラスチックの製造などの研究もおこなわれている。

問5　タラ，サバ，ヒラメは一生を海で過ごし，海で卵を産む。サケやマスは川で産卵し，生まれた子は川を下って，海に出て育つ。コイは川や沼などで一生を過ごすので，産卵も川や沼などでおこなう。

問6　1　メダカとサケを比べると，メスの最大体長が小さいのはメダカ，卵の直径が大きいのはサケで，述べられていることに合わない。　2　タラとコイを比べると，卵の直径が大きいのはタラのほうといえるが，体重１gあたりの一度に産む卵の数が少ないのはコイであり，述べられていることに合わない。　3　卵１個あたりの重さについてはわからない。　4　体重１gあたりの一度に産む卵の数は，川で卵を産むものはもっとも多くてコイの100個であるが，海で卵を産むものはもっとも少なくてタラの500個なので，正しい。　5　海で卵を産むタラやヒラメは，メスの最大体長がメダカやコイなどに比べて大きい。

国語 （45分）<満点：100点>

解答

一　①　コート　②　リンク　③　トラック　④　ピッチ　⑤　リング　二　**問1**　A　ふきつ　B　すぐ(れた)　C　みき　D　たいとう　E　もんよう　**問2**　Ⅰ　ウ　Ⅱ　エ　**問3**　a　と　b　は　c　も　**問4**　成りすまして　**問5**　6　**問6**　1　ア　2　エ　3　イ　4　ウ　三　**問1**　下記を参照のこと。　**問2**　イ　**問3**　①　弾みをつけた方がいい　②　一緒に練習しよう，の約束を破った　③　鉄棒の向こうに落ち　**問4**　ウ　**問5**　Ⅰ　エ　Ⅱ　イ　Ⅲ　ア　**問6**　もし，骨折　**問7**　A　エ　B　イ　C　ウ　D　オ　E　ア　**問8**　エ　**問9**　①　名前　②　得意　**問10**　四　**問11**　Ⅴ　お姉ちゃん自身　Ⅵ　奏でてる　**問12**　ア，ウ，エ，キ　四　(例)　じゃんけんには，グー，チョキ，パーの三種類の手の形があります。グーはこぶしをにぎった形でチョキに勝ち，パーに負けます。チョキは人差し指と中指をのばした形でパーに勝ち，グーに負けます。パーは手を開いた形でグーに勝ち，チョキに負けます。遊ぶ時には，かけ声をかけて同時に手を出し，勝敗を決めます。二人が同じ手を出す「あいこ」の時には，じゃんけんをやり直します。

●**漢字の書き取り**

三　**問1**　a　興奮　b　責(められる)　c　預(かって)　d　状態　e　将来

解説

一　**外来語の知識**

①「コート」は，テニスやバレーボール，バスケットボールなどの競技場。　②「リンク」は，アイススケートやローラースケートを行う場所。　③「トラック」は，陸上競技場における競走路。　④「ピッチ」は，サッカーなどの競技場。　⑤「リング」は，ボクシングやプロレスなどの試合を行う場所。

二　**出典は稲垣栄洋《いながきひでひろ》の『身近な虫たちの華麗《かれい》な生きかた』による。**アゲハチョウの生態について説明している。

問1　**A**　何か悪いことが起こりそうなようす。　**B**　音読みは「ユウ」で，「優秀《ゆうしゅう》」などの熟語がある。訓読みにはほかに「やさ(しい)」がある。　**C**　音読みは「カン」で，「幹線」などの熟語がある。　**D**　新しいものが勢力をのばしていくこと。　**E**　模様。

問2　Ⅰ　「ひらひらと舞《ま》う飛び方」をすることで，チョウは「直線的に高スピードで迫《せま》りくる鳥の攻撃《こうげき》をかわす」のである。つまり，「敵から逃《のが》れるため」の行動なのだから，「逃避《とうひ》行動」があてはまる。　Ⅱ　前の部分では，アゲハチョウの幼虫が「あの手この手で鳥から身を守る」ようすが説明されている。それと同じように，さなぎになっても，「保護色」や「枝のトゲに似せた形」などの「防御《ぼうぎょ》手段」によって身を守るというのである。

問3　前後のつながりをおさえる。　**a**　チョウの飛び方がどのようなものであるかを，順を追って説明した部分である。前で「羽を閉じてふわっと落ちる」と述べた後，「羽をはばたかせて，舞い上がる」という動作を自然に続けているので，同じ主体の動作が続けて起こることを表す「と」が入る。　**b**　羽が「激しく上下運動」するのに対して，「体の方」はあまり上下をしないという文脈なので，「大きくは上下しない」となる。　**c**　「揚羽蝶《あげはちょう》」の名前の由来について，「羽根を揚《あ》げるという意味で揚羽と呼ばれるようになった」という説に加えて，「『揚げる』という言葉には，艶《あで》やかに遊ぶという意味がある」という説もつけ加えている。よって，同類のものをつけ加える時に用いる「も」が合う。

問4　「身をやつす」は，身なりを変えて，みすぼらしく目立たないような姿になること。ここでは，鳥の糞《ふん》に「成りすまして」いることを言っている。

問5　「あの手この手」は，“さまざまな手段”という意味。アゲハチョウの幼虫が「鳥から身を守る」ために，どのような手段を用いているかをおさえる。一つ目は，「鳥の糞に姿を似せている」こと。二つ目は，「成長すると植物の茎《くき》や葉と同じ緑色の保護色になる」こと。三つ目は，鳥が嫌《きら》う「大きな目玉模様」が幼虫にできること。四つ目は，「二つの目玉模様」によって「ヘビの顔に似せ」，「襲《おそ》われるとヘビの鎌首《かまくび》のように頭をもたげて威嚇《いかく》する」こと。五つ目は，「幼虫の体に描《えが》かれた白い帯模様」によって，「幼虫の全体の大きさがわかりにくく」なり，「顔を出したヘビのように鳥に思わせることができる」こと。六つ目は，攻撃を続けられると，「臭角《しゅうかく》と呼ばれる鳥がいやがるにおいのする黄色い角を出して威嚇する」ことである。

問6　**1**　アゲハチョウが，身を守るために「保護色となるように」さなぎの色を変化させていることを述べた後で，そのさなぎが「枝のトゲに似せた形」をしていることをつけ加えている。よって，前のことがらを受けて，さらに別のことを加える時に使う「しかも」がよい。　**2**　前の部分では，「アゲハチョウの後の羽」にある「尾状突起《びじょうとっき》」について説明している。後の部分では，その「尾状突起」に関係なく，鳥は「頭を狙《ねら》って攻撃を仕掛《しか》ける」ということを述べているので，前のことがらを受けて，期待に反することがらを導く「ところが」が合う。　**3**　鳥が頭を狙って攻撃を仕掛けてくるので，アゲハチョウは「羽の方を頭だと思わせるように偽装《ぎそう》」するという文脈である。前で述べた内容を受けて，順当になされる防御行動を後に示しているので，前のことがらを受けて，そこから導かれることがらに移る時に用いる「そこで」が入る。　**4**　羽のほうを頭だと「偽装」した後の行動が，続けて示されている。したがって，前のことがらを受けて，それに続いて次のことが起こることを表す「そして」がふさわしい。

三 **出典は辻村《つじむら》深月《みづき》の『家族シアター』による。**宇宙飛行士を目指している妹のうみかが鉄棒の練習で怪我《けが》をしてしまい,「私」(はるか)は動揺《どうよう》する。

問1 **a** 気持ちがたかぶること。 **b** 音読みは「セキ」で,「責任」などの熟語がある。 **c** 音読みは「ヨ」で,「預金」などの熟語がある。 **d** ものごとのありさま。 **e** これから先。未来。

問2 直前の「私」の言葉に対する反応だということをとらえる。本文の最後のほうで,うみかはこの時の気持ちについて,「お姉ちゃんが,暗いけど怖《こわ》くない,夜の色の空が地球を包んでる本当の空だって言った時,衝撃《しょうげき》だった」と話している。

問3 ① 少し後の部分で再び「私のせいだ」と思っており,さらに続けて,うみかに「弾《はず》みをつけた方がいい」と教えたことを思い出している。 ② 「私」はうみかの練習につき合う約束をしていたのに,「一緒《いっしょ》に練習しよう,の約束を破った」と後に書かれている。 ③ 「私」はうみかが怪我をした時の状況《じょうきょう》について,一人で鉄棒の練習をしていて「鉄棒の向こうに落ち」たのではないかと考えている。

問4 着替《きが》えの下着に書かれた「うみか」という名前を見て,改めてうみかを怪我させてしまった責任を強く感じているのである。この場面では,うみかの怪我がどの程度なのかはまだはっきりとわかっていないので,エの「けがが治らなかったらどうしよう」は合わない。

問5 うみかが怪我をしたことに対して「私」が責任を感じ,自分を責めていることに注意する。 **Ⅰ** うみかに対してちゃんと「謝《あやま》ろう」と思っていたのである。 **Ⅱ** ベッドの上のうみかを見たら,「謝りたい」気持ちがありながら,そうできなかったのだと推測できる。 **Ⅲ** うみかのそばまで来た「私」は,いっそう「謝らなきゃ」と思いを強くしたが,その言葉は口から出てこなかったのである。

問6 うみかは,「宇宙飛行士になりたい」と真剣《しんけん》に思っている。しかし,「もし,骨折で,手術して,腕《うで》にボルトを入れたりすると,それがたとえ一個でも,もうそれだけで宇宙飛行士にはなれない」ために,自分の夢がかなわないかもしれないと思い,「怯《おび》えている」のである。

問7 **A**,**B** すぐ後に,お母さんの「返事」には「ちょっと,と,長く」という「矛盾《むじゅん》する二つの言葉」がふくまれていたことが示されている。うみかについて「すぐに退院できるんでしょう?」と尋《たず》ねた「私」に対して,「ちょっと,長くかかるかもしれない」とお母さんが答えたのだとわかる。 **C** うみかの入院が長引くと聞かされた「私」が,「どうして?」とその理由をお母さんに聞いたのである。 **D** 「私」の疑問に対して,お母さんが「骨が育つ大事な時期の怪我だから~」と入院が長引く理由を説明している。 **E** 直後に「運転席のお父さんも言う」とあることに注意する。「私」とお母さんの会話を聞いて,お父さんも「私」に「心配しなくても大《だい》丈夫《じょうぶ》だよ」と声をかけたのである。

問8 宇宙飛行士になる夢を「私」に打ち明けた時のうみかのようすに注目する。「大事な秘密を打ち明けるように,うみかが『ナイショだよ』と続ける」とあるので,「恥《は》ずかしそうに」が合う。

問9 ① 「私」の「はるか」という「名前」について,「宇宙のことを〝はるか彼方《かなた》〟って表現してある本」を見るたびに「羨《うらや》ましかった」とうみかは話している。 ② うみかは自分のことを,「言葉にして何か言うの,苦手」なのだと言っている。それに対して「私」のような人は宇宙につれていきたいとして,「どんな青なのか,言葉で語ってくれる人」と表現しているので,「得意」とするのがふさわしい。

問10　「五年のうみかのクラス」「私の小六の夏休み」と前にあり，二重ぼう線6と同じ場面には「五，六年合同ペアになってやるストレッチを，私は自分から『うみかとやりたい』と申し出た」と書かれているので，「私」が小学校六年生，うみかが小学校五年生なのだとわかる。海に行った時については，本文の最初に「去年の夏，家族で海に行った」，本文の中ほどにも「去年の夏，うみかと歩いた海辺の空」とあるので，うみかは当時小学校四年生だったことになる。

問11　Ⅴ　本文の最初の場面に注目する。「貝殻《かいがら》の音」について，うみかは「海の音」ではないと指摘《してき》し，「それを出してるのはお姉ちゃん自身」と話している。　Ⅵ　すぐ後の「私」の発言に注意する。「私」はうみかの言葉を聞いて，「奏《かな》でてるなんて言い方，私もできないよ」とほめている。

問12　最後の(中略)の前に，「嫌《いや》なことがあった時，いつも大好きな宇宙のことを思い出して，きっと耐《た》えている」とあることから，うみかは「がまん強い」(ア)性格であることがわかる。また，科学的な話をして「私」から「生意気」だと思われているが，うみかは自分の考えを「素直」(ウ)に口にしているだけなのである。だからこそ，「私が何で怒《おこ》ってるのかもわからない」のである。退院した後に，体育の授業に出るようになった場面では，「苦手だからサボってるって思われるのが，きっと嫌なのだ。本音の声を聞かせないで突《つ》っぱね続けるのも，本当にうみからしい」とあることから，「強がり」(エ)の一面も見られる。また，感情をあまり見せず，科学的にものごとを考えるうみかの態度や「真剣に腕組みして考えるうみかの物言い」などのようすから，「冷静」(キ)な性格であることもわかる。

四　条件作文

図や映像で示すことができないので，読んだだけで「じゃんけんをする時のやり方やルール」が，読み手に伝わるように工夫《くふう》する。じゃんけんの手の形をどのように伝えるかがポイントとなる。

Dr.福井の

入試に勝つ！脳とからだのウルトラ科学

寝る直前の30分が勝負！

みんなは，寝る前の30分間をどうやって過ごしているかな？　おそらく，その日の勉強が終わって，くつろいでいることだろう。たとえばテレビを見たりゲームをしたり――。ところが，脳の働きから見ると，それは効率的な勉強方法ではないんだ！

実は，キミたちが眠っている間に，脳は強力な接着剤を使って海馬《かいば》(脳の，知識をためる倉庫みたいな部分)に知識をくっつけているんだ。忘れないようにするためにね。もちろん，昼間に覚えたことも少しくっつけるが，やはり夜――それも“寝る前”に覚えたことを海馬にたくさんくっつける。寝ている間は外からの情報が入ってこないので，それだけ覚えたことが定着しやすい。

もうわかるね。寝る前の30分間は，とにかく勉強しまくること！　そうすれば，効率よく覚えられて，知識量がグーンと増えるってわけ。

では，その30分間に何を勉強すべきか？　気をつけたいのは，初めて取り組む問題はダメだし，予習もダメ。そんなことをしても，たった30分間ではたいした量は覚えられない。

寝る前の30分間は，とにかく「復習」だ。ベストなのは，少し忘れかかったところを復習すること。たとえば，前日の勉強でなかなか解けなかった問題や，１週間前に勉強したところとかね。一度勉強したところだから，短い時間で多くのことをスムーズに覚えられる。そして，30分間の勉強が終わったら，さっさとふとんに入ろう！

ちなみに，寝る前に覚えると忘れにくいことを初めて発表したのは，アメリカのジェンキンスとダレンバッハという２人の学者だ。

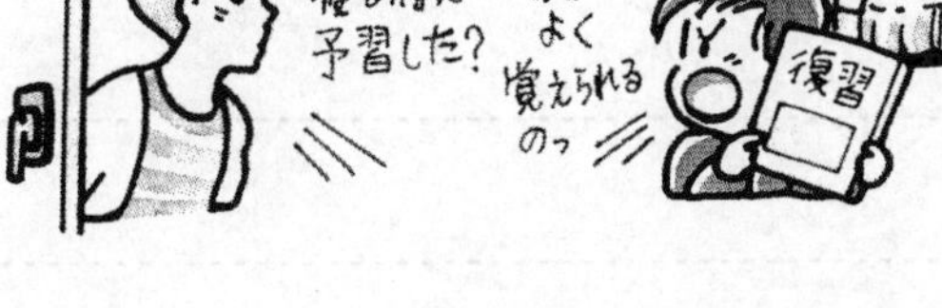

Dr.福井(福《ふく》井《い》一成《かずしげ》)…医学博士。開成中・高から東大・文Ⅱに入学後，再受験して翌年東大・理Ⅲに合格。同大医学部卒。さまざまな勉強法や脳科学に関する著書多数。

Memo

平成28年度　慶應義塾湘南藤沢中等部

〔電　話〕（0466）49－３５８５
〔所在地〕〒252－0816　神奈川県藤沢市遠藤5466
〔交　通〕小田急江ノ島線・相鉄いずみ野線・市営地下鉄―「湘南台駅」よりバス15分　JR東海道線―「辻堂駅」よりバス25分

【算　数】（45分）〈満点：100点〉

1　$\boxed{\text{ア}}$，$\boxed{\text{イ}}$ にあてはまる数を求めなさい。

(1)　$\left\{\left(\frac{5}{4}-\frac{13}{14}\right)\div 2.25+\boxed{\quad\text{ア}\quad}\right\}\div\frac{6}{5}=2.5$

(2)　$\boxed{\quad\text{イ}\quad}\times\boxed{\quad\text{イ}\quad}=1849$

2　(1)　AさんとBさんは，同じ額《がく》のお金を持って銀行に行きました。２人がそれぞれお金の一部をポンド（イギリスのお金）に両替してもらったところ，Aさんは20ポンドと22000円，Bさんは70ポンドと12800円を持っていた。Aさんは，はじめに何円持っていましたか。ただし，円をポンドに両替してもらうための手数料は考えないものとする。

(2)　同じ大きさのご石を正方形の形にすき間なく並べたあと，外側４列を残して中のご石をすべて取り除いたところ，右の図のようになった。

　並んでいるご石の数が464個であるとき，一番外側に並んでいるご石の数は全部で何個ですか。

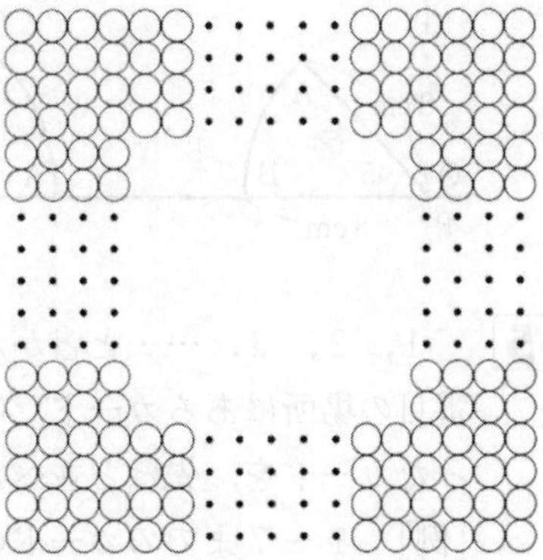

(3)　一定の割合で遅れてしまう時計があり，調べたところ１日で３分ずつ遅れていた。今日は２月２日で，正しい時刻は16時30分であるのに，この時計は７分遅れていたという。前回，この時計を正しい時刻に合わせたのは，何月何日，何時何分ですか。

3　高さ８mの電灯がAに立っている。Aから６mはなれたBに，１辺が４mの正方形の板㋐を図１のように地面に垂直に立てたところ，かげができた。

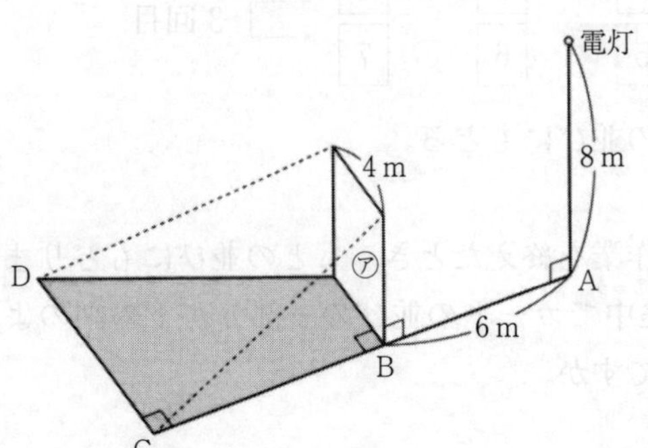

図１

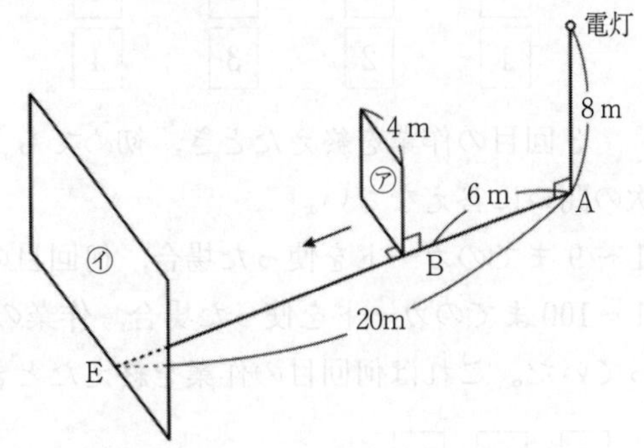

図２

(1)　CDの長さを求めなさい。

(2)　かげの面積を求めなさい。

(3)　前ページの図2のように，電灯から20mはなれたEに十分大きな板㋑を板㋐に平行に立て，板㋐を直線AEに沿って板㋑に平行になるようにAから遠ざける。

板㋑にうつるかげの高さが1mになったときの，板㋑にうつっているかげの面積を求めなさい。

4　下の図のように，半径8cm，中心角45°のおうぎ形OABが，点Qと点Rで折れ曲がっている床の上を，すべることなく回転していく。今，床の点Pの位置におうぎ形の中心Oがある㋐の位置から，一回転して㋒の位置に移動し，さらに回転して㋓で次に中心Oが床についた。ただし，円周率は3.14とする。

(1)　PQの長さを求めなさい。

(2)　おうぎ形OABが㋐の位置から㋑の位置にくるまでに，おうぎ形OABが通過した部分の面積を求めなさい。

(3)　おうぎ形OABが㋒の位置から㋓の位置にくるまでに，中心Oの動く道のりを求めなさい。

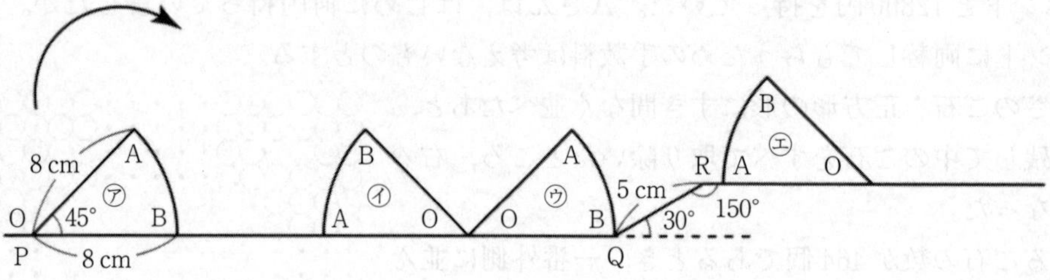

5　1，2，3，……と書かれたカードが，1から順に左から並んでいる。このカードから奇数番目の場所にあるカードだけ集めて，左側にあったカードから順に並べる。並べ終えたあと残ったカードを，先ほど並べたカードの右に続けて順に並べる。この作業を1回と数える。

［例］　1～7までのカードの場合

1番目	2番目	3番目	4番目	5番目	6番目	7番目	
1	2	3	4	5	6	7	
1	3	5	7	2	4	6	1回目
1	5	2	6	3	7	4	2回目
1	2	3	4	5	6	7	3回目

3回目の作業を終えたとき，初めてもとの並びにもどる。

次の問いに答えなさい。

(1)　1～9までのカードを使った場合，何回目の作業を終えたとき，もとの並びにもどりますか。

(2)　1～100までのカードを使った場合，作業の途中《とちゅう》でカードの並びの一部分が下の図のようになっていた。これは何回目の作業を終えたときですか。

……［2］［34］［66］……

(3)　1～128までのカードを使った場合，何回目の作業を終えたとき，初めて2のカードがもとの場所にもどりますか。

6　あるコンサート会場では，客全体を22等分して22の班に分け，演奏終了８分後から，１班ずつ６分ごとに会場から客を退場させる。退場した客は，会場のすぐ目の前にある駅から列車で帰宅する。１回目の列車の発車時刻は，２つ目の班の退場時刻と同時であり，その後15分ごとに，客がいなくなるまで発車する。列車に乗車する人数は毎回同じである。

１回目の列車が発車した直後に駅に残っている客の数を調べた。そして，その次に退場時刻と列車の発車時刻が等しくなったとき，再び列車が発車した直後に駅に残っている客の数を調べたところ，残っている客の数は前回の５倍であった。

客の移動のためにかかる時間は考えない。退場時刻と発車時刻が等しい場合も，客は列車に乗ることができる。乗りきれない客が駅で待つ場所は十分にある。また，最後の列車に乗車する人数はそれ以前の列車より少なくてもよい。

(1)　すべての客が会場から退場したのは，演奏が終了してから何時間何分後ですか。

(2)　退場時刻と列車の発車時刻が等しくなるのは，全部で何回ですか。

(3)　最後の列車が発車したのは，演奏が終了してから何時間何分後ですか。

【社　会】（25分）〈満点：50点〉

1　次の文を読み，問いに答えなさい。

慶一：水は限りある資源なので，大切に使う必要があるね。

慶子：(ア)日本では，各地の自然環境の特色にあわせて水の利用方法を工夫しているね。

慶一：(イ)水の使いみちには生活用水，農業用水，工業用水があるけれど，世界ではどのように利用されているのかな。

慶子：世界で一人が一日に使う水の量の平均は1,570リットルなのに対して，日本では1,760リットルだそうだよ。この使用量は日本で生活用水と食料や工業製品の生産に使われた水を計算したものだよ。

(ウ)日本は外国から食料や工業製品をたくさん輸入しているから，それらが海外で生産されるときに使われた水も日本で暮らす人が使った水として考えられるね。

慶一：世界で必要とされる水の量が増えてきているね。不足する水を補うために(エ)海水から淡水を作る技術が各地で使われているよ。でも，淡水を作るためにたくさんのエネルギーが使われるので地球環境に与える影響が心配だな。

慶子：世界の人が安心して水を使えるように，工夫が必要だね。

（出典『水の日本地図』より）

問１　下線(ア)について，日本の水の利用の特色を説明した文１～４から適当でないものを選び，番号で答えなさい。

１　河川の勾《こう》配が急で河口までの距離が短いので，ダムや貯水池で河川の流出量を調節している。

２　年によって降水量の差が大きく日本全国で，水道水の水源として地下水が最も多く利用されている。

３　太平洋側の都市に人口が集中し，必要とされる水の量に大きな地域差がみられる。

４　降水量が少ない瀬戸内海沿岸では古くから，ため池を作って水を確保するとともに節水にとりくんできた。

問2　下線(イ)について，世界の水の利用について説明した文として適当でないものを選び，番号で答えなさい。（数値は『水の日本地図』より）

1　穀物と肉をそれぞれ1キログラム生産するために使われる水の量を比べると，肉の方が多くの水を必要とすると考えられる。

2　工業化が進むアジアの国ぐにでは工業製品の洗浄《じょう》や冷却・加熱用に使われる水の量が増加しているが，回収して再利用することが必要とされている。

3　生活用水の使用量は各国の文化や生活習慣にかかわらず，GDP（国内総生産）が高いほど多くなる。

4　上下水道の整備が進んでいない開発途上国では，降水量が多くても衛生的な水を安定して利用することが難しい。

問3　下線(ウ)について，下の表は日本の2014年の肉類，石炭，衣類，精密機械について輸入先上位4か国と輸入総額を示しています。肉類の輸入を表したものを選び，番号で答えなさい。（表の単位は％『日本国勢図会2015/16』より作成）

1	2	3	4
中国……………21.9	中国……………70.6	オーストラリア…64.4	アメリカ合衆国…28.8
アメリカ合衆国…21.7	ベトナム………… 8.7	インドネシア……16.1	オーストラリア…14.1
スイス……………13.8	イタリア………… 2.9	ロシア…………… 7.6	タイ……………… 9.8
アイルランド…… 7.9	インドネシア…… 2.9	カナダ…………… 6.2	中国……………… 9.7
輸入総額…18,990億円	輸入総額…32,062億円	輸入総額…20,855億円	輸入総額…13,352億円

問4　下線(エ)について，世界各地には海水から淡水を作る施設があります。右の表はその施設で生産できる淡水の量の割合を示したものです。表中の1～5はアジア（中東をのぞく），中東，ヨーロッパ，北米，中米のいずれかです。表から中東地域を示したものを選び，番号で答えなさい。（『水の日本地図』より作成）

表　海水から淡水を作る施設の容量の地域別の割合

1	2	3	4	5	その他
53.0%	16.4%	12.2%	10.9%	3.3%	4.2%

2　右の表は日本の都道府県のうち5つについて人口・面積・工業の特色を示したものです。A～Eは表中の(ア)～(オ)のいずれかの都道府県で起きた歴史上のできごとを説明した文です。問いに答えなさい。（表は『朝日ジュニア年鑑2015』より作成）

表　5つの都道府県の特色

	人口（万人）	面積（km²）	工業出荷額（兆円）
(ア)	910	2,416	17.5
(イ)	748	5,165	40.0
(ウ)	729	3,798	12.1
(エ)	566	8,396	14.3
(オ)	546	83,457	6.1

A　この地の中心都市は，（ あ ）徳川家の城下町として栄えました。また，隣《となり》の（ い ）は徳川家康の生まれた地として知られています。

B　この地では江戸時代末期に（ う ）藩《はん》士がイギリス人を殺傷する事件が起こりました。この事件はのちに（ う ）藩とイギリスとの間の戦争に発展しました。

C　この地では明治時代初期に士族を中心とした人々が，（　え　）。

D　この地にある古墳《ふん》からは（ お ）が発見されました。その（ お ）には5世紀に大和政権の影《えい》響《きょう》がこの地域にまで及んでいたことを思わせる文字が記されています。

E　この地には，武士として初めて太政大臣となった人物が開いた港があり，その港を中心に(か)外国との貿易がすすめられました。

問１　空らん（あ）（い）にあてはまる旧国名の組み合わせとして正しいものを選び，番号で答えなさい。

	1	2	3	4
（あ）	紀伊	尾張	紀伊	尾張
（い）	大和	大和	三河	三河

問２　空らん（う）にあてはまる語句を選び，番号で答えなさい。

1　長州　　2　薩摩《さつま》　　3　土佐　　4　水戸

問３　空らん（え）にあてはまる文を選び，番号で答えなさい。

1　付近を航行する外国船に砲撃《ほうげき》をくわえました

2　国会開設をめざす政党の指導のもと，暴動を起こしました

3　この地域の開拓《たく》と防衛にあたりました

4　特権が奪われていくことに不満をもち，反乱を起こしました

問４　空らん（お）にあてはまる語句を選び，番号で答えなさい。

1　鉄剣　　2　まが玉　　3　土偶《ぐう》　　4　はにわ

問５　下線(か)についての説明としてもっとも適当なものを選び，番号で答えなさい。

1　貿易船であることを証明する札が用いられ，日本人の海賊《ぞく》がとりしまられた。

2　日本から産出される金が国外へつぎつぎと流出し，物価の大幅《はば》な上昇が起こった。

3　銅銭が大量に輸入され，通貨として使われるようになった。

4　火薬や鉄砲が大量に輸入され，戦いの方法が変化した。

問６　文A～Eのできごとが起きた都道府県としてふさわしいものを(ア)～(オ)の中から選び，それぞれ記号で答えなさい。

3　次の文を読み，問いに答えなさい。

慶太：福岡を歩いていると，中国語を耳にすることが多いね。

慶子：そうだね。博物館で志賀島《しかのしま》から発掘された(ア)金印を見たけど，ずっと昔から中国との交流はあったんだよ。

慶太：(イ)遣唐使《けんとうし》が乗った船も，ここから出港することが多かったらしいね。

慶子：日本と中国との間には戦った歴史もあるよね。（　あ　）の戦いの後，(ウ)防人《さきもり》と呼ばれる人びとが，九州全体をまとめる役所である（　い　）の指示のもと，北九州一帯を守っていたようだね。

慶太：(エ)鎌倉時代に築かれた石の防塁《るい》も市内に残っているね。

慶子：歴史を振り返ると，日本が大陸に兵を送ったこともあったね。(オ)近代以降も，日本と中国の間の戦争は何度か起こっているよ。

慶太：今のようにお互いの国民が行き来できる平和な時代がいいな。

問１　下線(ア)についての説明として最も適するものを選び，番号で答えなさい。

1　福岡周辺では金が産出されたので，その地の支配者が中国の皇帝への贈《おく》り物としてつくった。

2　渡《と》来人が，その地の商人と交易するために，中国から持ってきた。

3　中国の皇帝から贈られ，その地の支配者が地位を高めるために利用した。

4　争いが大変少ない時代だったので，その地の支配者が楽しむための芸術品として，中国から輸入した。

問2　下線(イ)の遣唐使は中国に関するさまざまな情報を持ち帰りました。日本の政治の仕組みに与えた影響《えいきょう》についての説明として誤っているものを選び，番号で答えなさい。

1　天皇に仕える役人としての心構えを示した十七条の憲法がつくられた。

2　中国の法律や制度にならった律令が定められ，天皇を中心とした政治が行われるようになった。

3　貴族にはさまざまな特権が与えられ，役人として天皇による政治を支えた。

4　中国のような道路が規則正しく並んだ都がつくられ，天皇はそこに宮殿《でん》を建て，国内を治めた。

問3　空らん(あ)に入る語句を選び，番号で答えなさい。

1　長篠《しの》

2　関ヶ原

3　壇《だん》ノ浦

4　白村江

問4　下線(ウ)についての説明として正しいものを選び，番号で答えなさい。

1　九州の人びとが郷土を守るために，自分たちで防人を組織した。

2　防人の一部は都を警備する役目も果たした。

3　東日本を中心に集められ，防人になった者の負担は大きかった。

4　防人が詠んだ歌は『古今和歌集』に集められた。

問5　空らん(い)に入る語句をひらがなで書きなさい。

問6　下線(エ)が築かれたころについての説明として正しいものを選び，番号で答えなさい。

1　団結して戦ったことで幕府と御《ご》家人の結びつきは強まった。

2　外国による侵《しん》攻を撃退することに活躍した御家人たちが，執権にかわって力を持つようになった。

3　防塁をつくるための費用を負担させられた御家人たちは，幕府から金を借りるようになった。

4　新たな領地を得られなかった御家人たちの幕府に対する不満が高まった。

問7　下線(オ)について，以下の各文が正しければ○，誤っていれば×をそれぞれの解答らんに記入しなさい。

1　1915年に出した21か条の要求を中国が受け入れなかったことで，日本と中国は戦争に至った。

2　1931年，日本は満州国をつくった後に中国から兵を引いた。

3　1972年に日中共同声明を出し，国交を正常化した。

4　慶子さんは，江戸時代の政治と経済の関係を調べ，主なできごとをカードにまとめました。問いに答えなさい。

1	(ア)徳川綱《つな》吉は，金銀の量を減らした貨幣《へい》を作らせ，物価が大きく上昇することになりました。
2	（ あ ）は，大名が江戸に滞《たい》在する期間を短くするかわりに，(イ)諸藩《はん》に米を納めさせました。
3	儒《じゅ》学者である（ い ）は，海外への金銀の流出をおさえるために，長崎での貿易を制限しました。
4	（ う ）は，江戸や大坂周辺の重要な土地を幕府が直接治めることにしましたが，反発が強まるなか，老中を辞めることになりました。
5	（ え ）は，(ウ)株仲間の結成を進め，長崎での貿易を積極的に行いましたが，わいろに対する批判が高まるなどして，老中を辞めることになりました。
6	（ お ）は，旗本や御家人の借金を帳消しにしました。しかし，厳しい節約の命令により人びとの不満をかうなどして，老中を辞めることになりました。

問1　空らん(あ)～(お)にあてはまる人名を選び，番号で答えなさい。

1　徳川吉宗　　2　井伊直弼《なおすけ》　　3　田沼意次《おきつぐ》　　4　水野忠邦《ただくに》

5　新井白石　　6　杉田玄白　　7　松平定信　　8　徳川家光

問2　下線(ア)の人物の政策を説明した文として正しいものを選び，番号で答えなさい。

1　目安箱を設置して，人びとの意見に耳をかたむけた。

2　江戸にでてきた農民をもとの村に帰らせた。

3　儒学を大切にし，湯島に聖堂を建てた。

4　オランダ商館を平戸から出島に移した。

問3　下線(イ)の政策として正しいものを選び，番号で答えなさい。

1　上知令　　2　上げ米の制　　3　囲い米の制　　4　人返しの令

問4　下線(ウ)の説明として正しいものを選び，番号で答えなさい。

1　複数の農家をひと組として，農作業を共同で行った。

2　貨幣の交換《かん》だけではなく，貸付けなどを行い，大名と取引をする場合もあった。

3　さまざまな商品を全国に運ぶとともに，重要な手紙を届けた。

4　商工業者が組合を作って，幕府に税を納めるかわりに，保護を受けた。

問5　江戸幕府は財政難にしばしば苦しめられました。その理由を「米」という言葉を用いて50字以内で説明しなさい。

問6　1～6のカードを古い順に並べなさい。

5 次の文を読み，問いに答えなさい。

現代社会ではさまざまな情報があふれています。人びとに情報を伝える新聞やラジオ，テレビなどは（ あ ）とよばれていますが，近年ではインターネットも加わり，情報化が進みました。これを（ い ）革命とよんでいます。インターネットによって世界中からたくさんの情報を受け取ることができます。しかし，有害な情報もあるため（ う ）を行って情報の安全性を確認する必要があります。そして，情報を発信するときにも注意しなくてはならないことがあります。例えば映画を製作者に無許可でインターネット上に載《の》せて（ え ）を侵《しん》害してはいけません。さらに，安易にインターネット上に個人を特定する情報を載せないように他人の（ お ）を守る意識を一人ひとりが持つ必要があります。

問１　空らん（あ）～（お）にあてはまる語句を選び，番号で答えなさい。

1　環境権　　2　社会権　　3　著作権　　4　ジャーナリスト
5　フィッシング　　6　プログラム　　7　iPS　　8　IT
9　ソフトウェア　　10　マスメディア　　11　プライバシー　　12　IC
13　フィルタリング

問２　下の表は，新聞・テレビ・インターネットについて，2013年の平日一日あたりの利用時間を年代別にあらわしたものです。ア～ウにあてはまる組み合わせとして正しいものを選び，番号で答えなさい。（表は『日本国勢図会2015/16』より作成）

表　新聞・テレビ・インターネットの平日一日あたりの年代別の利用時間　（単位は分）

	10代	20代	30代	40代	50代	60代	全体
ア	0.6	1.4	5.8	8.6	18.6	28.0	11.8
イ	99.1	136.7	87.8	70.0	61.8	36.7	77.9
ウ	102.5	127.2	157.6	143.4	176.7	257.0	168.3

1　ア　新聞　イ　テレビ　ウ　インターネット
2　ア　新聞　イ　インターネット　ウ　テレビ
3　ア　テレビ　イ　インターネット　ウ　新聞
4　ア　テレビ　イ　新聞　ウ　インターネット

6 次の文を読み，問いに答えなさい。

国会議員を選ぶ国政選挙のしくみは，公職選挙法によって定められています。この法律は，選挙が公明かつ公正に行われることを目的に1950年に制定され，その後何度も改正が繰《く》り返されてきました。2015年７月には，参議院の選挙区選挙における「一票の格差」を縮めるために，定数を「（ あ ）増（ あ ）減」する改正公職選挙法が成立しました。この改正法の成立により，参議院選挙が始まってから都道府県単位だった選挙区へ（ い ）が初めて導入されることになります。この選挙制度の見直しにより，2016年夏の参議院選挙における一票の最大格差は，約３倍になると予想されています。今後も日本国憲法第14条の「法の下の平等」の原則に基づき，格差が解消されるように改革を図っていく必要があるといわれています。

問１　空らん（あ）にあてはまる数字を算用数字で答えなさい。

問2　空らん（い）にあてはまる語句を漢字で答えなさい。

問3　公職選挙法が定めている内容として誤っているものを選び，番号で答えなさい。

1　選挙運動における候補者の戸別訪問の禁止が定められている。

2　地方議会議員や首長を選ぶ地方選挙のしくみについて定められている。

3　国民の税金を，議員数と得票数に応じて各政党に分配するように定められている。

4　衆議院議員と参議院議員の定数について定められている。

問4　2013年から2015年における公職選挙法の改正によって，行えるようになったできごとの説明として正しいものには○を，誤っているものには×をそれぞれ解答らんに記入しなさい。

1　インターネットを使った選挙活動が出来るようになった。

2　投票を棄《き》権すると罰《ばっ》金刑が科せられるようになった。

3　選挙権を与えられる年齢が，18歳以上に引き下げられるようになった。

4　国政選挙において，電子投票が出来るようになった。

問5　2014年12月の衆議院選挙において，一票の格差を縮めるために行われたことの説明として正しいものを選び，番号で答えなさい。

1　比例代表選挙において，ブロックの数を減らした。

2　小選挙区選挙の定数を増やし，比例代表選挙の定数を減らした。

3　小選挙区選挙を廃《はい》止し，比例代表選挙だけを行った。

4　小選挙区選挙において，選挙区の数を減らした。

問6　内閣の下におかれている省の中で，選挙制度の運営を担当している機関の名前を漢字で答えなさい。

【理　科】　（25分）〈満点：50点〉

1　図1のように，ビーカーに100gの水を入れ，電源装置につないだ電熱線を水につけました。そして，電流を流し始めてから1分ごとにビーカー内の水温を測定しました。この実験を種類の異なる電熱線A，Bについてそれぞれ行った結果，図2のグラフのようになりました。それぞれの実験では，電源装置の電圧および水の量は同じにし，水全体の温度が均一になるようにときどきかき混ぜました。また，電熱線に流れている電流は，電熱線Aには1.6A，電熱線Bには800mAでした。下の問いに答えなさい。

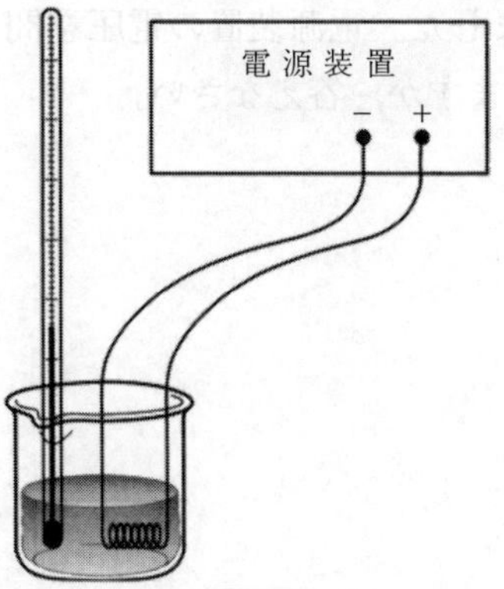

図1

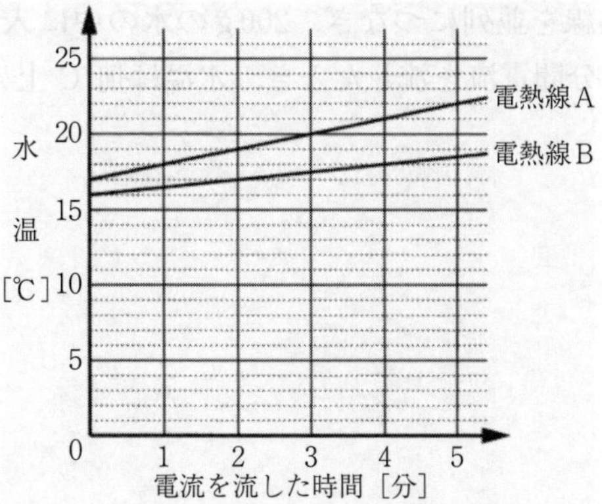

図2

問1　電熱線に流れる電流を測定するために，実験装置に電流計を加えたいと思います。電流計の－端《たん》子は3つあり，左側からそれぞれに50 mA，500 mA，5Aと書かれていました。－端子のつなぎ方として，正しいものを次の中から1つ選び，番号で答えなさい。

1　一番左側の－端子につなぎ，針のふれが大きすぎるときは順に右側の端子へとつないでいく。

2　一番右側の－端子につなぎ，針のふれが大きすぎるときは順に左側の端子へとつないでいく。

3　一番左側の－端子につなぎ，針のふれが小さすぎるときは順に右側の端子へとつないでいく。

4　一番右側の－端子につなぎ，針のふれが小さすぎるときは順に左側の端子へとつないでいく。

5　真ん中の－端子につなぎ，針のふれが大きすぎるときは右側の端子，小さすぎるときは左側の端子につなぐ。

6　真ん中の－端子につなぎ，針のふれが大きすぎるときは左側の端子，小さすぎるときは右側の端子につなぐ。

問2　電熱線に流れる電流を測定するには，電流計をどのように接続すればよいですか。解答らんに接続のようすを線で記入しなさい。ただし，電流計の端子は矢印で示された端子を使用するものとします。

問3　図2の結果からわかることとして，正しいものを次の中からすべて選び，解答らんの番号を○で囲みなさい。

1　水の温度上昇は，電熱線に流れる電流の強さに比例する。

2　水の温度上昇は，電熱線にかかる電圧の大きさに比例する。

3　水の温度上昇は，電流が流れた時間に比例する。

4　水の温度上昇は，水の量が少ないほど大きくなる。

5　水の温度上昇は，最初の水温が低いほど大きくなる。

6　電熱線にかかる電圧の大きさと，流れる電流の強さは比例する。

問4　水の量を200gにして，Bの電熱線に1.6Aの電流が流れるように電圧を変化させたところ，4分間で4℃水温が上昇しました。図2の電熱線Bと比べたとき，同じ時間で何倍の熱エネルギーが発生していますか，答えなさい。

問5　A，Bの電熱線を並列につなぎ，200gの水の中に入れました。電源装置の電圧を問4と同じにして，2分間電流を流したとき，水温は何℃上昇しますか，答えなさい。

2 図1は，日本の活火山の分布を示しています。次の問いに答えなさい。

図1

問1 火山の噴《ふん》火によって，地下から地上に運び出される物を次の中からすべて選び，解答らんの番号を○で囲みなさい。

1 噴石(火山弾《だん》) 2 でい岩
3 げんぶ岩 4 石灰《かい》岩
5 火山灰

問2 火山の噴火により，地下から色々な物が運び出されるときの力は何によって生み出されていますか，次の中から1つ選び，番号で答えなさい。

1 火山の重さ 2 大気が地面を押《お》さえる力
3 地球の重力 4 地球内部の熱

問3 日本の活火山は図1のように帯状に分布するという特ちょうがあります。また，日本の地下では地球の表面をおおう岩盤《ばん》(プレート)が図2のように接しています。これらのことから予想されることとして正しいものを次の中からすべて選び，解答らんの番号を○で囲みなさい。

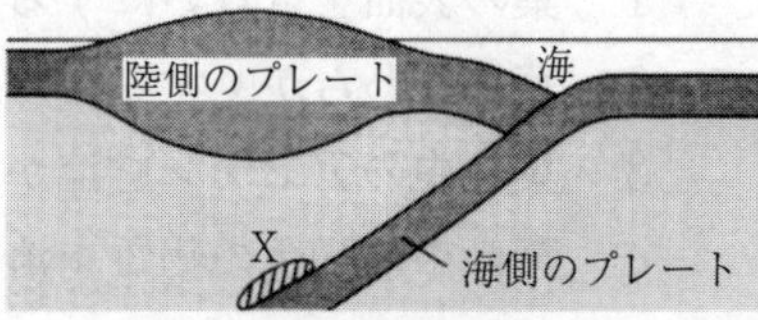

図2

1 海側のプレートが陸側のプレートの下にもぐり込んだため，地面が押し上げられて火山ができた。
2 日本以外でも同じようにプレートがもぐり込んでいるところには火山が帯状に分布している。
3 陸側のプレートの下に海側のプレートがもぐり込んだ場所(図2のX)の上に，火山ができた。
4 地震《しん》が起きる場所と火山が分布する場所は関係ない。
5 火山は，大陸の中央部に多く分布する。

問4 右の表は，日本のある火山における1912年以降の主な噴火の歴史を示しています。この表からわかることを，次の中から1つ選び，番号で答えなさい。

噴火した年	噴火の規模
1912~1914	中規模
1919	小規模
1933~1934	小規模
1939	中規模
1950~1951	小規模
1956	小規模
1959	小規模
1962~1963	中規模
1965~1966	小規模
1967~1968	小規模
1969	小規模
1970	小規模
1978	小規模
1986	中規模

1 小規模噴火は，毎年起きている。
2 小規模噴火が，1年に2回以上起きたことがある。
3 中規模噴火が，約25年に1回起きている。
4 中規模噴火の間隔《かく》が，少しずつ挟《せば》まっている。
5 中規模噴火の間隔が，少しずつ広がっている。

問5 問4の表から考えられることについて，正しく述べたものを次の中から1つ選び，番号で答えなさい。

1 プレートの動く速さは，周期的に変わる。
2 プレートの動く向きは，周期的に変わる。
3 プレートの動く速さは，ほぼ一定である。

4　プレートの動く速さが変化するので，噴火が起きる間隔は一定ではない。

5　プレートはほとんど動かないので，噴火が起きる間隔は一定である。

3　日当たりのよい所で栽培《さいばい》されているサツマイモの緑色の葉を選び，その一部分をアルミはくでおおいました。よく晴れた翌日の午後２時ごろに，その葉を摘《っ》みました。そして，葉からアルミはくを外してしばらく湯につけた後，温かいアルコールにひたし，水洗いをしました。その後，これをヨウ素液につけて葉の色の変化を観察しました。次の問いに答えなさい。

問１　サツマイモの葉が日中だけに行う働きの名前を，漢字で答えなさい。

問２　サツマイモが問１の働きを行うとき，必要な物質がいくつかあります。それらのうち，自然界からの供給量において，年間を通じて大きな変化がない物質の名前を１つ答えなさい。

問３　サツマイモの葉を「しばらく湯につけた後，温かいアルコールにひたした」理由として，正しいものを次の中からすべて選び，解答らんの番号を○で囲みなさい。

1　葉の表面をきれいにするため。

2　葉をやわらかくするため。

3　葉の中のデンプンを溶かし出すため。

4　葉の中の緑色の物質を溶かし出すため。

5　葉の中のデンプンを変化させ，ヨウ素液と反応しやすくするため。

問４　このサツマイモの葉をヨウ素液につけたときの，葉の色の変化について正しく説明しているものを，次の中から１つ選び，番号で答えなさい。

1　アルミはくでおおった部分は青紫《むらさき》色になったが，おおわなかった部分の色は変化が見られなかった。

2　アルミはくでおおった部分の色は変化が見られなかったが，おおわなかった部分は青紫色になった。

3　アルミはくでおおった部分，おおわなかった部分ともに，青紫色になった。

4　アルミはくでおおった部分，おおわなかった部分ともに，色の変化が見られなかった。

5　アルミはくでおおった部分，おおわなかった部分ともに，青紫色の部分と色の変化が見られない部分が混在していた。

問５　緑色の葉の代わりに，右の図のようなふ入りの葉を用いて，同じ実験を行いました。この葉をヨウ素液につけたとき，図中のア～エのうち，青紫色に変化する部分をすべて選び，解答らんの記号を○で囲みなさい。

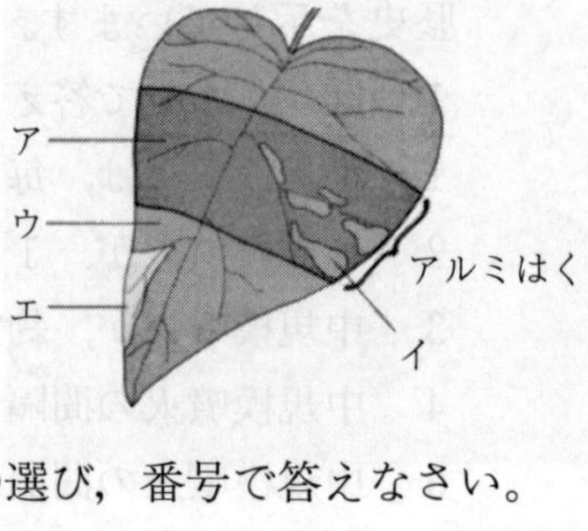

問６　サツマイモが問１の働きによって作った栄養分は，主にからだのどの部分にたくわえられますか。また，ジャガイモの場合はどうですか。次の中から正しいものをそれぞれ１つずつ選び，番号で答えなさい。

1　根　　2　茎《くき》　　3　葉　　4　花　　5　果実

問７　サツマイモが育つには，窒《ちっ》素分がきわめて重要とされています。この成分をサツマイモはからだのどの部分から吸収していますか。次の中から正しいものを１つ選び，番号で答えなさい。

1　根　　2　茎　　3　葉　　4　花　　5　果実

4　[実験１]～[実験３]について，下の問いに答えなさい。

[実験１]

二酸化マンガン１gに過酸化水素水を加えて，発生した気体の体積を表１にまとめました。

問１　[実験１]で発生した気体の名前を答えなさい。

問２　表１の空らん(ア)に入る数値を答えなさい。

表１

過酸化水素水　(mL)	10	20	30	50
発生した気体　(mL)	90	180	270	(ア)

問３　二酸化マンガンを３gに増やすと，この過酸化水素水を20mL加えたときに発生する気体の体積は何mLになりますか，答えなさい。

[実験２]

石灰石２gにうすい塩酸を加えて，発生した気体の体積を表２にまとめました。

表２

うすい塩酸　(mL)	20	40	80	100
発生した気体　(mL)	100	200	(イ)	400

問４　[実験２]で発生した気体の名前を答えなさい。

問５　表２の空らん(イ)に入る数値を答えなさい。

問６　石灰石を１gに減らし，このうすい塩酸を加えたところ，発生した気体の体積は64mLで，石灰石が溶け残りました。何gの石灰石が溶け残りましたか，答えなさい。

[実験３]

右の図のような未使用の実験用スプレー缶(内容積600mL)には[実験２]で発生した気体と同じ気体が入っています。このスプレー缶に入っている気体の体積を測定するために，スプレー缶から気体が出なくなるまで水上置換《かん》によって気体を集め，その体積を測定しました。

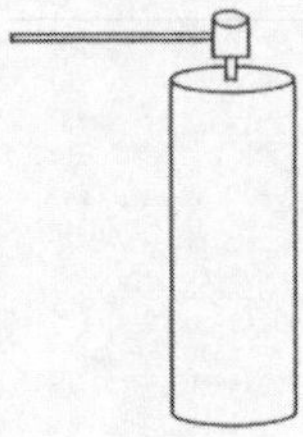

問７　このとき測定された気体の体積として，最も適切なものを次の中から１つ選び，番号で答えなさい。また，その理由を25字以内で答えなさい。

１　600mL　　２　600mL以下　　３　600mL以上

問七　――3について答えなさい。客に対して反抗的な態度をとっていた竜太が「いまでは客をよびこむ誘致活動に加担」するように変化したのは、彼の考え方が灯子の発言を聞いて大きく変わったからだと書かれています。竜太の考え方はどう変化したのですか。解答らんのAには、反抗的な態度をとっていたころの竜太の考え方を、Bには、灯子の発言を聞いたあとの考え方を書きなさい。それぞれ本文中の言葉を適切に用いること。

四

あなたがいま住んでいる地域《ちいき》について、考えてみましょう。今後十年間で、地域はどのように変わっていくと予測しますか。一八〇〇字以内の文章で、あなたの考えを書きなさい。

※解答には、変化するであろう点と、そう予測する理由の両方をふくめること。

※原稿用紙の使い方に従って書くこと。ただし、改段落をする場合は行をかえず、一マス空けることで示しなさい。

※現在住んでいる地域のことをよく知らない場合は、これまでの居住地の中から一つ選んで書いてもよいことにします。

る。

……やっぱりな。

　航平は強い風にシャツをはためかせながら、そとのデッキに立ち、船室にはいっていく。港側でそれとなく見送っている島の漁師たちにかるく会釈《えしゃく》すると、定期船を目で追いながら、きょうの定期船はゆれるぜ、と、竜太は心の中でつぶやいた。背中から、

「話すことはだいたい、こんなもんだな」

という声がきこえてきた。トクさんの話が終わったようだ。

（杉本りえ「明日は海からやってくる」より）

※出題の都合上、本文の一部を改稿《かいこう》しています。

〈注1〉ローカル…一地域に限った。
〈注2〉風貌《ふうぼう》…すがたかたち。容姿。
〈注3〉きっすい…まじりけのないこと。
〈注4〉本土…その国の主な国土。離島《りとう》などに対していう。
〈注5〉沖《おき》あい…岸から遠くはなれた辺り。
〈注6〉民宿…小規模《きぼ》の宿泊施設《しゅくはくしせつ》。一般民家が家族で経営することが多い。土地の特産物や自家製の料理を提供し、郷土色豊かで家庭的なサービスをすることを特徴《とくちょう》とする。
〈注7〉ブース…間仕切りをした小さな空間。
〈注8〉了見《りょうけん》…考え。思慮《しりょ》。

問一　……部1〜6を、起きた順に並べかえなさい。

問二　空らん[A]〜[E]にはそれぞれ、「辰島」か「倉部」のどちらかが入ります。「辰島」は合計何回入りますか。算用数字で答えなさい。

問三　辰島にあるものを次からすべて選び、記号で答えなさい。

ア　観光ホテル　**イ**　公民館　**ウ**　コンビニエンスストア　**エ**　神社
オ　スーパーマーケット　**カ**　動物病院
キ　百貨店　**ク**　港

問四　竜太はトクさんの人柄《ひとがら》・風貌《ふうぼう》・行動などをどのように感じていますか。(1)〜(3)それぞれから、あてはまらないものをすべて選び、記号で答えなさい。

(1)　**ア**　温厚《おんこう》　**イ**　聡明《そうめい》　**ウ**　偏屈《へんくつ》　**エ**　優雅《ゆうが》
(2)　**ア**　狡猾《こうかつ》　**イ**　壮健《そうけん》　**ウ**　辛辣《しんらつ》　**エ**　精悍《せいかん》
(3)　**ア**　紅顔《こうがん》　**イ**　篤実《とくじつ》　**ウ**　尊大《そんだい》　**エ**　朴訥《ぼくとつ》

問五　═══1について答えなさい。竜太は、トクさんが「がんばった」理由は何だと思っていますか。理由として本文中から読み取れるものには「○」、読み取れないものには「×」を書きなさい。

ア　島の宣伝ともなる新聞を中学生が作ろうとしており、それを後押ししたいから。
イ　トクさんは口下手で、話すのが苦手だから。
ウ　話をきく中学生が、自分の話を楽に、正確にノートにまとめられるようにしたかったから。
エ　島を出て行った自分の娘や孫が、島にもどり、また一緒に住むよう思い直してほしいから。
オ　未来を背負う島の子どもたちが島を知ろうとしており、うれしいから。
カ　漁師を引退したトクさんにとって、辰島にできるせめてものことだから。

問六　═══2について答えなさい。「客がくることをきらっていた」のは、辰島が竜太にとって、どのような存在だったからですか。本文中から、辰島がどのような存在だったか表す四字以内の言葉を、二つぬき出して書きなさい。

そのまま書かれていた。

「あ、べつに、1トクさん、がんばったんだなと思って」

トクさんは、話したことを灯子がそのまま書きうつせるように、あらかじめまとめてきていたようだ。

「うん。助かる」

といって、灯子がほほえむ。

みんな、いっしょけんめいなのだ。でもいっしょけんめいの度あいでは、灯子はきわだっている。

トクさんがんばったとはいったけれど、ほんとうは灯子のほうがずっとがんばっていると竜太は思っている。

灯子には、なにごとにもひたむきに取り組むようなところがある。結果がともなわなかったり、不器用なところもあるけれど、ともかくけなげにがんばる。この島にきてからずっと、この地にとけこもうとして、理解しようとして、いっしょけんめいだった。

その姿勢《しせい》に、竜太はいつのまにかひきずりこまれていた。いうことがあまりに正論すぎて、時にはむかつくこともあるけれど、助けてやらずにはいられない気持ちにさせられるのだ。

灯子の家は民宿なので、客をもてなすことにも家族の一員として灯子はいっしょけんめい、それは2島に客がくることをきらっていた竜太には、大きなジレンマにもなった。客に反抗的《はんこうてき》な態度をとる竜太に、灯子はいろんなことをいった。

「竜太は客をきらいすぎよ。わたしだったらお客さんがくると、うれしい。辰島っていいところでしょって、じまんしたくなる」

って、まだきて三ヵ月もたたないのに、よくいってくれたものだ。

「辰島だけがきびしいと思ったら大まちがいよ。町の生活にも町の生活なりのきびしさがあるの。それをいやすためにお金をはらって、ここにくる。それのどこがわるいの」

竜太を説得するのにも、灯子はいっしょけんめいだった。灯子にいわれて、はじめて気づいたのは、自分はなんと〈注8〉了見《りょうけん》がせまかったんだろう、ということだ。竜太は灯子にひかれていき、感化《かんか》され、3いまでは客をよびこむ誘致《ゆうち》活動に加担《かたん》しているのだから、われながらびっくりする。

そしてもっとおどろくのは、灯子にふりまわされているような、こんな自分がいやではないことだ。ひとに指図《さしず》されるのがきらいで、自分でやろうと思っていても、ひとから「やれ」といわれると、とたんにやりたくなくなってしまう、あまのじゃくタイプだったのに、だ。

灯子には、尊敬できるところといじらしいところの両方あって、いっしょにいると楽しいし……女子には全然関心がなくて、めんどうくさいだけだと思っていたのについには、灯子に、

「好きだ」

と告白までしてしまっている。

灯子の飼い犬、みかんの具合がわるくなり、倉部の動物病院へつれていった帰りの船の上でのことだった。

灯子が島にきて、自分は変わったと竜太は自覚しているし、変わった自分に好感を持っている。灯子を好きになって、以前の自分より、おとなになったと思うし、心がひろい、いいヤツになれたような気がしている。

灯子にそういったら、「究極《きゅうきょく》のジコチュー」だといわれてしまったけれど……自分ではよくわからない。

6そのとき、ブオッと汽笛《きてき》が鳴った。

定期船の出航の合図だ。やはり定刻よりも早い。波はだんだん高くなっていくという見通しなのだろう。

竜太は立ちあがって、ガラス戸に近づいた。定期船はいままさに岸《がん》壁《ぺき》をはなれようとしている。そこに兄の航平《こうへい》がのっているのを確認す

コンをつかって写真やイラストをつける。自分はまえの中学では美術部で絵をかくのは好きだから、イラストを担当してもいい。それを文化祭でくばろう。島のひとたちにもくばろう。あちこちにくばったら、島のＰＲ《ピーアール》にもなるかもしれない。できれば部活として三カ月にいちどぐらいの発行でつづけていきたい——。

灯子は、そうあつく語った。

「材料はいっぱいあると思うの。だれかの網に最近、こんなめずらしいものがかかった、とか、季節のたより、旬《しゅん》の話題、島にやってくるわたり鳥の紹介《しょうかい》とか」

事情を話したとき、トクさんはよろこんだ。未来を背負う島の子どもたちが、島のことを知ろうとするのはいいことだと。そして、

「十一月には、はじめてのイベントもあるし、そのまえにあちこちにくばって、島の宣伝をしないとな」

といって、中学生で〈辰島ニュース〉をつくるという試みを絶賛した。

いまのところ、辰島にくる客は釣《つ》りが目的のひとがほとんどだけど、ほかの魅力《みりょく》もアピールして、もっとよびこもうということで、十一月にははじめてのイベントも企画《きかく》されている。そのための準備委員会がもうけられ、灯子の父や竜太の父、勇気の祖父もそのメンバーだ。

〈辰島市場《たつしまいちば》〉と名づけられているイベントは、倉部漁協が主催《しゅさい》するもので、昨年までは、毎年 [A] の港で開催される〈海の幸《さち》祭り〉の中に、 [B] の〈注7〉ブースがもうけられるという形で参加していた。今年は、同じ時期に飛び地としてここで開催される。 [C] の〈海の幸祭り〉は知名度もあり、毎年観光バスで団体客がやってくる。そこから [D] まで足をのばしてもらおうというわけだ。 [E] の船が水揚《みずあ》げした新鮮《しんせん》な魚介類《ぎょかいるい》を格安で販売《はんばい》し、大鍋《おおなべ》もふるまわれるらしい。

日本の沿岸漁業はどこもたいていそうなのだが、辰島は漁業だけでは先細りなのだと、おとなたちはいっている。漁獲高《ぎょかくだか》はへっているうえに、日本人の魚ばなれと外国産の安い冷凍《れいとう》ものにおされて消費は拡大しない。資源の保護と漁師の生活の保護のバランスを、ぎりぎりのところでたもっているような状況だ。

しかし、だからといって、辰島が観光業でやっていけるはずがなく、だいいちこんな小さな島に客がきたって、高が知れていると竜太は思う。

「まずは知ってもらうこと」

と、トクさんはいっていた。

「ここにきて、ここの魚を食べてもらうこと」

そうすると、つぎの消費につながる。……かもしれない。つながって、つながって、ゆくゆくは、辰島の漁業の発展になる。……かもしれない。

まるで、細い糸でむすばれたところを、綱《つな》わたりして進んでいって、ようやくそのさきに輝《かがや》く未来があるかのような、気の遠くなるほど遠大な計画だ。

でも、みんな、いっしょけんめいなのだ。「まずは知ってもらうこと」のために。

灯子だって……。灯子にはその材料が神社なのだろう。まあ、それもありかもしれない。

「なに？」

灯子が目だけをうごかして、竜太を見た。竜太は無意識のうちに灯子のよこ顔を見つめていたことに気づいて、あわてて灯子が書きとっているノートをのぞきこんだ。トクさんの話は、竜太もなんとなくではあるけれど、きいていたのだ。そこには、トクさんの話したことが

竜太はまず感情的に抵抗《ていこう》があった。たまにあそびにくるひとに、「いいところだ」なんていわれたくないし、「なんにもなくて大変ね」と同情されるのはもっとむかつくし、実質的にはゴミがふえて、島はよごれる。しかもそれが「お金のため」であるとしたらなおのこと、「お金のためだから、家の中に他人がはいってこようと、よごされようとがまんしろ」といわれているようで、屈辱的《くつじょくてき》でもあった。

民宿〈東《ひがし》〉は、そんな島の方針のシンボルだったし、また、島になじもうとせずに、都会をなつかしんで落ちこんでいる灯子は、竜太にとっては、ゆるしがたいものの象徴《しょうちょう》だった。

しかし灯子は、みるみるうちに変わっていった。

辰島分校には、本校との合同の行事もあれば、分校独自の行事もある。灯子がやってきてまもなくあった学校祭は、分校独自の行事で、おとなたちを学校に招待して、子どもたちがいろんな演目をひろうする、お楽しみ会のようなものだ。

そこでまず灯子は、地元っ子への第一歩をふみだした。4島のひと全員の似顔絵をかいて、それもまた手づくりの、島の大きな地図上の、それぞれが住んでいる場所にはりだしたのだ。それがどんなに大変なことだったか――島民全員、百二十人あまりの似顔絵だ――あれには度肝《どぎも》をぬかれたし、竜太は灯子に一目おくようになった。

灯子は竜太が当初想像していたような、あまっちょろくてヤワな、ただの都会っ子ヒメではなかった。やるときはやるのだ。それは竜太にとっては、ホッとするような発見だった。いつまでも暗い顔をしていられるのは、クラスメートとしてはうっとうしいではないか。

なにがきっかけで、灯子があのようなことをしようと思い立ったのか、竜太はいまでもよくわからない。島にきてしばらくしたころ、家族で島をはなれて、もと住んでいた町に買い物にいき、もどってきたとたんにとりつかれたようにかきだしたのだから、そこでなにかがあったのかもしれないと思っている。

とにかく、灯子はその後も着々と島になじんでいき、いまではもう、灯子を「ヒメ」とよぶ子はいない。

そして、灯子の地元っ子への第一歩は、竜太の変貌《へんぼう》の第一歩でもあった。灯子が島にきて、いちばん劇的に変わったのは、じつは竜太自身だったかもしれない。

辰島分校の本校との合同の行事としては、十月の末ごろにある二泊《はく》三日の修学旅行や、十月なかばに予定されている文化祭がある。

夏休みが終わってまもなく、担任《たんにん》の中野《なかの》先生から、文化祭に発表、展示するものについて相談《そうだん》するようにとの話があった。

辰島分校の中学校には、部活がなかった。これまで、小学校もふくめた先生たちが、とくいなことを教えてくれる、習いごとみたいなものならときどきひらかれていた。が、生徒だけでなにかをすることはなかった。だいいち人数がすくなすぎて、できることがなかったのだ。去年、竜太が一年だったときは、三年生にひとりいて、その三年生の生徒が卒業して、勇気が一年生として入学してきたのだから、つねにふたりだったわけだし……。

しかし竜太がそういうと、

「ふたりでも、その気になれば、できることはあったんじゃないの？」

と、灯子はきこえよがしにつぶやいていた。竜太はきこえないふりをしていた。

したがって部活動として発表するものもなく、昨年は辰島学級からの発表として、夏休みの自由研究をそのまま展示した。

文化祭の展示など、正直なところ竜太にはまるで関心がなかった。

ところが、今年は灯子が〈辰島ニュース〉をつくることを提案した。辰島のことをつたえるローカルな新聞のようなもので、学校のパソいから、トクさんが引退したら、島の漁師はまたひとりへることになる。このさき、いろんな意味で状況《じょうきょう》は変わっていくだろう。それにまどわされず、信念をつらぬきとおすのは並たいていのことではないと思えるからだ。

3竜太は窓のそとへと視線をうつした。

きょうは風が強い。

公民館のガラス戸ごしに見える海には、白い波がしらが立っている。トクさんは、いずれにしてもこの日は中学生たちのためにあけておくといっていたが、しけのためにきょうは漁が休みだ。

公民館は港のうしろのやや高台にあり、ガラス戸は南側に面しているので、辰島港が見わたせる。漁船がたくさん係留されている。前後をロープにつながれながら、前後左右にウェーブをえがくようにゆれている。漁がないとき、港のあたりは漁師たちのたまり場になる。隣《りん》接《せっ》する倉庫で網のつくろいなどの陸《おか》仕事をしたり、世間話をしながら船の点検やそうじをしたり、なにをするでもなく、海をながめたり……。

船着き場のいちばんはしに、ひときわ大きな高速定期船が停泊《ていはく》している。欠航になるかと心配されたが、なんとかやってきてくれた。午前に到着《とうちゃく》して、島をでていくのは午後三時半だが、この天候では早目の出航になるかもしれない。

ふだんなら、定期船がたまに欠航になろうが、いつ島をでていこうが、まるでむとんちゃくなのだけど、きょうはちょっと気になっている。

辰島は、周囲三キロほどの島だ。対岸の〈注4〉本土の町、倉部《くらべ》から三十キロほど〈注5〉沖《おき》あいにある。人口は約百二十人、ほとんどの世帯が漁業にたずさわっている。高速定期船が一日一往復、所要時間四十五分で運航しており、スーパーもコンビニもないけれど、生活に必要なものは、倉部のスーパーに電話で注文すると、よく日、定期船ではこばれてくることになっている。だから定期船の欠航は、島の住人には死活問題なのだ。

島には、小中併設《へいせつ》の辰島分校がある。

全校生徒は九人。小学生が六人と、中学生が、五月に転校してきた東《ひがし》灯子をふくめて三人だ。この島の出身だった灯子の父が、ここで〈注6〉民宿を開業するために家族でユーターンしてきたのだ。

辰島にはいま、そとからの客を誘致《ゆうち》しようという大きな流れがある。灯子たち一家の民宿も、その大きな流れの一環《いっかん》だった。

しかしそれは、灯子にとっては意にそわない、家族ぐるみとはいえ、島流しも同然のできごとだったことだろう。

実際、はじめのころ、灯子はいつも泣きそうな顔をしていた。そんな灯子を子どもたちは「ヒメ」というニックネームでよんだ。取りあつかいに注意を要する、たいせつなひと、という意味をこめて、子どもたちなりに気をつかいながら、灯子を仲間として受けいれようとしていたのだ。

が、竜太だけは、灯子をふくめた東一家を歓迎《かんげい》する島のムードに逆行して、はじめは反発を感じていた。

辰島は竜太にとって、たいせつなわが家であり、神聖なふるさとだった。離島《りとう》である辰島は、たしかにふべんだ。定期船が欠航になれば、たちまち生活に不自由する。漁にでることができるかできないか、つまりかせぐことができるかできないかも天候次第《しだい》。そんなきびしい環境にあり、自然に左右される暮らしを強《し》いられているからこそ、島はとくべつであり神聖だったのだ。

そこに観光であれなんであれ、よそ者を受けいれるということに、においてスイッチに指をかける。勇気は写真の担当だが、録音については打ちあわせていない。勇気は竜太からすると、ときどき憎《にく》たらしいほど気がきく。

竜太は、きょうのところはとりあえずすることがない。かといって、畳《たたみ》に寝《ね》そべってゲーム機であそんでいるわけにもいかず、しびれないようにそっと足をくずしつつ、まじめにきいているふりをするつもりではいる。

トクさんに語ってもらうのは、島にたくさんある神社について。さっそく、すべての神社の名前を書きだし、おおまかなところから説明しはじめた。

「辰島にはじめてひとが住みはじめたのは、室町《むろまち》時代のことといわれている。島のいちばん大きな神社は、そのころにできたものだ。もともと住んでいたところから、分社して持ってきたものらしい」

灯子がノートにえんぴつを走らせ、トクさんはときどきそれをのぞきこみながら、ゆっくり話していく。

〈辰島ニュース〉は、中学生でつくる〈注1〉ローカル新聞で、発案者は灯子。創刊号の特集は島の神社、それも灯子の考えだった。

「創刊号はやっぱり、神社よ。なんといっても島のかなめでしょ」

辰島は小さな島のわりには、神社が多い。それも、ひなびていて素《そ》朴《ぼく》で、だからこそ神聖な感じがすると灯子はいうのだ。辰島で生まれ育った竜太は、古びてありふれた(神社はたいてい古びているだろう)神社としか感じたことはなかったし、どれも海や漁業に関係した神がまつられていることぐらいはわかっていたけれど、それぞれの神社のくわしい由来など知ろうとしたこともなかった。

「知らないの?」

あきれた、とばかりにいわれて、テーマはそれにすんなり決まった。

というか、反論の余地がなかった。そしてまた、辰島にきてまだ日のあさい灯子にそういわれるのは、快感でもあった。自分の知らない自分のよさを、他人に発見されているようなものだったからだ。

だったら、トクさんにきいてみようと、島の住人を知りつくしている、竜太が人選をした。トクさんは、かつては島の区長として神社の係をまかされたひとでもあったし、物知りで島のひとたちの人望もあつい。それに、どちらかというと口べたで人前で話すことを苦手としている島の漁師の中では、きちんと論理的に話ができるひとだ。

2 連絡《れんらく》をとって事情を話し、つごうのいい時間と場所の打ちあわせをしたのは、竜太だ。きょうは灯子と勇気ががんばっているが、竜太だって、すでに役目ははたしているのだ。きょうのふたりの働きにくらべると、全然労力がかかっていないにしても。

竜太はトクさんの声をききながら、トクさんをぼんやりとながめた。赤銅色《しゃくどういろ》の肌《はだ》、深いしわ、いかにも漁師らしい〈注2〉風貌《ふうぼう》の持ち主であるトクさんは、この島で生まれ、この島で父親のあとをついで漁師になった、〈注3〉きっすいの辰島人だ。子どもは娘《むすめ》がふたり。ふたりとも島をでて、家庭を持っている。孫は四人、祭りのときや正月には家族そろってあそびにくる。

七十六歳だったらもう引退してもいい年なのに、ひとり暮らしをしながらも、現役で漁師をつづけているのは、海にでて漁をすることがトクさんの生きがいになっているからなのだろう。

竜太はトクさんを尊敬している。竜太自身も、父と祖父ののっている船をひきついで、高校をでたら漁師になるつもりでいる。

けれども、自分もトクさんのように生きていけるかどうかについては、確固《かっこ》たる自信はない。島もそして島の漁業をとりまく環境《かんきょう》も、将来の見通しはけっして明るくない。現に、トクさんには後継者《こうけいしゃ》がいなができず、何かをしようという意 い もわかなくなってしまう。
前頭前野の働きをほかの霊長類と比較すると、サバンナに出て環境に適応したヒトが、他人の心を読んで《 c 》作業をし《 d 》生活をD営むようになった、という進化の過程がわかるのである。
人間の脳は、だらだらと何となく大きくなっていったのではなくて、サバンナに進出したときと、ホモ・サピエンスが登場したときに、一気に大きくなった。その二度の拡張《かくちょう》の際、ヒトがどのようなカコンナンに直面し、切り抜けていったのかが、現在の自然人類学で一番おもしろい部分なのだ。

（長谷川眞理子「ヒトはなぜヒトになったか」より）

※出題の都合上、本文の一部を改稿《かいこう》しています。

〈注1〉サバンナ…熱帯雨林と砂漠《さばく》の中間に分布する草原地帯。低木も点在する。雨季には丈《たけ》の高い草が茂《しげ》り、乾季《かんき》には枯《か》れる。

〈注2〉霊長類《れいちょうるい》…サルの特徴《とくちょう》を持った哺乳類《ほにゅうるい》を呼ぶ語。サルとヒトを含《ふく》む。

問一 ═部ア～カのカタカナを漢字に直しなさい。

問二 〰〰部A～Dの漢字をひらがなに直しなさい。

問三 空らん 1 ～ 4 にあてはまる言葉を次の中から選び、記号で答えなさい。

ア ゆえに　**イ** しかし　**ウ** そこで
エ だから　**オ** つまり　**カ** では
キ ともかく　**ク** また

問四 空らん i ～ iii には「こ」「そ」「あ」「ど」のどれかが入ります。あてはまる字をそれぞれ書きなさい。

問五 空らん《a》～《d》にあてはまる言葉を、本文中からぬき出して、それぞれ漢字で書きなさい。字数は一字または二字です。

問六 空らん あ ・ い に入る漢字一字を考えて書きなさい。

問七 次にあげる**ア**～**エ**の出来事を、古いものから順に並べなさい。

ア 森林から出て行く必要性が生じた。
イ 石器を使っての狩りを始めた。
ウ ヒトとチンパンジーとの進化の方向が分かれた。
エ ホモ・サピエンスが登場した。

三

次の文章を読んで、あとの問いに答えなさい。

九月の最終土曜日、午後二時。
1下出徳治《しもでとくや》、通称《つうしょう》トクさんは、〈辰島《たつしま》ニュース〉創刊号の取材に応じるために、約束の時間どおりに公民館にあらわれた。手にしていた分厚い書類のようなものをテーブルにおくと、そのまえにどっかりとあぐらをかいてすわる。
二年の灯子《とうこ》と竜太《りょうた》、一年の勇気《ゆうき》、あわせて三人の中学生は、十五分まえにあつまっていた。灯子が、
「きょうは時間をとってもらって、ありがとうございました。よろしくお願いします」
と、すこしうわずった声であいさつをする。三人は灯子を中心にして、トクさんのむかい側にならんで腰《こし》をおろした。
トクさんは七十六歳《さい》、数年まえに奥《おく》さんに先立たれひとり暮らし、以前は親戚《しんせき》の若者をやとって底引き網漁《あみりょう》をしていたが、いまはひとりでもできる小規模《きぼ》な刺《さ》し網漁をやっている。定期的に訪問している診《しん》療所《りょうじょ》の医師には、健康優良老人だとの太鼓判《たいこばん》をおされている、ばりばりの現役《げんえき》漁師だ。灯子のまじめ優等生的なあいさつに、「おう」とこたえ、三人を笑顔《えがお》で見まわした。
灯子がノートとえんぴつを用意する。トクさんとは面識ぐらいはあるだろうが、まともに相対するのは、たぶんきょうがはじめてだろう。勇気が、カメラと小型の録音装置を取りだした。録音装置をテーブル

し、そもそもそんなに長距離を走るようにはできていないのだ。ヒトの特徴《とくちょう》の一つとして、長距離移動が可能であることが挙げられる。チーターなどは高速で移動できるが、長距離は走れない。[ii]れも汗腺と同じように、サバンナに適応し生き抜《ぬ》くための、ヒトの進化である。次に、食べ物の問題がある。[iii]れまでは樹木が生い茂《しげ》る森で、木々の葉っぱや果実をもぎとって食べていればよかった。しかし、サバンナにはヒトが簡単に手に入れられるような食料は、ほとんどない。シマウマのような、タンパク質の塊《かたまり》ともいえる草食動物が多く生息してはいるが、ヒトは肉食動物ではない。肉食動物はつめやきばを持ち、ほかの動物を食料にできるが、木の上で暮らしていた〈注2〉霊長類《れいちょうるい》が簡単にほかの動物を狩《か》ることはできなかった。では、植物はというと、こうした過酷な場に生息する植物は水分をあまり含《ふく》んでおらず乾燥しているものが多い。また、外殻《がいかく》が硬《かた》かったり、水分を含む実の部分は地中に埋《う》もれていることがほとんどである。そうした実をとるためには地面を掘《ほ》らなくてはならないが、器用さを重視した手なので、つめで掘り進むこともままならなかった。

[2]、彼らはこの難局にどう適応していったのか。一つは、食料をウカクホするために、自然を利用して非力さをカバーする道具を製作し、活用することを覚えた。石器を使っての狩りや、B食物採取である。

そしてもう一つ、目標のために役割分担《ぶんたん》し複数で共同作業をすることを知ったのである。それまでのように、一人ひとりが群れの中で勝手に暮らすのではない。群れという組織《そしき》において、互《たが》いが自分と相手の果たすべき役割を理解し、目標達成のために何をするかを考え、いっしょに行動する。群れ全体が自分の立ち位置と役割を意識する集団となり、こうした社会関係の理解こそが、類人猿とは異なる、ヒトをヒトたらしめた最大の分岐《ぶんき》点になったのだ。このときを契機《けいき》として、ヒトの脳は著《いちじる》しく進化する。やがてヒトは、ほかの動物と比べて格段に大きな脳を持つようになった。これは過酷な環境でヒトがC編み出した、生き抜くために必要な進化だったといえるだろう。

人類は二足歩行に加え、大きな頭部を持つように進化したが、その頭部で特に大きいのが脳である。最初から大きかったのではなく、300~400万年前の時点では、チンパンジーやゴリラとあまり変わらなかった。[3]、サバンナに出て行き環境に適応したホモ属が出てきた頃から、一度エキュウゲキに大きくなる。その後しばらく、大きさは変わらないが、現在のホモ・サピエンスが登場したときに、またもう一段大きくなったのである。

実際に脳の大きさを比較《ひかく》してみると、チンパンジーの脳の容量が約380ccであるのに対し、ヒトは約1400ccある。しかも、進化の過程で単純にチンパンジーの脳がそのまま大きくなったということではなく、目の裏側の部分から頭のてっぺんにかけて、おでこ周辺にある前頭前野という部分が特に大きくなっているのだ。

その前頭前野とは、何を司《つかさど》る部分なのか。脳の働きは解析《かいせき》されてきたが、前頭前野にあたる部分がどのような機能を持っているかは長年わからなかった。近年ようやく、前頭前野は「自分を[あ]観的に見る」感覚を司っていることがわかってきた。自分が何をして、何を感じているか。そして他人が何を思い、どう感じているか。自分の気持ちを参照しながら、相手が何を感じ考えているかを知るための器官なのだ。[4]、自分が何を欲《ほっ》しているかということもモニターしているので、それと連動して、目標を達成するために、次に何をしなければいけないかといった物事の優先順位を決める役割もある。

これは言語能力などとは別々に管理されており、例えば事故で前頭前野をオソンショウしてしまっても、言葉や記憶《きおく》、思考には問題ない。しかし、他人の気持ちが読めなくなったり、次にするべきことの判断

平成二十八年度 慶應義塾湘南藤沢中等部

【国語】（四五分）〈満点：一〇〇点〉

※解答に句読点や記号などが含《ふく》まれる場合は一字に数えます。

一 次の問いの□には、それぞれ同じ漢字が入ります。何が入るか考え、例にならって漢字一字を答えなさい。二つ目の□に「々」が入る場合も、同じ漢字がくり返し入るものとして考えなさい。

〈例〉□□交換《こうかん》…物物　または　物々　が入る→〈答〉物

① 大丈夫《だいじょうぶ》です。ぼくは自信□□です。

② □□な目にあう。

③ その危険性は、□□承知しております。

④ 夜が□□とふける。

⑤ □□に火の手があがる。

⑥ 会議は□□一昼夜におよんだ。

二 次の文章を読んで、あとの問いに答えなさい。

君たちが使っている教科書にはまだ記述はないのだが、チンパンジーと分かれて二足歩行を始めたこの時点では、ヒトの祖先は平原ではなくまだ森林で生活していた、と最近の研究で考えられている。ひと昔前までは、ヒトは生活の場を森から平原に移し、その影響《えいきょう》で二本足で歩くようになったとされていたのだが、森での生活の時点ですでに二本足で歩いていたことがわかった。この頃の類人猿《るいじんえん》は、二足歩行をしつつ、木登りもできるような体つきをしている。

[1]、チンパンジーとア ケイトウが分かれて、すぐに生活の場が平原に移ったわけではなく、しばらくはまだ森と平原の両方にいて生活していた。《 a 》に出るために二足歩行になったというシナリオは理解しやすいのだが、《 b 》で暮らしている段階から、なぜ二本足を使うようになったのかは、現在まで解明されておらず、謎《なぞ》のままである。

現在のヒトと完全に同種の体格が見られるようになるのは、約160万年前にA 生息していたホモ・エルガスタという種類からである。この頃《ころ》から、森から平原に出て、長距離《ちょうきょり》を二足歩行で移動し生活していたと考えられている。

では、なぜヒトは過酷《かこく》な平原・〈注1〉サバンナに進出していったのか。実はその時代、地球上では乾燥《かんそう》・寒冷化が進んでおり、生息地であるアフリカの森林が少なくなっていた。その際に、最後まで残された森林にしがみついていたのが現在のチンパンジーであり、環境《かんきょう》変化のためにサバンナに出て行かざるをイ エなかったのがヒトであった。森林をチンパンジーたちにとられてしまったともいえるが、外の世界に出て行かなくてはならなかったことが、後の進化につながることとなる。

森林からサバンナに出た彼らを待ち受けていたのは、大変に過酷な生活環境であった。まず、水がほとんど存在しないのだ。水場がところどころに点々としかないので、水場から水場へ歩いて移動するにも長距離を移動しなくてはいけない。そして気温が高いので、汗をどんどんかいて体温調節をする必要がある。[i]の環境のために、彼らは体毛を失い、代わりに汗をかくための汗腺《かんせん》という器官が増えたと考えられる。600万年前、チンパンジーと分かれたばかりの頃はまだ毛むくじゃらだったはずで、本当に毛をなくさなければいけなくなったのはサバンナに進出した200万年前ぐらいからであろう。

私たちヒトは暑さで汗びっしょりになるが、こういう哺乳類《ほにゅうるい》は実はあまりいない。ウマは汗をかくが、イヌやネコはそんなにかかない

平成28年度

慶應義塾湘南藤沢中等部 ▶解説と解答

算 数 （45分）＜満点：100点＞

解 答

$\boxed{1}$ (1) $2\frac{6}{7}$ (2) 43 $\boxed{2}$ (1) 25680円 (2) 128個 (3) 1月31日，8時30分 $\boxed{3}$ (1) 8 m (2) 36m^2 (3) 7 m^2 $\boxed{4}$ (1) 30.28cm (2) 150.72cm^2 (3) 31.4 cm $\boxed{5}$ (1) 6回目 (2) 5回目 (3) 7回目 $\boxed{6}$ (1) 2時間14分後 (2) 5回 (3) 3時間44分後

解 説

$\boxed{1}$ 四則計算，計算のくふう

(1) $\left(\frac{5}{4}-\frac{13}{14}\right)\div 2.25=\left(\frac{35}{28}-\frac{26}{28}\right)\div 2\frac{1}{4}=\frac{9}{28}\div\frac{9}{4}=\frac{9}{28}\times\frac{4}{9}=\frac{1}{7}$より，$\left(\frac{1}{7}+\boxed{\text{ア}}\right)\div\frac{6}{5}=2.5$，$\frac{1}{7}+\boxed{\text{ア}}=2.5\times\frac{6}{5}=\frac{5}{2}\times\frac{6}{5}=3$　よって，$\boxed{\text{ア}}=3-\frac{1}{7}=2\frac{7}{7}-\frac{1}{7}=2\frac{6}{7}$

(2) 積の一の位の数字が9だから，$\boxed{\text{イ}}$の一の位の数字は3または7である。また，40×40＝1600，50×50＝2500より，$\boxed{\text{イ}}$は40以上50以下とわかるので，考えられる$\boxed{\text{イ}}$は43または47である。実際に計算して調べると，43×43＝1849より，$\boxed{\text{イ}}$は43とわかる。

$\boxed{2}$ 相当算，方陣算，正比例と反比例

図1

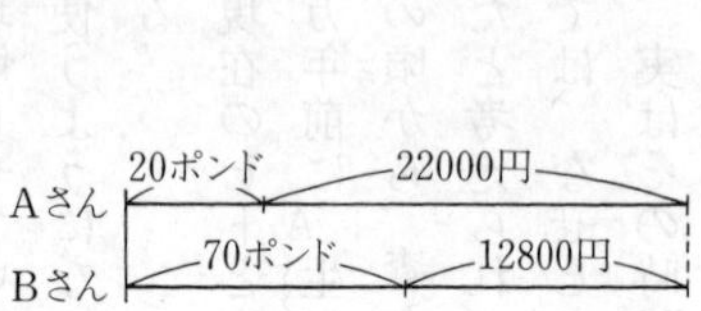

図2

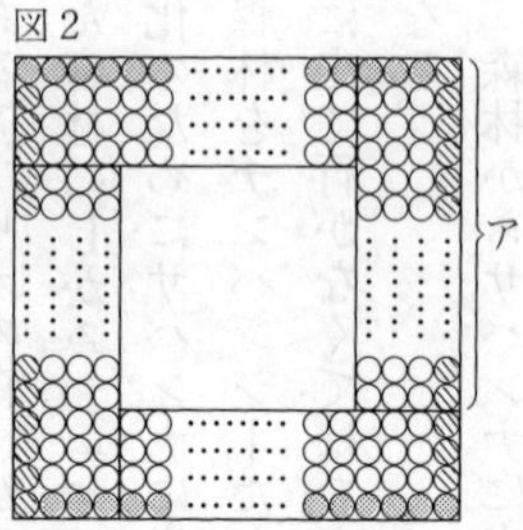

図3

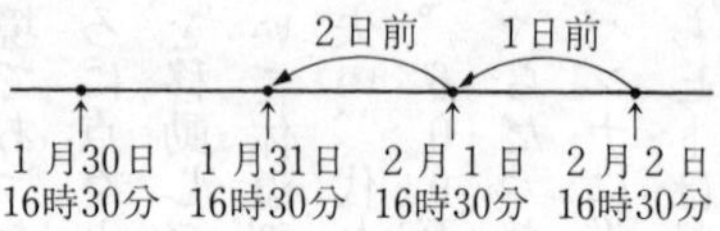

(1) 「20ポンドと22000円の和」と，「70ポンドと12800円の和」が等しいから，上の図1のように表すことができる。よって，70－20＝50(ポンド)と，22000－12800＝9200(円)が等しいことがわかるので，1ポンドにあたる金額は，9200÷50＝184(円)と求められる。したがって，20ポンドは，184×20＝3680(円)だから，Aさんがはじめに持っていたお金は，3680＋22000＝25680(円)である。

(2) 上の図2のように区切ると，1つの区切りにふくまれるご石の個数は，464÷4＝116(個)になる。よって，アの部分に並んでいる個数は，116÷4＝29(個)なので，斜線《しゃせん》をつけた部分とかげをつけた部分には，1列あたり，29＋3＝32(個)並んでいることがわかる。したがって，一番外側に並んでいる個数は全部で，32×4＝128(個)とわかる。

(3) 1日(＝24時間)で3分遅《おく》れるから，7分遅れるのにかかった時間は，$24\times\frac{7}{3}=56$(時間)である。これは，56÷24＝2余り8より，2日と8時間なので，正しい時刻に合わせたのは，今から2日と

8時間前とわかる。上の図3から，ちょうど2日前は1月31日の16時30分とわかるから，16－8＝8より，求める時刻は1月31日の8時30分となる。

3 相似，長さ，面積

図①

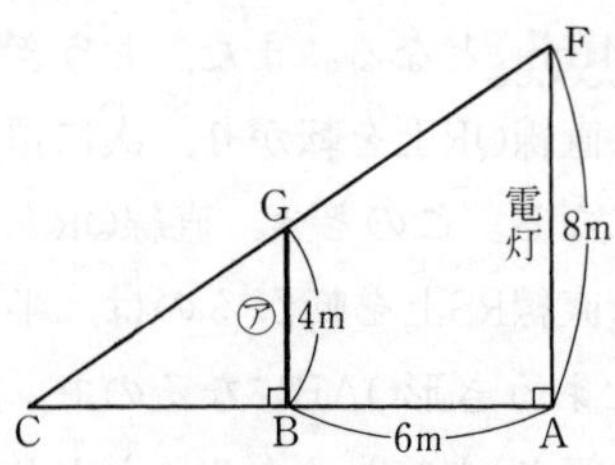

図②

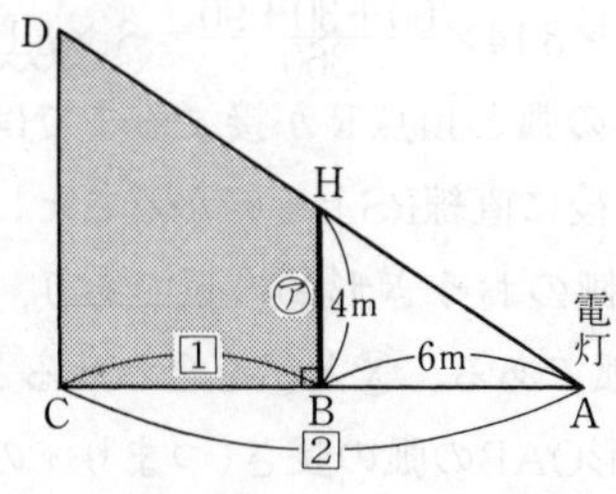

(1) 真横から見ると左の図①のようになる。図①で，三角形FCAと三角形GCBは相似であり，相似比は，FA：GB＝8：4＝2：1だから，CA：CB＝2：1となる。よって，真上から見ると左の図②のようになる。図②で，三角形DCAと三角形HBAは相似であり，相似比は，CA：BA＝2：(2－1)＝2：1なので，CDの長さは，$4\times\frac{2}{1}$＝8(m)と求められる。

(2) かげは図②の台形HDCBである。CB＝BA＝6mだから，かげの面積は，(4＋8)×6÷2＝36(m^2)となる。

(3) 真横から見ると下の図③のようになる。図③のように，IからFAに直角に交わる線を引くと，三角形FIKと三角形G′IJは相似になる。このとき，相似比は，FK：G′J＝(8－1)：(4－1)＝7：3なので，IK：IJ(＝EA：EB′)＝7：3となり，真上から見ると下の図④のようになる。図④で，三角形LEAと三角形H′B′Aは相似であり，相似比は，EA：B′A＝7：(7－3)＝7：4だから，LEの長さは，$4\times\frac{7}{4}$＝7(m)とわかる。よって，板①にうつっているかげは，たて1m，横7mの長方形なので，面積は，1×7＝7(m^2)と求められる。

図③

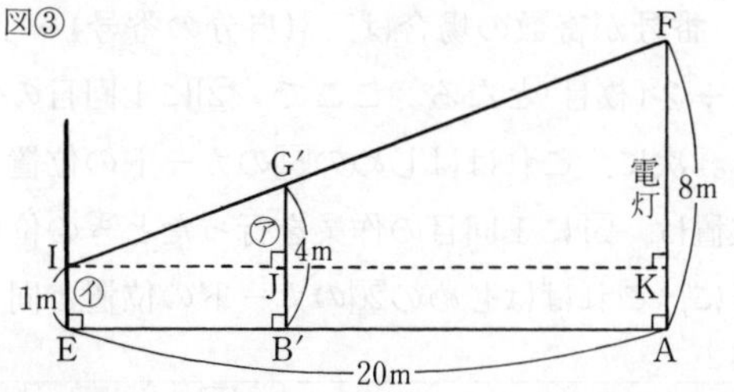

図④

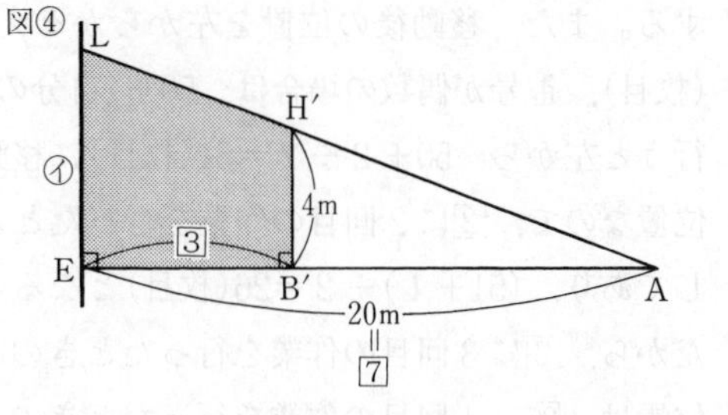

4 図形の移動，長さ，面積

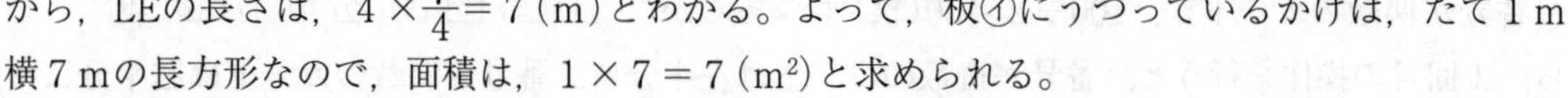

(1) おうぎ形は上の図のように動く。このうち，xの長さはおうぎ形の弧《こ》の長さに等しいから，$8\times2\times3.14\times\frac{45}{360}$＝2×3.14＝6.28(cm)である。よって，PQの長さは，8×3＋6.28＝30.28(cm)となる。

(2) 図のかげをつけた部分の面積を求めればよい。四分円2つ分(＝半円1つ分)の面積は，8×8

$\times 3.14\times\frac{1}{2}=32\times 3.14(\text{cm}^2)$，長方形の部分の面積は，$8\times x=8\times(2\times 3.14)=16\times 3.14(\text{cm}^2)$なので，合わせると，$32\times 3.14+16\times 3.14=(32+16)\times 3.14=48\times 3.14=150.72(\text{cm}^2)$となる。

(3) 図の太線部分(**あ**，**い**，**う**，**え**，**お**)の長さを求めればよい。**あ**の部分の中心角は，180－(90＋30)＝60(度)，**う**の部分の中心角は，360－(90×２＋150)＝30(度)，**お**の部分の中心角は90度だから，弧の部分の長さの合計は，$8\times 2\times 3.14\times\frac{60+30+90}{360}=8\times 3.14(\text{cm})$となる。また，おうぎ形が折れ線QRS上を動くとき，おうぎ形の弧と頂点Ｒが接するまでは直線QR上を転がり，次に頂点Ｒを中心としておうぎ形が回転し，最後に直線RS上を転がることになる。このとき，直線QR上を転がるのは，半径ORで分けられた左側のおうぎ形Ⓧの弧であり，直線RS上を転がるのは，半径ORで分けられた右側のおうぎ形Ⓨの弧である。ⓍとⓎを合わせるとおうぎ形OABになるので，直線QRと直線RSの長さの和は，おうぎ形OABの弧の長さ(つまりxの長さ)と等しくなることがわかる。よって，**い**と**え**の長さの和は(２×3.14)cmだから，太線部分の長さは，８×3.14＋２×3.14＝(８＋２)×3.14＝10×3.14＝31.4(cm)と求められる。

[5] 規則性

(1) 右の図１のように，かげをつけたカードをこのままの順で左から並べ，続けて，残りのカードをこのままの順で並べることになる。よって，もとの並びにもどるのは６回目の作業を終えたときである。

図１

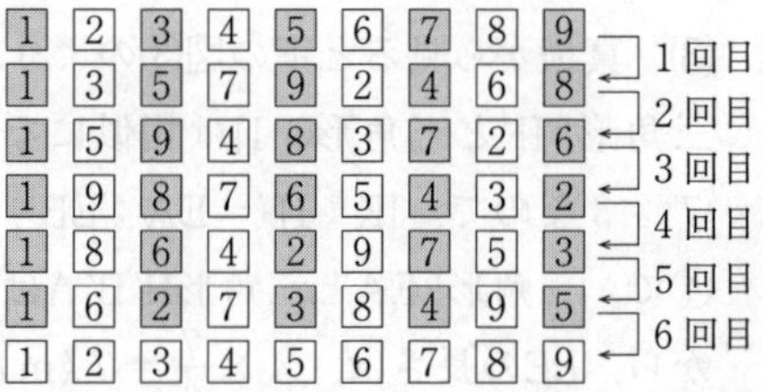

(2) カードの枚数が100枚のとき，番号が奇数《きすう》のカードと番号が偶数《ぐうすう》のカードが，100÷２＝50(枚)ずつあるから，１回目の操作を行うと，番号が奇数のカードは左半分に，番号が偶数のカードは右半分に移動する。また，移動後の位置を左からかぞえると，番号が奇数の場合は，{(自分の番号)＋１}÷２(枚目)，番号が偶数の場合は，50＋(自分の番号)÷２(枚目)となる。ここで，[2]に１回目の作業を行うと左から，50＋２÷２＝51(枚目)に移動する。次に，これははじめの[51]のカードの位置と同じ位置なので，[2]に２回目の作業を行ったときの位置は，[51]に１回目の作業を行ったときの位置と同じであり，(51＋１)÷２＝26(枚目)となる。さらに，これははじめの[26]のカードの位置と同じ位置だから，[2]に３回目の作業を行ったときの位置は，[26]に１回目の作業を行ったときの位置と同じであり，50＋26÷２＝63(枚目)とわかる。同様に考えると右の図２のようになるので，[2]，[34]，[66]のカードが連続して並ぶのは，５回目の作業を終えたときである。

図２

カードの番号	[2]	[34]	[66]
はじめの位置　(左から)	２枚目	34枚目	66枚目
１回目の作業後の位置(左から)	51枚目	67枚目	83枚目
２回目の作業後の位置(左から)	26枚目	34枚目	42枚目
３回目の作業後の位置(左から)	63枚目	67枚目	71枚目
４回目の作業後の位置(左から)	32枚目	34枚目	36枚目
５回目の作業後の位置(左から)	66枚目	67枚目	68枚目

(3) カードの枚数が128枚のとき，番号が奇数のカードと番号が偶数のカードが，128÷２＝64(枚)ずつあるから，番号が偶数のカードの作業後の位置は，64＋(自分の番号)÷２(枚目)となる。よって，[2]のカードの位置は，１回目の作業後は，64＋２÷２＝65(枚目)，２回目の作業後は，(65＋１)÷２＝33(枚目)，３回目の作業後は，(33＋１)÷２＝17(枚目)，４回目の作業後は，(17＋１)÷２＝９(枚目)，５回目の作業後は，(９＋１)÷２＝５(枚目)，６回目の作業後は，(５＋１)÷２＝３(枚目)，７回目の作業後は，(３＋１)÷２＝２(枚目)となり，初めてもとの場所にもどるのは

7回目の作業を終えたときとわかる。

[6] 植木算，整数の性質，比の性質

⑴　客が退場する時刻と列車が発車する時刻をまとめると，右の図のようになる。1班目が退場してから22班目が退場するまでの時間は，6×(22－1)＝126(分)だから，すべての客が退場したのは演奏が終了してから，8＋126＝134(分後)とわかる。これは，134÷60＝2余り14より，2時間14分後となる。

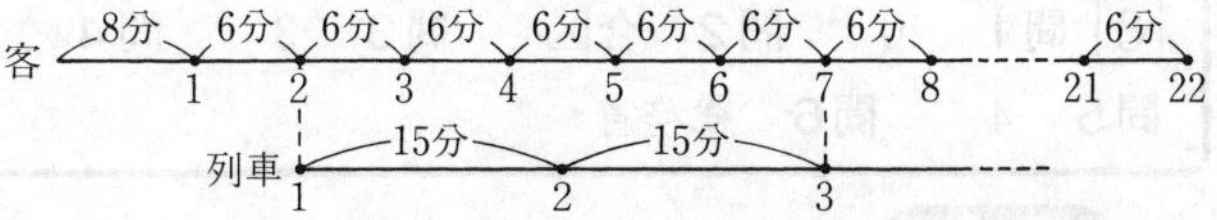

⑵　6と15の最小公倍数は30なので，退場時刻と列車の発車時刻が等しくなるのは，2班目が退場したときから30分ごとにある。また，2班目が退場してから22班目が退場するまでの時間は，126－6＝120(分)だから，120÷30＝4より，等しくなる時刻は全部で，4＋1＝5(回)あることがわかる。

〔ほかの考え方〕　班に注目すると，7－2＝5(班)ごとにあるので，2班目，7班目，12班目，17班目，22班目の5回とわかる。

⑶　1つの班の人数を①人，1回の列車に乗れる人数を[1]人とすると，1回目の列車が発車するまでに退場した人数は②人，このときまでに列車に乗った人数は[1]人だから，1回目の列車が発車した直後に駅に残っていた人数は(②－[1])人と表すことができる。また，3回目の列車が発車するまでに退場した人数は全部で⑦人，このときまでに列車に乗った人数は全部で[3]人なので，3回目の列車が発車した直後に駅に残っていた人数は(⑦－[3])人と表すことができる。ここで，＿＿と┈┈の比が1：5だから，(②－[1])：(⑦－[3])＝1：5という比例式を作ることができ，比例式の外項《がいこう》の積と内項の積は等しいので，(②－[1])×5＝(⑦－[3])×1となる。よって，⑩－[5]＝⑦－[3]，⑩－⑦＝[5]－[3]，③＝[2]より，1つの班の人数と1回の列車に乗れる人数の比は，①：[1]＝$\frac{1}{3}$：$\frac{1}{2}$＝2：3と求められる。この比を用いると，客の人数の合計は，2×22＝44となるから，44÷3＝14余り2より，必要な列車の回数は，14＋1＝15(回)とわかる。したがって，1回目の列車が発車してから最後の列車が発車するまでの時間は，15×(15－1)＝210(分)なので，最後の列車が発車したのは演奏が終了してから，8＋6＋210＝224(分後)と求められる。これは，224÷60＝3余り44より，3時間44分後となる。

社　会　(25分)　<満点：50点>

解　答

[1] **問1**　2　**問2**　3　**問3**　4　**問4**　1　[2] **問1**　4　**問2**　2　**問3**　3　**問4**　1　**問5**　3　**問6**　**A**　(イ)　**B**　(ア)　**C**　(オ)　**D**　(ウ)　**E**　(エ)
[3] **問1**　3　**問2**　1　**問3**　4　**問4**　3　**問5**　だざいふ　**問6**　4　**問7**　**1**　×　**2**　×　**3**　○　[4] **問1**　**あ**　1　**い**　5　**う**　4　**え**　3　**お**　7　**問2**　3　**問3**　2　**問4**　4　**問5**　(例)　年貢の比率があらかじめ決められて

いたため，米の収穫量が少ないと幕府の収入も減ってしまったから。　**問6**　1→3→2→5→6→4　5 **問1**　**あ**　10　**い**　8　**う**　13　**え**　3　**お**　11　**問2**　2

6 **問1**　10　**問2**　合区　**問3**　3　**問4**　**1**　○　**2**　×　**3**　○　**4**　×
問5　4　**問6**　総務省

解　説

1 水資源を題材とした地理の問題

問1　都市用水の水源別の割合は河川水が76.0%，地下水が24.0%となっており，水源としては地下水よりも河川水の方が大きいから，2が適当でない。統計資料は『日本国勢図会』2015／16年版による。

問2　一般に都市化が進むと生活用水の使用量も増加する場合が多いが，文化や生活習慣による違《ちが》いも大きいから，必ずしもGDP(国内総生産)が高いほど多くなるとは限らない。したがって，3が適当でない。なお，1について，農畜産物を生産するために使用された水を仮想水(ヴァーチャル・ウォーター)といい，特に牛などの畜産物は飼料の生産にもたくさんの水が使われるため，穀物よりも肉の生産の方が多くの水が必要となる。

問3　アメリカとオーストラリアが上位を占《し》める4が肉類。両国からは特に多くの牛肉が輸入されている。なお，1は精密機械，2は衣類，3は石炭の輸入先である。

問4　最も割合が高い1が中東地域。中東地域で海水から淡水《たんすい》を作る施設の容量が特に高いのは，水を得にくい乾燥《かんそう》帯の地域が広がっていることと，石油の産出量が多く，施設を建設する資金を十分にもっている国が多いことによる。

2 各都道府県の統計を用いた問題

問1　徳川家の城下町として栄えた都市としては，幕府がおかれた江戸(東京都)のほか，水戸藩(茨城県)の水戸，尾張《おわり》藩(愛知県西部)の名古屋，紀州藩(和歌山県)の和歌山があてはまる。このうち，徳川家康の生まれた三河《みかわ》(愛知県東部)と隣接するのは尾張である。

問2　Bの文は生麦《なまむぎ》事件についてのべた文。1862年，江戸から帰る途中《とちゅう》であった薩摩《さつま》藩(鹿児島県)の島津久光一行が生麦村(神奈川県)を通りかかったさい，イギリス人が馬に乗ったまま大名行列を横切ったため，これを無礼とみなした薩摩藩士がイギリス人を殺傷するという生麦事件が起こった。翌年，イギリスはこの事件の報復として艦隊《かんたい》を鹿児島に派遣し，薩英戦争を起こした。

問3　Cの「明治時代初期」「士族を中心とした人々」より，3の蝦夷地《えぞち》(北海道)の開拓《かいたく》や，4の九州地方を中心とした士族の反乱が考えられる。表より，非常に広い面積をもつ(オ)が北海道と判断でき，また，A，B，D，Eに北海道はあてはまらないことから，Cは北海道で起きたことがらとわかる。よって，3があてはまる。明治政府は蝦夷地を北海道と改め，開拓使をおくとともに，士族を中心とした屯田兵《とんでんへい》を北海道各地に送り，開拓と防衛にあたらせた。

問4　1968年，埼玉県行田市にある稲荷山《いなりやま》古墳から鉄剣が出土した。1978年にX線撮影を行った結果，鉄剣に115の文字が刻まれているのがわかり，「ワカタケル大王」と読みとれる文字があることが判明した。ワカタケル大王は雄略《ゆうりゃく》天皇のことと推定されることから，5世紀(古墳時代)には大和政権が関東地方にまで勢力を広げていたことが証明された。

問5　Eの文は平清盛が日宋貿易の根拠地とした大輪田泊《おおわだのとまり》(現在の神戸港の一部)についてのべた

文。日宋貿易の最大の輸入品は銅銭(宋銭)であり，当時は国内で貨幣《かへい》が発行されていなかったことから，輸入された銅銭は広く通貨として流通していった。

問6　Aは愛知県，Bは神奈川県，Cは北海道，Dは埼玉県，Eは兵庫県である。表の(ア)～(オ)のうち，面積が非常に大きい(オ)は北海道とわかる。次に，最も人口が多い(ア)が神奈川県，最も工業出荷額が多い(イ)が愛知県と判断できる。残る2つのうち，より人口の多い(ウ)は埼玉県，より面積の広い(エ)は兵庫県である。

3　大陸との関係を題材とした歴史の問題

問1　中国の歴史書『後漢書』東夷伝《とういでん》には，紀元57年に倭《わ》(日本)の奴国王《なのこくおう》が後漢(中国)に使いを送り，光武帝から「漢委奴国王《かんのわのなのこくおう》」と刻まれた金印を授《さず》けられたことが記されている。この金印は江戸時代の1784年に福岡県北西部の志賀島《しかのしま》で発見された。古代の日本の王たちが中国に使節を送り，王の称号や金印などを授けられているのは，中国の皇帝の権威《けんい》を利用してみずからの地位を高めることで，地域の支配を強固なものにするためであった。したがって，3が正しい。

問2　第1回遣唐使が派遣されたのは630年のこと。聖徳太子が十七条の憲法を制定したのは604年のことであるから，1が誤っている。なお，聖徳太子は遣隋使を派遣している。

問3　663年に起こった白村江《はくすきのえ》の戦いは，日本の水軍が百済《くだら》を復興するために朝鮮半島に出兵し，新羅《しらぎ》と唐(中国)の連合軍に大敗した戦いである。百済は当時の朝鮮半島にあった国の一つで，日本と友好関係にあったが，この敗戦で百済の復興はならず，日本は朝鮮半島における足場を失った。

問4　防人《さきもり》は律令制度のもとで北九州の防衛のためにおかれた兵士で，東国の農民が派遣されることが多かった。任期は3年であるが，往復の費用や武器などは自分で用意しなくてはならなかったため，大きな負担となった。したがって，3が正しい。なお，2の都の警備にあたる兵士は衛士《えじ》とよばれた。4は『古今和歌集』ではなく『万葉集』が正しい。

問5　律令制度のもとでおかれた九州全体を治める役所は大宰府《だざいふ》。外国使節の接待や防衛などにもあたり，朝廷の重要な出先機関であった。

問6　元(中国)の大軍が1274年の文永の役と1281年の弘安の役の2度にわたって北九州に攻めてきたことを元寇《げんこう》といい，日本の武士たちは元軍の集団戦法や「てつはう」という火器などに苦しめられたが，2度とも暴風雨が発生して元軍の船が多く沈《しず》み，弘安の役のさいには日本軍が築いた石の防塁《ぼうるい》(石塁)により上陸できなかったこともあり，元軍を退けることに成功した。しかしながら，幕府は御家人たちに十分な恩賞《おんしょう》を与えることができなかったため，幕府に不満をもつ御家人が増え，それが幕府の衰退《すいたい》につながっていった。したがって，4が正しい。

問7　**1**　1914年，ヨーロッパで第一次世界大戦が起こると，これを大陸進出のチャンスととらえた日本政府は，翌15年，ドイツが中国でもっていた権益《けんえき》を日本が引き継《つ》ぐことなどを内容とする21か条の要求を中華民国政府につきつけ，その大部分を認めさせた。　**2**　1931年，満州(現在の中国東北部)にいた日本軍が柳条湖《りゅうじょうこ》で鉄道爆破事件を引き起こし，これをきっかけに満州のほぼ全域を占領《せんりょう》した(満州事変)。日本軍は翌年には「満州国」の建国を宣言し，その実権をにぎったが，国際連盟は満州国を承認せず，日本に占領地からの撤退《てったい》を勧告《かんこく》したため，これを不服とする日本は1933年，国際連盟を脱退した。　**3**　中国では第二次世界大戦後，国民政府との内戦に勝利した共産党が政権をにぎり，1949年に中華人民共和国が成立。国民政府は台湾にのがれた。その後も日本やアメリカなどは台湾の国民政府の方を中国代表と認めていたため，日本と中華人民共和国の間では国交が開かれないままであったが，1972年，日本の田中角栄首相ら政府首脳が北京を訪問し，周恩来《しゅうおんらい》首相との間で日中共同声明に調印した。これにより日本と中華人民共和国の国交が正常化した。

4 江戸時代の政治と経済についての問題

問1　あ　享保《きょうほう》の改革を進めた第８代将軍徳川吉宗は，上げ米の制を定め，大名に領地１万石につき100石の米を出させ，かわりに参勤交代における江戸滞在の期間を１年から半年に短縮した。　**い**　第６代将軍家宣《いえのぶ》と第７代将軍家継《いえつぐ》に仕え，幕府の政治を担当した儒学者《じゅがくしゃ》の新井白石は，金銀の海外流出を防ぐため，長崎貿易を制限した。　**う**　天保《てんぽう》の改革を進めた老中水野忠邦《ただくに》は，幕府の支配体制を強化するため上知令を出し，江戸と大坂(大阪)の周辺を幕府の直轄《ちょっかつ》地にしようとしたが，大名や旗本たちの反対にあい失敗。老中を辞めさせられる結果となった。　**え**　田沼意次《たぬまおきつぐ》は1772年に老中になると，株仲間を奨励《しょうれい》し，商人の経済力を背景に幕府の財政再建を図った。しかし，役人が商人からわいろを受けとるなど，政治と商人との結びつきが批判《ひはん》され，老中を辞めさせられた。　**お**　寛政《かんせい》の改革を進めた老中松平定信は，棄捐令《きえんれい》を出して旗本の借金を帳消しにしたり，囲い米の制によりききんに備えて大名に米をたくわえさせたりしたが，厳しい政治に人々の不満が高まり，辞任に追い込《こ》まれた。

問2　第５代将軍徳川綱吉は忠孝《ちゅうこう》(主君への忠義・親への孝行)や礼儀を重視し学問を奨励する文治政治を進めたが，特に儒学を重んじ，江戸の湯島に孔子《こうし》をまつる聖堂を建てた。したがって，３が正しい。なお，１は徳川吉宗が行った政策，２は水野忠邦が出した人返しの法，４は第３代将軍家光の時代のこと。

問3　問１の「あ」の解説を参照のこと。なお，上げ米の制は吉宗が幕府の財政再建の一環として行った政策で，1722年に始められ，1731年に廃止された。

問4　株仲間は商工業者による同業組合。のちに水野忠邦が物価上昇の原因としてこれを解散させたが，効果はなかった。なお，１は五人組，２は両替商《りょうがえしょう》，３は飛脚《ひきゃく》の説明。

問5　江戸時代には農民が納める年貢《ねんぐ》米が幕府や藩の経済をささえており，武士の俸禄《ほうろく》(給料)も米で支給され，武士たちはそれを換金《かんきん》することで生活を維持していた。しかし，年貢の比率は収穫量に関わらずあらかじめ決められたものであったため，米が不作のときは年貢として納める量も少なくなった。江戸時代には天候不順や災害が原因でききんがしばしば起こり，米の生産量が不安定であったりしたことから，幕府や藩は財政難に苦しめられることが多かったのである。

問6　１は17世紀末，２は18世紀前半，３は18世紀初め，４は19世紀前半，５は18世紀半ば，６は18世紀末のできごと。

5 現代社会と情報についての問題

問1　あ　多くの人に情報を伝える新聞・雑誌・テレビ・ラジオなどはマスメディアとよばれる。マスコミとよばれることも多い。　**い**　インターネットの普及《ふきゅう》など情報化の急速な進行は，IT革命とよばれる。　**う**　インターネット上のウェブページなどを一定の基準で評価・判別し，そこから不要・有害な情報などを選択して排除《はいじょ》する機能をフィルタリングという。有害な情報をあらかじめ排除するため，特定のソフトウェアを用いて設定される場合が多い。　**え**　著作権とは，文芸・学術・音楽・美術の分野における創造物(著作物)において，著作者が独占《どくせん》的にこれを利用できる権利のことで，著作権法によって保護されている。例えば著作物のコピーを個人が自分で楽しむのは自由だが，これを販売したり，無許可でインターネット上に公開したりするようなことは違法となる。　**お**　人に知られたくない個人の私的な情報をプライバシーといい，そうした情報をむやみに公開されないようにする権利をプライバシーの権利という。

問２　年齢が高いほど利用時間が長いアは新聞，10代と20代で利用時間が非常に長くなっているイはインターネット，ほとんどの年代で利用時間が長くなっているウはテレビである。20代ではテレビよりもインターネットの利用時間の方が長いことにも着目する。

6　選挙についての問題

問１，**問２**　2015年７月に成立した改正公職選挙法により，参議院議員選挙のうちの選挙区選挙のしくみが変更された。「10増10減」とよばれる今回の改正は，いわゆる「一票の格差」の是正《ぜせい》のため，人口減が進む選挙区で定数を10議席減らし，人口増が進む選挙区で定数を10増やすものである。特に，これまで都道府県を単位として行われてきた選挙区の設定が初めて見直され，鳥取県と島根県，徳島県と高知県をそれぞれ合わせて１区とする「合区」が実施されることになった。

問３　公職選挙法は選挙制度や選挙運動の方法を定めた法律で，１，２，４はその内容として正しい。３は1994年に制定された政党助成法に基づく政党助成金(政党交付金)についての記述である。

問４　2013年４月の公職選挙法改正により，インターネットを使った選挙運動が可能になった。また，2015年６月の公職選挙法改正により，選挙権の年齢が18歳以上に引き下げられた(施行は2016年６月19日)。したがって，１と３が正しい。２のような罰則《ばっそく》は設けられておらず，また，４の電子投票も認められていない。

問５　衆議院議員選挙において小選挙区選挙は300名，比例代表選挙は180名を定数としていたが，2014年12月に行われた総選挙から小選挙区選挙の定数が５名減らされ，295名となった。

問６　選挙制度の運営を担当する行政機関は総務省。2001年の中央省庁再編により，総務庁・自治省・郵政省が統合されて誕生した。

理　科　(25分) ＜満点：50点＞

解　答

1　**問１**　４　**問２**　解説を参照のこと。　**問３**　１，３　**問４**　４倍　**問５**　６℃
2　**問１**　１，３，５　**問２**　４　**問３**　２，３　**問４**　３　**問５**　３　3　**問１**　光合成　**問２**　二酸化炭素　**問３**　２，４　**問４**　２　**問５**　ウ　**問６**　**サツマイモ**…１　**ジャガイモ**…２　**問７**　１　4　**問１**　酸素　**問２**　450　**問３**　180mL　**問４**　二酸化炭素　**問５**　400　**問６**　0.68ｇ　**問７**　２／理由…(例)　水中に出された二酸化炭素の一部が水に溶け込むから。

解　説

1　電熱線の発熱についての問題

問１　はじめは，流れる電流の強さがわからないため，最も大きい値を測れる５Ａの－端子《たんし》(ここでは一番右側の－端子)につなぐ。そして，針のふれが小さすぎるときは，500mAの－端子，50mAの－端子の順，つまり左側の端子へとつなぎ変えていく。

問２　電流計は回路に対して直列につなぎ，電源装置の＋極から流れ出た電流が電流計の＋端子に入るようにつなぐ。

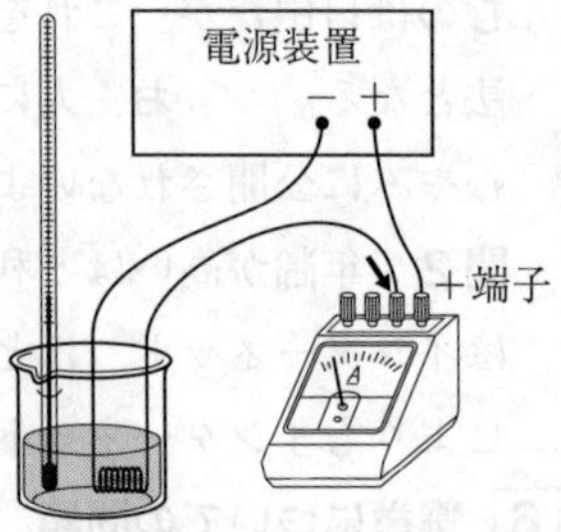

※　解答用紙が非公表であるため，図版の詳細は不明です。なお，解答例は右の図のようになると推測されます。

問３　図２を見ると，電熱線Ａの温度上昇《じょうしょう》は１分間あたり１℃，電熱線Ｂの温度上昇は１分間あたり0.5℃となっていて，どちらの電熱線も水の温度上昇は電流が流れた時間に比例している。また，電熱線Ａには1.6Ａ，電熱線Ｂには0.8Ａ（＝800mA）の電流が流れており，電熱線Ａは電熱線Ｂに比べて，１分間あたりの温度上昇も流れる電流の強さも２倍となっている。このことから，水の温度上昇は流れる電流の強さに比例すると考えられる。なお，実験では電圧や水の量を一定にしているので，電圧や水の量が水の温度上昇とどのような関係にあるのかはわからない。

問４　電熱線Ｂに流れる電流の強さを1.6Ａにした場合，水の量が200ｇのときは１分間あたりの温度上昇が，４÷４＝１（℃）になったので，水の量を半分の100ｇにすると，１分間あたりの温度上昇は２倍の，１×２＝２（℃）になる。したがって，図２の場合（電熱線Ｂに流れる電流の強さが800mA）と比べて，２÷0.5＝４（倍）の熱エネルギーが発生している。

問５　並列につないだ電熱線Ａと電熱線Ｂには問４と同じ電圧がかかるので，電熱線Ａでも電熱線Ｂと同様に，図２の場合と比べて４倍の熱エネルギーが発生する。よって，もし100ｇの水の中に入れた場合は，２分間電流を流すことで，（１＋0.5）×４×２＝12（℃）上昇するから，２倍の200ｇの水の中に入れた場合，水の温度上昇は半分の，12÷２＝６（℃）となる。

２　火山についての問題

問１　火山が噴火《ふんか》すると，噴石（火山弾）や火山灰などが噴出されるほか，溶岩《ようがん》が流れ出ることもある。げんぶ岩は溶岩が地上で急に冷え固まってできる岩石である。なお，でい岩はどろが海底などでたい積してでき，石灰岩はサンゴやフズリナなどの生物が積み重なることでできる（ほかのでき方もある）。これらはたい積岩で，火山から噴出されるものではない。

問２　火山の噴火は地下でつくられたマグマが地上まで上昇することで起こる。マグマは地下のプレート（地球の表面をおおう岩盤《がんばん》）が動いたり，地球内部にあるマントルという高温の液体物質が対流したりすることでつくられるといわれる。

問３　１，３　図２で，陸側のプレートの下に海側のプレートがもぐり込《こ》む（図の右から左へと動く）と，陸側のプレートの地下深く（Ｘの部分）にマグマが発生し，それが上昇して陸側のプレートをつらぬき，地上にある火山から噴き出す。　２　陸側のプレートと海側のプレートの境目付近ではマグマがつくられやすく，そのため火山が多くある。そのような場所は日本以外にもたくさんあり，主に太平洋の周囲（環《かん》太平洋）に集まっている。　４　地震には２つのプレートの境目で引き起こされるもの（プレート境界型地震）がある。そのため，世界で発生した大きな地震の分布のようすは，世界にある火山の分布のようすとおよそ一致《いっち》する。　５　大陸の中央部は，２つのプレートの境目にあたらないのがふつうなので，火山や地震が少ない。

問４　表で，中規模噴火に注目すると，その間隔《かんかく》が約25年ごとになっている。

問５　火山が噴火するしくみ（プレートの移動にともなって地下でマグマがつくられて上昇し，噴火すること）と問４で考えたことを合わせると，中規模噴火を起こすだけのマグマが約25年でつくられ，それがくり返されるといえ，このことからプレートの動く速さはおよそ一定であると推測することができる。

3 光合成の働きについての問題

問1　サツマイモの葉が行っている働きには，光合成や呼吸などがある。呼吸は昼夜関係なく行っているのに対し，光合成は太陽がのぼっている日中だけ行っている。

問2　光合成では二酸化炭素と水を材料としている。二酸化炭素は空気中から取り入れるが，空気中の二酸化炭素の量は約0.04％でほぼ一定している。一方，水は地中から吸い上げるが，地中の水分量は日々の天候などにより大きく左右される。

問3　葉をしばらく湯につけると，葉がやわらかくなり，その後，温かいアルコールにひたすと，葉の中の緑色の物質が溶け出して，葉が白っぽくなる。葉を白っぽくするのは，ヨウ素液につけたときの色の変化を見やすくするためである。

問4　葉に光があたらないと光合成が行われないので，アルミはくでおおった部分では，デンプンがつくられず，ヨウ素液の色の変化が見られない。それに対して，アルミはくでおおわなかった部分では，デンプンがつくられるため，ヨウ素液が青紫《あおむらさき》色に変化する。

問5　光合成は葉の中の緑色の物質（葉緑体）で行われるので，その物質がないふの部分では光合成が行われない。よって，ヨウ素液が青紫色に変化するのは，葉の緑色の部分のうちアルミはくにおおわれていないところである。

問6　サツマイモは，光合成でつくったデンプンを根に運んでたくわえ，新しいイモをつくる。また，ジャガイモは，光合成でつくったデンプンを地下の茎《くき》に運んでたくわえ，新しいイモをつくる。

問7　植物が育つためには土の中にふくまれる肥料分が必要で，その主なものは窒素《ちっそ》・リン酸・カリウムである。これらの肥料分は根から吸収される。

4 気体の発生についての問題

問1　二酸化マンガンに過酸化水素水を加えると，過酸化水素が分解して，酸素が発生する。

問2　酸素は過酸化水素の分解によって発生するので，発生した酸素の体積は加えた過酸化水素水の体積に比例する。よって，$90\times\frac{50}{10}=450$（mL）と求められる。

問3　二酸化マンガンは過酸化水素の分解をうながす働きをするだけで，それ自体は変化しない。そのため，二酸化マンガンの重さは発生した酸素の体積と関係がない。過酸化水素水を20mL加えたときに発生する酸素の体積は，表1より，180mLである。なお，二酸化マンガンの重さを増やすと，酸素が勢いよく発生する。

問4　石灰石にうすい塩酸を加えると，石灰石が溶《と》けて二酸化炭素を発生する。

問5　発生する二酸化炭素の体積は，反応したうすい塩酸の体積に比例し，反応して溶けた石灰石の重さにも比例する。表2で，うすい塩酸が80mLのときまではうすい塩酸の体積と発生した二酸化炭素の体積が比例しているとすると，うすい塩酸が80mLのときに発生した二酸化炭素の体積は，$100\times\frac{80}{20}=400$（mL）と求められる。これはうすい塩酸の体積が100mLのときと同じだが，このことから，うすい塩酸の体積が100mLのときには石灰石２ｇがすべて溶け，うすい塩酸の一部が反応せずに残っていると考えられる。つまり，石灰石２ｇとうすい塩酸80mLが過不足なく反応して，二酸化炭素が400mL発生することがわかる。

問6　発生した二酸化炭素の体積が64mLのときには，$2\times\frac{64}{400}=0.32$（ｇ）の石灰石が反応している。したがって，溶け残った石灰石は，1－0.32＝0.68(g)である。

問7　スプレー缶に入っている二酸化炭素は比かく的水に溶けやすいため，これを水上置換《ちかん》で集めようとすると，一部が水に溶け込んでしまう。よって，集めた二酸化炭素の体積は，スプレー缶から出た体積(600mL)よりも少なくなっている。

国　語　(45分)＜満点：100点＞

解　答

一　①　満　②　散　③　重　④　深　⑤　方(所，処)　⑥　延　二　**問1**　下記を参照のこと。　**問2**　**A**　せいそく　**B**　しょくもつさいしゅ　**C**　あ　**D**　いとな　**問3**　**1**　オ　**2**　カ　**3**　イ　**4**　ク　**問4**　**i**　こ　**ii**　こ　**iii**　そ　**問5**　**a**　平原　**b**　森(森林)　**c**　共同　**d**　社会　**問6**　**あ**　客　**い**　欲　**問7**　ウ→ア→イ→エ　三　**問1**　4→5→2→1→3→6　**問2**　3　**問3**　イ，エ，ク　**問4**　⑴　ウ，エ　⑵　ア，ウ　⑶　ア，ウ，エ　**問5**　**ア**　○　**イ**　×　**ウ**　○　**エ**　×　**オ**　○　**カ**　×　**問6**　わが家・ふるさと　**問7**　**A**　(例)　辰島は自分には神聖とさえ思えるふるさとだから，辰島を理解していないよそ者がくること自体抵抗があるのに，観光客が島をよごすのをお金のためにがまんすることは屈辱的だと思っていた。　**B**　(例)　多くのひとに辰島を訪れてもらうことでそのよさを知ってもらい，町の暮らしできびしさを感じているひとたちに，辰島をひとときのいこいの場として提供できればと思うようになっている。　四　(例)　私が住んでいる地域には，三年前まで古い団地があった。老きゅう化が激しく，空き室も多かったらしい。それが取りこわされてさら地になり，今は工事の仮囲いができている。今後四年計画で何けんもの家が建ち，大きな住宅地になる計画だという。新しい住宅には小さな子のいる家庭もたくさん入ってくるだろうから，街には子どもが増え，近くの学校も生徒数が増えて，活気が出ると思う。

●漢字の書き取り

二　**問1**　**ア**　系統　**イ**　得　**ウ**　確保　**エ**　急激　**オ**　損傷　**カ**　困難

解　説

一　同じ漢字を重ねた熟語

①「自信満々」で，自信に満ちあふれたようす。「満々」は，満ちあふれそうにいっぱいなようす。　②「散々な目にあう」で，とてもひどい体験をすること。「散々」は，ひどくみじめなようす。程度がはなはだしいようす。　③「重々承知しております」で，“よくよくわかっております”という意味。「重々」は，十分なようす。　④「(夜が)深々とふける」で，真夜中になること。静かに時が進むこと。「深々」は，あたりが静まりかえっているようす。　⑤　後に続く「火の手があがる」は，火事などで燃え上がる炎や，攻撃《こうげき》などの激しい行動の勢いが強まることを表す。この内容には，“あちらこちら”という意味の「方々(所々《しょしょ》，処々)」などが合う。　⑥　会議が「一昼夜」続いたのだから，ずっと長く続くようすの「延々」が合う。

二　出典は『中学生からの大学講義3　科学は未来をひらく』所収の長谷川眞理子《はせがわまりこ》の「ヒトはなぜヒ

トになったか」による。森で暮らしていたヒトがサバンナに進出していった理由や，サバンナでの暮らしにどのように適応していったかを説明している。

問１　ア　遺伝や進化の面から見た生物間の世代的なつながり。　**イ**　音読みは「トク」で，「得意」などの熟語がある。訓読みにはほかに「う(る)」がある。「～ざるを得ない」で，“～しないわけにはいかない”という意味。　**ウ**　確実に手に入れること。　**エ**　変化や動きが急で，激しいようす。　**オ**　損《そこ》なわれ傷つくこと。　**カ**　なしとげるのが難しいこと。

問２　A　ある場所で生きて暮らすこと。ふつうは動物に使う。　**B**　食べられるものを選んでとること。　**C**　音読みは「ヘン」で，「編成」などの熟語がある。　**D**　音読みは「エイ」で，「経営」などの熟語がある。

問３　１　前では，二足歩行を始めた頃《ころ》のヒトはまだ「森林」で暮らしていたと説明している。後ではこれを，チンパンジーと系統が分かれても，すぐ「平原」に移ったわけではないと説明し直しているので，“要するに”という意味の「つまり」が合う。　**２**　前では，ヒトが平原で暮らし始めた頃，食べ物の入手が困難だったようすを説明している。後ではそれをふまえ，「この難局にどう適応していったのか」と話題を展開しているので，前のことがらを受けて，それをふまえながら次のことを導く働きの「では」がよい。　**３**　最初ヒトの脳の大きさはチンパンジーやゴリラとあまり変わらなかったが，サバンナに適応した頃から大きくなったというつながりである。よって，前のことがらを受けて，それに反する内容をのべるときに用いる「しかし」があてはまる。　**４**「前頭前野」の働きを並べる文脈なので，あることがらに次のことがらをつけ加える働きの「また」が入る。

問４　i　サバンナは気温が高く水場が少ないという直前の説明を指すので，近いものごとを表す「こ(の)」が合う。　**ii**　ヒトは「長距離《きょり》移動が可能である」という直前の説明を指すので，「こ(れ)」がよい。　**iii**　ヒトがサバンナで暮らすようになった時点に立って，「樹木が生い茂《しげ》る森」で暮らしていた頃を指すので，少し遠いものごとを表す「そ(れ)」がふさわしい。

問５　a，b　ヒトは「平原」へ出るまで「森(森林)」で暮らしていた。　**c，d**　ヒトの「前頭前野」が発達して他人の心を読むように進化したのは，過酷《かこく》なサバンナで生き抜《ぬ》くために，「共同」作業をし，「社会」生活を営む必要があったからである。

問６　あ「前頭前野」は「自分が何をして，何を感じているか」を知る器官だから，司《つかさど》るのは「自分を客観的に見る」感覚である。　**い**「何かをしよう」という心の働きだから，「意欲」がよい。

問７　第一段落でウ，第四段落でア，第八段落でイ，第十段落でエの内容を説明している。「チンパンジーと分かれて二足歩行を始めた」頃のヒトは「まだ森林で生活していた」が，地球の乾燥《かんそう》・寒冷化という環境《かんきょう》変化によって森林が減り，「サバンナに出て行かざるを得なかった」のである。サバンナは食べ物が手に入りにくく，非力なヒトは「石器を使っての狩《か》りや，食物採取」を行うことで適応し，やがて「ホモ・サピエンスが登場した」という流れをつかむ。

三　**出典は杉本《すぎもと》りえの『明日は海からやってくる』による。**辰島《たつしま》をよく知るトクさんに〈辰島ニュース〉のための取材をしながら，竜太《りょうた》が転校生の灯子《とうこ》にふりまわされてきた数カ月を回想する場面である。

問１　本文はトクさんへの取材場面だが，竜太がその間，転校生の灯子のことや，灯子の提案に巻きこまれたいきさつなどを回想している。この構成をおさえて順番を読み取る。灯子は「五月に転校」してきてまもなく，学校祭で「島のひと全員の似顔絵」つきの地図を発表した(4)。次に灯子は，「夏休みが終わってまもなく」，〈辰島ニュース〉をつくって文化祭でくばろうと「あつく語った」のである(5)。その〈辰島ニュース〉にのせる記事のため，竜太がトクさんに「連絡《れんらく》」をとった(2)。そして「九月の最終土曜日」，トクさんが「公民館にあらわれた」のである(1)。取材は灯子と勇気が行うので，手もちぶさたな竜太は，「窓のそと」を見ている(3)。窓の外を見ながら回想が始まったが，「汽笛」の音で窓のそばまで行ったのである(6)。

問2 「辰島」は「周囲三キロほどの島」で，三十キロほどはなれた対岸に本土の「倉部《くらべ》」がある。**A**，**C** 〈海の幸祭り〉を毎年「開催《かいさい》」する側だから，本土の「倉部」である。 **B** 〈海の幸祭り〉にブースをもうけて「参加」するので，「辰島」である。 **D** 今年は「飛び地」として辰島でも〈海の幸祭り〉を開催するので，倉部に来た団体客が足をのばすのは「辰島」である。
E 倉部から足をのばしてもらった団体客に販売《はんばい》する魚介類《ぎょかいるい》だから，水揚《みずあ》げするのは「辰島」の船である。

問3 トクさんへの取材は「公民館」で行われていること，灯子が「神社」は「島のかなめ」だといっていること，公民館の窓から竜太が「辰島港」をながめていることから，イ，エ，クが選べる。なお，カの「動物病院」は「倉部」にある。

問4 トクさんは，辰島をよく知る「漁師らしい風貌《ふうぼう》」の人物。医師からは「健康優良老人」と太《たい》鼓判《こばん》をおされている「ばりばりの現役漁師」である。「太鼓判をおす」は，確実であると保証すること。また，竜太たちの〈辰島ニュース〉を，「未来を背負う島の子どもたちが，島のことを知ろうとするのはいいことだ」と絶賛してくれ，取材でも，「そのまま書きうつせる」ような形に「あらかじめまとめて」くれている。また，竜太には辰島が観光業でやっていけるとは思えないが，トクさんは「まずは知ってもらうこと」から始めるのが大事だと，前向きな考えでいる。こういうトクさんの言動やようすに，(1)の「偏屈《へんくつ》」(ひねくれたようす)，「優雅《ゆうが》」(しとやかなようす)，(2)の「狡猾《こうかつ》」(ずるがしこいようす)，「辛辣《しんらつ》」(言葉などが手きびしいようす)，(3)の「紅顔」(若く血色のよい顔)，「尊大」(えらそうに人を見下すようす)，「朴訥《ぼくとつ》」(飾り気がなく無口なようす)は合わない。なお，「温厚」はおだやかで情にあついようす，「聡明《そうめい》」はかしこいようす，「壮健《そうけん》」は健康で元気なようす，「精悍《せいかん》」は引きしまって勇ましいようす，「篤実《とくじつ》」は誠実で思いやりのあるようすを表す。

問5 トクさんは〈辰島ニュース〉について，「未来を背負う島の子どもたちが，島のことを知ろうとするのはいいことだ」と絶賛し，「あちこちにくばって，島の宣伝をしないとな」と協力的である。また，取材に対しても「話したことを灯子がそのまま書きうつせるように，あらかじめまとめてきて」くれたのだから，ア，ウ，オが合う。トクさんは口下手《くちべた》ではなく，漁師を引退してもいないので，イとカは誤り。娘ふたりを島に連れもどそうというようすも書かれていないので，エもふさわしくない。

問6 灯子が転校してきたころのことを竜太が回想している場面に，なぜ灯子の一家に「反発」を感じたかが書かれている。辰島は竜太にとって「たいせつなわが家であり，神聖なふるさとだった」から，「よそ者」を受けいれることに，感情的な抵抗《ていこう》があったのである。

問7 **A** 問6で見たように，辰島は竜太にとって「たいせつなわが家」「神聖なふるさと」なので，辰島を理解していない「よそ者」が入ってくることに，まず感情的な抵抗があった。その「よそ者」が観光客の場合，「お金のため」だから「ゴミ」でよごされてもがまんしろといわれているようで，「屈辱《くつじょく》的」だったと竜太は思い返している。　**B**　灯子は竜太とちがい，「お客さんがくると，うれしい。辰島っていいところでしょって，じまんしたくなる」といっている。また，町の生活にも「きびしさ」があって，客は「それをいやすためにお金をはらって，ここにくる」のだと竜太を説得している。これを聞き，竜太は「自分はなんと了見《りょうけん》がせまかったんだろう」と反省し，「感化」されて，観光客の誘致《ゆうち》活動に加担するようになったのである。

四　課題作文

古くからの住宅街，新しく建設された集合住宅など，それぞれが暮らす地域の現在のようすを簡単に示し，今後予測される変化について，そのように考えた根拠《こんきょ》とともにのべる。変化が少ないと思われる地域の場合，生活圏《けん》内の駅周辺，商店街の移り変わりに話題を広げればまとめやすくなる。保護者の転勤などで転居が多い場合は，書きやすい地域を選ぶ。

Dr.福井の 入試に勝つ！脳とからだのウルトラ科学

歩いて勉強した方がいい？

みんなは座って勉強しているよね。だけど，暗記するときには歩きながら覚えるといいんだ。なぜかというと，歩いているときのほうが座っているときに比べて，心臓が速く動いて（脈はくが上がって）脳への血のめぐりがよくなるし，歩いている感覚が背骨の中を通って脳をつつくので，頭が働きやすくなるからだ（ちなみに，運動による記憶力アップについては，京都大学の久保田名誉教授の研究が有名）。

具体的なやり方は，以下のとおり。まず，机の上にテキストを広げ，１ページぐらいをざっと読む。そして，部屋の中をゆっくり歩き回りながら，さっき読んだ内容を思い出す。重要な語句は，声に出して言ってみよう。その後，机にもどってテキストをもう一度読み直し，大切な部分を覚え忘れてないかをチェック。もし忘れている部分があったら，また部屋の中を歩き回りながら覚え直す。こうしてひと通り覚えることができたら，次のページへ進む。あとはそのくり返しだ。

さらに，この“歩き回り勉強法”にひとくふう加えてみよう。それは，なかなか覚えられないことがら（地名・人名・漢字など）をメモ用紙に書いてかべに貼っておくこと。ドンドン貼っていくと，やがて部屋中がメモでいっぱいになるハズ。これらはキミの弱点集というわけだが，これを歩き回りながら覚えていくようにしてみよう！　このくふうは，ふだんのときにも自然と目に入ってくるので，知らず知らずのうちに覚えることができてしまうという利点もある。

歴史の略年表や算数の公式などを大きな紙に書いて貼っておくのも有効だ。

Dr.福井（福《ふく》井《い》一成《かずしげ》）…医学博士。開成中・高から東大・文Ⅱに入学後，再受験して翌年東大・理Ⅲに合格。同大医学部卒。さまざまな勉強法や脳科学に関する著書多数。

Memo

Memo

平成27年度　慶應義塾湘南藤沢中等部

〔電　話〕 (0466) 49－３５８５
〔所在地〕 〒252－0816　神奈川県藤沢市遠藤5466
〔交　通〕 小田急江ノ島線・相鉄いずみ野線・市営地下鉄―「湘南台駅」よりバス15分　JR東海道線―「辻堂駅」よりバス25分

【算　数】　（45分）〈満点：100点〉

1　次の $\boxed{\text{ア}}$ ～ $\boxed{\text{オ}}$ にあてはまる数を答えなさい。

(1)　$\left\{0.9-\left(\frac{5}{8}-0.125\right)\right\}\div 2\frac{\boxed{\text{ア}}}{5}+\frac{3}{4}=\frac{11}{12}$

(2)　84と $\boxed{\text{イ}}$ の最大公約数は12で，最小公倍数は2520である。また84と $\boxed{\text{イ}}$ と100の最大公約数は $\boxed{\text{ウ}}$ で，最小公倍数は $\boxed{\text{エ}}$ である。

(3)　容積がそれぞれ 50cm^3，1.4dL，23mLである大きさの異なる３つの容器がある。この３つの容器の容積の平均は $\boxed{\text{オ}}$ Lである。

2　次の問いに答えなさい。

(1)　バスを１台借りて遊園地へ行く。１人あたりの参加費用は，遊園地の入場料とバスの１人あたりの代金を合わせた金額である。遊園地の大人１人あたりの入場料は，小学生１人あたりの入場料の1.5倍である。バスの１人あたりの代金は，バス１台分の料金を参加人数で割った金額（１円未満は切り上げ）で，大人も小学生も等しく支払う。

大人９人と小学生15人が参加すれば，大人１人あたりの参加費用は7800円になり，大人10人と小学生20人が参加すれば，小学生１人あたりの参加費用は6000円になるという。大人１人あたりの入場料はいくらですか。

(2)　下の図１のように，底面が台形の四角柱の容器に水を入れ，もれないようにふたをする。水平なゆかの上に面BCGFが下にくるように置いたとき，水面の高さは９cmであった。この容器を面ABCDが下にくるように置いたときの水面の高さを求めなさい。

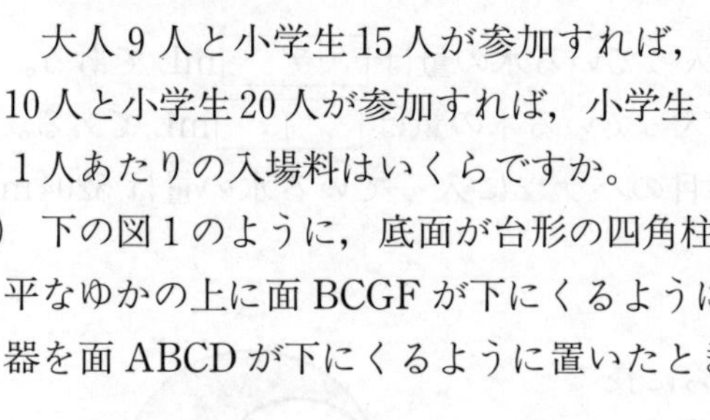

図１

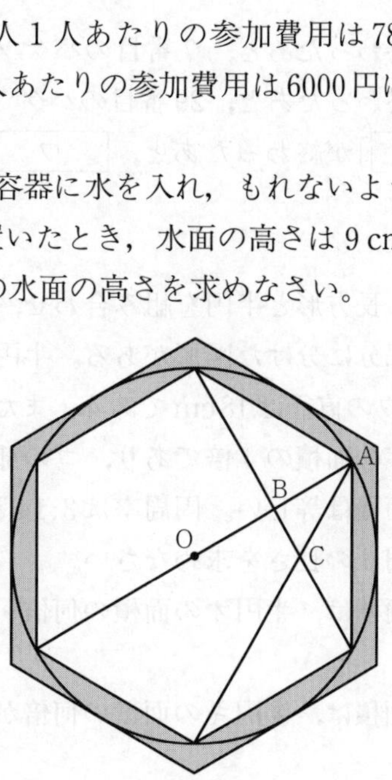

図２

(3)　上の図２のように，点Oを中心とする円の中と外に正六角形がある。かげのついた部分の面積が 90cm^2 のとき，三角形ABCの面積を求めなさい。

3　図のように，3 mL，8 mL，15mL，24mL，…の水が入ったバケツを順番に並べる。これらのバケツに次のような作業を行う。

作業［1］：1番目のバケツに1 mLの水を加えて，1番目のバケツの水の量を4 mLにする。

作業［2］：作業［1］のあとの1番目のバケツに入っている水の半分を2番目のバケツに移して，2番目のバケツの水の量を10mLにする。

作業［3］：作業［2］のあとの2番目のバケツに入っている水の半分を3番目のバケツに移して，3番目のバケツの水の量を20mLにする。

これ以降は，作業［2］，［3］と同じようにバケツに入っている水の半分を次のバケツに移す作業をくり返す。このとき，下の ア ～ ウ にあてはまる値を求めなさい。ただし，バケツの水はあふれないものとする。

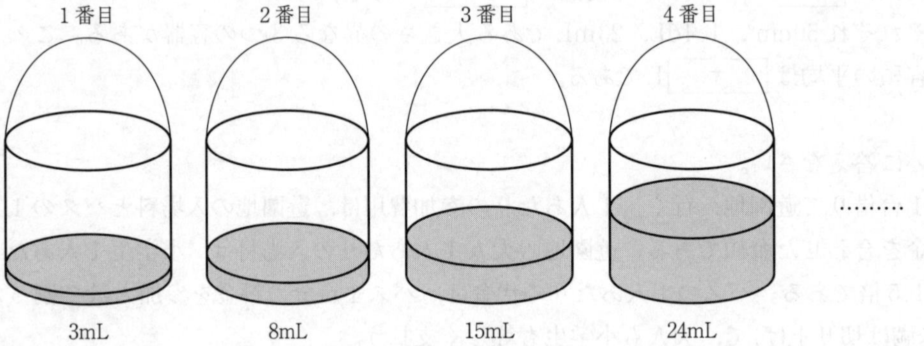

(1)　作業［7］が終わったあと，7番目のバケツに入っている水の量は ア mLである。

(2)　作業［29］が終わったあと，29番目のバケツに入っている水の量は イ mLである。

(3)　作業［ ウ ］が終わったあと， ウ 番目のバケツに入っている水の量は5204mLである。

4　図のように，長方形と半円を組み合わせ，さらに長方形を4つの部分に分けた図形がある。半円イの直径は6 cm，半円ウの直径は18cmである。また，半円カの面積は半円オの面積の4倍であり，コの部分の面積とサの部分の面積は等しい。円周率は3.14とする。

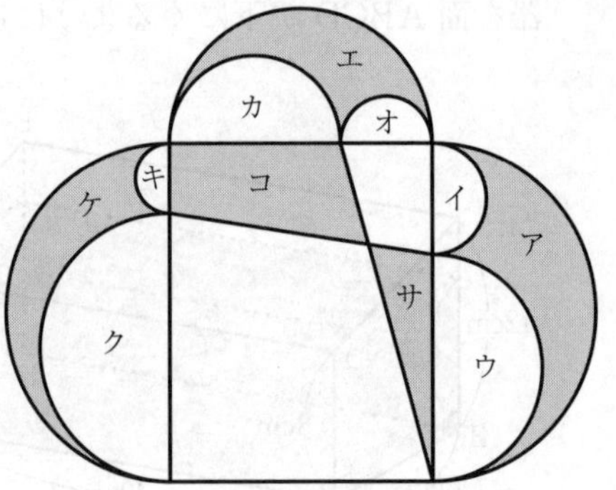

(1)　アの部分の周りの長さを求めなさい。

(2)　エの部分の面積は，半円オの面積の何倍かを求めなさい。

(3)　ケの部分の面積は，半円キの面積の何倍かを求めなさい。

5　ある会社は，川の下流にある船着き場Ｐから25kmはなれた上流にある船着き場Ｑまで荷物を運んでいる。この川の流れの速さは毎時２kmである。

この会社は船Ａと船Ｂの２そうを持っており，船Ａと船Ｂの，静水時の速さはどちらも荷物を積んでいれば毎時12km，荷物を積んでいなければその1.5倍の速さになる。積むことのできる荷物の量も等しい。

船Ａは毎日午前８時にＰを出発し，その２時間後に船ＢがＰを出発する。どちらの船もＰで荷物を積んで，Ｑに着いたら荷物を降ろし，荷物を積まずにＰまで戻る。これを船着き場が閉まる午後７時までくり返す。ただし，船着き場が閉まる前にＰに戻れなくなるような船は，Ｐを出発しない。また，荷物の積み降ろしの時間は考えないものとする。

(1)　船がＰとＱの間を往復するのにかかる時間は何時間何分ですか。

(2)　船Ａと船Ｂが１日の中で最後にすれちがう地点のＰからの距離は何kmですか。

(3)　運ばなければならない荷物の量が増えてしまい，この会社は次の２つの対策を考えた。この２つの対策を両方行うと，１日に運ぶことのできる荷物の量はいままでの何倍になりますか。

・船着き場を閉める時間を２時間おそくする。

・速さが同じで，積むことのできる荷物の量が1.5倍である船Ｃを追加する。船Ｃは午前９時にＰを出発し，同様にＰとＱの間を往復する。

6　１辺が３cmの立方体の１つの面を㋐とし，図１のように面㋐の各辺を３等分して線を引き，まん中の正方形をABCDとする。

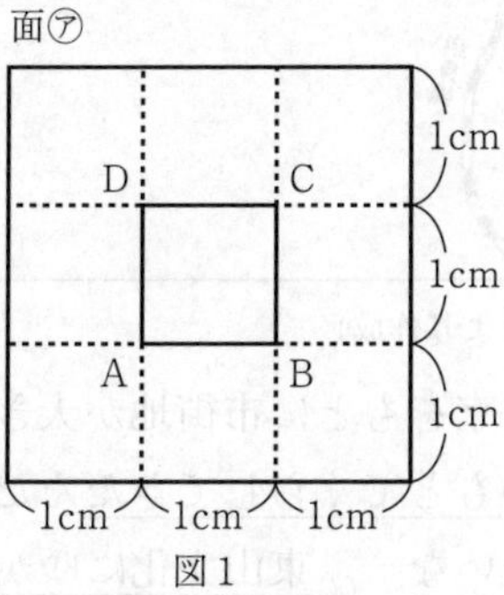

図１

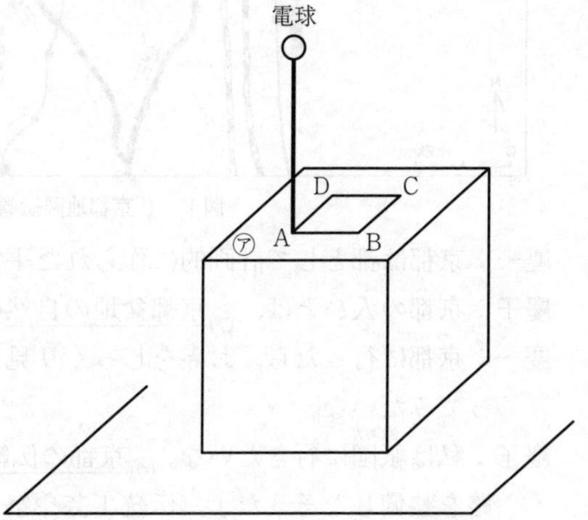

図２

この立方体を面㋐が上になるように水平なゆかに置く。そして，図２のようにあかりのついた電球を長さ３cmの棒の先につけ，点Ａの上に面㋐と垂直になるように立てると，ゆかにかげができた。棒の太さや電球の大きさは考えないものとする。

(1)　電球のあかりによってゆかにできたかげの面積を求めなさい。

次に，電球をつけた棒を，つねに面㋐に垂直な状態を保ちながら，正方形ABCDの辺上を毎秒１cmの速さでA→B→C→D→Aと４秒間動かした。

(2)　電球をつけた棒を４秒間動かしたとき，電球のあかりによって４秒間ずっとかげになっているゆかの部分の面積を求めなさい。

(3)　電球をつけた棒を４秒間動かしたとき，電球のあかりによって０秒以上１秒以下，かげになるゆかの部分をぬりなさい。

解答らんの図は，図２を真上から見たものである。

【社　会】（25分）〈満点：50点〉

1　慶一君と慶子さんは歴史と現在の人びとのくらしに注目して京都について調べました。二人の会話を読んで問いに答えなさい。

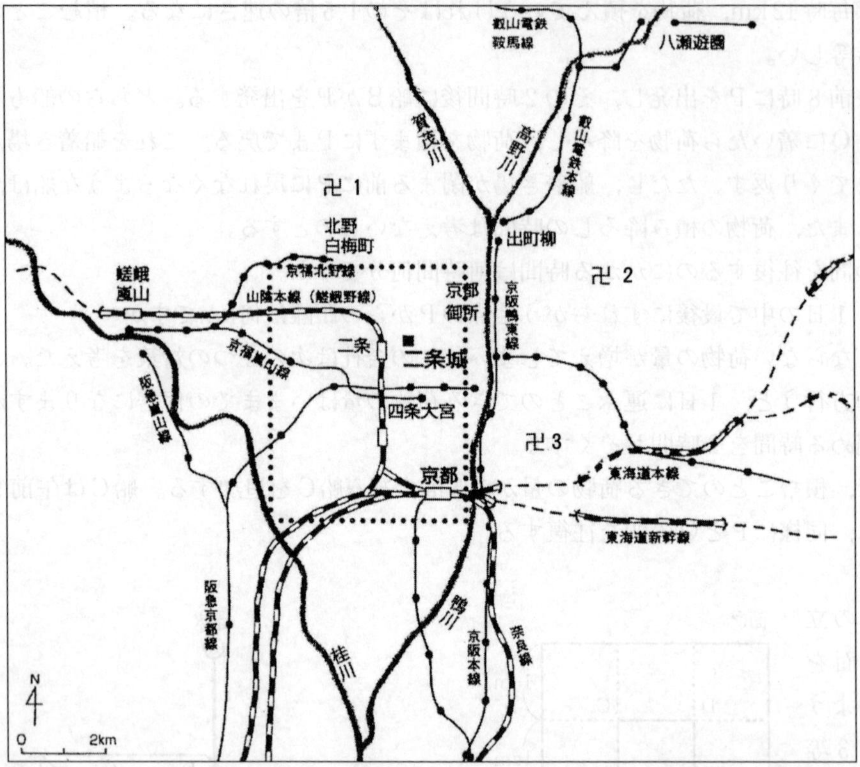

図1　（「京都地図絵巻」より作成）

慶一：京都は都として計画的に作られた平安京をもとに市街地が大きくなってきたんだね。

慶子：京都の人びとは，(ア)京都盆地の自然のもとでくらしてきたんだね。

慶一：京都に行ったら，お寺をじっくり見たいな。(イ)東山文化にゆかりの深い慈照《じしょう》寺（銀閣）に行ってみたいな。

慶子：私は祇園《ぎおん》に行きたいな。(ウ)京都の伝統的な町の風景を守るために電柱をなくして石畳《いしだたみ》の道路を整備したそうだよ。伝統工芸や祭りも，たくさんの人びとの努力で受け継がれてきたんだね。

問1　図1は京都の市街地の地図です。図1中の点線で囲まれた部分は平安京のはん囲を示しています。平安京の中心を通る朱雀《すざく》大路は3.5kmほどの距離がありました（「地図で訪ねる歴史の舞台　日本」より）。3.5kmは1/50,000地形図上で何cmになるか答えなさい。

問2　下線(ア)について説明した文として適当でないものを選び，番号で答えなさい。

1　周囲の山にしみ込んだ水が湧《わ》き水となり，盆地の中ではとうふ作りや染め物に使われてきた。

2　周囲の山に空気の動きが阻《はば》まれるので，盆地の中は暑さ寒さが厳しい。

3　周囲の山と盆地のへりが接する場所にできた三角州は果樹園に利用されてきた。

4　周囲の山を越えて盆地に入る街道が古くから作られてきた。

問3　下線(イ)の場所として，もっとも適するものを図1中の**1**～**3**から選び，番号で答えなさい。

問4　下線(ウ)について，法律や条例を定めて，歴史的な町並みを守る取り組みが各地で行われています。地元の人びとが歴史的な風景を残しながら，現在のくらしに合うように建物や町並みに手を加えるときに，どのような注意や工夫が必要か説明しなさい。

2　次の文を読み，問いに答えなさい。

人類はこれまで(ア)さまざまなエネルギーを利用して，便利で豊かな生活を手にしました。

その一方で，自然環境が大きく姿を変えてしまうようなできごとが各地で起きて，「地球環境問題」とよばれるようになりました。環境問題に対して先進国と途《と》上国は，それぞれの立場から原因を探り対策をたてていますが，解決は容易ではありません。

(イ)先進国の人びとが必要とするものを生産するために，途上国の自然に大きな負担がかかっていることがあります。また，(ウ)国境を越えた広いはん囲に影響がおよぶことで，解決には多くの国の協力を必要とすることに人びとが気づきました。

(エ)限りある資源や豊かな自然を次の世代に引き継いでいくためにも，地球環境の保全を目的とした(オ)国際的な取り組みが必要です。人類は，地球の自然に手を加えずに生活することはできません。私たちの毎日のくらしと地球の将来を結びつけて考えることが大切です。

問1　下線(ア)に関して，図1は主に加工されない状態で供給されるエネルギー（一次エネルギー）の割合のうつりかわりについてあらわしたものです。図中のあみかけ部分**X**にあたるものを選び，番号で選びなさい。

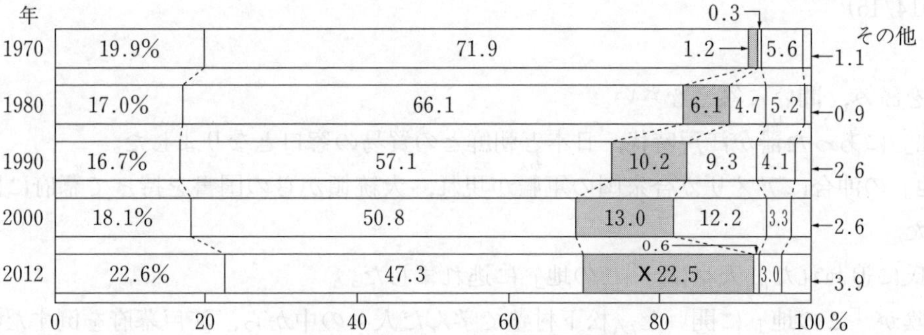

図1　（日本国勢図会2014/15より作成）

1　天然ガス　2　石炭　3　原子力
4　石油　　　5　水力

問2　下線(イ)の例として，熱帯林の減少に関連して説明した文1～4のうち，誤っているものを選び，番号で答えなさい。（日本国勢図会2014/15より）

1　熱帯林には，植物だけでなく多様な生物が存在しており，熱帯林の減少によってすみかを失った生物が絶滅してしまう危険性がある。

2　途上国の人口が増え，森林を切り開いて畑や居住地を作る人が増えたことが，熱帯林減少の原因の一つとなっている。

3　日本は，2012年に熱帯地域から木材を輸入する量が世界でもっとも多く，熱帯地域の森林を減少させる最大の原因となっている。

4　海岸の近くの熱帯林は，エビや魚の養殖《しょく》池，埋立《うめたて》地の造成などによっても減少している。

問3　下線(ウ)に関して，図2のA，Bの地域で共通してみられる環境問題の例を選び，番号で答えなさい。

1　砂漠化
2　大気汚染や酸性雨
3　ゴミの大量発生
4　海面上昇による水没《ぼつ》

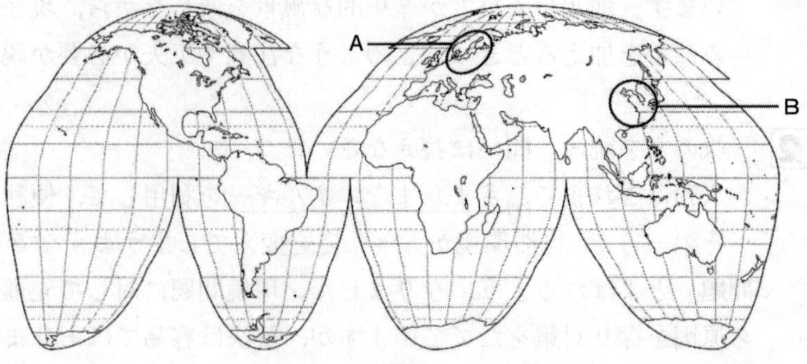

図2

問4　下線(エ)のような考え方にもとづいた開発のしかたを何とよびますか。解答らんにあてはまる語句を漢字4文字で答えなさい。

問5　下線(オ)の例として，地球温暖化防止対策があげられます。原因となっている温室効果ガスのうち，右の表は日本，アメリカ合衆国，中国，インドについて，二酸化炭素(CO_2)の排出量をあらわしたものです。日本についてあらわしたものを選び，表中の番号で答えなさい。（出典：日本国勢図会 2014/15）

	総排出量（百万トン-CO_2）		1人あたり（トン-CO_2）	
	1990年	2011年	1990年	2011年
1	2277.7	7999.6	2.00	5.92
2	4868.7	5287.2	19.46	16.94
3	582.3	1745.1	0.67	1.41
4	1061.6	1186.0	8.59	9.28

3　次の文を読み，問いに答えなさい。

A　「この地」にあった藩《はん》が江戸時代，日本と朝鮮との貿易の窓口となりました。

B　「この地」の沖合にアメリカ合衆国の軍艦《かん》が現れ，大統領からの国書を持って幕府に開国を迫りました。

C　足利尊氏に追われた(ア)天皇は，「この地」に逃れました。

D　吉田松陰が「この地」に開いた(イ)松下村塾で学んだ人々の中から，江戸幕府を倒すために重要な役割を果たす人たちが多く現れました。

問1　A～Dの「この地」は現在の地名では何とよばれていますか。もっとも適するものを選び，番号で答えなさい。

1　吉野　　2　下田　　3　対馬《つしま》　　4　下関
5　浦賀　　6　鎌倉　　7　壱岐《いき》　　8　萩《はぎ》

問2　下線(ア)の「天皇」を選び，番号で答えなさい。

1　聖武天皇　　2　天智天皇　　3　推古天皇　　4　後醍醐《だいご》天皇

問3　下線(イ)の「松下村塾」を出た人物を選び，番号で答えなさい。

1　西郷隆盛　　2　伊藤博文　　3　板垣退助　　4　坂本竜馬

4　次の文を読み，問いに答えなさい。

10世紀に入ると，(ア)律令制度にもとづいた政治も衰《おとろ》えを見せ始めました。

(イ)地方では，弓や馬のあつかいになれた武士が現れてきました。東国では（ あ ）の乱が，西国では藤原純友《すみとも》の乱がおこりました。しかし，朝廷はおさえることができず，武士に頼《たよ》ってしずめることとなりました。武士は一族のかしらを中心として武士団を作るようになりましたが，その中で大きな力をもったのが桓武《かんむ》天皇の子孫とされる平氏と(い)天皇の子孫とされる源氏でした。11世紀には，東北地方で豪族《ごうぞく》同士の大きな争いがおこり，源氏は(う)の武士をひきいてこれをしずめました。

12世紀の中ごろに(ウ)天皇と院の間で争いがおこりました。双《そう》方が武士を味方につけて戦ったので，武士の力が大きく認められることとなりました。この後，平清盛と源義朝《よしとも》とが争い，勝ち残った清盛は武士としてはじめて太政《だじょう》大臣の地位につき，大きな権力をふるうようになりました。

問1　下線(ア)の説明として正しいものには○を，誤っているものには×をそれぞれ解答らんに記入しなさい。

1　地方の豪族の中には，開墾《かいこん》した土地を有力貴族に寄進して名前の上での所有者となってもらい税を納めないものが増えてきた。

2　貴族間の争いが激しくなる中，国司が地方を独立国のように支配したので，税が朝廷に送られてくることは全くなくなった。

3　着任できない国司が増え，地方の豪族が荘園を奪い取って自分の領地としていったため，都の貴族の力が弱まった。

問2　下線(イ)の説明として正しいものを1つ選び，番号で答えなさい。

1　防人《さきもり》のように朝廷が各地に配置した軍団が武士のおこりである。

2　豪族や有力農民がお互いの争いにそなえ，一族のものや支配下の農民に武芸の訓練をさせたのが武士のおこりである。

3　都で警備の仕事にあたっていたものが，豪族の反乱をおさめるために地方に派遣されたのが武士のおこりである。

問3　空らん(あ)～(う)にあてはまる語句を選び，番号で答えなさい。

1　平重盛《しげもり》　2　平将門《まさかど》　3　仁徳　4　清和

5　天武　6　九州　7　畿内《きない》　8　関東

問4　下線(ウ)のできごとの名称を選び，番号で答えなさい。

1　応仁の乱　2　平治の乱　3　承久の乱　4　保元の乱

5　次の文を読み，問いに答えなさい。

A　徴《ちょう》兵告諭《ゆ》

人たるものは，身も心もささげて国に奉仕するべきである。西洋人はこれを(あ)税という。…わが国も，海陸二軍を置き，全国の男子は(い)歳《さい》になれば皆《みな》軍隊に入り，非常時に備えるべきである。

B　(う)改正

このたび税の制度が変わり，…新しく調査がすみ次第，土地の値段の100分の(え)を土地に対する税と定めることとなったので，…心得なさい。

C　殖《しょく》産興業

国の強弱は国民の貧富に，国民の貧富は物産の多い少ないにかかわる。…物産の多い少ないは人民の努力によるが，その根源は(ア)政府の導く力にかかっている。

問1　空らん（あ）にあてはまる語句を選び，番号で答えなさい。

1　身　　2　心　　3　血　　4　肉

問2　空らん（い）にあてはまる数字を算用数字で答えなさい。

問3　空らん（う）にあてはまる語句を漢字で答えなさい。

問4　空らん（え）にあてはまる数字を算用数字で答えなさい。

問5　下線(ア)によって建てられた工場のうち，2014年に世界文化遺産に登録が決まった施《し》設がある県名を選び，番号で答えなさい。

1　長野県　　2　群馬県　　3　栃木県　　4　埼玉県

問6　AからCまでの文で示された政策が進められた理由ともっとも関わりの深い人物を選び，番号で答えなさい。

1　小村寿太郎　　2　犬養毅《いぬかいつよし》　　3　東条英機　　4　原敬《たかし》

6　次の文を読み，問いに答えなさい。

(ア)議院内閣制にもとづいて国会で指名された内閣総理大臣は，その後国務大臣を任命し，天皇による内閣総理大臣の任命と国務大臣の（　あ　）を経て，(イ)内閣を発足させます。内閣総理大臣以外の国務大臣の数は，2012年の（　い　）庁の設置に伴《ともな》い，現在は最大18人以内となっています。内閣総理大臣には，国務大臣の任命権と（　う　）権が与えられているため，任期中であればいつでも国務大臣の全部または一部を交代させる内閣改造を行うことができます。安倍首相は，2014年9月，第二次安倍内閣発足後，初めての内閣改造を行いました。積極的に女性議員を起用し，女性活躍担当大臣，地方（　え　）担当大臣，安全保障法制担当大臣などの重要な政策を任せるための国務大臣を新たに置いたことでも注目を集めました。

問1　空らん（あ）から（え）にあてはまる語句をそれぞれ語群から選び，番号で答えなさい。

（あ）　1　承認　　2　確認　　3　同意　　4　認証

（い）　1　金融《ゆう》　　2　復興　　3　消費者　　4　防衛

（う）　1　訴《そ》追　　2　弾劾《だんがい》　　3　罷免《ひめん》　　4　更迭《こうてつ》

（え）　1　再生　　2　発展　　3　再建　　4　創生

問2　下線(ア)について，日本と同じような議院内閣制をとっている国を選び，番号で答えなさい。

1　韓国　　2　イギリス　　3　アメリカ　　4　中国

問3　下線(イ)について，内閣の説明として正しいものを選び，番号で答えなさい。

1　閣議は全ての国務大臣が参加し，非公開で行われ，決定は多数決である。

2　国会議員ではない人を国務大臣に任命する場合は，衆議院での承認が必要となる。

3　内閣総理大臣が辞意を表明したときには，衆議院を解散しなければならない。

4　新しい内閣総理大臣が任命されるまでは，それまでの内閣が行政の仕事を続ける。

問4　「法の番人」ともよばれ，内閣が国会に提出する法律案や条約などが，憲法に違《い》反していないかどうかを審《しん》査する行政機関を何とよびますか。解答らんにあてはまる語句を漢字3文字で答えなさい。

7 次の文を読み，問いに答えなさい。

2014年4月，消費税率が5パーセントから8パーセントに引き上げられました。消費税は，(ア)買い物をしたひとが税金を支払い，商店などが預かった税金を国に納めるものです。

日本政府の財政は，歳《さい》入より歳出が多い状況が続いています。そのため，(イ)政府は税の制度の見直しを進めています。

消費税率を引き上げた目的のひとつには，(ウ)社会保障に関する費用をまかなうことがあります。

問1　下線(ア)のように税金を納めるひとと，実際に負担するひとが異なる税金を何とよびますか。漢字2文字で答えなさい。

問2　下線(イ)について説明した1～4の文のうち，正しいものには○を，誤っているものには×をそれぞれ解答らんに記入しなさい。

1　2013年度における国の歳入のうち，税金や印紙による収入の占める割合は約半分である。
2　税金による収入が少ない地方自治体には，国が補助金を出している。
3　商品によって異なる消費税率が，現在設定されている。
4　個人の収入にかかる税を法人税という。

問3　下線(ウ)について，公的な社会保障の制度によって費用が補助されていないものを選び，番号で答えなさい。

1　仕事を失ったとき，生活を支えるためにもらえるお金
2　定年退職をしたあとにもらえる年金
3　子どもが生まれたときにもらえるお金
4　中学校を卒業したときにもらえるお金

【理　科】（25分）〈満点：50点〉

1 2種類のばねA，Bについて，次の①～③のことがわかっています。ばねの重さは考えないものとして，あとの問いに答えなさい。

①　ばねAに重さ10gと30gのおもりをつるすと，ばねA全体の長さはそれぞれ12cm，16cmであった。

②　ばねBに何もつるしていないときのばねB全体の長さは15cmであった。

③　図1のようにばねA，Bを直列につなぎ，ばねBに重さ40gのおもりをつるすと，ばねA，Bをあわせた全体の長さは37cmであった。

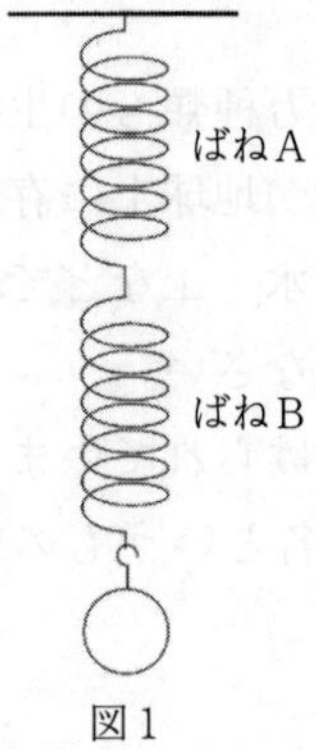

図1

問1　おもりをつるしていないときのばねA全体の長さは何cmですか。

問2　③のとき，ばねBのみの全体の長さは何cmですか。

問3　ばねA，Bそれぞれについて，つるしたおもりの重さとばねの全体の長さ（全長）の関係を正しく表しているグラフを次の中から1つ選び，記号で答えなさい。

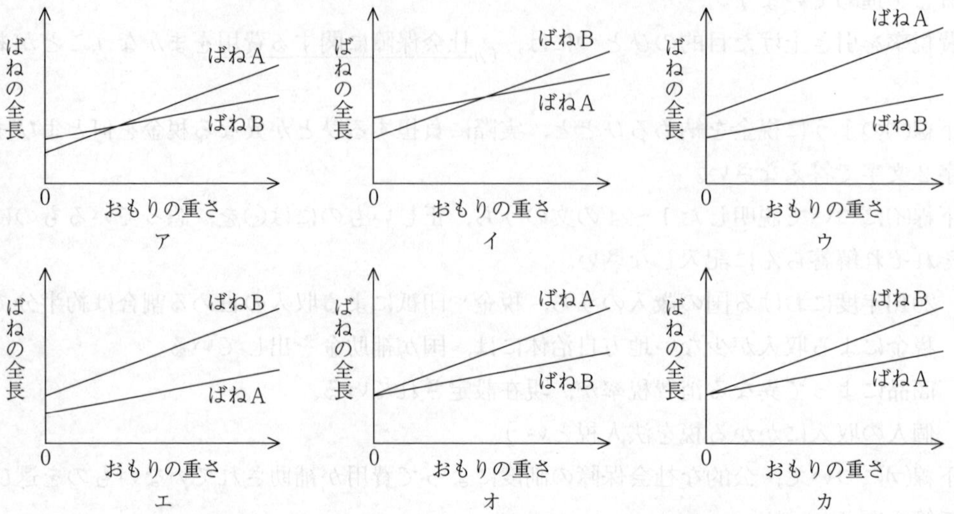

次に，図2のように，ばねA，Bを長さ10cmの軽い棒でつなぎ，その中央におもりXをつるしたところ，棒は水平になって静止しました。ただし，棒の重さによるばねの伸びは考えないものとします。

問4　ばねA，Bの全体の長さは等しくなります。その長さは何cmですか。

問5　おもりXの重さは何gですか。

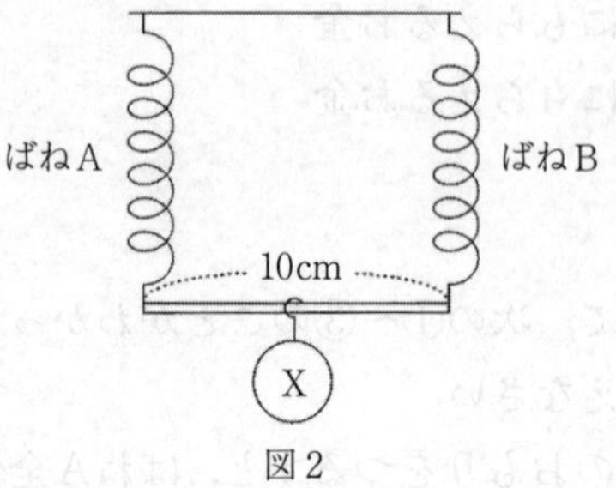

図2

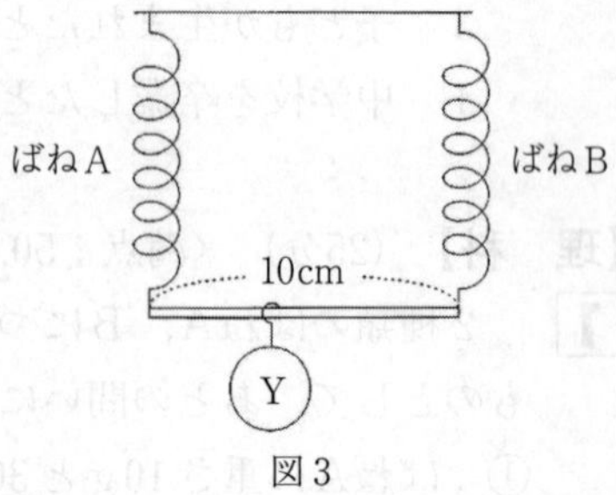

図3

さらに，図2のおもりXを重さの異なるおもりYにして，図3のようにYを棒のある場所につるしたところ，ばねA，Bはともに全体の長さが16cmになり，棒は水平に静止しました。

問6　おもりYの重さは何gですか。

問7　おもりYをつるした位置は棒のばねA側から何cmのところですか。

2　地球上にはたくさんの生物が暮らしています。これまでに人類は百数十万種類もの生物を発見しており，現在まだ発見されていない種類も含めれば，より多くの生物が地球上に存在すると推定されています。それぞれの生物はすべて，他の多くの生物と大気・水・土などで構成される生態系の中で互《たが》いに関わりあいながら生きています。次の問いに答えなさい。

問1　図鑑《かん》などに記録されている生物には，学名という世界共通の名前がつけられています。私たちは「ヒト」という生物ですが，この名前は日本でのみ使われる和名というものです。「ヒト」の学名を表す次の語の空らんをうめなさい。

学名：ホモ・□□□□□

問2　ヒトは，ほ乳類の中の霊《れい》長類というグループに分類されています。霊長類の仲間として正しいものを次の中からすべて選び，解答らんの番号を○で囲みなさい。

1　オランウータン　　2　オオカミ　　3　コアラ　　4　ゴリラ
5　クジラ　　6　ニホンザル　　7　レッサーパンダ　　8　モグラ

問3　すべての生物は，かつて地球上で誕生した1種類の生物から多様に進化してきたものと推定されています。はじめて誕生した生物がどのようなものであったかを考えたとき，その生物の特ちょうとして正しくないものを次の中から1つ選び，番号で答えなさい。

1　子どもを残すことができる。　　2　体が細胞《ぼう》でできている。
3　光合成をすることができる。　　4　水の中で生活することができる。

問4　生態系における生物どうしの関わりあいには，いろいろなタイプのものがあります。例えば，海底にすむテッポウエビとハゼは協力しながら一緒《しょ》に生活することで，互いに利益を得ています。テッポウエビは海底の砂地で巣穴を掘《ほ》り，その巣穴をハゼと共有します。ハゼは巣穴を使わせてもらう代わりに，入り口で外敵が来ないかを見張り，テッポウエビに危険を知らせていると考えられています。この例と同じような関係にある生物どうしの組み合わせとして，正しいものを次の中から2つ選び，解答らんの番号を○で囲みなさい。

1　シマウマとライオン　　2　ムササビとモモンガ
3　ウニとコンブ　　4　レンゲとミツバチ
5　マッコウクジラとダイオウイカ　　6　アリとアブラムシ

問5　生態系は，いろいろな生物が互いに影響《きょう》をおよぼしあうことで，一定のバランスを保っています。例えば，海にすむ小型魚であるイワシを人間が大量に漁獲《かく》すると，イワシの個体数が減るだけでなく，イワシ以外の生物の個体数にも変化が起こります。どのような変化が起こると考えられますか，45字以内で説明しなさい。

3　宇宙を知るためにいろいろな道具が開発されてきました。望遠鏡もその一つです。次の問いに答えなさい。

問1　近年，日本の「すばる望遠鏡」など遠くの星を調べることができる望遠鏡が開発されています。すばる望遠鏡はどこに設置されていますか。次の中から正しい場所を1つ選び，番号で答えなさい。

1　種子島《たねがしま》　　2　富士山　　3　アンデス山脈
4　ハワイ島　　5　南極大陸

問2　すばる望遠鏡は，直径8.2mの鏡の反射を利用して遠くから届く光を集めて観測します。すばる望遠鏡にはどのような鏡が使われていますか。次の中から正しいものを1つ選び，番号で答えなさい。

1　平らな鏡
2　へこんだ鏡(凹面鏡《おうめんきょう》)
3　レンズのように盛り上がっている鏡(凸面鏡《とつめんきょう》)

問3　すばる望遠鏡は，約130億光年はなれた場所にある銀河《ぎんが》の観測に成功しました。この銀河を観測すると，昔の宇宙のようすを知ることができます。その理由としてもっとも関係があることを次の中から1つ選び，番号で答えなさい。

1　星が出す光の色　　2　星が出す光の進む速さ
3　星が出す光の明るさ　4　星が出す光の広がり方
5　星が出す光の弱まり方

問４　近年，太陽以外の自ら光を出す星(恒星《こうせい》)の惑星《わくせい》(系外《けいがい》惑星)の発見が相次いでいます。しかし，系外惑星は遠い場所にあり，自ら光を出さないので発見するためには工夫が必要です。その一つに，恒星の明るさの変化をもとに系外惑星を発見する方法があります。系外惑星が恒星の前を通過するときに，恒星の明るさが変化します。次のグラフから，恒星のまわりを１周する時間(公転《こうてん》周期)がもっとも短い系外惑星のグラフを１つ選び，番号で答えなさい。ただし，グラフの横軸《じく》は同じ時間を表し，グラフの点線は系外惑星が恒星の前を通過していないときの恒星の明るさを示します。

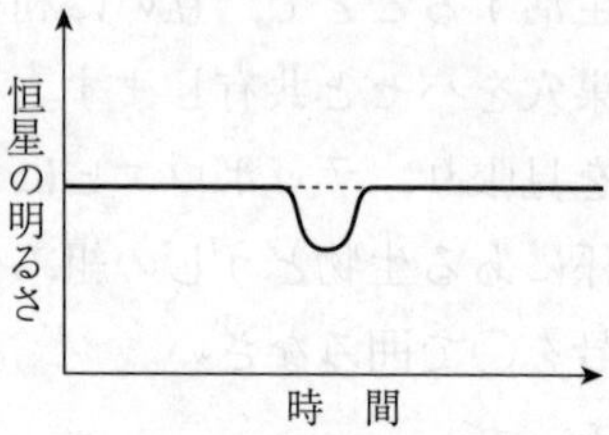

1

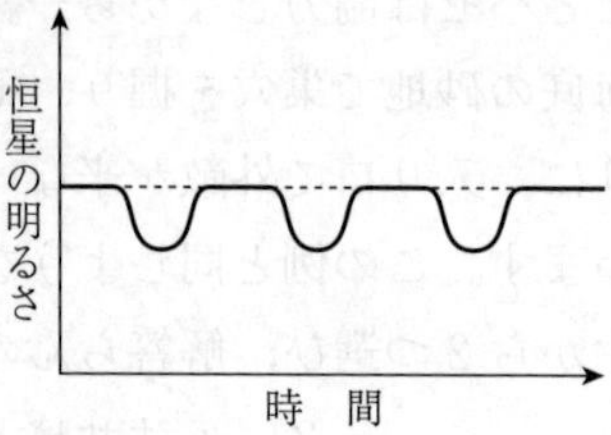

2

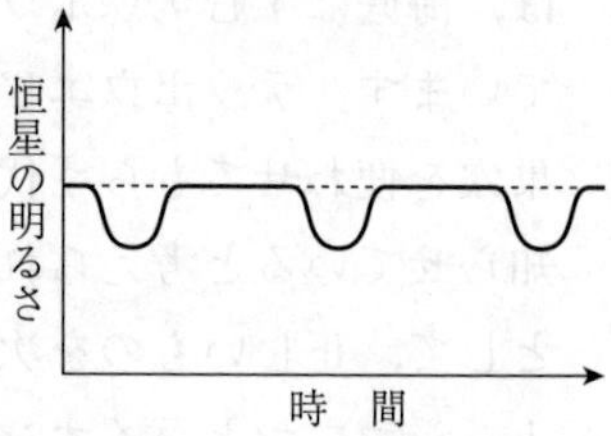

3

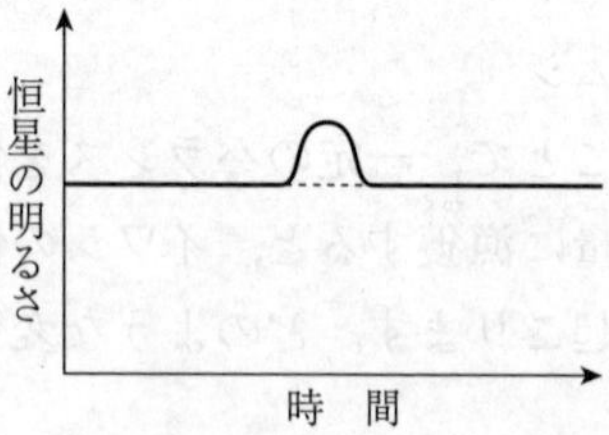

4

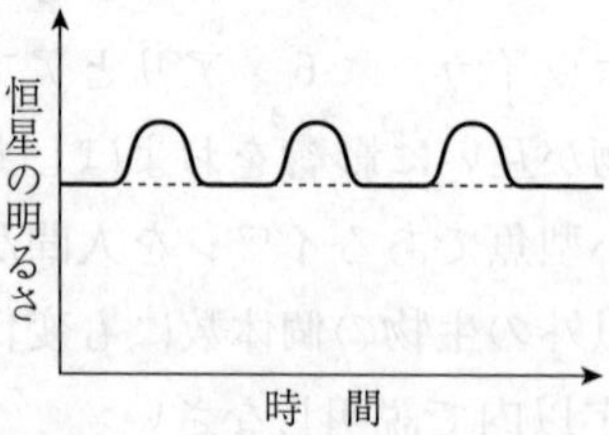

5

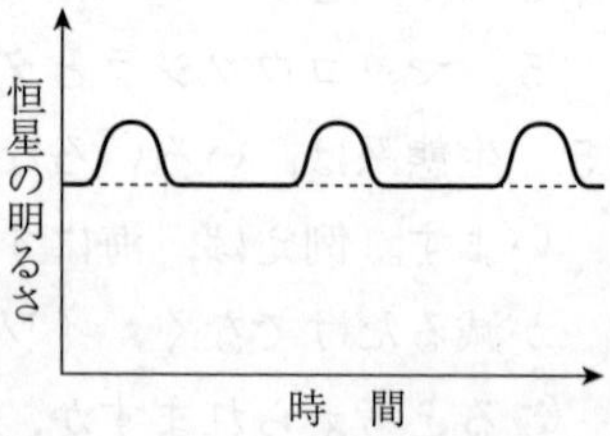

6

問５　系外惑星には公転周期が短いものと長いものがあります。表を参考に，公転周期が短い系外惑星と長い系外惑星について正しく述べているものをあとの中から１つ選び，番号で答えなさい。

表

	地球と太陽の距離《きょり》を１としたときの惑星と太陽との距離	直径（km）	地球の質量(重さ)を１としたときの惑星の質量(重さ)	公転周期（年）
水　星	0.39	4879	0.06	0.24
金　星	0.72	12104	0.82	0.62
地　球	1.00	12756	1.00	1.00
火　星	1.52	6792	0.11	1.88
木　星	5.20	142984	317.83	11.86
土　星	9.55	120536	95.16	29.46
天王星	19.22	51118	14.54	84.02
海王星	30.11	49528	17.15	164.77

1　公転周期が短いほど惑星の直径は大きい。

2　公転周期が短いほど惑星は軽い。

3　公転周期が短いほど恒星からはなれている。

4　公転周期が長いほど惑星の直径は大きい。

5　公転周期が長いほど惑星は軽い。

6　公転周期が長いほど恒星からはなれている。

4　ある体積の水素と酸素を容器に入れて燃やすと気体Aだけが生じます。表はこの反応における反応前の気体の体積，および反応後の容器内に残った気体の体積をまとめたものです。

表

水素　(L)	2.0	3.0	4.0	5.0
酸素　(L)	2.0	2.0	2.0	2.0
残った気体 (L)	3.0	3.5	4.0	X

水素4.0Lと酸素2.0Lを反応させたときに水素と酸素は過不足なく反応し，反応後の容器内に残った気体は気体Aだけだったとして，次の問いに答えなさい。ただし，水素，酸素，気体Aはすべて気体として存在する条件で実験することとします。

問1　気体Aは何ですか。漢字で書きなさい。

問2　次の①～④の説明が水素のみにあてはまる場合はア，酸素のみにあてはまる場合はイ，水素と酸素両方ともにあてはまる場合はウ，水素と酸素両方ともにあてはまらない場合はエを解答らんにそれぞれ書きなさい。

①　空気より重い気体である。

②　燃える気体である。

③　酸性雨の原因となっている気体である。

④　水によく溶ける気体である。

問3　水素3.0Lと酸素2.0Lを反応させたとき，反応後の容器内に残った気体のうち気体A以外のものは何ですか。また，その気体A以外の気体は何L残りましたか。

問4　表中のXはいくつになると考えられますか。

問5　ある体積の水素と酸素を容器に入れて燃やしたとき，反応後に残った容器内の気体の体積は7.0Lになりました。この反応後の容器内にさらに酸素3.0Lを加えて，再び燃やしたところ，反応後に残った容器内の気体の体積は8.0Lになりました。この反応後に容器内に残った気体8.0L中に酸素は1.0L入っていたとすると，最初に容器に入れた水素と酸素の体積はそれぞれ何Lでしたか。

喜ぶべきことと頭の隅《すみ》では理解していた。しかし、早季子の身体の内側は、強烈な痛みを訴《うった》えていた。胸部だけではなく、下腹も足の指先も、どこもかしこもずきずきと痛んだ。

吉住くんが教えてくれた、嫌な気持ちになったときに右目を瞑ること、すっかり私の癖《くせ》になっちゃったよ。

言わなくてよかった。こちらから先に話すよう促されなくて、本当によかった。この一点が、早季子の絶望に浮かぶ唯一の安堵《ど》だった。嵐の海での浮き輪のように、早季子はこれにしがみついた。

帰り道、早季子は5ずっと左目だけで歩いた。身体の痛みはなかなか治まらず、そのうち涙があふれてきて、車や家や雲や電柱や⑤ガイロジュや、いろんなものがぼやけてにじんだ。冷えた皮膚《ふ》の上で、涙だけが熱かった。

（奥田亜希子『左目に映る星』より）

※出題の都合上、本文の一部を改稿しています。

注1　逢瀬《おうせ》　男女がひそかに会うこと。
注2　遜色《そんしょく》ない　劣《おと》らない。
注3　闊歩《かっぽ》　周囲に気がねしないで大胆《たん》にふるまうこと。

問一　——①～⑤のカタカナを漢字に直しなさい。

問二　[A]にあてはまる文を次の中から選び、記号で答えなさい。

ア　走るなよ　　イ　だめじゃないか
ウ　先生に言うぞ　　エ　けがするよ

問三　空らん[1]～[4]にあてはまる語を次の中から選び、それぞれ記号で答えなさい。

ア　うっくつ　　イ　不満
ウ　寄る辺なさ　　エ　興奮《ふん》
オ　はずかしさ　　カ　いたたまれなさ

問四　——1「数回」とは何回くらいですか。次の中から選び、記号で答えなさい。

ア　二回くらい　　イ　五回くらい
ウ　十回くらい　　エ　十五回くらい

問五　——2「吉住から醸しだされていた根拠のない特別さ」と同じ意味の文を本文中から十字以内で抜《ぬ》き出しなさい。

問六　——3「違和感」は何から発生したのか、次の空らんにあてはまるように本文中の表現を八字で抜き出しなさい。

[　　　　]たこと。

問七　早季子が——4「吉住は～生きられるようになった」と考えたり、——5「ずっと左目だけで歩いた」りしたのは吉住のどのセリフを受けてのことですか。それぞれ最初の六字で答えなさい。

四

スポーツを二つ挙げ、その違いを三つの観点から百五十字以内で説明しなさい。

だ。白地に紺《こん》の線の入ったスニーカーが、タイルの上でころんと転がった。右の靴は底を上に、左の靴は底を横にして停止した。早季子の胸を3違《い》和感が刺《さ》した。しかし、なにから発生したものなのかはよく分からなかった。追究しようとする意識を抑《おさ》え、急いで気を取り直す。せっかく吉住と言葉を交《か》わせたのだ。この機を無駄《だ》にしたくなかった。

吉住に聞いてもらいたいことはたくさんあった。友だちとの会話、母親からの束縛《ばく》。教科書の行間にも、茶碗《わん》に残った一粒《つぶ》の米にも、生活のいたるところに孤独の穴は開いていた。そこに落ちては負ってしまった数々の傷を撫《な》でて欲《ほ》しい。だが、部活動中の吉住を長々引き止めるわけにはいかなかった。一つでいい。一つでいいから、なにか、なにか分かりあえることを。

「あの、吉住くん」

「そういえば」

声が重なった。二人は顔を見合わせ、しばし笑った。早季子のほうが先に笑い止《や》んだので、どうぞと手で吉住を促《うなが》した。吉住は、じゃあ僕から、と前置きしてから、

「僕ね、三ヶ月前からコンタクトレンズを使い始めたんだ。こっちだけ」

と、左目を指した。

「視界の感じはほとんど変わらないけど、乱視と近視を矯《きょう》正したら、目がかなり疲れにくくなったよ。神田さんも試《ため》してみたら？」

早季子は頭の中で強い光が炸裂《さくれつ》するのを感じた。思考回路は一瞬にして、白一色に塗《ぬ》りつぶされていった。まともになにかを考えることは不可能だった。早季子はうわごとのようにただ繰《く》り返した。

「どうして？　どうして？　なんで、どうしてなんでコンタクトに？」

「小学校のときに比べて、部活が本格的になったから、そのほうがいいかなって。野球のボールって白くて小さいでしょう？　あれを長時間目で追っていると、④ケッコウ辛いんだよ。それで眼科のお医者さんに相談したんだ。そうしたら、左目にだけコンタクトレンズをしたらどうかって。コンタクトって痛そうなイメージがあって、最初はちょっとどきどきしたけど、ソフトコンタクトならほとんど装用感もなくていいよ」

「そう……なんだ……そう……」

「あの……神田さんのほうはなに？」

「え？」

「さっき。言いかけたこと」

早季子はやっと我に返った。吉住の問いに、ぎこちなく首を横に振《ふ》る。表情を取り繕《つくろ》わなければと思うものの、顔面の筋肉はまだ思うように動かなかった。早季子の様子に吉住は怪訝《けげん》そうな顔を見せたが、自分が部活動中であることを思い出したようだ。

「ごめん。そろそろ行かなきゃ」

「あ、うん。あの……部活、頑張《がんば》って」

「ありがとう。神田さんは気をつけて帰ってね」

吉住は靴下のまま、職員室のほうへと廊下を駆《か》けていった。それも小学生のころの吉住にはなかった仕草だ。早季子はようやく、さきほどの違和感の正体を摑《つか》んだ。彼は廊下を走ったり、靴を脱ぎ散らかしたりする子どもではなかった。むしろそういう子どもたちを優しく注意する役回りだった。

4吉住は小学校に通うあいだ、ずっと大勢からの強い注目に晒《さら》されていた。今、やっとそれから解放されたのだ。ぱっとしなくなったのではなく、肩《かた》の力を抜いて生きられるようになった。きっと、そういうことなのだ。

「同じものを食べていても、感じる味は人それぞれ違うんだよね。本当の味ってきっと、人間には触れないところにあるんだろうね」

というようなことを、吉住はしみじみ言うのだった。

そのたび早季子は泣きたくなった。人に理解してもらえる喜びと、それさえも打ち消せない孤独の寂しさと、膨《ふく》れていく吉住への気持ちが混ざり合い、感情の身動きが取れなかった。あのときの[4]を、早季子は今でもはっきり覚えていた。

早季子と吉住は同じ公立中学校に進学した。だが、クラスは分かれてしまい、また中学校の図書室は小学校のように閉鎖《さ》的な空間ではなかったため、落ちあえる場所もなかった。二人の距離《きょり》は自然と離《はな》れた。

早季子の中学はいわゆるマンモス校で、市内の三つの小学校の進学先となっていた。一学年が十クラス、全校生徒数は千を超《こ》えていた。それ故《ゆえ》、中学進学に伴《ともな》う環《かん》境の変化も大きかった。制服や校則や授業や、そういった外面的な変化だけではなく、子どもが集団生活を送ることで生じる空気が、小学校とは桁《けた》違いに濃《こ》かった。異質も同質も反応し合って強度を増し、それが思春期②ドクトクの精神回路に乗って、収拾がつかなくなる。早季子の中学は県内でも有名な、変わりものの多い学校だった。

そんな中でも吉住は、小学校時代と注2遜色ない結果を残していた。クラスでは学級委員長を任され、野球部では一年生で唯《ゆい》一のレギュラーとなり、テストは常に学年で五位以内。誰も吉住の怒《おこ》っている姿を見たこともなければ、吉住の悪い噂を耳にすることもない。同級生からも教師たちからも愛される存在として現役《えき》なことは、ほかのクラスにまで届いていた。

しかし、2吉住から醸《かも》しだされていた根拠《きょ》のない特別さは、少しずつ薄《うす》まっていた。すぐに荒っぽい言動にはしる子や、授業中でも平気で教室を出て行く子、髪の毛が金色の子や、写生大会で真っ赤な校舎を描き上げた子。そんな強烈《れつ》な個性が注3闊歩する世界で、吉住の存在感は明らかに弱まっていた。

このことは早季子だけでなく、吉住の小学校時代を知る女子みんなが感じていた。なんだかぱっとしなくなっちゃったね、とはっきり言葉にする子もいた。吉住を好きだと③コウゲンして憚《はばか》らなかった何人もの女子が、別の男子に鞍替《くらが》えしたらしかった。

しかし、早季子の吉住への思いは変わらなかった。彼は確かに変わったようだが、そもそも万人を惹《ひ》きつける特別さが、吉住の魅《み》力なのではない。乾いていて、少し冷たくて、寂しい音がする。図書室で見せた秋風のような姿こそが、本当の吉住なのだ。自分が好きなのは本当の彼であり、その辺の軽薄な女子連中とは気持ちの深さが違う。優越《えつ》感と共に、そう思っていた。

吉住の変化がもっと内部に及《およ》んでいたことを知ったのは、中学一年の冬だった。その日、早季子は日直だった。教室の戸締《じま》りと日誌の提出を終え、さあ帰ろうと下駄箱《たばこ》の前に立ったとき、体操服姿の吉住が校庭からやって来た。

「吉住くん」

胸を高鳴らせながら声をかけると、吉住はすぐに気づき、

「神田さんだ。久しぶり。今帰り？」

と、目を細めた。小学校の卒業式以来、実に九ヶ月ぶりの二人きりでの会話だった。

「うん。吉住くんは今から部活？」

「ううん、部活はもう始まってるんだ。今は体育準備室の鍵《かぎ》を借りに行くところ」

「部活、寒いのに大変だね」

吉住は、本当だよ、と笑いながら、すのこの前で勢いよく靴《くつ》を脱《ぬ》い

は1数回の注1逢瀬に亘《わた》った。

すべてを語り終えたとき、季節は秋に変わっていた。校庭ではイチョウが黄色の葉を散らしていた。

「分かるよ」

吉住が重々しく頷《うなず》いて、早季子は本当に少し泣いた。ずっとさまよっていた宇宙空間で、やっと酸素を供給された気持ちだった。声は出さずに、はらはらと涙をこぼした。手のひらで拭《ぬぐ》っても拭っても止まらなくて、早季子は、ごめんね、と詫《わ》びた。

「謝ることないよ」

教室の吉住よりも、図書室の吉住のほうが大人みたいに優《やさ》しい。早季子はそう思ってさらに落涙《るい》した。

自分たちは同じものを見ている。早季子の身体に痺《しび》れが走った。頭に浮かぶ同意の言葉は、どれも安易で軽薄《はく》に思えた。

「身体の中で、人はみんな一人なんだよ。自分以外の人間がなにをどう見ているかなんて絶対に分からない。身体がある限り、人は一人ぼっちで、つまり、寂しいのは当たり前のことなんじゃないかって、最近僕は思う」

「うん」

「でもこの当たり前さに気づくほど、寂しさっていうのは大きくなるんだよね」

昼休みの終わりを知らせる予鈴《れい》が鳴った。二人は同時に席から立った。木製の椅子《いす》の脚《あし》が床《ゆか》で跳《は》ねかたんと乾《かわ》いた音がした。吉住が図書室のドアを開けると、目の前に色鮮《あざ》やかな光景が広がった。黄葉した無数のイチョウの葉が風に吹《ふ》かれ、渡り廊下をひらひらと横切っていた。

私、吉住君のことが好きだ、すごく。

早季子は自分の気持ちに唐突《とうとつ》に気がついた。一方の吉住は、さっさと歩き出している。置いていかれないよう、慌てて吉住の横についた。

長い渡り廊下を抜け、教室のある校舎に入る前、吉住は足を止めた。

「そうだ、神田さんにいいこと教えてあげる」

吉住の口調にはもうすっかり無邪《じゃ》気さが戻っていた。図書室で見せた大人の影《かげ》はもうない。早季子もそれに合わせ、

「なあに？」

と、若干の節をつけて応じた。吉住はくすぐったそうに微笑んだ。

「嫌だなって思うことがあったとき、乱視のほうの目だけになるといいよ。いろんなものがぼやけて見えて、なんだかちょっとほっとするから」

そのときやや強い風が吹いて、イチョウの葉が一枚、吉住の頭にのった。吉住は気づいていないようだ。取ってあげようと手を伸《の》ばしかけ、早季子はすぐに引っ込《こ》めた。指先がじんじんと熱かった。吉住に近づけた先から指が溶《と》けていきそうに思われた。教室に着くまでのあいだ、何度も試みたが、結局早季子はそのイチョウの葉を取ることができなかった。

「やだぁ、吉住くん、頭に葉っぱついてるよ」

吉住の左隣の席に座る女子が、嬉しそうにイチョウの葉を摘み上げた。その光景を、早季子は斜《なな》め後ろの席からぼんやりと見ていた。

六年生のクラスは五年生からの持ち上がりだったため、一ヶ月に一度の図書室での逢瀬は、二人が小学校を卒業するまで続いた。後半は取るに足らない話ばかりをしていた。自信満々だったテストの答えが、まったく合っていなかったこと。目玉焼きにはソースか醤《しょう》油かで、友だちと口論になったこと。

しかし、なにを話しているときでも、吉住は早季子に潜《ひそ》む孤独を的確に嗅《か》ぎ当てた。早季子が笑いを交えて話しても、

「そうなんだ。ねぇ。転校生って、どんな気分？」
「学校によっていろんなことが違うから、ちょっと大変かな」
「いろんなことって？」
「うーん。例えば、この小学校だとあいうえお順で机を並べるとき、教室の左前に先頭がくるでしょう？で、最後が一番右の列の後ろの席。でも、前にいた学校は、先頭、あ行の子が右の列の一番前なのね。で、最後は一番左の列の後ろ。まったく逆なの。だから初めはびっくりしちゃった」
「へぇ、そんなことまで違うんだ」
吉住は心底感心したように甲《かん》高い声を出した。そんなにたいした話でもなかったのにと、早季子は顔を赤らめた。
「吉住くんは、ずっとこの小学校にいるの？」
「うん。生まれたときからこの町に住んでる。幼稚《ち》園からの知り合いもいっぱいいるよ。だから神田さんが少し羨《うらや》ましいな」
早季子は驚いた。友だちができるまでに苦労する早季子には、昔からの知人がたくさんいることを嘆《なげ》く気持ちが理解できなかった。吉住は言葉を間違えたのではないかと、一瞬《しゅん》疑ったほどだった。
「どうして？」
吉住は早季子から視線を外し、窓を見て首を傾《かたむ》けた。
「自分のことを誰も知らないところに行けば、いろいろと楽になれる気がする」
思いもよらない、寂《さび》しげな声と言葉だった。早季子は虚《きょ》を衝《つ》かれてしばし黙《だま》った。すると吉住は慌《あわ》てたように、
「ごめんね。神田さんは転校が大変だって言っているのに、簡単に羨ましがって」
「ううん」
早季子はそっとあたりを窺《うかが》った。司書の先生はまだ奥《おく》の準備室にいるようだ。ほかには誰もいない。熟《う》れた桃《もも》に触《ふ》れるように①サイシンの注意を払《はら》って、さっきからずっと気になっていたことを尋《たず》ねた。
「吉住くん」
「うん？」
「さっき、どうして片目を瞑っていたの？」
「さっき？」
「私が図書室に入ったとき。吉住くん、左目だけで校庭を見てた」
胸はひりつき、声は明らかに上ずった。吉住は気づいていないのか気を遣《つか》ったのか、まったく表情を変えず、
「僕ね、左目にだけ、弱い近視と乱視が入ってるんだ。眼鏡をかけるほどではないんだけど。景色《けしき》がぼんやりするのが面白くて、ときどき左目だけでものを見るんだ」
早季子はそれまでの十一年間に覚えたことのない［ 2 ］を感じた。胸が弾《はじ》けそうに高鳴って、叫《さけ》びたいほど嬉《うれ》しいのに、同時に涙《なみだ》がでそうになった。なにかに感謝したくて、でもなにに感謝をしていいのか分からなくて、自分のスカートの裾《すそ》を強く握《にぎ》った。手の甲《こう》に血管が浮き出るほど強く、強く。
「私も同じ」
「神田さんも？」
「私も左にだけ、少し」
それから早季子と吉住は、ときどき図書室で会うようになった。吉住は児童会にも所属していて忙《いそが》しかったし、早季子も基本的には友だちと昼休みを過ごすことにしている。二人がそろって図書室に顔を出せるのは、せいぜい一ヶ月に一度だった。
やがて早季子は、抱《かか》えていた［ 3 ］を吉住に打ち明けた。左目だけでものを見たときの衝撃《しょうげき》。そこから感じた世界の脆《もろ》さ。人と分かり合えない孤独感。昼休みの二〇分ではとても話しきれず、この話題

任命された吉住を見て、噂《うわさ》どおりだ、と感嘆《たん》もした。しかしこのころの早季子には、多くの女子が彼に抱《いだ》いていた類の興味はなかった。話しかけることも話しかけられることもないまま、暦《こよみ》は五月に入った。

よく晴れて空の高い日だった。昼休み、早季子は図書室へと足を向けた。図書室とは呼ばれていたが、この小学校の図書室は、校舎と渡《わた》り廊《ろう》下で結ばれた、実質の別館だった。校舎よりもずっと古い木造で、お化けがでるという噂もあってか、児童からは不人気だった。

早季子はこの人気《ひとけ》のなさが好きで、ときどき図書室に赴《おもむ》いた。友だちといることに、早季子はしばしば無性《しょう》に疲《つか》れを覚えた。小学生の女子は、秘密を打ち明ける回数と友情の深さを比例して考えがちだ。それが苦痛だった。自分の本心をさらけ出すことと相手に友情を感じることは、まったく別問題だと思っていた。

だからといって、友だちよりも一人の時間を優先する勇気はなかった。親しい子のいない学校生活の辛《つら》さを、早季子はよく分かっていた。転入直後の、まだ誰とも馴染《なじ》んでいない状態での班分けの[1]。永遠に終わらない気がしてくる昼休み。恐怖《きょうふ》は早季子の骨の髄《ずい》にまで染《し》み込《こ》んでいた。誘《さそ》いを断って、友だちを失うわけにはいかなかった。機会を見つけてこそこそと図書室に通うしかなかった。

その日、早季子は委員会の用事を手早く済ませると、教室には戻《もど》らずに図書室に向かった。軋《きし》むドアを引き、驚《おどろ》いた。珍《めずら》しく先客がいると思ったら、傷だらけの木の机に頬杖《ほおづえ》をついていたのは、吉住だった。右目を瞑《つむ》って、呆《ほう》けたように校庭を見ている。

「あ」

早季子が思わずもらした声に、吉住は反応した。億劫《おっくう》そうに頭を動かして、入り口を、早季子を見た。

「神田さん」

そのときにはもう、吉住の目は両方とも開かれていた。いつもの人好きのする笑顔が浮《う》かんでいる。それを避《さ》けるのは、不自然かつ不道徳に思われた。早季子はおずおずと近寄り、それでも笑顔が消えないのを確認してから、隣に座《すわ》った。

「私の名前、覚えててくれたんだ」

「もちろん。同じクラスじゃない」

吉住は小首を傾《かし》げた。前髪《がみ》がさらりと揺《ゆ》れた。猫《ねこ》のように細い毛だった。

「神田さんは、よく図書室に来るの？」

「ううん、ときどき。吉住くんは？」

「僕《ぼく》もときどき。ここ、静かで落ち着くから」

校庭から一際《ひときわ》大きな喚《かん》声が届き、二人はそろって窓の外を見た。校庭では、低学年から高学年までの児童が、ボール遊びや長縄跳《なわと》びに興じていた。校庭と図書室のあいだには壁《かべ》一枚があるだけなのに、あちらとこちらでは、まるで重力までもが違《ちが》って感じられた。

吉住はふっとなにかを思い出したような表情になって、早季子を見つめた。

「神田さんって、確か去年、うちの学校に転校してきたんだよね？」

「うん」

「どこから来たの？」

「岐阜《ぎふ》。二年しかいなかったけど」

吉住は、

「岐阜か。本州の真ん中だね」

と、言って微笑《ほほえ》んだ。岐阜に対してそんな知的な言葉が返ってきたのは初めてで、早季子の胸は少しどきどきした。

「またすぐに転校しちゃうの？」

「ううん。お母さんがもう引っ越《こ》しは嫌《いや》だって言ってこの町に家を買ったから、もうしない」

れわれと、生き物の間で3妥《だ》協点を探していくのです。（K）

いまは、以前に比べて、開発をするときには、[6]生き物への影響を小さくするような配慮《りょ》が求められるようになっています。それは手間もかかります。ですが、この地球の上で多くの生き物がうまくつきあっていくには必要なことなのです。

（三上　修『スズメの謎《なぞ》』より）

※出題の都合上、本文の一部を改稿《こう》しています。

問一　空らん[1]〜[6]にあてはまる言葉を次の中から選び、記号で答えなさい。

ア　たぶん　イ　なるべく　ウ　つまり
エ　ところで　オ　しかし　カ　たとえば
キ　もちろん

問二　次の一文は（A）〜（K）のどこに入るか、記号で答えなさい。

こんな風に考えると、「スズメが減った、じゃあ、増やそう」と簡単にはいかないことがわかります。

問三　――1の例は、第三段落の中ではどんな「立場」からのどんな「意見」が書かれていますか。①「立場」については解答らんにあてはまるように二十字程度でまとめ、②「意見」については十五字以内で本文中から抜《ぬ》き出しなさい。

問四　――2「そういうこと」とはどういうことですか。

問五　――3「妥協点」と同じ意味の語を本文中から抜き出しなさい。

問六　次の文①〜⑤の内容が、本文の内容に合うものにはAを、合わないものにはBを書きなさい。

①　スズメの問題に関しては解決法が見つからないので、これ以上話し合う必要はない。

②　さまざまな立場から意見を出し合い、あらゆる問題に目を向けることが大切だ。

③　生き物を絶滅させないためには感情論ではなく、冷静な議論だけで進めていくのが良い。

④　我々の便利さと引き換えに他の生き物を絶滅させることがあってはならない。

⑤　生態を守るために最も必要なことは、意見をまとめることではなく、さまざまな立場からそれぞれが行動することである。

三　次の文章は二十六歳《さい》の早季子《さきこ》が過去を回想したものです。よく読んで、あとの問いに答えなさい。

吉住《よしずみ》は奇跡《きせき》だった。

がむしゃらに勉強している様子はないのに、テストは常に満点だった。スポーツも得意で、運動会のリレーの選手には毎年必ず選ばれた。学区内の誰《だれ》もが知る金持ちの家の息子。なのにそれを鼻にかけたところは微塵《みじん》もなく、いつも穏《おだ》やかで、二つ下の妹の世話を熱心に焼いていた。吉住が声を荒《あ》らげたところを、誰も見たことがなかった。クラスでも、大人しい子が教科書を忘れて困っていれば、さりげなく隣《となり》の子に見せてやるよう頼《たの》み、活発な子が教室を走り回っていれば、[A]、と声をかけた。

吉住を嫌《きら》う子どもは一人もいないどころか、教師からは、吉住がクラスにいるといじめがなくなる、とまで言われた。その上、背丈《たけ》こそやや小柄《がら》だったものの、色白の肌《はだ》に涼《すず》やかな目を持ち、中身を抜《ぬ》いても格好のいい少年だった。天才児でも英雄《ゆう》でもアイドルでも足りない。吉住を表す言葉は奇跡以外にないと、彼に関わった人はみんな思った。

小学校四年生のとき、早季子は吉住のいる小学校に転入した。そして五年生に上がる際のクラス替《が》えで、同じクラスになった。もちろん、その前から存在は知っていた。先生から当然のようにクラス委員長にもっともよく見かける鳥です。スズメが電線で鳴いている姿や道端《ばた》に降りてエサを食べている姿を見てかわいいなと思ったり、興味を持てたりする日常をなくしてしまったらもったいないと思うのです。もし今の減少率がそのまま続くとすると、町の中ではスズメの声も姿もいっさいなくなってしまうかもしれません。（D）

そういった日常の変化に加えて、スズメがいなくなったら、私たちは文化的な意味でも大きな損失を招くと思うのです。スズメは俳句や昔話によく登場する鳥です。小林一茶は「雀《すずめ》の子　そこのけそこのけお馬が通る」という有名な俳句を詠《よ》んでいます。舌切りスズメのおとぎ話は聞いたことがあると思います。「すずめの涙《なみだ》」「すずめ色」というような言葉もあります。テレビやラジオの中でスズメの「チュンチュン」という声は、町中などの場所や朝が来たことを示す効果音として用いられています。つまりスズメの姿や声は私たちの文化の中にも溶《と》けこんでいるのです。でも、スズメが身近な鳥でなくなってしまったら、私たちにはこういったものを、実感をともなったものとして感じられなくなってしまうでしょう。スズメが身近な鳥でなくなるというのは、2そういうことなのです。（E）

科学者は、本来は、事実に基《もと》づいて客観的に冷静に議論を進めなければいけないのに、スズメがいなくなるとさみしいという私の主張の中には、私の個人的な感傷や思い入れが入っています。（F）

生き物に対する愛情や思いがなくては、その生き物を守ろうという気持ちはわいてきませんが、それだけに流されるわけにもいきません。こんな風に、スズメが減ったからどうすべきかということは、さまざまな立場があり、簡単に語れることではありません。全員がすっかり納《なっ》得のいく結論を出すのは難しいかもしれません。だからこそ、さまざまな意見を出し合い、何かよい落としどころを見つけていくのが、これからの生き物を守っていくうえで大事なことなのです。（G）

ここまでのところ、「スズメがもし絶滅したとしたら、大変だ。しかし、絶滅しなくても大変な問題がある」と話を進めてきました。

［2］、スズメが絶滅したらなぜいけないのでしょうか。（H）

これに答えるのはとても難しいのです。［3］、多くの人が絶滅しない方がよいとは思っているでしょう。でも、何かと引き換《か》えにしないといけないとしたらどうでしょうか。

私たちは、今とても便利で快適な生活の中にいます。［4］、私たちが普《ふ》段使う電気は、発電所でつくられていますが、発電所をつくるために、海岸をつぶしています。水を安定的に得るために、谷川をつぶしてダムをつくっています。食べ物のなかには、森林を伐《ばっ》採して、畑にしたり牧畜《ちく》をしたりして得ているものがあります。さまざまな鉱物も、豊かな山林を破壊《かい》して得ています。これは日本の国内だけでなく、われわれ日本に住む人のために、海外のそういった環境を破壊している場合も多々あります。（I）

その過程で、小さな生き物から大きな生き物までたくさんの生き物の生息地を奪《うば》っています。それによって、絶滅してしまった生き物もいます。今は絶滅していなくても、生息地がなくなることによって、数十年のうちに絶滅してしまうと危惧《ぐ》されているものもいます。（J）

［5］、我々の便利さは、ほかの生き物の生息地を奪ってできているわけです。この便利さを手放すことができるでしょうか。さらにいえば、これから地球上の人口が増えていけば、食料のために、農地を増やさなくてはならないかもしれません。それによって、絶滅する動物がでるのはどうでしょうか。飢《う》え死にする人がいる中で、生き物を守ることができるでしょうか。

このようなとき、絶滅させる・させないの単純に2つの選択《たく》を考えるのは現実的ではありません。生き物への影響を減らしつつ、多少の不便さは我慢《まん》して、やっていく道を探《さが》さなくてはならないのです。わ

平成二十七年度 慶應義塾湘南藤沢中等部

【国語】（四五分）〈満点：一〇〇点〉

※解答に句読点や記号などが含《ふく》まれる場合は一字に数えます。

一 次の各組の[A]と[B]には同じ漢字が入ります。その漢字を答えなさい。

（例）英語は「[A]国[B]」。　[A]…外　[B]…語
コップは「[A]来[B]」。

① 和食の「[A]理[B]」になる。
ライオンの「[A]教[B]」になる。

② 「[A]用[B]」な発言。
「[A]本[B]」な成績。

③ ヒロインの「[A]手[B]」。
会社の「[A]談[B]」。

④ 立派な「[A]格[B]」。
クラスの「[A]気[B]」。

⑤ 国交を「[A]常[B]」する。
自分の行動を「[A]当[B]」する。

二 次の文章を読んで、あとの問いに答えなさい。

　現在、スズメが減少しています。そして、まだ減り続けると考えられます。では、それを知った私たちはどうすればよいのでしょうか。これは、私がずっと考えながらも、いまだ答えが出ていない問題です。なぜ答えが出ないかというと、1立場の違《ちが》いによって、異なる意見が出てくるからです。（A）

　まず、スズメの減少によって農業被《ひ》害が大きくなるとか、生態系のバランスが崩《くず》れてしまうとか、そういったことに力点をおいた場合の考え方です。その場合にカギとなるのは、スズメが減ったことで本当に影響《えいきょう》が出たかどうかです。今のところスズメが減ったことで、何か生態系や人に悪い影響が出たという報告はありません。[1]、実際は起きているけれども気づいていないという可能性もあります。しかし、少なくとも、何か問題が起きたわけではないですから、急いで対処する必要はないのかもしれません。（B）

　次に、もっと広く鳥類全般《ぱん》の減少に目を向ける立場で考えてみます。スズメが減っていることがわかったのは、それを示す記録があったからです。しかしスズメよりも、はるかに速いスピードで減っている鳥もいるかもしれません。実際、絶滅《めつ》の危険性にある鳥は日本だけでも数十種類います。生き物を調べるためには、人もお金も時間もかかります。であれば、スズメになんて目を向けずに、もっと絶滅の危険性の高い鳥を守ることに力を入れるべきだという意見も成り立ちます。

　さらに、スズメが増えた場合のデメリットを考える立場もあります。仮に、スズメを守るために、スズメが巣をつくれるような巣箱をかけ、スズメがエサをとれる環《かん》境をつくり、さらにはスズメにエサを与《あた》えることで、スズメが増えやすい状況《きょう》をつくったとしましょう。でも、スズメが増えれば、どこかの方が大事に育てていた桜の花が落とされてしまうかもしれません。楽しみに食べようと思っていた柿《かき》の実がスズメに食べられてしまうかもしれません。さらに、スズメは、秋冬になると農地に行って、農業被害をもたらすわけです。それでも、本当に、スズメを守るべきでしょうか。（C）

　一方で、私は、もし身のまわりからスズメがいなくなってしまったら、それはとても大きな損失だと考えています。スズメというのは、私たちにとって、もっとも身近な鳥です。もっともよく接する鳥で、

平成27年度

慶應義塾湘南藤沢中等部 ▶解説と解答

算　数　(45分) <満点：100点>

解　答

$\boxed{1}$ (1) 2　(2) $\boxed{イ}$…360, $\boxed{ウ}$…4, $\boxed{エ}$…12600　(3) 0.071　$\boxed{2}$ (1) 1800円　(2) 35.5cm　(3) 7.5cm^2　$\boxed{3}$ (1) 100　(2) 1684　(3) 51　$\boxed{4}$ (1) 75.36cm　(2) 4倍　(3) 22倍　$\boxed{5}$ (1) 3時間45分　(2) $11\frac{2}{3}$km　(3) $2\frac{3}{8}$倍　$\boxed{6}$ (1) 27cm^2　(2) 16cm^2　(3) 解説の図⑤を参照のこと。

解　説

$\boxed{1}$ 逆算，整数の性質，単位の計算，平均とのべ。

(1) $0.9-\left(\frac{5}{8}-0.125\right)=\frac{9}{10}-\left(\frac{5}{8}-\frac{1}{8}\right)=\frac{9}{10}-\frac{4}{8}=\frac{9}{10}-\frac{1}{2}=\frac{9}{10}-\frac{5}{10}=\frac{4}{10}=\frac{2}{5}$より，$\frac{2}{5}\div2\frac{\square}{5}+\frac{3}{4}=\frac{11}{12}$，$\frac{2}{5}\div2\frac{\square}{5}=\frac{11}{12}-\frac{3}{4}=\frac{11}{12}-\frac{9}{12}=\frac{2}{12}=\frac{1}{6}$，$2\frac{\square}{5}=\frac{2}{5}\div\frac{1}{6}=\frac{2}{5}\times\frac{6}{1}=\frac{12}{5}=2\frac{2}{5}$　よって，□＝2

(2) □を12で割った商をxとすると，右の計算1から，12×7×x＝2520となる。よって，x＝2520÷12÷7＝30だから，□＝12×30＝360(…イ)とわかる。また，右の計算2から，84と360と100の最大公約数は，2×2＝4(…ウ)，最小公倍数は，4×3×5×7×6×5＝12600(…エ)と求められる。

計算1

12	84	□
	7	x

計算2

2	84	360	100
2	42	180	50
3	21	90	25
5	7	30	25
	7	6	5

(3) 1L＝1000cm^3＝10dL＝1000mLなので，50cm^3＝0.05L，1.4dL＝0.14L，23mL＝0.023Lとなる。よって，3つの容器の容積の合計は，50cm^3＋1.4dL＋23mL＝0.05L＋0.14L＋0.023L＝0.213Lだから，3つの容器の容積の平均は，0.213÷3＝0.071(L)である。

$\boxed{2}$ 消去算，相似，水の深さと体積，面積。

(1) 大人と小学生の1人あたりの入場料の比は，1.5：1＝3：2である。また，大人9人と小学生15人が参加するときは，9＋15＝24(人)がバス代を負担し，大人10人と小学生20人が参加するときは，10＋20＝30(人)がバス代を負担するので，1人あたりが負担するバス代の比は，$\frac{1}{24}:\frac{1}{30}$＝5：4となる。よって，右上のア，イのような式を作ることができる。次に，アの式の等号の両側を4倍，イの式の等号の両側を5倍してから2つの式の差を求めると，⑫－⑩＝②にあたる金額が，31200－30000＝1200(円)とわかる。よって，①にあたる金額は，1200÷2＝600(円)だから，大人1人あたりの入場料(③にあたる金額)は，600×3＝1800(円)と求められる。

③＋$\boxed{5}$＝7800(円)…ア
②＋$\boxed{4}$＝6000(円)…イ
⬇
⑫＋$\boxed{20}$＝31200(円)…ア×4
⑩＋$\boxed{20}$＝30000(円)…イ×5

(2) 下の図1で，三角形AIDと三角形AJKは相似であり，相似比は，AI：AJ＝(12－8)：(12－9)＝4：3なので，JKの長さは，6×$\frac{3}{4}$＝4.5(cm)とわかる。よって，三角形AJKの面積は，4.5×(12－9)÷2＝6.75(cm^2)だから，水が入っていない部分の体積は，6.75×40＝270(cm^3)となる。また，台形ABCDの面積は，(8＋12)×6÷2＝60(cm^2)なので，面ABCDが下にくるように置いたとき，水が入っていない部分の高さは，270÷60＝4.5(cm)となる。したがって，水面の高さは，40－4.5＝35.5(cm)と求められる。

(3)　下の図2のように，円の外側の正六角形を6等分した正三角形をODEとし，この三角形と円が接する点をFとする。このとき，台形AHDEの面積は，90÷6＝15(cm^2)なので，下の図3の台形AGFEの面積は，15÷2＝7.5(cm^2)になる。また，図3でOAとOFはどちらも円の半径で長さが等しいから，三角形AOGと三角形FOIは合同である。よって，これらの三角形が重なっている部分をのぞいた三角形AIJと三角形FGJも合同なので，三角形EIFの面積も7.5cm^{2}とわかる。次に，三角形EIFは正三角形を半分にした形の三角形だから，EIの長さを1とすると，EFの長さは，1×2＝2となる。同じように，三角形EOFも正三角形を半分にした形の三角形なので，EOの長さは，2×2＝4，IOの長さは，4－1＝3と求められる。すると，三角形EIFと三角形IOFは，底辺の比が1：3で，高さが等しい三角形になるから，面積の比も1：3になる。したがって，三角形IOFの面積は，$7.5\times\frac{3}{1}=22.5$(cm^2)なので，三角形AOGの面積も22.5cm^{2}である。図2で，三角形OHAは合同な6個の三角形に分割されているから，三角形ABCの面積は三角形AOGの面積の$\frac{1}{3}$であり，$22.5\times\frac{1}{3}=7.5$(cm^2)と求められる。

図1

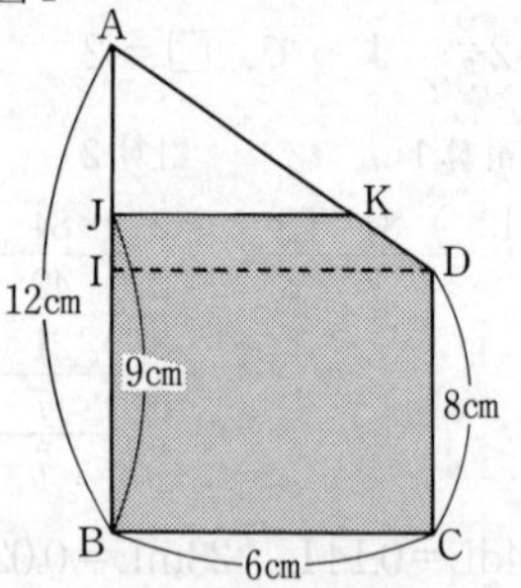

図2

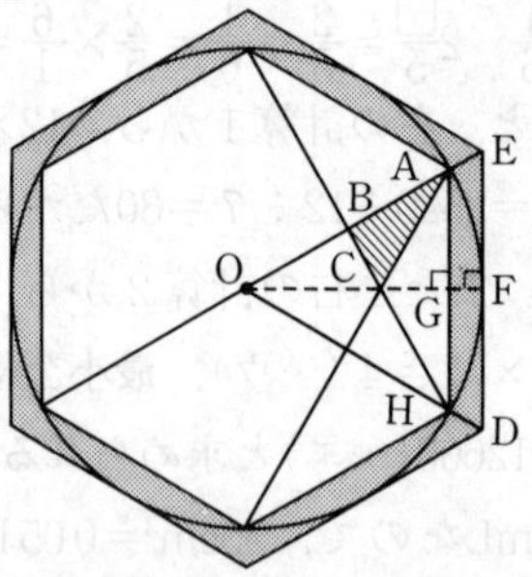

図3

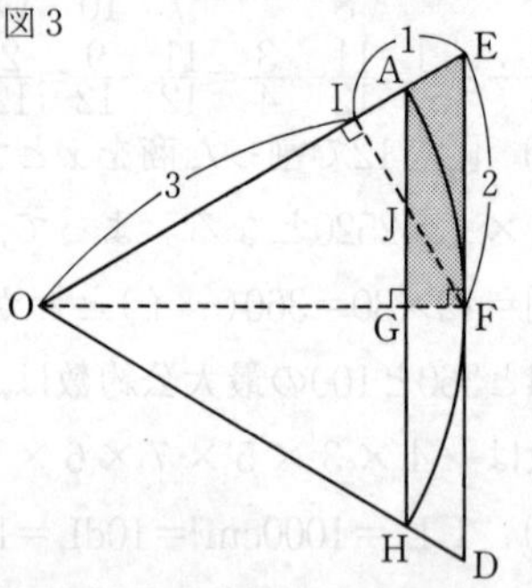

3 数列。

(1)　作業前に入っている水の量は，1番目と2番目の差は5mL，2番目と3番目の差は7mL，3番目と4番目の差は9mL，…のように2mLずつ増えるから，右の表のようになる。よって，加える水の量と作業後の水の量はそれぞれ表のようになるので，作業[7]が終わったあとの7番目の水の量は100mLとわかる。

番目	1	2	3	4	5	6	7	…	29	…	ウ
作業前の量	3	8	15	24	35	48	63				
		＋5	＋7	＋9	＋11	＋13	＋15				
加える量	1	2	5	10	17	26	37				
作業後の量	4	10	20	34	52	74	100	…	イ	…	5204
		＋6	＋10	＋14	＋18	＋22	＋26		＋A		

(2)　作業後に入っている水の量は，1番目と2番目の差は6mL，2番目と3番目の差は10mL，3番目と4番目の差は14mL，…のように4mLずつ増える。また，表の⏟の部分の個数は，29－1＝28(個)だから，Aにあてはまる数は，6＋4×(28－1)＝114となり，⏟の部分の和は，6＋10＋…＋114＝(6＋114)×28÷2＝1680とわかる。よって，イにあてはまる数は，4＋1680＝1684(mL)である。

〔別解1〕　作業後に入っている水の量は，1番目は，1×1×2＋2＝4(mL)，2番目は，2×2×2＋2＝10(mL)，3番目は，3×3×2＋2＝20(mL)，4番目は，4×4×2＋2＝34(mL)

のようになっている。つまり，□番目の作業後に入っている水の量は，(□×□×２＋２)mLと表すことができる。よって，[イ]にあてはまる数は，29×29×２＋２＝1684(mL)と求められる。

〔別解２〕 □番目の作業後に入っている水の量は，(□－１)×(□－１)＋(□＋１)×(□＋１)(mL)と表すことができる。よって，[イ]にあてはまる数は，(29－１)×(29－１)＋(29＋１)×(29＋１)＝1684(mL)と求められる。

⑶ ⑵の〔別解１〕の考え方を利用すると，[ウ]×[ウ]×２＋２＝5204と表すことができるので，[ウ]×[ウ]＝(5204－２)÷２＝2601とわかる。また，右の計算から，2601＝３×３×17×17＝(３×17)×(３×17)＝51×51となるから，[ウ]にあてはまる数は51である。

3) 2601
3) 867
17) 289
17

4 平面図形—長さ，面積，相似。

⑴ 右の図で，半円(**ア**＋**イ**＋**ウ**)の弧《こ》の長さは，(６＋18)×3.14÷２＝12×3.14(cm)である。また，半円**イ**の弧の長さは，６×3.14÷２＝３×3.14(cm)，半円**ウ**の弧の長さは，18×3.14÷２＝９×3.14(cm)だから，**ア**の部分の周りの長さは，12×3.14＋３×3.14＋９×3.14＝(12＋３＋９)×3.14＝24×3.14＝75.36(cm)とわかる。

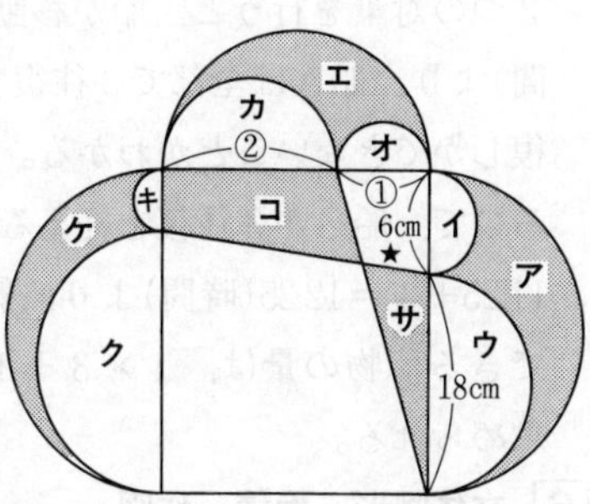

⑵ 半円**カ**と半円**オ**は相似であり，面積の比は４：１なので，４：１＝(２×２)：(１×１)より，直径の比は２：１とわかる。よって，半円(**エ**＋**オ**＋**カ**)，半円**カ**，半円**オ**の直径の比(半径の比)は，(２＋１)：２：１＝３：２：１だから，面積の比は，(３×３)：(２×２)：(１×１)＝９：４：１と求められる。したがって，**エ**の部分の面積は半円**オ**の面積の，(９－４－１)÷１＝４(倍)である。

⑶ **コ**の部分と**サ**の部分の面積が等しいので，両方に図の★の部分を加えると，台形(**コ**＋★)と三角形(**サ**＋★)の面積も等しくなる。また，台形(**コ**＋★)と三角形(**サ**＋★)の高さの比は，(②＋①)：①＝３：１だから，台形(**コ**＋★)の上底と下底の和と，三角形(**サ**＋★)の底辺の比は，$\frac{1}{3}:\frac{1}{1}=$ １：３になる。さらに，三角形(**サ**＋★)の底辺は，６＋18＝24(cm)なので，台形(**コ**＋★)の上底と下底の和は，$24\times\frac{1}{3}=8$(cm)となり，半円**キ**の直径は，８－６＝２(cm)と求められる。よって，半円(**キ**＋**ク**＋**ケ**)，半円**キ**，半円**ク**の直径の比(半径の比)は，24：２：(24－２)＝12：１：11だから，面積の比は，(12×12)：(１×１)：(11×11)＝144：１：121となる。したがって，**ケ**の部分の面積は半円**キ**の面積の，(144－１－121)÷１＝22(倍)である。

5 流水算，旅人算。

⑴ 川を上るときは荷物を積んでいるから，上りの速さは毎時，12－２＝10(km)となり，上りにかかる時間は，25÷10＝2.5(時間)とわかる。また，川を下るときは荷物を積んでいないので，下りの速さは毎時，12×1.5＋２＝20(km)となり，下りにかかる時間は，25÷20＝1.25(時間)とわかる。よって，往復するのにかかる時間は，2.5＋1.25＝3.75(時間)と求められる。これは，60×0.75＝45(分)より，３時間45分となる。

⑵ 船が移動できる時間は，午後７時－午前８時＝11時間だから，船Ａが最初にＰを出発してからのようすをグラフに表すと，下のようになる。このグラフで，最後にすれちがうのは●印の地点である。また，船Ｂが，6.25－5.75＝0.5(時間)で上る距離《きょり》(グラフのア)は，10×0.5＝５(km)なので，

グラフのイの距離は，25－5＝20(km)とわかる。よって，最後にすれちがうのは船AがQを出発してから，20÷(10＋20)＝$\frac{2}{3}$(時間後)と求められる。その間に船Bが進む距離は，10×$\frac{2}{3}$＝$\frac{20}{3}$(km)だから，最後にすれちがう地点のPからの距離は，5＋$\frac{20}{3}$＝11$\frac{2}{3}$(km)である。

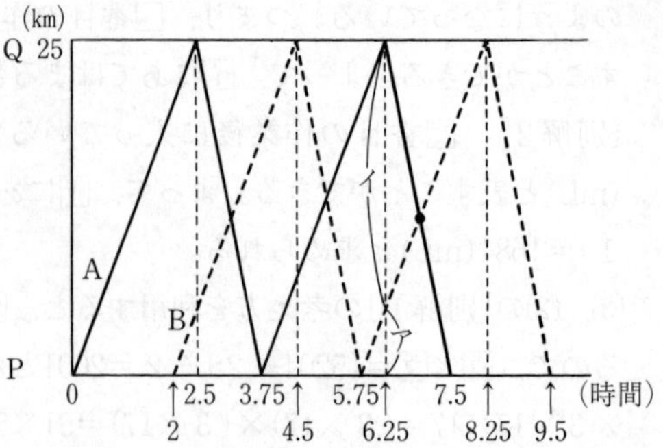

(3) (2)のグラフで，船Aと船Bはどちらも2往復しているので，船A，Bが1回に運ぶことができる荷物の量を1とすると，1日に運ぶことができる荷物の量は，1×2＋1×2＝4となる。次に，2つの対策を行うと，船が移動できる時間は，11＋2＝13(時間)になるから，7.5＋3.75＝11.25(時間)より，船Aは全部で3往復できることになる。また，9.5＋3.75＝13.25(時間)より，船Bは2往復しかできないことがわかる。さらに，船Cは船Aよりも，9－8＝1(時間)おくれてPを出発するので，船Cが3往復を終える時刻は船Aが3往復を終える時刻よりも1時間おそくなる。よって，11.25＋1＝12.25(時間)より，船Cも3往復できることがわかる。したがって，1日に運ぶことができる荷物の量は，1×3＋1×2＋1.5×3＝9.5となるから，いままでの，9.5÷4＝2$\frac{3}{8}$(倍)と求められる。

6 立体図形―面積，作図。

(1) 下の図①で，かげをつけた三角形と斜線《しゃせん》をつけた三角形はそれぞれ合同だから，同じ印をつけた部分の長さはそれぞれ等しくなる。よって，下の図②のように面㋐の1つの頂点をPとすると，AP＝Pアとなる地点アに，Pの部分のかげができる。他の頂点についても同じように考えると，かげは図②の正方形アイウエから正方形PQRSをのぞいた部分になるので，かげの面積は，6×6－3×3＝27(cm^2)とわかる。

(2) 電球がBの真上にあるとき，かげの外側の線は下の図③の正方形オカキクになる。同じように，電球がCの真上にあるときは正方形ケコサシ，電球がDの真上にあるときは正方形スセソタになる。4秒間ずっとかげになっているのは，正方形アカサタから正方形PQRSをのぞいた部分だから，その面積は，5×5－3×3＝16(cm^2)である。

図①

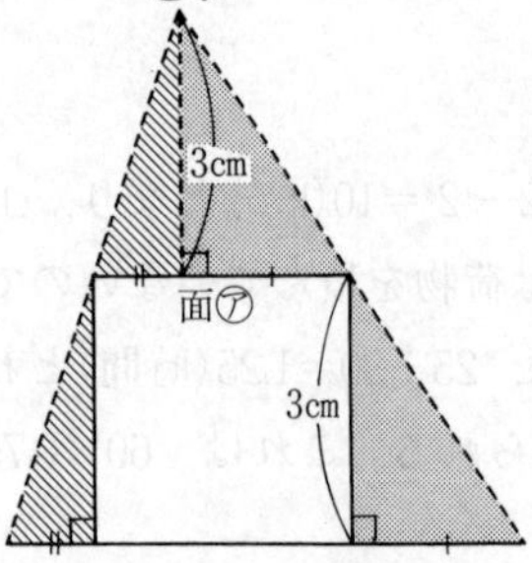

図②

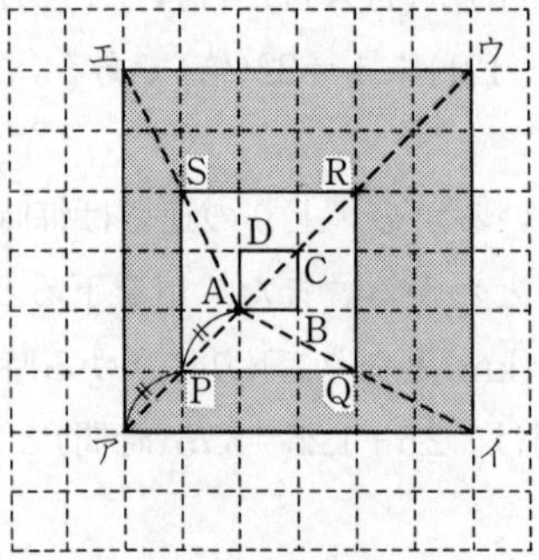

図③

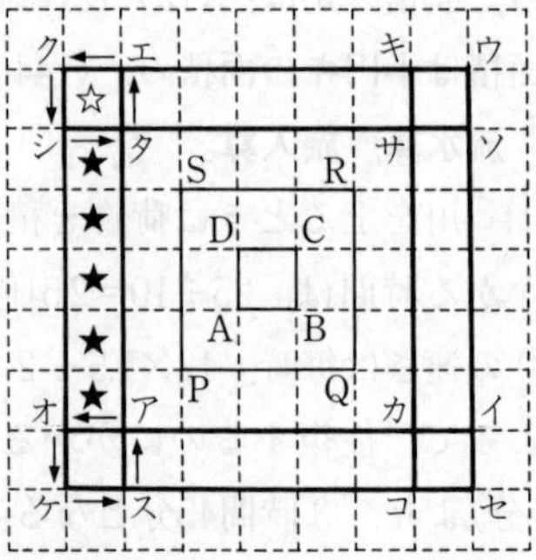

(3) 図③の★の部分は，0～1秒後にかけてかげになり，1～2秒後の間はかげのままである。よって，これらの部分がかげになっている時間は1秒よりも長い。また，☆の部分は，0～1秒後に

かけてかげになり，１～２秒後にかけてかげがなくなるので，条件に合うのはこの中の一部である。そこで，正方形エクシタの内部がかげになっている時間を考える。右の図④のように，対角線エシの右側に点Xをとると，点Xがかげになるのは，かげが点Xの左側と上側を動いている間である。ここで，○の部分の長さは点Xの左側の長さと等しいから，点Xの左側と上側の長さの和は１cmよりも長くなる。同じように，対角線エシの左側に点Yをとると，点Yがかげになるのは，かげが点Yの左側と上側を動いている間である。ここで，＝の部分の長さは点Yの上側の長さと等しいので，点Yの左側と上側の長さの和は１cmよりも短くなる。つまり，かげになる時間が０秒以上１秒以下になるのは対角線エシの左側の部分とわかる。他の部分についても同様だから，右上の図⑤のようになる。

図④

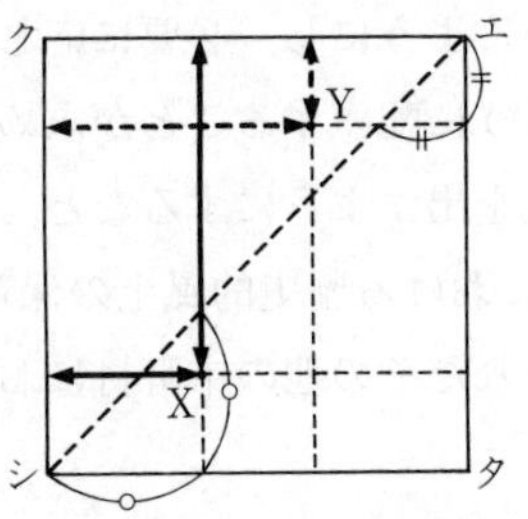

図⑤

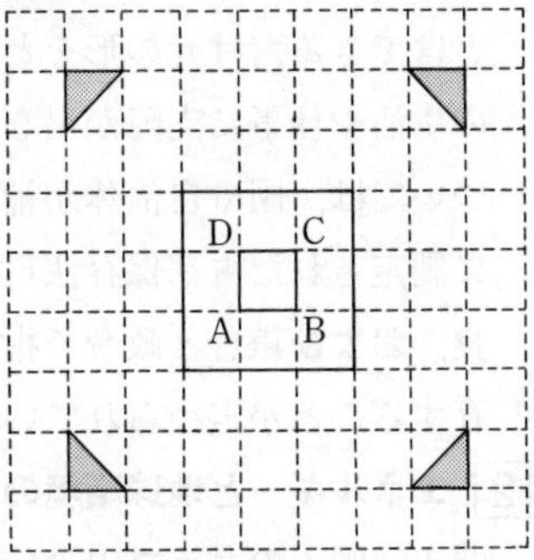

社 会 （25分）＜満点：50点＞

解 答

1 問１ ７cm 問２ ３ 問３ ２ 問４ （例） 建物の外観を残しながら，内部の改装をある程度認めるなど，住む人の生活や仕事に支障が出ないようにすることや，保存，修築にかかる費用については国や自治体が補助金を出すようにすること。 2 問１ １ 問２ ３ 問３ ２ 問４ 持続可能(な開発) 問５ ４ 3 問１ Ａ ３ Ｂ ５ Ｃ １ Ｄ ８ 問２ ４ 問３ ２ 4 問１ １ ○ ２ × ３ × 問２ ２ 問３ あ ２ い ４ う ８ 問４ ４ 5 問１ ３ 問２ 20 問３ 地租 問４ ３ 問５ ２ 問６ １ 6 問１ あ ４ い ２ う ３ え ４ 問２ ２ 問３ ４ 問４ (内閣)法制局 7 問１ 間接(税) 問２ １ ○ ２ ○ ３ × ４ × 問３ ４

解 説

1 京都の文化や自然，歴史についての問題。

問１　3.5km＝3500m＝350000cmであるから，$350000\times\frac{1}{50000}=7$ (cm)となる。

問２　周囲の山と盆地のへりが接する場所にできるのは扇状《せんじょう》地《ち》であるから，３が誤り。三角州は河川が運んできた土砂が河口付近に堆積《たいせき》してできる平らな地形。

問３　銀閣がある慈照《じしょう》寺《じ》の位置は地図中の２。15世紀後半，室町幕府の第８代将軍足利義政が京都の東山に銀閣を建て，東山を中心に庭園・書院造・水墨《すいぼく》画《が》・茶の湯などの文化が発達したことから，これを東山文化という。これに対し，第３代将軍義満が京都の北山に金閣を建てたころの文化は，北山文化とよばれる。１はその金閣がある鹿苑《ろくおん》寺《じ》，３は清水寺があてはまる。

問4　歴史的な町並みを守りながら現在のくらしに合うように手を加える場合には，建物の外観などはできるだけ元の形をとどめるようにし，必要に応じて内部の改装を認めるなど，住んでいる人の生活や仕事に支障が出ないように配慮することが求められる。また，保存や修築にかかる費用については，国や自治体が補助金を出すようにするなど，経済的な支援も必要である。なお，1966年に制定された古都保存法(古都における歴史的風土の保存に関する特別措置《そち》法)によって，京都・奈良，および鎌倉と政令で指定されたその他の市町村において，歴史的に重要な建物・景観などを保存することが定められている。

2　エネルギーと地球環境の保全についての問題。

問1　図1のグラフ中の分類は，左から順に石炭，石油，天然ガス，原子力，水力，その他となる。エネルギー供給量に占《し》める天然ガスの割合は1970年代前半の石油危機以降，増加を続けてきたが，2011年3月の東日本大震災で福島第一原子力発電所が重大な原子力事故をおこしたのをきっかけに全国の原子力発電所の操業が停止され，火力発電に頼《たよ》る割合が高まったことから，天然ガスの消費量が大きく増えた。

問2　近年，熱帯地域からの木材の輸入量は日本より中国の方がずっと多くなっているから，3が誤りである。

問3　Aは北ヨーロッパ，Bは中国東北部から朝鮮半島，日本にかけての地域。Aの地域では，西ヨーロッパ諸国の都市や工業地帯から，また，Bの地域では，中国の内陸部や沿岸部の都市・工業地帯から出される自動車の排出ガス，工場の煤煙《ばいえん》などに含まれる汚染物質が偏西《へんせい》風に乗って拡散されることが原因で，大気汚染や酸性雨が発生している。

問4　限りある資源や豊かな自然を次の世代に引き継《つ》ぐことを考えながら進める開発は，「持続可能な開発」とよばれる。1992年にリオデジャネイロ(ブラジル)で開かれた環境と開発に関する国連会議(地球サミット)では，「持続可能な開発」というスローガンのもとさまざまな話し合いが行われ，「環境と開発に関するリオ宣言」などが採択された。

問5　2011年において二酸化炭素総排出量がもっとも多くなっている1が中国，それにつぐ2がアメリカ合衆国である。近年，めざましく工業化が進んだ中国は，2007年以来，二酸化炭素の排出量が世界でもっとも多くなっている。また，1990年に比べて排出量が大きく増えている3はインド，残る4が日本である。中国とインドは人口が非常に多いため，1人あたりの排出量が少ないことに注意する。

3　歴史上のできごとと関係の深い場所を題材とした問題。

問1　A　江戸時代，朝鮮との貿易の窓口になったのは対馬《つしま》藩。江戸時代初期，朝鮮との国交回復を仲だちしたほか，朝鮮南部のプサン(釜山)に設けられた倭館《わかん》(貿易の管理事務所兼宿泊・応接施設)で貿易を行った。朝鮮から通信使が来日したさいには，案内役も務めている。　B　1853年，アメリカの東インド艦隊司令長官ペリーは，4せきの軍艦をひきいて浦賀(神奈川県)に来航。幕府に開国を求めるアメリカ大統領の国書を提出した。　C　鎌倉幕府を倒した後醍醐《ごだいご》天皇は，建武の新政とよばれる政治を始めたが，公家中心の政治であったため武士たちの反発を招き，足利尊氏が新政に不満をもつ武士を味方につけて兵をあげると，天皇は吉野(奈良県)に逃《のが》れた。　D　長州藩士で尊王思想家の吉田松陰《しょういん》は，萩《はぎ》(山口県)城下に松下村塾を開き，幕末から明治維新にかけて活躍する多くの人材を育てた。

問２　吉野に逃れた後醍醐天皇はあくまで自分が正統の天皇であると主張し，吉野に朝廷(南朝)を開いた。これに対し，尊氏が京都に新しく擁立《ようりつ》した朝廷を北朝という。南北朝の争乱とよばれた両朝の対立は，これ以後，約60年続いた。

問３　松下村塾からは，高杉晋作《しんさく》，久坂玄瑞《くさかげんずい》，伊藤博文，山県有朋《やまがたありとも》など，倒幕運動や明治政府で活躍する多くの人材が輩出《はいしゅつ》された。

4　武士のおこりと成長を中心とした問題。

問１　１　平安時代後期，地方の豪族の中に，土地を藤原氏など都の有力な貴族に寄進し，みずからは荘官として土地を実質的に管理する者が増えていった。その場合，名目上の領主である貴族などから，税を納めなくてもよい不輸《ふゆ》の権や，国の役人の立ち入りを拒否《きょひ》できる不入《ふにゅう》の権を手に入れる者も多かった。２　平安時代中期には，定められたもの以外の税を自由に課してこれを自分の収入とし，私腹をこやす国司も多かったが，朝廷に税が全く送られなかったわけではない。

３　国司となっても任地に下らず，代理の者を任国に送る者も多かったが，「着任できない国司」がいたわけではない。また，地方の豪族が荘園を奪いとって自分の領地とするような例は，この時代にはあまり見られない。

問２　地方の豪族や有力農民が，みずからの領地を守るために武装し，一族の者や配下の農民などに武芸の訓練をさせるようになったのが武士のおこりであるから，２が正しい。九州に置かれた防《さき》人《もり》や都の警備にあたった衛士《えじ》のような律令制度のもとでの軍役と直接のつながりはないから，１と３は誤りである。

問３　あ　10世紀前半，下総《しもうさ》(茨城県南部と千葉県北部)を根拠地としていた平将門《まさかど》は，一族間の領地争いをきっかけに勢力を広げ，常陸《ひたち》(茨城県北東部)や上野《こうずけ》(群馬県)，下野《しもつけ》(栃木県)の国府を攻略するなどして，一時は関東地方の大部分を支配。みずから「新皇」と称し，一族の者を国司に任じたりしたが，平貞盛《さだもり》や藤原秀郷《ひでさと》らによって討《う》たれた。同時期に瀬戸内海でおきた藤原純友《すみとも》の乱と合わせて「承平《じょうへい》・天慶《てんぎょう》の乱」ともいうが，この２つの乱は将門と純友が呼応しておこしたのではないかと，中央の貴族たちをあわてさせた。　い　「源」と「平」は，皇族の身分をはなれ，臣下降格する者が天皇から授かった姓。そのうち，清和天皇の子孫である清和源氏と桓武《かんむ》天皇の子孫である桓武平氏は，武士の棟梁《とうりょう》(かしら)として大きな力をもつようになった。　う　11世紀後半，東北地方で豪族同士の対立から，前九年の役，後三年の役という２つの大きな内乱がおきた。源頼《より》義《よし》・義家《よしいえ》父子は関東地方の武士たちをひきいてこれをしずめたが，義家はそのさい，私財をもって武士たちに恩賞《おんしょう》をあたえ，その信頼を得たという。

問４　1156年，崇徳《すとく》上皇と後白河天皇が皇位の継承をめぐって対立し，これに摂関家内部の権力争いが結びつき，保元《ほうげん》の乱とよばれる戦いがおこった。上皇方と天皇方はともに多くの武士を味方につけ，武士たちも親子や兄弟が敵味方に分かれて戦うなどしたが，平清盛や源義朝《よしとも》らが加わった天皇方が勝利した。

5　明治政府の政策についての問題。

問１　Ａは1872年に出された太政官告諭《だじょうかんこくゆ》(徴兵《ちょうへい》告諭)。翌73年，その内容を具体化した徴兵令が公布された。農家にとって働き手を軍隊に取られることは大きな痛手になるため，各地で徴兵令に反対する一揆《いっき》がおきたが，告諭の文中にあった「血税」の語が，人民の生き血を絞《しぼ》り取るものと誤解されたことも一揆が拡大した原因の１つとされる。

問2　徴兵令により，20歳以上の男子に兵役の義務が課され，徴兵検査に合格した者は３年間軍隊に入ることとされた。当初は戸主(一家の主人)や長男，学生などは免除されていたが，1889年の改正ではそうした例外はなくなり，「国民皆兵《かいへい》」の制度が実現した。

問３，問４　Ｂは1873年に出された地租改正令。このときに出された地租改正条例によって，具体的な内容が示されている。地租改正は明治新政府が国の財政を安定させるために行った政策で，全国の土地を調査して地価を定め，その３％(100分の３)にあたる地租を土地所有者に現金で納めさせるようにした。それまでは豊作や凶《きょう》作によって税収が安定しなかったが，地租を基準としたことから毎年安定した額の税収が得られるようになった。しかし，税率は江戸時代のころとそれほど変わらず，農民の大きな負担となった。

問５　2014年に世界文化遺産に登録されたのは群馬県の富岡製糸場。明治政府が殖産興業《しょくさんこうぎょう》政策の一環として建てた官営工場で，フランスから技師を招き，フランス製の機械を導入し，1872年に操業を開始した。

問６　Ａ～Ｃの政策は，いずれも明治政府が富国強兵のために実施した政策。富国強兵は，産業の近代化と軍事力の強化をはかり，欧米列強と肩を並べる強国にしようとするものであった。明治時代後半に外務大臣を務め，日英同盟の締結《ていけつ》やポーツマス条約の調印を行い，関税自主権の回復を実現した小村寿太郎《じゅたろう》は，政府のそうした方針とかかわりが深い人物ということができる。２は大正時代に政党政治家として護憲運動を進め，首相を務めていた1932年５月15日，海軍の青年将校らがおこした五・一五事件で暗殺された人物。３は1941年に首相となり，太平洋戦争の開戦に踏み切った陸軍軍人。戦後，極東軍事裁判でＡ級戦犯として裁かれ，絞首《こうしゅ》刑となった。４は1918年に立憲政友会総裁として首相となり，わが国最初の本格的政党内閣を組織した人物である。

6 議院内閣制についての問題。

問１　あ　国務大臣は内閣総理大臣が任命し，天皇がこれを認証する。国務大臣の認証は，日本国憲法第７条に規定された天皇の国事行為の１つである。　い　東日本大震災からの復興を少しでも早く円滑《えんかつ》に進めることを目的として，2012年２月，復興庁が発足した。復興庁は内閣総理大臣を長とし，復興大臣が行政事務を担当する。なお，国務大臣の数は最大で17人までとされているが，復興大臣は国務大臣であり，特例として，現在は合計18人となっている。　う　日本国憲法第68条２項に「内閣総理大臣は，任意に国務大臣を罷免《ひめん》する(やめさせる)ことができる」と定められている。　え　2014年９月に発足した第二次安倍内閣では，新たに地方創生担当大臣が置かれた。急速に進む人口の減少や地方の衰退《すいたい》などの課題に取り組むため，関係府省庁の司令塔《とう》として施策の取りまとめを行うとされている。

問２　議院内閣制は，内閣が議会(国会)の信任の上に成立するしくみ。イギリスの首相は国王が任命するが，下院で多数を占める政党の党首を任命することが慣例となっているから，日本と同じように議院内閣制ということができる。韓国とアメリカは，行政府の長である大統領を国民が選挙で選出するしくみをとっているので，大統領と議会が対立する事態がしばしば発生する。中国は，立法機関として全国人民代表大会，行政機関として国務院が存在するが，実際の権力は中国共産党の中央政治局常務委員会がにぎっているので，議院内閣制とはいえない。

問３　１　閣議の決定は，多数決ではなく全会一致で行われる。　２　国務大臣の過半数は国会議員でなければならないが，その規定が守られていれば民間から大臣を選ぶことは可能であり，その場合にも国会の承認などは必要としない。　3　内閣総理大臣が辞意を表明した場合には，国会で新たに内閣総理大臣の指名選挙が行われるので，衆議院を解散する必要はない。　4　衆議院が解散され，総選挙が行われた場合，選挙後に開かれる特別国会で新しい内閣総理大臣が指名され，新内閣が発足することになるが，それまでは従来の内閣が行政の仕事を続けることになっているから，この文は正しい。

問4　内閣が国会に提出する法律案や条約が現行法の見地から問題がないかどうかを，閣議決定に先だって審査する行政機関を内閣法制局という。行政府における「法の番人」ともよばれる。

7　財政と社会保障についての問題。

問1　納める人と実際に負担する人が同じ税を直接税，納める人と実際に負担する人が異なる税を間接税という。消費税は，納める義務があるのは商品を製造・販売した業者であるが，実際に負担するのはその商品を買った消費者であるから，間接税である。

問2　1　2013年度における国の一般会計歳入の科目別割合は，租税・印紙収入46.5％，公債《こうさい》金46.3％，その他7.2％となっている。　2　収入が少ない地方公共団体には，国から地方交付税交付金が支給される。　3　食料品のような生活必需《ひつじゅ》品の税率を他の商品より低くすることを軽減税率という。ヨーロッパの多くの国々で採用されており，日本でも導入が検討《けんとう》されているが，2015年2月の時点では実施されていない。　4　個人の収入にかかるのは所得税。法人税は企業など団体の所得にかかる税金である。

問3　1は雇用《こよう》保険，2は厚生年金などの年金保険で，いずれも社会保険の一種。3としては，健康保険の被保険者に給付される出産手当金(出産・育児一時金)の制度がある。以上の3つは社会保障制度にもとづく支給であるが，4にあてはまるような公的補助はない。

理　科　(25分)　<満点：50点>

解　答

1　問1　10cm　　問2　19cm　　問3　ア　　問4　20cm　　問5　100g　　問6　40g　　問7　2.5cm　2　問1　(ホモ・)サピエンス　　問2　1，4，6　　問3　3　　問4　4，6　　問5　(例)　イワシに食べられているプランクトンは個体数が増え，イワシを食べている大型魚は個体数が減る。　3　問1　4　　問2　2　　問3　2　　問4　2　　問5　6　4　問1　水蒸気　　問2　①　イ　　②　ア　　③　エ　　④　エ　　問3　酸素，0.5L　　問4　5.0　　問5　水素…7.0L，酸素…1.5L

解　説

1　ばねの長さとてこのつりあいについての問題。

問1　①より，ばねAは，30－10＝20(g)で，16－12＝4(cm)，つまり10gで，$4\times\frac{10}{20}=2$(cm)のびる。よって，おもりをつるしていないときのばねAの長さは，12－2＝10(cm)とわかる。

問2　直列につないだばねAとばねBにはそれぞれおもりの重さ40gがかかっている。このとき，ばねAの長さは，$10+2\times\frac{40}{10}=18$(cm)であり，ばねBの長さは，37－18＝19(cm)である。

問3　おもりをつるしていないときのばねの長さは，ばねAが10cm，ばねBが15cmなので，ばね

Aの方がばねBよりも短い。また，ばねAは10gで2cmのび，ばねBは10gで，$(19-15)\times\frac{10}{40}=1$(cm)のびることから，グラフのかたむきはばねAの方がばねBより大きくなる。よって，アが選べる。

問4，問5　棒の中央におもりXをつるしているので，ばねAとばねBにはそれぞれおもりの重さの$\frac{1}{2}$が等しくかかり，長さが同じになっている。ここで，ばねAとばねBは，おもりをつるしていないときの長さの差は，$15-10=5$(cm)であるが，おもりの重さを10g増やすごとに，ばねAの長さはばねBの長さに，$2-1=1$(cm)ずつ近づく。したがって，ばねAとばねBのそれぞれに，$5\div1\times10=50$(g)の重さがかかれば同じ長さになる。このとき，おもりXの重さは，$50\times2=100$(g)，ばねの長さはどちらも，$10+2\times\frac{50}{10}=20$(cm)，$15+1\times\frac{50}{10}=20$(cm)である。

問6　ばねAもばねBも長さが16cmの場合，ばねAには30g，ばねBには，$16-15=1$(cm)のびていることから10gの重さがかかっている。よって，おもりYの重さは，$30+10=40$(g)となる。

問7　おもりYの重さ40gがばねAとばねBに，30：10＝3：1にわかれてかかっているため，おもりYは棒の長さを逆比である，(ばねA側)：(ばねB側)＝1：3にわけた位置につるしてある。したがって，おもりYをつるした位置はばねA側から，$10\times\frac{1}{1+3}=2.5$(cm)の位置とわかる。

2　生物どうしのかかわりあいについての問題。

問1　ヒトの学名はホモ・サピエンスといい，知恵あるヒトという意味である。

問2　霊長《れいちょう》類はサルの仲間で，ニホンザルやキツネザルなどのほかに，ヒトや類人猿《るいじんえん》とよばれるオランウータン，ゴリラ，チンパンジーなどもふくまれる。ほ乳類の中でも，ものをつかむことができる発達した指を手足に持ち，色覚が発達している。

問3　生物はふつう，細胞《さいぼう》でできていて，自分と似た個体をつくり出して子孫を残すことができ，生きるためのエネルギーをつくり出すことができるものをいう。地球上ではじめて誕生《たんじょう》した生物は，海の中の養分を細胞のまくから体内に取り入れて，エネルギーを得ていたと考えられている。そして，これらの生物が誕生してから数億～十数億年後に，光合成によって養分をつくる生物が誕生したといわれている。

問4　ミツバチはレンゲのみつをエサとしてもらい，レンゲは花粉をミツバチの体につけて運んでもらうことで受粉することができる。また，アリはアブラムシが腹部の先から出す甘いしるをエサとしてもらい，アブラムシはアリに天敵のテントウムシから守ってもらうなどしている。これら2つの生物の関係は，どちらもたがいの生物が利益を得ている関係である。

問5　イワシは，プランクトンなどをエサとして食べ，マグロなどの大型魚に食べられている。そのため，イワシの個体数が減ると，食べられることの減ったプランクトンはその個体数が増え，エサの減った大型魚はその個体数が減る。

3　望遠鏡と天体の観測についての問題。

問1　すばる望遠鏡は，ハワイ島のマウナケア山頂にある日本の大型反射望遠鏡である。なお，種《たね》子《が》島には種子島宇宙センター，富士山には自動気象観測装置，アンデス山脈近くのアタカマ砂漠《さばく》にはアルマ電波望遠鏡，南極大陸にはアメリカが建設した南極望遠鏡がある。

問2　おわんのようにへこんだ凹面《おうめん》鏡は，光を反射させて集め，像を拡大して見ることができる。凹面鏡を使った望遠鏡は反射望遠鏡とよばれ，レンズを使ったくっ折望遠鏡に比べて，像がぼやけたり色がにじんだりすることが少ない。

問３　光が進む速さは１秒間に約30万kmで，光が１年かかって進む距離《きょり》を１光年という。すばる望遠鏡で約130億光年はなれた場所にある銀河を観測すると，約130億年前に出された光を見ることになるので，昔の銀河のようすを知ることができる。

問４　系外惑星《けいがいわくせい》が恒星《こうせい》の前を通過するとき，恒星の光が系外惑星によってさえぎられるため，恒星の明るさは暗くなる。また，系外惑星の公転周期が短いほど，恒星の明るさが暗くなる間かくが短くなる。よって，２のグラフが選べる。

問５　表は，公転周期が短いものから長いものの順になるように，系外惑星が上から下に並んでいる。惑星と太陽との距離も表の下にいくにつれて長くなっている。このことから，系外惑星は公転周期が長いほど恒星からはなれているといえる。

４　水素と酸素の反応についての問題。

問１　水素と酸素が反応すると水ができる。ここでは気体Ａだけが生じているので，水が気体である水蒸気のまま容器内に残っている。

問２　①　水素は空気の約0.07倍の重さで最も軽い気体である。一方，酸素は空気の約1.1倍の重さで，空気よりやや重い。　②　火をつけると，水素は水素自身が燃えるが，酸素はそれ自身が燃えることはなく，他のものが燃えるのを助ける。　③　工場の排煙《はいえん》や自動車の排気ガスなどにふくまれるイオウ酸化物やちっ素酸化物などが雨つぶに溶《と》けこみ，酸性の強い雨となって地表に降ったものを酸性雨という。　④　水素も酸素も水にほとんど溶けない。

問３　水素4.0Ｌと酸素2.0Ｌはちょうど反応して水蒸気が4.0Ｌできるので，水素3.0Ｌと反応する酸素の体積は，$2.0\times\frac{3.0}{4.0}=1.5$(Ｌ)である。そのため，反応後の容器内に酸素は，$2.0-1.5=0.5$(Ｌ)残る。

問４　水素5.0Ｌのうち，4.0Ｌは酸素2.0Ｌと反応して水蒸気が4.0Ｌでき，$5.0-4.0=1.0$(Ｌ)の水素が残っている。よって，反応後に容器内に残った気体の体積Xは，$4.0+1.0=5.0$(Ｌ)である。

問５　反応後に容器内に残った気体8.0Ｌ中に酸素が1.0Ｌ残っていたので，$8.0-1.0=7.0$(Ｌ)が水蒸気となる。このことから，最初に容器に入れた水素は7.0Ｌであることがわかる。また，水蒸気7.0Ｌができるために必要な酸素は，$2.0\times\frac{7.0}{4.0}=3.5$(Ｌ)である。このうち，酸素を3.0Ｌ加えたときに，$3.0-1.0=2.0$(Ｌ)の酸素が反応に使われたので，最初に容器に入れた酸素は，$3.5-2.0=1.5$(Ｌ)とわかる。

国語　(45分)＜満点：100点＞

解答

一　①　Ａ　調　Ｂ　師　②　Ａ　不　Ｂ　意　③　Ａ　相　Ｂ　役　④　Ａ　人　Ｂ　者　⑤　Ａ　正　Ｂ　化　二　問１　１　キ　２　オ　３　ア　４　カ　５　ウ　６　イ　問２　(C)　問３　①　(例)　スズメの減少で生態系や人に影響が出ると考える(立場)　②　急いで対処する必要はない　問４　(例)　スズメがもたらしてきた日常的，文化的なものが実感をともなって感じられなくなるということ。　問５　落としどころ　問６　①　Ｂ　②　Ａ　③　Ｂ　④　Ａ　⑤　Ｂ　三　問１　下記を参照のこと。

問2　エ　　問3　1　カ　　2　エ　　3　ア　　4　ウ　　問4　イ　　問5　吉住は奇跡だった。　問6　靴を脱ぎ散らかし(たこと。)　　問7　4　自分のことを　　5　嫌だなって思　　四（例）　サッカーと野球の違いとして，まず，サッカーは試合時間が決まっているが，野球は決まっていないということが挙げられる。また，サッカーはボール一つで楽しめるが，野球はバットやグローブなどの用具が必要であること，そして，サッカーは守備と攻撃を同時に行うが，野球は同時にはできないということも挙げられる。

●漢字の書き取り

三　問1　①　細心　②　独特　③　公言　④　結構　⑤　街路樹

解　説

一　三字熟語の完成。

①「調理師」は，料理の免許《めんきょ》を得て，飲食店で料理を提供する人。「調教師」は，動物に芸などの訓練をほどこす人。　②「不用意」は，注意などが足りないこと。「不本意」は，自分の本当の気持ちや願いにかなっていないこと。　③「相手役」は，演劇で，役がらの上で相手となる人。「相談役」は，事業や会社の経営について助言をする役職。　④「人格者」は，すぐれた人格を持った人。「人気者」は，多くの人からもてはやされる人。　⑤「正常化」は，混乱した状態からふつうの状態に戻《もど》すこと。「正当化」は，自分の言動が道理にかなっているかのようにふるまうこと。

二　出典は三《み》上《かみ》修《おさむ》の『スズメの謎《なぞ》―身近な野鳥が減っている！？』による。スズメが減少していることとそれに対する考え方を紹介《しょうかい》し，人間は多くの生き物とうまくつきあう必要があるとのべている。

問1　1　“言うまでもなく”という意味の「もちろん」が合う。今のところスズメが減ったことで，何か生態系や人に悪い影響が出たという報告はないが，「もちろん」，気づいていないという可能性もあるというのである。　2　後に続く「スズメが絶滅《ぜつめつ》したらなぜいけないのでしょうか」という問いかけは，スズメが絶滅してもしなくても大変だ，というそれまでの考え方とは逆の考え方を提示している。よって，前のことがらを受けて，それに反する内容をのべるときに用いる「しかし」がよい。　3　後に「でしょう」があるので，これと呼応して“おそらく”という意味になる「たぶん」が入る。　4　私たちが「便利で快適な生活」の中にいることについて，後で具体的な例を挙げながら説明しているので，具体的な例を挙げるときに用いる「たとえば」がふさわしい。　5　前でのべたことを，後で「我々の便利さは，ほかの生き物の生息地を奪《うば》ってできているわけです」と言い換《か》えているので，“要するに”という意味の「つまり」があてはまる。

6　“できるかぎり”という意味の「なるべく」が合う。「生き物への影響」は避《さ》けられないが，それを少しでも「小さくするような配慮《はいりょ》が求められる」というのである。

問2　「『スズメが減った，じゃあ，増やそう』と簡単にはいかない」のは，スズメが増えることでよくない結果が出ることもあるからだと考えられるので，「スズメが増えた場合のデメリットを考える立場」を紹介した直後の(C)に入れると文意が通る。

問3　①「スズメの減少によって農業被害が大きくなるとか，生態系のバランスが崩《くず》れてしまうとか」いったことに力点をおくのだから，スズメの減少が「生態系や人」にどのような影響をもたらすかを考える立場だと言える。　②　①のような立場の場合,「少なくとも，何か問題が起きたわけではない」ために，スズメの減少に対して「急いで対処する必要はない」という意見になるのである。

問４　直前の一文の,「スズメが身近な鳥でなくなってしまったら，私たちにはこういったものを，実感をともなったものとして感じられなくなってしまう」の「こういったもの」の内容をとらえる。筆者は「もし身のまわりからスズメがいなくなってしまったら，それはとても大きな損失」だとのべ，その理由として，スズメを身近に目にする「日常をなくしてしまったらもったいない」ことに加え,「文化的な意味でも大きな損失を招く」ことを挙げている。つまり，スズメが身近な鳥でなくなると，日常的に，また，文化的に溶《と》けこんでいたスズメの姿や声を「実感をともなったものとして感じられなく」なるというのである。

問５「妥協《だきょう》点」は，たがいに折れ合って，両者が多少とも納得できるように導かれた結論。スズメの減少にどのように対応するかをのべた部分で,「全員がすっかり納得のいく結論を出す」のは難しく,「だからこそ，さまざまな意見を出し合い，何かよい落としどころを見つけていく」のが大事だとのべており,「落としどころ」が同じ意味の言葉になる。

問６　①　筆者はスズメの問題に対して,「さまざまな意見を出し合い，何かよい落としどころを見つけていく」ことが大事だとのべている。　②　筆者は,「さまざまな意見を出し合い」議論をすることが大事だとのべるとともに，私たち人間の「便利で快適な生活」のために行われている環境《かんきょう》破壊《はかい》や，将来の人口増加の問題など，あらゆる問題に目を向け,「われわれと，生き物の間で妥協点を探していく」ことの必要性を説いている。　③　筆者は,「生き物に対する愛情や思いがなくては，その生き物を守ろうという気持ちはわいてきません」とのべている。もちろん「それだけに流されるわけにも」いかないが，冷静な議論だけでなく「個人的な感傷や思い入れ」もまじえて，さまざまな意見を出し合うことが大事だと考えているのである。　④　最後から二つめの段落で,「生き物への影響を減らしつつ，多少の不便さは我慢《がまん》して，やっていく道を探さなくてはならない」とのべている。「便利で快適な生活」をすることで，ほかの生き物を絶滅させないためにも，そのような配慮が必要だというのである。　⑤　筆者は,「さまざまな意見を出し合い，何かよい落としどころを見つけていく」ことが大事だとのべており,「それぞれが行動する」ことを求めているのではない。

三　**出典は奥田亜希子《おくだあきこ》の『左目に映る星』による。**小学校時代に出会い，自分の抱《かか》えていた孤独《こどく》をなぐさめてくれた吉住《よしずみ》のことを早季子《さきこ》が回想する場面である。

問１　①　細かいところまで気を配ること。　②　そのものだけが特別に持っている様子。　③　みんなの前で，おおっぴらに言うこと。　④　予想に反して，実際はなかなか無視できない様子。かなり。　⑤　街の通りに沿って植えられている樹木。

問２「吉住が声を荒《あ》らげたところを，誰《だれ》も見たことがなかった」ということや，大人しい子が困っているときにさりげなく助けてあげていることなどから，吉住は思いやりがあって，穏《おだ》やかな性格だと分かる。また，中学生になった早季子が吉住について,「彼は廊下《ろうか》を走ったり，靴《くつ》を脱《ぬ》ぎ散らかしたりする子どもではなかった。むしろそういう子どもたちを優しく注意する役回りだった」と回想していることから，相手のことを気づかい,「けがするよ」と言ってたしなめたものと判断できる。

問3　1　「まだ誰とも馴染《なじ》んでいない状態」で，どこの班に入るのだろうかと不安な思いでいるのである。この状況《じょうきょう》には，その場にとどまっていられないような気持ちを表す「いたたまれなさ」が合う。　2　「胸が弾《はじ》けそうに高鳴って，叫《さけ》びたいほど嬉《うれ》しい」と続くので，感情が高ぶる様子の「興奮」がよい。　3　「世界の脆《もろ》さ」や「人と分かり合えない孤独感」など，ほかの人になかなか話せないようなゆううつな気分を吉住に聞いてもらったのである。よって，気分が晴れず，心がふさぐことをいう「うっくつ」があてはまる。　4　直前の部分に，「感情の身動きが取れなかった」とある。さまざまな思いを抱えたまま，その思いをきちんと整理できない不安定な状態だったということなので，たよりとするものが何もなく，不安な状態であることを表す「寄《よ》る辺《べ》なさ」が入る。

問4　一つ前の段落から，早季子と吉住の「逢瀬《おうせ》」は，「一ヶ月に一度」だったと分かる。早季子と吉住が図書室で昼休みに会うようになったのは五月からで，「すべてを語り終えたとき，季節は秋に変わっていた」のだから，会った回数は五回くらいだったと判断できる。

問5　吉住は中学校に進学してからも，小学校時代と同じようにスポーツでも勉強でも優秀で，「同級生からも教師たちからも愛される存在」だったが，小学校時代に放っていた特別な「存在感」は失いつつあったというのである。小学校時代の吉住の特別な「存在感」については，第三段落で「吉住を表す言葉は奇跡《きせき》以外にないと，彼に関わった人はみんな思った」と語られている。これと同じような内容を表し，字数制限にも合うのは，本文の最初の「吉住は奇跡だった」という一文である。

問6　ここでの「違和感《いわかん》」とは，いままでの吉住とは何かが違うと早季子が感じたことを表す。直前の場面で，吉住が勢いよく脱いだために靴が転がったことが書かれているが，早季子はこの後，吉住が「靴を脱ぎ散らかしたりする子どもではなかった」ことに思いいたり，そのために目の前で「靴を脱ぎ散らかし」た吉住に「違和感」を感じたのだと気づいている。

問7　4　早季子はここで，吉住は「小学校に通うあいだ，ずっと大勢からの強い注目に晒《さら》され」，肩《かた》に力を入れて過ごしていたのだと感じている。このような吉住への感じ方は，「自分のことを誰も知らないところに行けば，いろいろと楽になれる気がする」と吉住が語っていたことを受けてのものである。　5　二つ前の段落に，「吉住くんが教えてくれた，嫌《いや》な気持ちになったときに右目を瞑《つむ》ること，すっかり私の癖《くせ》になっちゃったよ」とある。「私」のこの「癖」は，自分と同じように「左目にだけ，弱い近視と乱視が入って」いる吉住から「嫌だなって思うことがあったとき，乱視のほうの目だけになるといいよ」と言われたことに影響を受けたものである。

四　条件作文。

二つのスポーツを取り上げて，その違いを具体的に書くこと。取り上げるスポーツは自由なので，自分に身近なものを例に挙げて書くとよい。

Memo

Memo

2025年度用
中学スーパー過去問

■編集人　声の教育社・編集部
■発行所　株式会社 声の教育社

〒162-0814　東京都新宿区新小川町8-15
☎03-5261-5061(代)　FAX03-5261-5062
https://www.koenokyoikusha.co.jp

カコを追いかけ
ミライをつかめ
「今の説明、もう一回」を何度でも
web過去問
ストリーミング配信による入試問題の解説動画
もっと古いカコモンないの？
カコ過去問
「さらにカコの」過去問をHPに掲載（DL）
声の教育社
詳しくはこちらから

よくある解答用紙のご質問

01

実物のサイズにできない

拡大率にしたがってコピーすると，「解答欄」が実物大になります。配点などを含むため，用紙は実物よりも大きくなることがあります。

02

A3用紙に収まらない

拡大率164％以上の解答用紙は実物のサイズ（「出題傾向＆対策」をご覧ください）が大きいために，Ａ３に収まらない場合があります。

03

拡大率が書かれていない

複数ページにわたる解答用紙は，いずれかのページに拡大率を記載しています。どこにも表記がない場合は，正確な拡大率が不明です。

04

１ページに２つある

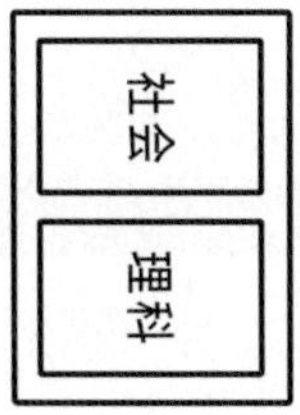

１ページに２つ解答用紙が掲載されている場合は，正確な拡大率が不明です。ほかの試験回の同じ教科をご参考になさってください。

慶應義塾湘南藤沢中等部

つかいやすい書きこみ式

入試問題解答用紙編

最近10年間収録

＊解答用紙は本体と一緒にとじてありますから、ていねいに抜きとってご使用ください。

■注意

●本校の解答用紙は非公表のため小社で作成しましたので、無断で転載することを禁じます。

●設問ごとの配点は非公表です。採点しやすいように小社が推定して作成したものです。

声の教育社

２０２４年度　慶應義塾湘南藤沢中等部

算数解答用紙

番号		氏名		評点	／100

1

(1)	(2)	(3)
		個

2

(1)	(2)	(3)
毎分　m	個	度

3

(1)	(2)	(3)

4

(1)	(2)	(3)
cm	cm	cm^2

5

(1)	(2)	(3)
cm		毎分　cm^3

6

(1)	(2)	(3)
毎分　個	分後	分間

（注）この解答用紙は小社で作成いたしました。

〔算　数〕100点(推定配点)

1, 2　各５点×６　3　(1), (2)　各５点×２　(3)　６点　4〜6　各６点×９

２０２４年度　　慶應義塾湘南藤沢中等部

社会解答用紙

番号		氏名		評点	／50

1

問１　A　B　C　D　　問２　E　H

問３　I　J　K　L

問４　M　N　O　P

2

問１　A　C　　問２　　問３　　問４

問５

3

問１　あ　い　う　　問２　A　B　C

4

問１　　問２　　問３　　問４

問５　　問６　　問７

5

問１　あ　い　う　え　お

問２　　→　　→　　→　　→

6

問１　　問２　　制度

問３　　問４　　問５

7

問１　　問２　　問３　1　2　3　4

問４　A　B　C　D

問５　E　F　G　H

（注）この解答用紙は小社で作成いたしました。

〔社　会〕50点（推定配点）

1　各２点×4＜各々完答＞　2　問１，問２　各２点×2＜問１は完答＞　問3〜問5　各１点×3　3　各２点×2＜各々完答＞　4　各１点×7　5〜7　各２点×12＜5は各々完答，7の問3〜問5はそれぞれ完答＞

2024年度　慶應義塾湘南藤沢中等部

理科解答用紙

番号　　氏名　　評点　／50

1　問1　問2　問3

問4　問5　問6

2　問1　問2　ア　イ　ウ　エ　問3

問4

問5

3　問1　つなぎ　問2　問3

問4　個　問5　倍　問6

問7

4　問1　問2

問3　1　2　3　4　5　6　7　8　9

問4　2番目　3番目　問5　問6

問7

（注）この解答用紙は小社で作成いたしました。

〔理　科〕50点（推定配点）

1～4　各2点×25＜1の問3，問6，2の問2，4の問1，問3～問6はそれぞれ完答＞

英語解答用紙

番号		氏名		評点	／100

※　作文の解答用紙は省略させていただきました。

Listening

Part A

1 2 3 4 5

Part B

1 2 3 4 5

Reading

Passage One

1 2 3 4 5

Passage Two

1 2 3 4 5

Grammar

Part A

1 2 3 4 5

6 7

Part B

1 (　　　　　　　　　　　　)

2 (　　　　　　　　　　　　)

3 (　　　　　　　　　　　　)

Vocabulary

1 2 3 4 5

6 7 8 9 10

(注) この解答用紙は小社で作成いたしました。

〔英　語〕100点(推定配点)

Listening　各１点×10　Reading　各２点×10　Grammar　各２点×10　Vocabulary　各１点×10　作文　40点

２０２４年度　慶應義塾湘南藤沢中等部

国語解答用紙

番号		氏名	

評点	/100

一

①	②	③	④	⑤
⑥	⑦	⑧	⑨	⑩

二

問一　①　②　③　④　ナ　⑤

問二　A　B　C　D

問三　1　2　3　4

問四　問五　問六　問七

三

問一　問二　問三

問四　2　3　4　5

問五　問六　問七　問八

問九

問十　20　25　こと。

四

（注）この解答用紙は小社で作成いたしました。

〔国　語〕100点(推定配点)

一　各１点×10　二　問１～問３　各２点×13　問４～問７　各３点×４　三　問１～問３　各３点×３　問４　各２点×４　問５～問８　各３点×４　問９　７点　問10　６点　四　10点

２０２３年度　慶應義塾湘南藤沢中等部

算数解答用紙

番号		氏名		評点	／100

1

(1)	(2)	(3)
秒		度

2

(1)	(2)	(3)
ページ		cm

3

(1)	(2)	(3)
cm	cm	秒後と　秒後

4

(1)	(2)	(3)
cm	倍	倍

5

(1)	(2)	(3)
：	：	km

6

(1)		(2)	(3)
最後の数	入れかえ　回	回	回

（注）この解答用紙は小社で作成いたしました。

〔算　数〕100点(推定配点)

1, 2　各５点×６　3　(1), (2)　各５点×２　(3)　各３点×２　4, 5　各６点×６　6　(1)　各３点×２　(2), (3)　各６点×２

2023年度　慶應義塾湘南藤沢中等部

社会解答用紙

番号		氏名		評点	／50

1
問1　問2　問3　問4
問5　A　B　C　D

2
問1　問2　問3　問4

3
問1　問2　問3
問4
問5　→　→　→　問6

4
問1　問2　問3　問4
問5　1　2　3　4

5
問1　問2　問3　問4
問5　問6　問7

6
問1　あ　い　問2　う　え
問3　問4

7
問1　あ　い　う
問2　問3　問4

(注) この解答用紙は小社で作成いたしました。

〔社　会〕50点(推定配点)

1　問1～問4　各1点×4　問5　2点＜完答＞　2　各1点×4　3　問1～問3　各1点×3　問4，問5　各2点×2＜問5は完答＞　問6　1点　4，5　各1点×15　6　問1　各2点×2　問2～問4　各1点×4　7　問1　各2点×3　問2～問4　各1点×3

２０２３年度　慶應義塾湘南藤沢中等部

理科解答用紙

番号　　氏名　　評点　／50

1

問１　　問２　1　2　3　4　5　6

問３　　問４　　問５　ペア

2

問１　A　B　　問２　　問３

問４　月　　問５

3

問１　A　B　　問２

問３

問４　　問５　ガス　　問６

4

問１　　問２

問３

問４　X　Y　Z　　問５

（注）この解答用紙は小社で作成いたしました。

〔理　科〕50点(推定配点)

1　問１　２点　問２　３点＜完答＞　問３～問５　各２点×３　2　各２点×６　3　問１，問２　各２点×３　問３　３点　問４～問６　各２点×３　4　問１，問２　各２点×２　問３　３点　問４　各１点×３　問５　２点

２０２３年度　慶應義塾湘南藤沢中等部

英語解答用紙

番号		氏名	

評点	／100

※　作文の解答用紙は省略させていただきました。

Listening

Part A

1 　2 　3 　4 　5

Part B

1 　2 　3 　4 　5

Reading

Passage One

1 　2 　3 　4 　5

Passage Two

1 　2 　3 　4 　5

Grammar

Part A

1 　2 　3 　4 　5

6 　7

Part B

1 (　　　　　　　　　　)

2 (　　　　　　　　　　)

3 (　　　　　　　　　　)

Vocabulary

1 　2 　3 　4 　5

6 　7 　8 　9 　10

(注) この解答用紙は小社で作成いたしました。

〔英　語〕100点(推定配点)

Listening　各１点×10　Reading　各２点×10　Grammar　各２点×10　Vocabulary　各１点×10　作文　40点

二〇二三年度　慶應義塾湘南藤沢中等部

国語解答用紙

番号		氏名		評点	/100

一

①	②	③	④	⑤
⑥	⑦	⑧	⑨	⑩

二

問一　ア　イ　ウ　エ　オ

問二　a　b　c　d　問三

問四　問五　問六　問七　問八

問九

問十　ア　イ　ウ　エ

三

問一　1　2　3　4　5　6　7

問二

問三

問四　から。

問五　問六　B　C　D　E　問七　1　2

問八

四

（注）この解答用紙は小社で作成いたしました。

〔国　語〕100点(推定配点)

一　各１点×10　二　各２点×20　三　問１，問２　各２点×８　問３，問４　各４点×２　問５～問８　各２点×８　四　10点

2022年度　慶應義塾湘南藤沢中等部

算数解答用紙

番号		氏名		評点	／100

1

(1)	(2)	(3)
		ha

2

(1)	(2)	(3)
g	本	通り

3

(1)	(2)	(3)
cm	cm^2	cm^2

4

(1)	(2)	(3)
		段目と　段目

5

(1)	(2)	(3)
分速　m	分後	分

6

(1)	(2)	(3)
秒後	秒後	cm^3

(注) この解答用紙は小社で作成いたしました。

〔算　数〕100点(推定配点)

1, 2 各5点×6　3 (1), (2) 各5点×2 (3) 6点　4 (1), (2) 各6点×2 (3) 各3点×2　5, 6 各6点×6

2022年度　慶應義塾湘南藤沢中等部

社会解答用紙

番号		氏名		評点	／50

1　問1　問2　問3　問4　問5

2　問1　問2　問3　問4

問5 (あ) (い) (う)　問6

3　問1　問2　問3 (う) (え) (お)

問4

4　問1　問2　問3　問4　問5

問6　問7

5　問1　問2　問3

問4　→　→　→　問5　問6

問7　運動

6　問1　問2　問3　問4

問5　問6

7　問1　問2　問3　問4　問5

問6　→　→　→

(注) この解答用紙は小社で作成いたしました。

〔社　会〕50点(推定配点)

1　問1～問3　各1点×3　問4，問5　各2点×2　2～4　各1点×21　5　問1～問3　各1点×3　問4　2点＜完答＞　問5～問7　各1点×3　6　問1～問4　各1点×4　問5　2点　問6　1点　7　問1～問5　各1点×5　問6　2点＜完答＞

2０２２年度　慶應義塾湘南藤沢中等部

理科解答用紙

番号		氏名		評点	／50

1 問1 マツ　カボチャ　問2

問3　1　2　3　4　5

問4　1　2　3　4　5　6　7　8　9

問5　A　B　C　D

2 問1　問2　問3　1　2　3　4

問4

問5

3 問1　g　問2　g　問3

問4　:

4 問1　X　Y　Z　問2　1　2　3　4　5

問3　1　2　3　4　5

問4

(注) この解答用紙は小社で作成いたしました。

〔理　科〕50点(推定配点)

1 問1, 問2　各2点×3　問3, 問4　各3点×2＜各々完答＞　問5　各1点×4　2　各2点×5＜問3は完答＞　3　各3点×4　4　問1　各1点×3　問2〜問4　各3点×3＜問2, 問3は完答＞

英語解答用紙

番号		氏名		評点	／100

※　作文の解答用紙は省略させていただきました。

Listening

Part A

1 2 3 4 5

Part B

1 2 3 4 5

Reading

Passage One

1 2 3 4 5

Passage Two

1 2 3 4 5

Grammar

Part A

1 2 3 4 5

6 7

Part B

1 (　　　　　　　　　　　　　　　　　　　　)

2 (　　　　　　　　　　　　　　　　　　　　)

3 (　　　　　　　　　　　　　　　　　　　　)

Vocabulary

1 2 3 4 5

6 7 8 9 10

（注）この解答用紙は小社で作成いたしました。

〔英　語〕100点（推定配点）

Listening　各１点×10　Reading　各２点×10　Grammar　各２点×10　Vocabulary　各１点×10　作文　40点

二〇二二年度 慶應義塾湘南藤沢中等部

国語解答用紙

番号　　氏名　　評点 /100

一

①　②　③　④　⑤
⑥　⑦　⑧　⑨　⑩

二

問一 ①　②　③　④
問二 あ　い　う　え
問三　問四　問五　問六
問七 ①　②　③　④
問八 く　く　も
問九

三

問一
問二 ①　②　③　④　⑤
問三 a　b　c　d　e
問四　問五　問六　問七　問八
問九

四

(注) この解答用紙は小社で作成いたしました。

〔国　語〕100点(推定配点)

一～三 各2点×45　四 10点

2021年度　慶應義塾湘南藤沢中等部

算数解答用紙

番号		氏名		評点	／100

1

(1)	(2)	(3)
		cm²

2

(1)	(2)	(3)
cm³	個	

1			
		2	
	4		
			3

3

㋐	㋑	㋒

4

(1)	(2)	(3)
ア　イ	ウ　エ	

5

(1)	(2)	(3)
m	分間	m

6

(1)	(2)	(3)
m²	m²	m²

（注）この解答用紙は小社で作成いたしました。

〔算　数〕100点(推定配点)

1，2　各５点×６　3　㋐　５点　㋑，㋒　各６点×２　4　(1)　５点＜完答＞　(2)，(3)　各６点×２＜(2)は完答＞　5，6　各６点×６

2021年度　慶應義塾湘南藤沢中等部

社会解答用紙

番号		氏名		評点	／50

1　問1　問2　問3　問4

2　問1　問2　問3
問4　問5

3　問1　問2　問3
問4　→　→

4　問1　問2　1　2　3　問3
問4　問5　→　→　→

5　問1　問2　1　2　3　問3
問4　問5

6　問1　問2　問3　問4　問5

7　問1　問2　問3
問4　問5　問6

（注）この解答用紙は小社で作成いたしました。

〔社　会〕50点(推定配点)

1　各2点×4　2　問1～問3　各1点×3　問4，問5　各2点×2　3　問1　1点　問2～問4　各2点×3＜問4は完答＞　4，5　各1点×14＜4の問5は完答＞　6　問1～問3　各1点×3　問4，問5　各2点×2　7　問1～問5　各1点×5　問6　2点

２０２１年度　慶應義塾湘南藤沢中等部

理科解答用紙

番号		氏名		評点	／50

1

問1　1　2　3　4　5　6　　問2　　問3

問4　　問5

2

問1　　問2　　問3

問4　　問5

3

問1　　問2

問3

問4　筋肉A　筋肉B　　問5　　問6

4

問1　ろうそく　木炭　　問2　1　2　3　4　5

問3　　問4

問5　記号

理由

（注）この解答用紙は小社で作成いたしました。

〔理　科〕50点(推定配点)

1　問1～問4　各2点×4＜問1は完答＞　問5　3点　2　問1～問4　各2点×4　問5　3点　3　問1，問2　各2点×2　問3，問4　各3点×2＜問4は完答＞　問5，問6　各2点×2　4　問1，問2　各2点×2＜各々完答＞　問3　3点　問4　2点　問5　記号…2点，理由…3点

2021年度　慶應義塾湘南藤沢中等部

英語解答用紙

番号		氏名		評点	／100

※　作文の解答用紙は省略させていただきました。

Listening

Part A

1　2　3　4　5

Part B

1　2　3　4　5

Reading

Passage One

1　2　3　4　5

Passage Two

1　2　3　4　5

Grammar

1　2　3　4　5

6　7　8　9　10

Vocabulary

1　2　3　4　5

6　7　8　9　10

(注) この解答用紙は小社で作成いたしました。

〔英　語〕100点(推定配点)

Listening　各１点×10　Reading　各２点×10　Grammar　各２点×10　Vocabulary　各１点×10　作文　40点

二〇二一年度　慶應義塾湘南藤沢中等部

国語解答用紙

番号　　氏名　　評点 /100

一　①　②　③　④　⑤

二　問一 1　2　問二 I　II　問三　問四

三　問一 A　B　C　D　E　問二 a　b　c　d　e　問三　問四 I　II　III　問五　問六　問七　問八　問九 →　→　→　→　問十　問十一　問十二

四

（注）この解答用紙は小社で作成いたしました。

〔国　語〕100点(推定配点)

一　各2点×5＜各々完答＞　二　問1　各3点×2　問2　各2点×2　問3　各4点×2　問4　3点　三　問1，問2　各2点×10　問3〜問6　各3点×6　問7，問8　各4点×2　問9〜問12　各3点×4＜問9，問12は完答＞　四　11点

2020年度　慶應義塾湘南藤沢中等部

算数解答用紙

番号		氏名		評点	／100

1

(1)	(2)	(3)
		cm^2

2

(1)	(2)	(3)
時間　　分	回	人

3

(1)	(2)	(3)
	個	

4

(1)	(2)	(3)
		分

5

(1)	(2)	(3)
度	：	cm^2

6

(1)	(2)
時　　分	橋　をわたったほうが　分早く着く

(3)
時　　分

（注）この解答用紙は小社で作成いたしました。

〔算　数〕100点(推定配点)

1, 2　各5点×6　3　(1), (2)　各5点×2　(3)　6点　4～6　各6点×9＜6の(2)は完答＞

2020年度　　慶應義塾湘南藤沢中等部

社会解答用紙

番号　　氏名　　評点　／50

1

問1　　問2　m　　問3

問4　番号　方位

2

問1　　問2　　問3　(あ)　(い)　(う)　　問4

問5

3

問1　　問2　　問3　→　→　→

問4　・　→　・　→　・　→　・

4

問1　　問2　1　2　3　　問3

問4　　問5　1　2　3

5

問1　　問2　　問3　　問4

問5　　問6　→　→　→

6

問1　　問2　　問3　　問4　　問5

7

問1　　問2　　問3　省検定済教科書

問4　　問5　　問6

（注）この解答用紙は小社で作成いたしました。

〔社　会〕50点(推定配点)

1　各2点×4＜問4は完答＞　2　問1，問2　各1点×2　問3　2点＜完答＞　問4　1点　問5　2点　3　問1　1点　問2〜問4　各2点×3＜問3，問4は完答＞　4　問1　1点　問2　2点＜完答＞　問3，問4　各1点×2　問5　2点＜完答＞　5　問1〜問5　各1点×5　問6　2点＜完答＞　6　問1〜問3　各1点×3　問4，問5　各2点×2　7　問1〜問5　各1点×5　問6　2点

2020年度　慶應義塾湘南藤沢中等部

理科解答用紙

番号　　氏名　　評点　／50

1

問1　問2　問3

問4

問5　問6

2

問1　問2　問3　1　2　3　4　5　6

問4　倍　問5　倍

3

問1　1　2　3　4　5

問2　ア　イ　ウ

問3

問4

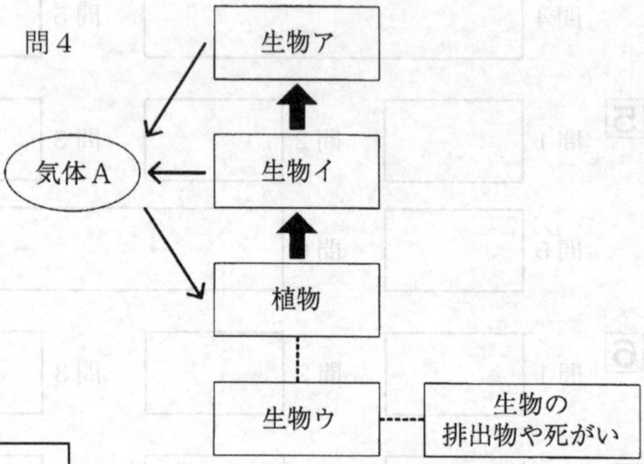

問5　ア　イ　ウ

問6　1　2　3　4　5

4

問1　A　B　C　D　E

問2　A　B　C　D　E　F　G　H

問3　A　B　C　D　G　H

問4　ア　イ　ウ

（注）この解答用紙は小社で作成いたしました。

〔理　科〕50点（推定配点）

1～3　各2点×17＜2の問3，3の問1，問2，問5，問6は完答＞　4　問1，問2　各2点×2＜各々完答＞　問3　各1点×6　問4　各2点×3

２０２０年度　慶應義塾湘南藤沢中等部

英語解答用紙

番号		氏名		評点	／100

※　作文の解答用紙は省略させていただきました。

Listening

Part A

1　2　3　4　5

Part B

1　2　3　4　5

Reading

Passage One

1　2　3　4　5

Passage Two

1　2　3　4　5

Grammar

Part A

1　2　3　4　5

6　7　8　9　10

Vocabulary

1　2　3　4　5

6　7　8　9　10

（注）この解答用紙は小社で作成いたしました。

〔英　語〕100点（推定配点）

Listening　各１点×10　Reading　各２点×10　Grammar　各２点×10　Vocabulary　各１点×10　作文　40点

二〇二〇年度　慶應義塾湘南藤沢中等部

国語解答用紙

番号　　氏名　　評点 /100

（注）この解答用紙は小社で作成いたしました。

一

①　・　②　・　③　・　④　・　⑤　・

二

問一　a　b　c　d

問二

問三　から

問四

問五

問六

問七

三

問一　a　b　c　d　しい　e

問二　A　B　C　D

問三　1　2　3　4

問四

問五

問六

問七

問八　・

問九

問十

問十一　Ⅲ　Ⅳ

問十二

四

〔国　語〕100点(推定配点)

一　各2点×5＜各々完答＞　二　問1　各2点×4　問2〜問4　各3点×3　問5　4点　問6, 問7　各2点×2　三　問1〜問4　各2点×14　問5〜問7　各3点×3　問8　各2点×2　問9, 問10　各3点×2　問11　各2点×2　問12　3点　四　11点

２０１９年度　慶應義塾湘南藤沢中等部

算数解答用紙

番号		氏名		評点	／100

1

(1)	(2)

2

(1)	(2)	(3)
cm	通り	cm^3

3

(1)	(2)	(3)
m^2	m^2	m^2

4

(1)	(2)	(3)
個		

5

(1)	(2)	(3)
時間	時速　km	時速　km

6

(1)	(2)
	① ア　〔A・B・C〕イ

(2)
② ウ　〔A・B・C〕エ　〔A・B・C〕オ

(3)
分

(注) この解答用紙は小社で作成いたしました。

〔算　数〕100点(推定配点)

1～3　各６点×８　4　(1)，(2)　各５点×２＜(2)は完答＞　(3)　６点　5　(1)，(2)　各５点×２　(3)　６点　6　各５点×４＜(2)は各々完答＞

2019年度　　慶應義塾湘南藤沢中等部

社会解答用紙

番号		氏名		評点	／50

1

問1　問2　問3

問4　問5

2

問1　問2　m　問3　問4

3

問1　問2　年　問3　→　→

問4　問5　問6　→　→　→

4

問1　問2　問3　問4

問5　問6　問7

5

問1　問2　問3

問4　問5

6

問1　問2　問3

1	2	3	4

問4　問5　年　月　日

7

問1　問2　問3

問4　問5

（注）この解答用紙は小社で作成いたしました。

〔社　会〕50点(推定配点)

1　問1，問2　各1点×2　問3　2点　問4，問5　各1点×2　2　問1　1点　問2～問4　各2点×3　3　問1，問2　各1点×2　問3　2点＜完答＞　問4，問5　各1点×2　問6　2点＜完答＞　4　各1点×7　5　問1～問4　各1点×4　問5　2点　6　問1～問4　各1点×7　問5　2点　7　問1　2点　問2～問4　各1点×3　問5　2点

２０１９年度　慶應義塾湘南藤沢中等部

理科解答用紙

番号		氏名		評点	／50

1

問１　1　2　3　4　5　6　7　8

問２

問３　1　2　3　4　5　6　7　　問４

問５　図１　図２　　問６

2

問１　　問２　　問３　　問４

問５　　問６　　問７

3

問１　　問２　　問３　　問４　mA

問５　イ　ウ　エ　オ　カ

4

問１　g　　問２　g

問３　1　2　3　4　5　6　　問４

問５　30

（注）この解答用紙は小社で作成いたしました。

〔理　科〕50点(推定配点)

1　問１　3点＜完答＞　問２　2点　問３　3点＜完答＞　問４～問６　各２点×3＜問５は完答＞　**2**　各２点×7　**3**　問１～問４　各２点×4　問５　3点＜完答＞　**4**　問１，問２　各２点×2　問３　3点＜完答＞　問４，問５　各２点×2

２０１９年度　　慶應義塾湘南藤沢中等部

英語解答用紙

番号		氏名		評点	／100

※　作文の解答用紙は省略させていただきました。

Listening

Part A

1　2　3　4　5

Part B

1　2　3　4　5

Reading

Passage One

1　2　3　4　5

Passage Two

1　2　3　4　5

Grammar

Part A

1　2　3　4　5

6　7

Part B

1

2

3

Vocabulary

1　2　3　4　5

6　7　8　9　10

（注）この解答用紙は小社で作成いたしました。

〔英　語〕100点（推定配点）

Listening　各１点×10　Reading　各２点×10　Grammar　各２点×10　Vocabulary　各１点×10　作文　40点

二〇一九年度　慶應義塾湘南藤沢中等部

国語解答用紙

番号　　氏名　　評点 /100

〔注意〕解答に句読点や記号などが含まれる場合は一字に数えます。

(注) この解答用紙は小社で作成いたしました。

一

① ② ③ ④ ⑤

二

問一 ① ② ③ ④

問二 A B

問三 はじめ 終わり

問四 ① ② ③ ④

三

問一 ① ② ③ ④ ⑤ す

問二 A B った C D E

問三 1 2 3 4

問四

問五 A B C D

問六 ① ②

問七

問八

問九 → → → → → →

四

〔国　語〕100点(推定配点)

一　各2点×5<各々完答>　二　各3点×11　三　問1～問3　各1点×14　問4～問7　各3点×8　問8, 問9　各4点×2<各々完答>　四　11点

２０１８年度　慶應義塾湘南藤沢中等部

算数解答用紙

番号		氏名		評点	／100

1

(1)	(2)	(3)
	cm^2	個

2

(1)	(2)	(3)
円	cm	円

3

(1)	(2)	(3)
番目		番目

4

(1)	(2)	(3)
cm	度	倍

5

(1)	(2)	(3)
毎分　L	分後	分後

6

(1)	(2)	(3)
倍	倍	午前　時　分

（注）この解答用紙は小社で作成いたしました。

〔算　数〕100点（推定配点）

1，2　各６点×６　3　(1)，(2)　各５点×２　(3)　６点　4　(1)，(2)　各５点×２　(3)　６点　5　(1)，(2)　各５点×２　(3)　６点　6　(1)，(2)　各５点×２　(3)　６点

2018年度　慶應義塾湘南藤沢中等部

社会解答用紙

番号		氏名		評点	／50

1

問1　問2

問3　システム

問4　問5

2

問1　問2　問3　問4

3

縄文時代

1	2	3

弥生時代

1	2	3

古墳時代

1	2	3

4

問1　問2　問3　問4

問5　→　→　→

5

問1

あ	い	う	え	お

問2　問3

6

問1　問2　問3　問4

問5

7

問1　→　→　→　問2　問3

問4　問5　問6

（注）この解答用紙は小社で作成いたしました。

〔社　会〕50点(推定配点)

1　問1～問3　各1点×3　問4, 問5　各2点×2　2　問1, 問2　各1点×2　問3, 問4　各2点×2　3　各1点×9　4　問1　1点　問2, 問3　各2点×2　問4, 問5　各1点×2<問5は完答>　5　問1　各1点×5　問2, 問3　各2点×2　6　各1点×5　7　問1～問4　各1点×4<問1は完答>　問5　2点　問6　1点

2018年度　慶應義塾湘南藤沢中等部

理科解答用紙

番号		氏名		評点	／50

1

問1　　問2　・　問3

問4　1　2　3　4　5　問5

問6

2

問1

問2　　問3　1　2　3　4　5　6

問4　1　2　3　4　5　6　問5　1　2　3　4　5　6

問6　10　25

3

問1　gから　gの間　問2　左5・左7

問3　g　問4　g　問5

問6　1　2　3　4　5　6　7　8　9　10

4

問1

ア		イ		ウ	

問2 ※　解答用紙非公表のため、図版は掲載していません。

問3

ア	イ

問4

ア	イ	ウ

(注) この解答用紙は小社で作成いたしました。

〔理　科〕50点(推定配点)

1～3　各2点×18＜1の問2，問4，2の問3，問4，問5，3の問6は完答＞　4　各2点×7＜問1は各々完答，問2は各2点×2，問3，問4は完答＞

二〇一八年度　慶應義塾湘南藤沢中等部

国語解答用紙

番号　　氏名　　評点　／100

〔注意〕解答に句読点や記号などが含まれる場合は一字に数えます。

一　①　②　③　④　⑤

二
問一　A　　　ける　B　　C　　D　　E
問二　　問三
問四　1　2　3　4
問五　Ⅰ　Ⅱ　Ⅲ　　問六
問七　　練習

三
問一　a　b　c　d　e
問二　　問三　　問四
問五　Ⅰ　Ⅱ　Ⅲ
問六　　こと
問七　　問八　　問九
問十　　問十一

四

（注）この解答用紙は小社で作成いたしました。

〔国　語〕100点(推定配点)

一　各2点×5　二　問1　各2点×5　問2～問7　各3点×11　三　各2点×17　四　13点

平成29年度　慶應義塾湘南藤沢中等部

算数解答用紙

番号		氏名		評点	／100

1

(1)	(2)

2

(1)	(2)
円	人

(3)
個

(4)

	ア列	イ列	ウ列	エ列
あ段				
い段				
う段				
え段				

3

(1)	(2)	(3)
度	cm	cm^2

4

(1)	(2)
円	枚

5

(1)	(2)	(3)
cm^3	cm^2	個

6

(1)	(2)	(3)
分後	分後	m

(注) この解答用紙は小社で作成いたしました。

〔算　数〕100点(推定配点)

1　各5点×2　2～6　各6点×15

平成29年度　慶應義塾湘南藤沢中等部

社会解答用紙

番号		氏名		評点	／50

1

問１　　問２　　問３

問４　km　　問５

2

問１　　問２　　問３　　問４　　問５

問６

1	2	3

3

問１

あ	い	う	え

問２

4

問１

A	B	C

問２　　問３

問４　　問５

5

問１　　問２　　問３　　問４

問５

1	2	3

6

問１　　問２　　問３　　問４

問５

7

問１

あ	い

問２　　問３

問４

40

(注) この解答用紙は小社で作成いたしました。

〔社　会〕50点(推定配点)

1　各２点×5　2～5　各１点×27　6　問１　１点　問２　２点　問３～問５　各１点×3　7　問１～問３　各１点×4　問４　３点

平成29年度　　慶應義塾湘南藤沢中等部

理科解答用紙

番号		氏名		評点	／50

1

問１

問２　ふれ幅 [ ]　ふりこの長さ [ ]

問３

ア	イ	ウ	エ

問４ [ ]　問５ [ ]

2

問１ [ ]　問２ [ ]　問３ [ ]　問４ [ ]

問５ [ ]

3

問１　→　→　問２ [ ]　問３　→　→

問４　重さ（　　　）ｇの分銅を（　　　　）。

問５ [ ]

4

問１　ア　イ　ウ　エ　オ　カ　問２ [ ]

問３　１　２　３　４　５　６　問４ [ ]

問５　あ　い　う　え　お　か　問６　１　２　３　４　５

（注）この解答用紙は小社で作成いたしました。

〔理　科〕50点（推定配点）

1～4　各２点×25＜3の問１，問３，4の問１，問３，問５，問６は完答＞

平成二十九年度　慶應義塾湘南藤沢中等部

国語解答用紙

番号　　氏名

評点　／100

〔注意〕解答に句読点や記号などが含まれる場合は一字に数えます。

一
①　②　③　④　⑤

二
問一　A　B　れた　C　D　E
問二　I　II
問三　a　b　c
問四
問五
問六　1　2　3　4

三
問一　a　b　められる　c　かって　d　e
問二
問三　①　②　③
問四
問五　I　II　III
問六
問七　A　B　C　D　E
問八
問九　①　②
問十
問十一　V　VI
問十二

四

（注）この解答用紙は小社で作成いたしました。

〔国　語〕100点(推定配点)

一～三　各2点×46＜三の問11，問12は完答＞　四　8点

平成28年度　慶應義塾湘南藤沢中等部

算数解答用紙

番号		氏名	

評点	／100

1

(1)	(2)

2

(1)	(2)	(3)
円	個	月　日　時　分

3

(1)	(2)	(3)
m	m^2	m^2

4

(1)	(2)	(3)
㎝	$㎝^2$	㎝

5

(1)	(2)	(3)
回目	回目	回目

6

(1)	(2)	(3)
時間　分後	回	時間　分後

〔算　数〕100点(推定配点)

1　各5点×2　2〜6　各6点×15

(注) この解答用紙は小社で作成いたしました。

平成28年度　慶應義塾湘南藤沢中等部

社会解答用紙

番号		氏名		評点	／50

1　問1　問2　問3　問4

2　問1　問2　問3　問4

問5

問6

A	B	C	D	E

3　問1　問2　問3　問4

問5　問6

問7

1	2	3

4

問1

あ	い	う	え	お

問2

問3　問4

問5

50

問6　　→　　→　　→　　→　　→

5

問1

あ	い	う	え	お

問2

6　問1　問2　問3

問4

1	2	3	4

問5　問6

（注）この解答用紙は小社で作成いたしました。

［社　会］50点（推定配点）

1～3　各1点×23　4　問1～問4　各1点×8　問5　3点　問6　1点＜完答＞　5，6　各1点×15

平成28年度　慶應義塾湘南藤沢中等部

理科解答用紙

番号　　　氏名　　　評点　　／50

1

問1

問2

※解答用紙非公表のため，図版は掲載していません。

問3　1　2　3　4　5　6

問4　　倍

問5　　℃

2

問1　1　2　3　4　5

問2

問3　1　2　3　4　5

問4

問5

3

問1　　℃

問2

問3　1　2　3　4　5

問4

問5　ア　イ　ウ　エ

問6　サツマイモ　　ジャガイモ

問7

4

問1

問2

問3　　mL

問4

問5

問6　　g

問7　番号：　　理由

25

（注）この解答用紙は小社で作成いたしました。

〔理　科〕50点（推定配点）

1～4　各２点×25＜1の問３，2の問１，問３，3の問３，問５，4の問７は完答＞

平成二十八年度　慶應義塾湘南藤沢中等部

国語解答用紙

番号		氏名		評点	/100

〔注意〕解答に句読点や記号などが含まれる場合は一字に数えます。

一

①		②		③		④		⑤		⑥	

二

問一	ア		イ		ウ		エ		オ		カ		
問二	A		B		C		D						
問三	1		2		3		4						
問四	i		ii		iii								
問五	a		b		c		d						
問六	あ		い										
問七		→		→		→							

三

問一		→		→		→		→		→			
問二		問三											
問四	(1)		(2)		(3)								
問五	ア		イ		ウ		エ		オ		カ		
問六					・								
問七	A												
	B												

四

（注）この解答用紙は小社で作成いたしました。

〔国　語〕100点(推定配点)

一，二　各2点×30＜二の問7は完答＞　三　問1～問4　各2点×6＜問1，問3は完答，問4は各々完答＞　問5　各1点×6　問6　各2点×2　問7　各3点×2　四　12点

平成27年度　慶應義塾湘南藤沢中等部

算数解答用紙

番号		氏名	

評点	／100

1

(1)	(2)			(3)
ア	イ	ウ	エ	オ

2

(1)	(2)	(3)
円	cm	cm^2

3

(1)	(2)	(3)
ア	イ	ウ

4

(1)	(2)	(3)
cm	倍	倍

5

(1)	(2)	(3)
時間　分	km	倍

6

(1)	(2)
cm^2	cm^2

(3)

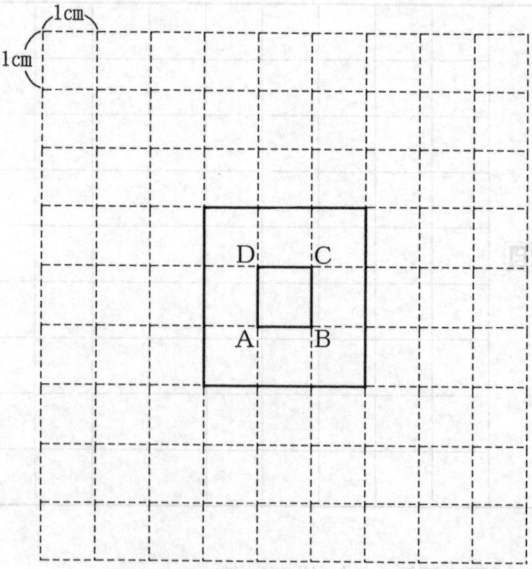

（注）この解答用紙は小社で作成いたしました。

〔算　数〕100点（推定配点）

1～6　各５点×20

平成27年度　慶應義塾湘南藤沢中等部

社会解答用紙

番号		氏名		評点	／50

1

問1　cm　問2　問3

問4

2

問1　問2　問3

問4　な開発　問5

3

問1

A	B	C	D

問2　問3

4

問1

1	2	3

問2

問3

あ	い	う

問4

5

問1　問2　問3　問4

問5　問6

6

問1

あ	い	う	え

問2　問3

問4　内閣

7

問1　税　問2

1	2	3	4

問3

(注) この解答用紙は小社で作成いたしました。

〔社　会〕50点(推定配点)

1 問1　2点　問2, 問3　各1点×2　問4　2点　2 問1〜問3　各1点×3　問4　2点　問5　1点　3, 4　各1点×14　5　問1　1点　問2〜問4　各2点×3　問5, 問6　各1点×2　6　問1〜問3　各1点×6　問4　2点　7　問1　2点　問2, 問3　各1点×5

平成27年度　慶應義塾湘南藤沢中等部

理科解答用紙

番号		氏名		評点	／50

1

問１　cm　問２　cm　問３

問４　cm　問５　g　問６　g

問７　cm

2

問１　ホモ・

問２　1　2　3　4　5　6　7　8

問３　問４　1　2　3　4　5　6

問５　45

3

問１　問２　問３　問４　問５

4

問１

問２

①	②	③	④

問３　L

問４　問５　水素　L　酸素　L

（注）この解答用紙は小社で作成いたしました。

〔理　科〕50点（推定配点）

1～4　各２点×25＜2の問２，問４　4の問３，問５は完答＞

平成二十七年度　慶應義塾湘南藤沢中等部

国語解答用紙

番号　　氏名　　評点　/100

〔注意〕解答に句読点や記号などが含まれる場合は一字に数えます。

一
①A B　②A B　③A B　④A B　⑤A B

二
問一　1　2　3　4　5　6
問二
問三　①　20　立場　②
問四
問五
問六　①　②　③　④　⑤

三
問一　①　②　③　④　⑤
問二
問三　1　2　3　4
問四
問五
問六　ということ。
問七　4　5

四

（注）この解答用紙は小社で作成いたしました。

〔国　語〕100点(推定配点)

一　各2点×5　二　問1　各2点×6　問2～問5　各3点×5　問6　各2点×5　三　問1　各2点×5　問2～問7　各3点×10　四　13点

Memo

中学後見返し